概率论与
数理统计

黄煜可 编著

清华大学出版社

北 京

内 容 简 介

本书通过大量简单直观的引例和示意图,全面介绍概率论与数理统计课程的各种概念和性质,理清知识点之间的逻辑关系.避免学生深陷大量枯燥深奥的数学记号.全书覆盖近五年(2019—2023年)的考研真题,充分展示近年来考研题目的真实难度和命题趋势,以及本书总结的、具有普适意义的解题思路的实战效果.作为一本新形态教材,本书配套教学微课程,帮助学生快速达到常见考试的要求.同时,随书附赠"公式卡",可帮助学生随时随地高效复习.

本书可以作为高等院校理工科学生学习概率论与数理统计课程的教材和教学参考资料,也可以作为全国硕士研究生统一招生考试相关内容的学习参考资料.

图书在版编目(CIP)数据

概率论与数理统计 / 黄煜可编著. -- 北京 :清华大学出版社,2025.7.
ISBN 978-7-302-69975-0

Ⅰ. O21

中国国家版本馆 CIP 数据核字第 2025SJ3080 号

责任编辑:佟丽霞 赵从棉
封面设计:常雪影
责任校对:赵丽敏
责任印制:沈 露

出版发行:清华大学出版社
　　　网　　　址:https://www.tup.com.cn,https://www.wqxuetang.com
　　　地　　　址:北京清华大学学研大厦 A 座　　　邮　　编:100084
　　　社 总 机:010-83470000　　　邮　　购:010-62786544
　　　投稿与读者服务:010-62776969,c-service@tup.tsinghua.edu.cn
　　　质量反馈:010-62772015,zhiliang@tup.tsinghua.edu.cn
印 装 者:三河市天利华印刷装订有限公司
经　　销:全国新华书店
开　　本:185mm×260mm　　印　张:22.25　　插　页:1　　字　数:547千字
版　　次:2025 年 8 月第 1 版　　　　印　　次:2025 年 8 月第 1 次印刷
定　　价:69.00 元

产品编号:104526-01

概率论与数理统计研究随机现象的统计规律性.其中,**概率论**研究随机现象的模型(概率分布)及其性质,而**数理统计**研究随机现象的数据收集、处理及统计推断.

下面两个例子展示了概率论与数理统计的典型问题.

概率论的典型问题:盒子中有 10 个小球,其中 3 个黑球、7 个白球.随机抽取 1 个小球,问取到黑球的概率是多少? 本题已知概率分布的信息(3 个黑球、7 个白球)推断随机事件(取到黑球)的概率.相信大部分学生都可以给出取到黑球的概率: $\dfrac{盒中黑球数}{盒中总球数} = \dfrac{3}{10}$,并且确信这个结论一定正确.

本书第 1 章研究随机事件及其概率.第 2~4 章将随机事件推广为随机变量,并研究随机变量及其分布,也就是随机现象的模型(概率分布)及其性质.第 5 章学习概率论的两个极限理论.

数理统计的典型问题:盒子中有 10 个小球,包括黑球和白球.有放回地抽取 3 次,抽中黑球 1 次、白球 2 次.试估计盒中黑球的数量. 本题需要从随机现象的数据(抽取 3 次抽中黑球 1 次)出发推断概率分布的信息(黑球和白球各几个).显然,无论盒子中有几个黑球,只要不是全黑或全白,都有可能在 3 次有放回抽样中抽出 1 次黑球.可见,数理统计的结论是可能出错的.

本书第 6 章给出总体、样本等数理统计的基本概念.本课程的数理统计部分主要涉及统计推断,特别是参数估计和假设检验.第 7 章将学习参数估计中的点估计,第 8 章将学习参数估计中的区间估计和假设检验.第 9 章简单介绍统计推断中的方差分析和回归分析,特别是一元线性回归.

概率论与数理统计的区别与联系(见下图):粗略地讲,概率论是已知总体(分布)信息推断样本(数据)信息,而数理统计恰恰相反.

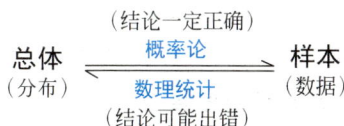

我为什么想写这本书? 作为一名高校教师,我原本很不喜欢所谓"几小时学完"的课程. 但这样的课程很受学生欢迎,某些学生花几小时就"沉迷"于"背公式套公式"和"过分精简的内容"中了. 等到考试时才发现,这样学到的知识远远无法满足常见考试(如全国硕士研究生统一招生考试、部分双一流高校相关课程期末考试等)的难度、广度和灵活度,更无法满足实际应用需求. 因此,渐渐地,我产生了一种大胆的想法:用魔法打败魔法!

本书采用直观比喻、简单推导等方法,帮助大家抓住问题本质,快速记忆、再现大量的公式,而不提倡死记硬背. 此外,本书内容远比很多宣称"几小时学完"的课程丰富和深入,可以使学生达到常见考试和实际应用的要求. 例如:某些"几小时学完"的课程,止步于点估计,并不包含区间估计和假设检验,或者仅针对区间估计中的一类情况给出公式、讲解如何套公式. 但常用的区间估计和假设检验有近 40 种情况! 死记硬背耗时长、容易忘. 事实上,通过简单推导,可以很容易地再现这些公式.

强调解题思路的梳理:本书包含三类题目. ①**引例**:旨在介绍相关概念和解题思路. ②**典型题**:旨在给出分析过程和标准的解题过程,题目主要来自具有代表性的历年考研真题. 本书通过楷体字给出典型题的解题思路、分析过程和细节讲解. 这些内容在正式答题时不建议写在卷面上,因为里面的部分表述是作者的心得总结,不是解答时所要求的. 但可以写在草稿纸上,帮助学生快速理清思路并完成答题. ③**习题**:旨在帮助学生考查自己对知识的掌握程度,并有针对性地练习提高. 习题主要为近年来的考研真题,均给出详细解答. 本书特别强调解题思路的梳理,帮助学生通过少量题目掌握类似题型. 避免看完答案,这道题会做了,但是同类型的题依然不知道如何入手的窘境.

建立知识体系、零基础友好:本书通过大量简单直观的引例和示意图,帮助学生理解和记忆各种概念和性质,理清知识点之间的逻辑关系. 避免学生深陷大量枯燥深奥的数学记号. 同时,本课程注重与中学知识衔接,帮助学生顺利地完成高中到大学的过渡. 部分章节包含"拓展阅读"栏目,介绍相关知识的研究历史,帮助学生了解知识体系的形成过程;运用数学知识解决实际问题,学以致用.

真题全覆盖、实战出真知:全书做到 2019—2023 年考研概率论与数理统计真题全覆盖,充分展示近年来考研题目的真实难度和命题趋势,以及本书总结的、具有普适意义的解题思路的实战效果. 而不是给出一些看似非常巧妙的技巧,再通过设计题目或者选择简单的考研真题等方式展示技巧的有效性. 这些考研真题信息源于相关考研辅导资料. 特别地,当记号、表述不统一时,本书尽量保持与考研大纲一致.

微课程、公式卡:作为一本新形态教材,本书配套教学微课程,帮助学生相对轻松、快速地达到常规考试的要求. 同时,随书附赠"公式卡",帮助学生随时随地高效复习. 本书包括以下四类微课程:①**章节微课程**. 逐章讲解重点知识,零基础友好. ②**知识点微课程**. 集中讲解相关概念和性质,理清知识点之间的逻辑关系,帮助学生形成知识体系. ③**典型题微课程**. 不仅告诉学生某一道题目怎么解答,更是通过典型题的讲解,以点带面,帮助学生掌握类似题型具有普适意义的解题思路. ④**公式卡微课程**. 将公式卡中涉及的本课程重点知识集中起来,帮助学生高效复习. 学生还可以在 Bilibili 视频网站和微信公众号搜索**"小可老师的数学教室"**获得持续更新的在线学习资源.

致谢与联系方式：本书的撰写得到了许多朋友的支持和帮助，在此致以诚挚的谢意. 由于编者水平有限，书中难免存在一些不足甚至错误之处，我将及时在 Bilibili 视频网站和微信公众号"小可老师的数学教室"发布更正信息.

黄煜可

2024 年 9 月

目 录

CONTENTS

随机事件及其概率

1.1 随机事件、事件的关系与运算

概率论与数理统计研究随机现象的统计规律性.我们通过随机试验研究随机现象,随机试验的结果具有随机性.例如:抛硬币、掷骰子都是经典的随机试验.

1.1.1 随机事件

我们在中学阶段已经接触过随机现象、随机试验、样本点、样本空间、随机事件等概念.运用集合论的知识,可以简化随机事件的学习.概率论中的样本空间(Ω)、样本点(ω)和随机事件(A),分别对应集合论中的全集、元素和集合(表 1.1).具体而言:①随机试验 E 的所有可能结果组成的集合称为 E 的样本空间,通常记为 Ω;②样本空间 Ω 中的元素称为样本点,通常记为 ω,它是随机试验 E 的基本结果;③由一个样本点组成的子集是最简单的事件,称为基本事件;④满足某些条件的样本点组成的集合称为随机事件,简称事件,通常记为大写字母 $A,B,\cdots$,它是样本空间的子集.

两个特殊的随机事件为必然事件(Ω)和不可能事件($\varnothing$),分别对应全集和空集.

表 1.1 概率论与集合论术语对照表

常用记号	概率论	集合论	例:掷骰子
Ω	样本空间	全集	$\Omega=\{1,2,3,4,5,6\}$,掷骰子的所有可能点数
ω	样本点	元素	$\omega=1$,随机试验掷出点数 1
$\{\omega\}$	基本事件	单点集	$\{\omega\}=\{1\}$,掷出点数 1 的基本事件
A	随机事件	集合	$A=\{1,2\}$,掷出点数 1 或 2 的随机事件

若随机试验 E 的结果 ω 满足 $\omega \in A$,则称随机事件 A 发生;反之,若 $\omega \notin A$,则称随机事件 A 不发生.例如:若随机试验(掷骰子)的结果是 $\omega=2$,即掷出点数 2,则随机事件 $\{1\}$ 不发生,而随机事件 $\{1,2\}$ 发生.

由此,根据韦恩图(图 1.1)可知,若 A 为 B 的子事件,即 $A \subset B$,则 A 发生必然导致 B 发生.

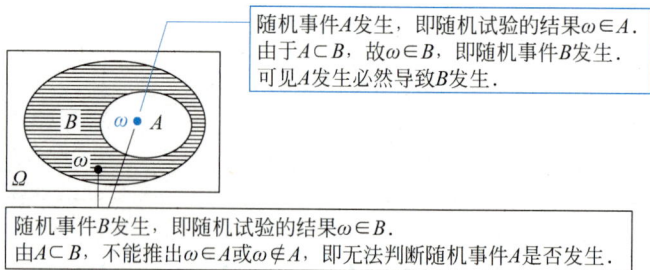

随机事件 A 发生，即随机试验的结果 $\omega \in A$.
由于 $A \subset B$，故 $\omega \in B$，即随机事件 B 发生.
可见 A 发生必然导致 B 发生.

随机事件 B 发生，即随机试验的结果 $\omega \in B$.
由 $A \subset B$，不能推出 $\omega \in A$ 或 $\omega \notin A$，即无法判断随机事件 A 是否发生.

图 1.1　若 A 为 B 的子事件，则 A 发生必然导致 B 发生

1.1.2　事件的关系与运算

类似地，基于随机事件与集合的对应关系，可以用韦恩图表示随机事件的关系（子事件、互不相容、对立事件）与运算（和事件、积事件、差事件），如图 1.2 所示.

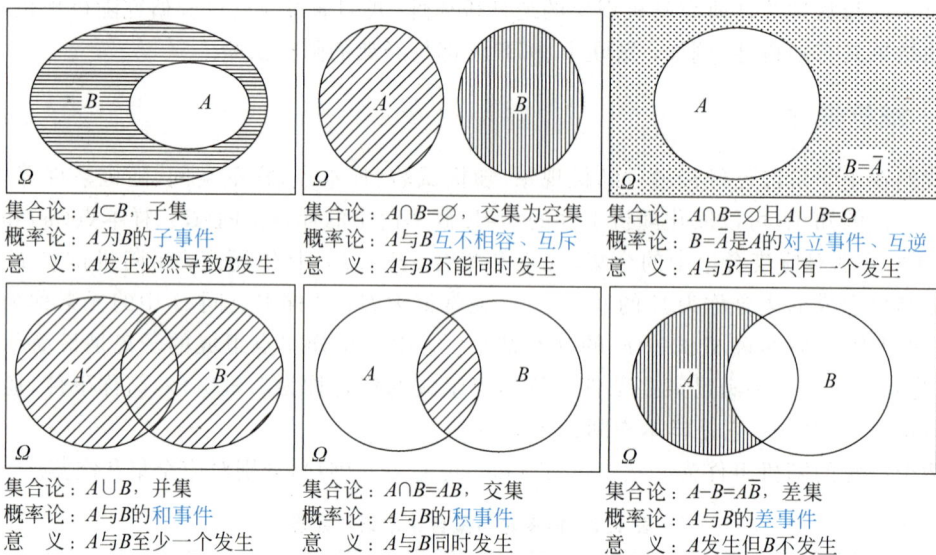

集合论：$A \subset B$，子集
概率论：A 为 B 的子事件
意　义：A 发生必然导致 B 发生

集合论：$A \cap B = \varnothing$，交集为空集
概率论：A 与 B 互不相容、互斥
意　义：A 与 B 不能同时发生

集合论：$A \cap B = \varnothing$ 且 $A \cup B = \Omega$
概率论：$B = \overline{A}$ 是 A 的对立事件、互逆
意　义：A 与 B 有且只有一个发生

集合论：$A \cup B$，并集
概率论：A 与 B 的和事件
意　义：A 与 B 至少一个发生

集合论：$A \cap B = AB$，交集
概率论：A 与 B 的积事件
意　义：A 与 B 同时发生

集合论：$A - B = A\overline{B}$，差集
概率论：A 与 B 的差事件
意　义：A 发生但 B 不发生

图 1.2　用韦恩图表示随机事件的关系与运算

此外，随机事件的运算性质还有下面这些，同样可以用韦恩图帮助理解.

(1) 交换律：$A \cup B = B \cup A$，$A \cap B = B \cap A$.

(2) 结合律：$(A \cup B) \cup C = A \cup (B \cup C) = A \cup B \cup C$，
$\qquad (A \cap B) \cap C = A \cap (B \cap C) = A \cap B \cap C$.

(3) 分配律：$A \cap (B \cup C) = (A \cap B) \cup (A \cap C)$，$A \cap \left(\bigcup\limits_{i \geqslant 1} A_i \right) = \bigcup\limits_{i \geqslant 1} (A \cap A_i)$，

$\qquad\qquad A \cup (B \cap C) = (A \cup B) \cap (A \cup C)$，$A \cup \left(\bigcap\limits_{i \geqslant 1} A_i \right) = \bigcap\limits_{i \geqslant 1} (A \cup A_i)$，

$\qquad\qquad A \cap (B - C) = (A \cap B) - (A \cap C)$.

(4) 对偶律：$\overline{A \cup B} = \overline{A} \cap \overline{B}$，$\overline{\bigcup\limits_{i \geqslant 1} A_i} = \bigcap\limits_{i \geqslant 1} \overline{A_i}$，$\overline{A \cap B} = \overline{A} \cup \overline{B}$，$\overline{\bigcap\limits_{i \geqslant 1} A_i} = \bigcup\limits_{i \geqslant 1} \overline{A_i}$.

1.2 什么是概率？概率的公理化定义

本章有一个非常数学、非常烧脑的内容：概率的公理化定义．为什么需要引入公理化定义呢？这要从概率的定义说起．什么是概率？粗略地讲，概率是随机事件发生的可能性大小．历史上曾有过多种概率定义：古典定义、几何定义、频率定义，等等．它们分别适合某一类随机现象，但又难以避免一些悖论(详见第 2 章拓展阅读：概率论发展简史)．如何给出适合所有随机现象的最一般的概率定义呢？1933 年，苏联数学家柯尔莫哥洛夫(Andrey Nikolaevich Kolmogorov，1903—1987)首次提出了概率的公理化定义，这个定义既概括了历史上几种概率定义中的共同特性，又避免了各自的局限性．从此，概率论得到了迅速发展．

我们通过下面的引例讨论计算事件概率的几种思路，即概率的几种定义．

> **-引例 1.1-** 抛掷一枚质地均匀的硬币，则正面朝上的概率是 $\dfrac{1}{2}$．大家有没有想过这个 $\dfrac{1}{2}$ 是怎么得到的呢？

1.2.1 等可能概型：概率的古典定义和几何定义

我们知道，抛掷硬币只有两种可能结果：正面朝上和反面朝上(通常忽略"恰好直立"等零概率事件)．这两种结果等可能发生．因此，正面朝上的概率＝正面朝上对应的样本点数÷总的样本点数＝$\dfrac{1}{2}$．这种思路成立的条件是"基本事件等可能发生"，对应等可能概型：古典型概率(古典概型)和几何型概率(几何概型)(表 1.2)．它们分别对应概率的古典定义和概率的几何定义．

表 1.2 古典型概率与几何型概率

类型	计 算 公 式	主要方法	成 立 条 件
古典型概率	$P(A)=\dfrac{\text{事件 }A\text{ 包含样本点的个数}}{\text{样本空间 }\Omega\text{ 包含样本点的个数}}$	排列组合	(1) 样本空间只有有限个样本点； (2) 每个样本点发生的可能性相等
几何型概率	$P(A)=\dfrac{\text{事件 }A\text{ 对应区域的度量}}{\text{样本空间 }\Omega\text{ 对应区域的度量}}$	度量计算	(1) 样本空间充满某个区域； (2) 任意一点落在度量相等的子区域中的可能性相等

古典型概率的关键是计算排列组合，详见 1.7 节"常用的排列组合结论"．几何型概率中的"度量"是测度论中的概念，粗略地讲：一维、二维、三维区域的度量分别是长度、面积、体积，对应均匀分布．古典型概率和几何型概率是高中阶段概率问题的两种基本题型，具有较高的实际应用价值．

典型题 1.2［2016，Ⅲ，古典型概率］

设袋中有红、白、黑球各 1 个，从中有放回地取球，每次取 1 个，直到三种颜色的球都取到时停止,则取球次数恰好为 4 的概率为_____.

解答　说明:这是一个典型的古典型概率问题,关键是运用排列组合计算"分子部分",取球次数恰好为 4 的样本点个数.

取球次数恰好为 4 次,意味着:

(1) 第 4 次取到一种新的颜色,也就是从红、白、黑三种颜色中选一种,组合数为 $C_3^1 = 3$.

(2) 前 3 次取其他两种颜色,也就是取其中一种颜色一次、取另一种颜色两次.

① 首先选一种颜色,作为取一次的颜色,组合数为 $C_2^1 = 2$.

② 再在前 3 次中选 1 次,取到这种颜色(其他 2 次是另一种颜色),组合数为 $C_3^1 = 3$.

这是分步骤完成的.运用乘法原理,取球次数恰好为 4 的样本点个数为 $C_3^1 \times C_2^1 \times C_3^1 = 3 \times 2 \times 3$.

另一方面,样本空间包含样本点的总个数为:4 次取球、每次三种颜色随意的样本点个数,即 3^4.

因此,取球次数恰好为 4 的概率为 $\dfrac{C_3^1 \times C_2^1 \times C_3^1}{3^4} = \dfrac{3 \times 2 \times 3}{3^4} = \dfrac{2}{9}$.

答案　$\dfrac{2}{9}$

典型题 1.3[2007,Ⅰ & Ⅲ & Ⅳ,几何型概率]

在区间 $(0,1)$ 中随机地取两个数,则这两个数之差的绝对值小于 $\dfrac{1}{2}$ 的概率为_____.

解答　说明:这是一个典型的几何型概率问题,可以用面积来计算.

设所取的两个数分别为 x 和 y,以 x 为横坐标、y 为纵坐标的点 (x,y) 随机地落在边长为 1 的正方形 Ω 内,如图 1.3 所示.不妨记 Ω 的面积为 $S_\Omega = 1$,区域 G_i 的面积为 S_{G_i},$i = 1,2,3$.故 x 和 y 之差的绝对值小于 $\dfrac{1}{2}$ 的概率为 $\dfrac{S_{G_1}}{S_\Omega} = \dfrac{S_\Omega - S_{G_2} - S_{G_3}}{S_\Omega}$

$= \dfrac{1 - \dfrac{1}{2} \times \dfrac{1}{2} \times \dfrac{1}{2} - \dfrac{1}{2} \times \dfrac{1}{2} \times \dfrac{1}{2}}{1} = \dfrac{3}{4}$.

答案　$\dfrac{3}{4}$

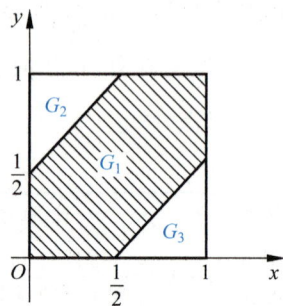

图 1.3　几何型概率问题
用面积来计算

1.2.2　概率的频率定义

利用等可能概型可以方便地计算硬币正面朝上的概率.但并不是所有的随机试验都可归结为等可能概型,还需要寻求其他方法.将这个硬币抛掷 n 次,假设其中正面朝上 m 次.将 m 称为频数,$\dfrac{m}{n}$ 称为频率.每一次随机试验可能得到不同的频数和频率,但我们通常认为,当试验次数 n 足够大时,频率会逐渐稳定到一个实数,称为概率.通过大量的随机试验可以知道(表 1.3)：正面朝上的概率是 $\frac{1}{2}$. 这种思路对应于概率的统计定义(又称为概率的频率定义).这里有一个数学细节,什么叫作"频率稳定到概率",或者说"概率是频率的稳定值"呢?我们将在第 5 章运用"大数定律"回答这个问题.

表 1.3　几位著名数学家的随机试验数据

试验者	抛掷次数 n	正面朝上的次数 m	正面朝上的频率 $\frac{m}{n}$
棣莫弗	2 048	1 061	0.518 1
蒲丰	4 040	2 048	0.506 9
费勒	10 000	4 979	0.497 9
皮尔逊	12 000	6 019	0.501 6
皮尔逊	24 000	12 012	0.500 5

1.2.3　概率的公理化定义

对样本空间 Ω 中的任一事件 A 定义实值函数 $P(A)$. 如果 $P(\cdot)$ 满足概率的公理化定义:

(1) 非负性:对任意事件 A,有 $P(A)\geqslant 0$;

(2) 规范性(正则性):对必然事件 Ω,有 $P(\Omega)=1$;

(3) 可列可加性:若 $A_1,A_2,\cdots,A_n,\cdots$ 两两互不相容(互斥),则有 $P(\bigcup_{i=1}^{\infty} A_i)=\sum_{i=1}^{\infty}P(A_i)$,称 $P(A)$ 为事件 A 的概率.

粗略地讲,概率是样本空间 Ω 到 $[0,1]$ 区间的实值函数,它定量描述事件发生的可能性大小(尽管公理化定义没有告诉我们如何确定概率).

1.2.4　可列无限、不可列无限[选学]

概率的公理化定义中的"可列可加性"是指:对于可列无限多个两两互不相容的随机事件 $A_1,A_2,\cdots,A_n,\cdots$,有"和事件的概率等于概率的和",即 $P(\bigcup_{i=1}^{\infty} A_i)=\sum_{i=1}^{\infty}P(A_i)$.

什么是"可列无限"呢?事实上,数学中有很多的"无限"、"无穷".粗略地讲,"可列无限"是"与自然数一样多的无限",是最低限度的无限.可列无限多个元素可以用自然数作为脚标排成一列.这意味着:可列集可以与自然数集建立一一对应关系.常见的可列无限集有自然数集、整数集和有理数集.有限集与可列无限集统称为至多可列集,其他的无限集统称为不可列集.常见的不可列集有无理数集、实数集,它们是比可列无限集更"大"的无限集.粗略地讲,不可列无限多个元素不可以用自然数作为脚标排成一列.这意味着:不可列集不能与自然数集建立一一对应关系.当然,数学中还有比实数集更"大"的无限集,但我们很少遇到.有兴趣的同学可以了解"集合的势".

1.3　概率的运算及基本性质

概率的公理化定义中的三个性质(非负性、规范性、可列可加性)是不需要证明的基本命题.从它们出发可以证明概率的其他性质(表 1.4 左栏),表 1.4 右栏的性质将在 1.4 节中讲解.

知识点微课程 1.1

表 1.4　概率和条件概率的公理化定义、加法公式和减法公式

概率 $P(\cdot)$ 的基本性质		条件概率 $P(\cdot\mid B)$ 的基本性质,$P(B)>0$	
	(1) 非负性:对任意事件 A,有 $P(A)\geqslant0$; 对不可能事件 $\varnothing$,有 $P(\varnothing)=0$		(1) 非负性:对任意事件 A,有 $P(A\mid B)\geqslant0$; 对不可能事件 $\varnothing$,有 $P(\varnothing\mid B)=0$
	(2) 规范性:对必然事件 Ω,有 $P(\Omega)=1$		(2) 规范性:对必然事件 Ω,有 $P(\Omega\mid B)=1$
加法	(3) 加法公式:$P(A\bigcup B)=P(A)+P(B)$ $-P(AB)$		(3) 加法公式:$P(A_1\bigcup A_2\mid B)=P(A_1\mid B)$ $+P(A_2\mid B)-P(A_1A_2\mid B)$
加法	(4) 广义加法公式(多除少补原理) $$P\Big(\bigcup_{1\leqslant i\leqslant n}A_i\Big)=\sum_{1\leqslant i\leqslant n}P(A_i)$$ $$-\sum_{1\leqslant i<j\leqslant n}P(A_iA_j)+\sum_{1\leqslant i<j<k\leqslant n}P(A_iA_jA_k)$$ $$-\cdots+(-1)^{n-1}P(A_1A_2\cdots A_n)$$ 特别地,三个事件的加法公式为 $P(A\bigcup B\bigcup C)=P(A)+P(B)+P(C)$ $-P(AB)-P(AC)-P(BC)+P(ABC)$		(4) 广义加法公式(多除少补原理) $$P\Big(\bigcup_{1\leqslant i\leqslant n}A_i\mid B\Big)=\sum_{1\leqslant i\leqslant n}P(A_i\mid B)$$ $$-\sum_{1\leqslant i<j\leqslant n}P(A_iA_j\mid B)+\sum_{1\leqslant i<j<k\leqslant n}P(A_iA_jA_k\mid B)$$ $$-\cdots+(-1)^{n-1}P(A_1A_2\cdots A_n\mid B)$$ 特别地,三个事件的加法公式为 $P(A_1\bigcup A_2\bigcup A_3\mid B)=P(A_1\mid B)+P(A_2\mid B)$ $+P(A_3\mid B)-P(A_1A_2\mid B)-P(A_1A_3\mid B)$ $-P(A_2A_3\mid B)+P(A_1A_2A_3\mid B)$
加法	(5) 有限可加性:若 $A_1,A_2,\cdots,A_n$ 两两互不相容(互斥),则有 $$P\Big(\bigcup_{i=1}^{n}A_i\Big)=\sum_{i=1}^{n}P(A_i)$$		(5) 有限可加性:若 $A_1,A_2,\cdots,A_n$ 两两互不相容(互斥),则有 $$P\Big(\bigcup_{i=1}^{n}A_i\mid B\Big)=\sum_{i=1}^{n}P(A_i\mid B)$$
加法	(6) 可列可加性:若 $A_1,A_2,\cdots,A_n,\cdots$ 两两互不相容(互斥),则有 $$P\Big(\bigcup_{i=1}^{\infty}A_i\Big)=\sum_{i=1}^{\infty}P(A_i)$$		(6) 可列可加性:若 $A_1,A_2,\cdots,A_n,\cdots$ 两两互不相容(互斥),则有 $$P\Big(\bigcup_{i=1}^{\infty}A_i\mid B\Big)=\sum_{i=1}^{\infty}P(A_i\mid B)$$
减法	(7) 减法公式:$P(A-B)=P(A)-P(AB)$ 特别地,当 $B\subset A$ 时, $P(A-B)=P(A)-P(B)$, 从而 $P(B)\leqslant P(A)$,单调性		(7) 减法公式:$P(A_1-A_2\mid B)=P(A_1\mid B)-$ $P(A_1A_2\mid B)$ 特别地,当 $A_2\subset A_1$ 时,$P(A_1-A_2\mid B)=P(A_1\mid B)-$ $P(A_2\mid B)$,从而 $P(A_2\mid B)\leqslant P(A_1\mid B)$,单调性
减法	(8) 求逆公式:$P(\overline{A})=1-P(A)$		(8) 求逆公式:$P(\overline{A}\mid B)=1-P(A\mid B)$

1.3.1　概率基本性质的证明[选学]

　　如前所述,从概率的公理化定义出发可以证明概率的很多其他性质.这些性质有的看起来十分显然,但严格证明却不太容易.例如:对不可能事件 $\varnothing$,有 $P(\varnothing)=0$.我们不能直接运用求逆公式(对立事件的概率公式)$P(\overline{A})=1-P(A)$ 和概率的规范性 $P(\Omega)=1$ 得到.因为"求逆公式"需要用"减法公式"证明,后者又需要用到"有限可加性".而"有限可加性"需要由"可列可加性"和"$P(\varnothing)=0$"证明.因此,用"求逆公式"证明"$P(\varnothing)=0$"属于循环论证.一种严格的证明方式如下:它仅依赖于概率的公理化定义中给出的三条性质——非负性、规范性(正则性)、可列可加性.

$$\Omega = \Omega \bigcup \varnothing \bigcup \varnothing \bigcup \cdots \bigcup \varnothing \bigcup \varnothing \cdots$$

$$\Rightarrow P(\Omega) \xlongequal[\substack{\text{两两互不相容}}]{\text{概率的可列可加性}} P(\Omega) + P(\varnothing) + P(\varnothing) + \cdots + P(\varnothing) + P(\varnothing) + \cdots = 1$$

$$\Rightarrow \sum_{i=1}^{\infty} P(\varnothing) = 0 \Rightarrow P(\varnothing) = 0$$

你是不是感到有些烧脑了? 别害怕! 如果你并不需要从事相关的数学研究, 学会正确使用这些性质就足够了. 这些性质可以用韦恩图直观地验证并帮助记忆, 例如图 1.4 验证了两个事件的加法公式 $P(A \bigcup B) = P(A) + P(B) - P(AB)$.

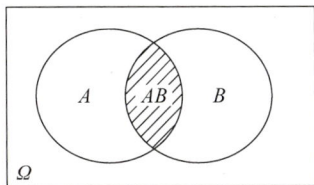

图 1.4 用韦恩图验证两个事件的加法公式

1.3.2 典型题

典型题 1.4[2020, Ⅰ & Ⅲ]

设 A, B, C 为三个随机事件, 且 $P(A) = P(B) = P(C) = \dfrac{1}{4}$, $P(AB) = 0$, $P(AC) = P(BC) = \dfrac{1}{12}$, 则 A, B, C 中恰有一个事件发生的概率为 _____.

A. $\dfrac{3}{4}$ B. $\dfrac{2}{3}$ C. $\dfrac{1}{2}$ D. $\dfrac{5}{12}$

解题思路:怎样计算随机事件的概率呢?

(1) 当题目涉及三个以上随机事件时, 不推荐使用各种公式进行大段的推导计算, 这样很容易"迷失在数学符号中". 本书推荐使用韦恩图将已知和目标"可视化". 特别地, 推荐将涉及的事件拆分为两两互不相容的子事件, 然后在韦恩图中标注每个子事件的概率. 绘制韦恩图时, 默认绘制最一般的情况(所有交集都应该表示出来). 但在本题中, 由于 $P(AB) = 0$, 所以韦恩图可以简化.

(2) 当题目涉及独立性时, 要注意 A 与 B 独立 $\Leftrightarrow \overline{A}$ 与 B 独立 $\Leftrightarrow A$ 与 $\overline{B}$ 独立 $\Leftrightarrow \overline{A}$ 与 $\overline{B}$ 独立. 推荐将部分子事件的概率视为未知数, 解方程, 详见典型题 1.12.

(3) 当题目涉及条件概率时, 运用条件概率的定义 $P(A \mid B) = \dfrac{P(AB)}{P(B)}$ 展开, 再结合前述方法和概率与条件概率的基本运算公式(公理化定义、加法公式、减法公式等)求解.

对于更加复杂的题目, 可以综合运用韦恩图和解方程等技巧, 详见典型题 1.13.

随机事件概率的解题思路见图 1.5.

解答 由于 $P(AB) = 0$, 绘制韦恩图如图 1.6 所示.

A, B, C 中恰有一个事件发生的概率为

$$P(A - C) + P(B - C) + P(C - A \bigcup B) = \frac{2}{12} + \frac{2}{12} + \frac{1}{12} = \frac{5}{12}$$

典型题
微课程
1.1

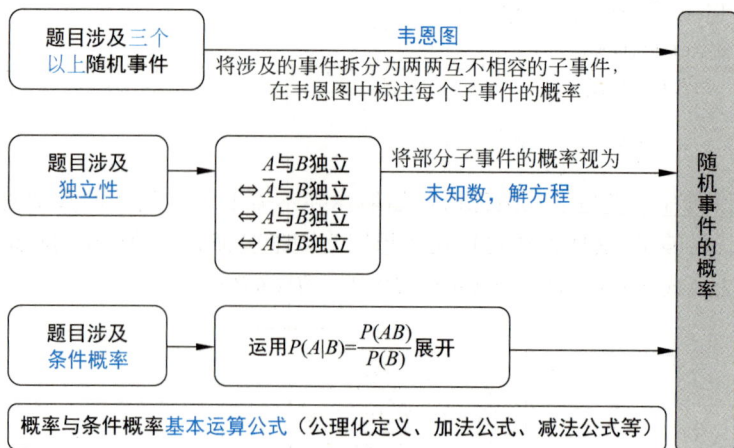

图 1.5　随机事件概率的解题思路

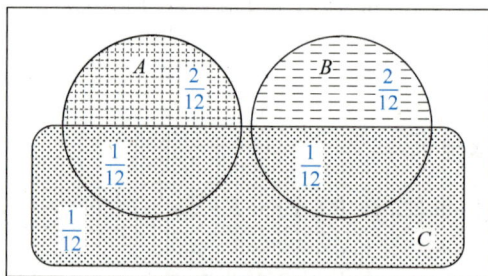

图 1.6　韦恩图及标注的事件概率

说明：韦恩图中各个两两互不相容子事件的概率的计算思路为

$$P(AC)=P(BC)=\frac{1}{12} \atop P(A)=P(B)=P(C)=\frac{1}{4}\Bigg\} \Rightarrow \begin{cases} P(A-C)=P(A)-P(AC)=\frac{1}{4}-\frac{1}{12}=\frac{2}{12} \\[2mm] P(B-C)=P(B)-P(BC)=\frac{1}{4}-\frac{1}{12}=\frac{2}{12} \\[2mm] P(C-A\bigcup B)=\frac{1}{4}-\frac{1}{12}-\frac{1}{12}=\frac{1}{12} \end{cases}$$

其中，概率 $\frac{2}{12}$ 不用刻意约分化简为 $\frac{1}{6}$，在解题最后一步约分化简即可.

答案　D

典型题 1.5

随机事件 A 与 B 满足 $P(A)=P(B)=\frac{1}{2}$ 和 $P(A\bigcup B)=1$，则必有_____.

A. $A\bigcup B=\Omega$　　　B. $AB=\varnothing$　　　C. $P(\overline{A}\bigcup\overline{B})=1$　　D. $P(A-B)=0$

解答　根据概率的加法公式容易证明选项 C 正确. 事实上，

$$P(\overline{A}\bigcup\overline{B})\xlongequal{\text{和事件的概率}}P(\overline{A})+P(\overline{B})-P(\overline{A}\overline{B})$$

$$\xlongequal{\text{第 3 项用对偶律}}P(\overline{A})+P(\overline{B})-P(\overline{A\bigcup B})$$

$$\underline{\underline{\text{各项均用对立事件的概率}}}[1-P(A)]+[1-P(B)]-[1-P(A\cup B)]$$

$$=\frac{1}{2}+\frac{1}{2}-0=1$$

答案 C

说明：很容易验证选项 D 错误，如取事件 $A=\{$硬币正面向上$\}$，$B=\overline{A}=\{$硬币反面向上$\}$.

故 $P(A-B)=\{$硬币正面向上且没有反面向上$\}=P(A)=\frac{1}{2}$. 可见选项 D 错误.

选项 A 和 B 则具有很强的迷惑性，它们涉及下面两对容易混淆的概念.

（1）不可能事件 $\varnothing$ 与零概率事件 $P(C)=0$

根据概率的基本性质，不可能事件的概率等于零，$P(\varnothing)=0$. 但零概率事件不一定是不可能事件. 例如，在 $[0,1]$ 区间上随机选一个点，记为 X，即 $X\sim U[0,1]$，详见第 3 章均匀分布. 则对于 $[0,1]$ 区间上任意数 x 都应该有 $P\{X=x\}=0$. 这是因为，一方面，X 服从均匀分布，则 X 在 $[0,1]$ 区间上取任意值的概率恒等；另一方面，$[0,1]$ 区间上有无限多个点，不妨取出其中可列无限多个 $x_i\in[0,1]$，$i=1,2,\cdots$. 可见，如果 $P\{X=x_i\}=a>0$，则

$$P(\Omega)=P\{0\leqslant X\leqslant 1\}\geqslant\sum_{i=1}^{n}P\{X=x_i\}=na\xrightarrow{n\to+\infty}+\infty$$

这与概率的规范性 $P(\Omega)=1$ 矛盾. 这样我们就构造了一个零概率事件 $\{X=x\}$. 但它包含一个样本点，不是不可能事件 $\varnothing$.

本题已知 $P(A\cup B)=1$，再由概率的加法公式 $P(A\cup B)=P(A)+P(B)-P(AB)$，可知 $P(AB)=P(A)+P(B)-P(A\cup B)=\frac{1}{2}+\frac{1}{2}-1=0$. 这不能推出 $AB=\varnothing$，可见选项 B 错误.

（2）必然事件 Ω 与概率为 1 的事件 $P(C)=1$

根据概率的公理化定义，必然事件的概率等于 1，$P(\Omega)=1$. 但概率为 1 的事件不一定是必然事件. 仍然看上面的零概率事件 $\{X=x\}$. 根据对立事件的概率公式（求逆公式），它的对立事件 $\{X\neq x\}$ 是概率为 1 的事件. 但它显然不包含样本空间中的所有样本点，不是必然事件 Ω.

本题已知 $P(A\cup B)=1$，不能推出 $A\cup B=\Omega$. 可见选项 A 错误.

说明[选学]：概率的公理化定义强调"可列可加性"，而非"无限可加性"，很好地避免了"无限个 0 相加得到 1"的悖论. 具体而言，记 $X\sim U[0,1]$，则对于任意 $x\in[0,1]$ 有 $P\{X=x\}=0$. 但"互不相容事件的概率和 $\sum_{x\in[0,1]}P\{X=x\}$"并不等于"和事件的概率 $P\left\{\bigcup_{x\in[0,1]}\{X=x\}\right\}=P(\Omega)=1$". 因为，$[0,1]$ 区间上不可列无限多个点，不能使用可列可加性.

1.3.3 用随机事件表示生活中的随机现象

概率论与现实生活联系紧密，我们可以通过定义随机事件将生活中的随机现象转化为数学中的随机问题. 这种将自然语言与数学语言自由切换的能力，有助于我们运用概率知识解决实际问题.

典型题 1.6

你在超市里拿了一瓶饮料. 记事件 A 表示拿到的是一瓶"果汁", 事件 B 表示拿到的是一瓶"冰镇饮料", 事件 C 表示拿到的是一瓶"纸包装饮料". 那么, 随机事件 $AB\bar{C}$ 表示_____; 随机事件 $\bar{A}\subset\bar{C}$ 表示_____.

分析：随机事件 $AB\bar{C}$ 表示拿到的是一瓶"非纸包装的冰镇果汁". 这个问题比较简单. 那么, $\bar{A}\subset\bar{C}$ 表示什么随机现象呢？"不是果汁的饮料一定是非纸包装饮料"？这样的表述正确, 但太拗口了, 不符合自然语言的习惯. 如果你注意到 $\bar{A}\subset\bar{C}$ 等价于 $A\supset C$, 就可以给出更加自然的表述了, 即"该超市中所有纸包装饮料都是果汁".

解答　随机事件 $AB\bar{C}$ 表示拿到的是一瓶"非纸包装的冰镇果汁", 随机事件 $\bar{A}\subset\bar{C}$ 表示"该超市中所有纸包装饮料都是果汁".

1.4　条件概率的定义及三个计算公式

在实际应用中, 我们有时不仅关心随机事件 A 发生的概率, 还会关心在某些附加条件下事件 A 发生的概率. 这些附加条件通常以"某事件已经发生"的形式给出. 这就是"已知某事件发生的条件下事件 A 发生的条件概率".

1.4.1　条件概率的定义

设 A 与 B 是样本空间 Ω 中的两个事件, 若 $P(B)>0$, 则称 $P(A|B)=\dfrac{P(AB)}{P(B)}$ 为"在 B 发生的条件下 A 的条件概率", 简称条件概率.

典型题 1.7

考虑恰有两个小孩的全部家庭, 并且假定生男、生女是等可能的. 若随机地选择一个家庭, 发现该家庭至少有一个女孩, 则这一家另一个小孩是男孩的概率是_____.

A. $\dfrac{1}{3}$　　　　B. $\dfrac{1}{2}$　　　　C. $\dfrac{2}{3}$　　　　D. $\dfrac{3}{4}$

解答　说明：本题有至少两种解法. 解法 1：先写出所有的可能情况（样本点）, 这些样本点发生的概率相等（等可能概型、古典型概率）；再分别计算满足"分子"和"分母"条件的样本点数；最后相除. 解法 2：运用条件概率的定义计算.

解法 1　古典型概率. 由题意, 样本空间为：$\{$(女,女),(女,男),(男,女),(男,男)$\}$（图 1.7）. 其中, 每个样本点中的两个性别按照小孩的年龄排序. 例如, 样本点"(女,男)"表示家里两个小孩为"姐弟".

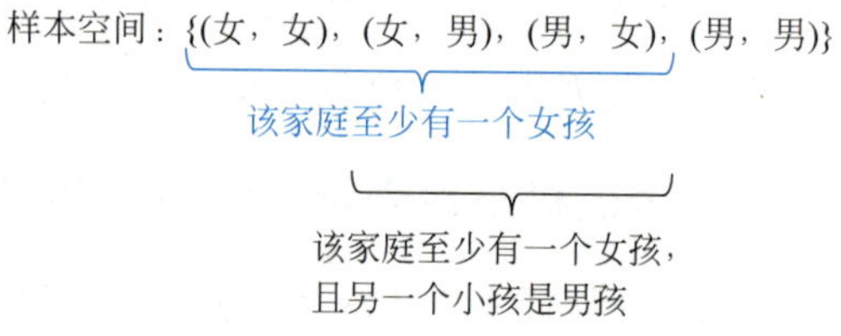

因为假定生男、生女是等可能的, 所以样本空间中每个样本点发生的概率相等.

样本空间：{(女，女)，(女，男)，(男，女)，(男，男)}

该家庭至少有一个女孩

该家庭至少有一个女孩, 且另一个小孩是男孩

图 1.7　样本空间

因此,某家庭至少有一个女孩的条件下,另一个小孩是男孩的概率为

$$P = \frac{\#\{(女,男),(男,女)\}}{\#\{(女,女),(女,男),(男,女)\}} = \frac{2}{3}$$

其中,记号"#"表示集合中元素的个数,称为"集合的势",即事件中包含样本点的个数.例如,$\#\{(女,男),(男,女)\} = 2$.

解法 2 条件概率.由题意,样本空间为:$\{(女,女),(女,男),(男,女),(男,男)\}$.
定义随机事件 $A = \{$其中一个是女孩$\}$,随机事件 $B = \{$其中一个是男孩$\}$.则

$$A = \{(女,女),(女,男),(男,女)\}$$
$$B = \{(女,男),(男,女),(男,男)\}$$
$$AB = \{(女,男),(男,女)\}$$

因为假定生男、生女是等可能的,所以样本空间中每个样本点发生的概率相等,均为 $\frac{1}{4}$.

因此,某家庭至少有一个女孩的条件下,另一个小孩是男孩的概率为

$$P(B \mid A) = \frac{P(AB)}{P(A)} = \frac{\frac{2}{4}}{\frac{3}{4}} = \frac{2}{3}$$

答案 C

有的学生可能直觉上认为这个问题的答案应该是 $\frac{1}{2}$,毕竟"假定生男、生女是等可能的".在解释这个问题之前,我们先看另一个形式上类似的问题.

典型题 1.8

考虑恰有两个小孩的全部家庭,并且假定生男、生女是等可能的.若从这些家庭中随机地选择一个小孩,发现她是一个女孩,则这一家另一个小孩是男孩的概率是_____.

A. $\frac{1}{3}$ B. $\frac{1}{2}$ C. $\frac{2}{3}$ D. $\frac{3}{4}$

解答 说明:本题同样有至少两种解法.

解法 1 古典型概率.由题意,样本空间为:$\{(女,g),(女,b),(男,g),(男,b)\}$(图 1.8).其中,每个样本点中的两个性别按照小孩是否被选中排序.例如,样本点"(女,b)"表示被选中的是一个女孩,家里另一个小孩是男孩.

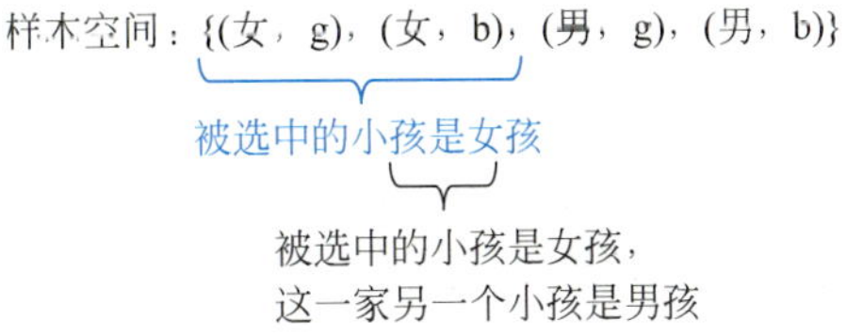

样本空间:$\{(女,g),(女,b),(男,g),(男,b)\}$

被选中的小孩是女孩

被选中的小孩是女孩,这一家另一个小孩是男孩

图 1.8 样本空间

因为假定生男、生女是等可能的,所以样本空间中每个样本点发生的概率相等.

因此,在被选中的小孩是女孩的条件下,这一家另一个小孩是男孩的概率为

$$P = \frac{\#\{(女,b)\}}{\#\{(女,g),(女,b)\}} = \frac{1}{2}$$

解法 2　条件概率. 由题意,样本空间为:$\{(女,g),(女,b),(男,g),(男,b)\}$.

定义随机事件 $A=\{$被选中的小孩是女孩$\}$,随机事件 $B=\{$家里另一个小孩是男孩$\}$. 则

$$A=\{(女,g),(女,b)\}$$
$$B=\{(女,b),(男,b)\}$$
$$AB=\{(女,b)\}$$

因为假定生男、生女是等可能的,所以样本空间中每个样本点发生的概率相等,均为 $\dfrac{1}{4}$.

因此,在被选中的小孩是女孩的条件下,这一家另一个小孩是男孩的概率为

$$P(B\mid A)=\frac{P(AB)}{P(A)}=\frac{\dfrac{1}{4}}{\dfrac{2}{4}}=\frac{1}{2}$$

答案　B

典型题 1.7 和 1.8 的样本空间中都有 4 个样本点,但每个样本点的具体定义方式不同. 图 1.9 展示了两者的对比关系. 可以看出,两个问题的关键区别在于样本点“(男,女)”和“(男,g)”. 在第一个问题中,样本点“(男,女)”使得事件 A 发生,因为“其中一个是女孩”;也使得事件 B 发生,因为“其中一个是男孩”. 但在第二个问题中,样本点“(男,g)”使得事件 A 不发生,因为“被选中的小孩不是女孩”;也使得事件 B 不发生,因为“家里另一个小孩不是男孩”.

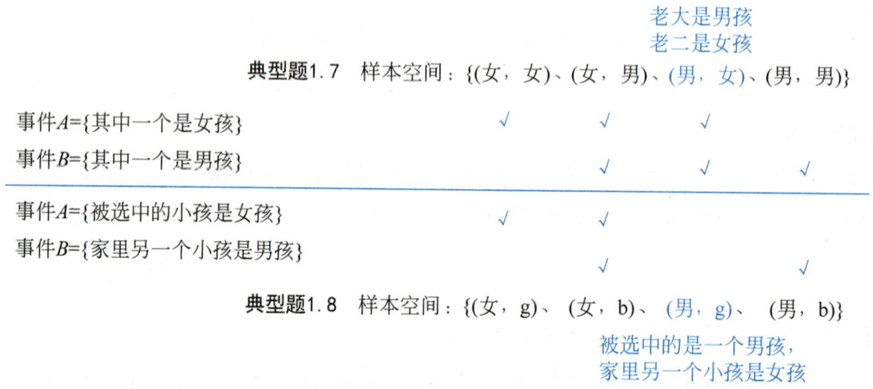

图 1.9　两个问题中样本空间的对比

这是一对非常值得体会的问题,它说明正确理解概率统计中的“抽样对象”非常重要. 第一个问题的抽样对象是“家庭”,第二个问题的抽样对象是“小孩”.

1.4.2　条件概率的基本性质

运用条件概率的定义可以验证:对于固定的事件 B,$P(B)>0$,条件概率函数 $P(\cdot\mid B)$ 也满足概率的公理化定义,进而满足表 1.4 右栏列出的基本性质. 例如:概率的加法公式为 $P(A\cup B)=P(A)+P(B)-P(AB)$,可以分两步将其修改为条件概率的加法公式. ①调整事件的记号,把“B”留出来,即 $P(A_1\cup A_2)=P(A_1)+P(A_2)-P(A_1A_2)$. ②将概率函数

$P(\cdot)$ 修改为条件概率函数 $P(\cdot|B)$，即形式上增加"$|B$"，得到

$$P(A_1 \bigcup A_2 \mid B) = P(A_1 \mid B) + P(A_2 \mid B) - P(A_1 A_2 \mid B)$$

类似地，可以快速得到条件概率的其他性质.这些性质可以运用条件概率的定义和概率的性质严格证明.

1.4.3　条件概率的三个计算公式

条件概率有三个非常实用的计算公式：乘法公式、全概率公式和贝叶斯(Bayes)公式，分别应用于分步骤计算、分情况讨论和已知结果反推原因的场合.我们在中学阶段已经接触过上述三个计算公式.在学习过程中要注意它们的应用场景、抓住本质，以便在解题或实际应用中快速找到合适的数学工具.

> **-引例1.9-**　有一批零件来自三个工厂.随机抽取1个零件，定义随机事件 $A=\{$零件是次品$\}$，随机事件 $B_i=\{$零件来自第 i 个工厂$\}$，$i=1,2,3$.针对这个引例，我们可以研究哪些概率问题呢？比如：
>
> (1) 该零件是来自第一个工厂的次品的概率 $P(AB_1)$——两个事件同时发生的概率；
>
> (2) 该零件是次品的概率 $P(A)$——一个比较复杂的事件的概率；
>
> (3) 该零件是次品的条件下它来自第一个工厂的概率 $P(B_1|A)$——已知结果反推原因.

这三个问题分别对应乘法公式、全概率公式和贝叶斯公式.

---

1. 乘法公式——分步骤计算

根据条件概率的定义，若 $P(A)>0$，则 $P(B|A)=\dfrac{P(AB)}{P(A)}$.移项得 $P(AB)=P(A)P(B|A)$，这就是条件概率的乘法公式.乘法公式通常用于分步骤计算概率.

引例中"该零件是来自第一个工厂的次品"对应随机事件 $A \bigcap B_1 = AB_1$，它可以分两步实现：①该零件来自第一个工厂，概率为 $P(B_1)$；②该零件来自第一个工厂的条件下它是次品，概率为第一个工厂的次品率 $P(A|B_1)$.综上，两个事件 A 与 B_1 同时发生的概率为 $P(AB_1)=P(B_1)P(A|B_1)$.

类似地，如果要计算三个事件同时发生的概率，则

$$P(A_1 A_2 A_3) = P(A_1)P(A_2 \mid A_1)P(A_3 \mid A_1 A_2)$$

这里只需要求 $P(A_1 A_2)>0$，因为它足以保证 $P(A_1)>0$.类似地，可以分步骤计算 n 个事件同时发生的概率：若 $P(A_1 A_2 \cdots A_{n-1})>0$，则

$$P(A_1 A_2 \cdots A_n) = P(A_1)P(A_2 \mid A_1)P(A_3 \mid A_1 A_2) \cdots P(A_n \mid A_1 A_2 \cdots A_{n-1})$$

---

2. 全概率公式——分情况讨论

要计算 $P(A)$ 这个比较复杂的随机事件的概率，需要分情况讨论.零件来自三个工厂，它们"不重不漏"，形成完备事件组.具体而言，设 $B_1, B_2, \cdots, B_n, \cdots$ 为有限多个或者可列无

限多个两两互不相容的事件,且 $\bigcup\limits_{i \geqslant 1} B_i = \Omega$,$P(B_i) > 0$,$i = 1, 2, \cdots$,则称 $B_1, B_2, \cdots, B_n, \cdots$ 为样本空间 Ω 的一个完备事件组(划分、分割).设 $B_1, B_2, \cdots, B_n, \cdots$ 为样本空间 Ω 的一个完备事件组,则对任意事件 A 有

$$A = A \bigcap \Omega \xrightarrow{\quad\text{代入}\Omega = \bigcup\limits_{i \geqslant 1} B_i\quad} A \bigcap \left(\bigcup_{i \geqslant 1} B_i\right) \xrightarrow{\quad\text{分配律}\quad} \bigcup_{i \geqslant 1} AB_i$$

这里,记号"$\bigcup\limits_{i \geqslant 1} B_i$"既可以表示有限并 $\bigcup\limits_{i=1}^{n} B_i$ 也可以表示可列无限并 $\bigcup\limits_{i=1}^{\infty} B_i$.由此得到

$$P(A) = \sum_{i \geqslant 1} P(AB_i) = \sum_{i \geqslant 1} P(B_i)P(A \mid B_i)$$

这就是条件概率的全概率公式(图 1.10).类似地,记号"$\sum\limits_{i \geqslant 1} P(AB_i)$"既可以表示有限和 $\sum\limits_{i=1}^{n} P(AB_i)$ 也可以表示可列无限和 $\sum\limits_{i=1}^{\infty} P(AB_i)$.全概率公式通常用于分情况讨论.

引例中"该零件是次品的概率 $P(A)$"可以分三种情况讨论.第一种情况指"零件来自第一个工厂的概率"乘以"零件来自第一个工厂的条件下它是次品的概率",后者等于第一个工厂的次品率,故 $P(AB_1) = P(B_1)P(A \mid B_1)$.类似地,第二、三种情况分别对应第二、三个工厂.综上,$P(A) = P(B_1)P(A \mid B_1) + P(B_2)P(A \mid B_2) + P(B_3)P(A \mid B_3)$.

全概率公式还常用于计算混合型二维随机变量的分布,即 X 是离散型随机变量、Y 是连续型随机变量.此时常用全概率公式的简化形式:$P(A) = \sum\limits_{i \geqslant 1} P(AB_i)$,参见第 4 章典型题 4.12.

3. 贝叶斯公式——已知结果反推原因、逆概率公式

设 $B_1, B_2, \cdots, B_n, \cdots$ 为样本空间 Ω 的一个完备事件组.根据条件概率的定义,若 $P(A) > 0$,则 $P(B_i \mid A) = \dfrac{P(AB_i)}{P(A)}$.①分子部分:根据乘法公式,$P(AB_i) = P(B_i)P(A \mid B_i)$.②分母部分:根据全概率公式,$P(A) = \sum\limits_{j \geqslant 1} P(B_j)P(A \mid B_j)$.

综上,$P(B_i \mid A) = \dfrac{P(B_i)P(A \mid B_i)}{\sum\limits_{j \geqslant 1} P(B_j)P(A \mid B_j)}$,这就是条件概率的贝叶斯公式.图 1.11 给出了条件概率的定义及三个计算公式.

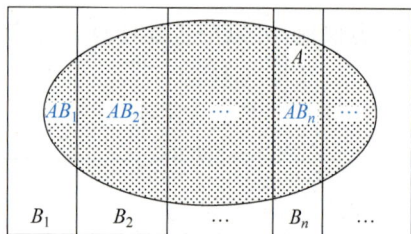

知识点
微课程
1.2

图 1.10　全概率公式示意图

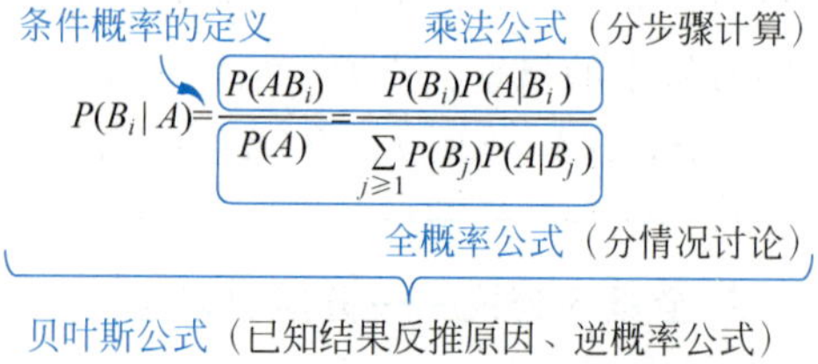

条件概率的定义　　乘法公式(分步骤计算)

$$P(B_i \mid A) = \dfrac{P(AB_i)}{P(A)} = \dfrac{P(B_i)P(A|B_i)}{\sum\limits_{j \geqslant 1} P(B_j)P(A|B_j)}$$

全概率公式(分情况讨论)

贝叶斯公式(已知结果反推原因、逆概率公式)

图 1.11　条件概率的定义及三个计算公式

从数学角度看,贝叶斯公式仅仅是把条件概率的定义、乘法公式和全概率公式拼凑在一起,看似没有特别大的创新.但它在实际应用中具有非常重要的意义.因为它可以从相对容易计算的概率 $P(A|B_j)$ 出发,得到不容易计算的概率 $P(B_i|A)$.在前面的引例中,$P(A|B_j)$ 是每个工厂的次品率,可以通过历史数据得到,是已知原因(零件来自第 i 个工厂)推出结果(零件是次品的概率);而 $P(B_i|A)$ 是已知结果反推原因,即已知"零件是次品"的概率反推"零件来自第 i 个工厂"的概率.

如前所述,如果问题涉及"已知结果反推原因",或者从形式上容易计算的条件概率 $P(\cdot|*)$ 与目标概率 $P(*|\cdot)$ 竖线两侧的随机事件交换位置,则考虑使用贝叶斯公式.引例中"该零件是次品的条件下它来自第一个工厂的概率 $P(B_1|A)$"等于 $P(B_1|A)=\dfrac{P(B_1)P(A|B_1)}{P(A)}=\dfrac{P(B_1)P(A|B_1)}{P(B_1)P(A|B_1)+P(B_2)P(A|B_2)+P(B_3)P(A|B_3)}.$

说明:这里所谓"已知结果反推原因"在数学上不够严谨.事实上,本课程通常只能研究统计相关性,而因果关系是统计学的另一个重要课题.但这种说法有助于理解:什么时候可以使用贝叶斯公式?这是因为:很多问题都满足"前因后果"的关系.通常"已知原因推结果"相对容易,"已知结果反推原因"比较困难.这时候就可以使用贝叶斯公式,用相对容易计算的、已知的概率 $P(\cdot|*)$ 得到相对难以计算的目标概率 $P(*|\cdot)$.很多学生在中学阶段就已经学习过贝叶斯公式等概率统计知识了.我相信大部分学生都可以很好地根据公式计算概率.因此,本课程的一个难点是:在常见考试和实际应用中,如何顺利想到需要使用哪个公式或定理呢?这也是本书重点讲解的内容之一.

表 1.5 对条件概率的三个重要公式进行了详细对比.

表 1.5 条件概率的三个重要计算公式

公式名称	应用场合	严 格 表 述
乘法公式	分步骤计算	若 $P(A)>0$,则 $P(AB)=P(A)P(B\|A)$.若 $P(A_1A_2\cdots A_{n-1})>0$,则 $P(A_1A_2\cdots A_n)=P(A_1)P(A_2\|A_1)P(A_3\|A_1A_2)\cdots$ $P(A_n\|A_1A_2\cdots A_{n-1})$
全概率公式	分情况讨论	设 $B_1,B_2,\cdots,B_n,\cdots$ 为样本空间 Ω 的一个完备事件组,则对任意事件 A 有 $P(A)=\sum\limits_{i\geqslant 1}P(B_i)P(A\|B_i)$
贝叶斯公式	已知结果反推原因	设 $B_1,B_2,\cdots,B_n,\cdots$ 为样本空间 Ω 的一个完备事件组,若 $P(A)>0$,则 $P(B_i\|A)=\dfrac{P(B_i)P(A\|B_i)}{\sum\limits_{j\geqslant 1}P(B_j)P(A\|B_j)}$

1.4.4 典型题

抽签是一种传统的稀缺资源分配方式.抽签时先抽好还是后抽好?有没有制胜的妙招呢?

典型题 1.10

5 个学生通过抽签的方式分配 2 张电影票.

(1) 求第 1 个学生没有抽中的条件下,第 2 个学生抽中的概率;

(2) 求第 2 个学生抽中的概率;

(3) 已知第 2 个学生抽中了,求第 1 个学生没有抽中的概率.

解答　说明:首先通过定义与问题关联的随机事件,将生活中的随机问题转化为数学问题.

记事件 A_i 表示第 i 个学生抽中电影票,$i=1,2$.

(1) 第 1 个学生没有抽中的条件下,第 2 个学生抽中的概率为 $P(A_2 \mid \overline{A_1})=\dfrac{2}{4}=\dfrac{1}{2}$.

说明:这是一个条件概率的计算,但不必套用乘法公式等条件概率的计算公式(公式只是解决问题的工具,不要为了用公式而用公式,也不要被公式的形式束缚住.要注意掌握公式的本质,从而灵活使用公式).可以直接使用计数的思想.其中第一个等式的分母部分"4"表示第 1 个学生抽走了一张签,还剩下 4 张签;分子部分"2"表示他没有抽中,还剩下 2 张电影票.

(2) 第 2 个学生抽中的概率为

$$P(A_2)=P(A_1)P(A_2 \mid A_1)+P(\overline{A_1})P(A_2 \mid \overline{A_1})=\frac{2}{5}\times\frac{1}{4}+\frac{3}{5}\times\frac{2}{4}=\frac{8}{20}=\frac{2}{5}$$

说明 1:要计算第 2 个学生抽中的概率 $P(A_2)$,需要针对第 1 个学生是否抽中电影票,运用全概率公式分情况讨论.类似地,要计算第 3 个学生抽中的概率 $P(A_3)$,推荐针对前两个学生是否抽中电影票的全部四种情况分情况讨论,也就是建立样本空间 Ω 的完备事件组

$$\Omega = A_1A_2 \cup A_1\overline{A_2} \cup \overline{A_1}A_2 \cup \overline{A_1}\,\overline{A_2}$$

事实上,使用全概率公式的关键是构建完备事件组,构建方法不唯一.但本书推荐如上所示很有普适性的方法:如果事件是第 n 步实现的,则将前 $n-1$ 步所有的情况划分为不重不漏的完备事件组.

说明 2:事实上,概率 $P(A_i)=\dfrac{2}{5}$,$i=1,2,\cdots,5$.这展示了抽签的公平性:抽签的中签概率与抽签先后顺序无关.

(3) 在第 2 个学生抽中的条件下,第 1 个学生没有抽中的概率为

$$P(\overline{A_1} \mid A_2)=\frac{P(\overline{A_1}A_2)}{P(A_2)}=\frac{P(\overline{A_1})P(A_2 \mid \overline{A_1})}{P(A_2)}=\frac{\frac{3}{5}\times\frac{2}{4}}{\frac{2}{5}}=\frac{3}{4}$$

说明:①本质上,本题的计算目标是 $P(\overline{A_1} \mid A_2)$,是已知结果反推原因,故考虑使用贝叶斯公式.②形式上,计算在第 1 个学生是否抽中的条件下,第 2 个学生抽中的概率更加自然、更加容易.如果容易计算的条件概率 $P(\cdot \mid *)$ 与目标概率 $P(* \mid \cdot)$ 竖线两侧交换位置,则考虑使用贝叶斯公式.运用贝叶斯公式时不要拘泥于复杂的形式 $P(B_i \mid A)=\dfrac{P(B_i)P(A \mid B_i)}{\sum\limits_{i\geqslant 1}P(B_i)P(A \mid B_i)}$.由于本题第(2)小问已经得到了 $P(A)$,则推荐运用贝叶斯公式的简化形式:$P(B_i \mid A)=\dfrac{P(AB_i)}{P(A)}=\dfrac{P(B_i)P(A \mid B_i)}{P(A)}$.

说明：如前言所述,本书通过楷体字给出典型题的解题思路、分析过程和细节讲解.这些内容在正式答题时不建议写在卷面上;但可以写在草稿纸上,有助于快速理清思路并完成答题.

运用"**抽签的公平性**"可以快速解答下面这道填空题.当然,本题也可以运用全概率公式求解.

典型题 1.11

盒子中有 10 个小球,其中 3 个黑球、7 个白球,10 个人依次各取 1 球,不放回,则第 3 个人取到黑球的概率为_____.

解答　运用"抽签的公平性",第 3 个人取到黑球的概率与第 1 个人相同,都等于 0.3.

答案　0.3

1.5　随机事件的独立性

对于两个事件 A 与 B,如果 $P(AB)=P(A)P(B)$,则称事件 A 与 B 相互独立,简称独立.利用独立性可以简化概率计算.若事件 A 与 B 相互独立,则有 A 与 $\bar{B}$、$\bar{A}$ 与 B、$\bar{A}$ 与 $\bar{B}$ 均相互独立.

(1) 当 $P(B)>0$ 时,$P(A|B)=P(A)$,即后验概率 $P(A|B)$ 等于先验概率 $P(A)$,事件 B 发生与否不影响 A 发生的概率.关于先验概率与后验概率的深入讨论,详见本章"拓展阅读"的应用 1.2.

(2) 当 $P(B)=0$ 时,事件 B 与任意事件 A 相互独立.可见,用 $P(AB)=P(A)P(B)$ 定义随机事件的独立性,比用 $P(A|B)=P(A)$ 适用范围更广.

1.5.1　几对容易混淆的概念

下面我们来区分几对容易混淆的概念.

1. 互不相容与相互独立

互不相容($AB=\varnothing$)与相互独立($P(AB)=P(A)P(B)$)是两个容易混淆的概念.两事件互不相容时,和事件的概率 $P(A\bigcup B)=P(A)+P(B)$ 最容易计算;两事件相互独立时,积事件的概率 $P(AB)=P(A)P(B)$ 最容易计算.

2. 相互独立与两两独立

设 A,B,C 是三个事件,如果有

$$\begin{cases} P(AB)=P(A)P(B) \\ P(AC)=P(A)P(C) \\ P(BC)=P(B)P(C) \end{cases}$$

则称 A,B,C 两两独立.若还有 $P(ABC)=P(A)P(B)P(C)$,则称 A,B,C 相互独立.

对于 $n\geqslant 3$ 个事件,两两独立是指:任选两个事件满足积事件的概率等于概率的乘积;相互独立是指:任选 $k(2\leqslant k\leqslant n)$ 个事件满足积事件的概率等于概率的乘积.可见,$n\geqslant 3$ 个事件相互独立必然两两独立,反之则不然.

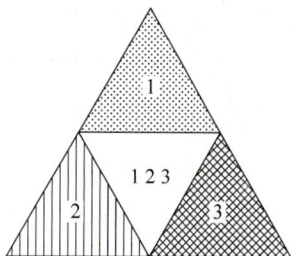

图 1.12　抛掷正四面体

经典的案例是:抛掷正四面体.将正四面体的三个面分别标注数字 1,2,3,第 4 个面同时包含这 3 个数字(图 1.12).

抛掷这个正四面体,记

$$\begin{cases} A = \{\text{向下的面中包含数字 1}\} \\ B = \{\text{向下的面中包含数字 2}\} \\ C = \{\text{向下的面中包含数字 3}\} \end{cases}$$

容易算出:$P(A) = P(B) = P(C) = \dfrac{1}{2}$,$P(AB) = P(AC) = P(BC) = \dfrac{1}{4}$,$P(ABC) = \dfrac{1}{4}$.容易验证其中的 A,B,C 满足"两两独立但不相互独立".

3. 独立与条件独立[选学]

在表 1.4 中,运用"条件概率也是一种概率",可以把概率的基本性质推广到条件概率.然而,几个事件独立,却并不一定能推出它们条件独立,即

$$P(AB) = P(A)P(B) \Rightarrow P(AB \mid C) = P(A \mid C)P(B \mid C)$$

上述"抛掷正四面体"中的 A,B,C,正好满足"独立但不条件独立".另一方面,取事件 $A = C = \{$硬币正面向上$\}$,$B = \bar{A} = \{$硬币反面向上$\}$.那么 $P(AB \mid C) = 0 = P(A \mid C)P(B \mid C)$(条件独立),但 $P(AB) = 0 \neq P(A)P(B) = \dfrac{1}{4}$(不独立),如图 1.13 所示.

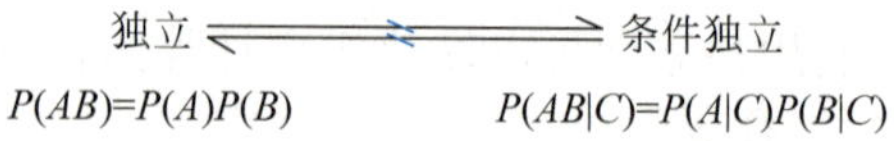

图 1.13　独立与条件独立的关系
(既不充分也不必要)

4. 独立性与相关性

在第 2 章中,我们将随机事件推广为随机变量,继而在第 2 和 4 章中讨论随机变量的独立性与相关性.

1.5.2　典型题

典型题 1.12

随机事件 A,B,C 两两独立,满足 $ABC = \varnothing$,$P(A) = P(B) = P(C)$,且 $P(A \cup B \cup C) = \dfrac{9}{16}$,则 $P(A) = $ _____.

解答　说明:本题涉及独立性,推荐将部分子事件的概率视为未知数,解方程.

不妨记 $P(A) = P(B) = P(C) = x$,则题目中的条件可以写成:

① 事件 A,B,C 两两独立 $\Rightarrow P(AB) = P(AC) = P(BC) = x^2$

② $ABC = \varnothing \Rightarrow P(ABC) = 0$

③ 三个事件的加法公式 $P(A \cup B \cup C)$
$$= P(A) + P(B) + P(C) - P(AB) - P(AC) - P(BC) + P(ABC)$$

$$\Rightarrow \frac{9}{16} = 3x - 3x^2 \Rightarrow 16x^2 - 16x + 3 = 0$$

解得 $x_{1,2} = \dfrac{1}{4}, \dfrac{3}{4}$.由概率的单调性可知 $P(A) \leqslant P(A \cup B \cup C) = \dfrac{9}{16}$,故 $P(A) = \dfrac{1}{4}$.

说明：如前所述，本题涉及"独立性"，推荐将部分子事件的概率视为未知数，解方程．本题根据试题［1999，Ⅰ］（表示 1999 年数学Ⅰ卷考研真题，余同）改编，原题还包含条件"$P(A)=P(B)=P(C)<\dfrac{1}{2}$"，但这个条件可以去掉．事实上，运用概率的单调性可知 $P(A)\leqslant P(A\cup B\cup C)=\dfrac{9}{16}$，由此舍去解 $\dfrac{3}{4}$，得到唯一正确的解 $\dfrac{1}{4}$．

答案　$\dfrac{1}{4}$

1.6　条件概率与独立性的综合练习

典型题 1.13［2018，Ⅰ］

设随机事件 A 与 B 相互独立，A 与 C 相互独立，$BC=\varnothing$．若 $P(A)=P(B)=\dfrac{1}{2}$，$P(AC\mid AB\cup C)=\dfrac{1}{4}$，则 $P(C)=$ _____．

解答　说明：①本题涉及三个随机事件，使用韦恩图将已知和目标"可视化"．特别地，推荐将涉及的事件拆分为两两互不相容的子事件，然后在韦恩图中标注每个子事件的概率．本题 $BC=\varnothing$，所以韦恩图可以简化．②本题涉及独立性，推荐将部分子事件的概率视为未知数，解方程．③本题涉及条件概率，运用条件概率的定义展开．

由于 $BC=\varnothing$，绘制韦恩图如图 1.14 所示．

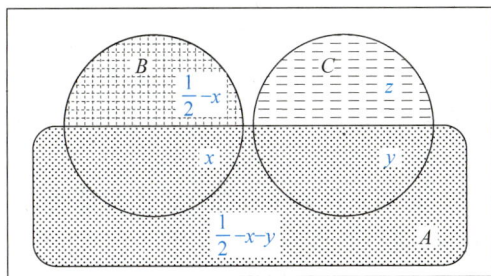

图 1.14　韦恩图及标注的事件概率

不妨记 $P(AB)=x$，$P(AC)=y$，$P(\bar{A}C)=P(C)-P(AC)=z$．

由 A 与 B 相互独立知，$P(AB)=P(A)P(B)\Rightarrow x=\dfrac{1}{2}\times\dfrac{1}{2}=\dfrac{1}{4}$．

由 A 与 C 相互独立知，$P(AC)=P(A)P(C)\Rightarrow y=\dfrac{1}{2}\times(y+z)\Rightarrow y=z$．

进一步有

$$P(AC\mid AB\cup C)=\frac{P(AC\cap(AB\cup C))}{P(AB\cup C)}=\frac{y}{\dfrac{1}{4}+2y}=\frac{1}{4}\Rightarrow y=\frac{1}{8}$$

说明：上述 $P(AC \cap (AB \cup C)) = y$ 和 $P(AB \cup C) = x + y + z = \dfrac{1}{4} + 2y$ 可以由韦恩图得到.

故 $P(C) = y + z = 2y = \dfrac{1}{4}$.

答案　$\dfrac{1}{4}$

典型题 1.14[2021，Ⅰ & Ⅲ]

设 A, B 为随机事件，且 $0 < P(B) < 1$. 下列命题中为假命题的是 _____.

A. 若 $P(A|B) = P(A)$，则 $P(A|\bar{B}) = P(A)$.

B. 若 $P(A|B) > P(A)$，则 $P(\bar{A}|\bar{B}) > P(\bar{A})$.

C. 若 $P(A|B) > P(A|\bar{B})$，则 $P(A|B) > P(A)$.

D. 若 $P(A|A \cup B) > P(\bar{A}|A \cup B)$，则 $P(A) > P(B)$.

说明：在某些习题集中，这类典型题的解法是"直接给出反例证明选项 D 是假命题". 学生很可能产生两个疑惑：① 为什么想到证明选项 D，而不是其他三个选项是假命题呢？② 这个反例是怎么找到的呢？事实上，这类题目包含两个难点：(a) 快速确定解题目标；(b) 证明目标. 前者可以运用直觉和例子等不太严谨的方法来快速判断.

(1) 选项 A 的条件是 $P(A|B) = P(A)$，可见 A 与 B 相互独立，那么 A 与 $\bar{B}$ 也相互独立，结论正确.

(2) 选项 B 的条件是 $P(A|B) > P(A)$，可见 B 发生有助于 A 发生，粗略地讲，A 与 B 相互"支持". 与之对应，$\bar{A}$ 与 $\bar{B}$ 相互"支持"，结论很可能正确.

(3) 选项 C 的条件是 $P(A|B) > P(A|\bar{B})$，可见 B 发生比 B 不发生更有助于 A 发生，粗略地讲，B 发生有助于 A 发生，结论很可能正确.

(4) 选项 D 的条件是 $P(A|A \cup B) > P(\bar{A}|A \cup B)$，可见 $A \cup B$ 发生有助于 A 发生，但不能判断 A 与 B 哪个发生的概率大，结论很可能错误. 由此快速确定解题目标"证明选项 D 是假命题".

当然，选项 A，B，C 都可以运用条件概率和独立性严格证明，此处从略.

分析：通过找反例说明"选项 D 是假命题". 本题的反例并不明显，可以先从已知条件出发，作一些推导，进而发现反例应该具有的特征.

根据选项 D 得

$$P(A | A \cup B) > P(\bar{A} | A \cup B)$$

$$\Rightarrow \frac{P(A \cap (A \cup B))}{P(A \cup B)} > \frac{P(\bar{A} \cap (A \cup B))}{P(A \cup B)}$$

$$\Rightarrow P(A) > P(\bar{A} \cap (A \cup B)) = P(B) - P(AB)$$

可见，得不到 $P(A) > P(B)$ 结论的关键差别在 $P(AB)$. 反例需要使得 $P(A) \leqslant P(B)$ 且 $P(AB)$ 较大.

解答　反例，取 $A = B$. 则显然满足 $P(A|A \cup B) > P(\bar{A}|A \cup B)$，但 $P(A) > P(B)$ 不成立.

答案　D

1.7 常用的排列组合结论[选学]

古典型概率的关键是计算排列组合.我们在中学阶段已经接触过一些排列组合知识:分类加法计数原理、分步乘法计数原理、无重排列、无重组合等.本节介绍几个常用的排列组合结论(表 1.6),并对其中三种相对复杂的情况给出解释,以便帮助学生理解和记忆结论.

表 1.6　常用的排列组合结论

名称	公式	严格表述
无重排列	$A_n^k = \dfrac{n!}{(n-k)!}$	从 n 个不同元素中有序且不重复地选取 $k(1 \leqslant k \leqslant n)$ 个元素,称为 n 个不同元素的 k-无重排列,对应无放回抽样. 排列数为 $A_n^k = n(n-1) \cdots (n-k+1) = \dfrac{n!}{(n-k)!}$. 当 $k=n$ 时得到 n 个不同元素的全排列 $A_n^n = n!$
重复排列	n^k	从 n 个不同元素中有序且可重复地选取 $k(k \geqslant 1)$ 个元素,称为 n 个不同元素的 k-重复排列,对应有放回抽样.排列数为 n^k.
不全相异元素的全排列	$\dfrac{n!}{n_1! n_2! \cdots n_k!}$	设 n 个元素可分为 k 组,同一组的元素彼此相同,不同组的元素不相同.设 k 组的元素个数依次为 $n_1, n_2, \cdots, n_k$,且满足 $n_1 + n_2 + \cdots + n_k = n$,则这 n 个元素的全排列称为不全相异元素的全排列.排列数为 $\dfrac{n!}{n_1! n_2! \cdots n_k!}$.
圆周排列	$\dfrac{A_n^k}{k} = \dfrac{n!}{k(n-k)!}$	从 n 个不同元素中有序且不重复地选取 $k(1 \leqslant k \leqslant n)$ 个元素排在一个圆周上,称为 n 个不同元素的 k-圆排列,排列数为 $\dfrac{A_n^k}{k} = \dfrac{n!}{k(n-k)!}$.特别地,当 $k=n$ 时得到 n 个不同元素的圆排列,排列数为 $(n-1)!$.
无重组合	$C_n^k = \dfrac{n!}{k!(n-k)!}$	从 n 个不同元素中无序且不重复地选取 $k(1 \leqslant k \leqslant n)$ 个元素,称为 n 个不同元素的 k-无重组合.组合数为 $C_n^k = \dfrac{A_n^k}{k!} = \dfrac{n!}{k!(n-k)!}$.
重复组合	$C_{n+k-1}^k = \dfrac{(n+k-1)!}{k!(n-1)!}$	从 n 个不同元素中无序但可重复地选取 $k(k \geqslant 1)$ 个元素,称为 n 个不同元素的 k-可重组合.组合数为 $C_{n+k-1}^k = \dfrac{(n+k-1)!}{k!(n-1)!}$.

典型题 1.15[不全相异元素的全排列]

设 n 个元素可分为 k 组,同一组的元素彼此相同,不同组的元素不相同.设 k 组的元素个数依次为 $n_1, n_2, \cdots, n_k$,且满足 $n_1 + n_2 + \cdots + n_k = n$,则这 n 个元素的全排列称为不全相异元素的全排列.排列数为 $\dfrac{n!}{n_1! n_2! \cdots n_k!}$.

解答　以图 1.15 中三种颜色小球的全排列为例.

(1) 加编号:首先将组内元素编号、转化为无重排列,n 个不同元素的全排列数为

图 1.15   通过加编号将不全相异元素转化为不同元素

$A_n^n = n!.$

（2）去编号：以白球为例，在不考虑编号时，这 6 个白球相同，它们互换位置不影响排列数．因此要从 $n!$ 中扣除这些相同元素换位产生的相同排列．以此类推，n 个不全相异元素的全排列数为 $\dfrac{n!}{n_1! \, n_2! \cdots n_k!}$.

典型题 1.16［圆周排列］

从 n 个<u>不同元素</u>中<u>有序且不重复</u>地选取 $k(1 \leqslant k \leqslant n)$ 个元素排在一个圆周上，称为 n 个不同元素的 k-圆排列，排列数为 $\dfrac{A_n^k}{k} = \dfrac{n!}{k(n-k)!}$. 特别地，当 $k = n$ 时得到 n 个不同元素的圆排列，排列数为 $(n-1)!$.

解答   如果一个 k-圆排列可以通过旋转生成另一个 k-圆排列，则我们认为这两个圆周排列相同．可见，一个 k-圆排列对应 k 个不同的线排列．故 n 个不同元素的 k-圆排列数为 $\dfrac{k\text{-线排列数}}{k} = \dfrac{A_n^k}{k} = \dfrac{n!}{k(n-k)!}$.

典型题 1.17［重复组合］

从 n 个<u>不同元素</u>中<u>无序但可重复</u>地选取 $k(k \geqslant 1)$ 个元素，称为 n 个不同元素的 k-可重组合．组合数为 $C_{n+k-1}^k = \dfrac{(n+k-1)!}{k! \, (n-1)!}$.

解答   可以使用构造法证明，表 1.7 给出一个直观的例子．从 $1 \sim 8$ 中可重复地选取 5 个元素：$1, 3, 3, 3, 7$（从小到大排列）．将第 i 个数加 $i-1$ 得到 $1 \sim 12 (=8+5-1)$ 中不重复的 5 个元素：$1, 4, 5, 6, 11$.

表 1.7   将重复组合转化为不重复组合

原值	1	3	3	3	7
增量	+0	+1	+2	+3	+4
新值	1	4	5	6	11

一般地，原值下界为 1，增量最小值为 0，故新值下界为 1；原值上界为 n，增量最大值为 $k-1$，故新值上界为 $n+k-1$. 因此，从 n 个不同元素中<u>无序但可重复</u>地选取 $k(k \geqslant 1)$ 个元素的取法数等于从 $n+k-1$ 个不同元素中<u>无序且不重复</u>地选取 k 个元素的取法数．故组合数为 $C_{n+k-1}^k = \dfrac{(n+k-1)!}{k! \, (n-1)!}$.

说明：上述两种取法数相等，是因为表 1.7 展示的构造法相当于在两个集合中建立了 1-1 对应关系．例如：$\{1, 2, \cdots, 8\}$ 中的重复组合 $(1, 3, 3, 3, 7)$ 对应 $\{1, 2, \cdots, 12\}$ 中的<u>不重复组合</u> $(1, 4, 5, 6, 11)$. 由此可知两个集合的元素个数相等，即"集合 $\{1, 2, \cdots, 8\}$ 中 5 个元素的重复组合数"与"集合 $\{1, 2, \cdots, 12\}$ 中 5 个元素的不重复组合数"相等．事实上，"建立 1-1 对应关系"是证明两个集合等势、即证明两个集合元素个数相等的常用方法．

习题

习题 1.1 [2019，Ⅰ & Ⅲ] 设 A,B 为随机事件，则 $P(A)=P(B)$ 的充分必要条件是 _____．

A. $P(A \cup B)=P(A)+P(B)$ 　　　　　B. $P(AB)=P(A)P(B)$

C. $P(A\bar{B})=P(B\bar{A})$ 　　　　　D. $P(AB)=P(\overline{AB})$

习题 1.2 [2003，Ⅳ] 对于任意两事件 A 与 B，_____．

A. 若 $AB \neq \varnothing$，则 A,B 一定独立 　　　　　B. 若 $AB \neq \varnothing$，则 A,B 有可能独立

C. 若 $AB = \varnothing$，则 A,B 一定独立 　　　　　D. 若 $AB = \varnothing$，则 A,B 一定不独立

习题 1.3 [2017，Ⅲ] 设 A,B,C 为三个随机事件，且 A 与 C 相互独立，B 与 C 相互独立，则 $A \cup B$ 与 C 相互独立的充分必要条件是 _____．

A. A 与 B 相互独立 　　　　　B. A 与 B 互不相容

C. AB 与 C 相互独立 　　　　　D. AB 与 C 互不相容

习题 1.4 [2014，Ⅰ & Ⅲ] 设随机事件 A 与 B 相互独立，且 $P(B)=0.5$，$P(A-B)=0.3$，则 $P(B-A)=$ _____．

A. 0.1 　　　　　B. 0.2 　　　　　C. 0.3 　　　　　D. 0.4

习题 1.5 [2022，Ⅰ & Ⅲ] 设 A,B,C 为随机事件，且 A 与 B 互不相容，A 与 C 互不相容，B 与 C 相互独立，$P(A)=P(B)=P(C)=\dfrac{1}{3}$，则 $P(B \cup C \mid A \cup B \cup C)=$ _____．

习题 1.6 [1998，Ⅲ，选做] 设有来自三个地区的各 10 名、15 名和 25 名考生的报名表，其中女生的报名表分别为 3 份、7 份和 5 份．随机地取一个地区的报名表，从中先后任意抽出两份．

(1) 求先抽到的一份是女生表的概率 p；

(2) 已知后抽到的一份是男生表，求先抽到的一份是女生表的概率 q．

拓展阅读：全概率公式与贝叶斯公式的应用

应用 1.1 敏感问题调查：如何获得学生在大学考试中作过弊的概率？

对于"考试是否作弊"这种敏感问题，很容易被拒绝回答，或者得不到真实的答案．1965 年，沃纳(Warner)提出了一种随机化回答的方法．被调查者按照预定的概率随机抽取一个问题：敏感问题或者一般问题．由于调查人员不知道被调查者抽到的是敏感问题还是一般问题，只负责记录答案，故被调查者更有意愿做出真实回答．

例如：

第 1 题：你在大学考试中作过弊吗？ ——想要调查的敏感问题

第 2 题：你的学号最后一位是偶数吗？ ——已知概率的一般问题

可见，关键是如何由随机化回答的调查结果得到敏感问题的结果．

第一步：定义随机事件，将生活中的随机问题转化为数学问题．

设随机事件 A 表示：被调查者回答"是"；随机事件 B_i 表示：被调查者抽中第 i 题，$i=1,2$．

第二步：分情况讨论——全概率公式．

考虑到被调查者回答"是"的概率受到他抽中题目的影响，因此，运用全概率公式分情况讨论：$P(A)=P(B_1)P(A \mid B_1)+P(B_2)P(A \mid B_2)$．具体而言，被调查者回答"是"的概率 $P(A)$ 等于：抽到第 1 题的概率 $P(B_1)$ 乘以在抽到第 1 题的条件下回答"是"的概率 $P(A \mid B_1)$，

再加上抽到第 2 题的概率 $P(B_2)$ 乘以在抽到第 2 题的条件下回答"是"的概率 $P(A|B_2)$.

第三步：求解一元一次方程.

在上述全概率公式的五个概率中，只有 $P(A|B_1)$ 是未知的. 因此可以使用一元一次方程求解. 由此，得到敏感问题调查结果的求解公式 $P(A|B_1) = \dfrac{P(A) - P(B_2)P(A|B_2)}{P(B_1)}$.

应用 1.2   **法庭审判：可靠的证人，我们应该采信他的证言吗？**

一辆出租车在雨夜肇事，现场有一位目击证人. 他说：肇事车辆是蓝色的！已知：①该目击证人识别蓝色和绿色出租车的准确率高达 80%；②该地的出租车 85% 是绿色的，15% 是蓝色的. 请问：肇事出租车是蓝色的概率有多大呢？一种常见的想法是：目击证人的可信度很高，当然选择相信他啊！

1. 数据：违背直觉的现象

真的是这样吗？我们先看一组数据. 假设该地一共有 100 辆出租车，其中蓝色 15 辆、绿色 85 辆. 由于目击证人的识别准确率为 80%，容易得到表 1.8 所示的数据.

表 1.8　一组数据

类别	辆数	目击证人识别为蓝色	目击证人识别为绿色
蓝色出租车	15	$15 \times 80\% = 12$	$15 \times 20\% = 3$
绿色出租车	85	$85 \times 20\% = 17$	$85 \times 80\% = 68$

在目击证人识别为蓝色的 29 辆出租车中，仅有 12 辆真正是蓝色的，比例仅为 41.38%. 它不足 50%，即肇事出租车更可能是绿色的；这个数据更是远低于目击证人的识别准确率：80%.

2. 运用贝叶斯公式严格计算

第一步：定义随机事件，将生活中的随机问题转化为数学问题.

设随机事件 A 表示：出租车是蓝色的；随机事件 B 表示：目击证人将出租车识别为蓝色的.

根据题意，可以得到以下概率：

(1) 该地出租车是蓝色的概率为 $P(A) = 15\%$，是绿色的概率为 $P(\overline{A}) = 85\%$；

(2) 目击证人识别正确的概率为 $P(B|A) = P(\overline{B}|\overline{A}) = 80\%$；

(3) 目击证人识别错误的概率为 $P(\overline{B}|A) = P(B|\overline{A}) = 20\%$.

第二步：已知结果反推原因——贝叶斯公式.

本题要求解的目标是：目击证人识别为蓝色的条件下出租车也确实是蓝色的概率 $P(A|B)$. 而已知的概率为 $P(B|A)$，等等. ①形式上，条件概率"|"两边的随机事件交换位置；②本质上，这是典型的"已知结果反推原因"的问题，要用到"逆概率公式"，也就是著名的"贝叶斯公式". 可得

$$P(A|B) = \frac{P(AB)}{P(B)} = \frac{P(A)P(B|A)}{P(A)P(B|A) + P(\overline{A})P(B|\overline{A})}$$

$$= \frac{15\% \times 80\%}{15\% \times 80\% + 85\% \times 20\%} = \frac{12}{29} = 41.38\%$$

这个结果与前面数据分析结果一致，但与目击证人 80% 的准确率差距很大. 怎么解释这种

情况呢？

3. 定性解释：先验概率与后验概率

事实上，需要与数据 $P(A|B)=41.38\%$ 比较的不是 $P(B|A)=80\%$，而是 $P(A)=15\%$.

（1）该地出租车是蓝色的概率为 15%，因此如果没有目击证人的证词（等信息），对肇事出租车是蓝色的概率的估计应该是 $P(A)=15\%$. 这种由历史数据分析得到的概率叫作**先验概率**.

（2）在目击证人指出肇事出租车为蓝色的条件下，肇事出租车确实是蓝色的概率提升为 $P(A|B)=41.38\%$. 这种在得到信息后重新加以修正的概率叫作**后验概率**.

根据目击证人的证词，肇事出租车是蓝色的概率由先验概率 $P(A)=15\%$ 修正为后验概率 $P(A|B)=41.38\%$，大幅提高. 这才是目击证人识别准确率（证词可信度）的体现. 这句话给出了先验概率、后验概率与证词可信度的定性关系. 可以想象，先验概率到后验概率的增长幅度越大，证词可信度越高. 如果想给出它们之间的定量关系，就需要用到《信息论》中的"互信息量"这个概念了.

4. 定量解释：互信息量

互信息量 $I(x_i;y_j)$ 是定量研究信息流通问题的重要工具. 事件 $B=\{Y=y_j\}$ 给事件 $A=\{X=x_i\}$ 的互信息量，定义为后验概率 $P(A|B)=P\{X=x_i\mid Y=y_j\}$ 与先验概率 $P(A)=P\{X=x_i\}$ 比值的对数，即

$$I(x_i;y_j)=\log_b\frac{P\{X=x_i\mid Y=y_j\}}{P\{X=x_i\}}$$

可见，互信息量刻画了先验概率与后验概率的关系. 互信息量的单位取决于对数底，当底为 $b=2$ 时，单位为"比特（b）". 由于本案例使用的是"随机事件"而非"随机变量"记号，因此，我们把互信息量的记号等价地写成 $I(A;B)$. 因此，在"出租车肇事问题"中，事件 $B=\{$目击证人将出租车识别为蓝色$\}$ 给事件 $A=\{$出租车是蓝色的$\}$ 提供的互信息量为

$$I(A;B)=\log_2\frac{P(A|B)}{P(A)}=\log_2\frac{41.38\%}{15\%}=1.46(\text{b})$$

可以认为：证词（也就是事件 B）为结论（也就是事件 A）提供的互信息量为 1.46b.

你可能对"1.46b"没有直观的感受，下面做几组对比.

（1）当证人识别蓝色和绿色出租车的准确率为 80% 时，证词为结论提供的互信息量为 1.46b.

（2）当证人识别蓝色和绿色出租车的准确率为 60% 时，证词为结论提供的互信息量为 0.48b.

$$I(A;B)=\log_2\frac{P(A|B)}{P(A)}=\log_2\frac{20.93\%}{15\%}=0.48(\text{b})$$

可见"互信息量的下降"确实能反映"证词可信度的下降"，也就是"证词信息量的下降".

（3）当证人识别蓝色和绿色出租车的准确率为 50% 时，目击证人根本无法区分蓝色和绿色出租车. 此时，证词为结论提供的互信息量为 0b.

$$I(A;B)=\log_2\frac{P(A|B)}{P(A)}=\log_2\frac{15\%}{15\%}=0(\text{b})$$

这个结论与我们的直观体会一致. 此时，目击证人的证词没有信息量.

第2章

概率论的概念及方法：基础篇

概率论中有非常多的概念及方法,如果死记硬背会十分痛苦.本章以离散型随机变量 X 和它的函数 $Y=X^2$ 为例,重走知识发现之路.请试着将"有哪些知识点"的被动学习心态调整为"可以从哪些角度研究"的主动探索心态,你将会发现这些概念及方法的引入都非常自然且必要.本书第 4 章将以专题的形式强化这些概念及方法的重要细节.第 3 章则介绍常见分布的定义和性质,这些重要的结论可以在解题和应用中直接使用.

表 2.1　概率论的概念及知识体系

概率论的两类研究方法	一维随机变量(及其函数)	多维(二维)随机变量(及其函数)		

分布法
可以全面地刻画随机变量 X,给出 $P\{a<X\leqslant b\}$

分布函数: $F(x)=P\{X\leqslant x\}$, $-\infty<x<+\infty$.
分布律: $P\{X\leqslant x_i\}=p_i$, $i=1,2,\cdots$.
概率密度: 非负可积函数 $f(x)$ 满足 $F(x)=\int_{-\infty}^{x}f(t)\mathrm{d}t$, $-\infty<x<+\infty$

多维 ＼ 一维	分布函数	分布律	概率密度
联合**	联合分布函数	联合分布律	联合概率密度
边缘**	边缘分布函数	边缘分布律	边缘概率密度
条件**	条件分布函数	条件分布律	条件概率密度

条件**= $\dfrac{\text{联合**}}{\text{边缘**}}$　①遍历 分布函数、分布律、概率密度

②分布律、概率密度

③独立性: 联合**=边缘***×边缘**

数字特征法
简洁地刻画 X,用一个数字提取感兴趣的信息

数学期望:
离散型 $E(X)=\sum\limits_{i\geqslant 1}x_ip_i$;
连续型 $E(X)=\int_{-\infty}^{+\infty}xf(x)\mathrm{d}x$.
方差:
$D(X)\xlongequal{\text{定义式}}E\{[X-E(X)]^2\}$
$\xlongequal{\text{计算式}}E(X^2)-E(X)^2$

协方差:
$\mathrm{Cov}(X,Y)\xlongequal{\text{定义式}}E\{[X-E(X)][Y-E(Y)]\}$
$\xlongequal{\text{计算式}}E(XY)-E(X)E(Y)$.
相关系数:
当 $D(X)D(Y)\neq 0$ 时, $\rho_{XY}=\dfrac{\mathrm{Cov}(X,Y)}{\sqrt{D(X)}\sqrt{D(Y)}}$;
当 $D(X)D(Y)=0$ 时, $\rho_{XY}=0$

说明：表 2.1 概述了概率论的概念及知识体系，将在后文逐一讲解.学生也可以在完成本章学习之后再回到本表，根据本表回顾本章内容.

（1）刻画一个随机变量 X 有两类研究方法.第一类方法全面地刻画随机变量 X，以便给出 X 的取值落入任意区间的概率.这对应分布法，包括 3 个常用工具：分布函数、分布律、概率密度.它们都可以全面地描述随机变量取值的统计规律性.①任意随机变量都可以定义分布函数，分布函数定义为随机变量 X 取值小于等于 x 的概率，即 $F(x)=P\{X\leqslant x\}$，$-\infty<x<+\infty$.②分布律是离散型随机变量特有的研究工具，它给出了离散型随机变量的所有可能取值 x_i 及其对应概率 p_i，即 $P\{X=x_i\}=p_i,i=1,2,\cdots$.③概率密度是连续型随机变量特有的研究工具，概率密度 $f(x)$ 是一个非负可积函数，它的变上限积分为分布函数，即 $F(x)=\int_{-\infty}^{x}f(t)\mathrm{d}t,-\infty<x<+\infty$.

（2）第二类方法简洁地刻画随机变量 X，用一个数字提取感兴趣的信息，这对应数字特征法.一维随机变量数字特征法的主要研究工具为数学期望和方差.①数学期望

$$E(X)=\begin{cases}\sum_{i\geqslant 1}x_ip_i, & X\text{ 离散}\\ \int_{-\infty}^{+\infty}xf(x)\mathrm{d}x, & X\text{ 连续}\end{cases}$$

刻画了随机变量 X 的平均取值情况；②随机变量 X 的方差

$$D(X)\xrightarrow{\text{定义式}}E\{[X-E(X)]^2\}\xrightarrow{\text{计算式}}E(X^2)-E(X)^2$$

刻画了 X 的取值围绕其平均取值的波动大小.

（3）进一步，还可以引入随机变量函数的分布和数字特征.

（4）对于两个（甚至多个）随机变量 X 和 Y，不仅需要了解它们各自的分布和数字特征，还需要了解它们之间的关系.同样有两类研究方法：分布法和数字特征法.利用九宫格可以把一维随机变量分布法的 3 个常用工具（分布函数、分布律、概率密度）拓展为多维随机变量分布法的 9 个常用工具.①联合＊＊：给出随机变量 X 和 Y 的所有可能取值情况.②边缘＊＊：已知 X 和 Y 的联合分布，研究分量 X 或 Y 的分布，相当于"降维".③条件＊＊：给定 X 的取值范围，研究该条件下 Y 的分布.本书给出了一系列口诀，帮助学生记忆"多维随机变量分布法的主要研究工具与独立性".①联合＊＊遍历得到边缘＊＊.②条件＊＊等于联合＊＊除以边缘＊＊.注意：这里＊＊只能填入"分布律"和"概率密度"，"分布函数"不符合这个关系式.③随机变量 X 和 Y 的独立性可以用"联合＊＊＝边缘＊＊×边缘＊＊"来刻画.

（5）多维随机变量数字特征法的主要研究工具为协方差和相关系数.它们都可以用一个数字简洁地刻画随机变量 X 和 Y 的线性关系，后者是前者的"标准化".

（6）进一步，还可以刻画随机变量 X 和 Y 的函数的分布和数字特征.

2.1　一维随机变量的定义

随机试验 E 的所有可能结果组成的集合称为 E 的样本空间 Ω.为了定量分析随机现象，我们需要把随机试验的结果（样本空间的样本点）数量化.也就是定义样本空间 Ω 上的实值函数 $X=X(\omega),\omega\in\Omega$，称为随机变量（random variable，用 r.v. 表示），简记为 X.随机

变量通常用 X,Y,Z 等大写字母表示,其取值则通常用 x,y,z 等小写字母表示.我们通过随机试验来研究随机现象,而随机变量可用于研究随机试验的结果.

-引例 2.1-　盒子中有 5 个小球:Ⓐ2,Ⓐ1,⓪,①,② 从中取出 1 个小球.

典型题微课程 2.1

解答　(1) 如果只关心小球的编号,则可以定义随机变量 X 为

ω	Ⓐ2	Ⓐ1	⓪	①	②
$X(\omega)$	-2	-1	0	1	2

随机变量 X 的所有可能取值及其对应概率为

X	-2	-1	0	1	2
P	$\dfrac{1}{5}$	$\dfrac{1}{5}$	$\dfrac{1}{5}$	$\dfrac{1}{5}$	$\dfrac{1}{5}$

(2) 如果只关心小球的颜色,则可以定义随机变量 Z 为

ω	Ⓐ2	Ⓐ1	⓪	①	②
$Z(\omega)$	1	1	0	0	0

随机变量 Z 的所有可能取值为 $\{0,1\}$,且其对应概率为 $P\{Z=0\}=P\{$随机试验取出黑色小球$\}=\dfrac{3}{5}$ 和 $P\{Z=1\}=P\{$随机试验取出蓝色小球$\}=\dfrac{2}{5}$,即

Z	0	1
P	$\dfrac{3}{5}$	$\dfrac{2}{5}$

有的教材或参考书也将这个分布律写成 $Z\sim\begin{bmatrix} 0 & 1 \\ \dfrac{3}{5} & \dfrac{2}{5} \end{bmatrix}$ 或 $Z\sim\begin{pmatrix} 0 & 1 \\ \dfrac{3}{5} & \dfrac{2}{5} \end{pmatrix}$.

2.1.1　随机变量定义的进一步讲解[选学]

什么是随机变量? 引例 2.1 给我们哪些启发呢?

(1) 随机变量是随机试验结果的数量化,数量化的方法不唯一.对于同一个随机试验和样本空间(定义域)可以根据实际需求定义不同的随机变量(函数).

(2) 随机变量是随机事件的推广.随机变量 $I(\omega)=\begin{cases} 1, & \omega\in A \\ 0, & \omega\notin A \end{cases}$ 可以刻画随机事件 A 是否发生.随机变量刻画随机现象的能力比随机事件要强.例如,引例 2.1 中用一个随机变量 X

就可以区分所有小球；但要用随机事件区分它们，则需要定义多个随机事件并进行多次运算.

（3）概率有两种常用记号 $P(\cdot)$ 和 $P\{\cdot\}$，使用中没有差别.但随机事件的概率通常采用记号 $P(\cdot)$，例如 $P(A)$；而与随机变量相联系的事件的概率通常采用记号 $P\{\cdot\}$，例如 $P\{X\leqslant b\}$.

（4）随机变量不是随机的！它是确定性的函数.随机变量可以视为一个函数机器，给定输入值（样本点 ω）会得到确定的输出值（数量化 $X(\omega)$）.例如，引例 2.1 中的随机变量 $Z(\omega)$ 如图 2.1 所示.

$$Z(\omega)=\begin{cases}0, & \omega\in\{\,①,①,②\,\}\\1, & \omega\in\{\,②,①\,\}\end{cases}$$

图 2.1　随机变量不是随机的

具体而言，如果随机试验的结果是取出①，那么恒有随机变量 $Z(\omega)=0$，而不是有时候等于 0、有时候等于 1.随机变量的随机性来源于每次随机试验结果的随机性，由此也可以求出与随机变量相联系的事件的概率.例如，随机事件 $\{Z(\omega)=0\}$ 意味着随机试验取出了黑色小球，因此 $P\{Z(\omega)=0\}=\dfrac{3}{5}$.

2.1.2　一维随机变量的两类研究方法

刻画一个随机变量 X 有两类研究方法（图 2.2）.①全面地刻画 X，以便给出 X 的取值落入任意区间的概率.这对应分布法，包括 3 个常用工具：分布函数、分布律、概率密度.②简洁地刻画 X，用一个数字提取感兴趣的信息.比如，数学期望刻画平均取值情况、方差刻画波动情况，这对应数字特征法.进一步，还可以引入随机变量函数的分布和数字特征.

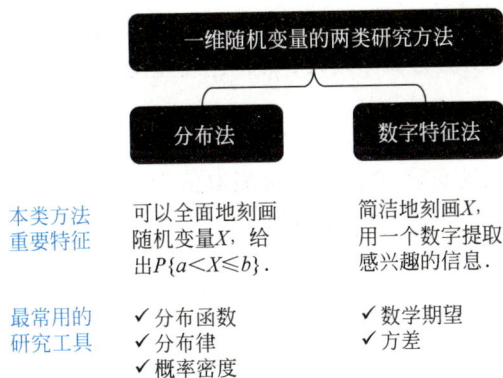

	一维随机变量的两类研究方法	
	分布法	数字特征法
本类方法重要特征	可以全面地刻画随机变量 X，给出 $P\{a<X\leqslant b\}$.	简洁地刻画 X，用一个数字提取感兴趣的信息.
最常用的研究工具	✓分布函数 ✓分布律 ✓概率密度	✓数学期望 ✓方差

图 2.2　一维随机变量的两类研究方法

2.2　一维随机变量的分布

一维随机变量分布法的主要研究工具为分布函数、分布律、概率密度，它们都可以全面地描述随机变量取值的统计规律.

2.2.1　随机变量的分类[选学]

随机变量是样本空间上的实值函数：定义域为样本空间 Ω，值域为实数域 $\mathbb{R}$.可见，随机变量的取值个数有三种情况：有限多个、可列无限多个、不可列无限多个.这些概念详见

1.2.4 节.根据随机变量的取值个数,可以将随机变量分为离散型和非离散型,后者又分为连续型和其他类型.

（1）离散型随机变量仅能取有限多个或者可列无限多个值（至多可列集）,这是充要条件.

（2）非离散型随机变量的取值为不可列集.如果这个随机变量拥有概率密度（详见 2.2.5 节）,则称为连续型随机变量,这是充要条件;否则,称为其他类型的随机变量.

生活中有各种各样的随机变量,但概率论主要研究离散型和连续型随机变量.

2.2.2　一维随机变量分布法的研究工具的引入［选学］

一维随机变量分布法的主要研究工具的引入都是基于实际研究需求的.

（1）离散型随机变量仅能取有限多个或者可列无限多个值.我们可以通过给出"所有可能取值及其对应概率 $P\{X=x_i\}=p_i$"完全刻画它,这个工具就是分布律.只有离散型随机变量才能定义分布律.

（2）非离散型随机变量有不可列无限多个取值,难以通过给出所有可能取值及其对应概率来刻画随机变量.怎么办呢? 一种可行的方案是从考虑单点概率 $P\{X=x\}$ 改为考虑累积概率 $P\{X\leqslant x\}$,这就是分布函数 $F(x)$.显然,离散型随机变量的分布律累积得到分布函数 $F(x)=P\{X\leqslant x\}=\sum\limits_{x_i\leqslant x}p_i$;分布函数的变化量为分布律.事实上,任意随机变量都可以定义分布函数.

（3）若存在非负可积函数 $f(x)$,使得 $F(x)=\int_{-\infty}^{x}f(t)\mathrm{d}t,-\infty<x<+\infty$,则称 X 为连续型随机变量,称 $f(x)$ 为 X 的概率密度.类似地,连续型随机变量的概率密度累积得到分布函数;分布函数的变化量为概率密度.只有连续型随机变量才能定义概率密度.

2.2.3　分布律

设 X 为一个离散型随机变量,它的所有可能取值为 $x_1,x_2,\cdots,x_i,\cdots$,则称 $P\{X=x_i\}=p_i(i=1,2,\cdots)$（公式法）,或下列表格（表格法）

X	x_1	x_2	$\cdots$	x_i	$\cdots$
P	p_1	p_2	$\cdots$	p_i	$\cdots$

为 X 的分布律（分布列、概率分布）.粗略地讲,分布律给出了离散型随机变量的所有可能取值及其对应概率.分布律也可表示为 $X\sim\begin{bmatrix}x_1&x_2&\cdots&x_i&\cdots\\p_1&p_2&\cdots&p_i&\cdots\end{bmatrix}$.

-引例 2.2-　给出引例 2.1 中随机变量 X 的分布律.

解答　随机变量 X 是离散型随机变量.它的分布律可以用表格法表示为

X	-2	-1	0	1	2
P	$\frac{1}{5}$	$\frac{1}{5}$	$\frac{1}{5}$	$\frac{1}{5}$	$\frac{1}{5}$

第一行中 X 的所有可能取值通常按照从小到大的顺序排列；也可以用公式法表示为

$$P\{X=x_i\}=p_i=\frac{1}{5}, \quad x_i\in\{-2,-1,0,1,2\}$$

2.2.4 分布函数

设 X 是一个随机变量,则称定义在全体实数上的函数 $F(x)=P\{X\leqslant x\}(-\infty<x<+\infty)$,为随机变量 X 的分布函数.分布函数是定义域为实数域ℝ、值域为 $[0,1]$ 区间(实数域的子集)的"普通函数".任意随机变量都有分布函数.

> **-引例 2.3-** 给出引例 2.1 中随机变量 X 的分布函数.

解答 根据分布函数的定义,当 $x<-2$ 时,由于 X 的所有可能取值为 $\{-2,-1,0,1,2\}$,均不满足 $X\leqslant x$ 的条件.故 $F(x)=P\{X\leqslant x\}=P(\varnothing)=0$. 当 $-2\leqslant x<-1$ 时,只有 $X=-2$ 满足 $X\leqslant x$ 的条件.故 $F(x)=P\{X\leqslant x\}=P\{X=-2\}=\frac{1}{5}$. 以此类推,可得随机变量 X 的分布函数为

$$F(x)=P\{X\leqslant x\}=\sum_{x_i\leqslant x}p_i=\begin{cases}0, & x<-2 \\[2mm] \dfrac{1}{5}, & -2\leqslant x<-1 \\[2mm] \dfrac{2}{5}, & -1\leqslant x<0 \\[2mm] \dfrac{3}{5}, & 0\leqslant x<1 \\[2mm] \dfrac{4}{5}, & 1\leqslant x<2 \\[2mm] 1, & x\geqslant 2\end{cases}$$

注意:分段函数 $F(x)$ 的各段函数定义域是"左闭右开"区间,且并集为ℝ.

离散型随机变量的分布函数 $F(x)$ 是右连续阶梯函数,如图 2.3 所示.

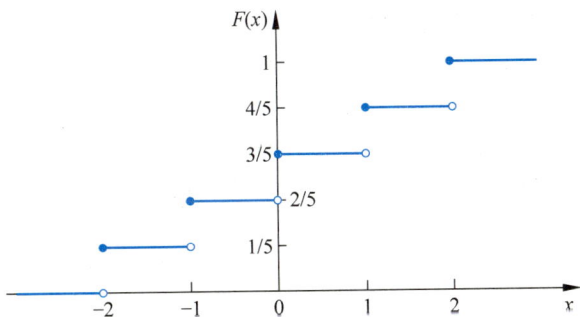

图 2.3 离散型随机变量 X 的分布函数

离散型随机变量的分布函数与分布律的关系:

(1) 离散型随机变量的分布律累积得到分布函数 $F(x)=P\{X\leqslant x\}=\sum_{x_i\leqslant x}p_i$.

（2）分布函数的变化量为分布律.如何由分布函数求离散型随机变量的分布律（所有可能取值及其对应概率）呢？直观地讲：离散型随机变量的分布函数是右连续阶梯函数，"台阶位置"对应"可能取值"，"台阶高度"对应"取值概率"（图 2.4）.

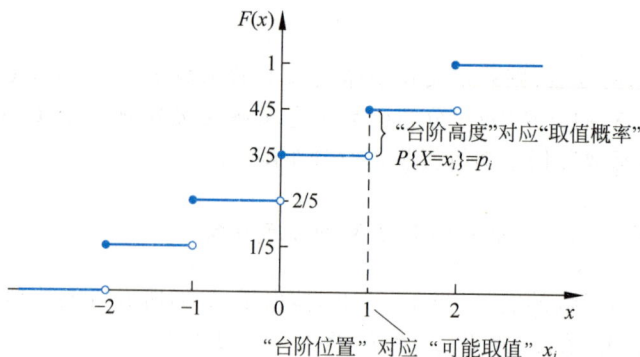

图 2.4　由分布函数求离散型随机变量的分布律

2.2.5　概率密度函数

设随机变量 X 的分布函数为 $F(x)$.若存在非负可积函数 $f(x)$，使 $F(x) = \int_{-\infty}^{x} f(t)\mathrm{d}t$，$-\infty < x < +\infty$，则称 X 为连续型随机变量，$F(x)$ 为连续型分布，$f(x)$ 为 X 的概率密度函数（概率密度、密度函数、密度）.

连续型随机变量的分布函数与概率密度的关系：

（1）概率密度 $f(x)$ 变上限积分得到分布函数 $F(x)$，即

$$F(x) = \int_{-\infty}^{x} f(t)\mathrm{d}t, \quad -\infty < x < +\infty.$$

（2）对分布函数 $F(x)$ 求导得到概率密度 $f(x)$.但并不是对于所有 $x \in \mathbb{R}$ 前述结论都成立.考虑到"改变被积函数个别点的取值不影响可积性，也不影响积分值"，因此，只有 $f(x)$ 的连续点 x 才能保证 $F'(x) = f(x)$.

区分：分布函数与概率密度的连续性［选学］

连续型随机变量的分布函数 $F(x)$ 是连续函数，但：

（1）概率密度 $f(x)$ 非负可积，不一定连续；

（2）分布函数连续的随机变量不一定是连续型随机变量（有兴趣的同学可以了解一下"Cantor 分布"），连续型随机变量的本质是存在非负可积的概率密度 $f(x)$，如图 2.5 所示.

图 2.5　区分：分布函数与概率密度的连续性

2.2.6　判定分布函数的充要条件［选学］

离散型随机变量的分布函数是一个右连续阶梯函数，连续型随机变量的分布函数是一

个连续函数.由此可以验证分布函数的以下性质.当然这些性质对于任意随机变量的分布函数均成立,是判定函数 $F(x)$ 是否为某个随机变量分布函数的充要条件.

(1) 单调性:$x_1 < x_2 \Rightarrow F(x_1) \leqslant F(x_2)$.

(2) 有界性:$0 \leqslant F(x) \leqslant 1, F(-\infty) = 0, F(+\infty) = 1$.

(3) 右连续性:$\lim\limits_{x \to x_0^+} F(x) = F(x_0)$.

这里的"充要条件"意味着:①任意随机变量的分布函数满足单调性、有界性和右连续性;②若函数 $F(x)$ 满足单调性、有界性和右连续性,则存在一个随机变量以 $F(x)$ 为分布函数.

分布函数的充要条件在数学理论上的意义在于:它不仅给出了随机变量分布函数的性质,更给出了一种不依赖应用背景、从数学内部构造和研究随机变量的思路,如图 2.6 所示.

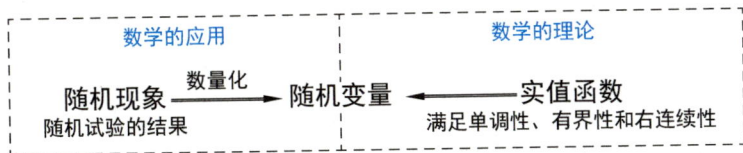

图 2.6 分布函数的充要条件在数学理论上的意义

2.2.7 判定分布律与概率密度的充要条件[选学]

判定分布律与概率密度的充要条件都是非负性和正则性(规范性).

具体而言,判定列 $\{p_i\}_{i \geqslant 1}$ 是否为某个离散型随机变量分布律的充要条件为:

(1) 非负性:$p_i \geqslant 0, i = 1, 2, \cdots$;

(2) 正则性:$\sum\limits_{i \geqslant 1} p_i = 1$.

这里的"充要条件"意味着:①任意离散型随机变量的分布律满足非负性和正则性;②若数列 $\{p_i\}_{i \geqslant 1}$ 满足非负性和正则性,则存在一个离散型随机变量以 $\{p_i\}_{i \geqslant 1}$ 为分布律.

而判定某个函数 $f(x)$ 是否为某个连续型随机变量概率密度的充要条件为:

(1) 非负性:$f(x) \geqslant 0, -\infty < x < +\infty$;

(2) 正则性:$\int_{-\infty}^{+\infty} f(t) \mathrm{d}t = 1$.

与分布律类似,这里的"充要条件"意味着:①任意连续型随机变量的概率密度满足非负性和正则性;②若函数 $f(x)$ 满足非负性和正则性,则存在一个连续型随机变量以 $f(x)$ 为概率密度.

典型题 2.4

设随机变量 Z 的分布律为

Z	0	1
P	$\dfrac{3}{5}$	a

则常数 $a = \underline{\qquad}$.

解答 <u>说明：</u>若分布律（或概率密度）中包含未知常数，则通常用正则性 $\sum\limits_{i \geqslant 1} p_i = 1$

$\left(\text{或} \int_{-\infty}^{+\infty} f(x)\mathrm{d}x = 1\right)$ 求解.

由分布律的正则性 $\sum\limits_{i \geqslant 1} p_i = \dfrac{3}{5} + a = 1$，得 $a = \dfrac{2}{5}$.

答案 $\dfrac{2}{5}$

典型题 2.5［2011，Ⅰ & Ⅲ］

设 $F_1(x)$ 和 $F_2(x)$ 为两个分布函数，其相应的概率密度 $f_1(x)$ 和 $f_2(x)$ 是连续函数，则必为概率密度的是 $\underline{\qquad}$.

A. $f_1(x)f_2(x)$　　　　　　　　B. $2f_2(x)F_1(x)$

C. $f_1(x)F_2(x)$　　　　　　　　D. $f_1(x)F_2(x) + f_2(x)F_1(x)$

解答 可积函数 $f(x)$ 是概率密度的充要条件是：<u>非负性</u>、<u>正则性</u>. 检验选项 D 是否满足概率密度的两个性质.

(1) 非负性：$f_1(x)F_2(x) + f_2(x)F_1(x) \geqslant 0$.

(2) 正则性：$\displaystyle\int_{-\infty}^{+\infty} [f_1(x)F_2(x) + f_2(x)F_1(x)] \mathrm{d}x = \int_{-\infty}^{+\infty} [F_1'(x)F_2(x) + F_2'(x)F_1(x)] \mathrm{d}x$

$$= F_1(x)F_2(x) \Big|_{-\infty}^{+\infty} = 1.$$

答案 D

说明： 事实上，若 $F_1(x), F_2(x), \cdots, F_n(x)$ 分别为 $X_1, X_2, \cdots, X_n$ 的分布函数，相互独立，则 $\prod\limits_{i=1}^{n} F_i(x) = F_1(x)F_2(x)\cdots F_n(x)$ 为最大值函数 $\max\{X_1, X_2, \cdots, X_n\}$ 的分布函数. 关于最值函数 $M = \max\{X, Y\}$ 和 $N = \min\{X, Y\}$ 的更多结论详见 4.7.2 节.

2.2.8 运用分布函数、分布律、概率密度计算与随机变量相联系的事件的概率

如前所述，一维随机变量分布法的三个工具都可以全面地描述随机变量取值的统计规律性. 特别地，它们都可以用于计算与随机变量相联系的事件的概率.

-引例 2.6- 计算与引例 2.1 中随机变量 X 相联系的事件的概率 $P\{-1 < X \leqslant 1\}$.

解答 由于 X 的所有可能取值为 $\{-2, -1, 0, 1, 2\}$，只有 $X = 0$ 和 $X = 1$ 满足 $-1 < X \leqslant 1$ 的条件. 故

$$P\{-1 < X \leqslant 1\} = P\{X = 0\} + P\{X = 1\} = \frac{2}{5}$$

公式：运用分布函数、分布律、概率密度计算与随机变量相联系的事件的概率

(1) $P\{X \leqslant b\} = F(b)$，$P\{X < b\} = \lim\limits_{x \to b-} F(x) = F(b-)$；

(2) $P\{a < X \leqslant b\} = P\{X \leqslant b\} - P\{X \leqslant a\} = F(b) - F(a)$；

(3) $P\{X=b\}=P\{X\leqslant b\}-P\{X<b\}=F(b)-F(b-)$；

(4) $P\{a\leqslant X\leqslant b\}=P\{X\leqslant b\}-P\{X<a\}=F(b)-F(a-)$；

(5) $P\{a<X<b\}=P\{X<b\}-P\{X\leqslant a\}=F(b-)-F(a)$；

(6) 若 X 为连续型随机变量,则 $P\{X=b\}=0$,

$$P\{a<X<b\}=P\{a<X\leqslant b\}=P\{a\leqslant X<b\}$$

$$=P\{a\leqslant X\leqslant b\}=F(b)-F(a)=\int_a^b f(t)\mathrm{d}t.$$

说明：下面讲解其中最基本的两个公式.

(1) 由分布函数的定义 $P\{X\leqslant b\}=F(b)$ 可知

$$P\{a<X\leqslant b\}=P\{X\leqslant b\}-P\{X\leqslant a\}=F(b)-F(a).$$

(2) 为了进一步给出 X 的取值落入任意区间的概率,关键在于刻画 $P\{X=b\}$(图 2.7).

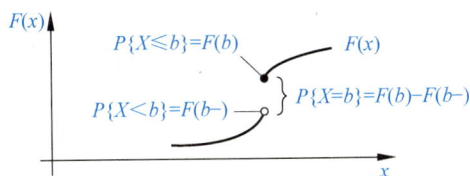

图 2.7　运用分布函数计算与随机变量相联系的事件的概率

特别地,①对于分布函数 $F(x)$ 的连续点 b,有 $P\{X=b\}=0$；②若 X 为连续型随机变量,则分布函数是连续函数,即对于任意 $b\in\mathbb{R}$,有 $P\{X=b\}=0$.

典型题 2.7[2010,Ⅰ & Ⅲ]

设随机变量 X 的分布函数 $F(x)=\begin{cases}0, & x<0\\ \dfrac{1}{2}, & 0\leqslant x<1\\ 1-\mathrm{e}^{-x}, & x\geqslant 1\end{cases}$,则 $P\{X=1\}=$_____.

A. 0　　　　　B. $\dfrac{1}{2}$　　　　　C. $\dfrac{1}{2}-\mathrm{e}^{-1}$　　　　　D. $1-\mathrm{e}^{-1}$

解答　由题意得,

$$P\{X=1\}=P\{X\leqslant 1\}-P\{X<1\}=F(1)-F(1-)=1-\mathrm{e}^{-1}-\frac{1}{2}=\frac{1}{2}-\mathrm{e}^{-1}.$$

答案　C

2.2.9　小结：一维随机变量分布法的主要研究工具

本节介绍了一维随机变量分布法的主要研究工具——分布函数、分布律、概率密度；它们的定义、性质和相互关系；还介绍了如何运用它们计算与随机变量相联系的事件的概率(表 2.2).

表 2.2　一维随机变量分布法的主要研究工具

定义：设 X 是一个随机变量，则称定义在全体实数上的函数 $$F(x) = P\{X \leqslant x\},\ -\infty < x < +\infty$$ 为随机变量 X 的**分布函数**. 任意随机变量都有分布函数	**性质**：(1) 单调性：$x_1 < x_2 \Rightarrow F(x_1) \leqslant F(x_2)$； 　　　(2) 有界性：$0 \leqslant F(x) \leqslant 1$，　$F(-\infty) = 0$，$F(+\infty) = 1$； 　　　(3) 右连续性：$\lim\limits_{x \to x_0^+} F(x) = F(x_0)$. 这是判定函数 $F(x)$ 是否为某个随机变量分布函数的充要条件
关系：分布律累积得到分布函数： $$F(x) = P\{X \leqslant x\} = \sum_{X_i \leqslant x} p_i.$$ **说明**：离散型随变量的分布函数 $F(x)$ 是右连续阶梯函数	**关系**：① 概率密度累积得到分布函数；② 对分布函数求导得到概率密度，具体而言，对于 $f(x)$ 的连续点 x，有 $F'(x) = f(x)$. **说明**：连续型随机变量的分布函数 $F(x)$ 是连续函数，但概率密度 $f(x)$ 非负可积，不一定连续；分布函数连续的随机变量不一定是连续型随机变量，连续型随机变量的本质是存在非负可积的概率密度 $f(x)$
定义：设 X 是一个离散型随机变量，它的所有可能取值为 $x_1, x_2, \cdots, x_i, \cdots$，则称 $P\{X = x_i\} = p_i (i = 1, 2, \cdots)$（公式法），或下列表格（表格法） $$\begin{array}{c\|ccccc} X & x_1 & x_2 & \cdots & x_i & \cdots \\ \hline P & p_1 & p_2 & \cdots & p_i & \cdots \end{array}$$ 为 X 的**分布律**（分布列、概率分布）. **性质**：(1) 非负性：$p_i \geqslant 0$，$i = 1, 2, \cdots$， 　　　(2) 正则性：$\sum\limits_{i \geqslant 1} p_i = 1$. 这是判定数列 $\{p_i\}_{i \geqslant 1}$ 是否为某个随机变量分布律的充要条件	**定义**：设随机变量 X 的分布函数 $F(x)$. 若存在非负可积函数 $f(x)$，使 $$F(x) = \int_{-\infty}^{x} f(t)\mathrm{d}t,\quad -\infty < x < +\infty$$ 则称 X 为连续型随机变量，$F(x)$ 为连续型分布，$f(x)$ 为 X 的**概率密度**函数（概率密度、密度函数、密度）. **性质**：(1) 非负性：$f(x) \geqslant 0$，$-\infty < x < +\infty$； 　　　(2) 正则性：$\int_{-\infty}^{+\infty} f(t)\mathrm{d}t = 1$. 这是判定函数 $f(x)$ 是否为某个随机变量概率密度的充要条件
离散型随机变量仅能取有限个或者可列无限个值（至多可列集）	**连续型随机变量**的取值为不可列集

运用分布函数、分布律、概率密度计算与随机变量相联系的事件的概率：

(1) $P\{X \leqslant b\} = F(b)$，$P\{X < b\} = \lim\limits_{x \to b^-} F(x) = F(b-)$；

(2) $P\{a < X \leqslant b\} = P\{X \leqslant b\} - P\{X \leqslant a\} = F(b) - F(a)$；

(3) $P\{X = b\} = P\{X \leqslant b\} - P\{X < b\} = F(b) - F(b-)$；

(4) $P\{a \leqslant X \leqslant b\} = P\{X \leqslant b\} - P\{X < a\} = F(b) - F(a-)$；

(5) $P\{a < X < b\} = P\{X < b\} - P\{X \leqslant a\} = F(b-) - F(a)$；

(6) 若 X 为连续型随机变量，则 $P\{X = b\} = 0$，或

$$P\{a < X < b\} = P\{a < X \leqslant b\} = P\{a \leqslant X < b\} = P\{a \leqslant X \leqslant b\} = F(b) - F(a) = \int_a^b f(x)\mathrm{d}t$$

典型题 2.8

设随机变量 X 的概率密度为

$$f(x)=\begin{cases} kx, & 0\leqslant x<1 \\ 2-x, & 1\leqslant x\leqslant 2 \\ 0, & 其他 \end{cases}$$

(1) 求常数 k;

(2) 求 X 的分布函数 $F(x)$;

(3) 求 $P\left\{\dfrac{1}{2}<X\leqslant\dfrac{3}{2}\right\}$.

解答 (1) 说明: 若分布律(或概率密度)中包含未知常数,则通常用正则性 $\sum\limits_{i\geqslant 1}p_i=1$ $\left(或\displaystyle\int_{-\infty}^{+\infty}f(x)\mathrm{d}x=1\right)$ 求解. 一种常见的错误解法是: 当 $x=1$ 时,令 $kx=2-x$,也能解得 $k=1$. 这种解法相当于要求 $f(x)$ 是连续函数. 但概率密度仅要求非负可积,不一定是连续函数!

由概率密度的正则性 $\displaystyle\int_{-\infty}^{+\infty}f(x)\mathrm{d}x=1$,得 $k=1$.

(2) 说明: 粗略地讲,概率密度函数变上限积分得到分布函数,而对分布函数求导得到概率密度函数. 分布函数的定义域一定是 $(-\infty,+\infty)$. 当 $F(x)$ 为分段函数时,为了更好地体现 $F(x)$ 的右连续性,每段的取值范围通常取前闭后开区间 "$a\leqslant x<b$".

由分布函数的定义有

$$F(x)=P\{X\leqslant x\}=\begin{cases} 0, & x<0 \\ \displaystyle\int_0^x t\,\mathrm{d}t, & 0\leqslant x<1 \\ \displaystyle\int_0^1 t\,\mathrm{d}t+\int_1^x(2-t)\,\mathrm{d}t, & 1\leqslant x<2 \\ 1, & x\geqslant 2 \end{cases}$$

即

$$F(x)=\begin{cases} 0, & x<0 \\ \dfrac{x^2}{2}, & 0\leqslant x<1 \\ -\dfrac{x^2}{2}+2x-1, & 1\leqslant x<2 \\ 1, & x\geqslant 2 \end{cases}$$

(3) 运用分布函数计算事件的概率:

$$P\left\{\frac{1}{2}<X\leqslant\frac{3}{2}\right\}=F\left(\frac{3}{2}\right)-F\left(\frac{1}{2}\right)$$
$$=\left[-\frac{1}{2}\times\left(\frac{3}{2}\right)^2+2\times\frac{3}{2}-1\right]-\frac{1}{2}\times\left(\frac{1}{2}\right)^2=\frac{3}{4}$$

2.3   一维随机变量函数的分布

在很多实际问题中,需要计算随机变量 X 的函数 $Y=g(X)$ 的分布.对此需要分三种情况讨论：X 离散型、Y 离散型；X 连续型、Y 离散型；X 连续型、Y 连续型(详见第 4 章).

下面仅给出一个非常简单的例子.

-**引例 2.9**-   考虑引例 2.1 中的离散型随机变量 X 的函数 $Y=g(X)=X^2$,则 Y 也是离散型随机变量.求 Y 的分布律,即 Y 的所有可能取值及其对应概率.

解答   **说明**：本题的关键是随机事件 $\{Y=4\}$ 发生当且仅当和事件 $\{X=-2\}\bigcup\{X=2\}$ 发生,故由概率的有限可加性得 $P\{Y=4\}=P\{X=-2\}+P\{X=2\}=\dfrac{2}{5}$.

随机变量 Y 的所有可能取值为：$0,1,4$.有

$$P\{Y=0\}=P\{X=0\}=\frac{1}{5};$$

$$P\{Y=1\}=P\{X=-1\}+P\{X=1\}=\frac{2}{5};$$

$$P\{Y=4\}=P\{X=-2\}+P\{X=2\}=\frac{2}{5}.$$

故随机变量 Y 的分布律为

Y	0	1	4
P	$\dfrac{1}{5}$	$\dfrac{2}{5}$	$\dfrac{2}{5}$

典型题
微课程
2.2

2.4   一维随机变量及其函数的数字特征

分布法非常精细,但有时只需要用一个数字反映随机变量某方面的特征就足够了,这就是数字特征法.一维随机变量数字特征法的主要研究工具为数学期望和方差.

2.4.1   一维随机变量的数学期望

数学期望

$$E(X)=\begin{cases} \sum\limits_{i\geqslant 1}x_i p_i, & X \text{ 离散} \\ \int_{-\infty}^{+\infty}xf(x)\mathrm{d}x, & X \text{ 连续} \end{cases}$$

刻画了随机变量 X 的平均取值情况,可以视为以"$p_i=P\{X=x_i\}$"或"$f(x)\mathrm{d}x$"为权重对 X 的所有可能取值进行加权平均.

说明[选学]：并不是所有随机变量的数学期望都存在. ① 对于离散型随机变量 X，若级数 $\sum\limits_{i \geqslant 1} |x_i| p_i$ 不收敛，则称 X 的数学期望不存在. 要求<u>级数绝对收敛</u>的目的在于保障数学期望唯一. 因为随机变量的取值可正可负，取值次序可先可后，这意味着级数 $E(X) = \sum\limits_{i \geqslant 1} x_i p_i$ 中各项的求和次序可能发生变化. 而无穷级数绝对收敛，可以保障其和不受求和次序变动的影响，也就保障了数学期望的唯一性. ② 类似地，对于连续型随机变量 X，若积分 $\int_{-\infty}^{+\infty} |x| f(x) \mathrm{d}x$ 不收敛，则称 X 的数学期望不存在.

> **-引例 2.10-**　计算<u>引例 2.1</u> 中的随机变量 X 的平均取值，即 X 的数学期望.

解答　随机变量 X 的数学期望为
$$E(X) = (-2) \times \frac{1}{5} + (-1) \times \frac{1}{5} + 0 \times \frac{1}{5} + 1 \times \frac{1}{5} + 2 \times \frac{1}{5} = 0.$$

典型题 2.11[2011，高考]

某随机变量 X 的分布律为

X	1	2	3
P	a	b	a

则 $E(X) = $ _____.

解答　由分布律的正则性 $a + b + a = 2a + b = 1$ 得随机变量 X 的数学期望为
$$E(X) = 1 \times a + 2 \times b + 3 \times a = 4a + 2b = 2.$$

答案　2

典型题 2.12[2020，Ⅲ]

设随机变量 X 的概率分布为 $P\{X = k\} = \dfrac{1}{2^k}, k = 1, 2, 3, \cdots. Y$ 表示 X 被 3 除的余数，则 $E(Y) = $ _____.

解答　说明：本题要求 Y 的数学期望，可以先求出 Y 的分布律，再运用数学期望的定义求解.

$$P\{Y = 0\} = \sum_{k=1}^{\infty} P\{X = 3k\} = \sum_{k=1}^{\infty} \frac{1}{2^{3k}} = \frac{1}{7};$$

$$P\{Y = 1\} = \sum_{k=0}^{\infty} P\{X = 3k + 1\} = \sum_{k=0}^{\infty} \frac{1}{2^{3k+1}} = \frac{4}{7};$$

$$P\{Y = 2\} = \sum_{k=0}^{\infty} P\{X = 3k + 2\} = \sum_{k=0}^{\infty} \frac{1}{2^{3k+2}} = \frac{2}{7}.$$

由此，随机变量 Y 的数学期望为 $E(Y) = 0 \times \dfrac{1}{7} + 1 \times \dfrac{4}{7} + 2 \times \dfrac{2}{7} = \dfrac{8}{7}.$

答案 $\dfrac{8}{7}$

2.4.2 一维随机变量函数的数学期望

根据**测度论**中的结论,连续函数 $g(\cdot)$ 可以保证随机变量 X 的函数 $Y=g(X)$ 也是随机变量,参见文献[5].因此,可以像典型题 2.12 那样先给出 $Y=g(X)$ 的分布,再根据数字特征的定义计算 $E(Y)$.但有时候这种操作会很复杂,可以直接运用表 2.3 中的公式得到.

表 2.3 随机变量 X 及其函数 $Y=g(X)$,$Z=g(X,Y)$ 的数学期望

离 散 型	连 续 型
(1) 一维随机变量 X 的数学期望	
$E(X)=\displaystyle\sum_{i\geqslant 1}x_ip_i$	$E(X)=\displaystyle\int_{-\infty}^{+\infty}xf(x)\mathrm{d}x$
(2) 一维随机变量 X 的函数 $Y=g(X)$ 的数学期望	
$E(g(X))=\displaystyle\sum_{i\geqslant 1}g(x_i)p_i$	$E(g(X))=\displaystyle\int_{-\infty}^{+\infty}g(x)f(x)\mathrm{d}x$
(3) 二维随机变量 (X,Y) 的函数 $Z=g(X,Y)$ 的数学期望	
$E(g(X,Y))=\displaystyle\sum_{j\geqslant 1}\sum_{i\geqslant 1}g(x_i,y_j)p_{ij}$	$E(g(X,Y))=\displaystyle\int_{-\infty}^{+\infty}\int_{-\infty}^{+\infty}g(x,y)f(x,y)\mathrm{d}x\,\mathrm{d}y$

记一记:上述公式只依赖 X 的分布信息,简单地将 $E(X)$ 中的 x 替换成 $g(x)$ 或 $g(x,y)$ 就可以了.后者的应用参见引例 2.13 等.图 2.8 给出了运用公式求随机变量函数的数学期望的优点.

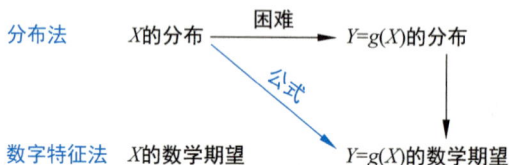

图 2.8 运用公式求随机变量函数的数学期望的优点

-引例 2.13- 考虑引例 2.1 中的离散型随机变量 X 的函数 $Y=g(X)=X^2$,求 Y 的数学期望.

解答 运用随机变量函数的数学期望公式 $E(g(X))=\displaystyle\sum_{i\geqslant 1}g(x_i)p_i$,可得 $Y=g(X)=X^2$ 的数学期望为

$$E(Y)=E(X^2)=(-2)^2\times\frac{1}{5}+(-1)^2\times\frac{1}{5}+0^2\times\frac{1}{5}+1^2\times\frac{1}{5}+2^2\times\frac{1}{5}=2$$

2.4.3 一维随机变量的方差

随机变量 X 的方差 $D(X)$ 刻画了 X 的取值围绕其平均取值的波动大小,

$$D(X) \xlongequal{\text{定义式}} E\{[X-E(X)]^2\} \xlongequal{\text{计算式}} E(X^2)-E(X)^2$$

从定义式看,随机变量 X 的方差 $D(X)$ 是函数 $g(X)=[X-E(X)]^2$ 的数学期望.因此,

$$D(X) = E\{[X-E(X)]^2\} = \begin{cases} \sum\limits_{i \geqslant 1}[x_i-E(X)]^2 p_i, & X \text{ 离散} \\ \int_{-\infty}^{+\infty}[x-E(X)]^2 f(x)\mathrm{d}x, & X \text{ 连续} \end{cases}$$

但我们通常使用计算式 $D(X)=E(X^2)-E(X)^2$ 来计算随机变量的方差.方差的常用记号还有 $\mathrm{Var}(X)$ 等.方差的正平方根称为标准差,常用记号有 $\sqrt{D(X)}$,$\sqrt{\mathrm{Var}(X)}$,$\sigma(X)$,σ_X 等.

-引例 2.14- 计算引例 2.1 中的随机变量 X 的方差和标准差.

解答 说明:根据方差的计算式 $D(X)=E(X^2)-E(X)^2$,需要先计算 $E(X)$ 和 $E(X^2)$.

由题意知,$E(X)=(-2)\times\dfrac{1}{5}+(-1)\times\dfrac{1}{5}+0\times\dfrac{1}{5}+1\times\dfrac{1}{5}+2\times\dfrac{1}{5}=0$;且

$$E(X^2)=(-2)^2\times\frac{1}{5}+(-1)^2\times\frac{1}{5}+0^2\times\frac{1}{5}+1^2\times\frac{1}{5}+2^2\times\frac{1}{5}=2$$

故随机变量 X 的方差为 $D(X)=E(X^2)-E(X)^2=2$,标准差为 $\sqrt{D(X)}=\sqrt{2}$.

表 2.4 给出了随机变量的常用数字特征.其中,协方差和相关系数是多维随机变量的常用数字特征,详见 2.8 节.

表 2.4 随机变量的常用数字特征

数字特征	定义式/计算式
数学期望	离散型 $E(X)=\sum\limits_{i\geqslant 1}x_i p_i$;连续型 $E(X)=\int_{-\infty}^{+\infty}xf(x)\mathrm{d}x$
方差	$D(X)\xlongequal{\text{定义式}}E\{[X-E(X)]^2\}\xlongequal{\text{计算式}}E(X^2)-E(X)^2$
协方差	$\mathrm{Cov}(X,Y)\xlongequal{\text{定义式}}E\{[X-E(X)][Y-E(Y)]\}\xlongequal{\text{计算式}}E(XY)-E(X)E(Y)$
相关系数	当 $D(X)D(Y)\neq 0$ 时,$\rho_{XY}=\dfrac{\mathrm{Cov}(X,Y)}{\sqrt{D(X)}\sqrt{D(Y)}}$;当 $D(X)D(Y)=0$ 时,$\rho_{XY}=0$

2.4.4 一维随机变量函数的方差

一维随机变量函数 $Y=g(X)$ 的方差 $D(Y)$ 没有专门的计算方法.根据方差的计算式 $D(Y)=E(Y^2)-E(Y)^2$,分别计算一维随机变量函数 $Y=g(X)$ 和 Y^2 的数学期望即可.

-引例 2.15- 考虑引例 2.1 中的离散型随机变量 X 的函数 $Y=g(X)=X^2$,求 Y 的方差.

解答   运用随机变量函数的数学期望公式 $E(g(X)) = \sum_{i \geqslant 1} g(x_i) p_i$，可得

$$E(Y) = E(X^2) = (-2)^2 \times \frac{1}{5} + (-1)^2 \times \frac{1}{5} + 0^2 \times \frac{1}{5} + 1^2 \times \frac{1}{5} + 2^2 \times \frac{1}{5} = 2$$

且

$$E(Y^2) = E(X^4) = (-2)^4 \times \frac{1}{5} + (-1)^4 \times \frac{1}{5} + 0^4 \times \frac{1}{5} + 1^4 \times \frac{1}{5} + 2^4 \times \frac{1}{5} = \frac{34}{5}$$

故随机变量 X 的方差为

$$D(Y) = E(Y^2) - E(Y)^2 = \frac{34}{5} - 2^2 = \frac{14}{5}$$

2.5   多维随机变量的定义

有些随机现象仅用一个随机变量描述是不够的. 比如, 要判断一个人是否偏瘦或者偏胖, 至少要同时考虑身高和体重两个随机变量; 要锁定一个物体在三维空间中的位置, 则至少需要同时考虑长、宽、高这三个随机变量. 设 $X_1, X_2, \cdots, X_n$ 为定义在同一个样本空间 Ω 上的随机变量, 则称 $(X_1, X_2, \cdots, X_n)$ 为 n 维随机变量或 n 维随机向量.

多维随机变量定义的关键是每个分量 X_i 都要定义在同一个样本空间上.

> **-引例 2.16-**   注意到 引例 2.1 中随机变量 X 和 $Y = X^2$ 的样本空间相同, 都是 $\{-2, -1, 0, 1, 2\}$, 故二维随机变量 (X, Y) 的样本空间也是这 5 个样本点, 对应 (X, Y) 的 5 种可能取值: $(-2, 4), (-1, 1), (0, 0), (1, 1)$ 和 $(2, 4)$.

2.5.1   二维随机变量的分类

典型题
微课程
2.3

本书主要研究二维随机变量 (X, Y), 分 3 种情况讨论: 二维离散型随机变量、二维连续型随机变量、混合型 (表 2.5), 详见第 4 章.

表 2.5   二维随机变量的分类

X \ Y	离　散　型	连　续　型
离散型	二维离散型随机变量	混合型
连续型	混合型	二维连续型随机变量

2.5.2   多维随机变量的两类研究方法

对于两个 (甚至多个) 随机变量 X 和 Y, 不仅需要了解它们各自的分布和数字特征, 还需要了解它们之间的关系. 同样有两类研究方法: 分布法和数字特征法.

1. 分布法

利用九宫格可以把一维随机变量分布法的 3 个常用工具 (分布函数、分布律、概率密度) 拓展为多维随机变量分布法的 9 个常用工具, 见表 2.6.

表 2.6 多维随机变量分布法的 9 个常用工具

多维 \ 一维	分 布 函 数	分 布 律	概 率 密 度
联合 **	联合分布函数	联合分布律	联合概率密度
边缘 **	边缘分布函数	边缘分布律	边缘概率密度
条件 **	条件分布函数	条件分布律	条件概率密度

具体而言,我们可以从以下角度全面刻画随机变量 X 和 Y:

(1) 联合 **:给出随机变量 X 和 Y 的所有可能取值情况.

(2) 边缘 **:已知 X 和 Y 的联合分布,研究分量 X 的分布,相当于"降维".

(3) 条件 **:给定 X 的取值范围,研究该条件下 Y 的分布.

2. 数字特征法

协方差和相关系数都可以用一个数字简洁地刻画随机变量 X 和 Y 的线性关系,后者是前者的"标准化".

进一步地,还可以刻画随机变量 X 和 Y 的函数的分布和数字特征.

2.6 多维随机变量的分布

一维随机变量分布法的主要研究工具为分布函数、分布律、概率密度. 表 2.6 以九宫格的形式给出了多维随机变量分布法的 9 个主要研究工具(知识体系),本节后续部分将逐一讲解这些概念及方法.

2.6.1 多维随机变量的分布一:联合 **

多维随机变量的联合分布函数、联合分布律和联合概率密度都可以模仿一维随机变量的相应概念自然地写出来. 在不引起混淆的情况下,这三个工具可以简称分布函数、分布律和概率密度,即与一维随机变量分布法的三个工具完全一致. 所以,这里的"(联合)分布函数"意味着既可以称为"联合分布函数",也可以简称"分布函数",其他工具类似.

---

1. (联合)分布函数

一维随机变量 X 的分布函数定义为 $F(x)=P\{X\leqslant x\}$,它是事件 $\{X\leqslant x\}$ 发生的概率. 二维随机变量 (X,Y) 的(联合)分布函数是事件 $\{X\leqslant x\}$ 和 $\{Y\leqslant y\}$ 同时发生的概率,定义为 $F(x,y)=P\{X\leqslant x,Y\leqslant y\}$,$-\infty<x,y<+\infty$. 类似地,$n$ 维随机变量 $(X_1,X_2,\cdots,X_n)$ 的(联合)分布函数定义为 $F(x_1,x_2,\cdots,x_n)=P\{X_1\leqslant x_1,X_2\leqslant x_2,\cdots,X_n\leqslant x_n\}$,见表 2.7.

表 2.7 从一维随机变量的分布函数到多维随机变量的(联合)分布函数

维 数	分 布 函 数
一维	$F(x)=P\{X\leqslant x\}$
二维	$F(x,y)=P\{X\leqslant x,Y\leqslant y\}$
n 维	$F(x_1,x_2,\cdots,x_n)=P\{X_1\leqslant x_1,X_2\leqslant x_2,\cdots,X_n\leqslant x_n\}$

几何直观：①将一维随机变量 X 看成直线上随机点的坐标，分布函数 $F(x)$ 在点 x 处的函数值就是随机点 X 落在 x 左侧的概率(图 2.9)；②将二维随机变量 (X,Y) 看成平面上随机点的坐标，分布函数 $F(x,y)$ 在点 (x,y) 处的函数值就是随机点 (X,Y) 落在点 (x,y) 左下方的无穷矩形区域内的概率(图 2.10).

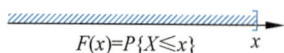

图 2.9   一维随机变量分布函数的几何直观

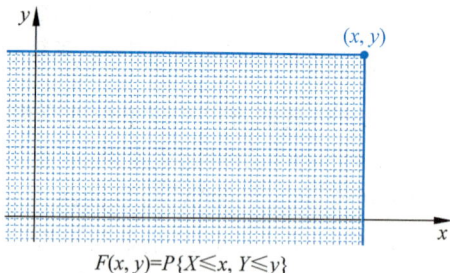

图 2.10   二维随机变量分布函数的几何直观

判定(联合)分布函数的充要条件[选学]：

判定函数 $F(x)$ 是否为某个一维随机变量分布函数的充要条件是单调性、有界性、右连续性. 然而，判定函数 $F(x,y)$ 是否为某个二维随机变量分布函数的充要条件还需要增加非负性.

(1) 单调性：函数 $F(x,y)$ 关于 x 和 y 都是单调不减的.

对于任意固定的 $y\in\mathbb{R}$，$x_1<x_2\Rightarrow F(x_1,y)\leqslant F(x_2,y)$；

对于任意固定的 $x\in\mathbb{R}$，$y_1<y_2\Rightarrow F(x,y_1)\leqslant F(x,y_2)$.

(2) 有界性：$0\leqslant F(x,y)\leqslant 1$.

对于任意固定的 $y\in\mathbb{R}$，$F(-\infty,y)=0$；对于任意固定的 $x\in\mathbb{R}$，$F(x,-\infty)=0$，$F(-\infty,-\infty)=0$，$F(+\infty,+\infty)=1$.

说明：对于任意固定的 $y\in\mathbb{R}$，$F(+\infty,y)$ 不一定等于 1，详见边缘分布函数.

(3) 右连续性：函数 $F(x,y)$ 关于 x 和 y 都是右连续的.

对于任意固定的 $y\in\mathbb{R}$，$\lim\limits_{x\to x_0+}F(x,y)=F(x_0,y)$；

对于任意固定的 $x\in\mathbb{R}$，$\lim\limits_{y\to y_0+}F(x,y)=F(x,y_0)$.

(4) 非负性：对于任意 $x_1<x_2$ 和 $y_1<y_2$，不等式

$$F(x_2,y_2)-F(x_2,y_1)-F(x_1,y_2)+F(x_1,y_1)\geqslant 0$$

成立.

说明：①不等式的左边是用分布函数表示的概率 $P\{x_1<X\leqslant x_2,y_1<Y\leqslant y_2\}$，即随机点 (X,Y) 落在矩形域内 $\{x_1<X\leqslant x_2,y_1<Y\leqslant y_2\}$ 的概率；②函数

$$F(x,y)=\begin{cases}1,& x+y\geqslant 1\\ 0,& 其他\end{cases}$$

满足单调性、有界性、右连续性，但若取 $(x_1,y_1)=(0,0)$，$(x_2,y_2)=(1,1)$，则

$$P\{0<X\leqslant 1,0<Y\leqslant 1\}=F(1,1)-F(1,0)-F(0,1)+F(0,0)=-1<0$$

不满足非负性.可见充要条件中的"非负性"不是多余的条件.

这里的"充要条件"意味着：①任意二维随机变量的分布函数满足单调性、有界性、右连续性和非负性；②若函数 $F(x,y)$ 满足单调性、有界性、右连续性和非负性，则存在一个二

维随机变量以 $F(x,y)$ 为分布函数.

2. (联合)分布律

一维离散型随机变量 X 的分布律定义为 $P\{X=x_i\}=p_i$,它是事件 $\{X=x_i\}$ 发生的概率.二维随机变量 (X,Y) 的(联合)分布律是事件 $\{X=x_i\}$ 和 $\{Y=y_j\}$ 同时发生的概率 $P\{X=x_i,Y=y_j\}$,记为 p_{ij}.类似地,可以定义 n 维随机变量 $(X_1,X_2,\cdots,X_n)$ 的(联合)分布律.二维离散型随机变量 (X,Y) 的(联合)分布律给出了 (X,Y) 的所有可能取值对及其对应概率(表 2.8).

表 2.8 从一维随机变量的分布律到二维随机变量的(联合)分布律

维　　数	分　布　律
一维	$P\{X=x_i\}=p_i$
二维	$P\{X=x_i,Y=y_j\}=p_{ij}$

-**引例 2.17**-　考虑引例 2.16 中的随机变量 X 和 Y,求 (X,Y) 的(联合)分布律.

解答　二维离散型随机变量 (X,Y) 的(联合)分布律为

X＼Y	0	1	4
-2	0	0	$\frac{1}{5}$
-1	0	$\frac{1}{5}$	0
0	$\frac{1}{5}$	0	0
1	0	$\frac{1}{5}$	0
2	0	0	$\frac{1}{5}$

说明:二维离散型随机变量 (X,Y) 的(联合)分布律给出了随机变量 (X,Y) 的所有可能取值对及其对应概率.用表格法表示 X 和 Y 的(联合)分布律时,推荐用 X 的所有可能取值对应不同行、用 Y 的所有可能取值对应不同列,且取值均从小到大排列.这使得 p_{ij} 正好位于表格的第 i 行第 j 列,如图 2.11 所示.

(联合)分布律累积得到(联合)分布函数: $F(x,y)=P\{X\leqslant x,Y\leqslant y\}=\sum\limits_{x_i\leqslant x}\sum\limits_{y_j\leqslant y}p_{ij}.$

例如,引例 2.16 中二维离散型随机变量 (X,Y) 的(联合)分布函数 $F(0.4,1.6)$ 为

$$F(0.4,1.6)=P\{X\leqslant 0.4,Y\leqslant 1.6\}=\sum_{x_i\leqslant 0.4}\sum_{y_j\leqslant 1.6}p_{ij}$$

$$=P\{X=-2,Y=0\}+P\{X=-1,Y=0\}+P\{X=0,Y=0\}$$

$$+P\{X=-2,Y=1\}+P\{X=-1,Y=1\}+P\{X=0,Y=1\}$$

$$=0+0+\frac{1}{5}+0+\frac{1}{5}+0=\frac{2}{5}$$

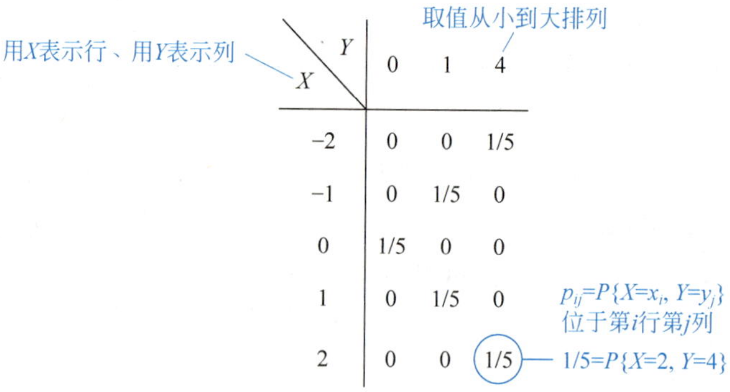

图 2.11　二维离散型随机变量 (X,Y) 的（联合）分布律

由于我们养成了把 X 和 Y 的取值从小到大排列的好习惯，因此可以运用（联合）分布律表格方便地锁定 p_{ij} 的求和范围，如图 2.12 所示.

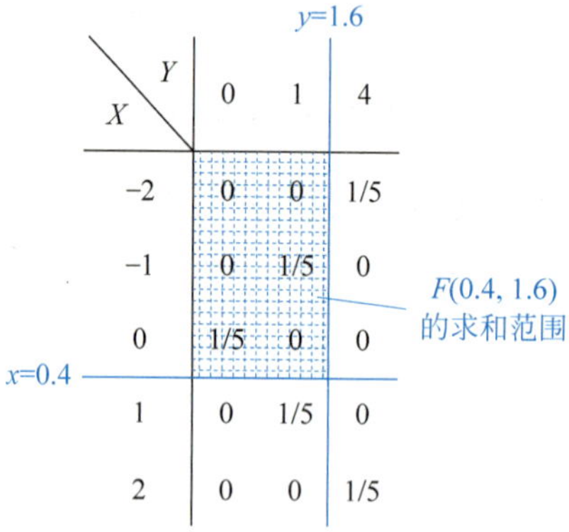

图 2.12　（联合）分布律累积得到（联合）分布函数

判定（联合）分布律的充要条件[选学]：

判定数列 $\{p_{ij}\}_{i,j \geqslant 1}$ 是否为某个二维随机变量（联合）分布律的充要条件为：

(1) 非负性：$p_{ij} \geqslant 0, i, j = 1, 2, \cdots$；

(2) 正则性：$\sum\limits_{i \geqslant 1} \sum\limits_{j \geqslant 1} p_{ij} = 1$.

与一维离散型随机变量类似，这里的"充要条件"意味着：①任意二维离散型随机变量的（联合）分布律满足非负性和正则性；②若数列 $\{p_{ij}\}_{i,j \geqslant 1}$ 满足非负性和正则性，则存在一个二维离散型随机变量以 $\{p_{ij}\}_{i,j \geqslant 1}$ 为分布律.

3. (联合)概率密度

设一维随机变量 X 的分布函数为 $F(x)$. 若存在非负可积函数 $f(x)$，使 $F(x) = \int_{-\infty}^{x} f(t) dt$，$-\infty < x < +\infty$，则称 X 为连续型随机变量，$F(x)$ 为连续型分布，$f(x)$ 为 X 的概率密度. 类似地，设二维随机变量 (X,Y) 的分布函数为 $F(x,y)$. 若存在非负可积函数 $f(x,y)$，使得 $F(x,y) = \int_{-\infty}^{y} \int_{-\infty}^{x} f(u,v) du dv$，$-\infty < x, y < +\infty$，则称 (X,Y) 为连续型随机变量，$F(x,y)$ 为连续型分布，$f(x,y)$ 为 (X,Y) 的（**联合**）**概率密度**（表 2.9）.

表 2.9　从一维随机变量的概率密度到二维随机变量的(联合)概率密度

维数	概率密度
一维	存在非负可积函数 $f(x)$，使得 $F(x) = \int_{-\infty}^{x} f(t)\mathrm{d}t$，$-\infty < x < +\infty$
二维	存在非负可积函数 $f(x,y)$，使得 $F(x,y) = \int_{-\infty}^{y}\int_{-\infty}^{x} f(u,v)\mathrm{d}u\mathrm{d}v$，$-\infty < x,y < +\infty$

判定(联合)概率密度的充要条件[选学]：

判定某个函数 $f(x,y)$ 是否为某个二维随机变量(联合)概率密度的充要条件为：

(1) 非负性：$f(x,y) \geqslant 0$，$-\infty < x,y < +\infty$；

(2) 正则性：$\int_{-\infty}^{+\infty}\int_{-\infty}^{+\infty} f(x,y)\mathrm{d}x\mathrm{d}y = 1.$

与一维连续型随机变量类似，这里的"充要条件"意味着：①任意二维连续型随机变量的(联合)概率密度满足非负性和正则性；②若函数 $f(x,y)$ 满足非负性和正则性，则存在一个二维连续型随机变量以 $f(x,y)$ 为(联合)概率密度.

4. 运用(联合)分布函数、(联合)分布律、(联合)概率密度计算与多维随机变量相联系的事件的概率

与一维随机变量分布法的三个工具类似，(联合)分布函数、(联合)分布律和(联合)概率密度都可以全面地描述多维随机变量取值的统计规律性. 特别地，它们都可以用于计算与多维随机变量相联系的事件的概率. 例如：

(1) 用二维(联合)分布函数 $F(x,y)$ 可以刻画随机变量 (X,Y) 的值落在矩形区域内的概率 $P\{x_1 < X \leqslant x_2, y_1 < Y \leqslant y_2\} = F(x_2,y_2) - F(x_2,y_1) - F(x_1,y_2) + F(x_1,y_1)$. (联合)分布函数的"非负性"涉及这个等式，它可以运用分布函数的几何直观快速写出，如图 2.13 所示.

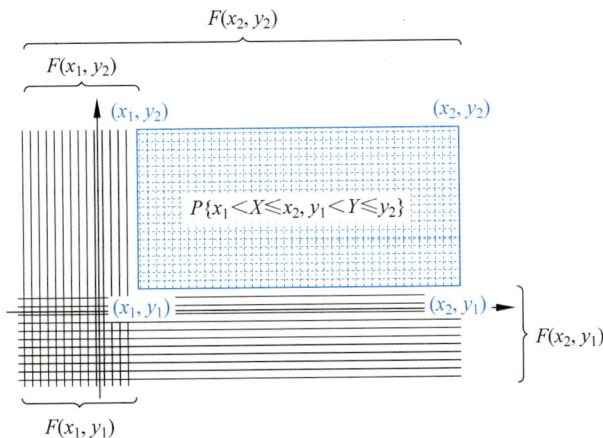

图 2.13　几何直观

(2) 与二维连续型随机变量 (X,Y) 相联系的事件的概率

$$P\{(X,Y) \in G\} = \iint_G f(x,y)\mathrm{d}x\mathrm{d}y$$

典型题 2.18 [2003，Ⅰ]

设二维随机变量 (X,Y) 的概率密度为 $f(x,y)=\begin{cases}6x, & 0\leqslant x\leqslant y\leqslant 1 \\ 0, & \text{其他}\end{cases}$，则 $P\{X+Y\leqslant 1\}=$
_____.

解答   说明：由 (X,Y) 的联合概率密度 $f(x,y)$ 求与随机变量相联系的事件的概率，通常是计算二重积分 $P\{(X,Y)\in G\}=\iint\limits_{G}f(x,y)\mathrm{d}x\mathrm{d}y$. 这类问题主要考察学生的微积分水平，计算时建议绘制区域 G 的图，以便确认积分限，如图 2.14 所示.

由题意得

$$P\{X+Y\leqslant 1\}=\iint\limits_{x+y\leqslant 1}f(x,y)\mathrm{d}x\mathrm{d}y$$
$$=\int_0^{\frac{1}{2}}6x\mathrm{d}x\int_x^{1-x}\mathrm{d}y=\frac{1}{4}$$

答案 $\dfrac{1}{4}$

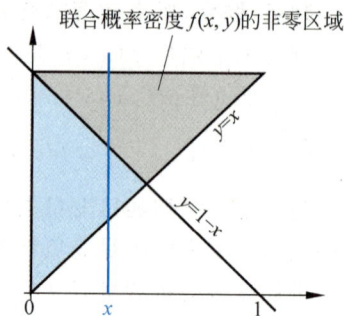

图 2.14   通过画图确定积分限

2.6.2   多维随机变量的分布二：边缘**

有时我们知道了多维随机变量的联合分布，需要研究每个分量的分布，称为边缘分布. 粗略地讲，联合 ** 遍历得到边缘 **，这里 ** 可填入分布法的三个工具：分布函数、分布律和概率密度.

1. 边缘分布函数

二维随机变量 (X,Y) 的（联合）分布函数是事件 $\{X\leqslant x\}$ 和 $\{Y\leqslant y\}$ 同时发生的概率，定义为 $F(x,y)=P\{X\leqslant x,Y\leqslant y\}$. 如何用它表示一维随机变量 X 的分布函数

$$F(x)=P\{X\leqslant x\}$$

也就是事件 $\{X\leqslant x\}$ 发生的概率呢？如果事件 $\{Y\leqslant y\}$ 是必然事件，那么"$\{X\leqslant x\}$ 和 $\{Y\leqslant y\}$ 同时发生的概率"就等于"$\{X\leqslant x\}$ 发生的概率". 进一步地，当 $y\rightarrow+\infty$ 时 $\{Y\leqslant y\}$ 会趋近于必然事件.

二维随机变量 (X,Y) 作为一个整体具有分布函数 $F(x,y)$. 而 X 和 Y 都是随机变量，也有各自的分布函数，分别记为 $F_X(x)$ 和 $F_Y(y)$，依次称为二维随机变量 (X,Y) 关于 X 和 Y 的边缘分布函数. 表示为

$$\begin{cases}F_X(x)=P\{X\leqslant x\}=P\{X\leqslant x,Y<+\infty\}=F(x,+\infty) \\ F_Y(y)=P\{Y\leqslant y\}=P\{X<+\infty,Y\leqslant y\}=F(+\infty,y)\end{cases}$$

说明：这里出现了多个分布函数，通过增加脚标避免混淆.

2. 边缘分布律

在引例 2.16 中事件 $\{X=-2\}$ 可以根据 Y 的不同取值划分为 3 部分，故

$$P\{X=-2\}=P\{X=-2,Y=0\}+P\{X=-2,Y=1\}+P\{X=-2,Y=4\}=\frac{1}{5}$$

一般的，$P\{X=x_i\}=\sum\limits_{j\geqslant 1}P\{X=x_i,Y=y_j\}$ 称为随机变量 (X,Y) 关于 X 的边缘分布律. 用记号表示为 $p_{i\cdot}=\sum\limits_{j\geqslant 1}p_{ij}$. 实际解题时，随机变量 (X,Y) 关于 X 和 Y 的边缘分布律分别是联合分布律表格的行和、列和. 这些行和、列和可以直接写在表格的"边缘".

> **-引例 2.19-** 根据引例 2.16 中随机变量 (X,Y) 的（联合）分布律，求 X 和 Y 各自的分布律.

解答 由题意得

X＼Y	0	1	4	$p_{i\cdot}$
−2	0	0	$\frac{1}{5}$	$\frac{1}{5}$
−1	0	$\frac{1}{5}$	0	$\frac{1}{5}$
0	$\frac{1}{5}$	0	0	$\frac{1}{5}$
1	0	$\frac{1}{5}$	0	$\frac{1}{5}$
2	0	0	$\frac{1}{5}$	$\frac{1}{5}$
$p_{\cdot j}$	$\frac{1}{5}$	$\frac{2}{5}$	$\frac{2}{5}$	

故一维随机变量 X 的分布律为

X	−2	−1	0	1	2
P	$\frac{1}{5}$	$\frac{1}{5}$	$\frac{1}{5}$	$\frac{1}{5}$	$\frac{1}{5}$

一维随机变量 Y 的分布律为

Y	0	1	4
P	$\frac{1}{5}$	$\frac{2}{5}$	$\frac{2}{5}$

说明：①二维随机变量 (X,Y) 关于 X 和 Y 的边缘分布律分别是一维随机变量 X 和 Y 各自的分布律；②在实际解题时，可以不再单独写出 X 和 Y 的分布律，写在（联合）分布律表格的"边缘"上就已经足够了，除非题目明确要求给出 X 和 Y 的分布律（如引例 2.19）；③考虑到常见考试的题目很难仅考到（联合）分布律，而不考后续的边缘分布律、条件分布

律、数字特征等,为了节省考试时间并使得卷面更加简洁,作者推荐在给出(联合)分布律表格的同时"顺手"写出边缘分布律.

3. 边缘概率密度

对于二维连续型随机变量 (X,Y),设它的(联合)概率密度为 $f(x,y)$,则(联合)分布函数为 $F(x,y)=\displaystyle\int_{-\infty}^{y}\int_{-\infty}^{x}f(u,v)\mathrm{d}u\mathrm{d}v$.再根据边缘分布函数的定义,

$$F_X(x)=F(x,+\infty)=\int_{-\infty}^{x}\int_{-\infty}^{+\infty}f(u,v)\mathrm{d}v\mathrm{d}u$$

这里 $\displaystyle\int_{-\infty}^{+\infty}f(u,v)\mathrm{d}v$ 的变上限积分等于一维随机变量 X 的分布函数 $F_X(x)$,它扮演了 X 的概率密度的角色.记 $f_X(x)=\displaystyle\int_{-\infty}^{+\infty}f(x,y)\mathrm{d}y$,称为 (X,Y) 关于 X 的边缘概率密度.从形式上,关于 X 的边缘概率密度,只需要将 $f(x,y)$ 对变量 y 在 $\mathbb{R}$ 上积分,即遍历随机变量 Y 的所有可能取值.粗略地讲,(联合)概率密度遍历得到边缘概率密度.

说明:如前所述,联合 ＊＊ 遍历得到边缘 ＊＊,这里 ＊＊ 可填入:分布函数、分布律和概率密度.但这三个工具的"遍历"方法略有区别,见表 2.10.

表 2.10　三个工具的不同遍历方法

三个工具	二维随机变量 (X,Y) 的联合 ＊＊	二维随机变量 (X,Y) 关于 X 的边缘 ＊＊
分布函数	$F(x,y)=P\{X\leqslant x,Y<y\}$	$F_X(x)=F(x,+\infty)=P\{X\leqslant x,Y<+\infty\}$
分布律	$p_{ij}=P\{X=x_i,Y=y_j\}$	$P\{X=x_i\}=\displaystyle\sum_{j\geqslant 1}P\{X=x_i,Y=y_j\}$,即 $p_{i\cdot}=\displaystyle\sum_{j\geqslant 1}p_{ij}$
概率密度	$f(x,y)$	$f_X(x)=\displaystyle\int_{-\infty}^{+\infty}f(x,y)\mathrm{d}y$

2.6.3　多维随机变量的分布三：条件 ＊＊

给定一个分量 Y 的取值,研究另一个分量 X 的分布,称为条件分布.

1. 条件分布律

随机事件的条件概率定义为 $P(A\mid B)=\dfrac{P(AB)}{P(B)},P(B)>0$.

对于二维离散型随机变量 (X,Y),如果将随机事件 $\{X=x_i\}$ 和 $\{Y=y_j\}$ 分别视为事件 A 和 B,则 $P(A\mid B)=\dfrac{P(AB)}{P(B)}$ 意味着 $P\{X=x_i\mid Y=y_j\}=\dfrac{P\{X=x_i,Y=y_j\}}{P\{Y=y_j\}}$.可见,给定 $Y=y_j$ 的条件下,随机变量 X 的条件分布律定义为

$$P\{X=x_i\mid Y=y_j\}=\frac{P\{X=x_i,Y=y_j\}}{P\{Y=y_j\}}=\frac{p_{ij}}{p_{\cdot j}}$$

其中 $P\{Y=y_j\}=p_{\cdot j}>0$.

-引例 2.20-　求引例 2.16 中 $Y=1$ 的条件下,随机变量 X 的条件分布律.

解答　当 $Y=1$ 时,随机变量 X 的所有可能取值为 $-2,-1,0,1,2$.

$$P\{X=-2 \mid Y=1\}=\frac{P\{X=-2,Y=1\}}{P\{Y=1\}}=0$$

$$P\{X=-1 \mid Y=1\}=\frac{P\{X=-1,Y=1\}}{P\{Y=1\}}=\frac{\dfrac{1}{5}}{\dfrac{2}{5}}=\frac{1}{2}$$

$$P\{X=0 \mid Y=1\}=\frac{P\{X=0,Y=1\}}{P\{Y=1\}}=0$$

$$P\{X=1 \mid Y=1\}=\frac{P\{X=1,Y=1\}}{P\{Y=1\}}=\frac{\dfrac{1}{5}}{\dfrac{2}{5}}=\frac{1}{2}$$

$$P\{X=2 \mid Y=1\}=\frac{P\{X=2,Y=1\}}{P\{Y=1\}}=0$$

故 $Y=1$ 的条件下,随机变量 X 的条件分布律为

$X \mid Y=1$	-1	1
P	$\dfrac{1}{2}$	$\dfrac{1}{2}$

2. 条件概率密度

　　二维离散型随机变量 (X,Y) 的条件分布律具有"条件分布律 $=\dfrac{\text{联合分布律}}{\text{边缘分布律}}$"的形式.把其中离散型随机变量特有的研究工具"分布律"替换成连续型随机变量特有的研究工具"概率密度"得到"条件概率密度 $=\dfrac{\text{联合概率密度}}{\text{边缘概率密度}}$",这就是二维连续型随机变量 (X,Y) 的条件概率密度.若随机变量 (X,Y) 是二维连续型的,则给定 $Y=y$ 的条件下,随机变量 X 的条件概率密度定义为 $f_{X|Y}(x \mid y)=\dfrac{f(x,y)}{f_Y(y)}$.

3. 条件分布函数

　　注意:"分布函数"并不符合关系式"条件 $**=\dfrac{\text{联合}**}{\text{边缘}**}$".①对于离散型随机变量,条件分布函数等于条件分布律变上限求和: $F_{X|Y}(x \mid y_j)=\sum\limits_{x_i \leqslant x}P\{X=x_i \mid Y=y_j\}=\sum\limits_{x_i \leqslant x}\dfrac{p_{ij}}{p_{\cdot j}}$;②对于连续型随机变量,条件分布函数等于条件概率密度变上限积分:

$$F_{X|Y}(x \mid y)=\int_{-\infty}^{x}\frac{f(u,y)}{f_Y(y)}\mathrm{d}u$$

这与一维随机变量的分布函数与分布律、概率密度的关系一致.

2.6.4　多维随机变量的独立性

随机事件 A 和 B 相互独立定义为 $P(AB)=P(A)P(B)$. 对于二维随机变量 (X,Y), 分布法的三个工具都可以用于刻画 X 和 Y 的独立性(表 2.11), 且都符合"联合 ** ＝边缘 ** ×边缘 **"的形式.

表 2.11　多维随机变量的独立性

工具	定　义	记一记
随机事件	$P(AB)=P(A)P(B)$	
分布函数	$P\{X\leqslant x,Y\leqslant y\}=P\{X\leqslant x\}P\{Y\leqslant y\}$, 即 $F(x,y)=F_X(x)F_Y(y)$	取 $A=\{X\leqslant x\}$, $B=\{Y\leqslant y\}$
分布律	$P\{X=x_i,Y=y_j\}=P\{X=x_i\}P\{Y=y_j\}$, 即 $p_{ij}=p_i\cdot\times p\cdot_j$	取 $A=\{X=x_i\}$, $B=\{Y=y_j\}$
概率密度	$f(x,y)=f_X(x)f_Y(y)$, 在平面上几乎处处成立	

具体而言：

(1) **用分布函数刻画**——对于任意二维随机变量 (X,Y), 将随机事件 $\{X\leqslant x\}$ 和 $\{Y\leqslant y\}$ 分别视为事件 A 和 B, 则 $P(AB)=P(A)P(B)$ 意味着 $P\{X\leqslant x,Y\leqslant y\}=P\{X\leqslant x\}P\{Y\leqslant y\}$. 根据分布函数的定义有 $F(x,y)=F_X(x)F_Y(y)$. 可见, 对于任意 x 和 y, 若 $F(x,y)=F_X(x)F_Y(y)$, 则称随机变量 X 和 Y 相互独立.

(2) **用分布律刻画**——对于二维离散型随机变量 (X,Y), 将随机事件 $\{X=x_i\}$ 和 $\{Y=y_j\}$ 分别视为事件 A 和 B, 则 $P(AB)=P(A)P(B)$ 意味着 $P\{X=x_i,Y=y_j\}=P\{X=x_i\}P\{Y=y_j\}$. 可见, 离散型随机变量 X 和 Y 相互独立定义为: 对于任意 x_i 和 y_j, 有 $P\{X=x_i,Y=y_j\}=P\{X=x_i\}P\{Y=y_j\}$, 即 $p_{ij}=p_i\cdot\times p\cdot_j$.

(3) **用概率密度刻画**——严格地讲, 连续型随机变量 X 和 Y 相互独立定义为: $f(x,y)=f_X(x)f_Y(y)$ 几乎处处成立, 则称 X 和 Y 相互独立. 这里增加了"几乎处处成立"的限制是因为"独立性"的出发点是 $F(x,y)=F_X(x)F_Y(y)$. 粗略地讲, 由于概率密度变上限积分得到分布函数, "改变被积函数个别点的取值不影响可积性, 也不影响积分值", 因此 X 和 Y 相互独立只能保障对于"几乎处处"的 x 和 y, 等式 $f(x,y)=f_X(x)f_Y(y)$ 成立. 但如果概率密度 $f(x,y)$, $f_X(x)$, $f_Y(y)$ 是连续函数, 则对于任意 x 和 y, 一定有 $f(x,y)=f_X(x)f_Y(y)$.

说明[选学]："几乎处处"是测度论中的概念. 例如："$f(x)=C$ 几乎处处成立"意味着仅允许 $\mathbb{R}=(-\infty,+\infty)$ 内"长度为 0"的区域中的点使得 $f(x)\neq C$. 什么是"长度为 0"呢? 我们可以这样直观地理解: 如果 $\mathbb{R}$ 内一个区域长度为 0, 则在 $\mathbb{R}$ 内(均匀)随机地取一个点, 这个点落在该区域的概率为 0. 当然, 上述直观解释在数学上有些"循环论证"了, 因为"概率"本身就是一种测度. 需要注意的是, "长度为 0"的区域中的点并不一定非常少. 事实上, $\mathbb{R}$ 内全体有理数 $\mathbb{Q}$ 的"长度为 0", 即在 $\mathbb{R}$ 内(均匀)随机地取一个点, 取到有理点的概率为 0. 类似地, 对于二维情况, "$f(x,y)=f_X(x)f_Y(y)$ 几乎处处成立"意味着仅允许平面 $\mathbb{R}^2$ 上"面积为 0"的区域中的点使得 $f(x,y)\neq f_X(x)f_Y(y)$. 有兴趣的同学可以参考文献[11].

-引例 2.21-　引例 2.16 中的随机变量 X 和 Y 是否相互独立?

解答　说明：要证明随机变量 X 和 Y 相互独立, 需要遍历 X 和 Y 的所有可能取值对

x_i 和 y_j，有 $P\{X=x_i,Y=y_j\}=P\{X=x_i\}P\{Y=y_j\}$ 成立. 但反过来,要证明随机变量 X 和 Y 不独立,则只需要找到一对 x_i 和 y_j 使得前述等式不成立即可.

由于 $P\{X=-2,Y=0\}=0\neq P\{X=-2\}P\{Y=0\}=\dfrac{1}{25}$,故 X 和 Y 不独立.

典型题 2.22[2005,Ⅰ & Ⅲ & Ⅳ]
设二维随机变量 (X,Y) 的概率分布为

X＼Y	0	1
0	0.4	a
1	b	0.1

若随机事件 $\{X=0\}$ 与 $\{X+Y=1\}$ 相互独立,则_____.

    A. $a=0.2,b=0.3$ B. $a=0.1,b=0.4$

    C. $a=0.3,b=0.2$ D. $a=0.4,b=0.1$

解答　说明:本题涉及两个未知数 a 和 b,需要建立两个方程来求解.与一维随机变量相同,要确定分布律(概率密度函数)中的未知常数,通常需要用到正则性:

$$\sum_{i\geqslant 1}\sum_{j\geqslant 1}p_{ij}=1\left(\int_{-\infty}^{+\infty}\int_{-\infty}^{+\infty}f(x,y)\mathrm{d}x\mathrm{d}y=1\right)$$

由此得到方程 1.另一方面,题目中给出"随机事件 $\{X=0\}$ 与 $\{X+Y=1\}$ 相互独立",由此得到方程 2.

由二维随机变量 (X,Y) 的概率分布的正则性可知: $0.4+a+b+0.1=1$,即 $a+b=0.5$.

再由随机事件 $\{X=0\}$ 与 $\{X+Y=1\}$ 相互独立可知:

$$P\{X=0,X+Y=1\}=P\{X=0\}P\{X+Y=1\},$$

其中,

$$P\{X=0,X+Y=1\}=P\{X=0,Y=1\}=a,$$
$$P\{X=0\}=P\{X=0,Y=0\}+P\{X=0,Y=1\}=0.4+a,$$
$$P\{X+Y=1\}=P\{X=1,Y=0\}+P\{X=0,Y=1\}=b+a.$$

因此,

$$a=(0.4+a)\times(b+a).$$

将 $a+b=0.5$ 代入,得 $2a=0.4+a$.解得 $a=0.4,b=0.1$.

答案　D

一维随机变量函数的独立性:若随机变量 X 和 Y 相互独立,则对于函数 $g(\cdot)$ 和 $h(\cdot)$,随机变量 $g(X)$ 和 $h(Y)$ 也相互独立.例如,如果 X 和 Y 相互独立,则 X^2 和 Y 相互独立.这个性质几乎对于所有类型的函数 $g(\cdot)$ 和 $h(\cdot)$ 均成立.特别地,当 $g(\cdot)$ 和 $h(\cdot)$ 是连续函数时,这个性质一定成立.

多维随机变量的独立性[选学]:对于两个多维随机变量 $(X_1,X_2,\cdots,X_n)$ 和 $(Y_1,$

$Y_2,\cdots,Y_m)$，若对任意 $1\leqslant i\leqslant n$ 和 $1\leqslant j\leqslant m$，有 X_i 和 Y_j 相互独立，则称随机变量 $(X_1,$ $X_2,\cdots,X_n)$ 和 $(Y_1,Y_2,\cdots,Y_m)$ 相互独立．这里允许 $n\neq m$．粗略地讲就是"组间独立、组内可以不独立"．例如，用随机变量 X_1,X_2,X_3 分别表示学生的高数、线代、概率成绩，随机变量 Y_1 和 Y_2 分别表示学生的身高和体重．通常认为，概率成绩 X_3 和身高 Y_1 独立（组间独立），但身高 Y_1 和体重 Y_2 不独立（组内不独立）.

多维随机变量函数的独立性［选学］：若多维随机变量 $(X_1,Y_2,\cdots,X_n)$ 和 $(Y_1,Y_2,\cdots,$ $Y_m)$ 相互独立，则对于函数 $g(\cdot)$ 和 $h(\cdot)$，随机变量 $g(X_1,Y_2,\cdots,X_n)$ 和 $h(Y_1,Y_2,\cdots,$ $Y_m)$ 也相互独立．例如，学生的考研数学成绩可以视为高数、线代、概率成绩组成的多维随机变量 (X_1,X_2,X_3) 的函数 $g(X_1,X_2,X_3)$；而学生的身体质量指数（BMI）是身高和体重组成的多维随机变量 (Y_1,Y_2) 的函数 $h(Y_1,Y_2)$．通常认为，(X_1,X_2,X_3) 和 (Y_1,Y_2) 相互独立，故考研数学成绩 $g(X_1,X_2,X_3)$ 和身体质量指数 $h(Y_1,Y_2)$ 相互独立.

2.6.5　小结：多维随机变量分布法的主要研究工具与独立性

表 2.12 汇总了本章介绍的一维随机变量分布法的 3 个主要研究工具、二维随机变量分布法的 9 个主要研究工具、独立性．表格后给出简要讲解，更多细节参见前文.

表 2.12　多维随机变量分布法的主要研究工具与独立性

适用范围		所有随机变量	离散型随机变量	连续型随机变量
研究工具		分布函数	分布律	概率密度函数
一维随机变量		$F(x)=P\{X\leqslant x\}$	$P\{X=x_i\}=p_i$	存在 $f(x)$ 非负可积，使得 $F(x)=\int_{-\infty}^{x}f(t)\mathrm{d}t$
二维随机变量	联合 **	$F(x,y)=P\{X\leqslant x,Y\leqslant y\}$	$P\{X=x_i,Y=y_j\}=p_{ij}$	存在 $f(x,y)$ 非负可积，使得 $F(x,y)=\int_{-\infty}^{y}\int_{-\infty}^{x}f(u,v)\mathrm{d}u\mathrm{d}v$
	边缘 **	$F_X(x)=F(x,+\infty)$ $F_Y(y)=F(+\infty,y)$	$p_{i\cdot}=\sum_{j\geqslant1}p_{ij}$ $p_{\cdot j}=\sum_{i\geqslant1}p_{ij}$	$f_X(x)=\int_{-\infty}^{+\infty}f(x,y)\mathrm{d}y$ $f_Y(y)=\int_{-\infty}^{+\infty}f(x,y)\mathrm{d}x$
	条件 **	$F_{X\mid Y}(x\mid y)$ 连续型 $\int_{-\infty}^{x}\dfrac{f(u,y)}{f_Y(y)}\mathrm{d}u$ $F_{Y\mid X}(y\mid x)$ 连续型 $\int_{-\infty}^{y}\dfrac{f(x,v)}{f_X(x)}\mathrm{d}v$	$P\{X=x_i\mid Y=y_j\}=\dfrac{p_{ij}}{p_{\cdot j}}$ $P\{Y=y_j\mid X=x_i\}=\dfrac{p_{ij}}{p_{i\cdot}}$	$f_{X\mid Y}(x\mid y)=\dfrac{f(x,y)}{f_Y(y)}$ $f_{Y\mid X}(y\mid x)=\dfrac{f(x,y)}{f_X(x)}$
	独立性	$F(x,y)=F_X(x)F_Y(y)$	$p_{ij}=p_{i\cdot}\times p_{\cdot j}$	$f(x,y)=f_X(x)f_Y(y)$，几乎处处

第 2 行：给出一维随机变量分布法的 3 个主要研究工具——分布函数、分布律、概率密度函数，它们分别适用于研究所有随机变量、离散型随机变量、连续型随机变量（**第 1 行**）.

第 3 行：给出一维随机变量的分布函数、分布律、概率密度函数的定义.

第 4～6 行：是对九宫格（表 2.6）的扩充．具体如下：

第 4 行：给出二维随机变量的联合分布函数、联合分布律、联合概率密度函数，它们都可以通过仿照一维随机变量的相应工具自然地写出. 例如: $F(x)$ 表示一个事件 $\{X \leqslant x\}$ 发生的概率; 而 $F(x, y)$ 表示两个事件 $\{X \leqslant x\}$ 和 $\{Y \leqslant y\}$ 同时发生的概率.

第 5 行: 给出二维随机变量的边缘分布函数、边缘分布律、边缘概率密度函数, 它们都可以根据口诀"联合 ** 遍历得到边缘 **"和图 2.15(记号①处)自然地写出. 具体而言, 已知联合分布, 研究每个分量 X_i 的分布, 称为边缘 **. 边缘 ** 由联合 ** 遍历某个变量的所有可能取值得到, 这里 ** 可填入分布法的三个工具: 分布函数、分布律和概率密度. 例如: 已知联合分布函数 $F(x, y) = P\{X \leqslant x, Y \leqslant y\}$, 当我们只关心分量 X 的分布情况, 只需取 $y = +\infty$, 就相当于遍历了 Y 的所有可能取值. 因此, 二维随机变量 (X, Y) 关于 X 的边缘分布函数为 $F_X(x) = P\{X \leqslant x\} = P\{X \leqslant x, Y < +\infty\} = F(x, +\infty)$.

图 2.15　多维随机变量分布法的主要研究工具与独立性

第 6 行: 给出二维随机变量的条件分布函数、条件分布律、条件概率密度函数, 后两个可以根据口诀"条件 ** $= \dfrac{联合 **}{边缘 **}$"和图 2.15(记号②处)自然地写出. 这与随机事件的条件概率 $P(A \mid B) = \dfrac{P(AB)}{P(B)}$ 形式一致. 具体而言: 给定一个分量 X 的取值, 研究另一个分量 Y 的分布, 称为条件 **. 例如: 条件分布律 $P\{X = x_i \mid Y = y_j\} = \dfrac{p_{ij}}{p_{\cdot j}}$ 的分子部分为联合分布律 $p_{ij} = P\{X = x_i, Y = y_j\}$, 分母部分为边缘分布律 $p_{\cdot j} = \sum\limits_{j \geqslant 1} p_{ij} = P\{Y = y_j\}$. 注意: 这里 ** 只能填入分布律和概率密度, "分布函数"不符合这个关系式. 条件分布函数等于条件分布律变上限求和(离散型)或条件概率密度变上限积分(连续型), 与一维随机变量的分布函数与分布律、概率密度的关系一致.

第 7 行: 给出随机变量 X 和 Y 的独立性的三种刻画方法, 它们都可以根据口诀
$$联合 ** = 边缘 ** \times 边缘 **$$
和图 2.15(记号③处)自然地写出. 这与随机事件的独立性 $P(AB) = P(A)P(B)$ 形式一致. 粗略地讲, 两个随机变量的取值没有任何关系称为(相互)独立. 例如, 对于任意 x 和 y, 若 $F(x, y) = F_X(x)F_Y(y)$, 则称随机变量 X 和 Y 相互独立. 然而, 运用概率密度函数刻画独立性时, 增加了"几乎处处"的限制. 也就是说, 即使 X 和 Y 独立, 也可能存在"个别点 (x, y)"使得 $f(x, y) \neq f_X(x)f_Y(y)$. 但当概率密度 $f(x, y), f_X(x), f_Y(y)$ 是连续函数时, 若 X 和 Y 独立, 则对于任意 x 和 y, 一定有 $f(x, y) = f_X(x)f_Y(y)$.

2.7　多维随机变量函数的分布

我们主要研究两个随机变量 X 和 Y 的和差积商四则运算 $\left(X+Y, X-Y, XY, \dfrac{Y}{X}\right)$ 和两个最值函数 $(\max\{X, Y\}, \min\{X, Y\})$, 详见第 4 章. 下面仅讨论随机变量 X 和 Y 都是离散

型的简单情况.此时可以通过遍历 X 和 Y 的所有可能取值对及其相应的概率,给出函数 $Z=g(X,Y)$ 的分布律.

典型题
微课程
2.4

-引例 2.23- 根据引例 2.16 中随机变量 (X,Y) 的联合分布律,求积函数 $Z=XY$ 的分布律和数学期望.

解答　(1)首先列出随机变量 X 和 Y 的所有可能取值对及其对应概率,并计算这些取值对的乘积 XY.

(X,Y)	$(-2,0)$	$(-1,0)$	$(0,0)$	$(1,0)$	$(2,0)$	$(-2,1)$	$(-1,1)$	$(0,1)$	$(1,1)$	$(2,1)$	$(-2,4)$	$(-1,4)$	$(0,4)$	$(1,4)$	$(2,4)$
P	0	0	$\frac{1}{5}$	0	0	0	$\frac{1}{5}$	0	$\frac{1}{5}$	0	$\frac{1}{5}$	0	0	0	$\frac{1}{5}$
XY	0	0	0	0	0	-2	-1	0	1	2	-8	-4	0	4	8

整理得随机变量 $Z=XY$ 的分布律为

$Z=XY$	-8	-1	0	1	8
P	$\frac{1}{5}$	$\frac{1}{5}$	$\frac{1}{5}$	$\frac{1}{5}$	$\frac{1}{5}$

(2)说明:目前我们已经学习了两种方法求 $Z=XY$ 的数学期望,2.8.5 节将补充第三种.前两种方法分别为:① 先求随机变量 $Z=XY$ 的分布律,再由数学期望的定义式 $E(Z)=\sum\limits_{i\geqslant 1}z_i p_i$ 计算;② 将随机变量 Z 写成函数形式 $Z=g(X,Y)=XY$,再利用随机变量函数的数学期望公式 $E(XY)=E(g(X,Y))=\sum\limits_{j\geqslant 1}\sum\limits_{i\geqslant 1}g(x_i,y_j)p_{ij}=\sum\limits_{j\geqslant 1}\sum\limits_{i\geqslant 1}x_i y_j p_{ij}$ 计算.

解法 1　根据随机变量 $Z=XY$ 的分布律和数学期望的定义可知

$$E(Z)=\sum_{i\geqslant 1}z_i p_i=-8\times\frac{1}{5}-1\times\frac{1}{5}+0\times\frac{1}{5}+1\times\frac{1}{5}+8\times\frac{1}{5}=0$$

解法 2　根据 (X,Y) 的分布律和随机变量函数的数学期望公式可知

$$E(XY)=\sum_{j\geqslant 1}\sum_{i\geqslant 1}x_i y_j p_{ij}$$

$$=-2\times 0\times 0 \quad -1\times 0\times 0 \quad +0\times 0\times\frac{1}{5} \quad +1\times 0\times 0 \quad +2\times 0\times 0$$

$$-2\times 1\times 0 \quad -1\times 1\times\frac{1}{5} \quad +0\times 1\times 0 \quad +1\times 1\times\frac{1}{5} \quad +2\times 1\times 0$$

$$-2\times 4\times\frac{1}{5} \quad -1\times 4\times 0 \quad +0\times 4\times 0 \quad +1\times 4\times 0 \quad +2\times 4\times\frac{1}{5}$$

计算得 $E(Z)=E(XY)=0$.

2.8　多维随机变量及其函数的数字特征和相关性

对于两个(甚至多个)随机变量 X 和 Y,不仅可以用数字特征刻画它们各自的平均取值(数学期望)和波动(方差),还可以用数字特征刻画它们之间的关系.协方差和相关系数都可

以用于刻画 X 和 Y 的线性关系.

2.8.1 协方差、相关系数、相关性

多维随机变量数字特征法的主要研究工具为协方差和相关系数.

(1) 协方差刻画两个随机变量之间的线性关联程度.协方差的定义式和计算式为

$$\mathrm{Cov}(X,Y)\xlongequal{\text{定义式}}E\{[X-E(X)][Y-E(Y)]\}\xlongequal{\text{计算式}}E(XY)-E(X)E(Y)$$

它们可以由方差的相应公式 $D(X)\xlongequal{\text{定义式}}E\{[X-E(X)]^2\}\xlongequal{\text{计算式}}E(X^2)-E(X)^2$ 帮助记忆.具体而言:方差是 X 的二阶矩(X 独占两份),而协方差是 X 和 Y 的混合矩(X 和 Y 各占一份).

(2) 相关系数是协方差的标准化,它刻画两个随机变量之间的线性关系强弱,也被称为"线性相关系数".具体而言,当 $D(X)D(Y)\neq0$ 时,$\rho_{XY}=\dfrac{\mathrm{Cov}(X,Y)}{\sqrt{D(X)}\sqrt{D(Y)}}$;当 $D(X)D(Y)=0$ 时,$\rho_{XY}=0$.

(3) 特别地,X 和 Y 不相关 $\Leftrightarrow\rho_{XY}=0\Leftrightarrow\mathrm{Cov}(X,Y)=0$.

> **-引例 2.24-** 计算引例 2.16 中随机变量 X 和 Y 的协方差和相关系数.它们是否相关?

解答 由引例 2.10 和 2.23 可知,$E(X)=0$,$E(XY)=0$,故协方差
$$\mathrm{Cov}(X,Y)=E(XY)-E(X)E(Y)=0.$$

相关系数 $\rho_{XY}=\dfrac{\mathrm{Cov}(X,Y)}{\sqrt{D(X)}\sqrt{D(Y)}}=0.$

由于 $\rho_{XY}=0$,故 X 和 Y 不相关.

说明:因为由 $\mathrm{Cov}(X,Y)=0$ 可以推出 $\rho_{XY}=0$,故由 $\mathrm{Cov}(X,Y)=0$ 可以推出 X 和 Y 不相关.

2.8.2 相关性与独立性

根据引例 2.21 可知"X 和 Y 不独立",由引例 2.24 可知"X 和 Y 不相关".事实上,本章中的随机变量 X 和 $Y=X^2$ 是经典的"不独立(有关系)、不相关(没有线性关系)"的例子.我们可以根据函数 $y=f(x)=x^2$ 的图像直观体会.图 2.16 给出了独立与不相关的逻辑关系.

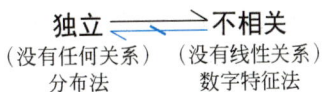
图 2.16 独立与不相关的逻辑关系

粗略地讲,独立性使用分布法的工具定义,更严格;相关性使用数字特征法的工具定义,更宽松.当然,这样的直观表述并不能严谨地解题.相关性与独立性的解题方法详见第 4 章.

2.8.3 其他数字特征[选学]

除数学期望(1 阶原点矩)、方差(2 阶中心矩)、协方差(2 阶混合中心矩)、相关系数之外,还可以定义很多其他的数字特征(表 2.13 左栏).为了与数理统计中的样本矩(表 2.13 右栏)对应,这些概率论中的数字特征也被称为总体矩.从形式上看,总体矩中的字母"大写",而样本矩中的字母"小写".

表 2.13   总体矩和样本矩

总 体 矩	样 本 矩
(1) X 的数学期望(1阶原点矩)：$E(X)$	样本均值：$\bar{x} = \dfrac{x_1 + x_2 + \cdots + x_n}{n} = \dfrac{1}{n}\sum_{i=1}^{n} x_i$
X 的 k 阶(原点)矩：$E(X^k), k = 1, 2, \cdots$	样本的 k 阶(原点)矩：$a_k = \dfrac{1}{n}\sum_{i=1}^{n} x_i^k, k = 1, 2, \cdots$
(2) X 的方差(2阶中心矩)：$D(X) \xrightarrow{\text{定义式}}$ $E\{[X - E(X)]^2\} \xrightarrow{\text{计算式}} E(X^2) - E(X)^2$	样本方差(无偏方差)：$s^2 \xrightarrow{\text{定义式}} \dfrac{1}{n-1}\sum_{i=1}^{n}(x_i - \bar{x})^2$ $\xrightarrow{\text{计算式}} \dfrac{1}{n-1}\left(\sum_{i=1}^{n} x_i^2 - n\bar{x}^2\right)$
X 的 k 阶中心矩：$E\{[X - E(X)]^k\}, k = 2, 3, \cdots$	样本的 k 阶中心矩：$b_k = \dfrac{1}{n}\sum_{i=1}^{n}(x_i - \bar{x})^k, k = 1, 2, \cdots$
(3) X 和 Y 的 $k+l$ 阶混合(原点)矩：$E(X^k Y^l)$, $k, l = 1, 2, \cdots$	
(4) X 和 Y 的协方差(2阶混合中心矩)： $\mathrm{Cov}(X, Y) \xrightarrow{\text{定义式}} E\{[X - E(X)][Y - E(Y)]\}$ $\xrightarrow{\text{计算式}} E(XY) - E(X)E(Y)$	
X 和 Y 的 $k+l$ 阶混合中心矩： $E\{[X - E(X)]^k [Y - E(Y)]^l\}, k, l = 1, 2, \cdots$	

2.8.4   数字特征的常用性质

本小节给出数学期望、方差、协方差、相关系数的常用性质，它们都可以由数字特征的定义式或计算式严格证明．下面仅给出直观的解释，以便学生快速准确地掌握这些性质．

1. 常数 c 的数字特征

(1) $E(c) = c$——常数 c 的平均取值是常数 c 本身．

(2) $D(c) = 0$——常数 c 没有波动，即方差为 0．

说明[选学]：反过来，从 $D(X) = 0$ 不能推出随机变量 X 恒等于某常数 c．因为方差是随机变量函数的数学期望，而以连续型随机变量为例，数学期望是由积分得到的．改变被积函数个别点的取值不会影响可积性和积分值．严格地讲：$D(X) = 0 \Leftrightarrow X = c$, a. e.．其中 "a. e." 表示 "几乎处处成立"．

(3) $\mathrm{Cov}(X, c) = \rho_{Xc} = 0$——常数 c 与任意随机变量 X 没有线性关系．

说明[选学]：为什么当 $D(X)D(Y) = 0$ 时，定义 $\rho_{XY} = 0$ 呢？事实上，当 $D(X)D(Y) = 0$ 时，$D(X)$ 和 $D(Y)$ 至少一项等于 0．不妨设 $D(Y) = 0$．这意味着 $Y = c$ 几乎处处成立．进一步地，以连续型随机变量为例，协方差也是由积分得到的，改变被积函数个别点的取值不会影响可积性和积分值．故 $\mathrm{Cov}(X, Y) = \mathrm{Cov}(X, c) = 0$，$\rho_{XY} = \rho_{Xc} = 0$，任意随机变量 X 与 Y 没有线性关系．

(4) $|\rho_{XY}| \leqslant 1$．

说明[选学]：特别地，$\rho_{XY} = 1 \Leftrightarrow X$ 和 Y 几乎处处正相关($Y = aX + b$, a. e. 且 $a > 0$)；$\rho_{XY} = -1 \Leftrightarrow X$ 和 Y 几乎处处负相关($Y = aX + b$, a. e. 且 $a < 0$)．

2. 随机变量常数 a 倍的数字特征

(1) $E(aX)=aE(X)$——将随机变量 X 放大 a 倍,则平均取值放大 a 倍.

(2) $D(aX)=a^2D(X)$——系数 a^2 与方差是 2 阶矩对应.

说明:与之对应,数学期望性质 $E(aX)=a^1E(X)$ 中的系数 a^1 与数学期望是 1 阶矩对应.

(3) $\text{Cov}(aX,bY)=ab\text{Cov}(X,Y)$

(4) $\rho_{aX,bY}=\begin{cases}\rho_{XY}, & ab>0 \\ 0, & ab=0 \\ -\rho_{XY}, & ab<0\end{cases}$

说明[选学]:为什么说"相关系数是协方差的标准化"呢?为什么协方差和相关系数都可以刻画随机变量间的线性关系,后者更加常用呢?例如:甲和乙都想研究身高 X 和体重 Y 之间的线性关系.甲采用的单位是"厘米"和"斤",而乙采用的单位是"米"和"公斤".那么,由 $\text{Cov}(aX,bY)=ab\text{Cov}(X,Y)$,可知甲算出的协方差是乙算出的协方差的 $ab=100\times2=200$ 倍.即所得数据受测量单位的影响.而根据相关系数的定义,

$$\rho_{aX,bY}=\frac{\text{Cov}(aX,bY)}{\sqrt{D(aX)}\sqrt{D(bY)}}=\frac{ab\text{Cov}(X,Y)}{\sqrt{a^2D(X)}\sqrt{b^2D(Y)}}=\frac{ab}{\sqrt{a^2b^2}}\frac{\text{Cov}(X,Y)}{\sqrt{D(X)}\sqrt{D(Y)}}=\rho_{XY}$$

可见甲算出的相关系数和乙算出的相关系数相等,不受两人采用不同测量单位的影响.

3. 加法运算

(1) $E(X\pm Y)=E(X)\pm E(Y)$——和/差的平均取值等于平均取值的和/差.

特别地,$E(X+c)=E(X)+c$——随机变量平移后的平均取值等于平均取值的平移.

(2) $D(X\pm Y)=D(X)+D(Y)\pm2\text{Cov}(X,Y)$.

记一记:$(a\pm b)^2=a^2+b^2\pm2ab$.由方差和协方差的定义式可知,方差可以视为"平方项",协方差可以视为"交叉项".

(3) 当 X 和 Y 不相关时,$\text{Cov}(X,Y)=0$,故 $D(X\pm Y)=D(X)+D(Y)$.

说明:由于"独立⇒不相关",故当 X 和 Y 相互独立时,$D(X\pm Y)=D(X)+D(Y)$.

(4) $\text{Cov}(X_1+X_2,Y)=\text{Cov}(X_1,Y)+\text{Cov}(X_2,Y)$.

4. 乘法运算

(1) 当 X 和 Y 不相关时,$\text{Cov}(X,Y)=E(XY)-E(X)E(Y)=0$,故 $E(XY)=E(X)E(Y)$.

(2) [选学]当 X 和 Y 独立时,

$$D(XY)=D(X)D(Y)+D(X)E(Y)^2+E(X)^2D(Y)\geqslant D(X)D(Y)$$

可见,即使当 X 和 Y 独立时,也没有 $D(XY)=D(X)D(Y)$ 这样简洁的性质,因此千万不要乱用.

表 2.14 给出两个随机变量加法和乘法的数字特征.

表 2.14 两个随机变量加法和乘法的数字特征

运算	数 学 期 望	方　　差
加法	$E(X\pm Y)=E(X)\pm E(Y)$	$D(X\pm Y)=D(X)+D(Y)\pm2\text{Cov}(X,Y)$
		$D(X\pm Y)=D(X)+D(Y)$,不相关
乘法	$E(XY)=E(X)E(Y)$,不相关	没有简洁性质

典型题 2.25[2004，Ⅰ]

设随机变量 $X_1, X_2, \cdots, X_n (n \geqslant 1)$ 独立同分布，且其方差为 $\sigma^2 > 0$，令 $Y = \dfrac{1}{n} \sum\limits_{i=1}^{n} X_i$，则 _____.

   A. $\mathrm{Cov}(X_1, Y) = \dfrac{\sigma^2}{n}$ B. $\mathrm{Cov}(X_1, Y) = \sigma^2$

   C. $D(X_1 + Y) = \dfrac{n+2}{n} \sigma^2$ D. $D(X_1 - Y) = \dfrac{n+1}{n} \sigma^2$

解答　由数字特征的性质得

$$\mathrm{Cov}(X_1, Y) = \mathrm{Cov}\left(X_1, \frac{1}{n} \sum_{i=1}^{n} X_i\right) = \frac{1}{n} \mathrm{Cov}\left(X_1, \sum_{i=1}^{n} X_i\right)$$

$$\xlongequal{\text{等式3}} \frac{1}{n} \times \left[\mathrm{Cov}(X_1, X_1) + \sum_{i=2}^{n} \mathrm{Cov}(X_1, X_i)\right] = \frac{1}{n} \times [D(X_1) + 0] = \frac{\sigma^2}{n}$$

答案　A

说明：等式 3 的拆分思路是将 $Y = \dfrac{1}{n} \sum\limits_{i=1}^{n} X_i$ 拆分成与 X_1 相关和不相关的两部分. 当 X 和 Y 不相关时，$\mathrm{Cov}(X, Y) = 0$.

2.8.5　计算数学期望 E(X)的常用方法

本书已经给出了三种计算数学期望 $E(X)$ 的常用方法. 在实际解题时，可以逐步考虑这三种方法，看是否方便计算.

（1）**定义法**：先求随机变量 X 的分布律、概率密度，再由数学期望的定义式

$$E(X) = \sum_{i \geqslant 1} x_i p_i, \quad E(X) = \int_{-\infty}^{+\infty} x f(x) \mathrm{d}x$$

计算.

（2）**函数法**：将随机变量 X 写成其他随机变量的函数 $X = g(Y), X = g(Y, Z)$，再利用相应随机变量函数的数学期望公式 $E(g(Y)) = \sum\limits_{i \geqslant 1} g(y_i) p_i, E(g(Y)) = \int_{-\infty}^{+\infty} g(y) f(y) \mathrm{d}y$ 等计算.

（3）**性质法**：利用数学期望的性质，如 $E(cX) = cE(X), E(X \pm Y) = E(X) \pm E(Y)$ 等计算.

典型题 2.26

一辆民航送客车载有 20 位旅客自机场开出，旅客可以在 10 个车站下车，如到达一个车站没有旅客下车就不停车. 设每位旅客在各个车站下车是等可能的，并设每位旅客是否下车相互独立. 以 X 表示停车的次数，求 $E(X)$.

分析：逐步考虑计算数学期望 $E(X)$ 的三种方法.

（1）**定义法**：本题求解 X 的分布律非常困难. 例如，要计算 $P\{X = 2\}$ 需要讨论送客车

在哪两站停车,以及 20 位旅客中分别有哪些旅客在这两站下车.

(2) **函数法**:本题中的 X 并不显然是另一个随机变量 Y 的函数.

(3) **性质法**:如果可以将本题中比较复杂的随机变量 X 拆分为若干相对简单的随机变量的和函数,则可以运用"随机变量和的期望等于期望的和"得到 $E(X)$.事实上,引入随机

变量 $X_i = \begin{cases} 0, & \text{在第 } i \text{ 站没有人下车} \\ 1, & \text{在第 } i \text{ 站有人下车} \end{cases}$,$i=1,2,\cdots,10$.易知 $X = X_1 + X_2 + \cdots + X_{10}$.这是因

为,①等式左边的 X 可以视为司机在车上统计停车次数;②等式右边的每个 X_i 可以视为第 i 站的志愿者分别统计停车次数,即送客车是否在第 i 站停车.而 X_i 服从两点分布,数学期望容易计算.

解答　引入随机变量 $X_i = \begin{cases} 0, & \text{在第 } i \text{ 站没有人下车} \\ 1, & \text{在第 } i \text{ 站有人下车} \end{cases}$,$i=1,2,\cdots,10$.

易知 $X = X_1 + X_2 + \cdots + X_{10}$.

由题意,对于任意 $i=1,2,\cdots,10$,$X_i=0$ 意味着在第 i 站没有人下车.由于每位旅客是

否下车相互独立,故积事件的概率等于概率的乘积,即 $P\{X_i=0\} = \left(\dfrac{9}{10}\right)^{20}$.

从而 $P\{X_i=1\} = 1 - \left(\dfrac{9}{10}\right)^{20}$.

因此,$E(X_i) = 0 \times P\{X_i=0\} + 1 \times P\{X_i=1\} = 1 - \left(\dfrac{9}{10}\right)^{20}$,$i=1,2,\cdots,10$.

再由数学期望的性质可知

$$E(X) = E(X_1 + X_2 + \cdots + X_{10}) = E(X_1) + E(X_2) + \cdots + E(X_{10})$$
$$= 10 \times \left[1 - \left(\dfrac{9}{10}\right)^{20}\right] = 8.784$$

即停车次数的数学期望为 8.784 次.

说明:本题展示了一种重要的解题技巧:把比较复杂的随机变量拆分为若干相对简单随机变量的和函数.容易看出本题中的 X_i 并不独立,但这不影响数学期望的性质

$E\left(\sum\limits_{i=1}^{n} X_i\right) = \sum\limits_{i=1}^{n} E(X_i)$ 的使用.但如果想要使用方差的类似性质 $D\left(\sum\limits_{i=1}^{n} X_i\right) = \sum\limits_{i=1}^{n} D(X_i)$,

必须保证 X_i 两两相互独立.

习 题

习题 2.1[**一维离散型随机变量**]　设随机变量 X 的分布函数为 $F(x) = \begin{cases} 0, & x < -1 \\ 0.4, & -1 \leqslant x < 1 \\ 0.8, & 1 \leqslant x < 3 \\ 1, & x \geqslant 3 \end{cases}$.

(1) 求随机变量 X 的分布律(概率分布).

(2) 求与随机变量 X 相联系的事件的概率 $P\{X < 1.5\}$.

（3）求随机变量 X 的数学期望 $E(X)$ 和方差 $D(X)$.

（4）定义随机变量 X 的函数 $Y = 2X^2 + 1$，求 Y 的分布律和分布函数.

（5）求随机变量 Y 的数学期望 $E(Y)$.

习题 2.2［一维连续型随机变量］ 设随机变量 X 的概率密度为 $f(x) = \begin{cases} cx, & 0 < x < 2 \\ 0, & \text{其他} \end{cases}$.

（1）确定未知常数 c.

（2）求随机变量 X 的分布函数 $F(x)$.

（3）求与随机变量 X 相联系的事件的概率 $P\{X < 1\}$.

（4）求随机变量 X 的数学期望 $E(X)$ 和方差 $D(X)$.

（5）求随机变量 $Y = 2X^2 + 1$ 的数学期望 $E(Y)$.

（6）求概率 $P\{F(X) > E(X) - 1\}$.

习题 2.3［二维离散型随机变量］ 袋中有 1 个红球、2 个黑球与 3 个白球. 现有放回地从袋中取两次，每次取一个球. 用 X, Y 分别表示两次取球所取得的红球与黑球的个数.

（1）求二维随机变量 (X, Y) 的（联合）分布律（概率分布）.

（2）求二维随机变量 (X, Y) 的关于 X 与 Y 的边缘分布律.

（3）求 X 关于 $\{Y = 1\}$ 的条件分布律.

（4）求随机变量 X 的数学期望 $E(X)$ 和方差 $D(X)$.

（5）求二维随机变量 (X, Y) 的协方差 $\text{Cov}(X, Y)$ 和相关系数 ρ_{XY}.

（6）问随机变量 X 与 Y 是否独立？为什么？

习题 2.4［二维连续型随机变量］ 设二维随机变量 (X, Y) 的概率密度为 $f(x, y) = \begin{cases} 1, & (x, y) \in G \\ 0, & \text{其他} \end{cases}$.

其中 G 是由 $x - y = 0, x + y = 2$ 与 $y = 0$ 围成的区域.

（1）求二维随机变量 (X, Y) 的关于 X 的边缘概率密度 $f_X(x)$.

（2）求给定 $Y = y$ 的条件下，随机变量 X 的条件概率密度 $f_{X|Y}(x \mid y)$.

（3）求随机变量 X 的数学期望 $E(X)$ 和方差 $D(X)$.

（4）求二维随机变量 (X, Y) 的协方差 $\text{Cov}(X, Y)$ 和相关系数 ρ_{XY}.

（5）问随机变量 X 与 Y 是否独立？为什么？

拓展阅读：概率论发展简史

17 世纪，数学家开始深入研究偶然现象，促使概率论逐步建立. 概率论起源于对赌博问题的探索，并获得了来自保险业等应用领域的推动. 在一代又一代数学家的不懈努力下，最终形成了严谨且完善的体系，成为一门重要的数学分支.

1. 赌博中的概率问题

赌博，特别是掷骰子、抛硬币等问题，由于模型特别清晰、容易量化，成为概率论的重要研究对象. 通过概率计算，我们可以识别出赌博中的各种骗局，避免上当受骗. 那些看起来充满诱惑的赌局，实则危机四伏. 这里主要介绍 17 世纪中叶职业赌徒德·梅累的两个故事.

（1）故事 1：职业赌徒的直觉

凭借多年的赌博经验，德·梅累意识到下述事件 A 发生的概率略大于事件 B 发生的概率.

事件 A：抛掷一枚骰子 4 次，至少出现 1 次"6"点.

事件 B：抛掷两枚骰子 24 次，至少出现 1 对"6"点.

事实上，$P(A)=1-\left(\dfrac{5}{6}\right)^4=0.5177$，$P(B)=1-\left(\dfrac{35}{36}\right)^{24}=0.4914$.

我们不得不佩服这位职业赌徒的敏锐直觉，竟然能通过经验发现 $P(A)>P(B)$，毕竟两者的差别如此之小！当然，这也正好反映了"频率逐渐稳定到概率"的事实，对应了概率的统计定义.

（2）故事 2：分赌本问题——概率论的诞生

然而，并不是所有概率问题都可以通过经验解决.1654 年，德·梅累向法国数学家帕斯卡（Blaise Pascal，1623—1662）提出了一个使他苦恼很久的问题：甲、乙两位赌徒赌技不相上下，各出 50 法郎赌本，谁先赢三局，就得到全部 100 法郎，每局均无平局.当甲赢了两局、乙赢了一局时，赌博因故终止.那么这 100 法郎怎样分配才算公平呢？这就是著名的分赌本问题，吸引了包括法国数学家费马（Pierre de Fermat，1601—1665）在内的不少著名数学家参与讨论.这个问题是"数学期望"名词的由来，也宣告了概率论的诞生.

下面介绍一种研究思路：如果赌博没有终止，记随机变量 X 为甲最终获得的赌本金额，则 $X=\begin{cases}100, & \text{甲先赢三局}\\ 0, & \text{乙先赢三局}\end{cases}$.根据甲和乙后续的输赢情况，得到可能出现的结果和概率如图 2.17 所示.

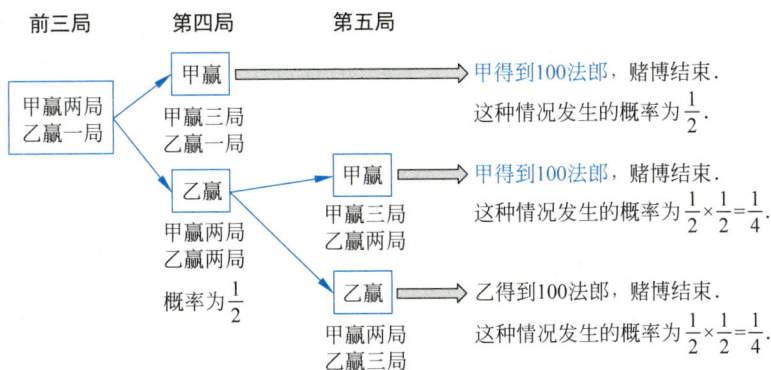

图 2.17　赌博没有终止情况下的结果和概率

因此，随机变量 X 的分布律为

X	0	100
P	$\dfrac{1}{4}$	$\dfrac{3}{4}$

可见，这 100 法郎应该分配给甲 $E(X)=\left(0\times\dfrac{1}{4}+100\times\dfrac{3}{4}\right)$ 法郎 $=75$ 法郎，这是甲继续赌博并最终"期望"获得的赌本数量.

后来，帕斯卡和费马的通信引起了荷兰数学家惠根斯（Christian Huygens，1629—1695）的兴趣，后者在 1657 年发表的《论赌博中的计算》成为最早的概率论著作.这些数学家的通信和著作中出现了第一批概率论的概念和定理,标志着概率论的诞生.

2. 来自保险业的推动

概率论虽然起源于对赌博问题的研究,但促使它迅速发展的直接动力是保险业的需求. 17 世纪,现代保险业开始萌芽.18 世纪,随着工业革命的兴起,保险业开始蓬勃发展.保险公司获得利润的关键是能够事先确定保险项目中风险发生的概率,并据此厘定保险价格.这需要引入大量崭新的概率研究工具,还需要获取大量统计数据.由此,概率论与统计学紧密相连,共同成为随机数学的重要组成部分.

3. 数学家们的工作

1713 年,瑞士数学家雅各布·伯努利(Jakob Bernoulli,1654—1705)在遗著《猜度术》中提出了一个极限定律,被后人称为伯努利大数定律.以大数定律和中心极限定理为代表的极限理论在概率论的发展历史中起到了重要作用.第 5 章的“拓展阅读”中将介绍极限理论发展简史.

1733 年,法国数学家棣莫弗(Abraham de Moivre,1667—1754)在求二项分布的渐近公式时得到了正态分布.1809 年,享有“数学王子”美誉的德国数学家高斯(Carolus Fridericus Gauss,1777—1855)在研究测量误差时重新导出了正态分布.高斯的这项工作对后世影响极大,因此“正态分布”也称为“高斯分布”.1777 年,法国数学家蒲丰(George-Louis Leclerc de Buffon,1707—1788)提出了投针问题和几何概率.随着计算机的诞生和迅速发展,蒲丰投针问题引出的蒙特卡罗方法(Monte Carlo method)大放异彩,下文将给出简单介绍.此外,蒲丰还在小学课本中以“法国博物学家布封”的身份出现,是《松鼠》的作者.1812 年,法国数学家拉普拉斯(Pierre-Simon Laplace,1749—1827)在其著作《概率的分析理论》中运用强有力的分析工具处理概率问题,使以往零散的结果系统化,并给出了概率的古典定义.19 世纪后期,极限理论的发展成为概率论研究的中心课题.

1899 年,法国数学家贝特朗(Joseph Bertrand,1822—1900)提出了“贝特朗悖论”,剑指古典概率论中基本概念的矛盾和含糊之处.到 19 世纪末,无论是实际应用还是理论发展,都亟须建立更加严谨的概率论逻辑基础.众多著名数学家对概率论严格化进行了尝试.1933 年,苏联数学家柯尔莫哥洛夫(Andrey Nikolaevich Kolmogorov,1903—1987)在测度论基础上建立了概率论的公理化体系.概率的公理化克服了种种悖论,将概率概念从古典定义中抽象出来,使得更多的数学工具可以运用到概率论的研究中.在公理化基础上,现代概率论从理论到应用都大大发展.

4. 附录：蒲丰投针问题和蒙特卡罗方法

1777 年,法国数学家蒲丰提出了投针问题:在平面上画有一组间距为 d 的平行线,将一根长度为 $l(l \leqslant d)$ 的针任意掷在这个平面上,求此针与平行线中任一条相交的概率.

如图 2.18(a)所示,考虑此针的中点 M 距较近的平行线的距离 x 以及此针与平行线的夹角 θ. 当且仅当 $0 \leqslant x \leqslant \dfrac{l}{2}\sin\theta$ 时,此针与某条平行线相交.这个区域对应图 2.18(b)中的阴影部分.根据几何概型,此针与平行线中任一条相交的概率为 $p = \dfrac{S_{阴影}}{S_{矩形}} = \dfrac{\displaystyle\int_0^\pi \dfrac{l}{2}\sin\theta \, \mathrm{d}\theta}{\dfrac{d}{2}\pi} = \dfrac{2l}{\pi d}.$

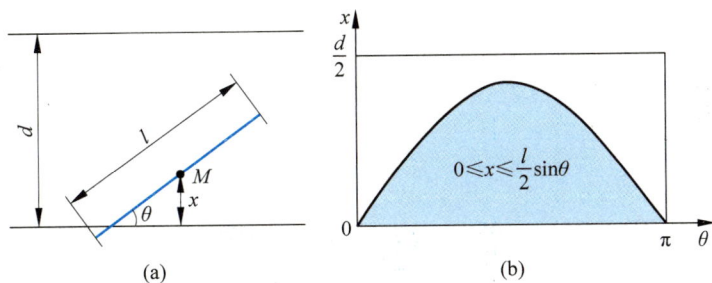

图 2.18　蒲丰投针问题

由于 $p = \dfrac{2l}{\pi d}$ 与 π 有关，于是人们想到利用投针试验来估计圆周率 π 的值. 试验者随机投针 n 次，针与平行线相交 m 次，则根据概率的统计定义得 $p \approx \dfrac{m}{n}$，由此可以估计 $\pi \approx \dfrac{2nl}{md}$. 利用投针试验估计圆周率的近似效果并不好，但这是首次使用随机试验处理确定性数学问题.

像投针试验一样，用通过随机试验所求的概率来估计我们感兴趣的一个量称为**蒙特卡罗方法**. 蒙特卡罗是摩纳哥的著名赌城. 对一些难以给出解析解的问题，可以考虑采用蒙特卡罗方法给出数值解. 下面简要介绍运用蒙特卡罗方法计算定积分的随机投点法.

考虑区间 $[a, b]$ 上的定积分，被积函数满足 $c \leqslant f(x) \leqslant d$，则积分值 $I = \displaystyle\int_a^b f(x)\mathrm{d}x$ 对应图 2.19 中阴影部分的面积 $S_{阴影}$. 试验者在矩形区域 $[a, b] \times [c, d]$ 中随机生成 n 个服从二维均匀分布的样本点 (x, y). 若其中 m 个样本点落在曲线 $f(x)$ 的下方（阴影部分），则根据概率的统计定义得 $\dfrac{S_{阴影}}{S_{矩形}} \approx \dfrac{m}{n}$. 考虑到 $S_{矩形} = (b - a)(d - c)$，故得到积分值的数值解为

$$I \approx \frac{m}{n} S_{矩形} = \frac{m}{n}(b - a)(d - c).$$

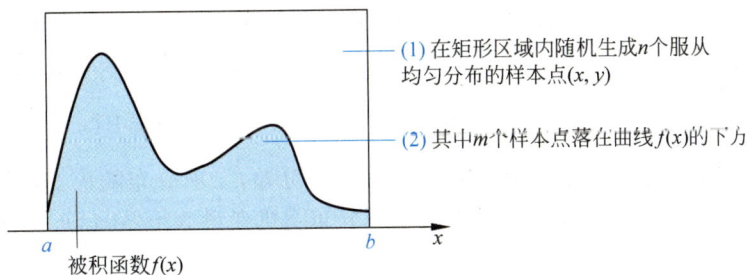

(1) 在矩形区域内随机生成 n 个服从均匀分布的样本点 (x, y)

(2) 其中 m 个样本点落在曲线 $f(x)$ 的下方

被积函数 $f(x)$

图 2.19　运用蒙特卡罗方法计算定积分的数值解

常 见 分 布

第 3 章

知识点
微课程
3.1

你 有没有遇到过这样的困扰:当问题放在某个章节中时,你可以比较容易地解决它;但当问题放在试卷上或者出现在实际应用中时,你就不知所措了? 这是因为经典教材的内容通常按照"研究方法"编排,某个章节的例题用这个章节的知识点(研究方法)就可以迎刃而解.但在试卷或者实际应用中,我们只能看到"研究对象".因此,本章按照"研究对象"梳理知识点,给出概率论与数理统计中常见分布的定义、性质和关系,这些重要的结论可以在解题和应用中直接使用.

我们在中学阶段已经接触过两点分布、二项分布、超几何分布、正态分布等概念.本章注重与高中阶段知识的衔接,从而可以提高学习效率.

运用图 3.1 建立常见分布的知识结构.特别地:①学习和应用概率论中的常见分布要注意分布类型和参数取值.粗略地讲,分布类型用分布法研究,包括模型背景、分布律、概率密度等内容;参数取值用数字特征法研究,分布的数学期望和方差通常是参数的函数.②学习和应用数理统计中的常见分布要注意分布类型和自由度.

说明:图 3.1 概述了概率论和数理统计中常见分布之间的联系,将在后文逐一讲解.学生也可以在完成本章所有常见分布的学习之后再回到本图,根据本图回顾本章内容.

(1) 在常见的离散分布中,二项分布 $B(n,p)$ 处于重要地位.每次随机试验中事件 A 发生的概率为 p,则 n 重伯努利试验中事件 A 发生的总次数 X 服从二项分布 $B(n,p)$.

① 二项分布与两点分布的联系:一方面,两点分布 $B(1,p)$ 是二项分布 $B(n,p)$ 取 $n=1$ 的特例;另一方面,二项分布是天然的和函数,n 个相互独立、参数 p 相同的两点分布随机变量 $X_i \sim B(1,p)(i=1,2,\cdots,n)$ 的和 $X = \sum_{i=1}^{n} X_i$ 服从二项分布 $B(n,p)$.

② 二项分布与泊松分布的联系:根据泊松定理可知,二项分布随机变量序列的极限近似服从泊松分布.特别地,参数 n 足够大的二项分布随机变量 $X \sim B(n,p)$ 近似服从泊松分布 $X \overset{近似}{\sim} P(np)$.

③ 二项分布与超几何分布的联系:二项分布与超几何分布分别对应"有放回抽样"和"无放回抽样".当产品总数足够大时,可以将"无放回抽样"近似为"有放回抽样".因此,当 $N \to +\infty$(产品总数足够大)时,超几何分布 $H(N,n,M)$ 近似服从二项分布 $B\left(n, \dfrac{M}{N}\right)$.特别地,若 N 件产品中含有 M 件次品,则 $\lim\limits_{N \to +\infty} \dfrac{M}{N} = p$ 对应次品率.

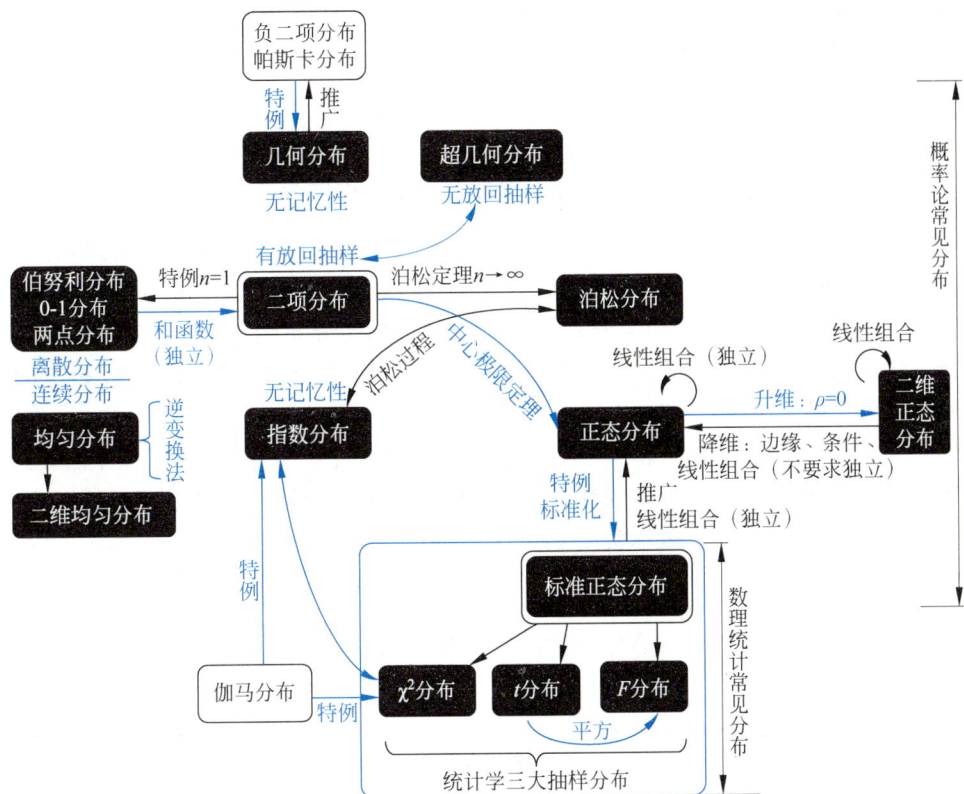

图 3.1　概率论和数理统计中的常见分布

④ **二项分布**与**正态分布**的联系：棣莫弗-拉普拉斯中心极限定理,也称"二项分布的正态近似". 参数 n 足够大的二项分布随机变量 $X \sim B(n,p)$ 近似服从正态分布 $X \overset{近似}{\sim} N(np, np(1-p))$.那么,当 n 足够大时,是泊松说得对,还是棣莫弗和拉普拉斯说得对呢? 当 $np_n = \lambda$ 时,泊松逼近的收敛速度为 $O(1/n)$,正态逼近的收敛速度为 $O(1/\sqrt{n})$,故泊松逼近始终好于正态逼近.当 $\lim\limits_{n \to +\infty} np_n = \lambda$ 时,泊松逼近的收敛速度与 np_n 收敛于 λ 的速度有关.

(2) **几何分布**和超几何分布的名称有点像,但它们之间没有特别的联系.每次随机试验中事件 A 发生的概率为 p,则在伯努利试验序列中,事件 A 首次发生时的试验次数 X 服从**几何分布** $Ge(p)$.

① **几何分布**与**负二项分布**的联系：几何分布 $Ge(p)$ 可以推广为负二项分布,亦称为帕斯卡分布.每次随机试验中事件 A 发生的概率为 p,则在伯努利试验序列中,事件 A 第 r 次发生时的试验次数 X 服从负二项分布 $Nb(r,p)$.可见,几何分布 $Ge(p)$ 是负二项分布 $Nb(r,p)$ 取 $r=1$ 的特例.

② **几何分布**与**指数分布**的联系：几何分布是唯一具有无记忆性的离散型分布;指数分布是唯一具有无记忆性的连续型分布.

(3) **指数分布**与**泊松分布**的联系具有深刻的数学基础：泊松过程.粗略地讲,根据泊松分布的服务台模型,某服务台单位时间平均到达人数为 λ,在一定条件下,可以认为单位时

间到达的人数 $Y\sim P(\lambda)$. 那么,相邻两人到达的间隔时间 $X\sim Exp(\lambda)$.

伽马分布有两个常见的特例:指数分布和 χ^2 分布. ①$Ga(1,\lambda)=Exp(\lambda)$,即 $\alpha=1$ 时的伽马分布就是指数分布. ②$Ga\left(\dfrac{n}{2},\dfrac{1}{2}\right)=\chi^2(n)$,即 $\alpha=\dfrac{n}{2},\lambda=\dfrac{1}{2}$ 时的伽马分布就是自由度为 n 的 χ^2 分布. 由此可知,$\lambda=\dfrac{1}{2}$ 时的指数分布就是自由度为 2 的 χ^2 分布.

(4) 均匀分布可以通过"逆变换法"与满足一定条件的其他分布建立普遍的联系. 设随机变量 X 的分布函数 $F_X(x)$ 是严格单调增的连续函数,其反函数 $F_X^{-1}(y)$ 存在,则随机变量 $Y=F_X(X)$ 服从 $(0,1)$ 上的均匀分布 $U(0,1)$. 一维均匀分布随机变量 $X\sim U(a,b)$ 以相等的概率取区间 (a,b) 上的任何一点. 类似地,二维均匀分布随机变量 (X,Y) 以相等的概率取平面上有界区域 G 中的任何一点.

(5) 在常见的连续分布中,正态分布 $N(\mu,\sigma^2)$ 和标准正态分布 $N(0,1)$ 处于重要地位.

① 正态分布与标准正态分布的联系:标准正态分布是一种特殊的、最具有代表性的正态分布. 它的位置参数 $\mu=0$,概率密度 $\varphi(x)$ 以 y 轴为对称轴;形状参数 $\sigma=1$,$\varphi(x)$ 不胖不瘦. 两者可以自由地转换.

$$X\sim N(0,1)\Leftrightarrow Y=\sigma X+\mu\sim N(\mu,\sigma^2);\ X\sim N(\mu,\sigma^2)\Leftrightarrow Z\xrightarrow{\text{标准化变量}}\frac{X-\mu}{\sigma}\sim N(0,1)$$

② 考虑正态分布的概率密度 $f(x)=\dfrac{1}{\sqrt{2\pi}\,\sigma}e^{-\frac{(x-\mu)^2}{2\sigma^2}}$ 非常复杂,当问题涉及正态分布时,应该优先使用概率性质,尽量避免直接计算微积分. 正态分布的一个重要性质是:多个相互独立正态分布随机变量的线性组合也服从正态分布. 即:若 $X_i\sim N(\mu_i,\sigma_i^2)$,$1\leqslant i\leqslant n$,相互独立,$C_0$ 和 C_i 为常数,则 $C_0+\sum\limits_{i=1}^{n}C_iX_i\sim N\left(C_0+\sum\limits_{i=1}^{n}C_i\mu_i,\sum\limits_{i=1}^{n}C_i^2\sigma_i^2\right)$.

③ 两种常见的二维连续型分布是二维均匀分布和二维正态分布 $(X,Y)\sim N(\mu_1,\mu_2;\sigma_1^2,\sigma_2^2;\rho)$. 与一维正态分布相同,当问题涉及二维正态分布时,应该优先使用概率性质. 为了便于记忆,本书将二维正态分布的常用性质归纳为 3 组:独立性和相关性;升维和降维(边缘分布、条件分布);线性组合.

(6) 正态分布是统计数据分析中最常见的分布,以标准正态分布为基础构造的 χ^2 分布、t 分布和 F 分布通常被称为"统计学中的三大抽样分布".

① 自由度为 n 的 χ^2 分布随机变量是 n 个相互独立的标准正态分布随机变量 $X_1,X_2,\cdots,X_n$ 的平方和,即 $\chi^2=X_1^2+X_2^2+\cdots+X_n^2$,记为 $\chi^2\sim\chi^2(n)$.

② 自由度为 n 的 t 分布随机变量 $T=\dfrac{X}{\sqrt{Y/n}}$ 包含分子和分母两部分,记为 $T\sim t(n)$. 其中,$X\sim N(0,1)$,$Y\sim\chi^2(n)$,且 X 和 Y 相互独立.

③ 服从 F 分布的随机变量 $F=\dfrac{U/n_1}{V/n_2}$ 同样包含分子和分母两部分,记为 $F\sim F(n_1,n_2)$. 其中,$U\sim\chi^2(n_1)$,$V\sim\chi^2(n_2)$,且 U 和 V 相互独立.

④ t 分布与 F 分布的联系：若 $T \sim t(n)$，则 $T^2 \sim F(1, n)$，$\dfrac{1}{T^2} \sim F(n, 1)$.

3.1 离散分布

常见的离散分布包括两点分布、二项分布、泊松分布、几何分布和超几何分布.

3.1.1 专题：独立重复试验、伯努利试验

独立重复试验 是指在相同的条件下可以重复进行的试验.顾名思义,独立重复试验需要满足两个条件：①**独立**,即每次试验的结果互不影响、相互独立；②**重复**,即在相同的条件下,可以重复进行试验.

如果一个随机试验仅有两种可能的结果——事件 A 发生(试验成功)、事件 A 不发生(试验失败),则称之为 **伯努利试验**. n 重伯努利试验指在相同条件下独立重复地进行 n 次伯努利试验,它是一种特殊的 n 重独立重复试验.例如：将一枚硬币抛掷 n 次,就是 n 重伯努利试验.两点分布、二项分布和几何分布等常见离散分布都是基于伯努利试验的.

3.1.2 两点分布

两点分布,又称 0-1 分布、伯努利分布,记为 $B(1, p)$.它刻画了 1 重伯努利试验中事件 A 发生的次数.其分布律为

X	0	1
P	$1-p$	p

其中 $0 < p < 1$.注意, $P\{X=1\}$ 是 1 重伯努利试验中事件 A 发生的概率,故 $P\{X=1\} = P(A) = p$.

数字特征：期望 $E(X) = p$,方差 $D(X) = p(1-p)$.

说明：两点分布的数学期望和方差容易计算.

(1) 根据 **数学期望的定义式计算**： $E(X) = 0 \times (1-p) + 1 \times p = p$.

(2) $E(X^2) = 0^2 \times (1-p) + 1^2 \times p = p$,根据 **方差的计算式计算**：

$$D(X) = E(X^2) - E(X)^2 = p - p^2 = p(1-p)$$

3.1.3 二项分布

-引例 3.1- 有一批产品,次品率为 p, $0 < p < 1$.有放回地抽取 n 次,每次抽取一件产品.求抽中次品数 X 的分布律.

解答 抽中次品数 X 的所有可能取值为 $0, 1, 2, \cdots, n$.对于任意 $k = 0, 1, 2, \cdots, n$,抽中次品数 X 的分布律如图 3.2 所示.

$$P\{X=k\}=C_n^k p^k (1-p)^{n-k}$$

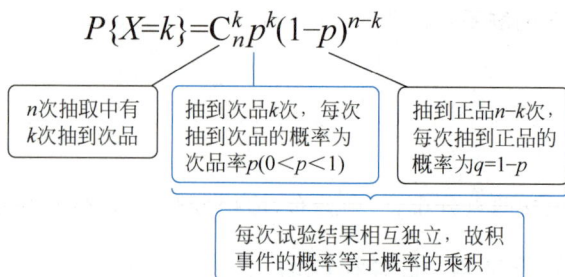

图 3.2   抽中次品数 X 的分布律

对照伯努利试验的概念,每次有放回地抽取产品都是一次伯努利试验,其中事件 A 表示"抽中次品".而"有放回地抽取 n 次产品"对应 n 重伯努利试验.可见,"抽中次品数 X"对应 n 重伯努利试验中事件 A 发生的总次数.

二项分布的模型一:每次随机试验中事件 A 发生的概率为 p,则 n 重伯努利试验中事件 A 发生的总次数 X 服从**二项分布** $B(n,p)$.其分布律为 $P\{X=k\}=C_n^k p^k (1-p)^{n-k}$, $k=0,1,2,\cdots,n,0<p<1$.

-引例 3.2-   有一**大**批产品,次品率为 p,$0<p<1$.随机取出 n 件产品,求其中次品数 X 的分布律.

解答   说明:对比引例 3.1,本题是一次性将 n 件产品都取出来,相当于"无放回抽样".然而,当产品总数比较大时,被取出的产品是否再放回对剩余产品的次品率几乎没有影响.可以将"**无放回抽样**"近似为"**有放回抽样**",同样可以用二项分布计算.这就是 3.1.8 节介绍的"超几何分布的二项分布逼近".

由题意,n 件产品中次品数 X 服从二项分布 $B(n,p)$.其分布律为
$$P\{X=k\}=C_n^k p^k (1-p)^{n-k}, \quad k=0,1,2,\cdots,n,0<p<1.$$

二项分布的模型二:每件产品的次品率为 p,则当产品总量比较大时,随机取出的 n 件产品中次品的个数 X 服从二项分布 $B(n,p)$,$0<p<1$.

典型题 3.3[2023,Ⅰ]

设随机变量 X 与 Y 相互独立,且 $X\sim B\left(1,\frac{1}{3}\right)$,$Y\sim B\left(2,\frac{1}{2}\right)$,则 $P\{X=Y\}=$ _____.

解答   由题意,随机变量 X 与 Y 的分布律分别为

$$X\sim\begin{pmatrix}0 & 1\\[4pt] \dfrac{2}{3} & \dfrac{1}{3}\end{pmatrix} \text{与} \ Y\sim\begin{pmatrix}0 & 1 & 2\\[4pt] \dfrac{1}{4} & \dfrac{1}{2} & \dfrac{1}{4}\end{pmatrix}$$

故

$$P\{X=Y\} = P\{X=0,Y=0\} + P\{X=1,Y=1\}$$

$$\xeq{独立} P\{X=0\}P\{Y=0\} + P\{X=1\}P\{Y=1\} = \frac{2}{3} \times \frac{1}{4} + \frac{1}{3} \times \frac{1}{2} = \frac{1}{3}$$

答案 $\dfrac{1}{3}$

二项分布与两点分布的联系(图 3.3):

(1) 两点分布 $B(1,p)$ 是二项分布 $B(n,p)$ 取 $n=1$ 的特例.

(2) 二项分布是天然的和函数,一个服从 $B(n,p)$ 的随机变量 X 可以写成 n 个相互独立的两点分布随机变量的和:$X = \sum\limits_{i=1}^{n} X_i, X_i \sim B(1,p), i=1,2,\cdots,n$. 反之,$n$ 个相互独立、参数 p 相同的两点分布随机变量的和 $X = \sum\limits_{i=1}^{n} X_i$ 服从二项分布.

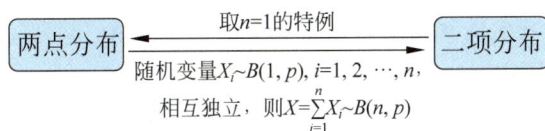

图 3.3 二项分布与两点分布的联系

说明:运用两点分布的数字特征和上述联系,可以得到二项分布的数字特征.

$$\begin{cases} E(X) = E\left(\sum\limits_{i=1}^{n} X_i\right) \xeq{和的期望等于期望的和} \sum\limits_{i=1}^{n} E(X_i) = np \\ D(X) = D\left(\sum\limits_{i=1}^{n} X_i\right) \xeq{相互独立随机变量的\\和的方差等于方差的和} \sum\limits_{i=1}^{n} D(X_i) = np(1-p) \end{cases}$$

数字特征:期望 $E(X) = np$,方差 $D(X) = np(1-p)$.

说明:我们还可以根据二项分布(泊松分布、几何分布)的分布律、数学期望的定义式、方差的计算式等直接计算数学期望和方差,详见 3.1.6 节.

典型题 3.4[2010,高考]

某种种子每粒发芽的概率都为 0.9,现播种了 $1\,000$ 粒. 对于没有发芽的种子,每粒需再补种 2 粒. 补种的种子数记为 X,则 X 的数学期望为_____.

A. 100　　　　　B. 200　　　　　C. 300　　　　　D. 400

解题思路:怎样"套用模板"解决随机问题?

这道题目非常简单,下面以它为例介绍本书推荐的"套用模板"的解题思路.

(1) 确定与问题关联的随机变量,即将生活中的随机问题转化为数学问题.

(2) 根据模型背景确定随机变量的分布类型和参数取值.

(3) 直接运用常见分布的性质(分布、数字特征、参数可加性等)得到结论.

利用这种思路可以快速解决涉及常见分布的随机问题.

解答　(1) 确定与问题关联的随机变量,即将生活中的随机问题转化为数学问题.

本题用随机变量 X 表示需要补种的种子数.

(2) 根据模型背景确定随机变量的分布类型和参数取值.

由题意知,$\dfrac{X}{2} \sim B(1000, 0.1)$.

(3) 直接运用常见分布的性质得到结论.

$$E\left(\dfrac{X}{2}\right) = np = 1000 \times 0.1 = 100. \text{ 故 } E(X) = 200.$$

答案   B

典型题 3.5[1995,Ⅰ]

设 X 表示 10 次独立重复射击命中目标的次数,每次射中目标的概率为 0.4,则 X^2 的数学期望 $E(X^2) = $ _____.

解答   (1) 确定与问题关联的随机变量,即将生活中的随机问题转化为数学问题.

本题用随机变量 X 表示 10 次独立重复射击命中目标的次数.

(2) 根据模型背景确定随机变量的分布类型和参数取值.

由题意知,$X \sim B(10, 0.4)$.

(3) 直接运用常见分布的性质得到结论. 由于常见分布的期望和方差已知,使用方差的计算式 $D(X) = E(X^2) - E(X)^2$ 计算 $E(X^2)$.

故 $E(X) = np = 4$,$D(X) = np(1-p) = 2.4$.

因此,$E(X^2) = D(X) + E(X)^2 = 2.4 + 4^2 = 18.4$.

答案   18.4

小技巧:怎样计算 $E(X^2)$?①常规的思路是:按照随机变量函数 $g(X) = X^2$ 的数学期望的定义式计算 $E(X^2) = \begin{cases} \sum\limits_{i \geqslant 1} x_i^2 p_i, & X \text{ 离散} \\ \int_{-\infty}^{+\infty} x^2 f(x) \mathrm{d}x, & X \text{ 连续} \end{cases}$. 这种思路适用于所有分布.②但如果随机变量 X 服从常见分布,我们已经熟练掌握其期望 $E(X)$ 和方差 $D(X)$,就可以直接使用.因此,本书推荐使用方差的计算式 $D(X) = E(X^2) - E(X)^2$ 推出 $E(X^2) = D(X) + E(X)^2$,更加便捷.

参数可加性:$X \sim B(n_1, p)$,$Y \sim B(n_2, p)$,相互独立,则 $X + Y \sim B(n_1 + n_2, p)$.

进一步地,$X_i \sim B(n_i, p)$,$1 \leqslant i \leqslant m$,相互独立,则 $\sum\limits_{i=1}^{m} X_i \sim B\left(\sum\limits_{i=1}^{m} n_i, p\right)$.

记一记:从二项分布的模型出发帮助理解和记忆参数可加性. 有一批产品,次品率为 p. 先后有放回地抽取两轮,每轮各抽取 n_1 和 n_2 次,每次抽取一件产品. 则第 1 轮抽中次品数 $X \sim B(n_1, p)$,第 2 轮抽中次品数 $Y \sim B(n_2, p)$. 两轮总次品数为 $Z = X + Y$. 换个角度,Z 可以看成有放回地抽取 $n_1 + n_2$ 次产品中次品的总数,故 $Z \sim B(n_1 + n_2, p)$.

3.1.4   泊松分布

泊松(Poisson)分布,记为 $P(\lambda)$,其分布律为

$$P\{X=k\}=\frac{\lambda^{k}}{k!}\mathrm{e}^{-\lambda}, \quad k=0,1,2,\cdots,\lambda>0$$

记一记：泰勒展开式 $\mathrm{e}^{\lambda}=1+\lambda+\dfrac{\lambda^{2}}{2!}+\dfrac{\lambda^{3}}{3!}+\cdots+\dfrac{\lambda^{k}}{k!}+\cdots=\sum\limits_{k=0}^{\infty}\dfrac{\lambda^{k}}{k!}$ 可以帮助大家

记忆泊松分布的分布律,同时也给出了分布律正则性 $\sum\limits_{k=0}^{\infty}\dfrac{\lambda^{k}}{k!}\mathrm{e}^{-\lambda}=1$ 的证明.

泊松分布的模型[服务台模型]：某服务台单位时间平均到达人数为 λ,在一定条件下,可以认为单位时间到达的人数 $X\sim P(\lambda)$.这里的"一定条件"源于常见随机过程"泊松过程",详见本章《拓展阅读：泊松过程与常见分布》.由此可以帮助我们记住"$E(X)=$ 单位时间平均到达人数 $=\lambda$".这里的术语"服务台"借鉴于排队论,本书不再详述.

数字特征：期望 $E(X)=\lambda$,方差 $D(X)=\lambda$.

典型题 3.6[2008,Ⅰ & Ⅲ & Ⅳ]

设随机变量 X 服从参数为 1 的泊松分布,则 $P\{X=E(X^{2})\}=$ _____.

解答 说明：由于泊松分布是常见分布,数学期望和方差的结论均已知,故使用方差的计算式 $D(X)=E(X^{2})-E(X)^{2}$ 计算 $E(X^{2})$.

由泊松分布的数字特征和方差的计算式,可得 $E(X^{2})=D(X)+E(X)^{2}=\lambda+\lambda^{2}=2$.

再由泊松分布的分布律,可得 $P\{X=2\}=\dfrac{1}{2\mathrm{e}}$.

答案 $\dfrac{1}{2\mathrm{e}}$

典型题 3.7[选学]

设随机变量 X 的概率分布为 $P\{X=k\}=c\dfrac{\lambda^{k}}{k!}$,$k=1,2,\cdots,\lambda>0$,则常数 c 的值为 _____.

解答 说明：本题的随机变量 X 是否服从泊松分布呢？不少同学在学习中会忽视"参数 k 的取值范围"等细节,或者在运用结论前不验证结论成立的条件,从而引发错误.本题中,$P\{X=0\}=0$；而泊松分布随机变量 $Y\sim P(\lambda)$ 应满足 $P\{Y=0\}=\dfrac{\lambda^{0}}{0!}\mathrm{e}^{-\lambda}=\mathrm{e}^{-\lambda}$.可见,$X$ 不服从泊松分布.但在解题过程中,依然可以运用泊松分布分布律的正则性 $\sum\limits_{k=0}^{\infty}\dfrac{\lambda^{k}}{k!}\mathrm{e}^{-\lambda}=1$ 化简计算.

由概率分布的正则性,可知

$$1=\sum_{k=1}^{\infty}P\{X=k\}=\sum_{k=1}^{\infty}c\frac{\lambda^{k}}{k!}=c\mathrm{e}^{\lambda}\sum_{k=1}^{\infty}\frac{\lambda^{k}}{k!}\mathrm{e}^{-\lambda}$$

$$\xlongequal[\substack{\text{运用泊松分布的}\\\text{分布律化简计算}}]{\text{小技巧}}c\mathrm{e}^{\lambda}\left(\sum_{k=0}^{\infty}\frac{\lambda^{k}}{k!}\mathrm{e}^{-\lambda}-\frac{\lambda^{0}}{0!}\mathrm{e}^{-\lambda}\right)\xlongequal[\substack{\text{律的正则性}}]{\text{泊松分布分布}}c\mathrm{e}^{\lambda}(\boxed{1}-\mathrm{e}^{-\lambda})=c(\mathrm{e}^{\lambda}-1)$$

所以,$c=\dfrac{1}{\mathrm{e}^{\lambda}-1}$.

答案　$\dfrac{1}{e^{\lambda}-1}$

典型题 3.8[2023，Ⅰ & Ⅲ，选学]

设随机变量 X 服从参数为 1 的泊松分布，则 $E(|X-E(X)|)=$ _____．

A. $\dfrac{1}{e}$　　　　　　B. $\dfrac{1}{2}$　　　　　　C. $\dfrac{2}{e}$　　　　　　D. 1

解答　由题意 $X \sim P(1)$，故 $E(X)=1$，且 $P\{X=k\}=\dfrac{1}{k!}e^{-1}$，$k=0,1,2,\cdots$．因此

$$E(|X-E(X)|)=E(|X-1|)=\sum_{k=0}^{\infty}|k-1|\cdot P\{X=k\}$$

$$=\sum_{k=0}^{\infty}|k-1|\cdot\dfrac{1}{k!}e^{-1}$$

$$=\boxed{\sum_{k=0}^{0}|k-1|\cdot\dfrac{1}{k!}e^{-1}}+\boxed{\sum_{k=1}^{1}|k-1|\cdot\dfrac{1}{k!}e^{-1}}$$

$$+\sum_{k=2}^{\infty}|k-1|\cdot\dfrac{1}{k!}e^{-1}$$

$$=\boxed{e^{-1}}+\boxed{0}+e^{-1}\sum_{k=2}^{\infty}\dfrac{k-1}{k!}$$

关键是计算上式中的 $\displaystyle\sum_{k=2}^{\infty}\dfrac{k-1}{k!}$．具体如下：

$$\sum_{k=2}^{\infty}\dfrac{k-1}{k!}=\sum_{k=0}^{\infty}\dfrac{k+1}{(k+2)!}=\boxed{\sum_{k=0}^{\infty}\dfrac{k+2}{(k+2)!}}-\boxed{\sum_{k=0}^{\infty}\dfrac{1}{(k+2)!}}$$

$$=\boxed{\sum_{k=0}^{\infty}\dfrac{1}{(k+1)!}}-\boxed{\sum_{k=0}^{\infty}\dfrac{1}{(k+2)!}}$$

$$=\boxed{\sum_{k=1}^{\infty}\dfrac{1}{k!}}-\boxed{\sum_{k=2}^{\infty}\dfrac{1}{k!}}\overset{\text{等式 5}}{=\!=\!=}\boxed{(e-1)}-\boxed{(e-1-1)}=1$$

其中，等式 5 用到了 $\displaystyle\sum_{k=0}^{\infty}\dfrac{1}{k!}=e$，故 $\displaystyle\sum_{k=1}^{\infty}\dfrac{1}{k!}=\sum_{k=0}^{\infty}\dfrac{1}{k!}-\sum_{k=0}^{0}\dfrac{1}{k!}=e-1$ 且 $\displaystyle\sum_{k=2}^{\infty}\dfrac{1}{k!}=$

$\displaystyle\sum_{k=0}^{\infty}\dfrac{1}{k!}-\sum_{k=0}^{0}\dfrac{1}{k!}-\sum_{k=1}^{1}\dfrac{1}{k!}=e-1-1$．

因此，$E(|X-E(X)|)=e^{-1}+e^{-1}\displaystyle\sum_{k=2}^{\infty}\dfrac{k-1}{k!}=2e^{-1}$．

答案　C

参数可加性：$X \sim P(\lambda_1)$，$Y \sim P(\lambda_2)$，相互独立，则 $X+Y \sim P(\lambda_1+\lambda_2)$．

进一步地，$X_i \sim P(\lambda_i)$，$1 \leqslant i \leqslant m$，相互独立，则 $\displaystyle\sum_{i=1}^{m}X_i \sim P\left(\sum_{i=1}^{m}\lambda_i\right)$．

记一记：从泊松分布的模型出发帮助理解和记忆参数可加性. 有两个服务台,相互独立,单位时间平均到达人数为 λ_1 和 λ_2. 在一定条件下,可以认为单位时间到达的人数分别为 $X \sim P(\lambda_1)$ 和 $Y \sim P(\lambda_2)$,到达两个服务台的总人数为 $Z=X+Y$. 换个角度,Z 可以看成这两个服务台合并成的大服务台单位时间到达的人数. 平均到达人数为 $\lambda_1+\lambda_2$,故 $Z \sim P(\lambda_1+\lambda_2)$.

泊松分布与二项分布的联系：设 $\lim\limits_{n\to+\infty} np_n=\lambda>0$,则 $\lim\limits_{n\to+\infty} C_n^k p_n^k (1-p_n)^{n-k}=\dfrac{\lambda^k}{k!}e^{-\lambda}$. 称为二项分布的泊松逼近,即泊松定理(图 3.4). 根据泊松定理可得,当 n 足够大、p 足够小、np 不太大时,有 $C_n^k p^k (1-p)^{n-k} \approx \dfrac{(np)^k}{k!}e^{-np}$.

说明[选学]：泊松定理看起来非常抽象,我们可以从三个角度对其进行研究. ①定理的直观含义；②什么时候可以用？③什么时候需要用？通过一个实例说明泊松定理的含义. 设随机变量序列 $X_1 \sim B(10,0.2)$, $X_2 \sim B(99,0.021)$, $X_3 \sim$

泊松定理

$$C_n^k p^k (1-p)^{n-k} \approx \dfrac{(np)^k}{k!}e^{-np}$$

二项分布的分布律　　泊松分布的分布律

$$P\{X=k\}=C_n^k p^k (1-p)^{n-k} \qquad P\{Y=k\}=\dfrac{(np)^k}{k!}e^{-np}$$

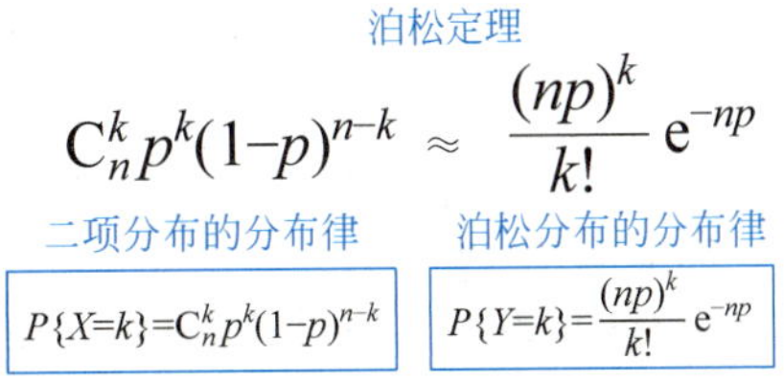

图 3.4　泊松定理的含义

$B(1002,0.0019)$,…,由于 $\lim\limits_{n\to+\infty} np_n=\lambda=2>0$,根据泊松定理,序列 $\{X_n\}$ 的极限近似服从泊松分布 $P(2)$. 粗略地讲,二项分布随机变量序列的极限近似服从泊松分布. 但在实际应用中,并不需要找到一列二项分布随机变量,只需要有一个参数 n 足够大的二项分布随机变量 $X \sim B(n,p)$ 即可,则 X 近似服从泊松分布 $X \overset{近似}{\sim} P(np)$. 什么是"足够大"呢？可以根据题意判断. 例如,典型题 3.9 中,$n \geq 20$ 就可以认为足够大,可以使用泊松分布近似计算. 细心的学生可能已经注意到,用

$$C_n^k p^k (1-p)^{n-k} \approx \dfrac{(np)^k}{k!}e^{-np}$$

的左边(二项分布的分布律)近似计算右边(泊松分布的分布律),计算的复杂程度差不多. 那么,什么时候泊松定理有助于化简计算呢？泊松定理特别适合近似计算包含不等式的概率问题,如 $P\{X \leq k\}$. 因为泊松分布的分布函数可以直接查表得到,无须计算. 历史上,泊松分布正是作为二项分布的近似引入的.

典型题 3.9

设随机变量 $Y \sim B(20,0.01)$,试根据泊松定理估计 $P\{Y \geq 2\}$.

解答　根据泊松定理,$\lambda=np=0.2$,故

$$P\{Y \geq 2\} \xlongequal{\text{查泊松分布表}} 1-P\{Y \leq 1\} \approx 1-0.9825=0.0175$$

怎样查泊松分布函数表呢？

图 3.5 所示为 $P\{X \leq x\}=\sum\limits_{k=0}^{x}\dfrac{\lambda^k}{k!}e^{-\lambda}$ 的泊松分布函数表,更多数据参见文献[2-3]等教材. 如图所示,若 $X \sim P(\lambda)$ 且 $\lambda=0.2$,则 $P\{X \leq 1\}=0.9825$. 这就是典型题 3.9 的数据.

x\λ	0.1	0.2	0.3	0.4	0.5	0.6	0.7	0.8	0.9
0	0.9048	0.8187	0.7408	0.6703	0.6065	0.5488	0.4966	0.4493	0.4066
1	0.9953	0.9825	0.9631	0.9384	0.9098	0.8781	0.8442	0.8088	0.7725
2	0.9998	0.9989	0.9964	0.9921	0.9856	0.9769	0.9659	0.9526	0.9371
3	1.0000	0.9999	0.9997	0.9992	0.9982	0.9966	0.9942	0.9909	0.9865
4		1.0000	1.0000	0.9999	0.9998	0.9996	0.9992	0.9986	0.9977
5				1.0000	1.0000	1.0000	0.9999	0.9998	0.9997
6							1.0000	1.0000	1.0000

图 3.5　查泊松分布函数表

典型题 3.10

设有 80 台同类型设备,每台设备相互独立,发生故障的概率都是 0.01.一台设备故障需要由一人处理.考虑两种配备维修工人的方案:其一,由 3 人共同维护 80 台;其二,由 4 人维护,每人负责 20 台.试比较这两种方案在设备发生故障时不能及时维修的概率大小.

解答　(1) 按第一种方案(由 3 人共同维护 80 台)

① 确定与问题关联的随机变量,即将生活中的随机问题转化为数学问题.

在第一种方案下,"在设备发生故障时不能及时维修"意味着"80 台设备中同一时刻发生故障的台数大于等于 4 台".可见,与问题关联的随机变量为"80 台设备中同一时刻发生故障的台数".

设随机变量 X 为 80 台设备中同一时刻发生故障的台数.

② 根据模型背景确定随机变量的分布类型和参数取值.

$X \sim B(80, 0.01)$.

③ 直接运用常见分布的性质(二项分布的泊松逼近、泊松分布的分布函数)得到结论.

根据泊松定理,$\lambda = np = 0.8$,且 80 台设备发生故障时不能及时维修的概率为

$$P\{X \geqslant 4\} = 1 - P\{X \leqslant 3\} \overset{\text{查泊松分布表}}{\approx} 1 - 0.9909 = 0.0091$$

(2) 按第二种方案(由 4 人维护,每人负责 20 台)

设随机事件 A_i 为"第 i 个人维护的 20 台设备发生故障时不能及时维修",$i = 1, 2, 3, 4$.

设随机变量 Y 为第 1 个人维护的 20 台设备中同一时刻发生故障的台数.

故 80 台设备发生故障时不能及时维修的概率为

$$P(A_1 \bigcup A_2 \bigcup A_3 \bigcup A_4) \geqslant P(A_1) = P\{Y \geqslant 2\}$$

由题意,$Y \sim B(20, 0.01)$.又 $\lambda = np = 0.2$,故

$$P\{Y \geqslant 2\} = 1 - P\{Y \leqslant 1\} \overset{\text{查泊松分布表}}{\approx} 1 - 0.9825 = 0.0175$$

因此,$P(A_1 \bigcup A_2 \bigcup A_3 \bigcup A_4) \geqslant 0.0175$.

综上,第一种方案(由 3 人共同维护 80 台)在设备发生故障时不能及时维修的概率较小.

说明:①从数学角度,本题在计算第二种方案时用到了"放缩法".放缩后大幅降低了计算难度,也足够比较概率大小了.这个成功的放缩不是因为运气好,而是基于草稿纸上的试算.我们在解题时应该充分运用草稿纸整理解题思路,这样可以提高解题效率、保持卷面简

洁优美. ②从应用角度,通过严格的概率计算可知,第一种方案需要的维修工人数较少,在设备发生故障时不能及时维修的概率也较小,是更加高效的方案.

3.1.5 几何分布

-引例3.11- 有一批产品,次品率为 p,$0<p<1$.有放回地抽取产品,每次抽取一件.求第一次抽中次品时的抽取次数 X 的分布律.

解答 第一次抽中次品时的抽取次数 X 的所有可能取值为 $1,2,\cdots$.对于任意 $k=1,2,\cdots$,抽取次数 X 的分布律如图 3.6 所示.

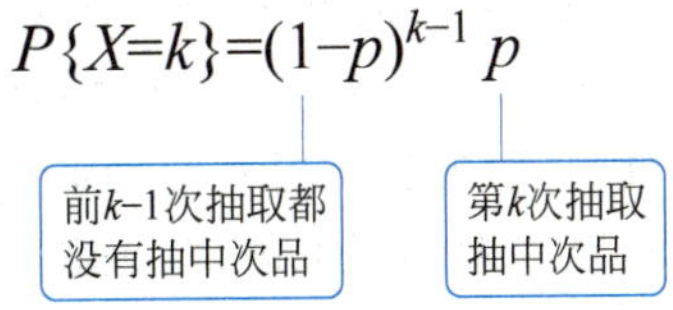

几何分布的模型:每次随机试验中事件 A 发生的概率为 p,则在伯努利试验序列中,事件 A 首次发生时的试验次数 X 服从几何分布 $Ge(p)$.其分布律为 $P\{X=k\}=(1-p)^{k-1}p,k=1,2,\cdots,0<p<1$.

$$P\{X=k\}=(1-p)^{k-1}p$$

前 $k-1$ 次抽取都没有抽中次品　第 k 次抽取抽中次品

数字特征:(1) 期望 $E(X)=\dfrac{1}{p}$——每次随机试验中事件 A 发生的概率为 p,平均需要 $\dfrac{1}{p}$ 次试验才能使得事件 A 发生.例如:抛掷一枚质地均匀的硬币,则正面朝上的概率是 $\dfrac{1}{2}$.那么,平均需要 $\dfrac{1}{p}=2$ 次抛掷才能使得硬币正面朝上.

图 3.6　抽取次数 X 的分布律

(2) 方差 $D(X)=\dfrac{1-p}{p^2}$.

典型题 3.12[2000,Ⅰ]

某流水生产线上每个产品不合格的概率为 $p(0<p<1)$,各产品合格与否相互独立,当出现一个不合格产品时即停机检修.设开机后第一次停机时已生产了的产品个数为 X,求 X 的数学期望 $E(X)$ 和方差 $D(X)$.

解答 (1)确定与问题关联的随机变量,即将生活中的随机问题转化为数学问题.
本题用随机变量 X 表示开机后第一次停机时已生产了的产品个数.

(2)根据模型背景确定随机变量的分布类型和参数取值.
记 $q=1-p$,则 X 服从参数为 p 的几何分布,分布律为
$$P\{X=k\}=q^{k-1}p,\quad k=1,2,\cdots,0<p<1$$

(3)直接运用常见分布的性质(数学期望的定义式及方差的计算式)得到结论.
X 的数学期望为
$$E(X)=\sum_{k=1}^{\infty}kP\{X=k\}=\sum_{k=1}^{\infty}kq^{k-1}p=p\sum_{k=1}^{\infty}(q^k)'=p\left(\sum_{k=1}^{\infty}q^k\right)'=p\left(\frac{q}{1-q}\right)'=\frac{1}{p}$$
类似地,有
$$E(X^2)=\sum_{k=1}^{\infty}k^2P\{X=k\}=\sum_{k=1}^{\infty}k^2q^{k-1}p=p\left[q\sum_{k=1}^{\infty}(q^k)'\right]'=p\left(\frac{q}{(1-q)^2}\right)'=\frac{2-p}{p^2}$$

所以

$$D(X)=E(X^2)-E(X)^2=\frac{2-p}{p^2}-\frac{1}{p^2}=\frac{1-p}{p^2}$$

说明：如果这是一道填空题，我们可以直接运用几何分布期望和方差的结论. 但这是一道 8 分的大题，命题目的就是考查考生的幂级数求和能力(逐项求导). 但微积分中的常见幂级数求和公式，如 $\sum\limits_{n=1}^{\infty}nx^{n-1}=\dfrac{1}{(1-x)^2}$，允许直接使用. 当然，如果我们在学习中已经熟练掌握了几何分布期望和方差的计算方法，计算就很简单了. 几何分布的数学期望和方差还有其他的计算方法，3.1.6 节将做出系统讲解.

无记忆性：对任意正整数 m 和 n，有 $P\{X>m+n|X>m\}=P\{X>n\}$.

说明：几何分布是唯一具有无记忆性的离散型分布. 无记忆性可以利用引例 3.11 直观地理解. 设甲已经抽取 m 次，均未抽中次品. 由于抽取是有放回的，此时的次品率仍然为 p. 因此，后续的抽取过程与前面的 m 次"失败"无关. 进一步，根据几何分布的无记忆性，如果没有从失败中吸取教训、提高"成功率"，即每次试验中事件 A 发生的概率 p，那么过去的失败并不能成为"成功之母".

3.1.6　二项分布、泊松分布、几何分布的数字特征计算[选学]

前文给出了二项分布、泊松分布、几何分布的数学期望和方差，这些结论在解题和实际应用中都可以直接使用. 本部分给出它们的严格计算过程. 其中蕴含了离散型随机变量数字特征计算(级数运算)中的重要方法和技巧. 这些方法和技巧可以帮助我们求解一般离散型随机变量的数字特征.

典型题 3.13[二项分布的数学期望和方差]

设随机变量 $X\sim B(n,p)$，其分布律为

$$P\{X=k\}=C_n^k p^k(1-p)^{n-k}=C_n^k p^k q^{n-k},\quad k=0,1,2,\cdots,n,0<p<1,q=1-p$$

试计算 X 的数学期望 $E(X)$ 和方差 $D(X)$.

说明：本题有两种解法. ① 解法 1：运用数学期望的定义式 $E(X)=\sum\limits_{i\geqslant1}x_i P\{X=x_i\}$ 和方差的计算式 $D(X)=E(X^2)-E(X)^2$ 计算. ② 解法 2：利用数学期望和方差的性质，根据二项分布与两点分布的联系计算 $E(X)$ 和 $D(X)$.

解法 1　根据数学期望的定义式，随机变量 X 的数学期望 $E(X)$ 为

$$E(X)=\sum_{k=0}^{n}k\cdot P\{X=k\}\xlongequal{\text{代入}}\sum_{k=0}^{n}k\cdot C_n^k p^k q^{n-k}=\sum_{k=0}^{n}k\cdot\frac{n!}{k!(n-k)!}p^k q^{n-k}$$

$$\xlongequal{\text{等式}4}\sum_{k=1}^{n}\frac{n!}{(k-1)!(n-k)!}p^k q^{n-k}\xlongequal{\text{等式}5}np\left[\sum_{k=1}^{n}\frac{(n-1)!}{(k-1)!(n-k)!}p^{k-1}q^{n-k}\right]$$

$$\xlongequal[\text{等式}6]{j=k-1}np\left[\sum_{j=0}^{n-1}\frac{(n-1)!}{j!(n-1-j)!}p^j q^{n-1-j}\right]=np\boxed{(p+q)^{n-1}}=np$$

说明：等式 4 除将 k 与分母的 $k!=k\cdot(k-1)!$ 部分抵消外，还将级数求和的起点从

$k=0$ 改为了 $k=1$. 这样修改的合理性在于,当 $k=0$ 时,$k \cdot \dfrac{n!}{k!(n-k)!} p^k q^{n-k}=0$;意义在于,为等式 6 将 $k-1$ 替换为 j 做准备. 从等式 5 开始的一系列操作,旨在运用二项式定理(二项展开式)$(a+b)^n=\sum\limits_{k=0}^{n} C_n^k a^{n-k} b^k$ 将框中的式子 $\sum\limits_{k=1}^{n} \dfrac{(n-1)!}{(k-1)!(n-k)!} p^{k-1} q^{n-k}$ 化简为 $(p+q)^{n-1}=1$.

　　说明:根据方差的计算式 $D(X)=E(X^2)-E(X)^2$,要计算 $D(X)$ 需要先根据随机变量函数的数学期望公式计算 $E(X^2)$.

$$
\begin{aligned}
E(X^2) &= \sum_{k=0}^{n} k^2 \cdot P\{X=k\} \xlongequal[\text{等式2}]{\text{系数拆分}} \sum_{k=0}^{n} \big[k(k-1)+k\big] \cdot C_n^k p^k q^{n-k} \\
&= \boxed{\sum_{k=0}^{n} k(k-1) \cdot C_n^k p^k q^{n-k}} + \sum_{k=0}^{n} k \cdot C_n^k p^k q^{n-k} \\
&\xlongequal{\text{等式4}} \boxed{\sum_{k=2}^{n} k(k-1) \cdot \dfrac{n!}{k!(n-k)!} p^k q^{n-k}} + E(X) \\
&= \boxed{\sum_{k=2}^{n} \dfrac{n!}{(k-2)!(n-k)!} p^k q^{n-k}} + np \\
&\xlongequal{j=k-2} n(n-1)p^2 \boxed{\sum_{j=0}^{n-2} \dfrac{(n-2)!}{j!(n-2-j)!} p^j q^{n-2-j}} + np \\
&= n(n-1)p^2 \boxed{(p+q)^{n-2}} + np = n(n-1)p^2 + np
\end{aligned}
$$

　　说明:等式 2 将系数 k^2 拆分为 $k(k-1)+k$. 系数拆分是级数计算的常用方法,但拆分的方法并不是固定的,需要针对不同情况选择合适的拆分方法. 在数学期望的等式 4 中,系数 k 与分母的 $k!=k \cdot (k-1)!$ 部分抵消,为后续将 $k-1$ 替换为 j 做好了准备. 所以,在方差的计算中,也可将系数 k^2 拆分出适合与分母的阶乘 $k!=k(k-1) \cdot (k-2)!$ 部分抵消的项 $k(k-1)$. 等式 4 做了三个操作:将级数求和的起点从 $k=0$ 改为了 $k=2$,原理与数学期望的相应操作一致;系数 $k(k-1)$ 与分母的阶乘 $k!=k(k-1) \cdot (k-2)!$ 部分抵消;运用数学期望的结论得到 $\sum\limits_{k=0}^{n} k \cdot C_n^k p^k q^{n-k}=E(X)=np$.

　　故,根据方差的计算式有 $D(X)=E(X^2)-E(X)^2=n(n-1)p^2+np-(np)^2=np(1-p)$.

　　解法 2 根据二项分布与两点分布的联系——一个服从 $B(n,p)$ 的随机变量 X 可以写成 n 个相互独立的两点分布随机变量的和:$X=\sum\limits_{i=1}^{n} X_i, X_i \sim B(1,p)$. 再运用两点分布的数字特征结论 $E(X_i)=p$ 和 $D(X_i)=p(1-p)$,可知

$$
\begin{cases}
E(X)=E\Big(\sum\limits_{i=1}^{n} X_i\Big) \xlongequal{\text{和的期望等于期望的和}} \sum\limits_{i=1}^{n} E(X_i)=np \\[2mm]
D(X)=D\Big(\sum\limits_{i=1}^{n} X_i\Big) \xlongequal[\text{和的方差等于方差的和}]{\text{相互独立随机变量的}} \sum\limits_{i=1}^{n} D(X_i)=np(1-p)
\end{cases}
$$

典型题 3.14[泊松分布的数学期望和方差]

设随机变量 $X \sim P(\lambda)$, 其分布律为 $P\{X=k\} = \dfrac{\lambda^k}{k!}e^{-\lambda}, k=0,1,2,\cdots, \lambda>0$. 试计算 X 的数学期望 $E(X)$ 和方差 $D(X)$.

解答 根据数学期望的定义式, 随机变量 X 的数学期望 $E(X)$ 为

$$E(X) = \sum_{k=0}^{\infty} k \cdot P\{X=k\} \xlongequal{\text{代入}} \sum_{k=0}^{\infty} k \cdot \frac{\lambda^k}{k!}e^{-\lambda} = \sum_{k=1}^{\infty} \frac{\lambda^k}{(k-1)!}e^{-\lambda}$$

$$\xlongequal{\text{等式4}} \lambda \cdot \boxed{\sum_{k=1}^{\infty} \frac{\lambda^{k-1}}{(k-1)!}e^{-\lambda}} \xlongequal{j=k-1} \lambda \cdot \boxed{\sum_{j=0}^{\infty} \frac{\lambda^j}{j!}e^{-\lambda}} = \lambda \times \boxed{1} = \lambda$$

说明:(1) 从等式 4 开始的一系列操作, 旨在运用泊松分布分布律的正则性

$$\sum_{k=0}^{\infty} P\{X=k\} = \sum_{k=0}^{\infty} \frac{\lambda^k}{k!}e^{-\lambda} = 1$$

(2) 根据方差的计算式 $D(X) = E(X^2) - E(X)^2$, 要计算 $D(X)$ 需要先根据随机变量函数的数学期望公式计算 $E(X^2)$.

$$E(X^2) = \sum_{k=0}^{\infty} k^2 \cdot P\{X=k\} \xlongequal[\text{等式2}]{\text{系数拆分}} \sum_{k=0}^{\infty} \left[k(k-1)+k\right] \cdot \frac{\lambda^k}{k!}e^{-\lambda}$$

$$= \boxed{\sum_{k=0}^{\infty} k(k-1) \cdot \frac{\lambda^k}{k!}e^{-\lambda}} + \sum_{k=0}^{\infty} k \cdot \frac{\lambda^k}{k!}e^{-\lambda}$$

$$\xlongequal{\text{等式4}} \lambda^2 \cdot \boxed{\sum_{k=2}^{\infty} \frac{\lambda^{k-2}}{(k-2)!}e^{-\lambda}} + E(X)$$

$$\xlongequal{j=k-2} \lambda^2 \cdot \boxed{\sum_{k=2}^{\infty} \frac{\lambda^j}{j!}e^{-\lambda}} + \lambda = \lambda^2 \times \boxed{1} = \lambda$$

(3) 上面的等式 2 将系数 k^2 拆分为 $k(k-1)+k$. 其中, $k(k-1)$ 是适合与分母的阶乘 $k! = k(k-1) \cdot (k-2)!$ 部分抵消的项. 等式 4 做了四个操作:将级数求和的起点从 $k=0$ 改为了 $k=2$;系数 $k(k-1)$ 与分母的阶乘

$$k! = k(k-1) \cdot (k-2)!$$

部分抵消;从分子部分 λ^k 中提出 λ^2, 得到 λ^{k-2};运用数学期望的结论得到

$$\sum_{k=0}^{n} k \cdot \frac{\lambda^k}{k!}e^{-\lambda} = E(X) = \lambda$$

这一系列操作, 同样是旨在运用泊松分布分布律的正则性

$$\sum_{k=0}^{\infty} P\{X=k\} = \sum_{k=0}^{\infty} \frac{\lambda^k}{k!}e^{-\lambda} = 1$$

故根据方差的计算式有 $D(X) = E(X^2) - E(X)^2 = \lambda^2 + \lambda - \lambda^2 = \lambda$.

典型题 3.15[几何分布的数学期望和方差]

设随机变量 $X \sim Ge(p)$, 其分布律为 $P\{X=k\} = q^{k-1}p, k=1,2,\cdots, 0<p<1, p+q=1$. 试计算 X 的数学期望 $E(X)$ 和方差 $D(X)$.

说明：根据数学期望的定义式 $E(X)=\sum\limits_{k=1}^{\infty}x_kP\{X=x_k\}=\sum\limits_{k=1}^{\infty}kq^{k-1}p=p\cdot\sum\limits_{k=1}^{\infty}kq^{k-1}$ 和

方差的计算式 $D(X)=E(X^2)-E(X)^2=p\cdot\sum\limits_{k=1}^{\infty}k^2q^{k-1}-\left(p\cdot\sum\limits_{k=1}^{\infty}kq^{k-1}\right)^2$ 可知，关键是计

算级数 $\sum\limits_{k=1}^{\infty}kq^{k-1}$ 和 $\sum\limits_{k=1}^{\infty}k^2q^{k-1}$．有三种计算方法．① 解法 1：运用"等差×等比"数列求和的错

位相减法，可以计算 $\sum\limits_{k=1}^{\infty}kq^{k-1}$，从而得到 $E(X)$；但 $D(X)$ 较难得到．② 解法 2：运用解方程

的方法计算两个级数．③ 解法 3：运用幂级数逐项求导计算两个级数．

解答　根据数学期望的定义式得 $E(X)=\sum\limits_{k=1}^{\infty}x_kP\{X=x_k\}=\sum\limits_{k=1}^{\infty}kq^{k-1}p=p\cdot\sum\limits_{k=1}^{\infty}kq^{k-1}$．

根据方差的计算式 $D(X)=E(X^2)-E(X)^2$ 可知，关键是计算

$$E(X^2)=\sum\limits_{k=1}^{\infty}k^2q^{k-1}p=p\cdot\sum\limits_{k=1}^{\infty}k^2q^{k-1}.$$

可见，计算的关键是计算级数 $S=\sum\limits_{k=1}^{\infty}kq^{k-1}$ 和 $T=\sum\limits_{k=1}^{\infty}k^2q^{k-1}$．

解法 1　错位相减．*说明*：注意到级数 $S=\sum\limits_{k=1}^{\infty}kq^{k-1}$ 满足"等差×等比"的形式，采用错

位相减法．这是我们在高中阶段就学过的方法．但如果用类似的思路计算级数 $\sum\limits_{k=1}^{\infty}k^2q^{k-1}$，则

非常烦琐．

$$
\begin{array}{rlllll}
S= & q^0+ & 2q^1+ & 3q^2+\cdots+ & kq^{k-1}+ & (k+1)q^k+\cdots \\
-\quad qS= & & q^1+ & 2q^2+\cdots+ & (k-1)q^{k-1}+ & kq^k+\cdots \\
\hline
(1-q)S= & q^0+ & q^1+ & q^2+\cdots+ & q^{k-1}+ & q^k+\cdots
\end{array}
$$

故 $(1-q)S=\dfrac{1}{1-q}$，可见 $S=\dfrac{1}{(1-q)^2}=\dfrac{1}{p^2}$．因此，$E(X)=pS=\dfrac{1}{p}$．

解法 2　解方程．

$$S=\sum\limits_{k=1}^{\infty}kq^{k-1}=\sum\limits_{k=1}^{\infty}[(k-1)+1]q^{k-1}=\boxed{\sum\limits_{k=1}^{\infty}(k-1)q^{k-1}}+\boxed{\sum\limits_{k=1}^{\infty}q^{k-1}}$$

$$=\boxed{q\sum\limits_{k=2}^{\infty}(k-1)q^{k-2}}+\boxed{\dfrac{1}{1-q}}\xlongequal{j=k-1}\boxed{q\sum\limits_{j=1}^{\infty}jq^{j-1}}+\boxed{\dfrac{1}{1-q}}=qS+\dfrac{1}{1-q}$$

可见，$S=qS+\dfrac{1}{1-q}$．解得 $S=\dfrac{1}{(1-q)^2}=\dfrac{1}{p^2}$．因此，$E(X)=pS=\dfrac{1}{p}$．

说明：(1) 这个解法并不严密，解方程时必须假设 S 有限，否则方程两边可能均为正

无穷．

(2) 在计算 $S=\sum\limits_{k=1}^{\infty}kq^{k-1}$ 时，将 k 拆分为 $(k-1)+1$．其中，拆出 $k-1$ 的目的是通过令

$j=k-1$ 还原出 S，再解方程．类似地，计算 $T=\sum\limits_{k=1}^{\infty}k^2q^{k-1}$ 时需要从 k^2 中拆出 $(k-1)^2$．

进一步地,

$$T = \sum_{k=1}^{\infty} k^2 q^{k-1} = \sum_{k=1}^{\infty} \left[(k-1)^2 + 2k - 1 \right] q^{k-1}$$

$$= \boxed{\sum_{k=1}^{\infty} (k-1)^2 q^{k-1}} + 2 \boxed{\sum_{k=1}^{\infty} k q^{k-1}} - \boxed{\sum_{k=1}^{\infty} q^{k-1}}$$

$$= q \boxed{\sum_{k=2}^{\infty} (k-1)^2 q^{k-2}} + 2 \boxed{S} - \boxed{\frac{1}{1-q}}$$

$$\xlongequal{j=k-1} q \boxed{\sum_{j=1}^{\infty} j^2 q^{j-1}} + \frac{2}{p^2} - \frac{1}{p} = qT + \frac{2-p}{p^2}$$

可见,$T = qT + \dfrac{2-p}{p^2}$. 解得 $T = \dfrac{2-p}{p^3}$. 因此

$$D(X) = E(X^2) - E(X)^2 = p \cdot \sum_{k=1}^{\infty} k^2 q^{k-1} - \left(p \cdot \sum_{k=1}^{\infty} k q^{k-1} \right)^2$$

$$= pT - (pS)^2 = \frac{2-p}{p^2} - \frac{1}{p^2} = \frac{1-p}{p^2}$$

解法 3   幂级数逐项求导. 说明:幂级数逐项求导法的核心思想是幂级数在其收敛区间 $(-R, R)$ 内可以逐项求导.

$$S = \sum_{k=1}^{\infty} k q^{k-1} = \sum_{k=1}^{\infty} (q^k)' \xlongequal{\text{等式 3}} \left(\sum_{k=1}^{\infty} q^k \right)' = \left(\frac{q}{1-q} \right)' = \frac{1}{(1-q)^2} = \frac{1}{p^2}$$

其中,等式 3 用到了幂级数逐项求导.具体而言,幂级数 $\sum\limits_{k=1}^{\infty} q^k$ 的收敛半径为 $R = 1$,且

$$q = 1 - p \in (0, 1) \subset (-R, R)$$

故由幂级数逐项求导得等式成立.

因此,$E(X) = pS = \dfrac{1}{p}$.

$$T = \sum_{k=1}^{\infty} k^2 q^{k-1} = \sum_{k=1}^{\infty} \left[k(k+1) - k \right] q^{k-1} = \boxed{\sum_{k=1}^{\infty} k(k+1) q^{k-1}} - \boxed{\sum_{k=1}^{\infty} k q^{k-1}}$$

$$= \boxed{\sum_{k=1}^{\infty} (q^{k+1})''} - \boxed{S} = \boxed{\left(\sum_{k=1}^{\infty} q^{k+1} \right)''} - \frac{1}{p^2} = \boxed{\left(\frac{q^2}{1-q} \right)''} - \frac{1}{p^2} = \frac{2-p}{p^3}$$

则

$$D(X) = E(X^2) - E(X)^2 = pT - (pS)^2 = \frac{2-p}{p^2} - \frac{1}{p^2} = \frac{1-p}{p^2}$$

3.1.7 负二项分布[选学]

几何分布 $Ge(p)$ 可以推广为负二项分布,亦称为帕斯卡分布.

-**引例 3.16**- 有一批产品,次品率为 p,$0 < p < 1$. 有放回地抽取产品,每次抽取一件. 求第 r 次抽中次品时的抽取次数 X 的分布律.

解答　由于一共抽中次品 r 次,故至少抽取了 r 次产品.可见,抽取次数 X 的所有可能取值为 $r,r+1,r+2,\cdots$. 对于任意 $k=r,r+1,\cdots$,抽取次数 X 的分布律如图 3.7 所示.

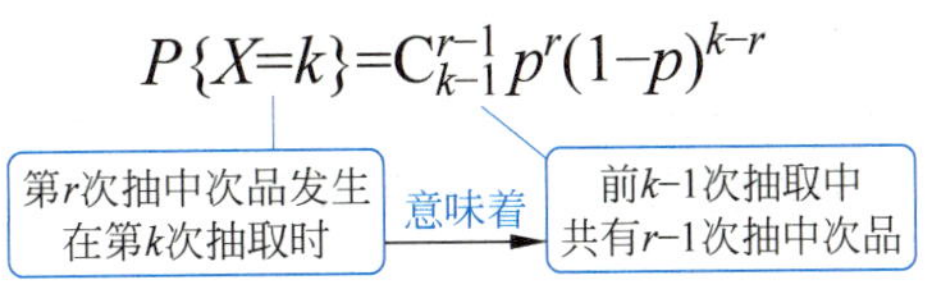

$$P\{X=k\}=\mathrm{C}_{k-1}^{r-1}p^r(1-p)^{k-r}$$

第 r 次抽中次品发生在第 k 次抽取时　意味着　前 $k-1$ 次抽取中共有 $r-1$ 次抽中次品

图 3.7　抽取次数 X 的分布律

负二项分布的模型:每次随机试验中事件 A 发生的概率为 p,则在伯努利试验序列中,事件 A 第 r 次发生时的试验次数 X 服从**负二项分布** $Nb(r,p)$.其分布律为

$$P\{X=k\}=\mathrm{C}_{k-1}^{r-1}p^r(1-p)^{k-r},\quad k=r,r+1,\cdots,0<p<1.$$

负二项分布与几何分布的联系:

(1) 几何分布 $Ge(p)$ 是负二项分布 $Nb(r,p)$ 取 $r=1$ 的特例.

(2) $X_i\sim Ge(p),1\leqslant i\leqslant r$,相互独立,则 $\sum\limits_{i=1}^{r}X_i\sim Nb(r,p)$.

进一步地, $X_i\sim Nb(r_i,p),1\leqslant i\leqslant n$,相互独立,则 $\sum\limits_{i=1}^{n}X_i\sim Nb\left(\sum\limits_{i=1}^{n}r_i,p\right)$——参数可加性.

记一记:负二项分布与几何分布的联系可以通过引例 3.11 和 3.16 直观地理解.以 $r=2$ 为例,第 1 次抽中次品时的抽取次数 X_1 服从几何分布 $Ge(p)$.接下来继续试验,第 2 次抽中次品时新增的抽取次数 X_2 也服从几何分布 $Ge(p)$.换个角度, X_1+X_2 可以看成第 $r=2$ 次抽中次品时的抽取次数,服从负二项分布 $Nb(2,p)$.类似地,可以得到负二项分布的参数可加性.

说明:由负二项分布与几何分布的联系可知,负二项分布的期望和方差分别是几何分布的期望和方差的 r 倍.

数字特征:期望 $E(X)=\dfrac{r}{p}$,方差 $D(X)=\dfrac{r(1-p)}{p^2}$.

典型题 3.17［2007,Ⅰ & Ⅲ］

某人向同一目标独立重复射击,每次射击命中目标的概率为 p,则此人第 4 次射击恰好第 2 次命中目标的概率为_____.

  A. $3p(1-p)^2$　　　　B. $6p(1-p)^2$　　　　C. $3p^2(1-p)^2$　　　　D. $6p^2(1-p)^2$

解答　说明:本题有两种解法.①解法 1:根据模型的含义给出随机事件"第 4 次射击恰好第 2 次命中目标"的概率;②解法 2:定义随机变量 Y 为第 2 次命中目标时发生的试验次数,则 Y 服从负二项分布 $Nb(r,p)$.再直接运用负二项分布的分布律得出结论.

解法 1　记随机事件 $A=\{$第 4 次射击恰好第 2 次命中目标$\}$,则

$$P(A)=\mathrm{C}_{4-1}^{2-1}p^2(1-p)^{4-2}=3p^2(1-p)^2$$

说明:其中" C_{4-1}^{2-1} "项是因为第 2 次命中目标发生在第 4 次射击时,故前 3 次射击中有 1 次命中目标." p^2 "项是 2 次命中的概率," $(1-p)^2$ "项是 2 次未命中的概率.

解法 2　记随机变量 Y 为第 2 次命中目标时发生的试验次数,每次射击命中目标的概率为 p,相互独立,则 Y 服从负二项分布 $Nb(r,p),r=2$.

故 $k=4$ 时, $P\{X=4\}=\mathrm{C}_{4-1}^{2-1}p^2(1-p)^{4-2}=3p^2(1-p)^2$.

答案　C

典型题 3.18［2015，Ⅰ & Ⅲ］

设随机变量 X 的概率密度为 $f(x)=\begin{cases}2^{-x}\ln2, & x>0 \\ 0, & x\leqslant0\end{cases}$，对 X 进行独立重复的观测，直到第 2 个大于 3 的观测值出现时停止，记 Y 为观测次数.（1）求 Y 的概率分布；（2）求 $E(Y)$.

解答　说明：①由题意，随机变量 Y 为事件 $\{X>3\}$ 第 $r=2$ 次发生时的试验次数，服从负二项分布 $Nb(r,p)$. 可以直接根据负二项分布分布律的结论写出 $P\{Y=k\}$，也可以根据模型背景写出 $P\{Y=k\}$. ②参数 p 为每次伯努利试验中事件 $\{X>3\}$ 发生的概率. 运用概率密度可以计算与随机变量相联系的事件的概率：$P\{X>x\}=\int_{x}^{+\infty}f(t)\mathrm{d}t$.

（1）每次观测中，观测值大于 3 的概率为

$$P\{X>3\}=\int_{3}^{+\infty}f(x)\mathrm{d}x=\int_{3}^{+\infty}2^{-x}\ln2\mathrm{d}x=\frac{1}{8}$$

故 Y 的概率分布（分布律）为

$$P\{Y=k\}=(k-1)\left(\frac{7}{8}\right)^{k-2}\left(\frac{1}{8}\right)^{2}, \quad k=2,3,\cdots$$

（2）由 Y 的概率分布可知

$$E(Y)=\sum_{k=2}^{\infty}k(k-1)\left(\frac{7}{8}\right)^{k-2}\left(\frac{1}{8}\right)^{2}=\left(\frac{1}{8}\right)^{2}\left(\sum_{k=2}^{\infty}x^{k}\right)''\bigg|_{x=\frac{7}{8}}=\left(\frac{1}{8}\right)^{2}\frac{2}{(1-x)^{3}}\bigg|_{x=\frac{7}{8}}=16$$

说明 1：本题中连续型随机变量 X 的函数 Y 是离散型随机变量. 这种混合型命题方式非常巧妙，是近年来的热点. 第 4 章中将系统讲解"一维随机变量函数的分布"问题.

说明 2：负二项分布虽然不是常见的考点，但有时会"偷偷地"出现在各类考试中. 这类结论"超纲"但解题方法"并不超纲"的题目值得关注. 比如，本题本质上就是考察负二项分布的分布律和数学期望. 如果注意到 Y 服从负二项分布，将大幅增加学生的解题信心，并有助于判断计算结果是否正确. 比如，第（2）小问的计算结果必然是 $E(Y)=\dfrac{r}{p}=2\div\dfrac{1}{8}=16$. 此外，2020 年考研 Ⅰ & Ⅲ卷第 23 题中总体的分布是韦布尔分布，详见习题 7.2. 很多常见考试的题目灵感来源于更深刻的数学知识. 这类题目引领我们重走知识发现之路，符合近年的命题导向，值得关注. 因此，不要为了应付考试而囿于大纲知识的学习. 更广阔的知识储备不仅有利于后续发展，也有助于在考试中快速发现问题本质、找到解题思路.

3.1.8　超几何分布

超几何分布记为 $H(N,n,M)$. 注意不同教材中记号中的参数顺序有差别，常见的还有 $H(N,M,n)$、$H(M,N,n)$、$H(n,N,M)$，但参数的含义不变. 超几何分布的记号在考研大纲中没有明确表述，本书采用人教版高中数学课本中的记号.

-引例 3.19-　N 件产品中含有 M 件次品，无放回地抽取 n 次（或一次取出 n 件）. 求抽中次品数 X 的分布律.

解答 *说明*：要给出次品数 X 的分布律,也就是随机变量 X 的所有可能取值及其对应概率.

(1) 分析次品数 $X=k$ 的取值范围(图 3.8).

① 一方面,一共抽取 n 次,故次品数 X 不超过 n；另一方面,由于是无放回抽样,因此次品数 X 不超过总的次品数 M. 汇总可知：次品数 $X=k$ 的上界为 $\min\{n,M\}$.

② 由于一共抽取 n 次,故"抽中次品数的下界"等于"n 减去抽中正品数的上界". 与前面的分析类似,一方面,一共抽取 n 次,故正品数不超过 n；另一方面,由于是无放回抽样,因此正品数不超过总的正品数 $N-M$. 汇总可知：正品数的上界为 $\min\{n,N-M\}$. 因此,次品数 $X=k$ 的下界为 $n-\min\{n,N-M\}=\max\{0,n-(N-M)\}$,记为 l. 图中记号"$\triangleq$"表示"记为".

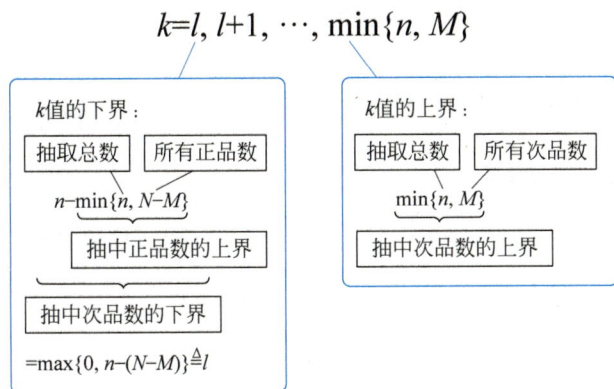

图 3.8 随机变量 X 的所有可能取值

(2) 计算概率 $P\{X=k\}, k=l,l+1,\cdots,\min\{n,M\}, l=\max\{0,n-(N-M)\}$.

运用古典概型计算概率 $P\{X=k\}$(图 3.9),关键是运用排列组合计算分子和分母.

① 分子是"符合条件 $\{X=k\}$ 的样本点数",对应组合数 $C_M^k C_{N-M}^{n-k}$.

② 分母是"总的样本点数",对应组合数 C_N^n.

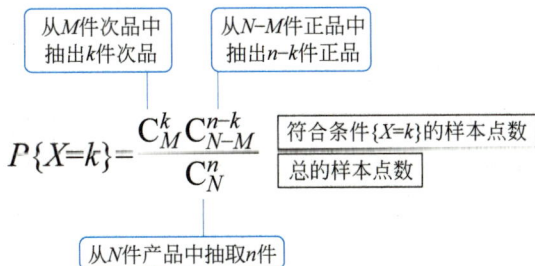

图 3.9 运用古典概型计算概率 $P\{X=k\}$

超几何分布的模型：N 件产品中含有 M 件次品,无放回地抽取 n 次(或一次取出 n 件),则抽中的次品件数 X 服从超几何分布 $H(N,n,M)$. 其分布律为

$$P\{X=k\}=\frac{C_M^k C_{N-M}^{n-k}}{C_N^n}, \quad k=l,l+1,\cdots,\min\{n,M\}, \quad l=\max\{0,n-(N-M)\}$$

超几何分布与二项分布的联系：若 $\lim\limits_{N\to+\infty}\dfrac{M}{N}=p$，则对一切 $n\geqslant1,k=0,1,2,\cdots,n$，有

$$\lim_{N\to+\infty}\frac{C_M^k C_{N-M}^{n-k}}{C_N^n}=C_n^k p^k(1-p)^{n-k}$$，称为 超几何分布的二项分布逼近．直观地讲，当产品总数足够大时，可以将“无放回抽样”近似为“有放回抽样”．因此，当 $N\to+\infty$（产品总数足够大）时，超几何分布 $H(N,n,M)$ 近似服从二项分布 $B\left(n,\dfrac{M}{N}\right)$．特别地，若 N 件产品中含有 M 件次品，则 $\lim\limits_{N\to+\infty}\dfrac{M}{N}=p$ 对应次品率．

数字特征：期望 $E(X)=\dfrac{nM}{N}$，方差 $D(X)=\dfrac{nM(N-n)(N-M)}{N^2(N-1)}=n\dfrac{M}{N}\left(1-\dfrac{M}{N}\right)\dfrac{N-n}{N-1}$．

说明：利用超几何分布的二项分布逼近，可以帮助我们理解和记忆超几何分布的期望和方差．

（1）期望 $E(X)=\dfrac{nM}{N}$．当 $N\to+\infty$（产品总数足够大）时，超几何分布的期望 $E(X)=\dfrac{nM}{N}$ 的极限为二项分布的期望 $E(X)=np$．

（2）方差 $D(X)=n\dfrac{M}{N}\left(1-\dfrac{M}{N}\right)\dfrac{N-n}{N-1}$．当 $N\to+\infty$（产品总数足够大）时，超几何分布的方差 $D(X)$ 的极限为二项分布的方差 $D(X)=np(1-p)$．

3.2　连续分布

常见的连续分布包括均匀分布、二维均匀分布、指数分布、正态分布、二维正态分布．

3.2.1　均匀分布

区间 (a,b) 上的均匀分布记为 $U(a,b)$．顾名思义，若 $X\sim U(a,b)$，则 X 在区间 (a,b) 上“均匀地取值”．考虑到概率密度的正则性，即 $\displaystyle\int_{-\infty}^{+\infty}f(x)\mathrm{d}x=1$，故随机变量 $X\sim U(a,b)$ 的概率密度函数为 $f(x)=\begin{cases}\dfrac{1}{b-a},&a<x<b\\0,&\text{其他}\end{cases}$，如图 3.10 所示．

根据概率密度与分布函数的关系（变上限积分）可知 X 的分布函数为 $F(x)=\begin{cases}0,&x<a\\\dfrac{x-a}{b-a},&a\leqslant x<b\\1,&x\geqslant b\end{cases}$．

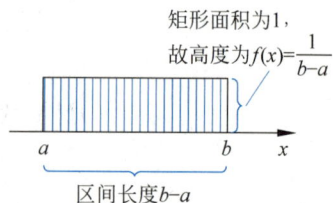

图 3.10　一维均匀分布的概率密度

均匀分布也可以在闭区间 $[a,b]$ 上定义，记为 $U[a,b]$．由于连续分布的分布函数一定是连续函数，始终有 $P\{X=a\}=0$．因此，在学习连续分布时，不用纠结随机变量可否取到个别点．

均匀分布的模型：随机变量 X 以相等的概率取区间 (a,b) 中的任何一点．

数字特征：（1）期望 $E(X)=\dfrac{a+b}{2}$——区间的中点．

(2) 方差 $D(X) = \dfrac{(b-a)^2}{12}$ ——与区间长度 $b-a$ 的平方成正比.直观地讲,区间长度越长,取值的波动性越大,方差也越大.

说明:与离散型随机变量不同,连续型随机变量的数字特征通常使用微积分直接计算,没有特殊的计算技巧.本书不再给出严格的数学计算过程,仅给出一些讲解,帮助学生理解并记忆这些结论.

典型题 3.20 [2020,Ⅰ]

设 X 服从区间 $\left(-\dfrac{\pi}{2}, \dfrac{\pi}{2}\right)$ 上的均匀分布,$Y = \sin X$,则 $\mathrm{Cov}(X, Y) =$ _____.

解答 说明:根据协方差的计算式

$$\mathrm{Cov}(X, Y) = E(XY) - E(X)E(Y) = E(X\sin X) - E(X)E(\sin X)$$

可知,关键是计算 $E(X),E(Y)$ 和 $E(XY)$.①由于 $X \sim U\left(-\dfrac{\pi}{2}, \dfrac{\pi}{2}\right)$,故 $E(X) = \dfrac{-\pi/2 + \pi/2}{2} = 0$.②又由于 $E(Y)$ 取有限值,故一定有 $E(X)E(Y) = 0$,不需要再计算 $E(Y)$.③计算 $E(XY)$ 有两种常用的解题思路:将 $XY = X\sin X = g(X)$ 视为一维随机变量 X 的函数,运用公式 $E(g(X)) \xrightarrow{\text{连续型}} \displaystyle\int_{-\infty}^{+\infty} g(x) f(x)\,\mathrm{d}x$ 计算;将 $XY = g(X, Y)$ 视为二维随机变量 (X, Y) 的函数,运用公式 $E(g(X, Y)) \xrightarrow{\text{连续型}} \displaystyle\int_{-\infty}^{+\infty}\int_{-\infty}^{+\infty} g(x, y) f(x, y)\,\mathrm{d}x\,\mathrm{d}y$ 计算.但本题中,没有给出 X 和 Y 的联合概率密度,这种思路不合适.

由于 $X \sim U\left(-\dfrac{\pi}{2}, \dfrac{\pi}{2}\right)$,故 $E(X) = \dfrac{-\dfrac{\pi}{2} + \dfrac{\pi}{2}}{2} = 0$.

且 X 的概率密度为 $f(x) = \begin{cases} \dfrac{1}{\pi}, & -\dfrac{\pi}{2} < x < \dfrac{\pi}{2} \\ 0, & \text{其他} \end{cases}$.

将 $XY = X\sin X = g(X)$ 视为一维随机变量 X 的函数,故

$$E(XY) = E(X\sin X) = \int_{-\frac{\pi}{2}}^{\frac{\pi}{2}} x\sin x \cdot \frac{1}{\pi}\,\mathrm{d}x \xrightarrow[\text{奇偶性}]{\text{对称区间}} \frac{2}{\pi} \int_{0}^{\frac{\pi}{2}} x\sin x\,\mathrm{d}x$$

$$= \frac{2}{\pi}\left[(-x\cos x)\Big|_{0}^{\frac{\pi}{2}} + \int_{0}^{\frac{\pi}{2}} \cos x\,\mathrm{d}x\right] = \frac{2}{\pi}$$

所以,协方差 $\mathrm{Cov}(X, Y) = E(XY) - E(X)E(Y) = \dfrac{2}{\pi}$.

答案 $\dfrac{2}{\pi}$

典型题 3.21 [均匀分布与其他分布的联系,概率积分变换定理]

设随机变量 X 的分布函数 $F_X(x)$ 是严格单调增的连续函数,其反函数 $F_X^{-1}(y)$ 存在.证明随机变量 $Y = F_X(X)$ 服从 $(0, 1)$ 上的均匀分布 $U(0, 1)$.

解答　说明：由于均匀分布是连续分布，因此不用纠结单点的取值情况，即 $Y \sim U(0,1)$ 或 $Y \sim U[0,1]$ 均可.

由分布函数的有界性可知，$Y = F_X(X)$ 是在区间 $[0,1]$ 上取值的随机变量.

(1) 当 $y < 0$ 时，$F_Y(y) = P\{Y \leqslant y\} = 0$；

(2) 当 $0 \leqslant y < 1$ 时，$F_Y(y) = P\{Y \leqslant y\} = P\{F_X(X) \leqslant y\} = P\{X \leqslant F_X^{-1}(y)\}$
$$= F_X(F_X^{-1}(y)) = y；$$

(3) 当 $y \geqslant 1$ 时，$F_Y(y) = P\{Y \leqslant y\} = 1$.

对照均匀分布的分布函数可知 $Y \sim U(0,1)$.

说明：本题刻画了均匀分布与满足一定条件的其他分布的一般联系. 证明过程用到分布函数法，详见 4.3.3 节. 这个性质可以用于生成伪随机数，称为"逆变换法". 进一步地，$[1995,\text{Ⅳ}]$ 和 $[2003,\text{Ⅲ \& Ⅳ}]$ 涉及两个特例，详见习题 4.2 和习题 4.3.

典型题 3.22 $[2019,\text{Ⅰ \& Ⅲ}]$

设随机变量 X 的概率密度 $f(x) = \begin{cases} \dfrac{x}{2}, & 0 < x < 2 \\ 0, & \text{其他} \end{cases}$. $F(x)$ 为 X 的分布函数，$E(X)$ 为 X 的数学期望，则 $P\{F(X) > E(X) - 1\} = $ _____.

解答　说明：本题经典的解题思路是：① 计算 $E(X) = \displaystyle\int_{-\infty}^{+\infty} x f(x) \mathrm{d}x$；② 计算 $F(x) = \displaystyle\int_{-\infty}^{x} f(t) \mathrm{d}t$；③ 计算概率. 详见习题 2.2. 但运用均匀分布的前述性质，可以得到一个快速的解法.

由于分布函数 $F(x)$ 是严格增函数，故 $Y = F(X) \sim U(0,1)$.

又有 $E(X) = \displaystyle\int_0^2 x \cdot \dfrac{x}{2} \mathrm{d}x = \dfrac{4}{3}$.

因此，$P\{F(X) > E(X) - 1\} = P\left\{Y > \dfrac{1}{3}\right\} = \dfrac{2}{3}$.

答案　$\dfrac{2}{3}$

3.2.2　二维均匀分布

如前所述，若随机变量 $X \sim U(a,b)$，则 X 以相等的概率取区间 (a,b) 中的任何一点. 类似地，设 G 为平面上的有界区域，面积为 S. 若二维随机变量 (X,Y) 在 G 上服从二维均匀分布，则 (X,Y) 以相等的概率取区域 G 中的任何一点. 故 (X,Y) 的概率密度为

$$f(x,y) = \begin{cases} \dfrac{1}{S}, & (x,y) \in G \\ 0, & \text{其他} \end{cases}$$

如图 3.11 所示.

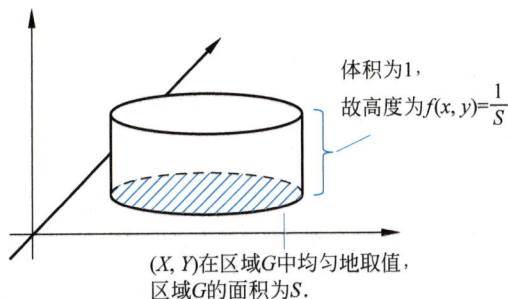

图 3.11 二维均匀分布的概率密度

典型题 3.23[2012，Ⅲ]

设随机变量 X 和 Y 相互独立，且都服从区间 $(0,1)$ 上的均匀分布，则 $P\{X^2+Y^2\leqslant 1\}=$

_____．

A. $\dfrac{1}{4}$ B. $\dfrac{1}{2}$ C. $\dfrac{\pi}{8}$ D. $\dfrac{\pi}{4}$

解答 说明：本题可以根据二维连续型随机变量的基本解题思路用微积分求解，即

$$P\{(X,Y)\in G\}=\iint_G f(x,y)\mathrm{d}x\,\mathrm{d}y.$$ 但二维均匀分

布也对应于几何概型，所以二维均匀分布的问题通常可用图示法（利用面积计算）快速求解．

由题意，(X,Y) 服从区域

$$G=\{(x,y)\mid 0\leqslant x\leqslant 1,0\leqslant y\leqslant 1\}$$

上的二维均匀分布（图 3.12）．于是得

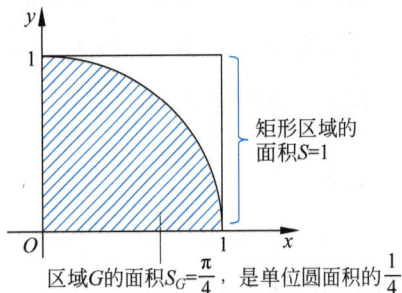

矩形区域的面积 $S=1$

区域 G 的面积 $S_G=\dfrac{\pi}{4}$，是单位圆面积的 $\dfrac{1}{4}$

图 3.12 利用面积计算概率

$$P\{X^2+Y^2\leqslant 1\}=\frac{S_G}{S}=\frac{\dfrac{\pi}{4}}{1}=\frac{\pi}{4}$$

答案 D

3.2.3 指数分布

参数为 λ 的指数分布记为 $E(\lambda)$，$Exp(\lambda)$ 等，其中 $\lambda>0$．其概率密度函数为

$$f(x)=\begin{cases}\lambda\mathrm{e}^{-\lambda x}, & x>0\\ 0, & \text{其他}\end{cases}$$

根据概率密度与分布函数的关系可知

$$F(x)=\begin{cases}1-\mathrm{e}^{-\lambda x}, & x>0\\ 0, & \text{其他}\end{cases}$$

注意：一些经典教材中采用参数为 θ 的指数分布，也记为 $E(\theta)$，$Exp(\theta)$ 等．相应的概

率密度函数和分布函数分别为 $f(x) = \begin{cases} \dfrac{1}{\theta} \mathrm{e}^{-\frac{x}{\theta}}, & x > 0 \\ 0, & \text{其他} \end{cases}$ 和 $F(x) = \begin{cases} 1 - \mathrm{e}^{-\frac{x}{\theta}}, & x > 0 \\ 0, & \text{其他} \end{cases}$. 两种

记法的参数关系是 $\lambda = \dfrac{1}{\theta}$.

　　数字特征：期望 $E(X) = \dfrac{1}{\lambda}$ 或 θ，方差 $D(X) = \dfrac{1}{\lambda^2}$ 或 θ^2.

　　记一记：典型题 3.26 刻画了指数分布与泊松分布的联系，它具有深刻的数学基础：泊松过程. 从这个联系出发可以帮助学生理解和记忆指数分布随机变量 $X \sim Exp(\lambda)$ 的数学期望为 $E(X) = \dfrac{1}{\lambda}$. 粗略地讲：根据泊松分布的服务台模型，某服务台单位时间平均到达人数为 λ，在一定条件下，可以认为单位时间到达的人数 $Y \sim P(\lambda)$. 那么，相邻两人到达的间隔时间 $X \sim Exp(\lambda)$. 可见，平均间隔时间 $E(X)$ 等于单位时间 1 除以平均到达人数 $E(Y) = \lambda$，即 $E(X) = \dfrac{1}{E(Y)} = \dfrac{1}{\lambda}$.

典型题 3.24[2004，Ⅰ & Ⅲ & Ⅳ]

设随机变量 X 服从参数为 λ 的指数分布，则 $P\{X > \sqrt{D(X)}\} = $ _____.

解答　由题意知，$D(X) = \dfrac{1}{\lambda^2}$. 因此 $P\{X > \sqrt{D(X)}\} = P\left\{X > \dfrac{1}{\lambda}\right\} = 1 - F\left(\dfrac{1}{\lambda}\right) = \dfrac{1}{\mathrm{e}}$.

答案　$\dfrac{1}{\mathrm{e}}$

　　无记忆性：对任意 $s > 0, t > 0$，有 $P\{X > s + t \mid X > s\} = P\{X > t\}$.

　　说明 1：指数分布是唯一具有无记忆性的连续型分布. 无记忆性可以用以下模型直观地理解：甲灯泡已经点亮了 s 小时，此时和它寿命分布一样（同参数指数分布）的乙灯泡也点亮了，则甲灯泡的剩余寿命和乙灯泡的寿命同分布.

　　说明 2：你还记得唯一具有无记忆性的离散型分布是什么吗？是几何分布.

典型题 3.25[2013，Ⅰ]

设随机变量 Y 服从参数为 $\lambda = 1$ 的指数分布，a 为常数且大于零，则 $P\{Y \leqslant a + 1 \mid Y > a\} = $ _____.

　　解答　说明：本题有两种解题思路. ① 根据条件概率的定义 $P(A \mid B) = \dfrac{P(AB)}{P(B)}$，可得 $P\{Y \leqslant a + 1 \mid Y > a\} = \dfrac{P\{a < Y \leqslant a + 1\}}{P\{Y > a\}} = \dfrac{F_Y(a + 1) - F_Y(a)}{1 - F_Y(a)}$. ② 根据指数分布的无记忆性计算. 计算过程中，一定要严格按照无记忆性的结论形式 $P\{X > s + t \mid X > s\} = P\{X > t\}$.

　　解法 1　由题意知，$Y \sim Exp(1)$. 由条件概率的定义可知

$$P\{Y \leqslant a + 1 \mid Y > a\} = \dfrac{P\{a < Y \leqslant a + 1\}}{P\{Y > a\}} = \dfrac{F_Y(a + 1) - F_Y(a)}{1 - F_Y(a)}$$

$$=\frac{(1-e^{-a-1})-(1-e^{-a})}{e^{-a}}=1-e^{-1}$$

解法 2 由题意知,$Y\sim Exp(1)$.由指数分布的无记忆性可知

$$P\{Y\leqslant a+1\mid Y>a\}\stackrel{\text{等式1}}{=\!=\!=}1-P\{Y>a+1\mid Y>a\}$$

$$=1-P\{Y>1\}=P\{Y\leqslant 1\}=F(1)=1-e^{-1}$$

说明:等式 1 成立用到了对立事件的条件概率公式 $P(A\mid B)=1-P(\bar{A}\mid B)$.这一步操作是为了使待计算的式子与无记忆性的结论形式完全一致.

答案 $1-e^{-1}$

典型题 3.26[1993,Ⅲ&Ⅳ,指数分布与泊松分布的联系,选学]

假设一个大型设备在任何长为 t 的时间内发生故障的次数 $N(t)$ 服从参数为 λt 的泊松分布.求:

(1) 在相继两次故障之间时间间隔 T 的概率分布;

(2) 在设备已经无故障工作 8 小时的情况下,再无故障工作 8 小时的概率 Q.

解答 (1) 由于时间间隔 T 是非负随机变量,则:当 $t<0$ 时,$F(t)=P\{T\leqslant t\}=0$;当 $t\geqslant 0$ 时,随机事件 $\{T>t\}$ 和 $\{N(t)=0\}$ 等价.因此

$$F(t)=P\{T\leqslant t\}=1-P\{T>t\}\stackrel{\text{等式3}}{=\!=\!=}1-P\{N(t)=0\}=1-e^{-\lambda t}$$

可见,T 服从参数为 λ 的指数分布.其中,等式 3 成立是因为"随机事件 $\{T>t\}$ 和 $\{N(t)=0\}$ 等价".事实上,相继两次故障之间时间间隔 $T>t$ ⟺ 长为 t 的时间内没有发生故障 ⟺ 长为 t 的时间内发生故障的次数 $N(t)=0$.

(2) 由条件概率的定义得

$$Q=P\{X\geqslant 16\mid X\geqslant 8\}=\frac{P\{X\geqslant 16,X\geqslant 8\}}{P\{X\geqslant 8\}}=\frac{P\{X\geqslant 16\}}{P\{X\geqslant 8\}}=\frac{e^{-16\lambda}}{e^{-8\lambda}}=e^{-8\lambda}$$

说明:本小问也可以直接运用指数分布的无记忆性得到.

3.2.4 专题:最值函数 $M=\max\{X,Y\}$ 和 $N=\min\{X,Y\}$

对于不相等的常数 a 和 b,$\max\{a,b\}$ 是 a,b 中较大的那个数,而 $\min\{a,b\}$ 是另一个数;并且 $\max\{a,b\}+\min\{a,b\}=a+b$.那么,对于不相等的随机变量 X 和 Y,$\max\{X,Y\}$ 和 $\min\{X,Y\}$ 也一定是 X 和 Y 之一吗?等式 $\max\{X,Y\}+\min\{X,Y\}=X+Y$ 依然成立吗?

考虑抛掷一枚质地均匀的硬币,则样本空间 Ω 包含两个样本点:{正,反}.如下定义随机变量 X 和 Y,并给出 $M=\max\{X,Y\}$ 和 $N=\min\{X,Y\}$:

$$X(\omega)=\begin{cases}1,&\omega=\text{正}\\0,&\omega=\text{反}\end{cases},\quad Y(\omega)=\begin{cases}-1,&\omega=\text{正}\\2,&\omega=\text{反}\end{cases}$$

$$M(\omega)=\begin{cases}\max\{X(\omega),Y(\omega)\}=\max\{1,-1\}=1,&\omega=\text{正}\\\max\{X(\omega),Y(\omega)\}=\max\{0,2\}=2,&\omega=\text{反}\end{cases}\Rightarrow M(\omega)=\begin{cases}1,&\omega=\text{正}\\2,&\omega=\text{反}\end{cases}$$

$$N(\omega) = \begin{cases} \min\{X(\omega), Y(\omega)\} = \min\{1, -1\} = -1, & \omega = 正 \\ \min\{X(\omega), Y(\omega)\} = \min\{0, 2\} = 0, & \omega = 反 \end{cases} \Rightarrow N(\omega) = \begin{cases} -1, & \omega = 正 \\ 0, & \omega = 反 \end{cases}$$

可见 $\max\{X, Y\}$ 和 $\min\{X, Y\}$ 不一定是 X 和 Y 之一. 但最值函数具有如下性质:

(1) $\max\{X, Y\} + \min\{X, Y\} = X + Y$,故

$$E(\max\{X, Y\}) + E(\min\{X, Y\}) = E(\max\{X, Y\} + \min\{X, Y\})$$
$$= E(X + Y) = E(X) + E(Y)$$

(2) $\max\{X, Y\}\min\{X, Y\} = XY$,故

$$E(\max\{X, Y\}\min\{X, Y\}) = E(XY) \xrightarrow{\text{若 } X, Y \text{ 不相关}} E(X)E(Y)$$

说明:上述性质之所以成立,是因为对于样本空间 Ω 中任意样本点 ω 上述性质均成立. 以性质 $\max\{X, Y\} + \min\{X, Y\} = X + Y$ 为例. 对于样本空间 Ω 中任意样本点 ω,$X(\omega)$ 和 $Y(\omega)$ 是两个实数. 因此,$\max\{X(\omega), Y(\omega)\}$ 是 $X(\omega), Y(\omega)$ 中较大的那个数,而 $\min\{X(\omega), Y(\omega)\}$ 是另一个数. 可见,随机变量 $\max\{X, Y\} + \min\{X, Y\}$ 和 $X + Y$ 对于样本空间 Ω 中任意样本点均相等. 故两个随机变量相等,即 $\max\{X, Y\} + \min\{X, Y\} = X + Y$. 以前文抛硬币得到的随机变量 X 和 Y 为例. ① 当随机试验的结果为:硬币正面朝上,即 $\{\omega = 正\}$ 时,则 $X(\omega) = 1, Y(\omega) = -1$、$\max\{X(\omega), Y(\omega)\} = \max\{1, -1\} = 1$、$\min\{X(\omega), Y(\omega)\} = \min\{1, -1\} = -1$. 可见,$\max\{X(\omega), Y(\omega)\} + \min\{X(\omega), Y(\omega)\} = X(\omega) + Y(\omega)$. ② 类似地,当随机试验的结果为:硬币反面朝上,即 $\{\omega = 反\}$ 时,上述等式仍然成立.

1. 应用:最值函数与串并联电路的寿命

设系统 L 由两个相互独立的子系统 L_1 和 L_2 连接而成,连接的方式分别为串联、并联、备用(当系统 L_1 损坏时,系统 L_2 开始工作),如图 3.13 所示.

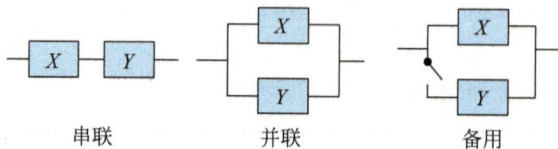

图 3.13   三种常见的电路连接方式

设 L_1 和 L_2 的寿命分别为 X 和 Y.

用随机变量 X 和 Y 的函数表示三种连接方式下系统的寿命.

(1) 串联系统:当系统 L_1 和 L_2 中有一个损坏时,串联系统 L 损坏. 系统 L 的寿命为 $Z = \min\{X, Y\}$.

(2) 并联系统:当系统 L_1 和 L_2 都损坏时,并联系统 L 才会损坏. 系统 L 的寿命为 $Z = \max\{X, Y\}$.

(3) 备用系统:当系统 L_1 损坏时,系统 L_2 开始工作,直至系统 L_2 损坏时,备用系统 L 才会损坏. 系统 L 的寿命为 $Z = X + Y$.

性质 "$\max\{X, Y\} + \min\{X, Y\} = X + Y$" 说明图 3.14 中两种电路的寿命相等.

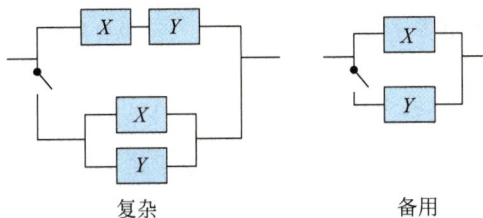

图 3.14 两种电路的寿命相等

2. 指数分布的最小值函数

(1) $X_i \sim Exp(\lambda_i)$，$i=1,2,\cdots,n$，且相互独立，记 $N=\min\{X_1,X_2,\cdots,X_n\}$．则

$$N \sim Exp\left(\sum_{i=1}^{n}\lambda_i\right), \quad E(N)=\frac{1}{\sum_{i=1}^{n}\lambda_i}$$

(2) 特别地，$X_i \sim Exp(\lambda)$，$i=1,2,\cdots,n$，且相互独立，记 $N=\min\{X_1,X_2,\cdots,X_n\}$．则

$$N \sim Exp(n\lambda), \quad E(N)=\frac{1}{n\lambda}=\frac{E(X_i)}{n}$$

说明：指数分布的最小值函数非常重要．① 千万不要混淆上述性质"$\min\{X_1,X_2,\cdots,X_n\} \sim Exp\left(\sum_{i=1}^{n}\lambda_i\right)$"与泊松分布等的参数可加性"$X_1+X_2+\cdots+X_n \sim P\left(\sum_{i=1}^{n}\lambda_i\right)$"．② 指数分布可以用于描述元件的寿命，最值函数 $\min\{\cdot\}$ 则表示串联电路的总体寿命．因此上述最值函数的性质可以粗略地表述为串联使寿命缩短．这个性质还将在统计部分用于解决一个"串联并联电路"的问题，详见 7.7 节．

3.2.5 伽马分布[选学]

伽马分布有两个常见的特例：指数分布和 χ^2 分布，详见 3.2.3 节和 3.3.1 节．伽马分布的一些基本性质可以帮助我们理解指数分布和 χ^2 分布的结论，因此下面简要介绍．

若随机变量 X 的概率密度为 $f(x)=\begin{cases}\dfrac{\lambda^\alpha}{\Gamma(\alpha)}x^{\alpha-1}\mathrm{e}^{-\lambda x}, & x>0\\0, & \text{其他}\end{cases}$，其中 $\Gamma(\alpha)$ 为伽马函数

（递归公式：$\Gamma(x+1)=x\cdot\Gamma(x)$，$x>0$，初始值：$\Gamma(1)=1 \Rightarrow \Gamma(n)=(n-1)!$，$\Gamma\left(\dfrac{1}{2}\right)=\sqrt{\pi}$，详见 4.4.1 节），则称 X 服从伽马分布，记为 $X \sim Ga(\alpha,\lambda)$．其中 $\alpha>0$ 为形状参数，$\lambda>0$ 为尺度参数．

数字特征：期望 $E(X)=\dfrac{\alpha}{\lambda}$，方差 $D(X)=\dfrac{\alpha}{\lambda^2}$——它们分别是指数分布期望和方差的 α 倍．

伽马分布的两个常见的特例：(1) $Ga(1,\lambda)=Exp(\lambda)$，即 $\alpha=1$ 时的伽马分布就是指数分布．

(2) $Ga\left(\dfrac{n}{2},\dfrac{1}{2}\right)=\chi^2(n)$，即 $\alpha=\dfrac{n}{2}$，$\lambda=\dfrac{1}{2}$ 时的伽马分布就是自由度为 n 的 χ^2 分布．

指数分布与 χ^2 分布的联系：上述特例中取 $\lambda=\dfrac{1}{2},n=2$，则有 $Ga\left(1,\dfrac{1}{2}\right)=Exp\left(\dfrac{1}{2}\right)=$ $\chi^2(2)$. 即 $\lambda=\dfrac{1}{2}$ 时的指数分布就是自由度为 2 的 χ^2 分布.

参数可加性：$X\sim Ga(\alpha_1,\lambda),Y\sim Ga(\alpha_2,\lambda)$，相互独立，则 $X+Y\sim Ga(\alpha_1+\alpha_2,\lambda)$.

进一步地，$X_i\sim Ga(\alpha_i,\lambda),1\leqslant i\leqslant n$，相互独立，则 $\sum\limits_{i=1}^{n}X_i\sim Ga\left(\sum\limits_{i=1}^{n}\alpha_i,\lambda\right)$.

特别地，当 α 为整数时，$X_i\sim Exp(\lambda),1\leqslant i\leqslant\alpha$，相互独立，则 $\sum\limits_{i=1}^{\alpha}X_i\sim Ga(\alpha,\lambda)$.

记一记：从伽马分布与指数分布的联系出发帮助理解和记忆参数可加性. ①当 $\alpha=1$ 时的伽马分布就是指数分布. ②当 α 为正整数时，服从伽马分布 $Ga(\alpha,\lambda)$ 的随机变量可以视为 α 个相互独立服从指数分布 $Exp(\lambda)$ 的随机变量的和函数. 由此，可以将随机变量 $X\sim Ga(\alpha_1,\lambda)$ 与 $Y\sim Ga(\alpha_2,\lambda)$ 拆分为 $X=X_1+X_2+\cdots+X_{\alpha_1}$ 与 $Y=Y_1+Y_2+\cdots+Y_{\alpha_2}$，其中 $X_1,X_2,\cdots,X_{\alpha_1},Y_1,Y_2,\cdots,Y_{\alpha_2}$ 均相互独立. 则 $X+Y$ 就是这 $\alpha_1+\alpha_2$ 个相互独立服从指数分布 $Exp(\lambda)$ 的随机变量的和函数，服从 $Ga(\alpha_1+\alpha_2,\lambda)$.

3.2.6　正态分布

正态分布记为 $N(\mu,\sigma^2)$，其中 $\mu,\sigma(\sigma>0)$ 为常数. 其概率密度函数为

$$f(x)=\frac{1}{\sqrt{2\pi}\sigma}e^{-\frac{(x-\mu)^2}{2\sigma^2}},\quad -\infty<x<+\infty$$

其中，参数 μ 是位置参数，即 $f(x)$ 的对称轴是 $x=\mu$（图 3.15），对应数学期望. 参数 σ 是尺度参数、形状参数，对应标准差. σ 越大，波动性越大，随机变量取值远离其期望的可能性越大，函数 $f(x)$ 的曲线越"矮胖".

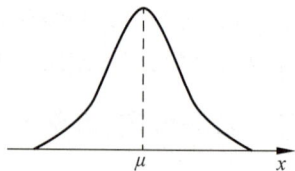

数字特征：期望 $E(X)=\mu$，方差 $D(X)=\sigma^2$.

图 3.15　正态分布的概率密度函数

典型题 3.27[2008，高考]

设两个正态分布 $N(\mu_1,\sigma_1^2)(\sigma_1>0)$ 和 $N(\mu_2,\sigma_2^2)(\sigma_2>0)$ 的密度函数图像如图 3.16 所示，则有_____.

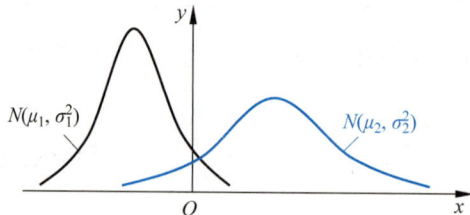

图 3.16　两个正态分布的密度函数

A. $\mu_1<\mu_2,\sigma_1<\sigma_2$ 　　　　B. $\mu_1<\mu_2,\sigma_1>\sigma_2$

C. $\mu_1>\mu_2,\sigma_1<\sigma_2$ 　　　　D. $\mu_1>\mu_2,\sigma_1>\sigma_2$

解答 如图 3.16 所示，正态分布 $N(\mu_1,\sigma_1^2)$ 的对称轴比 $N(\mu_2,\sigma_2^2)$ 靠左，因此位置参数 $\mu_1<\mu_2$；正态分布 $N(\mu_1,\sigma_1^2)$ 的形状比 $N(\mu_2,\sigma_2^2)$ 更"高瘦"，因此形状参数 $\sigma_1<\sigma_2$.

答案 A

1. 引入 N(0,1),Φ(x),φ(x)等概念的原因［选学］

（1）**解析解**：为什么学习一般正态分布 $N(\mu,\sigma^2)$ 时，还需要学习标准正态分布 $N(0,1)$、引入记号 $\Phi(x)$ 和 $\varphi(x)$、编制标准正态函数表呢？回顾均匀分布和指数分布，都是先给出概率密度函数 $f(x)$，再根据概率密度与分布函数的关系（变上限积分）得到分布函数 $F(x)=\int_{-\infty}^{x}f(t)\mathrm{d}t$. 但正态分布 $N(\mu,\sigma^2)$ 的概率密度函数 $f(x)=\dfrac{1}{\sqrt{2\pi}\,\sigma}\mathrm{e}^{-\frac{(x-\mu)^2}{2\sigma^2}}$ 太复杂，运用变上限积分很难得到 $F(x)$ 的表达式. 这个表达式在数学中称为解析解，即通过严格的计算给出的具体函数形式. 例如，均匀分布和指数分布的分布函数都是解析解.

（2）**数值解**：正态分布的分布函数难以算出解析解，怎么办呢？只能运用数值分析等方法求解近似值，也就是数值解. 例如，第 2 章"拓展阅读"介绍了运用蒙特卡罗方法计算定积分的思路.

（3）**标准正态分布**：是不是需要对任意 μ 和 $\sigma>0$ 给出正态分布函数的数值解呢？这样显然太复杂了. 事实上，只需要给出一个具有代表性的正态分布（标准正态分布）的分布函数的数值解就足够了. 标准正态分布 $N(0,1)$ 的位置参数 $\mu=0$，它以 y 轴为对称轴；形状参数 $\sigma=1$，不胖不瘦.

由于标准正态分布非常重要，所以统计学家为其定义了一套特殊的记号. 具体而言，标准正态分布的概率密度 $f(x)$ 和分布函数 $F(x)$ 不再使用通常的记号，而是使用特殊的记号 $\varphi(x)$ 和 $\Phi(x)$，并给出标准正态分布的分布函数 $\Phi(x)$ 的数值解，即标准正态分布函数表. 此外，服从标准正态分布的随机变量通常被记为 Z，标准正态分布的上侧 α 分位数记为 z_α. 当然这两个记号的通用程度低于 $\varphi(x)$ 和 $\Phi(x)$.

图 3.17 所示为 $\Phi(x)=\int_{-\infty}^{x}\dfrac{1}{\sqrt{2\pi}\,\sigma}\mathrm{e}^{-\frac{(t-\mu)^2}{2\sigma^2}}\mathrm{d}t\,(-\infty<x<+\infty)$ 的标准正态分布函数表，如图所示，$\Phi(1.28)=0.8997\approx0.9$. 这里的"1.2"从第一列查到，而"0.08"从第一行查到.

常用的数据有：$\Phi(1.28)=0.8997\approx0.9$，$\Phi(1.65)=0.9505\approx0.95$，$\Phi(1.96)=0.975$，$\Phi(2.33)=0.9901\approx0.99$，$\Phi(2.58)=0.9951\approx0.995$，$\Phi(3.08)=0.999$.

（4）**一般正态分布与标准正态分布的联系**：下面的两个性质刻画了一般正态分布 $N(\mu,\sigma^2)$ 与标准正态分布 $N(0,1)$ 的联系，使得两者可以自由地转换.

① $X\sim N(0,1)\Leftrightarrow Y=\sigma X+\mu\sim N(\mu,\sigma^2)$；

② $X\sim N(\mu,\sigma^2)\Leftrightarrow Z\xlongequal{\text{标准化变量}}\dfrac{X-\mu}{\sigma}\sim N(0,1)$.

说明：对随机变量标准化的方法不仅适用于正态分布. 对于任意分布的随机变量 X，期望和方差存在，则 X 的标准化变量为 $\dfrac{X-E(X)}{\sqrt{D(X)}}$.

x	0.00	0.01	0.02	0.03	0.04	0.05	0.06	0.07	0.08	0.09
0.0	0.5000	0.5040	0.5080	0.5120	0.5160	0.5199	0.5239	0.5279	0.5319	0.5359
0.1	0.5398	0.5438	0.5478	0.5517	0.5557	0.5596	0.5636	0.5675	0.5714	0.5753
0.2	0.5793	0.5832	0.5871	0.5910	0.5948	0.5987	0.6026	0.6064	0.6103	0.6141
0.3	0.6179	0.6217	0.6255	0.6293	0.6331	0.6368	0.6406	0.6443	0.6480	0.6517
0.4	0.6554	0.6591	0.6628	0.6664	0.6700	0.6736	0.6772	0.6808	0.6844	0.6879
0.5	0.6915	0.6950	0.6985	0.7019	0.7054	0.7088	0.7123	0.7157	0.7190	0.7224
0.6	0.7257	0.7291	0.7324	0.7357	0.7389	0.7422	0.7454	0.7486	0.7517	0.7549
0.7	0.7580	0.7611	0.7642	0.7673	0.7704	0.7734	0.7764	0.7794	0.7823	0.7852
0.8	0.7881	0.7910	0.7939	0.7967	0.7995	0.8023	0.8051	0.8078	0.8106	0.8133
0.9	0.8159	0.8186	0.8212	0.8238	0.8264	0.8289	0.8315	0.8340	0.8365	0.8389
1.0	0.8413	0.8438	0.8461	0.8485	0.8508	0.8531	0.8554	0.8577	0.8599	0.8621
1.1	0.8643	0.8665	0.8686	0.8708	0.8729	0.8749	0.8770	0.8790	0.8810	0.8830
1.2	0.8849	0.8869	0.8888	0.8907	0.8925	0.8944	0.8962	0.8980	0.8997	0.9015
1.3	0.9032	0.9049	0.9066	0.9082	0.9099	0.9115	0.9131	0.9147	0.9162	0.9177
1.4	0.9192	0.9207	0.9222	0.9236	0.9251	0.9265	0.9279	0.9292	0.9306	0.9319
1.5	0.9332	0.9345	0.9357	0.9370	0.9382	0.9394	0.9406	0.9418	0.9429	0.9441
1.6	0.9452	0.9463	0.9474	0.9484	0.9495	0.9505	0.9515	0.9525	0.9535	0.9545
1.7	0.9554	0.9564	0.9573	0.9582	0.9591	0.9599	0.9608	0.9616	0.9625	0.9633
1.8	0.9641	0.9649	0.9656	0.9664	0.9671	0.9678	0.9686	0.9693	0.9699	0.9706
1.9	0.9713	0.9719	0.9726	0.9732	0.9738	0.9744	0.9750	0.9756	0.9761	0.9767
2.0	0.9772	0.9778	0.9783	0.9788	0.9793	0.9798	0.9803	0.9808	0.9812	0.9817
2.1	0.9821	0.9826	0.9830	0.9834	0.9838	0.9842	0.9846	0.9850	0.9854	0.9857
2.2	0.9861	0.9864	0.9868	0.9871	0.9875	0.9878	0.9881	0.9884	0.9887	0.9890
2.3	0.9893	0.9896	0.9898	0.9901	0.9904	0.9906	0.9909	0.9911	0.9913	0.9916
2.4	0.9918	0.9920	0.9922	0.9925	0.9927	0.9929	0.9931	0.9932	0.9934	0.9936
2.5	0.9938	0.9940	0.9941	0.9943	0.9945	0.9946	0.9948	0.9949	0.9951	0.9952
2.6	0.9953	0.9955	0.9956	0.9957	0.9959	0.9960	0.9961	0.9962	0.9963	0.9964
2.7	0.9965	0.9966	0.9967	0.9968	0.9969	0.9970	0.9971	0.9972	0.9973	0.9974
2.8	0.9974	0.9975	0.9976	0.9977	0.9977	0.9978	0.9979	0.9979	0.9980	0.9981
2.9	0.9981	0.9982	0.9982	0.9983	0.9984	0.9984	0.9985	0.9985	0.9986	0.9986
3.0	0.9987	0.9987	0.9987	0.9988	0.9988	0.9989	0.9989	0.9989	0.9990	0.9990

图 3.17　查标准正态分布函数表

（5）**用 $\Phi(x)$ 刻画正态分布**：若 $X \sim N(\mu, \sigma^2)$，则 $Z = \dfrac{X-\mu}{\sigma} \sim N(0,1)$，故

$$P\{a < X \leqslant b\} = P\left\{\frac{a-\mu}{\sigma} < \frac{X-\mu}{\sigma} \leqslant \frac{b-\mu}{\sigma}\right\} = \Phi\left(\frac{b-\mu}{\sigma}\right) - \Phi\left(\frac{a-\mu}{\sigma}\right)$$

可见，一般正态分布也可以由标准正态分布函数 $\Phi(x)$ 完全刻画.

2. 标准正态分布

$\mu = 0, \sigma = 1$ 时的正态分布称为**标准正态分布**，记为 $N(0,1)$.

概率密度函数：$\varphi(x) = \dfrac{1}{\sqrt{2\pi}} e^{-\frac{x^2}{2}}$，　$-\infty < x < +\infty$.

分布函数：$\Phi(x) = \displaystyle\int_{-\infty}^{x} \dfrac{1}{\sqrt{2\pi}} e^{-\frac{t^2}{2}} \, \mathrm{d}t$，　$-\infty < x < +\infty$.

数字特征：期望 $E(X) = 0$，方差 $D(X) = 1$.

典型题 3.28［2017，Ⅰ］

设随机变量 X 的分布函数 $F(x) = 0.5\Phi(x) + 0.5\Phi\left(\dfrac{x-4}{2}\right)$，其中 $\Phi(x)$ 为标准正态分

布函数,则 $E(X)=$_____.

解答 由 $F(x)=0.5\Phi(x)+0.5\Phi\left(\dfrac{x-4}{2}\right)$,得 X 的概率密度

$$f(x)=F'(x)=\frac{1}{2}\varphi(x)+\frac{1}{4}\varphi\left(\frac{x-4}{2}\right)$$

其中 $\varphi(x)$ 为标准正态分布的概率密度.从而

$$E(X)=\int_{-\infty}^{+\infty}xf(x)\mathrm{d}x=\frac{1}{2}\int_{-\infty}^{+\infty}x\varphi(x)\mathrm{d}x+\frac{1}{4}\int_{-\infty}^{+\infty}x\varphi\left(\frac{x-4}{2}\right)\mathrm{d}x$$

其中,$x\varphi(x)$ 是奇函数,故 $\int_{-\infty}^{+\infty}x\varphi(x)\mathrm{d}x=0$.

又有 $\int_{-\infty}^{+\infty}x\varphi\left(\dfrac{x-4}{2}\right)\mathrm{d}x=2\int_{-\infty}^{+\infty}x\,\dfrac{1}{\sqrt{2\pi}\times2}\mathrm{e}^{-\frac{(x-4)^2}{2\times2^2}}\mathrm{d}x=2E(Y)=8$,其中 $Y\sim N(4,2^2)$.

说明:这里计算 $\int_{-\infty}^{+\infty}x\varphi\left(\dfrac{x-4}{2}\right)\mathrm{d}x=8$ 运用了概率论的性质.对比正态分布 $N(\mu,\sigma^2)$ 的概率密度表达式 $f(x)=\dfrac{1}{\sqrt{2\pi}\sigma}\mathrm{e}^{-\frac{(x-\mu)^2}{2\sigma^2}}$,可知 $\dfrac{1}{\sqrt{2\pi}\times2}\mathrm{e}^{-\frac{(x-4)^2}{2\times2^2}}$ 是 $Y\sim N(4,2^2)$ 的概率密度.当然,它也可以直接积分得到.

可见,$E(X)=2$.

答案 2

说明:这个结论具有普遍性:若 $F(x)=C_1\Phi\left(\dfrac{x-\mu_1}{\sigma_1}\right)+C_2\Phi\left(\dfrac{x-\mu_2}{\sigma_2}\right)$,$C_1+C_2=1$,则必有 $E(X)=C_1\mu_1+C_2\mu_2$.在[2009,I]也有一道涉及该结论的选择题,详见习题3.6.

3. 相互独立正态分布随机变量的线性组合

线性组合:若 $X_i\sim N(\mu_i,\sigma_i^2)$,$1\leqslant i\leqslant n$,相互独立,$C_0$ 和 C_i 为常数,则

$$C_0+\sum_{i=1}^{n}C_iX_i\sim N\left(C_0+\sum_{i=1}^{n}C_i\mu_i,\sum_{i=1}^{n}C_i^2\sigma_i^2\right)$$

说明[选学]:若 $X\sim N(\mu_1,\sigma_1^2)$,$Y\sim N(\mu_2,\sigma_2^2)$,相互独立,和函数 $X+Y$ 服从什么分布呢? ① 卷积公式 $f_{X+Y}(z)=\int_{-\infty}^{+\infty}f_X(x)f_Y(z-x)\mathrm{d}x$ 给出了两个相互独立随机变量的和函数的概率密度,详见4.7.1节.但考虑到正态分布的概率密度非常复杂,运用卷积公式和微积分来计算,难度很高! 这种解题思路对应分布法.② 本性质说明:多个相互独立正态分布随机变量的线性组合也服从正态分布.这就确定了和函数 $X+Y$ 的分布类型:正态分布;再根据正态分布参数与数字特征的关系确定参数 μ 和 σ^2 的取值.这种解题思路对应数字特征法,要简洁很多.具体而言,记 $X+Y\sim N(\mu,\sigma^2)$,则

$$\begin{cases}\mu=E(X+Y)\xstackrel{等式2}{=\!=\!=}E(X)+E(Y)=\mu_1+\mu_2\\\sigma^2=D(X+Y)\xstackrel{等式5}{=\!=\!=}D(X)+D(Y)=\sigma_1^2+\sigma_2^2\end{cases}$$

其中,等式2用到数字特征的性质"和的期望等于期望的和";等式5用到"相互独立随机变量和的方差等于方差的和".综上,$X+Y\sim N(\mu_1+\mu_2,\sigma_1^2+\sigma_2^2)$.

典型题 3.29

记 $X \sim N(1,3)$，$Y \sim N(2,4)$，且 X 和 Y 相互独立.

问法 1：则 $Z = 2X - 3Y$ 服从_____分布？

问法 2：则 $Z = 2X - 3Y$ 的概率密度函数为_____.

解答　说明：

（1）问法 1 考查"什么分布"，需要给出分布类型和参数取值. 具体而言，首先根据"多个相互独立正态分布随机变量的线性组合也服从正态分布"确定 Z 的分布类型为正态分布. 再根据正态分布参数与数字特征的关系确定参数 μ 和 σ^2 的取值. 此时要用到数字特征的性质：①和的期望等于期望的和；②相互独立随机变量和的方差等于方差的和.

（2）问法 2 在问法 1 的基础上，进一步考查了正态分布 $N(\mu, \sigma^2)$ 概率密度函数的表达式.

由题意知 $Z = 2X - 3Y \sim N(\mu, \sigma^2)$. 其中

$$\mu = E(Z) = E(2X - 3Y) = 2E(X) - 3E(Y) = 2 \times 1 - 3 \times 2 = -4$$

$$\sigma^2 = D(Z) = D(2X - 3Y) = 2^2 D(X) + 3^2 D(Y) = 4 \times 3 + 9 \times 4 = 48$$

故 $Z \sim N(-4, 48)$.

进一步地，$Z \sim N(-4, 48)$ 的概率密度函数为

$$f(z) = \frac{1}{\sqrt{2\pi} \times \sqrt{48}} e^{-\frac{(z+4)^2}{2 \times 48}} = \frac{1}{4\sqrt{6\pi}} e^{-\frac{(z+4)^2}{96}}$$

问法 1 的答案：$Z \sim N(-4, 48)$

问法 2 的答案：$f(z) = \dfrac{1}{4\sqrt{6\pi}} e^{-\frac{(z+4)^2}{96}}$

---

4. 解题思路：求解涉及正态分布问题的方法

考虑到正态分布的概率密度非常复杂，当问题涉及正态分布时，尽量避免直接使用微积分. 推荐按照图 3.18 所示的步骤解决问题.

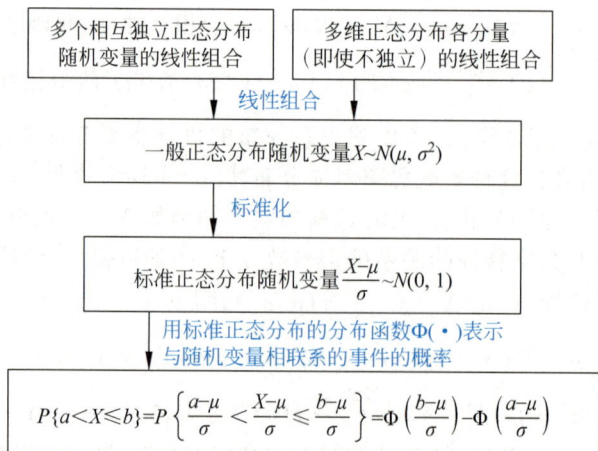

图 3.18　解题思路：求解涉及正态分布问题的方法

说明：（1）多个相互独立正态分布随机变量的线性组合服从正态分布．多维正态分布的各分量（即使不独立）的线性组合也服从正态分布（详见"二维正态分布"部分）．

（2）一般正态分布标准化得到标准正态分布，将结论用 $\Phi(x)$ 表示，查标准正态分布分布函数表．

（3）由第 5 章介绍的中心极限定理可知：独立随机变量的和函数近似服从正态分布．因此，涉及正态分布的问题还可以进一步扩充，详见图 5.8．

典型题微课程 3.1

典型题 3.30［2019，Ⅰ & Ⅲ］

设随机变量 X 与 Y 相互独立，且都服从正态分布 $N(\mu,\sigma^2)$，则 $P\{|X-Y|<1\}=$ _____．

A．与 μ 无关，而与 σ^2 有关　　　　B．与 μ 有关，而与 σ^2 无关

C．与 μ,σ^2 都有关　　　　D．与 μ,σ^2 都无关

解答　说明：题目中涉及与二维连续型随机变量 (X,Y) 相联系的事件的概率

$$P\{(X,Y)\in G\}=\iint\limits_G f(x,y)\mathrm{d}x\mathrm{d}y$$

但当 X 与 Y 服从正态分布时，直接积分非常烦琐．推荐的解题思路是：首先运用"多个相互独立正态分布随机变量的线性组合也服从正态分布"，确定 $Z=X-Y$ 的分布类型为正态分布，即 $Z\sim N(\mu,\sigma^2)$；再根据正态分布参数与数字特征的关系确定参数取值；最后运用

$$P\{a<Z\leqslant b\}=P\left\{\frac{a-\mu}{\sigma}<\frac{Z-\mu}{\sigma}\leqslant\frac{b-\mu}{\sigma}\right\}=\Phi\left(\frac{b-\mu}{\sigma}\right)-\Phi\left(\frac{a-\mu}{\sigma}\right)$$

计算概率．

由题意，$E(X-Y)=E(X)-E(Y)=0,D(X-Y)=D(X)+D(Y)=2\sigma^2$，故

$$X-Y\sim N(0,2\sigma^2)$$

因此

$$P\{|X-Y|<1\}=P\{-1<X-Y<1\}=P\left\{-\frac{1}{\sqrt{2}\sigma}<\frac{X-Y}{\sqrt{2}\sigma}<\frac{1}{\sqrt{2}\sigma}\right\}$$

$$=\Phi\left(\frac{1}{\sqrt{2}\sigma}\right)-\Phi\left(-\frac{1}{\sqrt{2}\sigma}\right)\xlongequal{\text{等式4}}2\Phi\left(\frac{1}{\sqrt{2}\sigma}\right)-1$$

说明：上述等式 4 用到了关系式 $\Phi(-x)=1-\Phi(x)$，证明细节见 3.2.7 节．

可见，$P\{|X-Y|<1\}$ 与 μ 无关，而与 σ^2 有关．

答案　A

典型题 3.31［1998，Ⅰ，选学］

设随机变量 X 与 Y 相互独立，且都服从均值为 0、方差为 $\frac{1}{2}$ 的正态分布，求随机变量 $|X-Y|$ 的方差．

解答　（1）运用"多个相互独立正态分布随机变量的线性组合也服从正态分布"，确定 $Z=X-Y$ 的分布类型为正态分布，即 $Z\sim N(\mu,\sigma^2)$．再根据正态分布参数与数字特征的关系确定参数取值：参数 $\mu=E(Z)=E(X-Y)=E(X)-E(Y)=0$；参数

$$\sigma^2=D(Z)=D(X-Y)=D(X)+D(Y)=1$$

令 $Z = X - Y$，由于 $X \sim N\left(0, \dfrac{1}{2}\right)$，$Y \sim N\left(0, \dfrac{1}{2}\right)$，且 X 和 Y 相互独立，故 $Z \sim N(0,1)$.

(2) 运用方差的计算式 $D(X) = E(X^2) - E(X)^2$ 计算 $D(|X - Y|)$.

由题意得，$D(|X - Y|) = D(|Z|) = E(|Z|^2) - E(|Z|)^2$.

其中，$E(|Z|^2) = E(Z^2) = D(Z) + E(Z)^2 = 1$.

说明：这里计算 $E(|Z|^2)$ 用到了一些小技巧. 首先 $E(|Z|^2) = E(Z^2)$；其次由于 Z 服从常见分布，它的期望和方差我们已经熟练掌握了，因此可以用方差的计算式 $D(X) = E(X^2) - E(X)^2$，推知 $E(X^2) = D(X) + E(X)^2$；最后由正态分布数字特征的结论，知 $E(Z) = \mu = 0$ 且 $D(Z) = \sigma^2 = 1$.

又有

$$
\begin{aligned}
E(|Z|) &= \int_{-\infty}^{+\infty} |z| \frac{1}{\sqrt{2\pi}} e^{-\frac{z^2}{2}} \mathrm{d}z = \sqrt{\frac{2}{\pi}} \int_{0}^{+\infty} z e^{-\frac{z^2}{2}} \mathrm{d}z \\
&= \sqrt{\frac{2}{\pi}} \int_{0}^{+\infty} e^{-\frac{z^2}{2}} \mathrm{d}\left(\frac{z^2}{2}\right) = \sqrt{\frac{2}{\pi}} \int_{0}^{+\infty} e^{-t} \mathrm{d}t = \sqrt{\frac{2}{\pi}}
\end{aligned}
$$

因此

$$
D(|X - Y|) = E(|Z|^2) - E(|Z|)^2 = 1 - \frac{2}{\pi}
$$

答案 $1 - \dfrac{2}{\pi}$

---

5. 正态分布、二项分布、泊松分布的联系［选学］

设随机变量 $\eta_n\ (n = 1, 2, \cdots)$ 服从参数为 $n, p\ (0 < p < 1)$ 的二项分布 $B(n, p)$，则 $\eta_n \overset{\text{近似地}}{\sim} N(np, np(1-p))$. 这就是棣莫弗-拉普拉斯中心极限定理，也称为"二项分布的正态近似". 进一步地，中心极限定理建立了正态分布与相互独立随机变量和函数的联系：相互独立随机变量的和函数近似服从正态分布，即 $\sum\limits_{i=1}^{n} X_i \overset{\text{近似地}}{\sim} N\left(E\left(\sum\limits_{i=1}^{n} X_i\right), D\left(\sum\limits_{i=1}^{n} X_i\right)\right)$，详见第 5 章.

当 n 足够大时，泊松定理告诉我们"二项分布随机变量近似服从泊松分布"；棣莫弗-拉普拉斯中心极限定理告诉我们"二项分布随机变量近似服从正态分布". 哪个对呢？当 $np_n = \lambda$ 时，泊松逼近的收敛速度为 $O(1/n)$，正态逼近的收敛速度为 $O(1/\sqrt{n})$，故泊松逼近始终好于正态逼近. 当 $\lim\limits_{n \to +\infty} np_n = \lambda$ 时，泊松逼近的收敛速度与 np_n 收敛于 λ 的速度有关.

这三个分布的联系如图 3.19 所示.

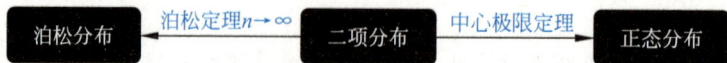

图 3.19   正态分布、二项分布、泊松分布的联系

3.2.7 专题：上侧 α 分位数

分布函数 $F(x)=P\{X\leqslant x\}$ 是概率论的主要研究工具之一. 即分布函数 $F(x)$ 定义为随机变量 X 取值小于等于 x 的概率. 在数理统计中有一个和它几乎一致的概念：上侧 α 分位数(也称上 α 分位点). 满足 $P\{X>x_\alpha\}=\alpha(0<\alpha<1)$ 的点 x_α 称为随机变量 X 的上侧 α 分位数(图 3.20). 即随机变量取值大于 x_α 的概率为 α. 特别地, 标准正态分布的上侧 α 分位数记为 z_α.

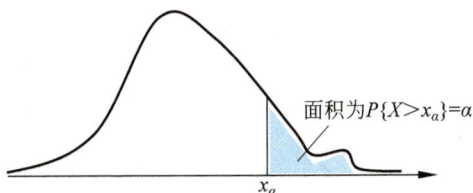

图 3.20 上侧 α 分位数

本节还将运用图像法快速证明分布函数与上侧 α 分位数的三个重要等式.

1. 等式 Ⅰ：任意分布的分布函数与上侧 α 分位数的关系

对于任意分布, 其分布函数与上侧 α 分位数有以下关系(图 3.21)：$F(x_\alpha)=P\{X\leqslant x_\alpha\}=1-P\{X>x_\alpha\}=1-\alpha$.

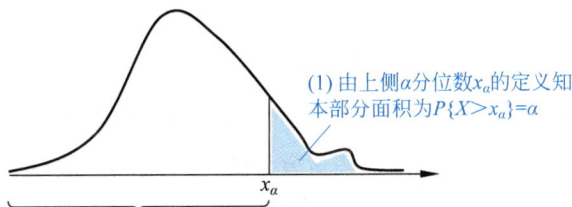

(1) 由上侧 α 分位数 x_α 的定义知本部分面积为 $P\{X>x_\alpha\}=\alpha$

(2) 由概率密度的正则性知本部分面积为 $1-\alpha$, 因此由分布函数的定义知 $F(x_\alpha)=P\{X\leqslant x_\alpha\}=1-\alpha$

图 3.21 分布函数与上侧 α 分位数的关系

知识点微课程 3.2

特别地, 对于标准正态分布, 有 $\Phi(z_\alpha)=1-\alpha$.

说明：等式 $\Phi(z_\alpha)=1-\alpha$ 可以帮助我们从标准正态分布的分布函数表中查得标准正态分布的上侧 α 分位数. 事实上,"分布函数"和"上侧 α 分位数"分别是概率论和数理统计中的常用研究工具. 从图 3.1 中可以看出, 标准正态分布在概率论和数理统计中都是常见分布. 由于标准正态分布一般仅给出分布函数 $\Phi(x)$ 的取值, 而不重复给出上侧 α 分位数, 所以在数理统计中涉及上侧 α 分位数 z_α 时, 需要使用关系式 $\Phi(z_\alpha)=1-\alpha$ 转化.

说明：怎样从 $\Phi(x)$ 表中得到 z_α 的值？

根据关系式 $\Phi(z_\alpha)=1-\alpha$, 已知 α 确定 z_α 等价于从标准正态分布函数表中找到 x, 使得 $\Phi(x)=1-\alpha$, 详见图 3.17. 例如, 可以分两步确定 $z_{0.1}$. 首先从标准正态分布函数表中找到最接近 $1-\alpha=0.9$ 的值, 为 0.8997. 由于数据取值是从左到右、从上到下有序排列的, 我们可以很容易地找到 0.8997. 然后根据 0.8997 对应的行和列的表头得到 $z_{0.1}\approx1.28$.

由于标准正态分布的概率密度 $\varphi(x)$ 是偶函数,因此可以运用图像法方便地得到很多重要结论,如下面的 $\Phi(-x)=1-\Phi(x)$ 和 $z_{1-a}=-z_a$.由于统计学三大分布中的 t 分布的概率密度也是偶函数,因此可以得到类似结论,详见 3.3.2 节.

2. 等式Ⅱ:当概率密度 f(x)是偶函数时,分布函数的关系

当概率密度 $f(x)$ 是偶函数时,分布函数 $F(x)$ 有关系(图 3.22):$F(-x)=1-F(x)$, $-\infty<x<+\infty$.

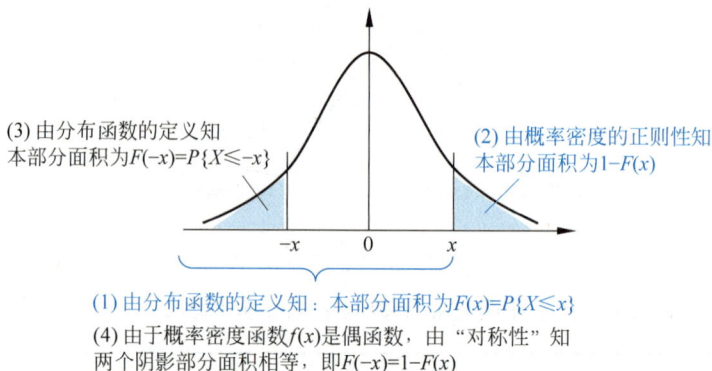

(3) 由分布函数的定义知
本部分面积为 $F(-x)=P\{X\leqslant -x\}$

(2) 由概率密度的正则性知
本部分面积为 $1-F(x)$

(1) 由分布函数的定义知:本部分面积为 $F(x)=P\{X\leqslant x\}$

(4) 由于概率密度函数 $f(x)$ 是偶函数,由"对称性"知
两个阴影部分面积相等,即 $F(-x)=1-F(x)$

图 3.22 当概率密度 $f(x)$ 是偶函数时,运用图像法证明等式 $F(-x)=1-F(x)$

特别地,标准正态分布的概率密度是偶函数 $\varphi(x)$,故 $\Phi(-x)=1-\Phi(x)$.等式 $\Phi(-x)=1-\Phi(x)$ 使得标准正态分布分布函数的表格可以进一步化简,即只需要给出 $x\geqslant 0$ 时的 $\Phi(x)$ 值.特别地,对于 $Z\sim N(0,1)$ 和 $x>0$,$P\{|Z|\leqslant x\}=\Phi(x)-\Phi(-x)=2\Phi(x)-1$.

3. 等式Ⅲ:当概率密度 f(x)是偶函数时,上侧 α 分位数的关系

当概率密度 $f(x)$ 是偶函数时,上侧 α 分位数 x_a 有关系(图 3.23):$x_{1-a}=-x_a$.

特别地,标准正态分布和 t 分布的概率密度都是偶函数,其中,t 分布的定义和性质详见 3.3.2 节.故有 $z_{1-a}=-z_a$,$t_{1-a}(n)=-t_a(n)$.第 8 章区间估计和假设检验将多次使用这两个等式.

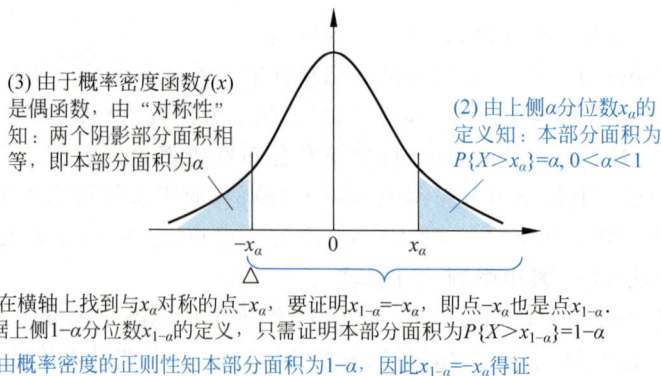

(3) 由于概率密度函数 $f(x)$
是偶函数,由"对称性"
知:两个阴影部分面积相
等,即本部分面积为 α

(2) 由上侧 α 分位数 x_a 的
定义知:本部分面积为
$P\{X>x_a\}=\alpha$,$0<\alpha<1$

(1) 在横轴上找到与 x_a 对称的点 $-x_a$,要证明 $x_{1-a}=-x_a$,即点 $-x_a$ 也是点 x_{1-a}.
根据上侧 $1-\alpha$ 分位数 x_{1-a} 的定义,只需证明本部分面积为 $P\{X>x_{1-a}\}=1-\alpha$

(4) 由概率密度的正则性知本部分面积为 $1-\alpha$,因此 $x_{1-a}=-x_a$ 得证

图 3.23 当概率密度 $f(x)$ 是偶函数时,运用图像法证明等式 $x_{1-a}=-x_a$

说明：**等式Ⅱ**和**等式Ⅲ**的证明只用到了"概率密度函数是偶函数".因此,除了标准正态分布和 t 分布,满足这个条件的其他分布也具有上述等式.更一般地,若随机变量 X 的概率密度 $f(x)$ 具有对称性,则可以运用图像法方便地得到很多重要结论,详见 4.2 节.

3.2.8 二维正态分布

两种常见的二维连续型分布是二维均匀分布和二维正态分布.很多同学对学习二维正态分布感到困难,本小节将梳理二维正态分布的常用性质.

1. 二维正态分布(X,Y)的定义

二维正态分布随机变量 $(X,Y)\sim N(\mu_1,\mu_2;\sigma_1^2,\sigma_2^2;\rho)$ 的概率密度为

$$f(x,y)=\frac{1}{2\pi\sigma_1\sigma_2\sqrt{1-\rho^2}}\cdot$$

$$\exp\left\{-\frac{1}{2(1-\rho^2)}\left[\frac{(x-\mu_1)^2}{\sigma_1^2}-2\rho\frac{(x-\mu_1)(y-\mu_2)}{\sigma_1\sigma_2}+\frac{(y-\mu_2)^2}{\sigma_2^2}\right]\right\}$$

其中,参数 $\sigma_1>0,\sigma_2>0,-1\leqslant\rho\leqslant1$.

参数含义：$E(X)=\mu_1,E(Y)=\mu_2,D(X)=\sigma_1^2,D(Y)=\sigma_2^2,\rho_{XY}=\rho$.

说明：二维正态分布有时也记为 $N(\mu_1,\mu_2,\sigma_1^2,\sigma_2^2,\rho)$,参数含义不变.

记一记[选学]：二维正态分布的概率密度看起来非常复杂,但如果能记住它,在求解某些题目时,就可以采用更加方便的"套用模板"思路.例如:典型题 3.35[2010, Ⅰ & Ⅲ].

一维正态分布随机变量 $X\sim N(\mu_1,\sigma_1^2)$ 和 $Y\sim N(\mu_2,\sigma_2^2)$ 的概率密度为

$$f_X(x)=\frac{1}{\sqrt{2\pi}\sigma_1}\exp\left[-\frac{(x-\mu_1)^2}{2\sigma_1^2}\right] \text{和} f_Y(y)=\frac{1}{\sqrt{2\pi}\sigma_2}\exp\left[-\frac{(y-\mu_2)^2}{2\sigma_2^2}\right]$$

由此可以帮我们相对容易地记住二维正态分布的概率密度(图 3.24).

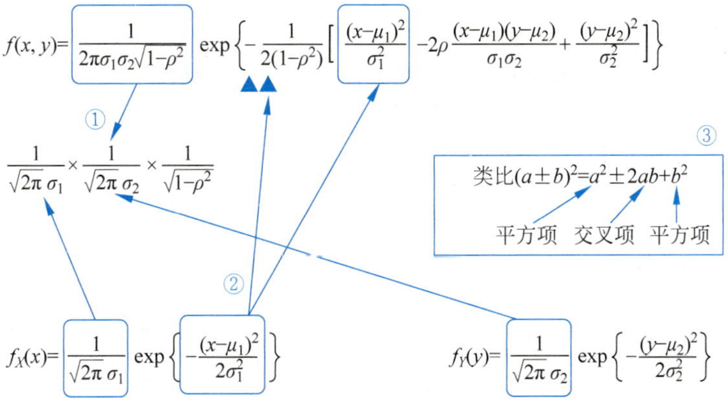

图 3.24 记一记:二维正态分布的概率密度

2. 二维正态分布(X,Y)的图像

图 3.25 所示为二维正态分布 $(X,Y)\sim N(\mu_1,\mu_2;1,1;0)$ 的图像:三维图和等高线图.特别地,为了简化坐标轴,图中取 $\mu_1=\mu_2=0$.与一维正态分布类似,参数 μ_1 和 μ_2 是位置参数,(μ_1,μ_2) 对应三维图中概率密度函数 $f(x,y)$ 的最高点的位置,也对应等高线图中一系

列同心圆的圆心.

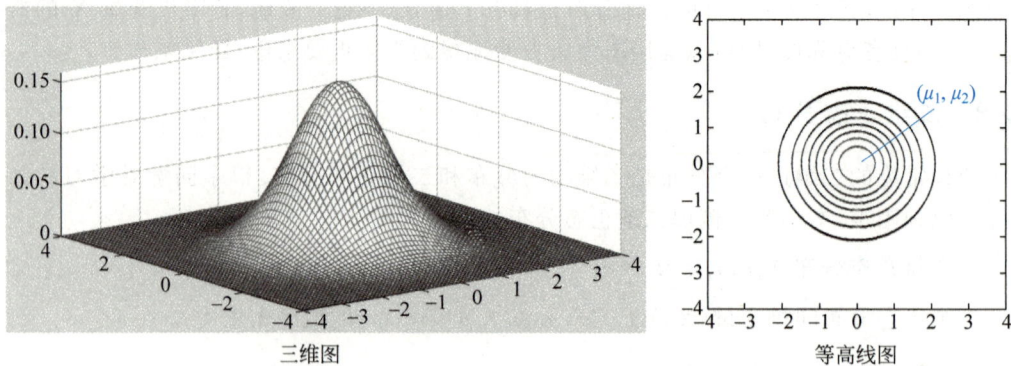

图 3.25   二维正态分布$(X,Y) \sim N(\mu_1, \mu_2; 1, 1; 0)$的图像,图中 $\mu_1 = \mu_2 = 0$

参数 σ_1 和 σ_2 是形状参数. σ_2 越大,随机变量取值沿着 y 轴方向的波动性越大,等高线图中同心圆沿着 y 轴方向拉伸越多. 参数 ρ 是相关系数,刻画了 X 和 Y 的线性相关程度. 当 $0 < \rho \leqslant 1$ 时,X 和 Y 有正相关性(在 X 取较大值的条件下,Y 也倾向于取较大的值);当 $\rho = 0$ 时,X 和 Y 不相关;当 $-1 \leqslant \rho < 0$ 时,X 和 Y 有负相关性. 如图 3.26 所示为二维正态分布$(X,Y) \sim N(\mu_1, \mu_2; \sigma_1^2, \sigma_2^2; \rho)$的图像.

3. 二维正态分布(X,Y)的常用性质

随机变量$(X,Y) \sim N(\mu_1, \mu_2; \sigma_1^2, \sigma_2^2; \rho)$有不少重要性质(表 3.1). 为了便于记忆,这里将它们归纳为 3 组:

(1) 独立性和相关性;

(2) 升维和降维(边缘分布、条件分布);

(3) 线性组合.

表 3.1   二维正态分布(X,Y)的常用性质

(**A**) 若$(X,Y) \sim N(\mu_1, \mu_2; \sigma_1^2, \sigma_2^2; \rho)$,则:

① X 和 Y 相互独立 $\Leftrightarrow X$ 和 Y 不相关 $\Leftrightarrow$ 参数 $\rho = 0$——独立性和相关性

② $X \sim N(\mu_1, \sigma_1^2)$,$Y \sim N(\mu_2, \sigma_2^2)$——降维:边缘分布

③ 在 $Y = y$ 时,X 的条件分布为 $N\left(\mu_1 + \rho \dfrac{\sigma_1}{\sigma_2}(y - \mu_2), \sigma_1^2(1 - \rho^2)\right)$;

在 $X = x$ 时,Y 的条件分布为 $N\left(\mu_2 + \rho \dfrac{\sigma_2}{\sigma_1}(x - \mu_1), \sigma_2^2(1 - \rho^2)\right)$——降维:条件分布

④ 若常数 a, b 满足 $a^2 + b^2 \neq 0$,则 $aX + bY$ 服从一维正态分布;

若常数 a, b, c, d 满足 $\begin{vmatrix} a & b \\ c & d \end{vmatrix} \neq 0$,则$(aX + bY, cX + dY)$服从二维正态分布——线性组合

(**B**) 若 X 和 Y 均服从正态分布且相互独立,则$(X,Y) \sim N(\cdot, \cdot; \cdot, \cdot; 0)$——升维

(**C**) 设 $X \sim N(\mu, \sigma_1^2)$,且在 $X = x$ 下,Y 的条件分布为 $N(x, \sigma_2^2)$,则

$(X,Y) \sim N\left(\mu, \mu; \sigma_1^2, \sigma_1^2 + \sigma_2^2; \sqrt{\dfrac{\sigma_1^2}{\sigma_1^2 + \sigma_2^2}}\right)$——升维

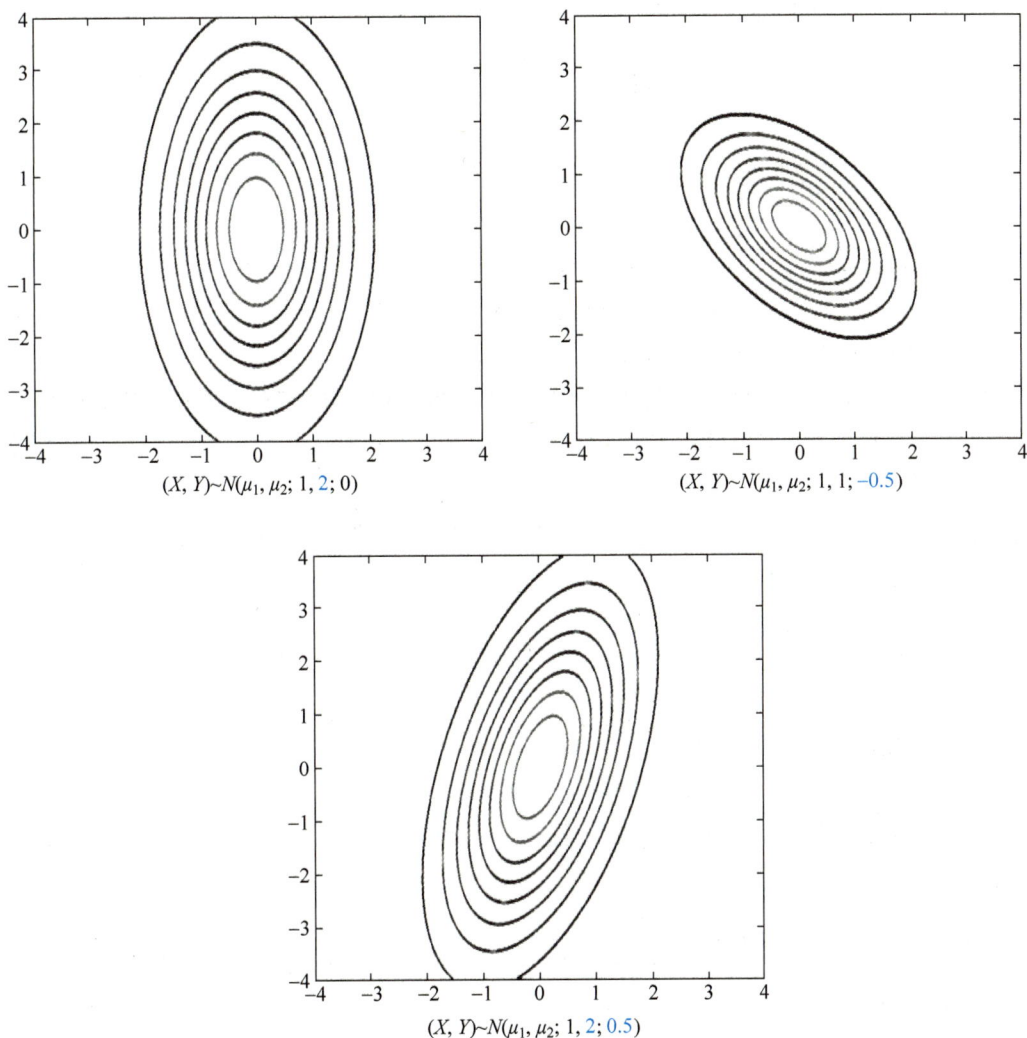

$(X,Y) \sim N(\mu_1,\mu_2;1,2;0)$

$(X,Y) \sim N(\mu_1,\mu_2;1,1;-0.5)$

$(X,Y) \sim N(\mu_1,\mu_2;1,2;0.5)$

图 3.26　二维正态分布 $(X,Y) \sim N(\mu_1,\mu_2;\sigma_1^2,\sigma_2^2;\rho)$ 的图像,图中 $\mu_1=\mu_2=0$

性质(1):独立性和相关性

独立性和相关性: X 和 Y 相互独立 $\Leftrightarrow X$ 和 Y 不相关 $\Leftrightarrow$ 参数 $\rho=0$.

说明:对比一般的随机变量 X 和 Y,独立性和相关性的关系是,X 和 Y 相互独立 $\Rightarrow X$ 和 Y 不相关.

典型题 3.32

证明: X 和 Y 相互独立 $\Leftrightarrow X$ 和 Y 不相关 $\Leftrightarrow$ 参数 $\rho=0$.

证明:由于二维正态分布 $(X,Y) \sim N(\mu_1,\mu_2;\sigma_1^2,\sigma_2^2;\rho)$ 的参数 ρ 等于 X 和 Y 的相关系数 ρ_{XY},又有"X 和 Y 不相关 $\Leftrightarrow \rho_{XY}=0$".因此,$X$ 和 Y 不相关 $\Leftrightarrow$ 参数 $\rho=0$.

故本题只需要再证明: X 和 Y 相互独立 $\Leftrightarrow$ 参数 $\rho=0$.

(1)证明:参数 $\rho=0 \Rightarrow X$ 和 Y 相互独立.

当 $\rho=0$ 时,对于任意 (x,y) 有

$$f(x,y) = \frac{1}{2\pi\sigma_1\sigma_2\sqrt{1-\rho^2}}\exp\left\{-\frac{1}{2(1-\rho^2)}\left[\frac{(x-\mu_1)^2}{\sigma_1^2} - 2\rho\frac{(x-\mu_1)(y-\mu_2)}{\sigma_1\sigma_2} + \frac{(y-\mu_2)^2}{\sigma_2^2}\right]\right\}$$

$$\xrightarrow{\rho=0}\frac{1}{2\pi\sigma_1\sigma_2}\exp\left\{-\frac{1}{2}\left[\frac{(x-\mu_1)^2}{\sigma_1^2} + \frac{(y-\mu_2)^2}{\sigma_2^2}\right]\right\}$$

$$= \frac{1}{\sqrt{2\pi}\sigma_1}\exp\left\{-\frac{(x-\mu_1)^2}{2\sigma_1^2}\right\} \times \frac{1}{\sqrt{2\pi}\sigma_2}\exp\left\{-\frac{(y-\mu_2)^2}{2\sigma_2^2}\right\} = f_X(x)f_Y(y)$$

即 $f(x,y)=f_X(x)f_Y(y)$. 可见 X 和 Y 相互独立.

(2) 证明: X 和 Y 相互独立 $\Rightarrow$ 参数 $\rho=0$.

由于 $f_X(x),f_Y(y),f(x,y)$ 是连续函数,故"X 和 Y 相互独立"意味着对于任意 (x,y) 有 $f(x,y)=f_X(x)f_Y(y)$. 特别地,对于 $x=\mu_1$ 和 $y=\mu_2$,等式 $f(\mu_1,\mu_2)=f_X(\mu_1)f_Y(\mu_2)$ 成立. 具体而言,有

$$f(\mu_1,\mu_2) = \frac{1}{2\pi\sigma_1\sigma_2\sqrt{1-\rho^2}}\exp\left\{-\frac{1}{2(1-\rho^2)}\left[\frac{(\mu_1-\mu_1)^2}{\sigma_1^2} - 2\rho\frac{(\mu_1-\mu_1)(\mu_2-\mu_2)}{\sigma_1\sigma_2} + \frac{(\mu_2-\mu_2)^2}{\sigma_2^2}\right]\right\}$$

$$= \frac{1}{2\pi\sigma_1\sigma_2\sqrt{1-\rho^2}}$$

$$f_X(\mu_1) = \frac{1}{\sqrt{2\pi}\sigma_1}\exp\left[-\frac{(\mu_1-\mu_1)^2}{2\sigma_1^2}\right] = \frac{1}{\sqrt{2\pi}\sigma_1}$$

$$f_Y(\mu_2) = \frac{1}{\sqrt{2\pi}\sigma_2}\exp\left[-\frac{(\mu_2-\mu_2)^2}{2\sigma_2^2}\right] = \frac{1}{\sqrt{2\pi}\sigma_2}$$

因此

$$f(\mu_1,\mu_2) = f_X(\mu_1)f_Y(\mu_2) \Rightarrow \frac{1}{2\pi\sigma_1\sigma_2\sqrt{1-\rho^2}} = \frac{1}{\sqrt{2\pi}\sigma_1}\times\frac{1}{\sqrt{2\pi}\sigma_2} \Rightarrow \sqrt{1-\rho^2}=1 \Rightarrow \rho=0$$

由此,命题得证.

典型题 3.33[2007,Ⅰ & Ⅲ & Ⅳ]

设随机变量 (X,Y) 服从二维正态分布,且 X 和 Y 不相关,$f_X(x)$ 和 $f_Y(y)$ 分别表示 X 和 Y 的概率密度,则在 $Y=y$ 的条件下,X 的条件概率密度 $f_{X|Y}(x|y)$ 为_____.

A. $f_X(x)$ B. $f_Y(y)$ C. $f_X(x)f_Y(y)$ D. $\dfrac{f_X(x)}{f_Y(y)}$

解答   由于 (X,Y) 服从二维正态分布,故 X 和 Y 不相关等价于 X 和 Y 相互独立. 于是得

$$f_{X|Y}(x\mid y) = \frac{f(x,y)}{f_Y(y)} = \frac{f_X(x)f_Y(y)}{f_Y(y)} = f_X(x)$$

答案   A

性质(2):升维和降维(边缘分布、条件分布)

升维:若 X 和 Y 均服从正态分布且相互独立,则 $(X,Y)\sim N(\cdot,\cdot;\cdot,\cdot;0)$.

边缘分布：设随机变量$(X,Y)\sim N(\mu_1,\mu_2;\sigma_1^2,\sigma_2^2;\rho)$，则 $X\sim N(\mu_1,\sigma_1^2)$，$Y\sim N(\mu_2,\sigma_2^2)$.

说明：二维正态分布的边缘分布中不含参数 ρ.可见这样的"降维"方式将损失 X 和 Y 之间的关系信息.进一步,联合分布可以确定边缘分布(联合 ∗∗ 遍历得到边缘 ∗∗),但相同的边缘分布可能对应不同的联合分布.

条件分布[选学]：设随机变量$(X,Y)\sim N(\mu_1,\mu_2;\sigma_1^2,\sigma_2^2;\rho)$，则：

(1) 在给定 $Y=y$ 的条件下,X 的条件分布仍为正态分布 $N(\mu_3,\sigma_3^2)$,其中

$$\mu_3=\mu_1+\rho\frac{\sigma_1}{\sigma_2}(y-\mu_2),\quad \sigma_3^2=\sigma_1^2(1-\rho^2)$$

(2) 在给定 $X=x$ 的条件下,Y 的条件分布仍为正态分布 $N(\mu_4,\sigma_4^2)$,其中

$$\mu_4=\mu_2+\rho\frac{\sigma_2}{\sigma_1}(x-\mu_1),\quad \sigma_4^2=\sigma_2^2(1-\rho^2)$$

说明[选学]：前述条件分布的结论是选学内容,但如果可以准确掌握这个结论,就可以比较方便地解决一些问题,以避免计算复杂的积分,详见典型题 3.35.读者可以参照图 3.27 理解和掌握 μ_3 的表达式.

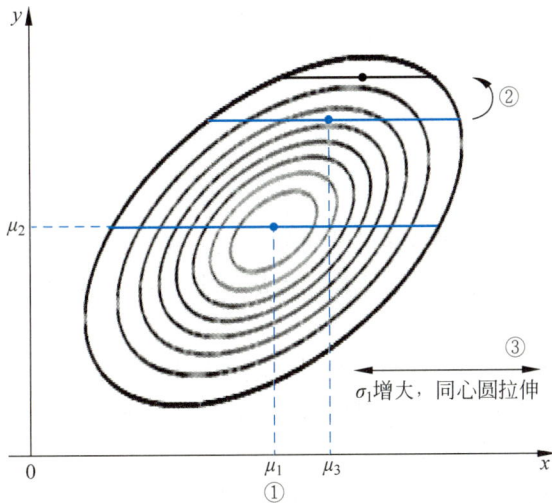

图 3.27 对条件分布的期望 $\mu_3=\mu_1+\rho\dfrac{\sigma_1}{\sigma_2}(y-\mu_2)$ 的理解

图注：①由于等高线图中的同心圆以(μ_1,μ_2)为圆心,图像随着 μ_1 的变化沿着 x 轴方向平移,故 μ_3 中包含 μ_1 项.②不妨设 $0<\rho\leqslant1$,则 X 和 Y 有正相关性.因此 $y-\mu_2$ 越大,$\mu_3-\mu_1$ 越大.此外,ρ 越接近 1,X 和 Y 的正相关性越强,$y-\mu_2$ 增加一定量时,$\mu_3-\mu_1$ 增加的量越大.因此,$y-\mu_2$ 和 ρ 均与 $\mu_3-\mu_1$ 成正比.③形状参数 σ_1 越大,等高线图中同心圆沿着 x 轴方向拉伸越多,$y-\mu_2$ 增加一定量时,$\mu_3-\mu_1$ 增加的量越大.因此,σ_1 与 $\mu_3-\mu_1$ 成正比.类似地,σ_2 与 $\mu_3-\mu_1$ 成反比.

典型题 3.34[选学]

设随机变量$(X,Y)\sim N(\mu_1,\mu_2;\sigma_1^2,\sigma_2^2;\rho)$,试证明给定 $Y=y$ 的条件下,X 的条件分布

仍为正态分布 $N(\mu_3,\sigma_3^2)$,其中 $\mu_3=\mu_1+\rho\dfrac{\sigma_1}{\sigma_2}(y-\mu_2)$,$\sigma_3^2=\sigma_1^2(1-\rho^2)$.

解答 由题意,(X,Y) 关于 Y 的边缘分布为 $N(\mu_2,\sigma_2^2)$. 故由条件概率密度的定义得

$$f_{X|Y}(x\mid y)=\frac{f(x,y)}{f_Y(y)}$$

$$=\frac{\dfrac{1}{2\pi\sigma_1\sigma_2\sqrt{1-\rho^2}}\exp\left\{-\dfrac{1}{2(1-\rho^2)}\left[\dfrac{(x-\mu_1)^2}{\sigma_1^2}-2\rho\dfrac{(x-\mu_1)(y-\mu_2)}{\sigma_1\sigma_2}+\dfrac{(y-\mu_2)^2}{\sigma_2^2}\right]\right\}}{\dfrac{1}{\sqrt{2\pi}\sigma_2}\exp\left\{-\dfrac{(y-\mu_2)^2}{2\sigma_2^2}\right\}}$$

$$=\frac{1}{\sqrt{2\pi}\sigma_1\sqrt{1-\rho^2}}\cdot$$

$$\exp\left\{-\dfrac{1}{2(1-\rho^2)}\left[\dfrac{(x-\mu_1)^2}{\sigma_1^2}-2\rho\dfrac{(x-\mu_1)(y-\mu_2)}{\sigma_1\sigma_2}+\dfrac{(y-\mu_2)^2}{\sigma_2^2}-(1-\rho^2)\dfrac{(y-\mu_2)^2}{\sigma_2^2}\right]\right\}$$

$$=\frac{1}{2\pi\sigma_1\sqrt{1-\rho^2}}\exp\left\{-\dfrac{1}{2(1-\rho^2)}\left[\dfrac{(x-\mu_1)^2}{\sigma_1^2}-2\rho\dfrac{(x-\mu_1)(y-\mu_2)}{\sigma_1\sigma_2}+\rho^2\dfrac{(y-\mu_2)^2}{\sigma_2^2}\right]\right\}$$

$$=\frac{1}{2\pi\sigma_1\sqrt{1-\rho^2}}\exp\left\{-\dfrac{1}{2(1-\rho^2)}\left[\dfrac{x-\mu_1}{\sigma_1}-\rho\dfrac{y-\mu_2}{\sigma_2}\right]^2\right\}$$

$$=\frac{1}{2\pi\sigma_1\sqrt{1-\rho^2}}\exp\left\{-\dfrac{1}{2\sigma_1^2(1-\rho^2)}\left[x-\left(\mu_1+\rho\dfrac{\sigma_1}{\sigma_2}(y-\mu_2)\right)\right]^2\right\}$$

对照一维正态分布的概率密度函数表达式可知命题成立.

说明:很多同学看到这样大段的计算过程都会非常迷茫.遇到这种情况时,本书推荐使用以下两种方法.

其一,从宏观上明确整段操作的目的,以免陷入迷茫.本题要证明"二维正态分布的条件分布也是正态分布",可见证明的起点是"条件分布".特别地,对于连续分布,起点是"条件概率密度";终点是"正态分布的概率密度".

其二,从微观上明确每个等号哪些部分变了、哪些没变.本题的解答过程用蓝色字体展示了每个等式的变化部分,可见很多看起来烦琐的部分仅是又抄写了一遍.这样各个击破,学习过程中的心理负担就小多了.

典型题 3.35[2010,Ⅰ & Ⅲ]

设二维随机变量 (X,Y) 的概率密度为

$$f(x,y)=A\mathrm{e}^{-2x^2+2xy-y^2},\quad -\infty<x<+\infty,-\infty<y<+\infty$$

求常数 A 及条件概率密度 $f_{Y|X}(y|x)$.

解法 1 基于微积分的方法.

说明:①通常使用正则性来确定概率分布(分布律)或概率密度中的未知常数,即求和 $\sum\limits_{i\geqslant1}p_i=1\left(\text{积分}\int_{-\infty}^{+\infty}f(x)\mathrm{d}x=1\right)$.②按照常规思路,使用"微积分的工具"求解本题,需要首先对 $f(x,y)$ 二重积分得到常数 A 的值,再对 $f(x,y)$ 一重积分得到边缘概率密度,总共需

要三次积分.而本题中,先做一重积分得到带有未知常数 A 的边缘概率密度,再做一重积分得到常数 A 的值.节省一次积分计算,是一个小技巧.③这里还用到了泊松积分 $\int_{-\infty}^{+\infty}\mathrm{e}^{-x^2}\mathrm{d}x=\sqrt{\pi}$ 或 $\int_{-\infty}^{+\infty}\mathrm{e}^{-\frac{x^2}{2}}\mathrm{d}x=\sqrt{2\pi}$.

由边缘概率密度的定义得

$$f_X(x)=\int_{-\infty}^{+\infty}f(x,y)\mathrm{d}y=A\int_{-\infty}^{+\infty}\mathrm{e}^{-2x^2+2xy-y^2}\mathrm{d}y$$
$$=A\int_{-\infty}^{+\infty}\mathrm{e}^{-(y-x)^2-x^2}\mathrm{d}y=A\,\mathrm{e}^{-x^2}\int_{-\infty}^{+\infty}\mathrm{e}^{-(y-x)^2}\mathrm{d}y=A\,\sqrt{\pi}\,\mathrm{e}^{-x^2}$$

进一步地,$1=\int_{-\infty}^{+\infty}f_X(x)\mathrm{d}x=A\,\sqrt{\pi}\int_{-\infty}^{+\infty}\mathrm{e}^{-x^2}\mathrm{d}x=A\pi$.故 $A=\dfrac{1}{\pi}$.

由条件概率密度的定义,当 $-\infty<x<+\infty$ 时,有

$$f_{Y|X}(y\mid x)=\frac{f(x,y)}{f_X(x)}=\frac{\dfrac{1}{\pi}\mathrm{e}^{-2x^2+2xy-y^2}}{\dfrac{1}{\sqrt{\pi}}\mathrm{e}^{-x^2}}=\frac{1}{\sqrt{\pi}}\mathrm{e}^{-(x-y)^2},\quad -\infty<y<+\infty$$

解法 2　基于概率论的方法[选学].

说明:本题采用"套用模板、充分运用概率性质"的解题思路.分为三个步骤:①注意到题目中的 $f(x,y)$ 与二维正态分布的概率密度形式非常接近;②尝试将 $f(x,y)$ 变形,得到二维随机变量 (X,Y) 的分布类型及参数;③利用二维正态分布的性质得到结论.

比照二维正态分布的概率密度将 $f(x,y)$ 变形可得 $(X,Y)\sim N\left(0,0;\dfrac{1}{2},1;\dfrac{1}{\sqrt{2}}\right)$,记为 $N(\mu_1,\mu_2;\sigma_1^2,\sigma_2^2;\rho)$.故 $A=\dfrac{1}{2\pi\sigma_1\sigma_2\sqrt{1-\rho^2}}=\dfrac{1}{2\pi\times\sqrt{\dfrac{1}{2}}\times1\times\sqrt{1-\dfrac{1}{2}}}=\dfrac{1}{\pi}$.

在给定 $X=x$ 的条件下,Y 的条件分布为正态分布 $N(\mu_4,\sigma_4^2)$,其中

$$\begin{cases}\mu_4=\mu_2+\rho\dfrac{\sigma_2}{\sigma_1}(x-\mu_1)=0+\dfrac{1}{\sqrt{2}}\times\dfrac{1}{\dfrac{1}{\sqrt{2}}}x=x\\[4mm]\sigma_4^2=\sigma_2^2(1-\rho^2)=1\times\left(1-\dfrac{1}{2}\right)=\dfrac{1}{2}\end{cases}$$

故

$$f_{Y|X}(y\mid x)=\frac{1}{\sqrt{2\pi}\,\sigma_4}\mathrm{e}^{-\frac{(y-\mu_4)^2}{2\sigma_4^2}}=\frac{1}{\sqrt{\pi}}\mathrm{e}^{-(x-y)^2},\quad -\infty<y<+\infty$$

典型题 3.36[选学]

设随机变量 $X\sim N(\mu,\sigma_1^2)$,在给定 $X=x$ 的条件下,Y 的条件分布为正态分布 $N(x,\sigma_2^2)$,试证明 $(X,Y)\sim N\left(\mu,\mu;\sigma_1^2,\sigma_1^2+\sigma_2^2;\sqrt{\dfrac{\sigma_1^2}{\sigma_1^2+\sigma_2^2}}\right)$.

证明：由题意，随机变量 X 的概率密度为 $f_X(x) = \dfrac{1}{\sqrt{2\pi}\,\sigma_1}\exp\left\{-\dfrac{(x-\mu)^2}{2\sigma_1^2}\right\}$．在给定

$X = x$ 的条件下，Y 的条件概率密度为 $f_{Y|X}(y \mid x) = \dfrac{1}{\sqrt{2\pi}\,\sigma_2}\exp\left\{-\dfrac{(y-x)^2}{2\sigma_2^2}\right\}$．故

$$f_X(x)f_{Y|X}(y \mid x) = \frac{1}{2\pi\sigma_1\sigma_2}\exp\left\{-\frac{1}{2}\left[\frac{(x-\mu)^2}{\sigma_1^2} + \frac{(y-x)^2}{\sigma_2^2}\right]\right\}$$

(X,Y) 的概率密度为

$$f(x,y) = \frac{1}{2\pi\sigma_1\sqrt{\sigma_1^2+\sigma_2^2}\,\sqrt{1 - \dfrac{\sigma_1^2}{\sigma_1^2+\sigma_2^2}}}\ \cdot$$

$$\exp\left\{-\frac{1}{2\left(1-\dfrac{\sigma_1^2}{\sigma_1^2+\sigma_2^2}\right)}\left[\frac{(x-\mu)^2}{\sigma_1^2} - 2\sqrt{\frac{\sigma_1^2}{\sigma_1^2+\sigma_2^2}}\,\frac{(x-\mu)(y-\mu)}{\sigma_1\sqrt{\sigma_1^2+\sigma_2^2}} + \frac{(y-\mu)^2}{\sigma_1^2+\sigma_2^2}\right]\right\}$$

$$= \frac{1}{2\pi\sigma_1\sigma_2}\exp\left\{-\frac{1}{2}\left[\frac{(x-\mu)^2(\sigma_1^2+\sigma_2^2)}{\sigma_1^2\sigma_2^2} - 2\frac{(x-\mu)(y-\mu)}{\sigma_2^2} + \frac{(y-\mu)^2}{\sigma_2^2}\right]\right\}$$

$$= \frac{1}{2\pi\sigma_1\sigma_2}\exp\left\{-\frac{1}{2}\left[\frac{(x-\mu)^2}{\sigma_1^2} + \frac{(x-\mu)^2}{\sigma_2^2} - 2\frac{(x-\mu)(y-\mu)}{\sigma_2^2} + \frac{(y-\mu)^2}{\sigma_2^2}\right]\right\}$$

由于 $(x-\mu)^2 - 2(x-\mu)(y-\mu) + (y-\mu)^2 = (y-x)^2$，故 $\dfrac{(x-\mu)^2}{\sigma_2^2} - 2\dfrac{(x-\mu)(y-\mu)}{\sigma_2^2} +$

$\dfrac{(y-\mu)^2}{\sigma_2^2} = \dfrac{(y-x)^2}{\sigma_2^2}$，因此 $f(x,y) = f_X(x)f_{Y|X}(y|x)$．

可见 $(X,Y) \sim N\left(\mu,\mu;\ \sigma_1^2, \sigma_1^2+\sigma_2^2;\ \sqrt{\dfrac{\sigma_1^2}{\sigma_1^2+\sigma_2^2}}\right)$．

说明：结论 $(X,Y) \sim N\left(\mu,\mu;\ \sigma_1^2,\sigma_1^2+\sigma_2^2;\ \sqrt{\dfrac{\sigma_1^2}{\sigma_1^2+\sigma_2^2}}\right)$ 是怎么构造出来的呢？大胆假设、

小心求证．如果 (X,Y) 服从正态分布，那么由于 $X \sim N(\mu,\sigma_1^2)$，故 $(X,Y) \sim N(\mu,\mu_4;\ \sigma_1^2,\sigma_4^2;\ \rho)$．

根据典型题 3.34 给出的结论：一方面，在给定 $X=x$ 的条件下，Y 的条件分布为正态分布

$N(x,\sigma_2^2)$，其中 $x = \mu_4 + \rho\dfrac{\sigma_4}{\sigma_1}(x-\mu)$ 对于任意 x 成立，故 $\rho\dfrac{\sigma_4}{\sigma_1} = 1$ 且 $\mu_4 = \mu$．另一方面，

$\sigma_2^2 = \sigma_4^2(1-\rho^2) = \sigma_4^2\left(1 - \dfrac{\sigma_1^2}{\sigma_4^2}\right) = \sigma_4^2 - \sigma_1^2$，故 $\sigma_4^2 = \sigma_1^2 + \sigma_2^2$．进一步得 $\rho = \dfrac{\sigma_1}{\sigma_4} = \dfrac{\sigma_1}{\sqrt{\sigma_1^2+\sigma_2^2}}$．即若 (X,Y)

服从正态分布，则必然有 $(X,Y) \sim N\left(\mu,\mu;\ \sigma_1^2,\sigma_1^2+\sigma_2^2;\ \sqrt{\dfrac{\sigma_1^2}{\sigma_1^2+\sigma_2^2}}\right)$．这样给出证明目标比盲

目地对 $f_X(x)f_{Y|X}(y) = \dfrac{1}{2\pi\sigma_1\sigma_2}\exp\left\{-\dfrac{1}{2}\left[\dfrac{(x-\mu)^2}{\sigma_1^2} + \dfrac{(y-x)^2}{\sigma_2^2}\right]\right\}$ 变形更容易得出结论．

性质(3)：线性组合

线性组合：设随机变量 $(X,Y) \sim N(\mu_1,\mu_2;\ \sigma_1^2,\sigma_2^2;\ \rho)$，则：

(1) 若常数 a,b 满足 $a^2+b^2\neq 0$，则 $aX+bY$ 服从一维正态分布.

(2) 若常数 a,b,c,d 满足 $\begin{vmatrix} a & b \\ c & d \end{vmatrix}\neq 0$，则 $(aX+bY,cX+dY)$ 服从二维正态分布.

说明：上述性质可以粗略地表述为"多维正态分布的任意线性组合仍然是正态分布". 显然，我们去掉了"X 和 Y 相互独立"的限制条件. 下面给出上述性质在多维的推广（不是基础知识）：① 设 $(X_1,X_2,\cdots,X_n)$ 服从 n 维正态分布，则 $X_1,X_2,\cdots,X_n$ 相互独立的充要条件是 $X_1,X_2,\cdots,X_n$ 两两不相关；② $(X_1,X_2,\cdots,X_n)$ 服从 n 维正态分布 $\Leftrightarrow$ 对 $a_1,a_2,\cdots,a_n\left(\sum\limits_{i=1}^{n}a_i\neq 0\right)$，$\sum\limits_{i=1}^{n}a_iX_i$ 服从一维正态分布；③ 设 $\boldsymbol{X}=(X_1,X_2,\cdots,X_n)$ 服从 n 维正态分布，$\boldsymbol{A}$ 为 $m\times n$ 实矩阵且秩 $r(\boldsymbol{A})=m$，则 $\boldsymbol{Y}=\boldsymbol{AX}$ 服从 m 维正态分布.

典型题 3.37[2003，Ⅳ]

设随机变量 X 和 Y 都服从正态分布，且它们不相关，则_____.

A. X 和 Y 一定独立　　　　　　　　B. (X,Y) 服从二维正态分布

C. X 和 Y 未必独立　　　　　　　　D. $X+Y$ 服从一维正态分布

说明：由于"X 和 Y 相互独立 $\Rightarrow X$ 和 Y 不相关"，反之不一定成立，故选项 A 错误，选项 C 正确.

只有 X 和 Y 相互独立时，才能保证 (X,Y) 服从二维正态分布，故选项 B 错误.

有两种情况可以保证线性组合 $X+Y$ 服从一维正态分布：① X 和 Y 相互独立；② (X,Y) 服从二维正态分布. 本题均不满足，故选项 D 错误.

答案　C

典型题 3.38[2020，Ⅲ]

设随机变量 (X,Y) 服从二维正态分布 $N\left(0,0;1,4;-\dfrac{1}{2}\right)$，则下列随机变量中服从标准正态分布且与 X 独立的是_____.

A. $\dfrac{\sqrt{5}}{5}(X+Y)$　　　B. $\dfrac{\sqrt{5}}{5}(X-Y)$　　　C. $\dfrac{\sqrt{3}}{3}(X+Y)$　　　D. $\dfrac{\sqrt{3}}{3}(X-Y)$

解答　说明：图 3.18 给出了求解包含正态分布问题的解题思路，特别地，多维正态分布的各分量（即使不独立）的线性组合也服从正态分布.

由于 (X,Y) 服从二维正态分布，且 $a=1,b=\pm 1$ 满足 $a^2+b^2\neq 0$，故 $aX+bY$ 服从一维正态分布，记为 $N(\mu,\sigma^2)$. 其中，

$$\begin{cases} \mu=E(aX+bY)=aE(X)+bE(Y) \\ \sigma^2=D(aX\pm bY)=a^2D(X)+b^2D(Y)\pm 2ab\mathrm{Cov}(X,Y) \\ \qquad =a^2D(X)+b^2D(Y)\pm 2ab\cdot\rho_{XY}\sqrt{D(X)}\sqrt{D(Y)} \end{cases}$$

由题意 $X\sim N(0,1)$，$Y\sim N(0,4)$，$\rho_{XY}=-\dfrac{1}{2}$，故 $X+Y\sim N(0,3)$，$X-Y\sim N(0,7)$.

可见，只有选项 C 服从标准正态分布.

说明：至此我们已经锁定了唯一正确的选项，但从学习的角度，下面继续证明 $\frac{\sqrt{3}}{3}(X+Y)$ 与 X 的独立性．考虑到常系数不会影响独立性，故关键是证明 $Z=X+Y$ 与 X 的独立性．①要证明两个随机变量相互独立，通常的思路是运用分布法的三个工具之一，证明"联合 ∗∗ ＝边缘 ∗∗×边缘 ∗∗"，特别地，对于连续型随机变量，证明 $f(x,y)=f_X(x)f_Y(y)$．但这种思路对应"分布法"，在本题中使用比较烦琐．②题目中的 $Z=X+Y$ 与 X 都服从正态分布，并且 (X,Y) 服从二维正态分布．如果可以证明 $(X+Y,X)$ 也服从二维正态分布，那么"$X+Y$ 与 X 独立 $\overset{\text{等价于}}{\Longleftrightarrow} X+Y$ 与 X 不相关 $\overset{\text{等价于}}{\Longleftrightarrow} \mathrm{Cov}(X+Y,X)=0$"．这种思路对应"数字特征法"．

由于 (X,Y) 服从二维正态分布，且 $\begin{vmatrix} 1 & 1 \\ 1 & 0 \end{vmatrix} \neq 0$，则 $(X+Y,X)$ 服从二维正态分布．

又由于 $\mathrm{Cov}(X+Y,X)=\mathrm{Cov}(X,X)+\mathrm{Cov}(Y,X)=D(X)+\rho_{XY}\sqrt{D(X)}\sqrt{D(Y)}=0$，可见 $X+Y$ 与 X 不相关．由于二维正态分布的两个分量"不相关"与"独立"等价，故 $X+Y$ 与 X 独立．

可见，选项 C 中的 $\frac{\sqrt{3}}{3}(X+Y)$ 与 X 独立．

答案　C

说明：如果在计算 $D(X+Y)$ 时错误地使用了 X 与 Y 独立时的公式 $D(X+Y)=D(X)+D(Y)$，则很可能错误地得到选项 A．

3.2.9　小结

表 3.2 列出概率论中的常见分布及其数字特征．千万不要死记硬背这个表格，前文的讲解可以帮助大家记忆这些重要结论．

知识点
微课程
3.3

表 3.2　概率论中的常见分布及其数字特征

分　　布		分布律/概率密度	$E(X)$	$D(X)$
离散分布	两点分布 $B(1,p)$	$P\{X=k\}=p^k(1-p)^{1-k}, k=0,1, 0<p<1$	p	$p(1-p)$
	二项分布 $B(n,p)$	$P\{X=k\}=\mathrm{C}_n^k p^k(1-p)^{n-k}, k=0,1,\cdots,n, 0<p<1$	np	$np(1-p)$
	泊松分布 $P(\lambda), \pi(\lambda)$	$P\{X=k\}=\dfrac{\lambda^k}{k!}\mathrm{e}^{-\lambda}, k=0,1,2,\cdots, \lambda>0$	λ	λ
	几何分布 $Ge(p)$	$P\{X=k\}=(1-p)^{k-1}p, k=1,2,\cdots, 0<p<1$	$\dfrac{1}{p}$	$\dfrac{1-p}{p^2}$
	负二项分布 $Nb(r,p)$	$P\{X=k\}=\mathrm{C}_{k-1}^{r-1}(1-p)^{k-r}p^r, k=r,r+1,\cdots, 0<p<1$	$\dfrac{r}{p}$	$\dfrac{r(1-p)}{p^2}$
	超几何分布 $H(N,n,M)$	$P\{X=k\}=\dfrac{\mathrm{C}_M^k \mathrm{C}_{N-M}^{n-k}}{\mathrm{C}_N^n}, k=l,l+1,\cdots, \min(n, M), l=\max\{0, n-(N-M)\}$	$\dfrac{nM}{N}$	$n\dfrac{M}{N}\left(1-\dfrac{M}{N}\right)\dfrac{N-n}{N-1}$

续表

分　　布		分布律/概率密度	$E(X)$	$D(X)$
连续分布	均匀分布 $U(a,b)$	$f(x)=\dfrac{1}{b-a},a<x<b$	$\dfrac{a+b}{2}$	$\dfrac{(b-a)^2}{12}$
	指数分布 $E(\lambda)$，$Exp(\theta)$	$f(x)=\lambda e^{-\lambda x},x\geqslant0,\lambda>0$ 或 $f(x)=\dfrac{1}{\theta}e^{-\frac{x}{\theta}}$，$x\geqslant0,\theta>0$	$\dfrac{1}{\lambda}$ 或 θ	$\dfrac{1}{\lambda^2}$ 或 θ^2
	伽马分布 $Ga(\alpha,\lambda)$	$f(x)=\dfrac{\lambda^\alpha}{\Gamma(\alpha)}x^{\alpha-1}e^{-\lambda x},x\geqslant0,\alpha>0,\lambda>0$	$\dfrac{\alpha}{\lambda}$	$\dfrac{\alpha}{\lambda^2}$
	正态分布 $N(\mu,\sigma^2)$	$f(x)=\dfrac{1}{\sqrt{2\pi}\sigma}e^{-\frac{(x-\mu)^2}{2\sigma^2}},-\infty<x<+\infty,\sigma>0$	μ	σ^2

下面结合常见分布的模型背景以及参数取值与数字特征的关系，说明常见分布的数字特征.

(1) 两点分布刻画了 1 重伯努利试验中事件 A 发生的次数.因此，平均取值"期望 $E(X)$"等于"事件 A 发生的概率 p".方差 $D(X)$ 正好等于"事件 A 发生的概率 $P(A)=P\{X=1\}=p$"乘以"事件 A 不发生的概率 $P(\bar A)=P\{X=0\}=1-p$"，即 $D(X)=p(1-p)$.

(2) 二项分布是天然的和函数，一个服从 $B(n,p)$ 的随机变量 X 可以写成 n 个相互独立的两点分布随机变量的和.因此，"二项分布的期望和方差"分别是"两点分布期望和方差"的 n 倍.即 $E(X)=np,D(X)=np(1-p)$.

(3) 根据泊松分布的服务台模型可知：某服务台单位时间平均到达人数为 λ，在一定条件下，可以认为单位时间到达的人数 $X\sim P(\lambda)$.可见，"平均到达人数 $E(X)$"等于"单位时间平均到达人数 $=\lambda$".方差与期望相等，即 $D(X)=\lambda$.我们还可以运用泊松定理由"二项分布的期望和方差"得到"泊松分布的期望和方差".当 $n\to+\infty$ 时，$np\to\lambda$.进一步地，由于 $\lambda<+\infty$，故 $p\to0$，因此 $np(1-p)\to\lambda$.

(4) 几何分布刻画了伯努利试验序列中事件 A 首次发生时的试验次数 X.由于每次随机试验中事件 A 发生的概率为 p，因此平均需要 $\dfrac{1}{p}$ 次试验才能使得事件 A 发生，即 $E(X)=\dfrac{1}{p}$.方差 $D(X)$ 正好等于 $\left(\dfrac{1}{p}\right)^2-\dfrac{1}{p}=\dfrac{1-p}{p^2}$.

(5) 负二项分布是天然的和函数，一个服从 $Nb(r,p)$ 的随机变量 X 可以写成 r 个相互独立的几何分布随机变量的和.因此，"负二项分布的期望和方差"分别是"几何分布期望和方差"的 r 倍.即 $E(X)=\dfrac{r}{p},D(X)=\dfrac{r(1-p)}{p^2}$.

(6) 根据超几何分布的二项分布逼近——记 n 为抽样次数，M 为次品数，当产品总数 $N\to+\infty$ 时，超几何分布 $H(N,n,M)$ 近似服从二项分布 $B\left(n,\dfrac{M}{N}\right)$，可以运用"二项分布的期望和方差"帮助记忆"超几何分布的期望和方差".①将二项分布数学期望 $E(X)=np$ 中的"次品率 $=p$"替换成"$\dfrac{\text{次品数}}{\text{产品总数}}=\dfrac{M}{N}$"得到超几何分布的期望 $E(X)=\dfrac{nM}{N}$；②将二项分布方差 $D(X)=np(1-p)$ 中的 p 替换成 $\dfrac{M}{N}$ 得到 $n\dfrac{M}{N}\left(1-\dfrac{M}{N}\right)$，再乘以 $\dfrac{N-n}{N-1}$，得到超几何分

布的方差 $D(X)=n\dfrac{M}{N}\left(1-\dfrac{M}{N}\right)\dfrac{N-n}{N-1}$.

（7）**均匀分布**随机变量 X 以相等的概率取区间 (a,b) 中的任何一点. 因此, 平均取值"期望 $E(X)$"等于"区间的中点 $\dfrac{a+b}{2}$". 方差 $D(X)=\dfrac{(b-a)^2}{12}$ 与区间长度 $b-a$ 的平方成正比. 事实上, 由于方差是二阶中心矩, 几种常见的连续分布的方差都有"平方项".

（8）根据**指数分布**与泊松分布的联系可知: 某服务台单位时间平均到达人数为 λ, 在一定条件下, 可以认为单位时间到达的人数 $Y\sim P(\lambda)$. 那么, 相邻两人到达的间隔时间 $X\sim Exp(\lambda)$. 可见, 平均间隔时间 $E(X)$ 等于单位时间 1 除以平均到达人数 λ, 即 $E(X)=\dfrac{1}{\lambda}$. 指数分布的方差是期望的平方, 即 $D(X)=\dfrac{1}{\lambda^2}$. 对于参数为 θ 的情况, 根据 $\theta=\dfrac{1}{\lambda}$ 得到期望 $E(X)=\theta$, 方差 $D(X)=\theta^2$.

（9）**伽马分布**是天然的和函数. 当 α 为正整数时, 一个服从 $Ga(\alpha,\lambda)$ 的随机变量 X 可以写成 α 个相互独立的指数分布随机变量的和. 因此, "伽马分布的期望和方差"分别是"指数分布期望和方差"的 α 倍. 即 $E(X)=\dfrac{\alpha}{\lambda}$, $D(X)=\dfrac{\alpha}{\lambda^2}$. 结论对 $\alpha>0,\lambda>0$ 均成立.

（10）**正态分布**的期望和方差正好是两个参数: $E(X)=\mu$, $D(X)=\sigma^2$.

说明: 上面的部分表述不是严格的数学证明, 但可以帮助大家快速记住结论, 从而在考试和实际应用时直接使用. 当然, 这些结论可以根据期望和方差的定义及性质等数学工具严格证明.

3.3　统计学三大分布

正态分布是统计数据分析中最常见的分布. 以标准正态分布为基础构造的 χ^2 分布、t 分布和 F 分布通常被称为"统计学中的三大抽样分布". 为什么要学习"统计学三大分布"呢? 在本书第 8 章中, 我们将学习区间估计和假设检验. 而区间估计的关键是确定"枢轴量", 假设检验的关键是确定"检验统计量". 粗略地讲, 它们分别是六组随机变量, 分别服从标准正态分布和统计学三大分布之一. 如前所述, 学习和应用数理统计中的常见分布要注意**分布类型**和**自由度**.

与经典教材不同, 本书把"统计学三大分布"放在了常见分布而不是统计学中学习, 是因为它们和二项分布、正态分布等一样也是常见分布. 在某些题目（如典型题 3.39）中, 如果识别出这些常见分布并灵活运用它们的数字特征等结论, 就可以相对容易地得到结论.

3.3.1　χ^2 分布

设 $X_1,X_2,\cdots,X_n$ 独立同分布于标准正态分布, 则 $\chi^2=X_1^2+X_2^2+\cdots+X_n^2$ 的分布称为自由度为 n 的 χ^2 分布, 记为 $\chi^2\sim\chi^2(n)$.

数字特征: 期望 $E(\chi^2)=n$, 方差 $D(\chi^2)=2n$.

自由度可加性: （1）$X\sim\chi^2(n_1)$, $Y\sim\chi^2(n_2)$, 相互独立, 则 $X+Y\sim\chi^2(n_1+n_2)$.

(2) $X_i \sim \chi^2(n_i), 1 \leqslant i \leqslant m$,相互独立,则 $\sum\limits_{i=1}^{m} X_i \sim \chi^2\left(\sum\limits_{i=1}^{m} n_i\right)$.

记一记:从 χ^2 分布的定义出发帮助理解和记忆自由度可加性. 随机变量 $X \sim \chi^2(n_1)$ 与 $Y \sim \chi^2(n_2)$ 可以拆分为 $X = Z_1^2 + Z_2^2 + \cdots + Z_{n_1}^2$ 与 $Y = W_1^2 + W_2^2 + \cdots + W_{n_2}^2$,其中 $Z_1, Z_2, \cdots, Z_{n_1}, W_1, W_2, \cdots, W_{n_2}$ 独立同分布于标准正态分布. 则 $X + Y$ 就是这 $n_1 + n_2$ 个独立同标准正态分布随机变量的平方和,服从 $\chi^2(n_1 + n_2)$.

典型题 3.39

设随机变量 $X \sim N(\mu, \sigma^2)$,则 $E(X^2) = $ _____ ;进一步地,若 $\mu = 0$,则 $D(X^2) = $ _____ .

解答 说明:有两种方法计算 $E(X^2)$. ① 由于 $X \sim N(\mu, \sigma^2)$ 是常见分布,因此期望 $E(X)$ 和方差 $D(X)$ 均已知,可以用方差的计算式 $D(X) = E(X^2) - E(X)^2$ 得到 $E(X^2) = D(X) + E(X)^2$. 但这种方法难以计算 $D(X^2)$. ② 注意到 $X \sim N(\mu, \sigma^2)$ 可以标准化为标准正态分布随机变量,再平方会得到自由度为 1 的 χ^2 分布,由此可以运用 χ^2 分布的期望 $E(\chi^2) = n$,方差 $D(\chi^2) = 2n$ 得出结论.

解法 1 根据方差的计算式 $E(X^2) = D(X) + E(X)^2 = \sigma^2 + \mu^2$.

解法 2 由于随机变量 $X \sim N(\mu, \sigma^2)$,则 $\dfrac{X - \mu}{\sigma} \sim N(0, 1)$,故 $\left(\dfrac{X - \mu}{\sigma}\right)^2 \sim \chi^2(1)$.

根据 χ^2 分布的期望和方差可知 $E\left[\left(\dfrac{X - \mu}{\sigma}\right)^2\right] = 1, D\left[\left(\dfrac{X - \mu}{\sigma}\right)^2\right] = 2$. 因此

$$E\left[\left(\frac{X - \mu}{\sigma}\right)^2\right] = \frac{1}{\sigma^2} E(X^2 - 2\mu X + \mu^2) = \frac{1}{\sigma^2}\left[E(X^2) - 2\mu E(X) + \mu^2\right] = 1 \Rightarrow E(X^2) = \sigma^2 + \mu^2$$

进一步地,若 $\mu = 0$,则

$$D\left[\left(\frac{X}{\sigma}\right)^2\right] = \frac{1}{\sigma^4} D(X^2) = 2 \Rightarrow D(X^2) = 2\sigma^4$$

答案 $E(X^2) = \sigma^2 + \mu^2, D(X^2) = 2\sigma^4$

3.3.2 t 分布

设 $X \sim N(0,1), Y \sim \chi^2(n)$,且 X 和 Y 相互独立,则称 $T = \dfrac{X}{\sqrt{Y/n}}$ 的分布为自由度为 n 的 t 分布,记为 $T \sim t(n)$. t 分布的概率密度函数是偶函数. 当 $n > 45$ 时,自由度为 n 的 t 分布随机变量近似服从标准正态分布.

数字特征:期望 $E(T) = 0, n > 1$;方差 $D(T) = \dfrac{n}{n - 2}, n > 2$.

上侧 α 分位数:$t_{1-\alpha}(n) = -t_\alpha(n)$;当 $n > 45$ 时,$t_\alpha(n) \approx z_\alpha$.

说明:等式 $t_{1-\alpha}(n) = -t_\alpha(n)$ 可以用于化简 t 分布表,也可以用于化简置信区间和拒绝域的公式,详见第 8 章.

3.3.3 F 分布

设 $U \sim \chi^2(n_1), V \sim \chi^2(n_2)$，且 U 和 V 相互独立，则称 $F = \dfrac{U/n_1}{V/n_2}$ 的分布为自由度为 n_1 和 n_2 的 F 分布，记为 $F \sim F(n_1, n_2)$. 显然，若 $F \sim F(n_1, n_2)$，则 $\dfrac{1}{F} \sim F(n_2, n_1)$.

数字特征：期望 $E(F) = \dfrac{n_2}{n_2 - 2}, n_2 > 2$；方差[选学] $D(F) = \dfrac{2n_2^2(n_1 + n_2 - 2)}{n_1(n_2 - 2)^2(n_2 - 4)}, n_2 > 4$.

说明[选学]：t 分布的方差"$D(T) = \dfrac{n}{n-2}, n > 2$"与 F 分布的期望"$E(F) = \dfrac{n_2}{n_2 - 2}, n_2 > 2$"形式非常相似，你注意到了吗？典型题 3.41 及后续性质刻画了 t 分布与 F 分布的联系：若 $T \sim t(n)$，则 $T^2 \sim F(1, n), \dfrac{1}{T^2} \sim F(n, 1)$. 这有助于我们理解上述数字特征的相似表达.

上侧 α 分位数：$F_\alpha(n_1, n_2) = \dfrac{1}{F_{1-\alpha}(n_2, n_1)}$. 可以用口诀"三个翻转"帮助记忆. 具体为：①分子 $F.(\cdot, \cdot)$ 翻转为分母 $\dfrac{1}{F.(\cdot, \cdot)}$；②$\alpha$ 翻转为 $1-\alpha$；③两个自由度的顺序 (n_1, n_2) 翻转为 (n_2, n_1).

说明：等式 $F_\alpha(n_1, n_2) = \dfrac{1}{F_{1-\alpha}(n_2, n_1)}$ 可以用于化简置信区间和拒绝域的公式，详见第 8 章.

3.3.4 典型题

典型题 3.40[2002, Ⅲ]

设随机变量 X 和 Y 都服从标准正态分布，则 _____.

A. $X + Y$ 服从正态分布　　　　　　B. $X^2 + Y^2$ 服从 χ^2 分布

C. X^2 和 Y^2 都服从 χ^2 分布　　D. $\dfrac{X^2}{Y^2}$ 服从 F 分布

解答　这道题目的选项是不是看起来都正确？注意，概率论与数理统计中有一个非常重要的概念：独立性，它是很多重要结论的基础. 如果 X 和 Y 相互独立，则 4 个选项都是正确的. 但本题没有独立性假设，因此只有选项 C 正确.

答案　C

典型题 3.41[2003, Ⅰ]

设随机变量 $X \sim t(n), n > 1, Y = \dfrac{1}{X^2}$，则：

A. $Y \sim \chi^2(n)$　　　　B. $Y \sim \chi^2(n-1)$　　C. $Y \sim F(n, 1)$　　D. $Y \sim F(1, n)$

解答　已知 $X \sim t(n)$，即存在相互独立的随机变量 $U \sim N(0, 1)$ 和 $V \sim \chi^2(n)$，使得 $X = \dfrac{U}{\sqrt{V/n}}$. 因此，$Y = \dfrac{1}{X^2} = \dfrac{V/n}{U^2/1}$.

又由 U 和 V 相互独立,可知 U^2 和 V 相互独立.因此,$Y \sim F(n,1)$.

答案 C

说明:这道题刻画了 t 分布与 F 分布的联系.

t **分布与** F **分布的联系**:若 $T \sim t(n)$,则 $T^2 \sim F(1,n)$,$\dfrac{1}{T^2} \sim F(n,1)$.

说明:统计学三大抽样分布上侧 α 分位数表的查表方法与之前提到的标准正态分布函数表等的查表方法非常类似.由于本课程中涉及的常用上侧 α 分位数并不多,数据表中的绝大部分数据都不会遇到,所以本书没有以附录的形式展示 t 分布表、χ^2 分布表、F 分布表等数据表.取而代之的是在相应的问题处给出需要的数据,使用更方便.需要完整数据表的同学,可参见文献[2-3]等.

3.3.5 解题思路:怎样研究统计量及其分布?

某些习题集在讲解统计量及其分布的题目时,会直接从"证明某结论"出发.这样的讲解方式会给学生带来困扰:为什么想到证明这个结论、证明这个选项呢?下面解题思路中的"典型模式""四大分布"等术语是作者个人总结的,不建议写在试卷上.但这个解题思路有助于直观、快速地确定解题目标.当然,对于一些更复杂的问题,还需要运用抽样分布的重要结论,详见 8.2.5 节.

(1) 根据正态分布和统计学三大抽样分布的典型模式确定分布类型.

如果题目涉及"样本、统计量"等关键词,通常需要在正态分布和统计学三大抽样分布中确定分布类型,本书将它们统称为"四大分布",而不用考虑二项分布、泊松分布、指数分布等概率论中的常见分布.粗略地讲,这四大分布都是由标准正态分布组成的,具有如下典型模式:

① 正态分布:$\sum$ 一次项

② χ^2 分布:$\sum$ 平方项

③ t 分布:$\dfrac{\text{一次项}}{\text{一次项}}$

④ F 分布:$\dfrac{\text{平方项}}{\text{平方项}}$

因此可以根据上述结构特点推断最有可能的分布类型.

(2) 根据定义确定自由度和未知常数.

对照推断出的分布类型的定义,将题中的统计量变形,对照定义可以得到自由度和未知常数.

典型题 3.42[2014,Ⅲ]

设 X_1, X_2, X_3 为来自正态总体 $X \sim N(0, \sigma^2)$ 的简单随机样本,则统计量 $S = \dfrac{X_1 - X_2}{\sqrt{2}\,|X_3|}$ 服从的分布为_____.

A. $F(1,1)$　　　　B. $F(2,1)$　　　　C. $t(1)$　　　　D. $t(2)$

说明：题目中"X_1,X_2,X_3 为来自正态总体 $X \sim N(0,\sigma^2)$ 的**简单随机样本**"指：X_1，X_2,X_3 相互独立；且 $X_i \sim N(0,\sigma^2)$，$i=1,2,3$. 数理统计的其他基本概念详见 6.2 节.

解答　说明：①本题首先判断出 S 的分子和分母都是标准正态的一次项，很可能服从 t 分布，即确定分布类型；②将 S 变化成 t 分布的定义形式，从而得到 t 分布的自由度. 具体而言：首先将 S 的分子变换为"标准正态"的形式；再将 S 的分母变换为"卡方除以自由度开根号"的形式；最后根据 t 分布的定义确定自由度.

将统计量 S 的分子部分变形：$X_1-X_2 \sim N(0,2\sigma^2) \Rightarrow U=\dfrac{X_1-X_2}{\sqrt{2}\,\sigma} \sim N(0,1)$.

将统计量 S 的分母部分变形：$X_3 \sim N(0,\sigma^2) \Rightarrow \dfrac{X_3}{\sigma} \sim N(0,1) \Rightarrow V=\dfrac{X_3^2}{\sigma^2} \sim \chi^2(1)$.

故根据 t 分布的定义可知 $\dfrac{U}{\sqrt{\dfrac{V}{1}}}=\dfrac{\dfrac{X_1-X_2}{\sqrt{2}\,\sigma}}{\sqrt{\dfrac{X_3^2}{\sigma^2}}}=\dfrac{X_1-X_2}{\sqrt{2}\,|X_3|} \sim t(1)$. 选项 C 正确.

答案　C

说明：有的题目还需要确定统计量中的参数. 如本题的问题可以修改为：当常数 $\alpha=$ _____时，统计量 $S=\dfrac{X_1-X_2}{\alpha\,|X_3|}$ 服从 t 分布. 答案：$\alpha=\sqrt{2}$.

3.3.6　小结

表 3.3 列出数理统计中的常见分布及其数字特征. 千万不要死记硬背这个表格，前文的讲解可以帮助大家记忆这些重要结论.

知识点微课程 3.4

表 3.3　数理统计中的常见分布及其数字特征

分布	定　义	$E(X)$	$D(X)$	上侧 α 分位数
χ^2 分布	记 $X_i \sim N(0,1)$，$i=1,2,\cdots,n$，独立，则 $\chi^2=X_1^2+X_2^2+\cdots+X_n^2 \sim \chi^2(n)$	n	$2n$	
t 分布	记 $X \sim N(0,1)$，$Y \sim \chi^2(n)$，独立，则 $T=\dfrac{X}{\sqrt{Y/n}} \sim t(n)$	0 （$n>1$）	$\dfrac{n}{n-2}$ （$n>2$）	$t_{1-\alpha}(n)=-t_\alpha(n)$，概率密度函数是偶函数
F 分布	记 $U \sim \chi^2(n_1)$，$V \sim \chi^2(n_2)$，独立，则 $F=\dfrac{U/n_1}{V/n_2} \sim F(n_1,n_2)$	$\dfrac{n_2}{n_2-2}$ （$n_2>2$）		$F_\alpha(n_1,n_2)=\dfrac{1}{F_{1-\alpha}(n_2,n_1)}$

下面结合常见分布与标准正态分布的关系，说明常见分布的数字特征.

正态分布是统计数据分析中最常见的分布，以标准正态分布为基础构造的 χ^2 分布、t 分布和 F 分布通常被称为"**统计学中的三大抽样分布**".

（1）自由度为 n 的 **χ^2 分布** 随机变量是 n 个相互独立的标准正态分布随机变量 X_1，$X_2,\cdots,X_n$ 的平方和，即 $\chi^2=X_1^2+X_2^2+\cdots+X_n^2$，记为 $\chi^2 \sim \chi^2(n)$. 由于"和的期望等于期望

的和"且 $E(X_i^2)=1$,故 χ^2 分布随机变量的数学期望等于自由度 n,即 $E(\chi^2)=n$.而方差等于两倍的自由度,即 $D(\chi^2)=2n$.

(2) 自由度为 n 的 t 分布随机变量 $T=\dfrac{X}{\sqrt{Y/n}}$ 包含分子、分母两个相互独立的部分,记为 $T\sim t(n)$.分子 X 服从标准正态分布,即 $X\sim N(0,1)$.分母 $\sqrt{Y/n}$ 为 χ^2 分布随机变量 $Y\sim\chi^2(n)$ 除以自由度 n 再开根号. t 分布的概率密度函数是偶函数,故数学期望等于 0,即 $E(T)=0$, $n>1$;且上侧 α 分位数满足关系式 $t_{1-\alpha}(n)=-t_\alpha(n)$.当 $n>2$ 时,方差等于 $D(T)=\dfrac{n}{n-2}$.

(3) 服从 F 分布的随机变量 $F=\dfrac{U/n_1}{V/n_2}$ 同样包含分子、分母两个相互独立的部分,记为 $F\sim F(n_1,n_2)$.分子和分母都是 χ^2 分布随机变量 $U\sim\chi^2(n_1)$, $V\sim\chi^2(n_2)$ 除以自由度. F 分布随机变量的两个自由度分别为分子、分母两个 χ^2 分布随机变量的自由度. F 分布随机变量的数学期望只与自由度 n_2 有关,而且与 t 分布随机变量方差的形式一致. F 分布上侧 α 分位数的关系式 $F_\alpha(n_1,n_2)=\dfrac{1}{F_{1-\alpha}(n_2,n_1)}$ 可以用口诀"三个翻转"帮助记忆:①分子 $F.(\cdot,\cdot)$ 翻转为分母 $\dfrac{1}{F.(\cdot,\cdot)}$;②$\alpha$ 翻转为 $1-\alpha$;③两个自由度的顺序 (n_1,n_2) 翻转为 (n_2,n_1).

习题

习题 3.1　设随机变量 X 与 Y 相互独立,且 $X\sim B(2,p)$, $Y\sim B(3,p)$.若 $P\{X+Y=2\}=\dfrac{80}{243}$,则 $P\{Y\geqslant 1\}=$_____.

习题 3.2[2023,Ⅲ]　设随机变量 X 与 Y 相互独立,且 $X\sim B(1,p)$, $Y\sim B(2,p)$, $0<p<1$,则 $X+Y$ 与 $X-Y$ 的相关系数为_____.

习题 3.3[2010,Ⅰ]　设随机变量 X 的概率分布为 $P\{X=k\}=\dfrac{C}{k!}$, $k=0,1,2,\cdots$,则 $E(X^2)=$_____.

习题 3.4[2022,Ⅰ]　设随机变量 $X\sim U(0,3)$,随机变量 Y 服从参数为 2 的泊松分布,且 X 与 Y 的协方差为 -1,则 $D(2X-Y+1)=$_____.

A. 1　　　　　　B. 5　　　　　　C. 9　　　　　　D. 12

习题 3.5[2022,Ⅲ]　设随机变量 $X\sim N(0,4)$,随机变量 $Y\sim B\left(3,\dfrac{1}{3}\right)$,且 X 与 Y 不相关,则 $D(X-3Y+1)=$_____.

A. 2　　　　　　B. 4　　　　　　C. 6　　　　　　D. 10

习题 3.6[2009,Ⅰ]　设随机变量 X 的分布函数 $F(x)=0.3\Phi(x)+0.7\Phi\left(\dfrac{x-1}{2}\right)$,其中 $\Phi(x)$ 为标准正态分布函数,则 $E(X)=$_____.

A. 0　　　　　　B. 0.3　　　　　　C. 0.7　　　　　　D. 1

习题 3.7[2002,Ⅰ]　设随机变量 $X\sim N(\mu,\sigma^2)$, $\sigma>0$,且二次方程 $y^2+4y+X=0$ 无实根的概率为 0.5,则 $\mu=$_____.

习题 3.8[**2022，Ⅰ，选做**]　设随机变量 $X \sim N(0,1)$，在 $X = x$ 条件下随机变量 $Y \sim N(x,1)$，则 X 与 Y 的相关系数为_____.

A. $\dfrac{1}{4}$　　　　　　B. $\dfrac{1}{2}$　　　　　　C. $\dfrac{\sqrt{3}}{3}$　　　　　　D. $\dfrac{\sqrt{2}}{2}$

习题 3.9[**2013，Ⅰ**]　设随机变量 $X \sim t(n)$，$Y \sim F(1,n)$，给定 $\alpha(0 < \alpha < 0.5)$，常数 c 满足 $P\{X > c\} = \alpha$，则 $P\{Y > c^2\} = $_____.

A. α　　　　　　　　B. $1 - \alpha$　　　　　　C. 2α　　　　　　D. $1 - 2\alpha$

习题 3.10[**2012，Ⅲ**]　设 X_1, X_2, X_3, X_4 为来自总体 $X \sim N(1, \sigma^2)$ 的简单随机样本，则统计量 $\dfrac{X_1 - X_2}{|X_3 + X_4 - 2|}$ 的分布为_____.

A. $N(0,1)$　　　　　　B. $t(1)$　　　　　　C. $\chi^2(1)$　　　　　　D. $F(1,1)$

习题 3.11[**选做**]　下面的结论展示了常见离散分布之间基于条件分布的有趣联系，有一定难度.

(1) 若 $X \sim Ge(p)$，$Y \sim Ge(p)$，相互独立，则 $P\{X = k \mid X + Y = m\} = \dfrac{1}{m-1}$，$1 \leqslant k \leqslant m - 1$. 这意味着，在 $X + Y = m$ 的条件下，X 的条件分布为离散均匀分布.

(2) 若 $X \sim P(\lambda_1)$，$Y \sim P(\lambda_2)$，相互独立，则 $P\{X = k \mid X + Y = m\} = C_m^k \left(\dfrac{\lambda_1}{\lambda_1 + \lambda_2}\right)^k \left(\dfrac{\lambda_2}{\lambda_1 + \lambda_2}\right)^{m-k}$，$0 \leqslant k \leqslant m$.

这意味着，在 $X + Y = m$ 的条件下，X 的条件分布为二项分布 $B\left(m, \dfrac{\lambda_1}{\lambda_1 + \lambda_2}\right)$.

(3) 若 $X \sim B(n_1, p)$，$Y \sim B(n_2, p)$，相互独立，则

$$P\{X = k \mid X + Y = m\} = \frac{C_{n_1}^k C_{n_2}^{m-k}}{C_{n_1+n_2}^m}, \max\{0, m - n_2\} \leqslant k \leqslant \min\{m, n_1\}$$

这意味着，在 $X + Y = m$ 的条件下，X 的条件分布为超几何分布 $H(n_1 + n_2, m, n_1)$.

拓展阅读：泊松过程与常见分布

　　泊松过程最早是由法国数学家泊松（Simeon-Denis Poisson，1781—1840）研究的，并以他的名字命名. 泊松过程是一类较为简单的时间连续状态离散的独立增量过程，也是一类应用最广的计数过程. 许多具有独立增量性和平稳增量性的计数过程（定义见下文），只要在同一时刻没有两个或两个以上的事件同时发生，都是泊松过程. 泊松过程是**随机过程**的重要内容. 泊松过程蕴含的"服务台模型"可以帮助我们理解泊松分布为什么如此常见，以及泊松分布的数学期望和参数可加性，也刻画了泊松分布、指数分布、均匀分布、二项分布等常见分布的联系. 通过学习泊松过程，可以帮助我们更深刻地理解常见分布，这也是常见的命题出发点. 所以，这里简单地介绍泊松过程的定义和性质. 这里的术语"服务台"借鉴于**排队论**，本书不再详述.

1. 泊松过程的定义

　　如果随机过程 $\{X(t), t \geqslant 0\}$ 对于任意 $s > 0$，$0 \leqslant t_1 < t_2$，增量随机变量 $X(t_2) - X(t_1)$ 和 $X(t_2 + s) - X(t_1 + s)$ 同分布，则称 $\{X(t)\}$ 为**平稳增量过程**（具有平稳增量性）. 如果随机过程 $\{X(t), t \geqslant 0\}$ 对于任意正整数 $n \geqslant 2$，以及任意时刻 $0 \leqslant t_0 < t_1 < t_2 < \cdots < t_n$，它的 n 个增量 $X(t_1) - X(t_0)$，$X(t_2) - X(t_1)$，$\cdots$，$X(t_n) - X(t_{n-1})$ 相互独立，则称 $\{X(t)\}$ 为**独立增量过程**（具有独立增量性）. 顾名思义，独立增量过程"在互不相交的时间区间内，状态的增量相

互独立". 在研究独立增量过程时, 通常假设 $X(0) = 0$. 如果一个随机过程既是平稳增量过程, 又是独立增量过程, 则称为**平稳独立增量过程**. 随机变量 $N(t)$ 表示时间段 $[0, t]$ 内事件 A 发生的次数, 称 $\{N(t); t \geq 0\}$ 为**计数过程**. 用 $N(s, t]$ 表示区间 $(s, t]$ 内事件 A 发生的次数, 即 $N(s, t] = N(t) - N(s), s < t$.

设 $\lambda > 0$ 是常数. 如果计数过程 $\{N(t)\}$ 满足以下条件 (1)～(4), 则称它是强度 (参数) 为 λ 的**泊松过程**:

(1) $N(0) = 0$——初始时刻 $t = 0$ 事件 A 不发生;

(2) $\{N(t)\}$ 是独立增量过程——在互不相交的时间段内事件 A 发生的次数相互独立;

(3) $P\{N(h) = 1\} = \lambda h + o(h)$, 其中 $o(h)$ 表示当 $h \to 0$ 时, 对 h 的高阶无穷小——在小时间段 $(0, h)$ 内事件 A 正好发生 1 次的概率与强度 λ 和时间区间长度 h 成正比;

(4) $P\{N(h) \geq 2\} = o(h)$——在小时间段 $(0, h)$ 内事件 A 发生 2 次或 2 次以上的概率趋于 0.

容易看出, 定义中的条件虽然多, 但每个条件都不太苛刻, 所以泊松过程是常见随机过程.

2. 泊松过程与泊松分布

根据前文泊松过程的定义, 考虑对任意 $s, t \geq 0$, 随机变量 $N(s, t + s] = N(t + s) - N(s)$ 的分布律. 由于泊松过程 $\{N(t)\}$ 具有平稳增量性, 故只需要考虑 $s = 0$ 的情况. 把时间段 $(0, t]$ 划分为 n 个相等的小时间段, 由条件 (4) 可知, 当 $n \to \infty$ 时, 每个小时间段内事件 A 发生 2 次或 2 次以上的概率趋于 0. 因此, 事件 A 要么发生 1 次、要么不发生, 形成 1 次伯努利试验. 由条件 (3) 可知, 在每个小时间段内, 事件 A 发生 1 次的概率为 $p \approx \lambda h = \lambda \dfrac{t}{n}$. 作为对立事件, 事件 A 不发生的概率为 $1 - p \approx 1 - \lambda \dfrac{t}{n}$. 又由于泊松过程 $\{N(t)\}$ 具有独立增量性, 故每个小时间段内事件 A 是否发生相互独立, 形成 n 重伯努利试验. 可见, 随机变量 $N(0, t] = N(t)$ 是 n 重伯努利试验中事件 A 发生的次数, 服从二项分布. 再由**泊松定理**, 当 n 足够大, p 足够小, np 不太大时, 二项分布随机变量近似服从泊松分布. 可见, 随机变量 $N(s, t + s] = N(t + s) - N(s) = N(0, t] = N(t)$ 服从**泊松分布**.

由此, **建立了泊松过程与泊松分布的联系**, 并给出了泊松过程的另一种定义.

设 $\lambda > 0$ 是常数. 如果计数过程 $\{N(t)\}$ 满足以下条件 (1)～(3), 则称它是强度 (参数) 为 λ 的**泊松过程**:

(1) $N(0) = 0$——初始时刻 $t = 0$ 事件 A 不发生;

(2) $\{N(t)\}$ 是独立增量过程——在互不相交的时间段内事件 A 发生的次数相互独立;

(3) 对任意 $s, t \geq 0, N(s, t + s] = N(t + s) - N(s)$ 服从参数为 λt 的**泊松分布**, 即

$$P\{N(s, t + s] = k\} = \frac{(\lambda t)^k}{k!} \mathrm{e}^{-\lambda t}, \quad k = 0, 1, 2, \cdots$$

根据上述定义的条件 (3), 设 $\{N(t)\}$ 是强度为 λ 的泊松过程, 则 $E(N(t)) = \lambda t$. 因此 $\lambda = \dfrac{E(N(t))}{t}$ 是单位时间内事件 A 发生的平均次数. 参数 λ 越大, 单位时间内事件 A 发生的平均次数越多, 这就是将参数 λ 称为泊松过程的强度的原因. 本书仅考虑了强度 λ 不随时

间 t 变化的泊松过程,也称齐次泊松过程、时齐泊松过程.齐次泊松过程是平稳增量过程.

3. 泊松过程的汇合与分流

这里不加证明地给出泊松过程的汇合与分流的结论,这将帮助我们理解和记忆泊松分布的参数可加性等性质.设 $\{N_1(t)\}$ 和 $\{N_2(t)\}$ 是相互独立的、强度分别为 λ_1 和 λ_2 的泊松过程,则**泊松过程的汇合** $N(t)=N_1(t)+N_2(t),t\geqslant0$ 是强度为 $\lambda=\lambda_1+\lambda_2$ 的泊松过程,也称泊松过程的**可加性**.由此可以帮助我们理解泊松分布的参数可加性:若 $X\sim P(\lambda_1)$,$Y\sim P(\lambda_2)$,相互独立,则 $Z=X+Y\sim P(\lambda_1+\lambda_2)$.

泊松分布不仅可以汇合,还可以分流.设 $\{N(t)\}$ 是强度为 λ 的泊松过程,$\{Y_i\}$ 是独立同分布的随机序列,$Y_i\sim B(1,p)$.定义计数过程 $\{N_1(t)\}$ 和 $\{N_2(t)\}$,其中 $N_1(t)=\sum_{i=1}^{N(t)}Y_i$ 且 $N_2(t)=\sum_{i=1}^{N(t)}(1-Y_i)$.如果 $\{N(t)\}$ 和 $\{Y_i\}$ 相互独立,则 $\{N_1(t)\}$ 和 $\{N_2(t)\}$ 分别是强度为 $\lambda_1=\lambda p$ 和 $\lambda_2=\lambda(1-p)$ 的泊松过程,称为**泊松过程的分流**,也称泊松过程的**可分解性**.

当然,泊松过程的汇合与分流不仅针对两个泊松过程成立,对于有限多个泊松过程也成立.

4. 泊松过程与指数分布、伽马分布

设 $\{N(t)\}$ 是强度为 λ 的泊松过程.定义 $S_0=0$.用 S_n 表示第 n 个**事件发生的时刻**,也称**到达时刻**,$n\geqslant1$.定义 $T_n=S_n-S_{n-1}$,则 T_n 是第 n 个**时间间隔**、也称**等待间隔**.易见,$S_n=T_1+T_2+\cdots+T_n,n\geqslant1$.可以证明,计数过程 $\{N(t),t\geqslant0\}$ 是强度为 λ 的泊松过程,当且仅当它的时间间隔序列 $\{T_n,n\geqslant1\}$ 是相互独立、参数为 λ 的**指数分布**随机变量序列.此外,设 $\{N(t)\}$ 是强度为 λ 的泊松过程,则到达时刻 S_n 服从参数为 n 和 λ 的**伽马分布** $X\sim Ga(n,\lambda)$.由此可以帮助我们理解泊松分布和指数分布的联系(典型题 3.26),以及指数分布和伽马分布的联系.

5. 泊松过程与均匀分布

下面,考虑事件发生时刻的条件分布.当 $s\leqslant t$ 时,可以算出 $P\{S_1\leqslant s\mid N(t)=1\}=\dfrac{s}{t}$. 直观地讲,由于(齐次)泊松过程是平稳独立增量过程,因此在已知时间段 $(0,t]$ 内事件 A 只发生 1 次的条件下,事件 A 的发生时刻在 $(0,t]$ 内服从**均匀分布**.即事件 A 在 $(0,t]$ 的任意子区间内发生的概率与区间长度成正比.因此,当 $s\leqslant t$ 时,事件 A 在 $(0,s]$ 内发生的概率为 $\dfrac{s}{t}$.

6. 泊松过程与二项分布、多项分布

进一步地,当 $s\leqslant t$ 时,如果已知时间段 $(0,t]$ 内事件 A 发生 n 次,那么可以算出时间段 $(0,s]$ 内事件 A 发生 k 次的概率为 $P\{N(s)=k\mid N(t)=n\}=C_n^k\left(\dfrac{s}{t}\right)^k\left(1-\dfrac{s}{t}\right)^{n-k},0\leqslant k\leqslant n$,参见习题 3.11(2).直观地讲,首先考虑时间段 $(0,t]$ 内事件 A 每次发生的时刻 S(先不按照发生的先后顺序排序).根据前面的分析,S 在 $(0,t]$ 内服从均匀分布.因此,事件 A 在 $(0,s]$ 内发生的概率为 $p=\dfrac{s}{t}$,形成 1 次伯努利试验.又由于(齐次)泊松过程是平稳独立增量过

程,故这 n 次发生相互独立,就形成了 n 重伯努利试验.可见,$P\{N(s)=k\mid N(t)=n\}$ 服从**二项分布** $B(n,p)$ 的分布律,其中 $p=\dfrac{s}{t}$.

这个结论可以推广到将时间段 $(0,t]$ 划分为有限多个互不相交的小时间段的情形,从而将二项分布推广为多项分布.多项分布的定义没有在前文介绍,但可以从下面的结论中比较容易地看出来.

如果已知时间段 $T=(0,t]$ 内事件 A 发生 n 次,时间段 T 被划分为 m 个互不相交的小时间段 $T_1,T_2,\cdots,T_m,T=\bigcup_{i=1}^{m}T_i$,时间段 T_i 的长度为 t_i,且 $n_1+n_2+\cdots+n_m=n$,则

$$P\{N(T_1)=n_1,N(T_2)=n_2,\cdots,N(T_m)=n_m\mid N(T)=n\}$$

$$=\frac{n!}{n_1!n_2!\cdots n_m!}\left(\frac{t_1}{t}\right)^{n_1}\left(\frac{t_2}{t}\right)^{n_2}\cdots\left(\frac{t_m}{t}\right)^{n_m},$$

这是参数为 $n,\dfrac{t_1}{t},\dfrac{t_2}{t},\cdots,\dfrac{t_m}{t}$ 的**多项分布**.

概率论的概念及方法：提高篇

第 2 章以离散型随机变量 X 和它的函数 $Y=X^2$ 为例引出了随机变量的常用概念及研究方法. 本章则以专题的形式强化这些概念及方法的重要细节, 并总结常见题型和解题思路. 本章与第 2 章的顺序基本一致, 可以配合阅读. 对学习效果要求不太高的学生也可以跳过本章.

4.1 经验分布函数[选学]

在 2024 版考研大纲中, 经验分布函数是**数学Ⅲ**的考点, 但不属于**数学Ⅰ**.

-引例 4.1- 在读中小学时, 我们的考试成绩会被公布在黑板旁边、走廊或者家长群里. 但读大学以后, 考试成绩不再公布, 这很好地保护了大家的隐私, 但也带来了困扰: 如何用少数同学的成绩信息估计全年级同学的整体学习水平呢? 假设你参加了一次考试, 希望通过 4 位好朋友的成绩 (63,95,76,76) 估计全班同学的整体学习水平. 根据上述样本求考试成绩的 经验分布函数.

解答 经验分布函数是一个右连续阶梯函数, 可以通过以下步骤求解.

第一步: 将样本的一个观测值 $x_1, x_2, \cdots, x_n$ 按从小到大的顺序排列, 得到有序样本 $x_{(1)} \leqslant x_{(2)} \leqslant \cdots \leqslant x_{(n)}$. 样本、容量、观测值等概念详见 6.2 节"数理统计的基本概念".

本题是一个容量为 4 的样本, 经排序得到有序样本: $x_{(1)}=63, x_{(2)}=76, x_{(3)}=76, x_{(4)}=95$.

第二步: 给出经验分布函数, 即右连续阶梯函数

$$F_n(x) = \begin{cases} 0, & x < x_{(1)} \\ \dfrac{k}{n}, & x_{(k)} \leqslant x < x_{(k+1)}, \quad k=1,2,\cdots,n-1 \\ 1, & x_{(n)} \leqslant x \end{cases}$$

与离散型随机变量分布函数一样, "台阶位置"对应"可能取值", "台阶高度"对应"取值概率".

本次考试成绩的经验分布函数(图 4.1)为

$$F_n(x) = \begin{cases} 0, & x < 63 \\ 0.25, & 63 \leqslant x < 76 \\ 0.75, & 76 \leqslant x < 95 \\ 1, & x \geqslant 95 \end{cases}$$

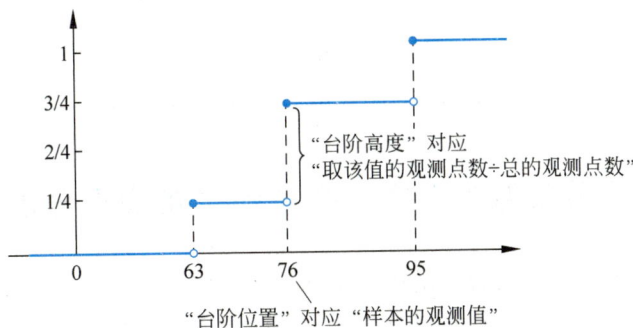

图 4.1 考试成绩的经验分布函数

说明[选学]：格里汶科(Glivenko)定理告诉我们：当 n 足够大时，经验分布函数 $F_n(x)$ 是总体分布函数 $F(x)$ 的一个良好近似. 即 $\lim\limits_{n \to \infty} P\{\sup\limits_{-\infty < x < +\infty} |F_n(x) - F(x)| \to 0\} = 1$.

4.2 专题：概率密度 f(x)具有对称性

若随机变量 X 的概率密度 $f(x)$ 具有对称性，则可以运用图像法方便地得到很多重要结论. 例如，标准正态分布和 t 分布，它们的概率密度都是偶函数，得到以下结论，详见 3.2.6 节和 3.3.2 节.

标准正态分布：$\Phi(-x) = 1 - \Phi(x)$，$z_{1-\alpha} = -z_\alpha$.

t 分布：$F(-x) = 1 - F(x)$，$t_{1-\alpha}(n) = -t_\alpha(n)$.

典型题 4.2[2018，Ⅰ & Ⅲ]

设随机变量 X 的概率密度 $f(x)$ 满足 $f(1+x) = f(1-x)$，且 $\int_0^2 f(x)\mathrm{d}x = 0.6$，则 $P\{X < 0\} =$ _____.

A. 0.2   B. 0.3   C. 0.4   D. 0.5

典型题
微课程
4.1

解答 由 $f(1+x) = f(1-x)$ 可知 $f(x)$ 关于 $x = 1$ 对称. 如图 4.2 所示，将 $f(x)$ 下面部分分为 4 个区域，面积分别记为 S_i，$i = 1,2,3,4$. 由对称性得 $S_1 = S_4$，$S_2 = S_3$.

根据概率密度的几何意义可知 $\int_0^2 f(x)\mathrm{d}x = S_2 + S_3 = 2S_2 = 0.6 \Rightarrow S_2 = 0.3$.

又有 $S_1 + S_2 = 0.5 \Rightarrow S_1 = 0.2$. 故 $P\{X < 0\} = S_1 = 0.2$.

答案 A

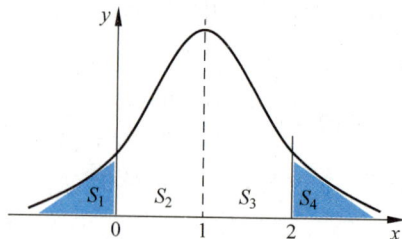

图 4.2　运用图像法解题

4.3　一维随机变量函数的分布：按 X 和 Y 的类型分情况讨论

在很多实际问题中,常需要计算随机变量 X 的函数 $Y=g(X)$ 的分布. 根据 X 和 Y 分别是离散型或者连续型随机变量,可以分为 3 种情况讨论:

① X 离散型、Y 离散型;

② X 连续型、Y 离散型;

③ X 连续型、Y 连续型.

说明:（1）当 X 是离散型随机变量时,仅能取有限个或者可列无限个值(至多可列集). 显然无法让它的函数 $Y=g(X)$ 的取值为不可列集. 因此,当 X 是离散型随机变量时,它的函数 $Y=g(X)$ 必然也是离散型随机变量.

（2）当 X 是连续型随机变量时,它的函数 $Y=g(X)$ 也可能既不是离散型,也不是连续型. 此时,综合运用上述情况②和③中的方法即可.

4.3.1　X 离散型、Y 离散型

若 X 和 $Y=g(X)$ 都是离散型随机变量,则粗略地讲,事件 $\{Y=g(x_i)\}$ 发生等价于事件 $\{X=x_i\}$ 发生,即 $P\{Y=g(x_i)\}=P\{X=x_i\}=p_i$. 因此,可以分 3 步给出 Y 的分布律:①写出 X 的分布律;②将 X 的所有可能取值 x_i 改写为 $g(x_i)$;③若存在 $x_i\neq x_j$ 使得 $g(x_i)=g(x_j)$,则合并相应概率.

典型题
微课程
4.2

典型题 4.3

抛掷一枚骰子,定义随机变量 X 为朝上的点数,随机变量 Y 为 X 除以 3 的余数. 求 Y 的概率分布(分布律).

解法 1　说明:这种解法与 2.3 节一样,逻辑比较自然.

随机变量 Y 的所有可能取值为 $0,1,2$.

$$P\{Y=0\}=P\{X=3\}+P\{X=6\}=\frac{1}{3}$$

$$P\{Y=1\}=P\{X=1\}+P\{X=4\}=\frac{1}{3}$$

$$P\{Y=2\}=P\{X=2\}+P\{X=5\}=\frac{1}{3}$$

故随机变量 Y 的概率分布为

Y	0	1	2
P	$\frac{1}{3}$	$\frac{1}{3}$	$\frac{1}{3}$

解法 2 说明：本书推荐使用这种方法，书写相对简洁.

(1) 写出随机变量 X 的分布律.

随机变量 X 的概率分布为

X	1	2	3	4	5	6
P	$\frac{1}{6}$	$\frac{1}{6}$	$\frac{1}{6}$	$\frac{1}{6}$	$\frac{1}{6}$	$\frac{1}{6}$

(2) 将 X 的所有可能取值 x_i 改写为 $g(x_i)$.

可得，

Y	1	2	0	1	2	0
P	$\frac{1}{6}$	$\frac{1}{6}$	$\frac{1}{6}$	$\frac{1}{6}$	$\frac{1}{6}$	$\frac{1}{6}$

(3) 若存在 $x_i \neq x_j$ 使得 $g(x_i) = g(x_j)$，则合并相应概率.

随机变量 Y 的概率分布为

Y	0	1	2
P	$\frac{1}{3}$	$\frac{1}{3}$	$\frac{1}{3}$

4.3.2 X 连续型、Y 离散型

若 X 是连续型随机变量而 $Y = g(X)$ 是离散型随机变量，同样需要计算 Y 的概率分布（分布律），即给出 Y 的所有可能取值及其对应概率. 在实际应用中，"快递费"和"出租车费"等都是 X 连续型且 Y 离散型的问题.

典型题 4.4

学生利用课间 10min 排队打水喝，假设每次排队时间 X(min) 服从指数分布，其概率密度函数为 $f_X(x) = \begin{cases} \frac{1}{5}e^{\frac{x}{5}}, & x>0 \\ 0, & x \leqslant 0 \end{cases}$. 某学生一天内排队打水 5 次，如果等待时间超过 10min（上课铃响）就只能离开，每次等待情况相互独立.

(1) 记随机变量 $Y = \begin{cases} 1, & \text{该生在 10min 内打到水喝} \\ 0, & \text{该生没有打到水喝而离开} \end{cases}$，求 Y 的分布函数.

典型题微课程 4.3

（2）以随机变量 Z 表示一天内该生没有打到水喝而离开的次数,求 Z 的分布律及 $P\{Z{\geqslant}1\}$.

解答　（1）<u>说明</u>：本题已知 X 的概率密度,要求 Y 的分布函数,应该首先计算 Y 的分布律,再将分布律"变上限求和"得到分布函数.在计算 Y 的分布律时,以 $P\{Y{=}0\}$ 为例,运用两个随机事件{该生没有打到水喝而离开}和{等待时间 X 超过 10min}相同,建立了 Y 落在某个取值范围内的概率与 X 落在某个取值范围内的概率的关系式,即 $P\{Y{=}0\}{=}P\{X{>}10\}$. 后续就是 2.2.8 节所述"运用分布函数、分布律、概率密度计算与随机变量相联系的事件的概率"的问题了.

随机变量 Y 是离散型随机变量,有两种可能取值：0,1.所有可能取值及其对应概率分别为

$$P\{Y{=}0\}{=}P\{该生没有打到水喝而离开\}{=}P\{等待时间\ X\ 超过\ 10\mathrm{min}\}$$

$$={=}P\{X{>}10\}{=}\int_{10}^{+\infty}f_X(x)\mathrm{d}x{=}\int_{10}^{+\infty}\frac{1}{5}\mathrm{e}^{-\frac{x}{5}}\mathrm{d}x{=}\mathrm{e}^{-2}$$

$$P\{Y{=}1\}{=}P\{X{\leqslant}10\}{=}1{-}P\{X{>}10\}{=}1{-}\mathrm{e}^{-2}$$

故随机变量 Y 的分布律为

Y	0	1
P	e^{-2}	$1{-}\mathrm{e}^{-2}$

因此,随机变量 Y 的分布函数为

$$F_Y(y)=\begin{cases}0, & y<0 \\ \mathrm{e}^{-2}, & 0{\leqslant}y<1 \\ 1, & y{\geqslant}1\end{cases}$$

（2）<u>说明</u>：该生一天内排队打水 5 次,且每次等待情况相互独立.相当于 $n{=}5$ 重伯努利试验.每次试验中事件"没有打到水喝而离开"发生的概率为 $p{=}P\{Y{=}0\}{=}\mathrm{e}^{-2}$.可见,一天内该生没有打到水喝而离开的次数服从二项分布,即 $Z{\sim}B(n,p)$.然后直接运用二项分布的分布律等性质得到结论.

以随机变量 Z 表示一天内该生没有打到水喝而离开的次数,则 $Z{\sim}B(n,p)$.其中,n 为该生一天内排队打水的次数,则 $n{=}5$；p 为每次排队没有打到水喝而离开的概率,则

$$p=P\{Y{=}0\}{=}\mathrm{e}^{-2}$$

故二项分布随机变量 Z 的分布律为：$P\{Z{=}k\}{=}\mathrm{C}_5^k(\mathrm{e}^{-2})^k(1{-}\mathrm{e}^{-2})^{5-k},k{=}0,1,2,\cdots,5.$ 且 $P\{Z{\geqslant}1\}{=}1{-}P\{Z{=}0\}{=}1{-}(1{-}\mathrm{e}^{-2})^5{=}0.5167.$

说明：3.1.7 节的典型题 3.18[2015,Ⅰ&Ⅲ]也涉及"一维随机变量函数的分布"问题,该题还涉及"负二项分布"的性质.

4.3.3　X 连续型、Y 连续型

若 X 和 $Y{=}g(X)$ 都是连续型随机变量,通常需要根据随机变量 X 的概率密度 $f_X(x)$ 计算 $Y{=}g(X)$ 的概率密度 $f_Y(y)$,有两种常用方法：分布函数法和变量变换法.

1. 分布函数法

事实上，我们在典型题 3.21 中研究均匀分布与其他分布的联系时就已经用到了分布函数法，首先回顾这部分内容.

引例 4.5 [均匀分布与其他分布的联系,概率积分变换定理] 设随机变量 X 的分布函数 $F_X(x)$ 是严格单调增的连续函数，其反函数 $F_X^{-1}(y)$ 存在. 证明随机变量 $Y=F_X(X)$ 服从 $(0,1)$ 上的均匀分布 $U(0,1)$.

解答 当 $0 \leqslant y < 1$ 时，采用如下操作步骤得到随机变量 $Y=F_X(X)$ 的分布函数：

$$F_Y(y) \xlongequal{定义} P\{Y \leqslant y\} \xlongequal{代入} P\{F_X(X) \leqslant y\} \xlongequal{反解} P\{X \leqslant F_X^{-1}(y)\} \xlongequal{定义} F_X(F_X^{-1}(y)) = y$$

其中，等式 1 是分布函数的定义；等式 2 将 Y 代入为 $F_X(X)$；等式 3 为不等式变形，反解出 X 的取值范围；等式 4 再次运用分布函数的定义. 这一系列操作给出了 $F_Y(y)$ 和 $F_X(x)$ 的关系 $F_Y(y) = F_X(F_X^{-1}(y))$，这就是运用分布函数法由 $f_X(x)$ 求 $f_Y(y)$ 的关键步骤.

解题思路：运用分布函数法由 $f_X(x)$ 求 $f_Y(y)$.

说明：分布函数法，顾名思义，就是先建立分布函数 $F_Y(y)$ 和 $F_X(x)$ 之间的关系，再将等式两边求导得到概率密度函数 $f_Y(y)$ 和 $f_X(x)$ 之间的关系. 前者通常需要运用分布函数的定义 $F_Y(y)=P\{Y \leqslant y\}$ 转化为"与 Y 相联系的事件的概率"，再利用 X 和 Y 之间的函数关系将其转化为"与 X 相联系的事件的概率"，即 X 的分布函数.

记随机变量 X 和 $Y=g(X)$ 的分布函数分别为 $F_X(x)$ 和 $F_Y(y)$、概率密度分别为 $f_X(x)$ 和 $f_Y(y)$. 则：

(1) 给出 $Y=g(X)$ 的取值范围.

(2) 在 $-\infty < y < +\infty$ 范围内分情况讨论：

① 当 $y \leqslant \min g(X)$ 时，根据分布函数的定义得 $F_Y(y)=P\{Y \leqslant y\}=0$，此时 $f_Y(y)=0$.

② 当 $y \geqslant \max g(X)$ 时，根据分布函数的定义得 $F_Y(y)=P\{Y \leqslant y\}=1$，此时 $f_Y(y)=0$.

③ 当 $\min g(X) < y < \max g(X)$ 时，

a. 由分布函数法给出 $F_Y(y)$ 和 $F_X(x)$ 的关系：

$$F_Y(y) \xlongequal{定义} P\{Y \leqslant y\} \xlongequal{代入} P\{g(X) \leqslant y\} \xlongequal{反解} P\{X \leqslant h(y)\} \xlongequal{定义} F_X(h(y))$$

其中 $h(y)$ 是 $g(x)$ 的反函数. 如果整个区域的反函数不存在，可以分段讨论.

b. 对"$F_Y(y)$ 和 $F_X(x)$ 的关系"等式两边求导得"$f_Y(y)$ 和 $f_X(x)$ 的关系".

c. 将 $f_X(x)$ 的表达式代入"$f_Y(y)$ 和 $f_X(x)$ 的关系"，得到 $f_Y(y)$.

(3) 在 $-\infty < y < +\infty$ 范围内给出 $f_Y(y)$ 的结论.

说明：上述关键步骤"当 $\min g(X) < y < \max g(X)$ 时求 $f_Y(y)$"可以用口诀帮助记忆：a. 确定分布函数的关系；b. 求导得概率密度的关系；c. 将 $f_X(x)$ 代入.

---

2. 变量变换法

很多经典教材中还给出了另一种解题思路——变量变换法. 分布函数法与变量变换法的本质是一样的. 在计算一维随机变量函数的概率密度时，本书推荐使用分布函数法. 因为相对于分布函数法而言，①运用变量变换法存在"记错公式"的风险；②不少同学没有"检验

函数 $y=g(x)$ 是否满足公式使用的条件"的好习惯,而是直接套公式,这将失去一部分分数;③更重要的是,对于一维随机变量及其函数,分布函数法和变量变换法在掌握难度和操作复杂度方面没有显著差别.故在两种常用方法中,本书推荐使用分布函数法,而非变量变换法.然而,在一部分研究多维随机变量函数的题目中,很难运用概率性质找出随机变量 (X,Y) 及其函数 $(U(X,Y),V(X,Y))$ 之间的关系,继而建立它们分布函数之间的关系,难以使用分布函数法.在这种情况下,变量变换法就成为更好的选择,见 4.5.4 节.

解题思路：运用变量变换法,由 $f_X(x)$ 求 $f_Y(y)$.

设 X 为连续型随机变量,其概率密度为 $f_X(x)$.若 $y=g(x)$ 严格单调,其反函数 $x=h(y)$ 有一阶连续导数,则 $Y=g(X)$ 也是连续型随机变量,其概率密度为

$$f_Y(y)=\begin{cases} f_X(h(y))\,|h'(y)|, & a<y<\beta \\ 0, & \text{其他} \end{cases}$$

其中 (α,β) 为 $y=g(x)$ 的值域,具体而言,$\alpha=\min g(X),\beta=\max g(X)$.

记一记：(1) $y=g(x)$ 的值域 (α,β) 为 $\min g(X)<y<\max g(X)$.如果

$$y=g(x)\notin(\alpha,\beta)$$

则 $f_Y(y)=0$,这个结论很容易由概率密度的含义得到.

(2) 由于 $x=h(y)$,将 $f_X(h(y))|h'(y)|$ 中的 $h(y)$ 替换为 x,则 $f_X(h(y))|h'(y)|$ 可以粗略地视为 $f_X(x)\left|\dfrac{\mathrm{d}x}{\mathrm{d}y}\right|$.

3. 典型题

典型题 4.6[1995,Ⅰ]

设随机变量 X 的概率密度为 $f_X(x)=\begin{cases} \mathrm{e}^{-x}, & x\geq 0 \\ 0, & x<0 \end{cases}$,求随机变量 $Y=\mathrm{e}^X$ 的概率密度 $f_Y(y)$.

解法 1　分布函数法.

(1) 给出 $Y=g(X)$ 的取值范围.

由 $P\{X\geq 0\}=1$ 可知 $P\{Y\geq 1\}=P\{\mathrm{e}^X\geq 1\}=1$.

(2) 在 $-\infty<y<+\infty$ 范围内分情况讨论:①当 $y\leq\min g(X)$ 时,$F_Y(y)=0$.②当 $y\geq\max g(X)$ 时,$F_Y(y)=1$.③当 $\min g(X)<y<\max g(X)$ 时,分三步得到 $f_Y(y)$:a.确定分布函数的关系;b.求导得概率密度的关系;c.将 $f_X(x)$ 代入.

故:①当 $y<1$ 时,$F_Y(y)=P\{Y\leq y\}=0$,即 $f_Y(y)=0$.

②当 $y\geq 1$ 时,$F_Y(y)=P\{Y\leq y\}=P\{\mathrm{e}^X\leq y\}=P\{X\leq\ln y\}=F_X(\ln y)$.

说明:这里的 $F_X(\ln y)=\displaystyle\int_0^{\ln y}\mathrm{e}^{-x}\mathrm{d}x$ 不需要计算出来,因为后面需要对 $F_Y(y)$ 求导,求导后即可消去积分符号.

等式两端求导得 $f_Y(y)=F_Y'(y)=F_X'(\ln y)=f_X(\ln y)\cdot(\ln y)'=\mathrm{e}^{-\ln y}\cdot\dfrac{1}{y}=\dfrac{1}{y^2}$.

(3) 在 $-\infty<y<+\infty$ 范围内给出 $f_Y(y)$ 的结论.

可得 $f_Y(y)=\begin{cases} \dfrac{1}{y^2}, & y\geq 1 \\ 0, & y<1 \end{cases}$.

解法 2　变量变换法.

（1）验证函数 $Y = g(X)$ 是否满足公式条件.

由题意，X 为连续型随机变量，概率密度为 $f_X(x)$. 函数 $y = g(x) = \mathrm{e}^x$ 严格单调，其反函数 $x = h(y) = \ln y$ 有一阶连续导数.

（2）代入公式 $f_Y(y) = \begin{cases} f_X(h(y))|h'(y)|, & a < y < \beta \\ 0, & \text{其他} \end{cases}$.

可知 $Y = g(X)$ 也是连续型随机变量，$\alpha = \min g(X) = 1$，$\beta = \max g(X) = +\infty$. 故：

① 当 $y < 1$ 时，其概率密度为 $f_Y(y) = 0$.

② 当 $y \geqslant 1$ 时，$f_X(h(y))|h'(y)| = f_X(\ln y) \cdot \dfrac{1}{y} = \mathrm{e}^{-\ln y} \cdot \dfrac{1}{y} = \dfrac{1}{y^2}$.

（3）在 $-\infty < y < +\infty$ 范围内给出 $f_Y(y)$ 的结论.

故 Y 的概率密度为 $f_Y(y) = \begin{cases} \dfrac{1}{y^2}, & y \geqslant 1 \\ 0, & y < 1 \end{cases}$.

4.4　好用的积分技巧：伽马函数［选学］

计算一维随机变量及其函数的数学期望，经常需要使用级数或积分的技巧. 在积分过程中，我们可以充分利用概率论的性质化简计算；对于某类特殊形式的积分（被积函数为幂函数×指数函数），也可以使用伽马函数化简计算. 伽马函数常用于涉及指数分布和正态分布的函数的分布或数字特征的计算.

4.4.1　伽马函数的定义和性质

实数域上伽马函数的定义有两种常用形式：$\Gamma(x) \xlongequal{\text{模板 1}} \displaystyle\int_0^{+\infty} t^{x-1} \mathrm{e}^{-t} \mathrm{d}t \xlongequal{\text{模板 2}} 2\displaystyle\int_0^{+\infty} t^{2x-1} \mathrm{e}^{-t^2} \mathrm{d}t$，$x > 0$. 伽马函数是阶乘函数在实数域和复数域上的拓展，有递归公式

$$\Gamma(x+1) = x \cdot \Gamma(x), \quad x > 0$$

初始值：$\Gamma(1) = 1 \Rightarrow \Gamma(n) = (n-1)!$，$\Gamma\left(\dfrac{1}{2}\right) = \sqrt{\pi}$. 由此可以得到 x 为任意整数或半整数时的 $\Gamma(x)$ 值，如 $\Gamma\left(\dfrac{3}{2}\right) = \dfrac{1}{2}\Gamma\left(\dfrac{1}{2}\right) = \dfrac{\sqrt{\pi}}{2}$. 可见，伽马函数就是"**套用模板**"用递归代替了积分.

特别地，运用伽马函数可以得到几个常用结论：$\displaystyle\int_0^{+\infty} \mathrm{e}^{-x^2} \mathrm{d}x = \dfrac{\sqrt{\pi}}{2}$，$\displaystyle\int_{-\infty}^{+\infty} \mathrm{e}^{-x^2} \mathrm{d}x = \sqrt{\pi}$，

$\displaystyle\int_0^{+\infty} \mathrm{e}^{-\frac{x^2}{2}} \mathrm{d}x = \dfrac{\sqrt{2\pi}}{2}$，$\displaystyle\int_{-\infty}^{+\infty} \mathrm{e}^{-\frac{x^2}{2}} \mathrm{d}x = \sqrt{2\pi}$，$\displaystyle\int_0^{+\infty} x\,\mathrm{e}^{-\frac{x^2}{2}} \mathrm{d}x = 1$.

解题思路：运用伽马函数化简积分计算.

当被积函数是"**幂函数×指数函数**"时，运用伽马函数化简积分计算包含四个步骤：

知识点
微课程
4.1

（1）利用被积函数的奇偶性等方法将积分限化简为 $\int_0^{+\infty} * \, \mathrm{d}t$，再利用换元等方法将指数函数部分化简为 e^{-t} 或 e^{-t^2}.

（2）根据**指数函数**的形式选择模板.

① 若指数函数是 e^{-t}，选模板 1：$\Gamma(x) \xlongequal{\text{模板 1}} \int_0^{+\infty} t^{x-1} \mathrm{e}^{-t} \mathrm{d}t$，$x > 0$；

② 若指数函数是 e^{-t^2}，选模板 2：$\Gamma(x) \xlongequal{\text{模板 2}} 2\int_0^{+\infty} t^{2x-1} \mathrm{e}^{-t^2} \mathrm{d}t$，$x > 0$.

（3）将被积函数变形成模板的形式，根据**幂函数**的形式确定参数 x.

（4）利用递归公式 $\Gamma(x+1) = x \cdot \Gamma(x)$ 和初始值计算 $\Gamma(x)$.

典型题 4.7

（1）计算 $\int_0^{+\infty} \mathrm{e}^{-x^2} \mathrm{d}x$；（2）计算 $\int_0^{+\infty} x^2 \mathrm{e}^{-ax} \mathrm{d}x$，$a > 0$.

解答　（1）$\int_0^{+\infty} \mathrm{e}^{-x^2} \mathrm{d}x = \dfrac{1}{2}\Gamma\left(\dfrac{1}{2}\right) = \dfrac{\sqrt{\pi}}{2}$.

说明：上述运用伽马函数计算积分包含四个步骤.

① 利用被积函数的奇偶性等方法将积分限化简为 $\int_0^{+\infty} * \, \mathrm{d}t$，再利用换元等方法将指数函数部分化简为 e^{-t} 或 e^{-t^2}. 由于本题的指数函数是 e^{-x^2}，与 e^{-t^2} 之间仅是记号的区别，因此不需要变形.

② 根据指数函数的形式选择模板.

由于本题的指数函数是 e^{-x^2}，故选择模板 2：$\Gamma(x) = 2\int_0^{+\infty} t^{2x-1} \mathrm{e}^{-t^2} \mathrm{d}t$，$x > 0$.

③ 将被积函数变形成模板的形式，根据幂函数的形式确定参数 x.

对比原式 $\int_0^{+\infty} \mathrm{e}^{-x^2} \mathrm{d}x = \int_0^{+\infty} \mathrm{e}^{-t^2} \mathrm{d}t$ 和模板 2 可知 $t^{2x-1} = 1 \Rightarrow 2x - 1 = 0 \Rightarrow x = \dfrac{1}{2}$，即 $\int_0^{+\infty} \mathrm{e}^{-x^2} \mathrm{d}x = \dfrac{1}{2}\Gamma\left(\dfrac{1}{2}\right)$.

④ 利用递归公式 $\Gamma(x+1) = x \cdot \Gamma(x)$ 和初始值计算 $\Gamma(x)$.

由 $\Gamma\left(\dfrac{1}{2}\right) = \sqrt{\pi}$ 可知，原式等于 $\dfrac{\sqrt{\pi}}{2}$.

（2）$\int_0^{+\infty} x^2 \mathrm{e}^{-ax} \mathrm{d}x = \dfrac{1}{a^3}\int_0^{+\infty} y^2 \mathrm{e}^{-y} \mathrm{d}y = \dfrac{1}{a^3}\Gamma(3) = \dfrac{2!}{a^3} = \dfrac{2}{a^3}$.

说明：上述运用伽马函数计算积分包含四个步骤.

① 利用被积函数的奇偶性等方法将积分限化简为 $\int_0^{+\infty} * \, \mathrm{d}t$，再利用换元等方法将指数函数部分化简为 e^{-t} 或 e^{-t^2}. 记 $y = ax$，换元得 $\int_0^{+\infty} x^2 \mathrm{e}^{-ax} \mathrm{d}x = \dfrac{1}{a^3}\int_0^{+\infty} y^2 \mathrm{e}^{-y} \mathrm{d}y$.

② 根据指数函数的形式选择模板.

由于本题的指数函数是 e^{-y}，故选择模板 1：$\Gamma(x) = \int_0^{+\infty} t^{x-1} \mathrm{e}^{-t} \mathrm{d}t$，$x > 0$.

③ 将被积函数变形成模板的形式,根据幂函数的形式确定参数 x.

对比 $\int_0^{+\infty} y^2 e^{-y} dy = \int_0^{+\infty} t^2 e^{-t} dt$ 和模板 1 可知 $t^{x-1}=t^2 \Rightarrow x-1=2 \Rightarrow x=3$,即 $\int_0^{+\infty} y^2 e^{-y} dy = \Gamma(3)$.

④ 利用递归公式 $\Gamma(x+1)=x \cdot \Gamma(x)$ 和初始值计算 $\Gamma(x)$.

由伽马函数在整数时的取值结论 $\Gamma(n)=(n-1)!$ 可知 $\Gamma(3)=2!=2$. 故原式等于 $\dfrac{2}{\alpha^3}$.

说明：注意到,伽马函数两种模板的积分限都是 $\int_0^{+\infty} * dt$. 因此,伽马函数主要适用于积分限为 $\int_0^{+\infty} * dt$ 或 $\int_{-\infty}^{+\infty} * dt$ 的积分计算. 而对于积分限为 $\int_a^b * dt$ 的情况,需要灵活采用其他的积分技巧. 例如：

(1) 可以将 $\int_a^b e^{-x^2} dx$ 中的被积函数与正态分布 $N(\mu, \sigma^2)$ 的概率密度建立联系,再运用正态分布的性质得出结论. 结论通常需要用标准正态分布的分布函数 $\Phi(\cdot)$ 表示. 具体而言,记 $X \sim N\left(0, \dfrac{1}{2}\right)$,则 X 的概率密度为 $f_X(x) = \dfrac{1}{\sqrt{\pi}} e^{-x^2}$. 因此,

$$\int_a^b e^{-x^2} dx = \sqrt{\pi}\int_a^b f_X(x) dx = \sqrt{\pi}\left[P\{X \leqslant b\} - P\{X < a\}\right]$$
$$= \sqrt{\pi}\left[P\left\{\dfrac{X}{\sqrt{1/2}} \leqslant \dfrac{b}{\sqrt{1/2}}\right\} - P\left\{\dfrac{X}{\sqrt{1/2}} < \dfrac{a}{\sqrt{1/2}}\right\}\right] = \sqrt{\pi}\left[\Phi\left(\dfrac{b}{\sqrt{1/2}}\right) - \Phi\left(\dfrac{a}{\sqrt{1/2}}\right)\right]$$
$$= \sqrt{\pi}\left[\Phi(\sqrt{2}b) - \Phi(\sqrt{2}a)\right]$$

(2) $\int_a^b x^2 e^{-ax} dx$ 可以两次使用分部积分法(对幂函数求导、对指数函数积分)来计算.

4.4.2 运用伽马函数化简积分计算

计算一维随机变量及其函数的数学期望,一般直接使用表 2.3 中的定义和公式. 但在计算过程中有时需要用到伽马函数等较复杂的积分技巧,或者需要灵活运用概率性质化简积分计算.

典型题 4.8［2013,Ⅲ］

设随机变量 X 服从标准正态分布 $N(0,1)$,则 $E(Xe^{2X})=$_____.

解法 1 基于微积分的方法(运用伽马函数化简积分计算).

根据随机变量函数的数学期望的定义得

$$E(Xe^{2X}) = \int_{-\infty}^{+\infty} xe^{2x} \cdot \varphi(x) dx = \int_{-\infty}^{+\infty} xe^{2x} \cdot \dfrac{1}{\sqrt{2\pi}} e^{-\frac{x^2}{2}} dx = \dfrac{e^2}{\sqrt{2\pi}} \int_{-\infty}^{+\infty} xe^{-\frac{(x-2)^2}{2}} dx$$

$$= \frac{e^2}{\sqrt{2\pi}}\left[\int_{-\infty}^{+\infty}(x-2)e^{-\frac{(x-2)^2}{2}}dx+2\int_{-\infty}^{+\infty}e^{-\frac{(x-2)^2}{2}}dx\right]=\frac{e^2}{\sqrt{2\pi}}\left[\int_{-\infty}^{+\infty}ye^{-\frac{y^2}{2}}dy+2\int_{-\infty}^{+\infty}e^{-\frac{y^2}{2}}dy\right]$$

$$\xrightarrow{\text{等式 6}}\frac{e^2}{\sqrt{\pi}}\cdot2\int_{-\infty}^{+\infty}e^{-z^2}dz=\frac{2e^2}{\sqrt{\pi}}\cdot2\int_{0}^{+\infty}e^{-z^2}dz\xrightarrow{\text{等式 8}}\frac{2e^2}{\sqrt{\pi}}\Gamma\left(\frac{1}{2}\right)=2e^2.$$

其中，等式 6 成立是因为 $ye^{-\frac{y^2}{2}}$ 是奇函数，故 $\int_{-\infty}^{+\infty}ye^{-\frac{y^2}{2}}dy=0$；等式 8 成立用到了伽马函数.

解法 2　基于概率论的方法（运用概率性质化简积分计算）.

根据随机变量函数的数学期望的定义得

$$E(Xe^{2X})=\int_{-\infty}^{+\infty}xe^{2x}\cdot\varphi(x)dx=\int_{-\infty}^{+\infty}xe^{2x}\cdot\frac{1}{\sqrt{2\pi}}e^{-\frac{x^2}{2}}dx=e^2\int_{-\infty}^{+\infty}x\frac{1}{\sqrt{2\pi}}e^{-\frac{(x-2)^2}{2}}dx$$

记随机变量 $Y\sim N(2,1)$，则 $\dfrac{1}{\sqrt{2\pi}}e^{-\frac{(x-2)^2}{2}}$ 可以视为 Y 的概率密度，从而 $\int_{-\infty}^{+\infty}x\dfrac{1}{\sqrt{2\pi}}e^{-\frac{(x-2)^2}{2}}dx$

视为随机变量 Y 的数学期望.

利用正态分布随机变量的数学期望的结论可知 $\int_{-\infty}^{+\infty}x\dfrac{1}{\sqrt{2\pi}}e^{-\frac{(x-2)^2}{2}}dx=E(Y)=2.$

所以 $E(Xe^{2X})=2e^2.$

答案　$2e^2$

4.5　二维随机变量(X,Y)及其函数的分布：按 X 和 Y 的类型分情况讨论

在多维随机变量中最常见的是二维随机变量 (X,Y)，根据 X 和 Y 的类型，可以得到二维随机变量 (X,Y) 的三种常见类型：①X 离散型、Y 离散型；②X 连续型、Y 离散型，即"混合型"；③X 连续型、Y 连续型. 由表 4.1 可知"混合型"包含两种情况，但由于 X 和 Y 在二维随机变量中的角色对称，故两种情况的处理方法一致.

表 4.1　二维随机变量 (X,Y) 的三种常见类型

X ＼ Y	离　散　型	连　续　型
离散型	二维离散型随机变量	混合型
连续型	混合型	二维连续型随机变量

4.5.1　命题规律：二维随机变量怎么考？

你有没有产生过这样的困惑："老师怎么会想出这么稀奇古怪的题目呢？"事实上，"换位思考"可以帮助我们更好地探索命题规律.

1. 常见命题思路

如果你是命题老师，如何在一道二维随机变量的题目中尽量充分地考查学生各方面的知识呢？

知识点
微课程
4.2

（1）考查**分布法**的工具．比如，联合分布律、边缘分布函数、条件概率密度等，进一步还可以计算与随机变量相联系的事件的概率．

（2）考查**数字特征法**的工具．包括数学期望、方差、协方差、相关系数、随机变量函数的期望等．最常考查的是相关系数，因为相关系数 ρ_{XY} 的计算过程中包含数学期望、方差和协方差的计算；而且 $\rho_{XY}=0$ 等价于随机变量**不相关**．

（3）考查**独立性**．注意到：$\rho_{XY}\neq0\Leftrightarrow X$ 和 Y 相关（存在线性关系）$\Rightarrow X$ 和 Y 不独立（存在关系）．所以如果一道题目先后考查相关系数 ρ_{XY} 和独立性，**通常** $\rho_{XY}=0$，继而需要运用分布函数等工具分析 X 和 Y 的独立性．

2. 各类问题的常见解题思路

下面以"X 和 Y 都是**离散型**随机变量"的情况为例，分析各类问题的常见解题思路．当 X 和 Y 都是离散型随机变量时，通常先写出 X 和 Y 的联合分布律（**二维数表**）；再计算行和（列和）得到边缘分布律；由此可以再分析条件分布律、数字特征和独立性．

-引例4.9- 已知随机变量 X 和 Y 的概率分布分别为 $X\sim\begin{bmatrix}-1 & 0 & 1 \\ \dfrac{1}{4} & \dfrac{1}{2} & \dfrac{1}{4}\end{bmatrix}$，

$Y\sim\begin{bmatrix}0 & 1 \\ \dfrac{1}{2} & \dfrac{1}{2}\end{bmatrix}$，而且 $P\{XY=0\}=1$．

（1）求 X 和 Y 的联合分布，并计算 $P\{X+Y=1\}$．

（2）求 X 和 Y 的相关系数 ρ_{XY}．X 和 Y 是否相关？

（3）X 和 Y 是否独立？为什么？

第（1）小问的分析：二维离散型随机变量(X,Y)的联合分布律，就是(X,Y)的所有可能取值对及其对应概率．本书推荐使用二维数表展示，并写出行和、列和，也就是边缘分布律．

图 4.3 展示了如何逐步完善联合分布律（有点像玩数独，逐步击破）．为了保持卷面简洁，分析过程通常在**草稿纸**上完成．解题过程可以直接在**答题纸**上给出联合分布表格作为结论．

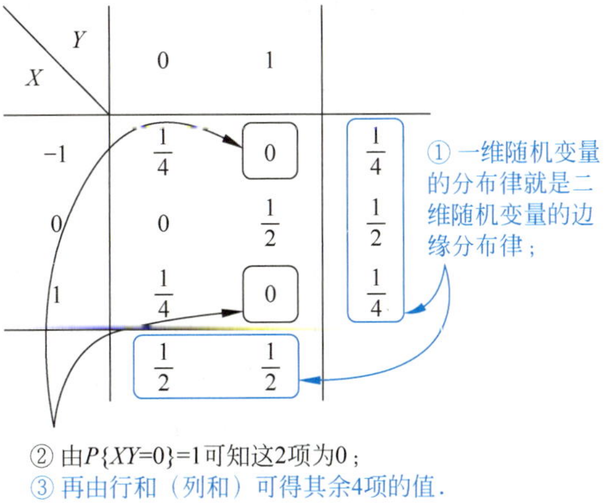

② 由$P\{XY=0\}=1$可知这2项为0；
③ 再由行和（列和）可得其余4项的值．

图 4.3 联合分布表格的分析过程

进一步还可以计算与随机变量相联系的事件的概率. 由于 X 的所有可能取值是 $\{-1,0,1\}$、Y 的所有可能取值是 $\{0,1\}$，故随机事件 $\{X+Y=1\}$ 只有两种情况 $\{X=0,Y=1\}$ 和 $\{X=1,Y=0\}$，且这两种情况互不相容，故运用概率的有限可加性可知

$$P\{X+Y=1\}=P\{X=0,Y=1\}+P\{X=1,Y=0\}$$

第（1）小问的解答：由题意，X 和 Y 的联合分布为

X \ Y	0	1	
-1	$\dfrac{1}{4}$	0	$\dfrac{1}{4}$
0	0	$\dfrac{1}{2}$	$\dfrac{1}{2}$
1	$\dfrac{1}{4}$	0	$\dfrac{1}{4}$
	$\dfrac{1}{2}$	$\dfrac{1}{2}$	

因此，$P\{X+Y=1\}=P\{X=0,Y=1\}+P\{X=1,Y=0\}=\dfrac{1}{2}+\dfrac{1}{4}=\dfrac{3}{4}$.

第（2）小问的分析：随机变量 X 和 Y 的相关性是用相关系数 ρ_{XY} 刻画的.

具体而言，X 和 Y 不相关 $\Leftrightarrow$ 相关系数 $\rho_{XY}=0\Leftrightarrow$ 协方差 $\text{Cov}(X,Y)=0$.

随机变量 X 和 Y 的相关系数为 $\rho_{XY}=\dfrac{\text{Cov}(X,Y)}{\sqrt{D(X)}\,\sqrt{D(Y)}}$，可见需要先计算协方差 $\text{Cov}(X,Y)=E(XY)-E(X)E(Y)$、方差 $D(X)=E(X^2)-E(X)^2$ 和方差 $D(Y)=E(Y^2)-E(Y)^2$. 而在解题过程中，通常先计算 $E(X)$、$E(X^2)$、$E(Y)$、$E(Y^2)$、$E(XY)$、$D(X)$、$D(Y)$、$\text{Cov}(X,Y)$ 等，最后在公式中一气呵成地组装，并得出 ρ 的值. 其中，可以用三种方法计算 $E(XY)$.

方法 1：运用二维随机变量 (X,Y) 的函数 $Z=g(X,Y)$ 的数学期望公式 $E(g(X,Y))=\sum\limits_{j\geqslant 1}\sum\limits_{i\geqslant 1}g(x_i,y_j)p_{ij}$ 计算.

$$
\begin{aligned}
E(XY) &= \sum_{j=1}^{2}\sum_{i=1}^{3}x_iy_jp_{ij} \\
&= (-1)\times 0\times P\{X=-1,Y=0\} \\
&\quad +0\times 0\times P\{X=0,Y=0\} \\
&\quad +1\times 0\times P\{X=1,Y=0\} \\
&\quad +(-1)\times 1\times P\{X=-1,Y=1\} \\
&\quad +0\times 1\times P\{X=0,Y=1\} \\
&\quad +1\times 1\times P\{X=1,Y=1\} \\
&= 0+0+0+0+0+0=0
\end{aligned}
$$

方法 2：注意到函数 $Z=g(X,Y)$ 是一维随机变量，故可以先给出 Z 的分布律，再运用

随机变量的数学期望公式 $E(Z) = \sum\limits_{i \geqslant 1} z_i p_i$ 计算.

(X,Y)	$(-1,0)$	$(0,0)$	$(1,0)$	$(-1,1)$	$(0,1)$	$(1,1)$
P	$\dfrac{1}{4}$	0	$\dfrac{1}{4}$	0	$\dfrac{1}{2}$	0
XY	0	0	0	-1	0	1

故 $E(XY) = 0 \times \dfrac{1}{4} + 0 \times 0 + 0 \times \dfrac{1}{4} + (-1) \times 0 + 0 \times \dfrac{1}{2} + 1 \times 0 = 0$.

注意，这里不需要再整理出 Z 的分布律 $Z \sim \begin{bmatrix} -1 & 0 & 1 \\ 0 & 1 & 0 \end{bmatrix}$. 因为根据公式 $E(Z) = \sum\limits_{i \geqslant 1} z_i p_i$

计算数学期望时会自动合并相应的项.

方法 3：运用本题的特殊条件计算. 本题已知 $P\{XY=0\}=1$，故 $E(XY)=0$.

第(2)小问的解答[普适]：由 X 和 Y 的分布律以及(X,Y)的联合分布律可知

$$E(X) = (-1) \times P\{X=-1\} + 0 \times P\{X=0\} + 1 \times P\{X=1\}$$

$$= (-1) \times \frac{1}{4} + 0 \times \frac{1}{2} + 1 \times \frac{1}{4} = 0$$

$$E(X^2) = (-1)^2 \times P\{X=-1\} + 0^2 \times P\{X=0\} + 1^2 \times P\{X=1\}$$

$$= (-1)^2 \times \frac{1}{4} + 0^2 \times \frac{1}{2} + 1^2 \times \frac{1}{4} = \frac{1}{2}$$

$$E(Y) = 0 \times P\{Y=0\} + 1 \times P\{Y=1\} = 0 \times \frac{1}{2} + 1 \times \frac{1}{2} = \frac{1}{2}$$

$$E(Y^2) = 0^2 \times P\{Y=0\} + 1^2 \times P\{Y=1\} = 0^2 \times \frac{1}{2} + 1^2 \times \frac{1}{2} = \frac{1}{2}$$

由于 $P\{XY=0\}=1$，故 $E(XY)=0$，可得

$$D(X) = E(X^2) - E(X)^2 = \frac{1}{2} - 0^2 = \frac{1}{2}$$

$$D(Y) = E(Y^2) - E(Y)^2 = \frac{1}{2} - \left(\frac{1}{2}\right)^2 = \frac{1}{4}$$

$$\text{Cov}(X,Y) = E(XY) - E(X)E(Y) = 0 - 0 \times \frac{1}{2} = 0$$

故 X 和 Y 的相关系数为 $\rho_{XY} = \dfrac{\text{Cov}(X,Y)}{\sqrt{D(X)}\sqrt{D(Y)}} = 0$. 因此 X 和 Y 不相关.

第(2)小问的进一步分析：注意到，由于分子部分的 $\text{Cov}(X,Y)=0$，故不需要计算分母部分的 $D(X)$ 和 $D(Y)$. 事实上 $\text{Cov}(X,Y)=0 \Leftrightarrow \rho_{XY}=0$. 进一步，由于 $E(X)=0$，且 $E(Y)$ 必然有限，故必然有 $E(X)E(Y)=0$. 可见，也不需要计算 $E(Y)$. 特别是当 $E(Y)$ 的计算比较烦琐时，这个简化将大大节省解题时间. 在实际操作中，推荐先在草稿纸上计算 $E(X)$，$E(XY)$ 和 $\text{Cov}(X,Y)=E(XY)-E(X)E(Y)$，看看是否能够简化计算步骤.

第(2)小问的解答[改进]：由 X 的分布律可知

$$E(X) = (-1) \times P\{X=-1\} + 0 \times P\{X=0\} + 1 \times P\{X=1\}$$

$$= (-1) \times \frac{1}{4} + 0 \times \frac{1}{2} + 1 \times \frac{1}{4} = 0.$$

又由于 $P\{XY=0\}=1$，故 $E(XY)=0$. 可得 $\mathrm{Cov}(X,Y)=E(XY)-E(X)E(Y)=0$. 故 X 和 Y 的相关系数为 $\rho_{XY}=\dfrac{\mathrm{Cov}(X,Y)}{\sqrt{D(X)}\sqrt{D(Y)}}=0$. 因此 X 和 Y 不相关.

第 (3) 小问的分析：2.6.4 节给出了"多维随机变量独立性"的定义. 其中，离散型随机变量 X 和 Y 相互独立定义为，对于**任意** x_i 和 y_j，有

$$P\{X=x_i,Y=y_j\}=P\{X=x_i\}P\{Y=y_j\}$$

可见，此时要证明 X 和 Y 不独立，只需要**找到一对** x_i 和 y_j，使得

$$P\{X=x_i,Y=y_j\}\neq P\{X=x_i\}P\{Y=y_j\}$$

即可.

第 (3) 小问的解答：由 X 和 Y 的联合分布可知

$$P\{X=0,Y=0\}=0\neq P\{X=0\}P\{Y=0\}=\frac{1}{4}$$

因此 X 和 Y 不独立.

第 (3) 小问的进一步分析：怎样研究随机变量 X 和 Y 的独立性？［选学］

本部分讨论"独立性"问题涉及的各种情况及相应的解题方法，内容略显啰唆. 但这部分内容可以帮助大家理解为什么本书会推荐图 4.4 中的解题思路.

(1) **分布法**. 2.6.4 节给出了"多维随机变量独立性"的定义. 对于二维随机变量 (X,Y)，分布法的三个工具都可以用于刻画 X 和 Y 的独立性，且都符合"**联合 ** ＝ 边缘 ** × 边缘 ****"的形式. 下面从**研究对象**出发，分情况讨论.

① 对于二维**离散**型随机变量 (X,Y)，若对任意 x_i 和 y_j，有

$$P\{X=x_i,Y=y_j\}=P\{X=x_i\}P\{Y=y_j\}$$

则称随机变量 X 和 Y 相互独立. 可见，要证明 X 和 Y 不独立，只需要找到一对 x_i 和 y_j，使得 $P\{X=x_i,Y=y_j\}\neq P\{X=x_i\}P\{Y=y_j\}$. 但要证明 X 和 Y 独立，需要遍历所有的 x_i 和 y_j，十分烦琐，并不适合出现在试题中. 所以对于离散型随机变量，证明目标通常是"证明 X 与 Y 不独立".

② 对于二维**连续**型随机变量 (X,Y)，若对任意 x 和 y，有 $f(x,y)=f_X(x)f_Y(y)$ **几乎处处成立**，则称随机变量 X 和 Y 相互独立. 由于涉及"几乎处处"（"几乎处处"是测度论中的概念，见 2.6.4 节），对于一般的连续型随机变量，并不能通过找到一对 x 和 y，使得 $f(x,y)\neq f_X(x)f_Y(y)$ 来证明 X 和 Y 不独立. 此时，通常需要用分布函数来"证明 X 和 Y 不独立"，详见③.

当然，除了"使用**分布函数**证明**不独立**"的常见情况外，这里还涉及两种特殊情况. **情况 1**：若 $f(x,y)$ 可以拆分为 $f_X(x)$ 乘以 $f_Y(y)$，即 $f(x,y)=f_X(x)f_Y(y)$，则 X 和 Y **独立**. 例如，典型题 3.32 对二维正态分布 $(X,Y)\sim N(\mu_1,\mu_2;\sigma_1^2,\sigma_2^2;\rho)$，通过在 $\rho=0$ 时将 $f(x,y)$ 拆分为 $f_X(x)f_Y(y)$，证明了"参数 $\rho=0\Rightarrow X$ 和 Y 相互独立". **情况 2**：当 $f_X(x)$，$f_Y(y)$，$f(x,y)$ 都是**连续函数**时，如果找到一对 x 和 y，使得 $f(x,y)\neq f_X(x)f_Y(y)$，则 X 和 Y 不独立. 这是因为，对于连续函数，如果存在一对 x 和 y，使得 $f(x,y)\neq f_X(x)f_Y(y)$，则必有 (x,y) 周围的"非零测"的"取值对"使得等式 $f(x,y)=f_X(x)f_Y(y)$ 不成立，无法满足"几乎处处"的要求.

③ 对于**任意**二维随机变量 (X,Y)，若对任意 x 和 y，有 $F(x,y)=F_X(x)F_Y(y)$，则称随机变量 X 和 Y 相互独立. 可见，要证明 X 和 Y 不独立，只需要找到一对 x 和 y，使得 $P\{X\leqslant x,Y\leqslant y\}\neq P\{X\leqslant x\}P\{Y\leqslant y\}$，即 $F(x,y)\neq F_X(x)F_Y(y)$. 选择 x 和 y 时，尽量避开

取值区间的端点和对称轴.但要证明 X 和 Y 独立,需要遍历所有的 x 和 y,无法实现.所以,除"$f_X(x),f_Y(y),f(x,y)$是连续函数"的特殊情况外,证明目标通常是"证明 X 与 Y 不独立".

（2）**数字特征法**.独立性是由分布法的工具刻画的,但分布法的工具操作起来比较复杂.在某些特殊情况下,可以用数字特征法的工具研究独立性,大大简化运算.

① 由于"独立⇒不相关",因此可以通过计算 $\mathrm{Cov}(X,Y)=E(XY)-E(X)E(Y)\neq0$ 证明 X 与 Y 不独立.事实上,若 $\mathrm{Cov}(X,Y)\neq0$,则相关系数 $\rho_{XY}\neq0$.这意味着 X 和 Y 相关（存在线性关系）,因此 X 与 Y 不独立（存在关系）.

② 当(X,Y)是二维正态分布随机变量时,X 和 Y 相互独立⇔X 和 Y 不相关⇔$\rho=\rho_{XY}=0$.因此,若 $\mathrm{Cov}(X,Y)=0$,则相关系数 $\rho_{XY}=0$,X 与 Y 独立.

进一步地,若常数 a,b,c,d 满足 $\begin{vmatrix} a & b \\ c & d \end{vmatrix}\neq0$,则$(aX+bY,cX+dY)$也服从二维正态分布.因此,可以通过计算 $\mathrm{Cov}(aX+bY,cX+dY)=0$ 证明 $aX+bY$ 和 $cX+dY$ 相互独立,参见典型题 3.38.

第（3）小问的进一步分析：研究随机变量 X 和 Y 独立性的解题思路

经过前面的分析,排除不适合出现在试题中的情况,本书推荐利用如图 4.4 所示的解题思路研究随机变量 X 和 Y 的独立性.

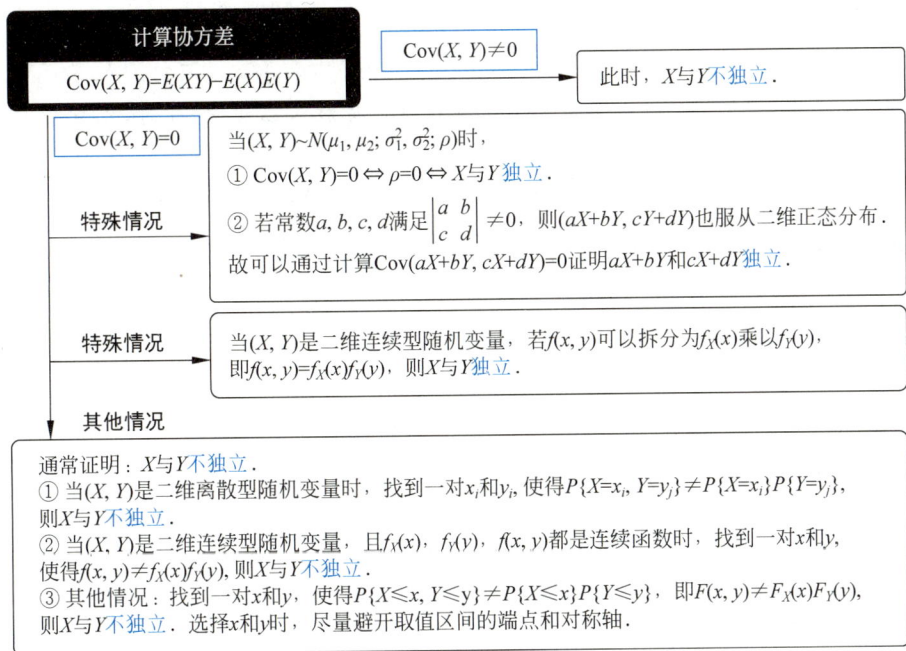

图 4.4　研究随机变量 X 和 Y 独立性的解题思路

4.5.2　X 离散型、Y 离散型

下面的两道典型题都是填空题,但推荐按照计算题的方法逐步计算.即先给出联合分布律表格,再计算相关系数.事实上,这套解题流程需要花费的时间并不长.探索所谓"快速解题技巧"反而浪费时间且容易出错.

典型题 4.10[2021，Ⅰ & Ⅲ]

甲、乙两个盒子中各装有 2 个红球和 2 个白球，先从甲盒中任取一球，观察颜色后放入乙盒中，再从乙盒中任取一球. 令 X,Y 分别表示从甲盒和乙盒中取到的红球个数，则 X 与 Y 的相关系数为_____.

解答　说明：虽然本题仅是一道填空题，但推荐按照二维离散型随机变量的经典解题思路求解、步步为营，而非探索所谓快速解题的技巧，或者凭直觉填写答案.

(1) 运用二维随机变量(离散型×离散型)的解题思路，首先给出 X 与 Y 的联合分布律(所有可能取值对及其对应的概率)，并通过"行和""列和"计算出边缘分布律.

由题意，二维离散型随机变量 (X,Y) 的所有可能取值对及其对应概率为

$$P\{X=0,Y=0\}=P\{X=0\}P\{Y=0\mid X=0\}=\frac{1}{2}\times\frac{3}{5}=\frac{3}{10}$$

$$P\{X=1,Y=0\}=P\{X=1\}P\{Y=0\mid X=1\}=\frac{1}{2}\times\frac{2}{5}=\frac{2}{10}$$

$$P\{X=0,Y=1\}=P\{X=0\}P\{Y=1\mid X=0\}=\frac{1}{2}\times\frac{2}{5}=\frac{2}{10}$$

$$P\{X=1,Y=1\}=P\{X=1\}P\{Y=1\mid X=1\}=\frac{1}{2}\times\frac{3}{5}=\frac{3}{10}$$

说明：这里仅给出第一个式子的分析. 随机事件 $\{X=0,Y=0\}$ 意味着：①从甲盒中取到了白球，概率为 $P\{X=0\}=\frac{2}{2+2}=\frac{1}{2}$；②将这个白球放入乙盒中，此时，乙盒中有 2 个红球和 3 个白球；③从乙盒中取到了白球，概率为 $P\{Y=0\mid X=0\}=\frac{3}{2+3}=\frac{3}{5}$.

因此，二维离散型随机变量 (X,Y) 的联合分布律及边缘分布律为

X \ Y	0	1	
0	$\frac{3}{10}$	$\frac{2}{10}$	$\frac{1}{2}$
1	$\frac{2}{10}$	$\frac{3}{10}$	$\frac{1}{2}$
	$\frac{1}{2}$	$\frac{1}{2}$	

(2) 运用相关系数的定义 $\rho_{XY}=\dfrac{\mathrm{Cov}(X,Y)}{\sqrt{D(X)}\sqrt{D(Y)}}$、方差的计算式 $D(X)=E(X^2)-E(X)^2$ 和协方差的计算式 $\mathrm{Cov}(X,Y)=E(XY)-E(X)E(Y)$ 计算 X 与 Y 的相关系数. 通常先将各种细节计算清楚，再全部代入相关系数的定义式，"一气呵成"地给出结论.

由 (X,Y) 的联合分布律及边缘分布律得

$$E(X)=E(Y)=\frac{1}{2},\quad E(X^2)=E(Y^2)=\frac{1}{2},\quad E(XY)=\frac{3}{10}$$

$$D(X)=D(Y)=E(X^2)-E(X)^2=\frac{1}{4}$$

$$\mathrm{Cov}(X,Y)=E(XY)-E(X)E(Y)=\frac{3}{10}-\frac{1}{2}\times\frac{1}{2}=\frac{1}{20}$$

可见 X 与 Y 的相关系数为 $\rho_{XY}=\dfrac{\mathrm{Cov}(X,Y)}{\sqrt{D(X)}\sqrt{D(Y)}}=\dfrac{1/20}{\sqrt{1/4}\sqrt{1/4}}=\dfrac{1}{5}.$

答案　$\dfrac{1}{5}$

典型题 4.11

有两枚大小和材质完全相同的硬币. 一枚是普通硬币, 两面分别是字面和花面, 抛掷后字面向上的概率为 $\dfrac{1}{2}$；一枚是魔术硬币, 两面都是字面. 现从中随机抽取一枚, 抛掷两次. 记

$$X_i=\begin{cases}1,&\text{第 } i \text{ 次抛掷字面向上}\\0,&\text{其他}\end{cases},i=1,2,\text{则 } X_1 \text{ 与 } X_2 \text{ 的相关系数为}\underline{\hspace{2cm}}.$$

说明：你是否觉得两次抛掷的结果应该是相互独立的? 如果 X_1 与 X_2 相互独立, 则必然有 X_1 与 X_2 的相关系数为 0. 下面运用相关系数的定义和性质严格计算, 看看这种直觉是否准确吧!

解答　(1) 运用二维随机变量(离散型×离散型)的解题思路, 首先给出 X_1 与 X_2 的联合分布律(所有可能取值对及其对应的概率), 并计算出边缘分布律.

记随机事件 $B=\{$抽中普通硬币$\}$, 则 $\bar{B}=\{$抽中魔术硬币$\}$. 则

$$\begin{aligned}P\{X_1=1,X_2=1\}&=P(B)P\{X_1=1,X_2=1\mid B\}+P(\bar{B})P\{X_1=1,X_2=1\mid\bar{B}\}\\&=\frac{1}{2}\times\frac{1}{2}\times\frac{1}{2}+\frac{1}{2}\times1\times1=\frac{5}{8}\end{aligned}$$

$$\begin{aligned}P\{X_1=1,X_2=0\}&=P(B)P\{X_1=1,X_2=0\mid B\}+P(\bar{B})P\{X_1=1,X_2=0\mid\bar{B}\}\\&=\frac{1}{2}\times\frac{1}{2}\times\frac{1}{2}+\frac{1}{2}\times1\times0=\frac{1}{8}\end{aligned}$$

$$\begin{aligned}P\{X_1=0,X_2=1\}&=P(B)P\{X_1=0,X_2=1\mid B\}+P(\bar{B})P\{X_1=0,X_2=1\mid\bar{B}\}\\&=\frac{1}{2}\times\frac{1}{2}\times\frac{1}{2}+\frac{1}{2}\times0\times1=\frac{1}{8}\end{aligned}$$

$$\begin{aligned}P\{X_1=0,X_2=0\}&=P(B)P\{X_1=0,X_2=0\mid B\}+P(\bar{B})P\{X_1=0,X_2=0\mid\bar{B}\}\\&=\frac{1}{2}\times\frac{1}{2}\times\frac{1}{2}+\frac{1}{2}\times0\times0=\frac{1}{8}\end{aligned}$$

故 X_1 与 X_2 的联合分布律和边缘分布律为

X_1 \ X_2	0	1	
0	$\dfrac{1}{8}$	$\dfrac{1}{8}$	$\dfrac{1}{4}$
1	$\dfrac{1}{8}$	$\dfrac{5}{8}$	$\dfrac{3}{4}$
	$\dfrac{1}{4}$	$\dfrac{3}{4}$	

（2）运用相关系数的定义 $\rho_{X_1 X_2}=\dfrac{\mathrm{Cov}(X_1,X_2)}{\sqrt{D(X_1)}\sqrt{D(X_2)}}$、方差的计算式 $D(X)=E(X^2)-$ $E(X)^2$ 和协方差的计算式 $\mathrm{Cov}(X_1,X_2)=E(X_1 X_2)-E(X_1)E(X_2)$ 计算 X_1 与 X_2 的相关系数. 为了保证卷面的美观和流畅，通常先将各种细节计算清楚，再全部代入相关系数的定义式，"一气呵成"地给出结论.

$$E(X_1)=E(X_2)=0\times\frac{1}{4}+1\times\frac{3}{4}=\frac{3}{4}$$

$$E(X_1^2)=E(X_2^2)=0^2\times\frac{1}{4}+1^2\times\frac{3}{4}=\frac{3}{4}$$

$$E(X_1 X_2)=0\times\left(\frac{1}{8}+\frac{1}{8}+\frac{1}{8}\right)+1\times\frac{5}{8}=\frac{5}{8}$$

$$D(X_1)=E(X_1^2)-E(X_1)^2=\frac{3}{4}-\left(\frac{3}{4}\right)^2=\frac{3}{16}$$

$$\mathrm{Cov}(X_1,X_2)=E(X_1 X_2)-E(X_1)E(X_2)=\frac{5}{8}-\frac{3}{4}\times\frac{3}{4}=\frac{1}{16}$$

$$\rho_{X_1 X_2}=\frac{\mathrm{Cov}(X_1,X_2)}{\sqrt{D(X_1)}\sqrt{D(X_2)}}=\frac{\frac{1}{16}}{\sqrt{\frac{3}{16}}\sqrt{\frac{3}{16}}}=\frac{1}{3}$$

答案 $\dfrac{1}{3}$

说明：这个结论有没有让你感到意外呢？相关系数 $\rho_{X_1 X_2}\neq 0$，意味着随机变量 X_1 与 X_2 一定不独立. **随机变量 X_1 与 X_2 为什么不独立呢？** 在概率统计领域有不少违反"直觉"的题目，千万不要凭直觉回答. 本题在两次抛掷硬币之前，增加了抽取硬币的环节，这使得 X_1 与 X_2 不再独立. 事实上，第一次抛硬币的结论会影响我们对"抽到的是哪个硬币"的判断(有兴趣的同学可以了解一下**贝叶斯推断**). 考虑一个极端情况：在抛硬币之前，我们对"抽到的是普通硬币"的概率估计为 $\dfrac{1}{2}$，即 $P(B)=\dfrac{1}{2}$. 如果第一次抛出花面，由于魔术硬币根本没有花面，所以由此可知抽到的必然是普通硬币，即 $P\{B|X_1=0\}=1$. 粗略地讲，这将影响我们对第二次抛出字面的概率的估计，因此随机变量 X_1 与 X_2 不再独立了.

4.5.3 X 连续型、Y 离散型

对于离散型随机变量与连续型随机变量的混合型题目，可以考虑将离散型随机变量的几种取值作为**全概率公式**中的划分，进行**分情况讨论**.

典型题 4.12$\big[$2019，Ⅰ & Ⅲ$\big]$

设随机变量 X 与 Y 相互独立，X 服从参数为 1 的指数分布，Y 的概率分布为 $P\{Y=-1\}=p$，$P\{Y=1\}=1-p$，$0<p<1$. 令 $Z=XY$.

（1）求 Z 的概率密度.

(2) p 为何值时,X 与 Z 不相关?

(3) X 与 Z 是否相互独立?

解答 (1) 求 Z 的概率密度.

① 运用分布函数法求解随机变量函数 $Z=g(X,Y)=XY$ 的概率密度. 基本步骤是：由分布函数的定义 $F_Z(z)=P\{Z\leqslant z\}$ 解出 Z 的分布函数,它可能是一个表达式(如本题中),也可能是 X 与 Y 的分布函数的函数；对分布函数 $F_Z(z)$ 求导,得 Z 的概率密度 $f_Z(z)$ 的表达式.

设 Z 分布函数为 $F_Z(z)$,则由分布函数的定义可知 $F_Z(z)=P\{Z\leqslant z\}=P\{XY\leqslant z\}$.

② 本题中 Y 是离散型随机变量,只有两种可能的取值；而 X 是连续型随机变量. 可见,本题属于"离散型随机变量与连续型随机变量的混合型题目". 可以将离散型随机变量 Y 的两种取值作为全概率公式中的划分,进行分情况讨论.

注意到,Y 只有两种可能的取值. 故由全概率公式可知

$$F_Z(z)=P\{XY\leqslant z\}$$

$$\xrightarrow[\text{分情况讨论}]{\text{全概率公式}} P\{Y=-1\}P\{XY\leqslant z\mid Y=-1\}+P\{Y=1\}P\{XY\leqslant z\mid Y=1\}$$

$$=p\cdot P\{X\geqslant -z\}+(1-p)\cdot P\{X\leqslant z\}$$

③ 进一步计算 $P\{X\geqslant -z\}$ 和 $P\{X\leqslant z\}$. 由于 X 服从指数分布,它的概率密度是分段函数(当 $x<0$ 时,$f_X(x)=0$),故需要针对 $z<0$ 和 $z\geqslant 0$ 分情况讨论.

a. 当 $z<0$ 时,$P\{X\geqslant -z\}=\displaystyle\int_{-z}^{+\infty}\mathrm{e}^{-x}\mathrm{d}x=\mathrm{e}^{z}$,$P\{X\leqslant z\}=0$. 此时 $F_Z(z)=p\mathrm{e}^{z}$.

b. 当 $z\geqslant 0$ 时,$P\{X\geqslant -z\}=1$,$P\{X\leqslant z\}=\displaystyle\int_{0}^{z}\mathrm{e}^{-x}\mathrm{d}x=1-\mathrm{e}^{-z}$.

此时 $F_Z(z)=p+(1-p)(1-\mathrm{e}^{-z})$.

可见,Z 的分布函数为

$$F_Z(z)=\begin{cases} p\mathrm{e}^{z}, & z<0 \\ p+(1-p)(1-\mathrm{e}^{-z}), & z\geqslant 0 \end{cases}$$

由此,Z 的概率密度函数为

$$f_Z(z)=\begin{cases} p\mathrm{e}^{z}, & z<0 \\ (1-p)\mathrm{e}^{-z}, & z\geqslant 0 \end{cases}$$

(2) p 为何值时,X 与 Z 不相关?

说明：要确定参数 p 的取值使得 X 与 Z 不相关,只需要确定参数 p 使得相关系数 $\rho_{XZ}=\dfrac{\mathrm{Cov}(X,Z)}{\sqrt{D(X)}\sqrt{D(Z)}}=0$. 在实际操作中,只需要计算协方差 $\mathrm{Cov}(X,Z)=E(XZ)-E(X)E(Z)$,不需要计算 $D(X)$ 和 $D(Z)$,因为 $\mathrm{Cov}(X,Z)-0\Leftrightarrow\rho_{XZ}=0$.

只需计算 X 与 Z 的协方差即可. 由协方差的计算公式可知

$$\mathrm{Cov}(X,Z)\xrightarrow{\text{计算式}}E(XZ)-E(X)E(Z)\xrightarrow{\text{代入}}E(X^2Y)-E(X)E(XY)$$

$$\xrightarrow{\text{等式3}}E(X^2)E(Y)-E(X)E(X)E(Y)$$

$$\xrightarrow{\text{等式4}}[D(X)+E(X)^2]E(Y)-E(X)E(X)E(Y)\xrightarrow{\text{等式5}}1-2p$$

其中等式 3 运用性质"乘积的期望等于期望的乘积"，需要验证随机变量的独立性. 由于 X 与 Y 相互独立，故对于连续函数 $g(\cdot)$ 有 $g(X)$ 与 Y 相互独立. 可见 $E(X^2Y)=E(X^2)E(Y)$，故等式 3 成立. 由于 X 服从参数为 $\lambda=1$ 的指数分布，属于常见分布，期望和方差都可以直接使用结论：$E(X)=\dfrac{1}{\lambda}$，$D(X)=\dfrac{1}{\lambda^2}$. 通常直接使用方差的计算式计算 $E(X^2)=D(X)+E(X)^2$，故等式 4 成立. 由指数分布期望和方差的结论，知 $E(X)=1$，$D(X)=1$；再由数学期望的定义得 $E(Y)=p\times(-1)+(1-p)\times1=1-2p$，故等式 5 成立.

要使得 X 与 Z 不相关，只需 $\mathrm{Cov}(X,Z)=1-2p=0$，即 $p=\dfrac{1}{2}$.

（3）判断 X 与 Z 是否相互独立

说明：①千万不要忘记讨论 $p\neq\dfrac{1}{2}$ 的情况. 此时，X 和 Z 相关（存在线性关系），因此 X 与 Z 不独立（存在关系）. ②当 $p=\dfrac{1}{2}$ 时，X 与 Z 不相关. 这类问题优先考虑"证明 X 与 Z 不独立"，也就是找到一对 x 与 y，使得 $P\{X\leqslant x,Y\leqslant y\}\neq P\{X\leqslant x\}P\{Y\leqslant y\}$，即 $F(x,y)\neq F_X(x)F_Y(y)$. 这对 x 与 y 的选取非常自由. 一般选择容易计算的即可，但最好不要选择中点、边界点等特殊情况. 这些特殊情况有可能使得等式成立，不能用于证明不独立.

① 当 $p\neq\dfrac{1}{2}$ 时，X 与 Z 相关，故 X 与 Z 不独立.

② 当 $p=\dfrac{1}{2}$ 时，

$$
\begin{aligned}
P\{X\leqslant1,Z\leqslant1\} &\xlongequal{\text{代入}} P\{X\leqslant1,XY\leqslant1\}\\
&\xlongequal[\text{分情况讨论}]{\text{全概率公式}} P\{Y=-1\}P\{X\leqslant1,XY\leqslant1\mid Y=-1\}\\
&\qquad +P\{Y=1\}P\{X\leqslant1,XY\leqslant1\mid Y=1\}\\
&=P\{Y=-1\}P\{X\leqslant1,X\geqslant-1\mid Y=-1\}\\
&\qquad +P\{Y=1\}P\{X\leqslant1,X\leqslant1\mid Y=1\}\\
&\xlongequal{\text{独立}} P\{Y=-1\}P\{-1\leqslant X\leqslant1\}+P\{Y=1\}P\{X\leqslant1\}\\
&=p\cdot P\{X\leqslant1\}+(1-p)\cdot P\{X\leqslant1\}\\
&=P\{X\leqslant1\}
\end{aligned}
$$

由于 $P\{Z\leqslant1\}\neq1$，故 $P\{X\leqslant1,Z\leqslant1\}\neq P\{X\leqslant1\}P\{Z\leqslant1\}$. 此时 X 与 Z 不独立.

4.5.4　X 连续型、Y 连续型

当 X 和 Y 都是连续型随机变量时，可以按照以下情况从前到后地选择合适的解题思路.

（1）**两种特殊的情况**：二维均匀分布和二维正态分布. 粗略地讲，**二维均匀分布**问题经常使用面积法代替微积分化简计算（3.2.2 节）；**二维正态分布**问题要充分运用概率性质避免复杂的微积分计算（3.2.8 节），或者使用伽马函数（4.4 节）、极坐标（4.6 节）化简计算.

（2）**比较简单的问题**：仿照二维离散型随机变量的命题思路，可以考查分布法的工具、与(X,Y)相联系的事件的概率、数字特征法的工具、独立性等（4.5.4节中的1.）．通常直接运用各种工具的定义、关系、微积分方法计算即可．

（3）**比较复杂的问题**：与一维随机变量函数的研究方法类似，也可使用**分布函数法**和**变量变换法**．然而，如前所述，在一部分研究多维随机变量函数的题目中，很难运用概率性质找出随机变量(X,Y)及其函数$(U,V)=(u(X,Y),v(X,Y))$之间的关系，继而建立它们分布函数之间的关系，难以使用分布函数法．在这种情况下，变量变换法成为更好的选择．变量变换法又可以根据"反函数是否唯一"分为**单分支情况**（4.5.4节中的2.）和**多分支情况**（4.5.4节中的4.）．前者还包含一种特殊情况：**增补变量法**（4.5.4节中的3.）．当然，这些问题对于全国硕士研究生统一招生考试、高等院校非数学专业本科生期末考试等常见考试而言难度较大．通常在数学专业本科课程或者理工科研究生阶段的概率课程中才会涉及．本书以选学的形式讲解这部分知识，旨在帮助学生构建"随机变量及其函数的分布"问题的完整知识体系（图4.9）．

1. 比较简单的典型题：用定义求解

对于比较简单的问题，仿照二维离散型随机变量的命题思路，可以考查分布法的工具、与(X,Y)相联系的事件的概率、数字特征法的工具、独立性等．

（1）考查**分布法**的工具，可以运用这些工具的定义及关系计算．例如：

① 联合概率密度变上限积分得到联合分布函数：$F(x,y)=\int_{-\infty}^{y}\int_{-\infty}^{x}f(u,v)\mathrm{d}u\mathrm{d}v$，$-\infty<x,y<+\infty$．

② 联合概率密度遍历得到边缘概率密度：$f_X(x)=\int_{-\infty}^{+\infty}f(x,y)\mathrm{d}y$．

③ 联合概率密度、边缘概率密度、条件概率密度的关系：条件 $**=\dfrac{联合\ **}{边缘\ **}$．

特别地，$f_{X|Y}(x|y)=\dfrac{f(x,y)}{f_Y(y)}$，移项得 $f(x,y)=f_Y(y)f_{X|Y}(x|y)$．

（2）考查**与随机变量相联系的事件的概率**．例如，由(X,Y)的联合概率密度$f(x,y)$求与随机变量相联系的事件的概率，通常是计算二重积分$P\{(X,Y)\in G\}=\iint\limits_{G}f(x,y)\mathrm{d}x\mathrm{d}y$．主要考察微积分水平，计算时建议绘制区域$G$的图，以便确认积分限．

（3）考查**数字特征法**的工具．包括数学期望、方差、协方差、相关系数、随机变量函数的期望等．最常考查的是相关系数，因为相关系数ρ_{XY}的计算过程中包含数学期望、方差和协方差的计算；而且$\rho_{XY}=0$等价于随机变量**不相关**．

（4）考查**独立性**．注意到：$\rho_{XY}\neq 0\Leftrightarrow X$和$Y$相关（存在线性关系）$\Rightarrow X$和$Y$不独立（存在关系）．所以，如果一道题目先后考查相关系数ρ_{XY}和独立性，**通常有$\rho_{XY}=0$**，继而需要运用分布函数等工具研究X和Y的独立性．特别地，当X和Y都是连续型随机变量时，根据图4.4，可以用下面几种方法分别证明"独立"或"不独立"．

① 若找到一对x和y，使得$P\{X\leqslant x,Y\leqslant y\}\neq P\{X\leqslant x\}P\{Y\leqslant y\}$，即$F(x,y)\neq F_X(x)F_Y(y)$，则$X$与$Y$**不独立**．选择$x$和$y$时，尽量避开取值区间的端点和对称轴．

② 当 $f_X(x),f_Y(y),f(x,y)$ 都是连续函数时，若 $f(x,y)$ 可以拆分为 $f_X(x)$ 乘以 $f_Y(y)$，即 $f(x,y)=f_X(x)f_Y(y)$，则 X 与 Y **独立**.

③ 特别地，当 $(X,Y)\sim N(\mu_1,\mu_2;\sigma_1^2,\sigma_2^2;\rho)$ 时，可以运用数字特征法的工具（而非分布法的工具）证明独立性. 例如，$\mathrm{Cov}(X,Y)=0\Leftrightarrow\rho=0\Leftrightarrow X$ 与 Y **独立**；若常数 a,b,c,d 满足 $\begin{vmatrix} a & b \\ c & d \end{vmatrix}\neq 0$，则 $(aX+bY,cX+dY)$ 也服从二维正态分布，故可以通过计算

$$\mathrm{Cov}(aX+bY,cX+dY)=0$$

证明 $aX+bY$ 和 $cX+dY$ **独立**.

典型题 4.13［2013，Ⅲ］

设 (X,Y) 是二维随机变量，X 的概率密度为 $f_X(x)=\begin{cases} 3x^2, & 0<x<1 \\ 0, & \text{其他} \end{cases}$，在给定 $X=x(0<x<1)$ 的条件下 Y 的条件概率密度为 $f_{Y|X}(y|x)=\begin{cases} \dfrac{3y^2}{x^3}, & 0<y<x \\ 0, & \text{其他} \end{cases}$.

(1) 求 (X,Y) 的概率密度 $f(x,y)$；
(2) 求 Y 的边缘概率密度 $f_Y(y)$；
(3) 求 $P\{X>2Y\}$.

解答　(1) 由题意，(X,Y) 的概率密度为
$$f(x,y)=f_X(x)f_{Y|X}(y\mid x)$$
$$=\begin{cases} \dfrac{9y^2}{x}, & 0<y<x<1 \\ 0, & \text{其他} \end{cases}$$

(2) 参考图 4.5，Y 的边缘概率密度为
$$f_Y(y)=\begin{cases} \displaystyle\int_y^1 \dfrac{9y^2}{x}\mathrm{d}x, & 0<y<1 \\ 0, & \text{其他} \end{cases}$$
$$=\begin{cases} -9y^2\ln y, & 0<y<1 \\ 0, & \text{其他} \end{cases}$$

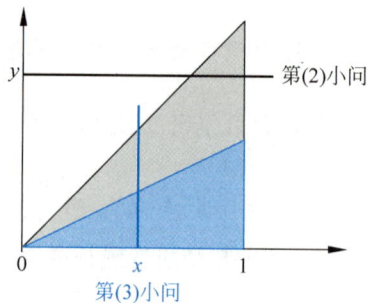

图 4.5　积分区域 G

(3) 所求概率为 $P\{X>2Y\}=\displaystyle\iint_{x>2y} f(x,y)\mathrm{d}x\,\mathrm{d}y=\int_0^1\mathrm{d}x\int_0^{\frac{x}{2}}\dfrac{9y^2}{x}\mathrm{d}y=\dfrac{1}{8}$.

2. 变量变换法：单分支情况［选学］

在研究多维连续型随机变量函数的概率密度时，可能难以找出随机变量 (X,Y) 及其函数 $(U,V)=(u(X,Y),v(X,Y))$ 之间的关系. 这使得**分布函数法**不太好用，推荐使用**变量变换法**. 不过这种研究方法在面向非数学专业本科生的课程和考试中并不常见.

变量变换法［单分支情况］：设二维随机变量 (X,Y) 的联合概率密度为 $f(x,y)$，如果

函数 $\begin{cases} u=u(x,y) \\ v=v(x,y) \end{cases}$ 有连续偏导数,且存在**唯一**的反函数 $\begin{cases} x=x(u,v) \\ y=y(u,v) \end{cases}$,其变换的雅可比行列式

$$J=\frac{\partial(x,y)}{\partial(u,v)}=\begin{vmatrix} \dfrac{\partial x}{\partial u} & \dfrac{\partial x}{\partial v} \\ \dfrac{\partial y}{\partial u} & \dfrac{\partial y}{\partial v} \end{vmatrix}=\left(\frac{\partial(u,v)}{\partial(x,y)}\right)^{-1}=\left(\begin{vmatrix} \dfrac{\partial u}{\partial x} & \dfrac{\partial u}{\partial y} \\ \dfrac{\partial v}{\partial x} & \dfrac{\partial v}{\partial y} \end{vmatrix}\right)^{-1}\neq 0$$

若 $\begin{cases} U=u(X,Y) \\ V=v(X,Y) \end{cases}$,则$(U,V)$的联合概率密度函数为$h(u,v)=f(x(u,v),y(u,v))|J|$.

说明：这个方法本质上就是二重积分的变量变换法.

典型题 4.14

设随机变量 X 和 Y 独立同分布,均服从正态分布 $N(\mu,\sigma^2)$. 记 $\begin{cases} U=X+Y \\ V=X-Y \end{cases}$.

(1) 试求(U,V)的联合概率密度函数.

(2) U 和 V 是否独立？

解答 (1) 由 $X\sim N(\mu,\sigma^2)$ 知 $f_X(x)=\dfrac{1}{\sqrt{2\pi}\sigma}\exp\left\{-\dfrac{(x-\mu)^2}{2\sigma^2}\right\}$,且 X 和 Y 同分布.

因为 $\begin{cases} u=x+y \\ v=x-y \end{cases}$ 的反函数为 $\begin{cases} x=\dfrac{u+v}{2} \\ y=\dfrac{u-v}{2} \end{cases}$,故 $J=\begin{vmatrix} \dfrac{\partial x}{\partial u} & \dfrac{\partial x}{\partial v} \\ \dfrac{\partial y}{\partial u} & \dfrac{\partial y}{\partial v} \end{vmatrix}=\begin{vmatrix} \dfrac{1}{2} & \dfrac{1}{2} \\ \dfrac{1}{2} & -\dfrac{1}{2} \end{vmatrix}=-\dfrac{1}{2}$.

所以,(U,V)的联合概率密度函数为

$$h(u,v)=f(x(u,v),y(u,v))\,|J|=f_X\left(\frac{u+v}{2}\right)f_Y\left(\frac{u-v}{2}\right)\left|-\frac{1}{2}\right|$$

$$=\frac{1}{\sqrt{2\pi}\sigma}\exp\left\{-\frac{\left[\left(\dfrac{u+v}{2}\right)-\mu\right]^2}{2\sigma^2}\right\}\times\frac{1}{\sqrt{2\pi}\sigma}\exp\left\{-\frac{\left[\left(\dfrac{u-v}{2}\right)-\mu\right]^2}{2\sigma^2}\right\}\times\left|-\frac{1}{2}\right|$$

$$=\frac{1}{4\pi\sigma^2}\exp\left\{-\frac{(u-2\mu)^2+v^2}{4\sigma^2}\right\}$$

(2) 由(U,V)的概率密度函数可知$(U,V)\sim N(2\mu,0;2\sigma^2,2\sigma^2;0)$.

特别地,第 5 个参数 $\rho_{uv}=0$,因此 U 和 V 相互独立.

说明：变量变换法不要求随机变量 X 和 Y 相互独立.因此,将 X 和 Y 的分布改为(X,Y)服从二维正态分布$(X,Y)\sim N(\mu_1,\mu_2;\sigma_1^2,\sigma_1^2;\rho)$,仍可以得到$(U,V)$服从二维正态分布.粗略地讲,多维正态分布随机变量各分量的线性组合仍然服从多维正态分布.

3. 变量变换法：增补变量法 [选学]

前面的变量变换法需要同时计算随机变量 (X, Y) 的两个函数 $U = u(X, Y)$ 和 $V = v(X, Y)$ 的概率密度. 如果我们只需要计算一个函数 $U = u(X, Y)$ 的概率密度, 可以增补一个新的变量 $V = v(X, Y)$, 运用变量变换法求出 (U, V) 的联合概率密度 $h(u, v)$; 再运用联合概率密度和边缘概率密度的关系 (联合 ** 遍历得到边缘 **), 即 $f_U(u) = \int_{-\infty}^{+\infty} h(u, v) \mathrm{d}v$, 得到 $U = u(X, Y)$ 的概率密度函数 $f_U(u)$.

特别地, 为了得到比较简单的雅可比行列式, 通常令 $V = Y$ 或 $V = X$.

可见, 增补变量法是变量变换法的一种特例.

典型题 4.15

设随机变量 X 和 Y 独立同分布, 概率密度函数分别为 $f_X(x)$ 和 $f_Y(y)$. 试求随机变量 X 和 Y 的乘积函数 $U = XY$ 的概率密度函数.

解答　记 $V = Y$. 因为 $\begin{cases} u = xy \\ v = y \end{cases}$ 的反函数为 $\begin{cases} x = \dfrac{u}{v} \\ y = v \end{cases}$, 故

$$J = \begin{vmatrix} \dfrac{\partial x}{\partial u} & \dfrac{\partial x}{\partial v} \\ \dfrac{\partial y}{\partial u} & \dfrac{\partial y}{\partial v} \end{vmatrix} = \begin{vmatrix} \dfrac{1}{v} & -\dfrac{u}{v^2} \\ 0 & 1 \end{vmatrix} = \dfrac{1}{v}$$

所以, (U, V) 的联合概率密度函数为

$$h(u, v) = f(x(u, v), y(u, v)) \mid J \mid = f_X\left(\dfrac{u}{v}\right) f_Y(v) \dfrac{1}{\mid v \mid}$$

故, $U = XY$ 的概率密度函数为

$$f_U(u) = \int_{-\infty}^{+\infty} h(u, v) \mathrm{d}v = \int_{-\infty}^{+\infty} f_X\left(\dfrac{u}{v}\right) f_Y(v) \dfrac{1}{\mid v \mid} \mathrm{d}v$$

---

4. 变量变换法：多分支情况 [选学]

前文的变量变换法要求函数 $\begin{cases} u = u(x, y) \\ v = v(x, y) \end{cases}$ 存在唯一的反函数 $\begin{cases} x = x(u, v) \\ y = y(u, v) \end{cases}$, 称为变量变换法的单分支情况. 当 $\begin{cases} u = u(x, y) \\ v = v(x, y) \end{cases}$ 的反函数不唯一时, 需要用到变量变换法的多分支情况.

变量变换法 [多分支情况]: 设二维随机变量 (X, Y) 的联合概率密度为 $f(x, y)$, 满足条件:

(1) 函数 $\begin{cases} u = u(x, y) \\ v = v(x, y) \end{cases}$ 存在 m 组反函数 $\begin{cases} x^k = x^{(k)}(u, v) \\ y^{(k)} = y^{(k)}(u, v) \end{cases}$, $1 \leqslant k \leqslant m$.

(2) 函数 $u(x,y)$, $v(x,y)$, $x^{(k)}(u,v)$, $y^{(k)}(u,v)$ 均存在连续偏导数, $1 \leqslant k \leqslant m$.

(3) 变换的雅可比行列式 $J^{(k)} = \dfrac{\partial(x^{(k)}, y^{(k)})}{\partial(u,v)} = \begin{vmatrix} \dfrac{\partial x^{(k)}}{\partial u} & \dfrac{\partial x^{(k)}}{\partial v} \\ \dfrac{\partial y^{(k)}}{\partial u} & \dfrac{\partial y^{(k)}}{\partial v} \end{vmatrix} \neq 0$, $1 \leqslant k \leqslant m$.

则 (U,V) 的联合概率密度函数为 $h(u,v) = \displaystyle\sum_{k=1}^{m} f(x^{(k)}(u,v), y^{(k)}(u,v)) \, |J^{(k)}|$.

说明：粗略地讲，当反函数不唯一时，针对每个反函数唯一的分支分别计算 (U,V) 的联合概率密度函数，再将每个分支的结果叠加即可. 图 4.6 展示了这种解题思路的直观比喻.

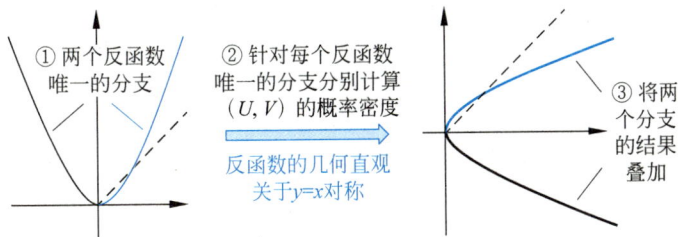

图 4.6 变量变换法多分支情况的直观比喻

典型题 4.16

设二维随机变量 (X,Y) 的概率密度为

$$f(x,y) = \frac{1}{2\pi\sigma^2} \exp\left\{ -\frac{x^2+y^2}{2\sigma^2} \right\}, \quad -\infty < x,y < +\infty$$

(1) 试求 $U = \sqrt{X^2+Y^2}$ 和 $V = \dfrac{X}{Y}$ 的联合概率密度.

(2) U 和 V 是否独立？

解答 (1) 由题意，$u = \sqrt{x^2+y^2} \geqslant 0$.

注意到，方程组 $\begin{cases} u = \sqrt{x^2+y^2} \\ v = \dfrac{x}{y} \end{cases}$ 的反函数不唯一，需要分情况讨论.

① 当 $y > 0$ 时，方程组存在唯一的反函数 $\begin{cases} x^{(1)} = \dfrac{uv}{\sqrt{1+v^2}} \\ y^{(1)} = \dfrac{u}{\sqrt{1+v^2}} \end{cases}$.

变换的雅可比行列式为 $J = \begin{vmatrix} \dfrac{\partial x^{(1)}}{\partial u} & \dfrac{\partial x^{(1)}}{\partial v} \\ \dfrac{\partial y^{(1)}}{\partial u} & \dfrac{\partial y^{(1)}}{\partial v} \end{vmatrix} = \begin{vmatrix} \dfrac{v}{(1+v^2)^{1/2}} & \dfrac{u}{(1+v^2)^{3/2}} \\ \dfrac{1}{(1+v^2)^{1/2}} & -\dfrac{uv}{(1+v^2)^{3/2}} \end{vmatrix} = -\dfrac{u}{1+v^2}$.

因此，当 $y > 0$ 时，有 $u = \sqrt{x^2+y^2} > 0$ 和 $v = \dfrac{x}{y} \in \mathbb{R}$，且

$$f_{\eta^{(1)}}(u,v) = f(x(u,v),y(u,v)) \mid J \mid$$

$$= \frac{1}{2\pi\sigma^2} \exp\left\{ -\frac{\left(\frac{uv}{\sqrt{1+v^2}}\right)^2 + \left(\frac{u}{\sqrt{1+v^2}}\right)^2}{2\sigma^2} \right\} \cdot \left| -\frac{u}{1+v^2} \right|$$

$$= \frac{1}{2\pi(1+v^2)} \cdot \frac{u}{\sigma^2} \cdot \exp\left\{ -\frac{u^2}{2\sigma^2} \right\}$$

所以，本分支对应的 $\eta^{(1)} = (U,V)$ 的联合密度函数为

$$f_{\eta^{(1)}}(u,v) = \begin{cases} \dfrac{1}{2\pi(1+v^2)} \cdot \dfrac{u}{\sigma^2} \cdot \exp\left\{ -\dfrac{u^2}{2\sigma^2} \right\}, & u > 0, v \in \mathbb{R} \\ 0, & \text{其他} \end{cases}$$

② 当 $y < 0$ 时，方程组存在唯一的反函数 $\begin{cases} x^{(2)} = -\dfrac{uv}{\sqrt{1+v^2}} \\ y^{(2)} = -\dfrac{u}{\sqrt{1+v^2}} \end{cases}$.

变换的雅可比行列式为 $J = \begin{vmatrix} \dfrac{\partial x^{(2)}}{\partial u} & \dfrac{\partial x^{(2)}}{\partial v} \\ \dfrac{\partial y^{(2)}}{\partial u} & \dfrac{\partial y^{(2)}}{\partial v} \end{vmatrix} = \begin{vmatrix} -\dfrac{v}{(1+v^2)^{1/2}} & -\dfrac{u}{(1+v^2)^{3/2}} \\ -\dfrac{1}{(1+v^2)^{1/2}} & \dfrac{uv}{(1+v^2)^{3/2}} \end{vmatrix} = -\dfrac{u}{1+v^2}$.

因此，当 $y < 0$ 时，有 $u = \sqrt{x^2+y^2} > 0$ 和 $v = \dfrac{x}{y} \in \mathbb{R}$，且

$$f_{\eta^{(2)}}(u,v) = f(x(u,v),y(u,v)) \mid J \mid$$

$$= \frac{1}{2\pi\sigma^2} \exp\left\{ -\frac{\left(-\frac{uv}{\sqrt{1+v^2}}\right)^2 + \left(-\frac{u}{\sqrt{1+v^2}}\right)^2}{2\sigma^2} \right\} \cdot \left| -\frac{u}{1+v^2} \right|$$

$$= \frac{1}{2\pi(1+v^2)} \cdot \frac{u}{\sigma^2} \cdot \exp\left\{ -\frac{u^2}{2\sigma^2} \right\}$$

所以，本分支对应的 $\eta^{(2)} = (U,V)$ 的联合密度函数为

$$f_{\eta^{(2)}}(u,v) = \begin{cases} \dfrac{1}{2\pi(1+v^2)} \cdot \dfrac{u}{\sigma^2} \cdot \exp\left\{ -\dfrac{u^2}{2\sigma^2} \right\}, & u > 0, v \in \mathbb{R} \\ 0, & \text{其他} \end{cases}$$

③ 当 $y = 0$ 时，函数 $v = \dfrac{x}{y}$ 没有定义.

综上所述，当 $u > 0$ 时，(U,V) 的联合概率密度函数为

$$h(u,v) = \sum_{k=1}^{2} f(x^{(k)}(u,v),y^{(k)}(u,v)) \mid J^{(k)} \mid$$

$$= \sum_{k=1}^{2} f_{\eta^{(k)}}(u,v) = \frac{1}{\pi(1+v^2)} \cdot \frac{u}{\sigma^2} \cdot \exp\left\{ -\frac{u^2}{2\sigma^2} \right\}$$

故 (U,V) 的联合概率密度函数为

$$h(u,v)=\begin{cases}\dfrac{1}{\pi(1+v^2)}\cdot\dfrac{u}{\sigma^2}\cdot\exp\left\{-\dfrac{u^2}{2\sigma^2}\right\},&u>0,v\in\mathbb{R}\\[2mm]0,&\text{其他}\end{cases}$$

（2）由联合概率密度与边缘概率密度的关系可知：

① **当 $u>0$ 时**，随机变量 U 的概率密度为

$$f_U(u)=\int_{-\infty}^{+\infty}h(u,v)\mathrm{d}v=\int_{-\infty}^{+\infty}\frac{1}{\pi(1+v^2)}\cdot\frac{u}{\sigma^2}\cdot\exp\left\{-\frac{u^2}{2\sigma^2}\right\}\mathrm{d}v$$

$$=\frac{u}{\pi\sigma^2}\cdot\exp\left\{-\frac{u^2}{2\sigma^2}\right\}\int_{-\infty}^{+\infty}\frac{1}{1+v^2}\mathrm{d}v\xlongequal{\text{等式}4}\frac{u}{\sigma^2}\cdot\exp\left\{-\frac{u^2}{2\sigma^2}\right\}$$

说明：上述等式 4 用到了基本积分公式 $\displaystyle\int_{-\infty}^{+\infty}\frac{1}{1+v^2}\mathrm{d}v=\arctan v\,\Big|_{-\infty}^{+\infty}=\frac{\pi}{2}-\left(-\frac{\pi}{2}\right)=\pi.$

因此，随机变量 U 的概率密度为

$$f_U(u)=\begin{cases}\dfrac{u}{\sigma^2}\cdot\exp\left\{-\dfrac{u^2}{2\sigma^2}\right\},&u>0\\[2mm]0,&\text{其他}\end{cases}$$

说明：随机变量 U 服从瑞利（Rayleigh）分布.

② **当 $-\infty<v<+\infty$ 时**，随机变量 V 的概率密度为

$$f_V(v)=\int_{-\infty}^{+\infty}h(u,v)\mathrm{d}u=\int_{0}^{+\infty}\frac{1}{\pi(1+v^2)}\cdot\frac{u}{\sigma^2}\cdot\exp\left\{-\frac{u^2}{2\sigma^2}\right\}\mathrm{d}u$$

$$=-\frac{1}{\pi(1+v^2)}\cdot\int_{0}^{+\infty}\exp\left\{-\frac{u^2}{2\sigma^2}\right\}\mathrm{d}\left(-\frac{u^2}{2\sigma^2}\right)\xlongequal{z=-\frac{u^2}{2\sigma^2}}-\frac{1}{\pi(1+v^2)}\cdot\int_{0}^{-\infty}\mathrm{e}^z\mathrm{d}z$$

$$=-\frac{1}{\pi(1+v^2)}\cdot\mathrm{e}^z\,\Big|_{0}^{-\infty}=\frac{1}{\pi(1+v^2)}$$

因此，随机变量 V 的概率密度为 $f_V(v)=\dfrac{1}{\pi(1+v^2)}$，$-\infty<v<+\infty$.

说明：随机变量 V 服从柯西（Cauchy）分布.

显然，对于任意 $-\infty<u,v<+\infty$，有 $h(u,v)=f_U(u)f_V(v)$. 故随机变量 U 和 V 相互独立.

说明 1：本题根据 y 的取值范围，得到两个分支，每个分支的反函数均唯一. 这些范围是如何确定的？我们可以采用如下方法探索. 虽稍显烦琐，但具有一定的普适性.

（1）由于 $v=\dfrac{x}{y}$ 中 y 是分母，需要分 $y=0$ 和 $y\ne0$ 讨论.

（2）在反解 $u=\sqrt{x^2+y^2}$ 时，需要分 $x\geqslant0,x<0,y>0,y<0$ 讨论. 综上，按照如下 5 支分情况讨论，每支的反函数唯一. 即：① $y=0$；② $x\geqslant0$ 且 $y>0$；③ $x<0$ 且 $y>0$；④ $x\geqslant0$ 且 $y<0$；⑤ $x<0$ 且 $y<0$.

（3）针对每种情况计算反函数等，可以发现②和③可以合并为 $y>0$、④和⑤可以合并为 $y<0$. 这就是我们在解题时采用的分类方式.

说明 2：用变量变换法研究一维随机变量函数的分布时，也会涉及多分支情况，解决思

路完全一致. 但由于在一维情况下, 比较容易根据概率的意义找出随机变量 X 及其函数 $Y = g(X)$ 的分布函数之间的关系, 本书推荐使用分布函数法. 故在一维情况下, 我们略去了相对比较复杂、容易出错的变量变换法的多分支情况.

4.6　好用的积分技巧：极坐标[选学]

4.4 节介绍了计算一维随机变量及其函数的数学期望的积分技巧: 伽马函数. 类似地, 在计算二维随机变量及其函数的数学期望时, 可以充分利用概率论的性质化简计算; 对于某类特殊形式的积分(如包含 $x^2 + y^2$ 等)也可以使用极坐标化简计算.

4.6.1　运用极坐标计算二重积分

二重积分从直角坐标系变换为极坐标系的变量变换公式, 是二重积分换元法的一种特殊形式. 分别用直角坐标 (x, y) 和极坐标 (r, θ) 表示平面上同一个点 M, 它们之间的关系为 $x = r\cos\theta, y = r\sin\theta$. 其变换的雅可比行列式

$$J = \frac{\partial(x, y)}{\partial(r, \theta)} = \begin{vmatrix} \dfrac{\partial x}{\partial r} & \dfrac{\partial x}{\partial \theta} \\[2mm] \dfrac{\partial y}{\partial r} & \dfrac{\partial y}{\partial \theta} \end{vmatrix} = \begin{vmatrix} \dfrac{\partial r\cos\theta}{\partial r} & \dfrac{\partial r\cos\theta}{\partial \theta} \\[2mm] \dfrac{\partial r\sin\theta}{\partial r} & \dfrac{\partial r\sin\theta}{\partial \theta} \end{vmatrix} = \begin{vmatrix} \cos\theta & -r\sin\theta \\ \sin\theta & r\cos\theta \end{vmatrix} = r\cos^2\theta + r\sin^2\theta = r$$

当 $r \neq 0$ 时, 换元公式成立. 即有

$$\iint\limits_{D} f(x, y)\,\mathrm{d}x\,\mathrm{d}y = \iint\limits_{D'} f(r\cos\theta, r\sin\theta) \cdot r\,\mathrm{d}r\,\mathrm{d}\theta$$

其中 D' 是 D 在极坐标系上的对应区域.

知识点
微课程
4.4

4.6.2　运用极坐标化简积分计算

典型题 4.17

试证明标准正态分布概率密度的规范性, 即 $\displaystyle\int_{-\infty}^{+\infty} \varphi(x)\,\mathrm{d}x = \int_{-\infty}^{+\infty} \frac{1}{\sqrt{2\pi}} e^{-\frac{x^2}{2}}\,\mathrm{d}x = 1$.

证法 1：运用极坐标.

说明：这种证明方法蕴含了两个技巧——取平方、极坐标变换, 对微积分水平有较高的要求.

记 $I = \displaystyle\int_{-\infty}^{+\infty} e^{-\frac{x^2}{2}}\,\mathrm{d}x$, 则 $I^2 = \displaystyle\int_{-\infty}^{+\infty}\int_{-\infty}^{+\infty} e^{-\frac{x^2+y^2}{2}}\,\mathrm{d}x\,\mathrm{d}y$.

运用极坐标变换, 记 $x = r\cos\theta, y = r\sin\theta$. 其变换的雅可比行列式为 $J = \dfrac{\partial(x, y)}{\partial(r, \theta)} = r$.

当 $r \neq 0$ 时, 有

$$I^2 = \int_{y=-\infty}^{+\infty}\int_{x=-\infty}^{+\infty} e^{-\frac{x^2+y^2}{2}}\,\mathrm{d}x\,\mathrm{d}y = \int_{\theta=0}^{2\pi}\int_{r=0}^{+\infty} e^{-\frac{(r\cos\theta)^2+(r\sin\theta)^2}{2}} \cdot r\,\mathrm{d}r\,\mathrm{d}\theta$$

$$= \int_{\theta=0}^{2\pi}\int_{r=0}^{+\infty} r\, e^{-\frac{r^2}{2}}\,\mathrm{d}r\,\mathrm{d}\theta = 2\pi.$$

由于 $I > 0$, 故 $I = \sqrt{2\pi}$. 因此

$$\int_{-\infty}^{+\infty} \varphi(x)\,\mathrm{d}x = \int_{-\infty}^{+\infty} \frac{1}{\sqrt{2\pi}} \mathrm{e}^{-\frac{x^2}{2}}\,\mathrm{d}x = \frac{1}{\sqrt{2\pi}} \int_{-\infty}^{+\infty} \mathrm{e}^{-\frac{x^2}{2}}\,\mathrm{d}x = \frac{1}{\sqrt{2\pi}} \cdot \sqrt{2\pi} = 1$$

证法 2：运用伽马函数.

$$\int_{-\infty}^{+\infty} \varphi(x)\,\mathrm{d}x = \int_{-\infty}^{+\infty} \frac{1}{\sqrt{2\pi}} \mathrm{e}^{-\frac{x^2}{2}}\,\mathrm{d}x \xdreft{\text{等式 2}} \sqrt{\frac{2}{\pi}} \int_{0}^{+\infty} \mathrm{e}^{-\frac{x^2}{2}}\,\mathrm{d}x$$

$$\xdreft{\text{等式 3}} \frac{2}{\sqrt{\pi}} \int_{0}^{+\infty} \mathrm{e}^{-y^2}\,\mathrm{d}y \xdreft{\substack{\text{等式 4}\\\text{伽马函数}}} \frac{2}{\sqrt{\pi}} \cdot \frac{1}{2}\Gamma\left(\frac{1}{2}\right) \xdreft{\text{等式 5}} \frac{1}{\sqrt{\pi}} \cdot \sqrt{\pi} = 1$$

其中，等式 2 成立是因为 $\mathrm{e}^{-\frac{x^2}{2}}$ 是偶函数；等式 3 成立是运用了换元 $y = \dfrac{x}{\sqrt{2}}$. 等式 4 运用了伽

马函数，选择模板 2：$\Gamma(x) = 2\displaystyle\int_{0}^{+\infty} t^{2x-1}\mathrm{e}^{-t^2}\,\mathrm{d}t$. 对比 $\displaystyle\int_{0}^{+\infty} \mathrm{e}^{-y^2}\,\mathrm{d}y$ 和 $\displaystyle\int_{0}^{+\infty} t^{2x-1}\mathrm{e}^{-t^2}\,\mathrm{d}t$ 的幂函数部分

可知 $1 = t^{2x-1} \Rightarrow 2x - 1 = 0 \Rightarrow x = \dfrac{1}{2}$，即 $\displaystyle\int_{0}^{+\infty} \mathrm{e}^{-y^2}\,\mathrm{d}y = \dfrac{1}{2}\Gamma\left(\dfrac{1}{2}\right)$. 等式 5 运用了伽马函数的初

始值 $\Gamma\left(\dfrac{1}{2}\right) = \sqrt{\pi}$.

典型题 4.18[2023，Ⅰ]

设二维随机变量 (X,Y) 的概率密度为 $f(x,y) = \begin{cases} \dfrac{2}{\pi}(x^2 + y^2), & x^2 + y^2 \leqslant 1 \\ 0, & \text{其他} \end{cases}$.

(1) 求 X 与 Y 的协方差.

(2) X 与 Y 是否相互独立？

(3) 求 $Z = X^2 + Y^2$ 的概率密度.

解答 (1) 说明：要计算协方差 $\mathrm{Cov}(X,Y) = E(XY) - E(X)E(Y)$，可以先运用函数

的数学期望公式 $E(g(X,Y)) = \displaystyle\int_{-\infty}^{+\infty}\int_{-\infty}^{+\infty} g(x,y)f(x,y)\,\mathrm{d}x\,\mathrm{d}y$ 计算 $E(XY)$，$E(X)$，$E(Y)$.

由积分区域 $x^2 + y^2 \leqslant 1$ 的对称性，易得

$$E(XY) = \int_{-\infty}^{+\infty}\int_{-\infty}^{+\infty} xy \cdot f(x,y)\,\mathrm{d}x\,\mathrm{d}y = \frac{2}{\pi} \iint\limits_{x^2+y^2\leqslant1} xy(x^2+y^2)\,\mathrm{d}x\,\mathrm{d}y = 0$$

$$E(X) = \int_{-\infty}^{+\infty}\int_{-\infty}^{+\infty} x \cdot f(x,y)\,\mathrm{d}x\,\mathrm{d}y = \frac{2}{\pi} \iint\limits_{x^2+y^2\leqslant1} x(x^2+y^2)\,\mathrm{d}x\,\mathrm{d}y = 0$$

由 X 与 Y 的对称性可知 $E(Y) = E(X) = 0$.

说明：此类题目(若未强调考查数学期望的存在性)通常假设数学期望存在且有限. 由

于已经得到 $E(X) = 0$，故在实际解题时也可以不计算 $E(Y)$，亦能得到 $E(X)E(Y) = 0$.

故，协方差 $\mathrm{Cov}(X,Y) = E(XY) - E(X)E(Y) = 0$.

(2) 说明：研究随机变量 X 和 Y 独立性的解题思路详见图 4.4. 本题 (X,Y) 是二维连

续型随机变量，有三种解题思路证明 X 和 Y 不独立. 思路一：找到一对 x 和 y，使得

$$P\{X \leqslant x, Y \leqslant y\} \neq P\{X \leqslant x\}P\{Y \leqslant y\}$$

即 $F(x,y) \neq F_X(x)F_Y(y)$，则 X 与 Y 不独立，详见下文解法 1. 思路二：由于 $f_X(x)$，

$f_Y(y)$，$f(x,y)$ 都是连续函数，故只需要找到一对 x 和 y，使得 $f(x,y)\neq f_X(x)f_Y(y)$，则 X 与 Y 不独立.思路三：还可以采用更强的证明思路，对于任意 x 和 y，证明 $f(x,y)\neq f_X(x)f_Y(y)$，则 X 与 Y 不独立，详见下文解法 2.

解法 1　由于 $P\left\{X\leqslant-\dfrac{\sqrt{2}}{2},Y\leqslant-\dfrac{\sqrt{2}}{2}\right\}=0,P\left\{X\leqslant-\dfrac{\sqrt{2}}{2}\right\}>0,P\left\{Y\leqslant-\dfrac{\sqrt{2}}{2}\right\}>0.$

故 $P\left\{X\leqslant-\dfrac{\sqrt{2}}{2},Y\leqslant-\dfrac{\sqrt{2}}{2}\right\}\neq P\left\{X\leqslant-\dfrac{\sqrt{2}}{2}\right\}P\left\{Y\leqslant-\dfrac{\sqrt{2}}{2}\right\}.$

由此得出，随机变量 X 与 Y 不相互独立.

解法 2　随机变量 (X,Y) 关于 X 的边缘概率密度，即随机变量 X 的概率密度为

$$f_X(x)=\int_{-\infty}^{+\infty}f(x,y)\mathrm{d}y=\begin{cases}\displaystyle\int_{-\sqrt{1-x^2}}^{\sqrt{1-x^2}}\dfrac{2}{\pi}(x^2+y^2)\mathrm{d}y, & -1\leqslant x\leqslant 1\\[2mm] 0, & \text{其他}\end{cases}$$

$$=\begin{cases}\dfrac{4}{3\pi}(1+2x^2)\sqrt{1-x^2}, & -1\leqslant x\leqslant 1\\[2mm] 0, & \text{其他}\end{cases}$$

说明：可以通过图 4.7 帮助确定上式的积分限.

由 X 与 Y 的对称性，可得随机变量 Y 的概率密度为

$$f_Y(y)=\int_{-\infty}^{+\infty}f(x,y)\mathrm{d}x$$

$$=\begin{cases}\dfrac{4}{3\pi}(1+2y^2)\sqrt{1-y^2}, & -1\leqslant y\leqslant 1\\[2mm] 0, & \text{其他}\end{cases}$$

易见，$f(x,y)\neq f_X(x)f_Y(y)$，故随机变量 X 与 Y 不相互独立.

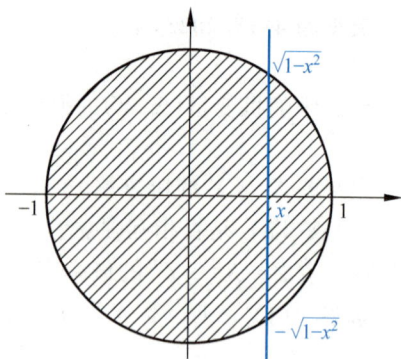

图 4.7　确定积分限

（3）说明：运用分布函数法求 $Z=X^2+Y^2$ 的概率密度.

二维随机变量 (X,Y) 的概率密度 $0\leqslant Z=X^2+Y^2\leqslant 1$，故：

① 当 $z<0$ 时，$F_Z(z)=P\{Z\leqslant z\}=P\{X^2+Y^2\leqslant z\}=0.$

② 当 $0\leqslant z<1$ 时，

$$F_Z(z)=P\{Z\leqslant z\}=P\{X^2+Y^2\leqslant z\}=\iint\limits_{x^2+y^2\leqslant z}f(x,y)\mathrm{d}x\mathrm{d}y$$

$$=\dfrac{2}{\pi}\iint\limits_{x^2+y^2\leqslant z}(x^2+y^2)\mathrm{d}x\mathrm{d}y\xlongequal{\text{等式 5}}\dfrac{2}{\pi}\int_0^{2\pi}\mathrm{d}\theta\int_0^{\sqrt{z}}r^3\mathrm{d}r=z^2$$

说明：等式 5 用到了极坐标变换. 令 $x=r\cos\theta,y=r\sin\theta$，则 $x^2+y^2=r^2(\cos^2\theta+\sin^2\theta)=r^2$，$\displaystyle\iint\limits_{x^2+y^2\leqslant z}1\mathrm{d}x\mathrm{d}y=\int_{\theta=0}^{2\pi}\int_{r=0}^{\sqrt{z}}r\mathrm{d}r\mathrm{d}\theta.$

③ 当 $z\geqslant 1$ 时，

$$F_Z(z)=P\{Z\leqslant z\}=P\{X^2+Y^2\leqslant z\}=1$$

综上，随机变量 Z 的分布函数为 $F_Z(z)=\begin{cases}0, & z<0 \\ z^2, & 0\leqslant z<1 . \\ 1, & z\geqslant 1\end{cases}$

因此，随机变量 Z 的概率密度为 $f_Z(z)=F_Z'(z)=\begin{cases}2z, & 0\leqslant z<1 \\ 0, & \text{其他}\end{cases}$.

4.7　多维随机变量函数的分布：按函数类型分情况讨论

4.5 节根据随机变量 X 和 Y 的类型（离散型、连续型），分情况讲解了每种类型的常见命题思路和解题方法.本节则采用一种新的分类方法：根据函数类型分类.两种分类方法在题目中可以综合出现.从函数类型看，我们主要研究两个随机变量 X 和 Y 的和差积商四则运算和两个最值函数.①在研究 $Z=X+Y$ 时，如果 X 和 Y 相互独立且服从参数可加性的分布，则可以直接利用结论（见 5.5 节的解题思路：计算随机变量的和函数的方法）.其他情况，则通常运用公式和微积分计算.②关于最值函数，我们还将在 7.7 节以"小题大做"的形式系统讲解.命题背景为串联并联电路；涉及的知识点有指数分布、最值函数、数字特征和估计量的评选标准等.

4.7.1　两个随机变量四则运算的计算公式

设 (X,Y) 是二维连续型随机变量，具有概率密度 $f(x,y)$，则 $Z=X+Y$，$Z=\dfrac{Y}{X}$，$Z=XY$ 仍为连续型随机变量，其概率密度函数的计算公式如表 4.2 所示.

表 4.2　两个随机变量四则运算的计算公式

函　　数	一　般　情　况	X 和 Y 独立
和 $Z=X+Y$	$f_{X+Y}(z)=\displaystyle\int_{-\infty}^{+\infty}f(x,z-x)\mathrm{d}x$	$f_{X+Y}(z)=\displaystyle\int_{-\infty}^{+\infty}f_X(x)f_Y(z-x)\mathrm{d}x$
积 $Z=XY$	$f_{XY}(z)=\displaystyle\int_{-\infty}^{+\infty}\dfrac{1}{\lvert x\rvert}f\left(x,\dfrac{z}{x}\right)\mathrm{d}x$	$f_{XY}(z)=\displaystyle\int_{-\infty}^{+\infty}\dfrac{1}{\lvert x\rvert}f_X(x)f_Y\left(\dfrac{z}{x}\right)\mathrm{d}x$
商 $Z=\dfrac{Y}{X}$	$f_{Y/X}(z)=\displaystyle\int_{-\infty}^{+\infty}\lvert x\rvert f(x,xz)\mathrm{d}x$	$f_{Y/X}(z)=\displaystyle\int_{-\infty}^{+\infty}\lvert x\rvert f_X(x)f_Y(xz)\mathrm{d}x$

表 4.2 中 $Z=X+Y$ 在 X 和 Y 独立时的公式又称卷积公式.运用表 4.2 中的公式计算随机变量函数的概率密度，主要考察微积分水平.计算时建议绘制区域 G 的图，以便确认积分限.这些公式可以用二维随机变量函数的变量变换法推出.

记一记：下面借用变量变换法的思想，帮助学生快速记忆两个随机变量四则运算的计算公式.

以积函数 $Z=XY$ 为例讲解（图 4.8），其他情况类似.

（1）对比一般情况和独立情况的公式可知，关键在于 X 和 Y 独立时，联合概率密度

知识点
微课程
4.5

$f\left(x,\dfrac{z}{x}\right)$ 等于边缘概率密度的乘积 $f_X(x)f_Y\left(\dfrac{z}{x}\right)$.

（2）对于一般情况，联合 ** 遍历得到边缘 **：$f_Y(y)=\displaystyle\int_{-\infty}^{+\infty}f(x,y)\mathrm{d}x$. 由积函数 $z=xy$ 可知 $y=\dfrac{z}{x}$，故可以将 (X,Y) 的联合概率密度 $f(x,y)$ 改写为 $f\left(x,\dfrac{z}{x}\right)$. 雅可比行列式的绝对值 $\left|\dfrac{\mathrm{d}y}{\mathrm{d}z}\right|=\left|\dfrac{1}{x}\right|=\dfrac{1}{|x|}$.

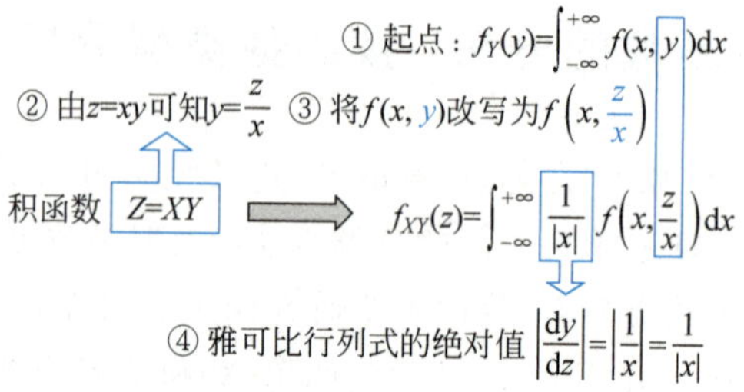

图 4.8 记一记：积函数 $Z=XY$ 的概率密度公式

4.7.2 最值函数 M=max{X,Y}和 N=min{X,Y}

3.2.4 节给出了最值函数的定义，以及指数分布最值函数的性质. 本节进一步介绍最值函数的其他性质和研究方法.

1. 离散型随机变量的最值函数

典型题 4.19

设 $X_i\sim B(1,p),i=1,2$，相互独立，求 $M=\max\{X_1,X_2\}$ 和 $N=\min\{X_1,X_2\}$ 的分布律.

解答 首先列出随机变量 X_1 和 X_2 的所有可能取值对及其对应概率，并计算这些取值对的最值函数.

(X_1,X_2)	$(0,0)$	$(0,1)$	$(1,0)$	$(1,1)$
P	$(1-p)^2$	$p(1-p)$	$p(1-p)$	p^2
$M=\max\{X_1,X_2\}$	0	1	1	1
$N=\min\{X_1,X_2\}$	0	0	0	1

整理得随机变量 $M=\max\{X_1,X_2\}$ 的分布律为

$M=\max\{X_1,X_2\}$	0	1
P	$(1-p)^2$	$1-(1-p)^2$

随机变量 $N=\min\{X_1,X_2\}$ 的分布律为

$N=\min\{X_1,X_2\}$	0	1
P	$1-p^2$	p^2

说明： 特别地，取 $p = \dfrac{1}{2}$，则

$$M = \max\{X_1, X_2\} \sim B\left(1, \frac{3}{4}\right), \quad N = \min\{X_1, X_2\} \sim B\left(1, \frac{1}{4}\right)$$

2. 一般随机变量的最值函数

通常采用 分布函数法 给出一般随机变量的最值函数的分布函数.

(1) 当 X 和 Y 独立时，最大值函数 $M = \max\{X, Y\}$ 的分布函数为

$$F_M(z) \xlongequal{\text{分布函数的定义}} P\{M \leqslant z\} \xlongequal[\text{意味着每个 r.v. 都不大于 } z]{\text{两个 r.v. 中最大的都不大于 } z} P\{X \leqslant z, Y \leqslant z\}$$

$$\xlongequal{X \text{ 和 } Y \text{ 独立}} P\{X \leqslant z\} P\{Y \leqslant z\} \xlongequal{\text{分布函数的定义}} F_X(z) F_Y(z)$$

可以推广到 最大次序统计量 $M = \max\{X_1, X_2, \cdots, X_n\}$，则 $F_M(z) = \prod\limits_{i=1}^{n} F_{X_i}(z)$.

特别地，当 $X_1, X_2, \cdots, X_n$ 独立同分布时，$F_M(z) = F_X^n(z)$.

(2) 当 X 和 Y 独立时，最小值函数 $N = \min\{X, Y\}$ 的分布函数为

$$F_N(z) \xlongequal{\text{分布函数的定义}} P\{N \leqslant z\} = 1 - P\{N > z\}$$

$$\xlongequal[\text{意味着每个 r.v. 都大于 } z]{\text{两个 r.v. 中最小的都大于 } z} 1 - P\{X > z, Y > z\}$$

$$\xlongequal{X \text{ 和 } Y \text{ 独立}} 1 - P\{X > z\} P\{Y > z\}$$

$$\xlongequal{\text{分布函数的定义}} 1 - [1 - F_X(z)] \cdot [1 - F_Y(z)]$$

可以推广到 最小次序统计量 $N = \min\{X_1, X_2, \cdots, X_n\}$，则

$$1 - F_N(z) = \prod\limits_{i=1}^{n} [1 - F_{X_i}(z)]$$

特别地，当 $X_1, X_2, \cdots, X_n$ 独立同分布时，$1 - F_N(z) = [1 - F_X(z)]^n$.

典型题 4.20 [2006，Ⅰ & Ⅲ & Ⅳ]

设随机变量 X 和 Y 相互独立，且均服从区间 $[0,3]$ 上的均匀分布，则

$$P\{\max\{X, Y\} \leqslant 1\} = \underline{\hspace{3cm}}$$

解答 说明：由于 $P\{\max\{X, Y\} \leqslant 1\} = P\{X \leqslant 1, Y \leqslant 1\}$，故为了保证最后一个计算式一气呵成，首先计算 $P\{X \leqslant 1\}$ 和 $P\{Y \leqslant 1\}$，从而使卷面简洁优美. 这是数学中常见的书写习惯.

由题意，$P\{X \leqslant 1\} = P\{Y \leqslant 1\} = \dfrac{1}{3}$. 再由 X 和 Y 相互独立可知

$$P\{\max\{X, Y\} \leqslant 1\} = P\{X \leqslant 1, Y \leqslant 1\} = P\{X \leqslant 1\} P\{Y \leqslant 1\} = \frac{1}{3} \times \frac{1}{3} = \frac{1}{9}$$

答案 $\dfrac{1}{9}$

典型题 4.21 [2011，Ⅰ]

设随机变量 X 和 Y 相互独立，且 $E(X)$ 和 $E(Y)$ 存在，记 $U = \max\{X, Y\}$，$V = \min\{X, Y\}$，

知识点
微课程
4.6

则 $E(UV)=$ _____.

 A. $E(U)E(V)$ B. $E(X)E(Y)$ C. $E(U)E(Y)$ D. $E(X)E(V)$

 解答　由于 $UV=XY$, 且 X 和 Y 相互独立, 故 $E(UV)=E(XY)=E(X)E(Y)$.

 答案　B

 思考: 选项 A 为什么不对呢? ①**不要随意增加、曲解已知条件**. 题目中仅给出"X 和 Y 相互独立", 并未给出 U 和 V 的独立性, 而"乘积的期望等于期望的乘积"需要随机变量相互独立. ②**反例**. 不妨设 X 和 Y 相互独立, 均服从参数为 λ 的指数分布. 则运用指数分布的数字特征结论, $E(X)=E(Y)=\dfrac{1}{\lambda}$. 此外, $\min\{X,Y\}$ 服从参数为 2λ 的指数分布, 故 $E(V)=E(\min\{X,Y\})=\dfrac{1}{2\lambda}$. 这些结论详见第 3 章. 再由 $\max\{X,Y\}+\min\{X,Y\}=X+Y$ 可知

$$E(U)=E(\max\{X,Y\})=E(X)+E(Y)-E(\min\{X,Y\})=\dfrac{3}{2\lambda}.$$ 故

$$E(UV)=E(X)E(Y)=\dfrac{1}{\lambda^2}\neq E(U)E(V)=\dfrac{3}{2\lambda}\cdot\dfrac{1}{2\lambda}=\dfrac{3}{4\lambda^2}$$

显然选项 A 不成立.

4.8　小结：随机变量及其函数的分布和数字特征

 本节总结随机变量及其函数的分布和数字特征的常见题型与解题思路(图 4.9), 它是本课程最容易考查大题和难题的知识体系. 为了图 4.9 可以在公式卡中更好地呈现, 排版时将"按函数类型分类"放在最左侧. 但在下文中将按照如下顺序讲解.

 (1) 题目只需要求解随机变量及其函数的数字特征的情形: 定义法; 函数法; 性质法.

 (2) 题目需要求解随机变量及其函数的分布的情形: ①按随机变量的类型分类: 一维随机变量及其函数; ②按随机变量的类型分类: 多维随机变量及其函数; ③按函数的类型分类.

4.8.1　题目只需要求解随机变量及其函数的数字特征的情形

 如果题目只需要求解随机变量及其函数的数字特征, 可以根据实际情况采用定义法、函数法、性质法等.

1. 定义法

 在比较简单的题目中, 直接运用数字特征的定义即可, 见表 2.4.

 (1) 数学期望: 离散型, $E(X)=\sum\limits_{i\geqslant 1}x_i p_i$; 连续型, $E(X)=\displaystyle\int_{-\infty}^{+\infty}xf(x)\mathrm{d}x$.

 (2) 方差: $D(X)\xlongequal{\text{定义式}}E\{[X-E(X)]^2\}\xlongequal{\text{计算式}}E(X^2)-E(X^2)$.

 (3) 协方差: $\mathrm{Cov}(X,Y)\xlongequal{\text{定义式}}E\{[X-E(X)][Y-E(Y)]\}\xlongequal{\text{计算式}}E(XY)-E(X)E(Y)$.

 (4) 相关系数: 当 $D(X)D(Y)\neq 0$ 时, $\rho_{XY}=\dfrac{\mathrm{Cov}(X,Y)}{\sqrt{D(X)}\sqrt{D(Y)}}$; 当 $D(X)D(Y)=0$ 时,

$\rho_{XY}=0$.

当随机变量及其函数的分布计算难度较大时,我们需要尽量运用函数的数学期望公式和数字特征的性质避免分布的计算.但对于某些比较困难的题目,随机变量及其函数的分布难以避免,就需要根据 4.8.2 节总结的求解分布法工具的思路,得到随机变量及其函数的分布,再运用数字特征的定义求解.

2. 函数法

对于连续函数 $g(\cdot)$,随机变量 X 的函数 $Y=g(X)$ 也是随机变量.因此可以先给出 $Y=g(X)$ 的分布,再根据数字特征的定义计算 $E(Y)$.但有时候这种操作会很复杂,可以直接运用一维随机变量函数的数学期望公式得到,见表 2.3.

(1) 一维随机变量 X 的数学期望:离散型

$$E(X)=\sum_{i\geqslant 1}x_i p_i$$

连续型

$$E(X)=\int_{-\infty}^{+\infty}xf(x)\mathrm{d}x$$

(2) 一维随机变量 X 的函数 $Y=g(X)$ 的数学期望:离散型,$E(g(X))=\sum_{i\geqslant 1}g(x_i)p_i$;

连续型,$E(g(X))=\int_{-\infty}^{+\infty}g(x)f(x)\mathrm{d}x$.

(3) 二维随机变量 (X,Y) 的函数 $Z=g(X,Y)$ 的数学期望:离散型

$$E(g(X,Y))=\sum_{j\geqslant 1}\sum_{i\geqslant 1}g(x_i,y_j)p_{ij}$$

连续型

$$E(g(X,Y))=\int_{-\infty}^{+\infty}\int_{-\infty}^{+\infty}g(x,y)f(x,y)\mathrm{d}x\mathrm{d}y$$

上述公式只依赖 X 的分布信息,简单地将 $E(X)$ 中的 x 替换成 $g(x)$ 或 $g(x,y)$ 就可以了.

3. 性质法

本书将数字特征的常用性质整理为 4 类:常数 c 的数字特征、随机变量常数 a 倍的数字特征、加法运算、乘法运算,见 2.8.4 节.

(1) 常数 c 的数字特征:$E(c)=c$;$D(c)=0$;$\mathrm{Cov}(X,c)=\rho_{Xc}=0$;$|\rho_{XY}|\leqslant 1$.

(2) 随机变量常数 a 倍的数字特征:$E(aX)=aE(X)$;$D(aX)=a^2D(X)$;

$$\mathrm{Cov}(aX,bY)=ab\mathrm{Cov}(X,Y);\qquad \rho_{aX,bY}=\begin{cases}\rho_{XY}, & ab>0\\ 0, & ab=0\\ -\rho_{XY}, & ab<0\end{cases}$$

(3) 加法运算:

① $E(X\pm Y)=E(X)\pm E(Y)$;

② $D(X\pm Y)=D(X)+D(Y)\pm 2\mathrm{Cov}(X,Y)$;

③ 当 X 和 Y 不相关时,$\mathrm{Cov}(X,Y)=0$,故 $D(X\pm Y)=D(X)+D(Y)$;

随机变量及其函数的分布和数字特征

数字特征 →

数字特征的定义

数学期望： $E(X) \overset{离散}{=} \sum_{i \geqslant 1} x_i p_i \overset{连续}{=} \int_{-\infty}^{+\infty} x f(x) \mathrm{d}x$

方　　差： $D(X) \overset{定义式}{=} E\{[X - E(X)]^2\} \overset{计算式}{=} E(X^2) - E(X)^2$

协 方 差： $\mathrm{Cov}(X,Y) \overset{定义式}{=} E\{[X - E(X)][Y - E(Y)]\} \overset{计算式}{=} E(XY) - E(X)E(Y)$

相关系数：当 $D(X)D(Y) \neq 0$ 时， $\rho_{XY} = \dfrac{\mathrm{Cov}(X,Y)}{\sqrt{D(X)}\sqrt{D(Y)}}$ ；否则， $\rho_{XY} = 0$

分布 ↓

按函数类型分类

1. 四则运算

和 $Z = X + Y$ ： $f_{X+Y}(z) = \int_{-\infty}^{+\infty} f(x, z - x) \mathrm{d}x$

积 $Z = XY$ ： $f_{XY}(z) = \int_{-\infty}^{+\infty} \dfrac{1}{|x|} f\left(x, \dfrac{z}{x}\right) \mathrm{d}x$

商 $Z = Y/X$ ： $f_{Y/X}(z) = \int_{-\infty}^{+\infty} |x| f(x, xz) \mathrm{d}x$

当 X 和 Y 独立时， $f(x,y) = f_X(x) f_Y(y)$

2. 最值函数

(1) 最大值函数 $M = \max(X,Y)$ 的分布函数

$F_M(z) \overset{定义}{=} P\{M \leqslant z\} \overset{关键}{=} P\{X \leqslant z, Y \leqslant z\}$

$\overset{独立}{=} P\{X \leqslant z\} P\{Y \leqslant z\} \overset{定义}{=} F_X(z) F_Y(z)$

当 $X_1, X_2, \cdots, X_n$ 独立同分布时， $F_M(z) = F_X^n(z)$

(2) 最小值函数 $N = \min(X,Y)$ 的分布函数

$F_N(z) \overset{定义}{=} P\{N \leqslant z\} \overset{对立}{=} 1 - P\{N > z\}$

$\overset{关键}{=} 1 - P\{X > z, Y > z\} \overset{独立}{=} 1 - P\{X > z\} P\{Y > z\}$

$\overset{定义}{=} 1 - [1 - F_X(z)] \cdot [1 - F_Y(z)]$

当 $X_1, X_2, \cdots, X_n$ 独立同分布时， $1 - F_N(z) = [1 - F_X(z)]^n$

1. 伽马函数

关键： $\Gamma(x) \overset{模板1}{=} \int_0^{+\infty} t^{x-1} \mathrm{e}^{-t} \mathrm{d}t \overset{模板2}{=} 2\int_0^{+\infty} t^{2x-1} \mathrm{e}^{-t^2} \mathrm{d}t,\ x > 0$

递归公式： $\Gamma(x+1) = x \cdot \Gamma(x),\ x > 0$

初始值： $\Gamma(1) = 1 \Rightarrow \Gamma(n) = (n-1)!,\ \Gamma\left(\dfrac{1}{2}\right) = \sqrt{\pi}$

2. 极坐标

关键： $\iint\limits_{D} f(x,y) \mathrm{d}x\,\mathrm{d}y = \iint\limits_{D'} f(r\cos\theta, r\sin\theta) \cdot r\,\mathrm{d}r\,\mathrm{d}\theta$

按随机变量类型分类：一维随机变量及其函数

■ **一维随机变量分布法的研究工具**

分布函数： $F(x) = P\{X \leqslant x\},\ -\infty < x < +\infty$

分 布 律： $P\{X = x_i\} = p_i,\ i = 1, 2, \cdots$

概率密度： 非负可积 $f(x)$ 满足 $F(x) = \int_{-\infty}^{x} f(t) \mathrm{d}t$

■ **一维随机变量及其函数分类讨论**

1. 随机变量 X 离散型、函数 $Y = g(X)$ 离散型

① 写出随机变量 X 的分布律；

② 将 X 的所有可能取值 x_i 改写为 $g(x_i)$ ；

③ 若存在 $x_i \neq x_j$ 使 $g(x_i) = g(x_j)$ ，合并概率.

2. 随机变量 X 连续型、函数 $Y = g(X)$ 离散型

关键： $P\{Y = y_i\} = P\{a < X \leqslant b\} = \int_a^b f_X(x) \mathrm{d}x$

3. 随机变量 X 连续型、函数 $Y = g(X)$ 连续型

(1) 分布函数法 [推荐]

① 先建立分布函数 $F_Y(y)$ 和 $F_X(x)$ 的关系；

关键： $F_Y(y) \overset{定义}{=} P\{Y \leqslant y\} \overset{代入}{=} P\{g(X) \leqslant y\}$

$\overset{反解}{=} P\{X \leqslant h(y)\} \overset{定义}{=} F_X(h(y))$

② 再求导得概率密度 $f_Y(y)$ 和 $f_X(x)$ 关系.

(2) 变量变换法

关键： $f_Y(y) = \begin{cases} f_X(h(y)) \left| h'(y) \right|, & \alpha < y < \beta \\ 0, & \text{其他} \end{cases}$

(a)

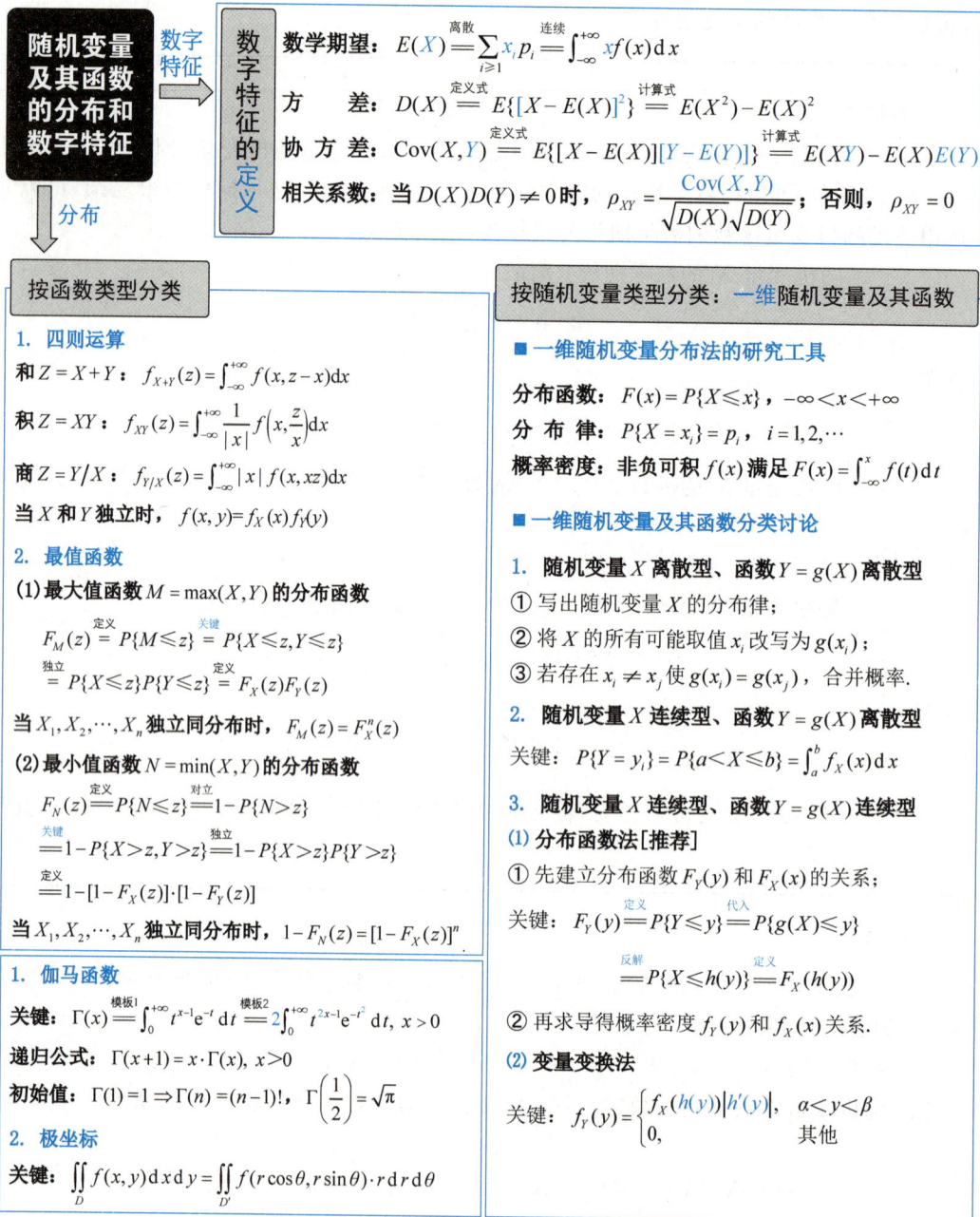

图 4.9　随机变量及其函数的分布和数字特征

函数的数学期望

$$E(X) \xlongequal{\text{离散}} \sum_{i \geqslant 1} x_i p_i \xlongequal{\text{连续}} \int_{-\infty}^{+\infty} x f(x)\,\mathrm{d}x$$

$$E(g(X)) \xlongequal{\text{离散}} \sum_{i \geqslant 1} g(x_i) p_i \xlongequal{\text{连续}} \int_{-\infty}^{+\infty} g(x) f(x)\,\mathrm{d}x$$

$$E(g(X,Y)) \xlongequal{\text{离散}} \sum_{j \geqslant 1} \sum_{i \geqslant 1} g(x_i, y_j) p_{ij}$$

$$\xlongequal{\text{连续}} \int_{-\infty}^{+\infty} \int_{-\infty}^{+\infty} g(x,y) f(x,y)\,\mathrm{d}x\,\mathrm{d}y$$

数字特征的性质

① 常数 c 的数字特征：$E(c) = c$，$D(c) = 0$，$|\rho_{XY}| \leqslant 1$ 等.

② 随机变量常数 a 倍的数字特征：$E(aX) = aE(X)$ 等.

③ 加法运算：$E(X \pm Y) = E(X) \pm E(Y)$，

$D(X \pm Y) = D(X) + D(Y) \pm 2\mathrm{Cov}(X, Y)$，

当 X 和 Y 不相关时 $D(X \pm Y) = D(X) + D(Y)$，

$\mathrm{Cov}(X_1 + X_2, Y) = \mathrm{Cov}(X_1, Y) + \mathrm{Cov}(X_2, Y)$ 等.

④ 乘法运算：当 X 和 Y 不相关时 $E(XY) = E(X)E(Y)$ 等.

按随机变量类型分类：多维随机变量及其函数

■ 多维随机变量分布法的研究工具

一维 多维	分布函数	分布律	概率密度
联合**	联合分布函数	联合分布律	联合概率密度
边缘**	边缘分布函数	边缘分布律	边缘概率密度
条件**	条件分布函数	条件分布律	条件概率密度

$$\text{条件**} = \frac{\text{联合**}}{\text{边缘**}}$$

① 遍历 分布函数、分布律、概率密度

② 分布律、概率密度

③ 独立性：联合** = 边缘** × 边缘**

■ 多维随机变量及其函数命题思路

(1) 考查分布法. 联合分布律、边缘分布函数、条件概率密度等；

与随机变量 (X,Y) 相联系的事件的概率 $P\{(X,Y) \in G\} = \iint_G f(x,y)\,\mathrm{d}x\,\mathrm{d}y$.

(2) 考查数字特征法. 期望、方差、协方差、相关系数、函数的期望等，常考 ρ_{XY}.

且有 $\mathrm{Cov}(X,Y) = 0 \Leftrightarrow \rho_{XY} = 0 \Leftrightarrow X$ 和 Y 不相关.

(3) 考查独立性. 常考：

① (X,Y) 离散，找 (x_i, y_j) 使 $P\{X = x_i, Y = y_j\} \neq P\{X = x_i\}P\{Y = y_j\}$，则 X 和 Y 不独立.

② 一般情况，找 (x,y) 使 $P\{X \leqslant x, Y \leqslant y\} \neq P\{X \leqslant x\}P\{Y \leqslant y\}$，

   即 $F(x,y) \neq F_X(x)F_Y(y)$，则 X 与 Y 不独立.

③ 特别地，当 $(X,Y) \sim N(\mu_1, \mu_2; \sigma_1^2, \sigma_2^2; \rho)$ 时，$\mathrm{Cov}(X,Y) = 0 \Leftrightarrow \rho = 0 \Leftrightarrow X$ 与 Y 独立.

■ 多维随机变量及其函数分类讨论

1. X 离散、Y 离散：

先写出 X 和 Y 的联合分布律(二维数表)；再计算行和(列和)得到边缘分布律；

最后研究条件分布律、数字特征和独立性等.

2. X 连续、Y 离散：

将离散型随机变量的几种取值作为全概率公式中的划分，进行分情况讨论.

3. X 连续、Y 连续：

① 特殊情况：二维均匀分布(面积法)和二维正态分布(概率性质、伽马函数、极坐标).

② 简单情况：通常运用各种工具的定义、关系、微积分方法计算即可.

③ 复杂情况：分布函数法(可能难用)、变量变换法(单分支、增补变量法、多分支，选学).

关键：函数 $\begin{cases} u = u(x,y), \\ v = v(x,y) \end{cases}$ 反函数 $\begin{cases} x = x(u,v), \\ y = y(u,v) \end{cases}$ 雅可比行列式 $J = \dfrac{\partial(x,y)}{\partial(u,v)} = \begin{vmatrix} \dfrac{\partial x}{\partial u} & \dfrac{\partial x}{\partial v} \\ \dfrac{\partial y}{\partial u} & \dfrac{\partial y}{\partial v} \end{vmatrix} \neq 0$.

则 (U,V) 的联合概率密度函数为 $h(u,v) = f(x(u,v), y(u,v))|J|$.

(b)

图 4.9　（续）

④ $\mathrm{Cov}(X_1+X_2,Y)=\mathrm{Cov}(X_1,Y)+\mathrm{Cov}(X_2,Y)$.

（4）乘法运算：

① 当 X 和 Y 不相关时，

$$\mathrm{Cov}(X,Y)=E(XY)-E(X)E(Y)=0,故\,E(XY)=E(X)E(Y)$$

② 当 X 和 Y 独立时，

$$D(XY)=D(X)D(Y)+D(X)E(Y)^2+E(X)^2D(Y)\geqslant D(X)D(Y)$$

4.8.2　题目需要求解随机变量及其函数的分布的情形

如果题目需要或者难以避免求解随机变量及其函数的分布，本书分情况讲解了不同场景下的常见命题思路和解题方法。第一种分类方法是根据随机变量的维数、离散或连续分类，第二种分类方法是按函数的类型分类。两种分类方法在题目中可以综合出现。

1. 按随机变量的类型分类：一维随机变量及其函数

一维随机变量分布法的研究工具有分布函数、分布律和概率密度函数，见 2.2 节。

① 分布函数：$F(x)=P\{X\leqslant x\}$，$-\infty<x<+\infty$.

② 分布律：$P\{X=x_i\}=p_i$，$i=1,2,\cdots$.

③ 概率密度：存在非负可积函数 $f(x)$，使 $F(x)=\displaystyle\int_{-\infty}^{x}f(t)\mathrm{d}t$，$-\infty<x<+\infty$.

根据随机变量的类型（离散、连续），可以将一维随机变量及其函数分为三类。

（1）**随机变量 X 离散型、函数 $Y=g(X)$ 离散型**，见 4.3.1 节。通常分三步得到 Y 的分布律：

① 写出随机变量 X 的分布律；

② 将 X 的所有可能取值 x_i 改写为 $g(x_i)$；

③ 若存在 $x_i\neq x_j$ 使 $g(x_i)=g(x_j)$，合并概率。

（2）**随机变量 X 连续型、函数 $Y=g(X)$ 离散型**，见 4.3.2 节。要得到 Y 的分布律，即得到 Y 的所有可能取值及其对应概率，关键是根据 X 和 Y 的函数关系计算

$$P\{Y=y_i\}=P\{a<X\leqslant b\}=\int_a^b f_X(x)\mathrm{d}x$$

（3）**随机变量 X 连续型、函数 $Y=g(X)$ 连续型**，见 4.3.3 节。通常需要根据随机变量 X 的概率密度 $f_X(x)$ 计算 $Y=g(X)$ 的概率密度 $f_Y(y)$，有两种常用方法：分布函数法和变量变换法。本书推荐使用分布函数法。

① **分布函数法**，顾名思义，就是先建立分布函数 $F_Y(y)$ 和 $F_X(x)$ 之间的关系，即

$$F_Y(y)\xrightarrow{\text{定义}}P\{Y\leqslant y\}\xrightarrow{\text{代入}}P\{g(X)\leqslant y\}\xrightarrow{\text{反解}}P\{X\leqslant h(y)\}\xrightarrow{\text{定义}}F_X(h(y))$$

其中 $h(y)$ 是 $g(x)$ 的反函数；再将等式两边求导得到概率密度函数 $f_Y(y)$ 和 $f_X(x)$ 之间的关系。关键步骤"当 $\min g(X)<y<\max g(X)$ 时求 $f_Y(y)$"可以用口诀帮助记忆：确定分布函数的关系；求导得概率密度的关系；将 $f_X(x)$ 代入。见 4.3.3 节中的 1..

② **变量变换法**，关键是：$Y=g(X)$ 的概率密度为 $f_Y(y)=\begin{cases}f_X(h(y))|h'(y)|, & \alpha<y<\beta \\ 0, & \text{其他}\end{cases}$

其中 $\alpha=\min g(X)$，$\beta=\max g(X)$. 它本质上是微积分的变量变换法。使用时一定要注意验

证"$y=g(x)$ 严格单调、反函数 $x=h(y)$ 有一阶连续导数"等成立条件,见 4.3.3 节中的 2..

2. 按随机变量的类型分类：多维随机变量及其函数

（1）利用九宫格,可以把一维随机变量分布法的 3 个常用工具(分布函数、分布律、概率密度)拓展为多维随机变量分布法的 9 个常用工具：联合 **、边缘 **、条件 **.

它们之间的关系可以粗略地表述为：

① 联合 ** 遍历得到边缘 **,这里 ** 能填入分布函数、分布律、概率密度；

② 条件 ** $=\dfrac{联合 **}{边缘 **}$,这里 ** 只能填入分布律和概率密度；

③ 随机变量 X 和 Y 独立,当且仅当联合 ** ＝边缘 ** ×边缘 **,这里 ** 能填入分布函数、分布律、概率密度(见 2.6 节).

（2）在多维随机变量中最常见的是二维随机变量 (X,Y). 如果你是命题老师,如何在一道二维随机变量的题目中尽量充分地考查学生各方面的知识呢？

① 考查分布法的工具. 比如,联合分布律、边缘分布函数、条件概率密度等. 进一步还可以计算与随机变量相联系的事件的概率.

② 考查数字特征法的工具. 包括数学期望、方差、协方差、相关系数、随机变量函数的期望等. 最常考查的是相关系数,因为相关系数 ρ_{XY} 的计算过程中包含数学期望、方差和协方差的计算；而且 $\rho_{XY}=0$ 等价于随机变量不相关.

③ 考查独立性. 注意到：$\rho_{XY}\neq0\Leftrightarrow X$ 和 Y 相关(存在线性关系)$\Rightarrow X$ 和 Y 不独立(存在关系). 所以如果一道题目先后考查相关系数 ρ_{XY} 和独立性,通常有 $\rho_{XY}=0$,继而需要运用分布函数等工具研究 X 和 Y 的独立性.

（3）按照 X 和 Y 的类型,可以得到二维随机变量 (X,Y) 的三种常见类型：X 离散型、Y 离散型；X 连续型、Y 离散型,即"混合型"；X 连续型、Y 连续型.

① X 离散型、Y 离散型,见 4.5.2 节. 通常先写出 X 和 Y 的联合分布律(二维数表)；再计算行和(列和)得到边缘分布律；由此可以再研究条件分布律、数字特征和独立性. 特别地,当 (X,Y) 为二维离散型随机变量时,通常通过找到一对 x_i 和 y_j,使得

$$P\{X=x_i,Y=y_j\}\neq P\{X=x_i\}P\{Y=y_j\}$$

即 $p_{ij}\neq p_{i\cdot}\times p_{\cdot j}$,证明 X 和 Y 不独立.

② X 连续型、Y 离散型,见 4.5.3 节. 离散型随机变量与连续型随机变量的混合型题目,可以考虑将离散型随机变量的几种取值作为全概率公式中的划分,进行分情况讨论. 例如,令 $Z=XY$,则 Z 的分布函数为

$$F_Z(z)=P\{Z\leqslant z\}=P\{XY\leqslant z\}=\sum_{j\geqslant1}P\{Y=y_j\}P\{XY\leqslant z\mid Y=y_j\}$$

③ X 连续型、Y 连续型,见 4.5.4 节. 当 X 和 Y 都是连续型随机变量时,可以按照以下情况从前到后地选择合适的解题思路.

a. 两种特殊的情况：二维均匀分布和二维正态分布. 粗略地讲,二维均匀分布问题经常使用"面积法"代替微积分化简计算(3.2.2 节)；二维正态分布问题要充分运用概率性质避免复杂的积分计算(3.2.8 节),或者使用伽马函数(4.4 节)、极坐标(4.6 节)化简计算.

　　b. 比较简单的问题：仿照二维离散型随机变量的命题思路，可以考查分布法的工具、与 (X,Y) 相联系的事件的概率、数字特征法的工具、独立性等（4.5.4 节）. 通常直接运用各种工具的定义、关系、微积分方法计算即可.

　　c. 比较复杂的问题：与一维随机变量函数的研究方法类似，也可使用分布函数法和变量变换法. 然而，如前所述，在一部分研究多维随机变量函数的题目中，很难运用概率性质找出随机变量 (X,Y) 及其函数 $(U,V)=(u(X,Y),v(X,Y))$ 之间的关系，继而建立它们分布函数之间的关系，难以使用分布函数法. 在这种情况下，变量变换法成为更好的选择. 变量变换法又可以根据"反函数是否唯一"分为单分支情况（4.5.4 节中的 2.）和多分支情况（4.5.4 节中的 4.）. 前者还包含一种特殊情况：增补变量法（4.5.4 节中的 3.）. 其中单分支情况变量变换法指出：设二维随机变量 (X,Y) 的联合概率密度为 $f(x,y)$，如果函数 $\begin{cases} u=u(x,y) \\ v=v(x,y) \end{cases}$ 有连续偏导数，且存在唯一的反函数 $\begin{cases} x=x(u,v) \\ y=y(u,v) \end{cases}$. 变换的雅可比行列式

$$J=\frac{\partial(x,y)}{\partial(u,v)}=\begin{vmatrix} \dfrac{\partial x}{\partial u} & \dfrac{\partial x}{\partial v} \\ \dfrac{\partial y}{\partial u} & \dfrac{\partial y}{\partial v} \end{vmatrix} \neq 0$$

若 $\begin{cases} U=u(X,Y) \\ V=v(X,Y) \end{cases}$，则 (U,V) 的联合概率密度函数为

$$h(u,v)=f(x(u,v),y(u,v))\,|J|$$

可见，这个方法本质上就是二重积分的变量变换法.

3. 按函数的类型分类

　　从函数类型看，我们主要研究两个随机变量 X 和 Y 的和差积商四则运算与两个最值函数.

　　（1）在研究 $Z=X+Y$ 时，如果 X 和 Y 相互独立且服从参数可加性的分布，则可以直接利用结论，见 5.5 节. 对于其他四则运算，则通常运用公式和微积分计算，见 4.7.1 节.

　　（2）通常采用分布函数法给出一般随机变量的最值函数的分布函数，见 4.7.2 节.

　　① 最大值函数 $M=\max(X,Y)$ 的分布函数为

$$F_M(z) \xeq{\text{分布函数的定义}} P\{M \leqslant z\} \xeq{\substack{\text{两个 r.v. 中最大的都不大于 } z,\\ \text{意味着每个 r.v. 都不大于 } z}} P\{X \leqslant z, Y \leqslant z\}$$

$$\xeq{X \text{ 和 } Y \text{ 独立}} P\{X \leqslant z\}P\{Y \leqslant z\} \xeq{\text{分布函数的定义}} F_X(z)F_Y(z)$$

特别地，当 $X_1,X_2,\cdots,X_n$ 独立同分布时，$F_M(z)=F_X^n(z)$.

　　② 最小值函数 $N=\min(X,Y)$ 的分布函数为

$$F_N(z) \xeq{\text{分布函数的定义}} P\{N \leqslant z\}=1-P\{N>z\}$$

$$\xeq{\substack{\text{两个 r.v. 中最小的都大于 } z,\\ \text{意味着每个 r.v. 都大于 } z}} 1-P\{X>z,Y>z\}$$

$$\xeq{X \text{ 和 } Y \text{ 独立}} 1-P\{X>z\}P\{Y>z\}$$

$$\xeq{\text{分布函数的定义}} 1-[1-F_X(z)] \cdot [1-F_Y(z)]$$

特别地,当 $X_1,X_2,\cdots,X_n$ 独立同分布时,$1-F_N(z)=[1-F_X(z)]^n$.

4.9　重期望公式[选学]

第 1 章介绍全概率公式时曾提到:要计算比较复杂的随机事件的概率,可以分情况讨论.类似地,要计算一个比较复杂的随机变量 X 的数学期望,也可以找一个与 X 有关的随机变量 Y,根据 Y 的不同取值进行分情况讨论,这就是重期望公式.设 (X,Y) 是二维随机变量,且 $E(X)$ 存在,则 $E(X)=E(E(X|Y))$.这里 $g(Y)=E(X|Y)$ 是随机变量 Y 的函数,也是一个随机变量.

> **-引例 4.22-** 有 5 位学生测量身高,两位女生的身高分别为 160cm 和 170cm,3 位男生的身高分别为 170cm,175cm 和 180cm.他们的平均身高是多少呢?

解答　(1) 第一种解法:$\dfrac{160+170+170+175+180}{5}cm=171$cm.

(2) 第二种解法:首先根据学生的性别分别计算平均身高,再将女生和男生的平均身高加权平均,权重就是两种性别在全体学生中所占的比例.具体而言,

女生的平均身高为 $\dfrac{160+170}{2}$cm$=165$cm;

男生的平均身高为 $\dfrac{170+175+180}{3}$cm$=175$cm.

因此,全体学生的平均身高为 $\left(165\times\dfrac{2}{5}+175\times\dfrac{3}{5}\right)cm=171$cm.

第二种解法的理论基础就是重期望公式.

容易看出,这里 $g(Y)=E(X|Y)=\begin{cases}165, & Y=\text{女}\\ 175, & Y=\text{男}\end{cases}$ 是随机变量 Y 的函数,也是一个随机变量.

公式:根据随机变量 Y 的类型,重期望公式 $E(X)=E(E(X|Y))$ 可以具体写为

(1) 若 Y 是离散型随机变量,则 $E(X)=\sum\limits_{j\geqslant 1}E(X|Y=y_j)P\{Y=y_j\}$;

(2) 若 Y 是连续型随机变量,则 $E(X)=\displaystyle\int_{-\infty}^{+\infty}E(X|Y=y)f_Y(y)\mathrm{d}y$.

典型题 4.23

盒中有 n 个球,编号分别为 $1,2,\cdots,n$.从中任取 1 球.若取到 1 号球,则得 1 分,且停止摸球;若取到 i 号球($2\leqslant i\leqslant n$),则得 i 分,再将此球放回,重新摸球,如此反复.试求总分数的数学期望.

解答　说明:这是一个比较复杂的随机变量的数学期望,可以根据第一次取到球的号码分情况讨论.

记 X 为得到的总分数，Y 为第一次取到的球的号码. 则

$$P\{Y=1\}=P\{Y=2\}=\cdots=P\{Y=n\}=\frac{1}{n}$$

且当 $i=1$ 时，$E(X|Y=1)=1$；当 $2\leqslant i\leqslant n$ 时，$E(X|Y=i)=i+E(X)$.

根据重期望公式可得

$$E(X)=\sum_{i=1}^{n}E(X\mid Y=i)P\{Y=i\}=\frac{1}{n}\{1+[2+E(X)]+\cdots+[n+E(X)]\}$$

$$=\frac{1}{n}\{1+2+\cdots+n+(n-1)E(X)\}$$

解得 $E(X)=\dfrac{n(n+1)}{2}$.

4.10　随机个随机变量的和 [选学]

设 $X_1,X_2,\cdots,X_n$ 为 n 个独立同分布的随机变量，则根据随机变量和的数字特征的性质可知 $E\left(\sum\limits_{i=1}^{n}X_i\right)=nE(X_1)$，$D\left(\sum\limits_{i=1}^{n}X_i\right)=nD(X_1)$. 其中，随机变量个数 n 是常数，$\sum\limits_{i=1}^{n}X_i$ 是常数个随机变量的和. 在实际应用中，还可能涉及随机个随机变量的和的数字特征问题.

设 $X_1,X_2,\cdots,X_n,\cdots$ 为一系列独立同分布的随机变量，随机变量 N 只取正整数值，且 N 与 $\{X_i\}$ 相互独立，则 $E\left(\sum\limits_{i=1}^{N}X_i\right)=E(X_1)E(N)$. 进一步地，若方差 $D(N)$ 与 $D(X_1)$ 均存在，则 $D\left(\sum\limits_{i=1}^{N}X_i\right)=D(N)[E(X_1)]^2+E(N)D(X_1)$.

典型题 4.24

假设一天内到达某快递寄送点的人数 $N\sim B(n,p)$，第 i 个人的快递重量为 X_i，$1\leqslant i\leqslant N$. 可以认为 $\{X_i\}$ 独立同分布，$X_1\sim N(\mu,\sigma^2)$，且 N 与 $\{X_i\}$ 相互独立. 试求此快递寄送点一天内收到快递总重量的数学期望和方差.

解答　根据二项分布、正态分布及随机个随机变量的和 $\sum\limits_{i=1}^{N}X_i$ 的数字特征的结论可知：

期望 $E\left(\sum\limits_{i=1}^{N}X_i\right)=E(X_1)E(N)=\mu np$.

方差 $D\left(\sum\limits_{i=1}^{N}X_i\right)=D(N)[E(X_1)]^2+E(N)D(X_1)=np(1-p)\mu^2+np\sigma^2$.

即该快递寄送点一天内收到快递总重量的数学期望为 $np\mu$，方差为 $np(1-p)\mu^2+np\sigma^2$.

习 题

习题 4.1[2004,Ⅰ & Ⅲ & Ⅳ]　设随机变量 X 服从正态分布 $N(0,1)$,对给定的 $\alpha(0<\alpha<1)$,数 u_α 满足 $P\{X>u_\alpha\}=\alpha$.若 $P\{|X|<x\}=\alpha$,则 x 等于_____.

A. $u_{\frac{\alpha}{2}}$ 　　　　　B. $u_{1-\frac{\alpha}{2}}$ 　　　　　C. $u_{1-\alpha}{2}$ 　　　　　D. $u_{1-\alpha}$

习题 4.2[1995,Ⅳ]　设随机变量 X 服从参数为 2 的指数分布,证明 $Y=1-\mathrm{e}^{-2X}$ 在区间 $(0,1)$ 上服从均匀分布.

习题 4.3[2003,Ⅲ & Ⅳ]　设随机变量 X 的概率密度为 $f(x)=\begin{cases}\dfrac{1}{3\sqrt[3]{x^2}}, & x\in[1,8]\\ 0, & \text{其他}\end{cases}$,$F(x)$ 是 X 的分布函数.试求随机变量 $Y=F(X)$ 的分布函数.

习题 4.4[2023,Ⅲ]　设随机变量 X 的概率密度为 $f(x)=\dfrac{\mathrm{e}^x}{(1+\mathrm{e}^x)^2}$,$-\infty<x<+\infty$.令 $Y=\mathrm{e}^X$.

(1) 求 X 的分布函数;

(2) 求 Y 的概率密度;

(3) 问 Y 的期望是否存在?

习题 4.5[2008,Ⅰ& Ⅲ & Ⅳ]　设随机变量 X,Y 独立同分布且 X 的分布函数为 $F(x)$,则 $Z=\max\{X,Y\}$ 的分布函数为_____.

A. $F^2(x)$ 　　　　　　　　　　　　B. $F(x)F(y)$

C. $1-[1-F(x)]^2$ 　　　　　　　　D. $[1-F(x)][1-F(y)]$

习题 4.6[2022,Ⅲ]　设二维随机变量 (X,Y) 的概率分布为

X \ Y	0	1	2
-1	0.1	0.1	b
1	a	0.1	0.1

若事件 $\{\max\{X,Y\}=2\}$ 与事件 $\{\min\{X,Y\}=1\}$ 相互独立,则 $\mathrm{Cov}(X,Y)=$_____.

A. -0.6 　　　　B. -0.36 　　　　C. 0 　　　　D. 0.48

习题 4.7[2020,Ⅲ]　设二维随机变量 (X,Y) 在区域 $D=\{(x,y)\,|\,0<y<\sqrt{1-x^2}\}$ 上服从均匀分布,令

$$Z_1=\begin{cases}1, & X-Y>0\\ 0, & X-Y\leqslant 0\end{cases}\quad\text{和}\quad Z_2=\begin{cases}1, & X+Y>0\\ 0, & X+Y\leqslant 0\end{cases}$$

(1) 求二维随机变量 (Z_1,Z_2) 的概率分布.

(2) 求 Z_1 与 Z_2 的相关系数.

习题 4.8[2020,Ⅰ]　设随机变量 X_1,X_2,X_3 相互独立,其中 X_1 与 X_2 均服从标准正态分布,X_3 的概率分布为 $P\{X_3=0\}=P\{X_3=1\}=\dfrac{1}{2}$,$Y=X_3X_1+(1-X_3)X_2$.

(1) 求二维随机变量 (X_1,Y) 的分布函数,结果用标准正态分布函数 $\Phi(x)$ 表示;

(2) 证明随机变量 Y 服从标准正态分布.

习题 4.9[2021,Ⅰ & Ⅲ]　在区间 $(0,2)$ 上随机取一点,将该区间分成两段,较短一段的长度记为 X,较

长一段的长度记为 Y. 令 $Z = \dfrac{Y}{X}$.

(1) 求 X 的概率密度；

(2) 求 Z 的概率密度；

(3) 求 $E\left(\dfrac{X}{Y}\right)$.

拓展阅读：概率论的应用

应用 4.1   答错倒扣分？应该盲选一下吗？

为了减少考生盲选得分的可能性，越来越多的考试增加了"倒扣"规则. 例如，近年的"三位一体"考试中，复旦大学和上海交通大学采用了略微不同的倒扣规则.

(1) 复旦：答对得 5 分，答错扣 2 分，不答不得分.

(2) 上交：答对得 4 分，答错扣 1 分（倒扣四分之一的分数），不答不得分.

根据上述规则，考生面对完全不会做的题目应该盲选一下吗？数学期望可以告诉我们答案. 为了便于计算，假设题目是单项选择题，共有 4 个选项.

(1) 在"复旦规则"下，考生盲选得分 X 的分布律为

X	5	-2
P	$\dfrac{1}{4}$	$\dfrac{3}{4}$

数学期望为 $E(X) = 5 \times \dfrac{1}{4} - 2 \times \dfrac{3}{4} = -\dfrac{1}{4}$，它小于 0（不答得 0 分）. 可见，盲选不利于提高分数.

进一步地，如果可以排除一个错误选项，那么盲选得分 Y 的分布律为

Y	5	-2
P	$\dfrac{1}{3}$	$\dfrac{2}{3}$

数学期望为 $E(Y) = 5 \times \dfrac{1}{3} - 2 \times \dfrac{2}{3} = \dfrac{1}{3}$，它大于 0（不答得 0 分）. 此时，盲选有助于提高分数.

(2) 在"上交规则"下，考生盲选得分 Z 的分布律为

Z	4	-1
P	$\dfrac{1}{4}$	$\dfrac{3}{4}$

数学期望为 $E(Z) = 4 \times \dfrac{1}{4} - 1 \times \dfrac{3}{4} = \dfrac{1}{4}$，它大于 0（不答得 0 分）. 可见，盲选有助于提高分数.

这个例子告诉我们，学好数学不仅能够帮助我们更好地解题，还能帮助我们更好地做出决策！

应用4.2 游戏装备强化：数学期望与马尔可夫链

在网络游戏中,装备强化是提升角色战力的常见方法.某游戏装备初始等级为1级,可以免费领取.之后玩家可以花费金币对装备执行强化操作,每次花费1金币.装备最高等级为4级.每次强化操作后,装备在4个级别中随机转移,转移概率矩阵见表4.3.

表4.3 每次强化操作后装备级别转移概率矩阵

等　　级	1级	2级	3级	4级
1级	0.5	0.5	0	0
2级	0.2	0.6	0.2	0
3级	0	0.2	0.6	0.2

那么,1,2,3,4级装备分别价值多少金币呢?这个问题能帮助玩家正确估计装备的价值,是应聘游戏公司的常见考题.不妨假设第 i 级装备的价值分别为 x_i 金币,$i=1,2,3,4$.

由于1级装备是免费领取的,故 $x_1=0$.

进一步,1级装备强化时,有 50% 的概率保持不变,有 50% 的概率升到2级.可见
$$0.5x_1+0.5x_2=x_1+1$$
其中,等式左边是1级装备强化一次后的数学期望,右边是1级装备的价值加上一次强化所支出的金币数.类似地,根据转移概率矩阵建立方程组
$$\begin{cases} 0.5x_1+0.5x_2=x_1+1 \\ 0.2x_1+0.6x_2+0.2x_3=x_2+1 \\ 0.2x_2+0.6x_3+0.2x_4=x_3+1 \\ x_1=0 \end{cases}$$

解得 $x_1=0,x_2=2,x_3=9,x_4=21$,即1,2,3,4级装备分别价值0,2,9,21金币.

事实上,这个游戏装备强化过程对应常见的随机过程"马尔可夫链",表4.3给出了马尔可夫转移概率矩阵.设 $\{X_n\}$ 为随机序列,状态空间为 $E=\{1,2,\cdots\}$.如果对任意的正整数 n 和 E 中的状态 $i,j,i_0,i_1,\cdots,i_{n-1}$,有
$$P\{X_{n+1}=j \mid X_0=i_0,X_1=i_1,\cdots,X_{n-1}=i_{n-1},X_n=i\}=P\{X_{n+1}=j \mid X_n=i\}$$
则称 $\{X_n\}$ 为马尔可夫链.例如,某玩家对装备强化3次后得到的装备等级 X_3 只与装备强化2次后的等级 X_2 有关,而与强化1次后的等级 X_1 和初始等级 X_0 无关.有兴趣的同学可以参阅文献[11].

第 5 章

大数定律和中心极限定理

本章内容严谨的数学表达式非常烦琐.但在常见考试中,我们通常不用纠结到底使用的是哪个大数定律或中心极限定理以及相关数学家的姓名.所以学习过程中,大家务必**抓住本质**,不要陷入对大量公式的死记硬背中.

5.1 极限理论

-引例 5.1- 我们在高等数学课程中已经学习了极限的概念.你能看出下面两种极限有什么区别吗?

极限一:$\lim\limits_{n\to\infty}\dfrac{1}{n}=0$.

极限二:$\lim\limits_{n\to\infty}\dfrac{S_n}{n}=\lim\limits_{n\to\infty}f_n=\dfrac{1}{2}$,其中 S_n 是抛掷一枚质地均匀的硬币 n 次正面朝上的频数.根据概率的频率定义,硬币正面朝上的频率 $\dfrac{S_n}{n}=f_n$ 会收敛到硬币正面朝上的概率 $\dfrac{1}{2}$,见 1.2.2 节.

从形式上看,**极限一**中,式 $\dfrac{1}{n}$ 的分子是确定的;而**极限二**中,式 $\dfrac{S_n}{n}$ 的分子是频数,具有随机性(每次随机试验的结果可能不同).怎么研究这种带有随机性的极限问题呢?这并不是一个简单的数学问题.本章介绍的大数定律和中心极限定理就是概率论中两种重要的极限理论.你将看到大量著名数学家的"身影",可谓"诸神之战"!

粗略地讲:

(1)**大数定律**讨论:在什么条件下,随机变量序列的算术平均依概率收敛到其均值的算术平均.口诀:均值依概率收敛于期望.大数定律是从数字特征角度给出的极限理论.

(2)**中心极限定理**讨论:在什么条件下,独立随机变量和 $Y_n=\sum\limits_{i=1}^{n}X_i$ 的分布函数会收敛于正态分布.口诀:和函数近似服从正态分布.中心极限定理是从分布角度给出的极限理论.

5.2 切比雪夫不等式

大数定律的研究需要用到著名的切比雪夫(Chebyshev)不等式.

切比雪夫不等式：如果随机变量 X 的方差 $D(X)$ 存在,则对任意 $\varepsilon > 0$,有

$$P\{|X - E(X)| \geqslant \varepsilon\} \leqslant \frac{D(X)}{\varepsilon^2} \quad \text{或} \quad P\{|X - E(X)| < \varepsilon\} \geqslant 1 - \frac{D(X)}{\varepsilon^2}$$

由于随机事件 $\{|X - E(X)| \geqslant \varepsilon\}$ 和 $\{|X - E(X)| < \varepsilon\}$ 是对立事件,由概率的求逆公式 $P(\overline{A}) = 1 - P(A)$ 可知：切比雪夫不等式的两种形式是等价的. 图 5.1 仅讲解第一个公式. 在概率论中,随机事件 $\{|X - E(X)| \geqslant \varepsilon\}$ 被称为大偏差(随机变量 X 的取值远离它的期望 $E(X)$ 超过某一限度). 切比雪夫不等式告诉我们：大偏差发生的概率存在上界,上界与方差成正比. 注意：切比雪夫不等式中的 ε 不一定很小. 这里的术语"大偏差"借鉴于大偏差理论,本书不再详述.

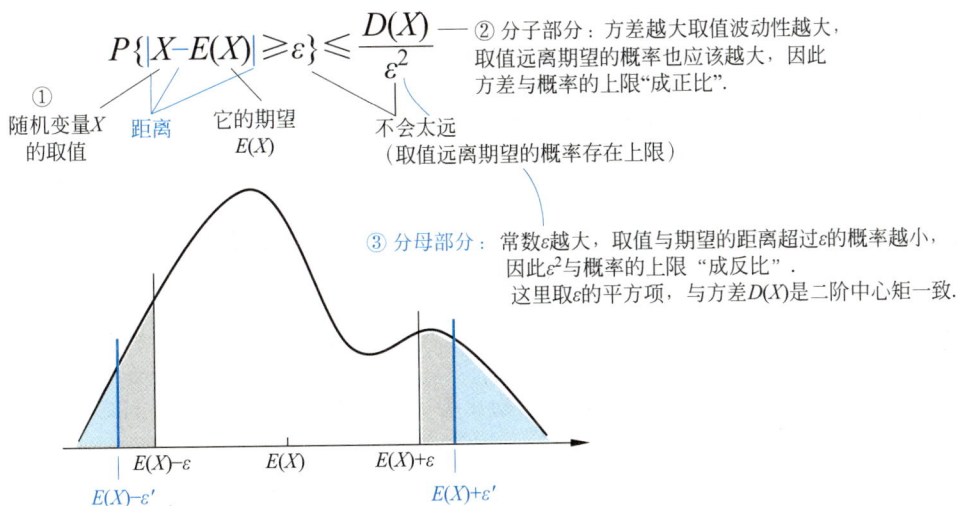

图 5.1 记一记：切比雪夫不等式

切比雪夫不等式的意义：在之前的学习中,要确定与随机变量相联系的事件的概率,必须用分布法的工具. 例如, $P\{a < X \leqslant b\} = F(b) - F(a)$. 但切比雪夫不等式给出了运用数字特征估计事件概率的新思路.

典型题 5.2 [2001, Ⅲ]

设随机变量 X 和 Y 的数学期望分别为 -2 和 2,方差分别为 1 和 4,而相关系数为 -0.5,则根据切比雪夫不等式得 $P\{|X + Y| \geqslant 6\} \leqslant$ _____.

解答 说明：本题要求运用切比雪夫不等式估计与随机变量相联系的事件的概率. 首先准确写出切比雪夫不等式的表达式 $P\{|X - E(X)| \geqslant \varepsilon\} \leqslant \frac{D(X)}{\varepsilon^2}$,然后将题目中的不等式向公式"靠拢"即可.

记 $Z = X + Y$,则

$$\begin{cases} E(Z) = E(X+Y) = E(X) + E(Y) = -2 + 2 = 0 \\ D(Z) = D(X+Y) = D(X) + D(Y) + 2\rho_{XY}\sqrt{D(X)}\sqrt{D(Y)} \\ \qquad\quad = 1 + 4 - 2 \times 0.5 \times \sqrt{1} \times \sqrt{4} = 3 \end{cases}$$

取 $\varepsilon = 6$,故由切比雪夫不等式可得 $P\{|X+Y| \geqslant 6\} = P\{|Z - E(Z)| \geqslant 6\} \leqslant \dfrac{D(Z)}{6^2} = \dfrac{1}{12}.$

答案　$\dfrac{1}{12}$

典型题 5.3［选做］

设随机变量 X 的概率密度函数为 $f(x) = \begin{cases} \dfrac{x^n}{n!}e^{-x}, & x \geqslant 0 \\ 0, & \text{其他} \end{cases}$.求证:

$$P\{0 < X < 2(n+1)\} \geqslant \frac{n}{n+1}.$$

证明　说明:本题涉及与随机变量 X 相联系的事件的概率 $P\{0 < X < 2(n+1)\}$.通常使用分布法的工具计算,如 $P\{0 < X < 2(n+1)\} = \displaystyle\int_0^{2(n+1)} \frac{x^n}{n!}e^{-x}\mathrm{d}x$.但这个积分计算非常困难.如果仅想使用数字特征法的工具,则可以考虑用切比雪夫不等式估计概率.此时要求随机事件 $\{0 < X < 2(n+1)\}$ 可以写成 $\{|X - E(X)| < \varepsilon\}$ 的形式,即 $E(X) = n+1$.本题正好满足这个条件.对照切比雪夫不等式的表达式 $P\{|X - E(X)| < \varepsilon\} \geqslant 1 - \dfrac{D(X)}{\varepsilon^2}$ 可知,需要先计算 $E(X)$ 和 $D(X)$,再确定 ε,最后代入切比雪夫不等式,一气呵成地得到结论.

由题意知

$$\begin{aligned} E(X) &= \int_0^{+\infty} x \cdot \frac{x^n}{n!}e^{-x}\mathrm{d}x = \frac{1}{n!}\int_0^{+\infty} x^{n+1}e^{-x}\mathrm{d}x \xmapsto{\text{伽马函数}} \frac{1}{n!}\Gamma(n+2) \\ &= \frac{(n+1)!}{n!} = n+1 \end{aligned}$$

$$\begin{aligned} E(X^2) &= \int_0^{+\infty} x^2 \cdot \frac{x^n}{n!}e^{-x}\mathrm{d}x = \frac{1}{n!}\int_0^{+\infty} x^{n+2}e^{-x}\mathrm{d}x \xmapsto{\text{伽马函数}} \frac{1}{n!}\Gamma(n+3) \\ &= \frac{(n+2)!}{n!} = (n+1)(n+2) \end{aligned}$$

$$D(X) = E(X^2) - E(X)^2 = (n+1)(n+2) - (n+1)^2 = n+1$$

取 $\varepsilon = n+1$,则由切比雪夫不等式可知

$$P\{0 < X < 2(n+1)\} = P\{|X - E(X)| < n+1\} \geqslant 1 - \frac{n+1}{(n+1)^2} = \frac{n}{n+1}$$

5.3 大数定律

1.2 节讨论了引例：抛掷一枚质地均匀的硬币，则正面朝上的概率是 $\frac{1}{2}$．这个 $\frac{1}{2}$ 是怎么得到的呢？有三种思路，其中思路 2 基于"频率收敛到概率"．

-引例5.4- 将一枚硬币抛掷 5 次、50 次、500 次，各做 7 组，观察正面出现的次数及频率（表 5.1）．

表 5.1 试验数据

试 验 序 号	$n=5$		$n=50$		$n=500$	
	频数 S_n	频率 f_n	频数 S_n	频率 f_n	频数 S_n	频率 f_n
1	4	0.8	24	0.48	262	0.524
2	2	0.4	33	0.66	243	0.486
3	3	0.6	18	0.36	252	0.504
4	2	0.4	25	0.50*	246	0.492
5	4	0.8	22	0.44	253	0.506
6	3	0.6	28	0.56	249	0.498
7	1	0.2	31	0.62	241	0.482

*：注意到 $n=50$ 的第 4 组试验的频率正好等于 0.5，但 $n=500$ 的 7 组试验却没有正好等于 0.5 的结果．可见，并不是每组试验重复次数越多，频率 f_n 就越接近概率 0.5．但是，我们直觉上认为：重复次数越多、结果越好！这个"好"表现在哪里呢？

观察引例中的数据可以发现，频率 f_n 具有以下性质：

（1）频率 f_n 与概率 $p=0.5$ 的绝对偏差 $|f_n-p|$ 随着 n 增大呈现逐渐减小的趋势，但不能说它收敛于 0．因为这种收敛性显然与高等数学课程中已经学过的收敛性不同．

（2）由于每一组试验的频率具有随机性，绝对偏差 $|f_n-p|$ 时大时小．虽然我们无法排除大偏差 $\{|f_n-p|\geqslant\varepsilon\}$ 发生的可能性，但随着 n 不断增大，大偏差发生的可能性会越来越小．这是一种新的极限概念．特别地，如图 5.2 所示，虽然每一组试验的频率具有随机性，但当 n 足够大（$n=500$）时，每组试验得到的频率都落入包含概率的一个小区间里：（概率 $\pm\varepsilon$）$\Rightarrow$ $(0.5-0.025, 0.5+0.025)$．可见，在这组数据中大偏差 $\{|f_n-0.5|\geqslant 0.025\}$ 发生的概率为 0．

5.3.1 依概率收敛

下面我们用数学语言将上述新的极限概念表述出来．对于任意给定的 $\varepsilon>0$，随机事件 $\{|f_n-p|\geqslant\varepsilon\}$ 被称为大偏差．随着 n 不断增大，大偏差发生的可能性会越来越小．即 $\lim\limits_{n\to\infty}P\{|f_n-p|\geqslant\varepsilon\}=0$，称频率序列 $\{f_n\}$ 依概率收敛．这就是"频率稳定到概率"或"频率收敛到概率"的含义．

下面给出一般的随机变量序列 $\{Y_n\}$ 依概率收敛到随机变量 Y 的定义．

当$n=5$时数据波动范围

当$n=50$时数据波动范围

当$n=500$时数据波动范围

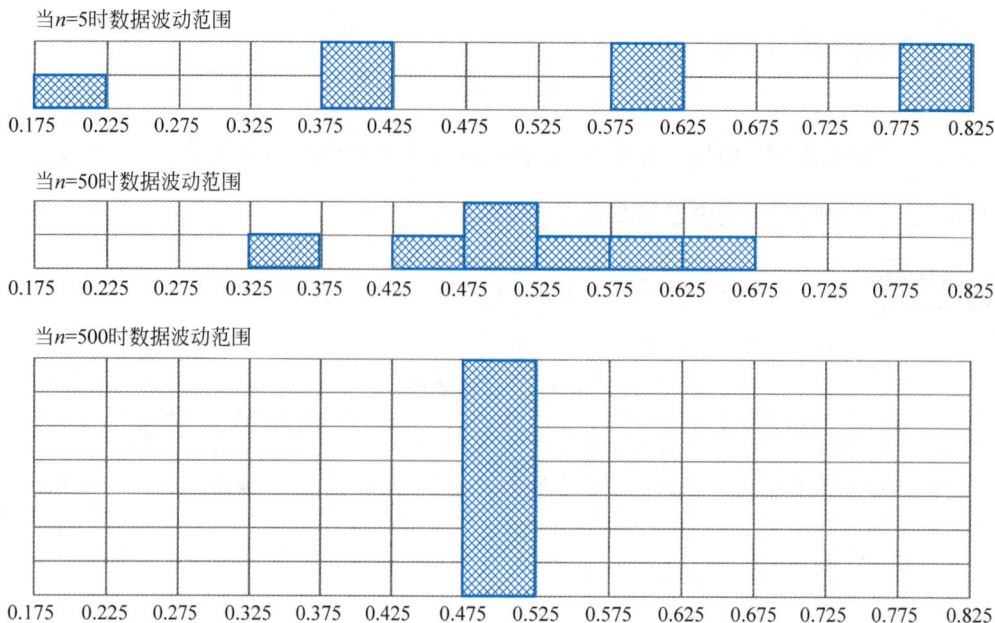

图 5.2   试验数据的直方图

定义：依概率收敛

设 $Y_1,Y_2,\cdots,Y_n,\cdots$ 是一个随机变量序列，Y 是一个随机变量. 若对于任意 $\varepsilon>0$，有

$$\lim_{n\to\infty}P\{\,|\,Y_n-Y\,|\geqslant\varepsilon\,\}=0 \quad \text{或} \quad \lim_{n\to\infty}P\{\,|\,Y_n-Y\,|<\varepsilon\,\}=1$$

则称序列 $\{Y_n\}$ 依概率收敛于 Y，记为 $Y_n\xrightarrow{\ P\ }Y$.

特别地，当随机变量 Y 以概率 1 退化为常数 a 时，即 $P\{Y=a\}=1$，则称序列 $\{Y_n\}$ 依概率收敛于 a，记为 $Y_n\xrightarrow{\ P\ }a$.

5.3.2   大数定律的本质

大数定律就是讨论在什么条件下，随机变量序列的算术平均依概率收敛到其均值的算术平均，即 $\lim\limits_{n\to\infty}P\left\{\left|\dfrac{1}{n}\sum\limits_{i=1}^{n}X_i-\dfrac{1}{n}\sum\limits_{i=1}^{n}E(X_i)\right|<\varepsilon\right\}=1$，记为 $\dfrac{1}{n}\sum\limits_{i=1}^{n}X_i\xrightarrow{\ P\ }\dfrac{1}{n}\sum\limits_{i=1}^{n}E(X_i)$. 即

对于任意小正数 ε，随着 n 不断增大，算术平均 $\dfrac{1}{n}\sum\limits_{i=1}^{n}X_i$ 落入区间

$$\left(\dfrac{1}{n}\sum\limits_{i=1}^{n}E(X_i)-\varepsilon,\ \dfrac{1}{n}\sum\limits_{i=1}^{n}E(X_i)+\varepsilon\right)$$

内的概率越来越大，趋近于 1. 三个常用的大数定律分别给出了大数定律的三种成立条件. 尽管有很多的大数定律，但在常见考试和实际应用中，我们只需要抓住本质（粗略表述）：均值依概率收敛于期望.

典型题 5.5$\begin{bmatrix}2003,\text{Ⅲ}\end{bmatrix}$

设总体 X 服从参数为 $\lambda=2$ 的指数分布，$X_1,X_2,\cdots,X_n$ 为来自总体 X 的简单随机样

本,则当 $n \to \infty$ 时, $Y_n = \dfrac{1}{n}\sum\limits_{i=1}^{n} X_i^2$ 依概率收敛于 _____.

说明 当我们看到关键词"依概率收敛"或者记号" $\lim\limits_{n\to\infty} P\{|Y_n - a| < \varepsilon\}$ "时,会优先想到"大数定律":均值依概率收敛于期望.类似的题目还有典型题 7.8[2013,Ⅰ]的第(3)小问.这里的"简单随机样本"指 $X_1, X_2, \cdots, X_n$ 相互独立,均服从总体 X 的分布.

解答 由题意, $Y_n = \dfrac{1}{n}\sum\limits_{i=1}^{n} X_i^2$ 是 $X_i^2 (i = 1, 2, \cdots)$ 的均值.由大数定律可知,均值 $\dfrac{1}{n}\sum\limits_{i=1}^{n} X_i^2$ 依概率收敛于期望 $E(X^2)$.再由指数分布期望和方差的结论可知

$$E(X^2) = D(X) + E(X)^2 = \frac{1}{\lambda^2} + \frac{1}{\lambda^2} = \frac{1}{2}$$

答案 $\dfrac{1}{2}$

5.3.3 三个常用的大数定律

在常见考试中,我们通常不用纠结到底使用的是哪个大数定律以及相关数学家的姓名.所以学习过程中,大家务必抓住本质:均值依概率收敛于期望.下面简单介绍三个常用的大数定律,也就是大数定律的"三种成立条件",参见表 5.2 及图 5.3.注意它们的区别和联系.

表 5.2 三个常用大数定律的条件与结论

		切比雪夫大数定律	辛钦大数定律(独立同分布随机变量序列的大数定律)	伯努利大数定律
条件	相关与独立	设随机变量 $X_1, X_2, \cdots, X_n, \cdots$ 两两不相关	设随机变量 $X_1, X_2, \cdots, X_n, \cdots$ 独立同分布	设 S_n 是 n 重伯努利试验中事件 A 发生的频数,则 $\dfrac{S_n}{n}$ 是事件 A 发生的频率
	期望与方差	数学期望 $E(X_i)$ 与方差 $D(X_i)$ 均存在,且方差一致有界:存在常数 C,使得 $D(X_i) \leqslant C, i = 1, 2, \cdots$	具有数学期望 $E(X_i) = \mu$, $i = 1, 2, \cdots$	p 是事件 A 在每次试验中发生的概率
结论	严格表述	对任意 $\varepsilon > 0$,有 $\lim\limits_{n\to\infty} P\left\{ \left\| \dfrac{1}{n}\sum\limits_{i=1}^{n} X_i - \dfrac{1}{n}\sum\limits_{i=1}^{n} E(X_i) \right\| < \varepsilon \right\} = 1$	对任意 $\varepsilon > 0$,有 $\lim\limits_{n\to\infty} P\left\{ \left\| \dfrac{1}{n}\sum\limits_{i=1}^{n} X_i - \mu \right\| < \varepsilon \right\} = 1$	对任意 $\varepsilon > 0$,有 $\lim\limits_{n\to\infty} P\left\{ \left\| \dfrac{S_n}{n} - p \right\| < \varepsilon \right\} = 1$
	记一记	记号: $\dfrac{1}{n}\sum\limits_{i=1}^{n} X_i \xrightarrow{P} \dfrac{1}{n}\sum\limits_{i=1}^{n} E(X_i)$ 口诀:(随机变量的)均值依概率收敛于(随机变量)期望的均值	记号: $\bar{X} = \dfrac{1}{n}\sum\limits_{i=1}^{n} X_i \xrightarrow{P} \mu$ 口诀:均值依概率收敛于期望	记号: $\dfrac{S_n}{n} \xrightarrow{P} p$ 口诀:频率依概率收敛于概率

本质

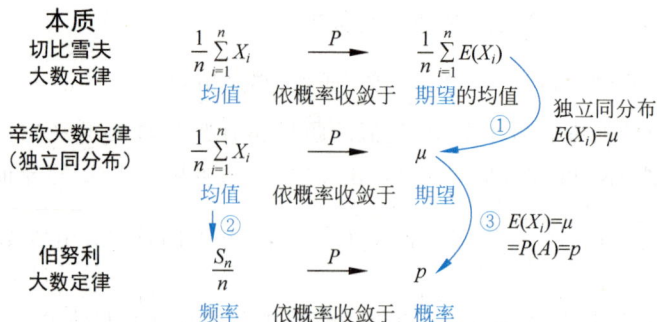

图 5.3　记一记：常用的大数定律

图注：①辛钦大数定律的成立条件是"随机变量 $X_1, X_2, \cdots, X_n, \cdots$ 独立同分布，具有数学期望 $E(X_i) = \mu$"，故 $\dfrac{1}{n} \sum\limits_{i=1}^{n} E(X_i) = \dfrac{1}{n} \sum\limits_{i=1}^{n} \mu = \mu$.

② 定义随机变量 $X_i = \begin{cases} 1, & \text{在第 } i \text{ 次试验中事件 } A \text{ 发生} \\ 0, & \text{在第 } i \text{ 次试验中事件 } A \text{ 不发生} \end{cases}$，$i = 1, 2, \cdots, n$. 则 $S_n = \sum\limits_{i=1}^{n} X_i$ 是 n 重伯努利试验中事件 A 发生的频数，$\dfrac{S_n}{n} = \dfrac{1}{n} \sum\limits_{i=1}^{n} X_i$ 是 n 重伯努利试验中事件 A 发生的频率.

③ 如上定义的随机变量 X_i 独立同分布，数学期望为每次试验中事件 A 发生的概率 p.

说明：切比雪夫(Chebyshev)大数定律与辛钦(Khinchin)大数定律的成立条件都分为"相关与独立"与"期望与方差"两部分，各有强弱. 具体而言：切比雪夫大数定律仅要求随机变量两两不相关，条件更宽松；辛钦大数定律不要求随机变量的方差存在，条件更宽松；伯努利(Bernoulli)大数定律是前两者的特例.

5.3.4　弱大数定律和强大数定律[选学]

本节学习的大数定律都是由"依概率收敛"刻画的，在数学中称为弱大数定律. 而另一类用"几乎处处收敛"刻画的大数定律称为强大数定律. 依概率收敛(弱大数定律)、几乎处处收敛(强大数定律)、依分布收敛(中心极限定理)是随机变量序列的不同收敛方式. 本书仅通过对比"弱大数定律中的伯努利大数定律"和"强大数定律中的博雷尔(Borel)大数定律"帮助大家直观地体会弱大数定律和强大数定律的区别，更多细节可以参考面向数学系学生的概率论教材.

弱大数定律中的伯努利大数定律：设 S_n 是 n 重伯努利试验中事件 A 发生的频数，则 $\dfrac{S_n}{n}$ 是事件 A 发生的频率，p 是事件 A 在每次试验中发生的概率. 则对任意 $\varepsilon > 0$，有

$$\lim_{n \to \infty} P\left\{ \left| \frac{S_n}{n} - p \right| < \varepsilon \right\} = 1.$$

强大数定律中的博雷尔大数定律：设 S_n 是 n 重伯努利试验中事件 A 发生的频数，则

$\dfrac{S_n}{n}$ 是事件 A 发生的频率,p 是事件 A 在每次试验中发生的概率,$\omega \in \Omega$(样本空间).则

$$P\left\{\omega : \lim_{n \to \infty} \frac{S_n}{n} = p\right\} = 1.$$

可见,依概率收敛(弱大数定律)关注的是样本空间 Ω 的整体收敛情况,而几乎处处收敛(强大数定律)关注的是样本空间 Ω 中任意样本点的收敛情况.给出一个直观的比喻:上课铃响,教室里的学生都慢慢地安静下来,这是几乎处处收敛.绝大多数学生都安静下来,但每一个人都可能在不同的时间不太安静,这是依概率收敛.

5.3.5 运用切比雪夫不等式证明辛钦大数定律[选学]

5.2 节曾说明,切比雪夫不等式可以用于证明大数定律.本节运用切比雪夫不等式证明一个较弱版本的辛钦大数定律,即增加约束条件"方差存在".对于方差不存在的情况,需要用到特征函数等工具证明,参见文献[7].

典型题 5.6

设随机变量 $X_1, X_2, \cdots, X_n, \cdots$ 独立同分布,具有数学期望 $E(X_i) = \mu$ 和方差 $D(X_i) = \sigma^2$,$i = 1, 2, \cdots$.则对任意 $\varepsilon > 0$,有 $\lim\limits_{n \to \infty} P\left\{\left|\dfrac{1}{n}\sum\limits_{i=1}^{n} X_i - \mu\right| < \varepsilon\right\} = 1$.

证明 说明:本题仅知道随机变量的数字特征(期望和方差),不知道随机变量的分布情况.要估计与随机变量相联系的事件的概率,可以使用切比雪夫不等式.又由于待证明的式子是 $P\{\cdots < \varepsilon\}$,故选择与其不等号方向一致的切比雪夫不等式形式:

$$P\{|X - E(X)| < \varepsilon\} \geqslant 1 - \frac{D(X)}{\varepsilon^2}$$

为了避免与题目中的记号混淆,改写为 $P\{|Y - E(Y)| < \varepsilon\} \geqslant 1 - \dfrac{D(Y)}{\varepsilon^2}$.要运用切比雪夫不等式证明上述大数定律,需将题目中的式子(原式)向切比雪夫不等式的定义(模板)靠拢.

对比原式与模板中绝对值里面的式子:$\dfrac{1}{n}\sum\limits_{i=1}^{n} X_i - \mu$ 和 $Y - E(Y)$,可以定义 $Y = \dfrac{1}{n}\sum\limits_{i=1}^{n} X_i$.若 $E(Y) = \mu$,则原式与模板一致.后续只需要计算 $D(Y)$.

记随机变量 $Y = \dfrac{1}{n}\sum\limits_{i=1}^{n} X_i$.则

$$E(Y) = \frac{1}{n}E\left(\sum_{i=1}^{n} X_i\right) = \frac{1}{n}\sum_{i=1}^{n} E(X_i) \xrightarrow{\text{同分布}} \mu$$

$$D(Y) = \frac{1}{n^2}D\left(\sum_{i=1}^{n} X_i\right) \xrightarrow{\text{独立}} \frac{1}{n^2}\sum_{i=1}^{n} D(X_i) \xrightarrow{\text{同分布}} \frac{\sigma^2}{n}$$

由切比雪夫不等式 $P\{|Y - E(Y)| < \varepsilon\} \geqslant 1 - \dfrac{D(Y)}{\varepsilon^2}$ 得

$$P\left\{\left|\frac{1}{n}\sum_{i=1}^{n} X_i - \mu\right| < \varepsilon\right\} \geqslant 1 - \frac{\frac{\sigma^2}{n}}{\varepsilon^2} \xrightarrow{n \to \infty} 1.$$

即 $\lim\limits_{n\to\infty} P\left\{\left|\dfrac{1}{n}\sum\limits_{i=1}^{n}X_i-\mu\right|<\varepsilon\right\}=1$. 命题得证.

5.4　中心极限定理

-引例 5.7-　在高尔顿板试验中(图 5.4),我们无法预测每个小球最终会落到哪里.然而大量的小球落下,将形成一条完美的钟型曲线.为什么大量的、无序的运动最终会在整体上产生一种秩序呢?

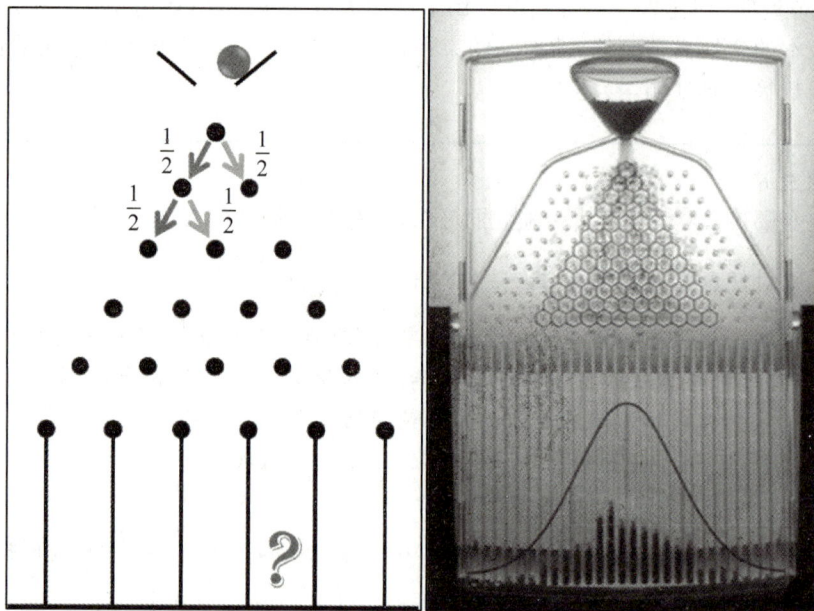

图 5.4　高尔顿钉板

分析一个小球在下落过程中,碰到第 i 层钉子时产生的水平位移.定义随机变量

$$X_i=\begin{cases}1,&\text{小球向右运动}\\-1,&\text{小球向左运动}\end{cases}.\text{那么,这个小球的水平位置就等价于独立随机变量 }X_i\text{ 的和函}$$

数 $\sum\limits_{i=1}^{n}X_i$. 因此高尔顿板中"大量的小球会形成钟型曲线",等价于"独立随机变量的和函数近似服从正态分布".

5.4.1　中心极限定理的本质

中心极限定理就是讨论在什么条件下,独立随机变量和 $Y_n=\sum\limits_{i=1}^{n}X_i$ 的分布函数会收敛于正态分布的分布函数,记为 $Y_n=\sum\limits_{i=1}^{n}X_i\overset{\text{近似地}}{\sim}N\left(E\left(\sum\limits_{i=1}^{n}X_i\right),D\left(\sum\limits_{i=1}^{n}X_i\right)\right)$. 记号" $\overset{\text{近似地}}{\sim}$ "称为

"近似服从",又记为"$\overset{近似}{\sim}$"、"$\sim$".三个常用的中心极限定理分别给出了中心极限定理的三种成立条件.尽管有很多的中心极限定理,但在常见考试和实际应用中,我们只需要抓住本质(粗略表述):和函数近似服从正态分布.

5.4.2　三个常用的中心极限定理

说明:三个常用中心极限定理的严谨数学表述非常烦琐,参见表 5.3 及图 5.5,感兴趣的同学详见 5.4.3 节.

表 5.3　三个常用大数定律的条件与结论

		李雅普诺夫中心极限定理	列维-林德伯格中心极限定理(独立同分布随机变量序列的中心极限定理)	棣莫弗-拉普拉斯中心极限定理(二项分布的正态近似)
条件	独立与分布	设随机变量 $X_1,X_2,\cdots,X_n,\cdots$ 相互独立	设随机变量 $X_1,X_2,\cdots,X_n,\cdots$ 独立同分布	设随机变量 $\eta_n(n=1,2,\cdots)$ 服从参数为 n, $p(0<p<1)$ 的二项分布
	期望与方差	数学期望与方差均存在,"均匀地小" $E(X_i)=\mu_i,D(X_i)=\sigma_i^2>0$, $i=1,2,\cdots$	数学期望和方差均存在, $E(X_i)=\mu,D(X_i)=\sigma^2>0$, $i=1,2,\cdots$	
结论	记一记	记号: $\sum_{i=1}^n X_i \overset{近似地}{\sim} N\left(\sum_{i=1}^n \mu_i, \sum_{i=1}^n \sigma_i^2\right)$ 口诀:和函数近似服从正态分布	记号: $\sum_{i=1}^n X_i \overset{近似地}{\sim} N(n\mu, n\sigma^2)$ 口诀:和函数近似服从正态分布	记号: $\eta_n \overset{近似地}{\sim} N(np,np(1-p))$ 口诀:二项分布近似服从正态分布

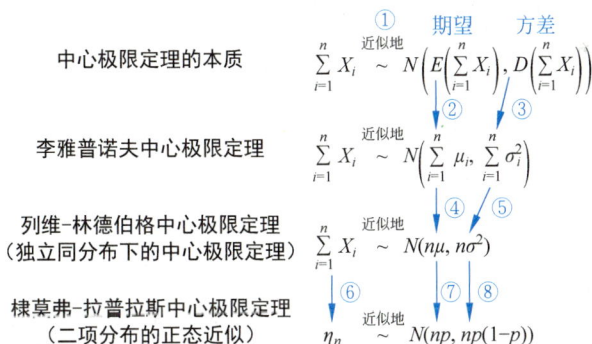

中心极限定理的本质　　　　　　$\overset{①}{}$　　期望　　方差

$$\sum_{i=1}^n X_i \overset{近似地}{\sim} N\left(E\left(\sum_{i=1}^n X_i\right), D\left(\sum_{i=1}^n X_i\right)\right)$$

李雅普诺夫中心极限定理　　$\overset{②}{}$　$\overset{③}{}$

$$\sum_{i=1}^n X_i \overset{近似地}{\sim} N\left(\sum_{i=1}^n \mu_i, \sum_{i=1}^n \sigma_i^2\right)$$

列维-林德伯格中心极限定理　　$\overset{④}{}$　$\overset{⑤}{}$
(独立同分布下的中心极限定理)

$$\sum_{i=1}^n X_i \overset{近似地}{\sim} N(n\mu, n\sigma^2)$$

棣莫弗-拉普拉斯中心极限定理　　$\overset{⑥}{}$　$\overset{⑦}{}$ $\overset{⑧}{}$
(二项分布的正态近似)

$$\eta_n \overset{近似地}{\sim} N(np, np(1-p))$$

图 5.5　记一记:常用的中心极限定律

知识点
微课程
5.3

图注:(1) 李雅普诺夫(Lyapunov)中心极限定理是二个常用中心极限定理中条件最宽松的.但在常见考试中涉及不多,因为验证"均匀地小"比较烦琐.

我们可以分三步写出李雅普诺夫中心极限定理,分别确定分布类型和参数取值.

① 中心极限定理的本质:独立随机变量的和函数近似服从正态分布,

$$\sum_{i=1}^n X_i \overset{近似地}{\sim} N(\mu, \sigma^2)$$

② 第 1 个参数 μ 对应期望：$E\left(\sum\limits_{i=1}^{n}X_i\right)=\sum\limits_{i=1}^{n}E(X_i)=\sum\limits_{i=1}^{n}\mu_i$.

③ 第 2 个参数 σ^2 对应方差：$D\left(\sum\limits_{i=1}^{n}X_i\right)\xLeftrightarrow{独立性}\sum\limits_{i=1}^{n}D(X_i)=\sum\limits_{i=1}^{n}\sigma_i^2$.

(2) 列维-林德伯格(Lévy-Lindeberg)中心极限定理也称为独立同分布下的中心极限定理. 由于"随机变量 $X_1,X_2,\cdots,X_n,\cdots$ 独立同分布，$E(X_i)=\mu_i=\mu$，$D(X_i)=\sigma_i^2=\sigma^2>0$"，故：

① 第 1 个参数化简为 $\sum\limits_{i=1}^{n}\mu_i=n\mu$.

② 第 2 个参数化简为 $\sum\limits_{i=1}^{n}\sigma_i^2=n\sigma^2$.

进一步地，数理统计中的样本均值定义为 $\overline{X}=\dfrac{1}{n}\sum\limits_{i=1}^{n}X_i$，其中 $X_1,X_2,\cdots,X_n$ 为来自总体 X 的简单随机样本，详见 6.3 节. 由列维-林德伯格中心极限定理可知 $\overline{X}\overset{近似地}{\sim}N\left(\mu,\dfrac{\sigma^2}{n}\right)$.

(3) 棣莫弗-拉普拉斯(De Moivre-Laplace)中心极限定理是概率论历史上第一个中心极限定理. 它专门针对二项分布，因此称为"二项分布的正态近似".

① 粗略地讲，服从二项分布的随机变量是"天然的和函数". 若随机变量 $X_1,X_2,\cdots,X_n$ 独立同分布，且 $X_1\sim B(1,p)$，则 $\eta_n=\sum\limits_{i=1}^{n}X_i\sim B(n,p)$.

② 期望 $E(X_i)=\mu=p$，故第 1 个参数化简为 $n\mu=np$.

③ 方差 $D(X_i)=\sigma^2=p(1-p)$，故第 2 个参数化简为 $n\sigma^2=np(1-p)$.

我们也可以直接运用二项分布随机变量 $\eta_n\sim B(n,p)$ 的期望 $E(\eta_n)=np$ 与方差 $D(\eta_n)=np(1-p)$ 得到正态分布的参数取值.

5.4.3 常用中心极限定理的严谨表述[选学]

很多经典教材给出了中心极限定理的严谨表述，但在常见考试和实际应用中不会涉及这些细节. 感兴趣的学生可以结合口诀"和函数近似服从正态分布"学习本小节，不要死记硬背.

1. 列维-林德伯格中心极限定理

设随机变量 $X_1,X_2,\cdots,X_n,\cdots$ 独立同分布，数学期望和方差均存在，$E(X_i)=\mu$，

$D(X_i)=\sigma^2>0,i=1,2,\cdots$. 若记 $Y_n^*=\dfrac{\sum\limits_{i=1}^{n}X_i-E\left(\sum\limits_{i=1}^{n}X_i\right)}{\sqrt{D\left(\sum\limits_{i=1}^{n}X_i\right)}}=\dfrac{\sum\limits_{i=1}^{n}X_i-n\mu}{\sigma\sqrt{n}}$ 为随机变量和

$\sum\limits_{i=1}^{n}X_i$ 的标准化变量，则对任意实数 y，有 $\lim\limits_{n\to\infty}P\{Y_n^*\leqslant y\}=\Phi(y)=\dfrac{1}{\sqrt{2\pi}}\int_{-\infty}^{y}\mathrm{e}^{-\frac{t^2}{2}}\mathrm{d}t$ (图 5.6).

2. 棣莫弗-拉普拉斯中心极限定理

设随机变量 $\eta_n(n=1,2,\cdots)$ 服从参数为 $n,p(0<p<1)$ 的二项分布，若记

$$Y_n^* = \frac{\eta_n - E(\eta_n)}{\sqrt{D(\eta_n)}} = \frac{\eta_n - np}{\sqrt{np(1-p)}}$$

为随机变量 η_n 的标准化变量,则对任意实数 y,有

$$\lim_{n\to\infty} P\{Y_n^* \leqslant y\} = \Phi(y) = \frac{1}{\sqrt{2\pi}} \int_{-\infty}^{y} e^{-\frac{t^2}{2}} dt$$

$$\lim_{n\to\infty} P\{Y_n^* \leqslant y\} = \Phi(y) = \frac{1}{\sqrt{2\pi}} \int_{-\infty}^{y} e^{-\frac{t^2}{2}} dt$$

① 和函数的标准化变量

② ×××的分布函数

③ ×××的极限

④ 标准正态分布的概率密度函数变上限积分,等于标准正态分布的分布函数

⑤ 和函数的标准化变量的分布函数的极限为标准正态分布的分布函数

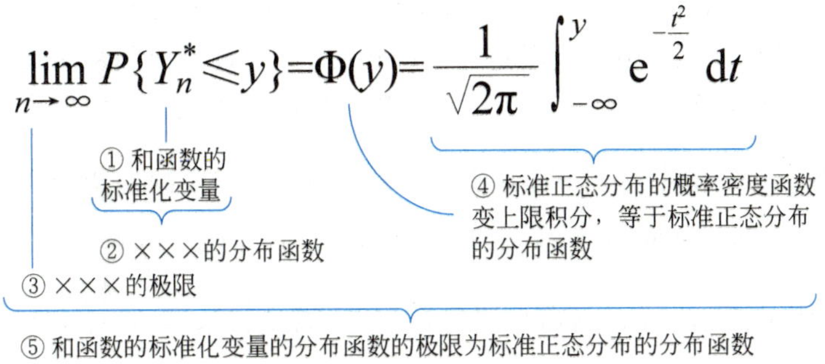

图 5.6　列维-林德伯格中心极限定理的结论

3. 李雅普诺夫中心极限定理

设随机变量 $X_1, X_2, \cdots, X_n, \cdots$ 相互独立,数学期望与方差均存在,

$$E(X_i) = \mu_i, \quad D(X_i) = \sigma_i^2 > 0, \quad i = 1, 2, \cdots$$

记 $B_n^2 = \sum_{i=1}^{n} \sigma_i^2$. 若存在正数 δ,使得当 $n \to +\infty$ 时,$\lim_{n\to\infty} \frac{1}{B_n^{2+\delta}} \sum_{i=1}^{n} E(|X_i - \mu_i|^{2+\delta}) = 0$,则随机变量和 $\sum_{i=1}^{n} X_i$ 的标准化变量

$$Y_n^* = \frac{\sum_{i=1}^{n} X_i - E(\sum_{i=1}^{n} X_i)}{\sqrt{D(\sum_{i=1}^{n} X_i)}} = \frac{\sum_{i=1}^{n} X_i - \sum_{i=1}^{n} \mu_i}{B_n}$$

的分布函数 $F_n(y)$ 对任意实数 y 满足 $\lim_{n\to\infty} F_n(y) = \lim_{n\to\infty} P\{Y_n^* \leqslant y\} = \Phi(y) = \frac{1}{\sqrt{2\pi}} \int_{-\infty}^{y} e^{-\frac{t^2}{2}} dt$.

说明:其中 $\lim_{n\to\infty} \frac{1}{B_n^{2+\delta}} \sum_{i=1}^{n} E(|X_i - \mu_i|^{2+\delta}) = 0$ 就是前文所述"均匀地小". 当我们放宽了随机变量 $X_1, X_2, \cdots, X_n, \cdots$ 同分布的条件后,要求各项"均匀地小"变得十分必要. 例如,如果允许 $X_i = 0, i \geqslant 2$,则 $\sum_{i=1}^{n} X_i = X_1$ 由 X_1 的分布完全确定,很难保证和函数 $\sum_{i=1}^{n} X_i$ 以正态分布为极限分布.

5.4.4　解题思路及典型题

运用中心极限定理时不用纠结到底是哪个中心极限定理以及数学家的姓名. 要把握中心极限定理的本质:(相互独立随机变量的)和函数近似服从正态分布,然后使用正态分布的解题思路即可(图 5.7).

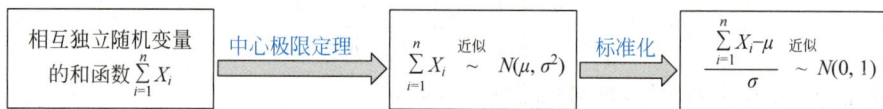

图 5.7　运用中心极限定理的解题思路

具体而言,①运用中心极限定理的关键是找到相互独立随机变量的和函数或者"天然的和函数"二项分布随机变量.中心极限定理告诉我们"和函数近似服从正态分布",这样就确定了分布类型:正态分布.正态分布的两个参数 μ 与 σ^2 分别是"和的期望"与"和的方差".而要计算和函数 $\sum\limits_{i=1}^{n} X_i$ 的期望与方差,首先需要计算每个 X_i 的期望与方差.注意,上面是分析过程.为了使解答过程更加美观,通常先计算 X_i 的期望与方差,再一气呵成地使用中心极限定理.②使用正态分布的解题思路得到结论:若 $\sum\limits_{i=1}^{n} X_i \overset{\text{近似地}}{\sim} N(\mu,\sigma^2)$, 则

$$P\left\{a \leqslant \sum_{i=1}^{n} X_i \leqslant b\right\} = P\left\{\frac{a-\mu}{\sigma} \leqslant \frac{\sum\limits_{i=1}^{n} X_i - \mu}{\sigma} \leqslant \frac{b-\mu}{\sigma}\right\} \approx \Phi\left(\frac{b-\mu}{\sigma}\right) - \Phi\left(\frac{a-\mu}{\sigma}\right)$$

由此,我们可以将图 3.18 中涉及正态分布的问题进一步扩充,如图 5.8 所示.

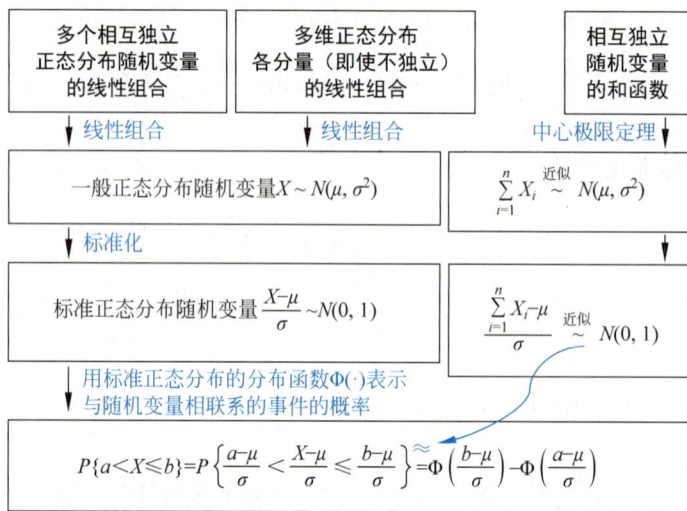

图 5.8　解题思路:求解涉及正态分布的问题(扩充)

典型题 5.8

某学校共有 2 000 名学生,学期初召开家长会.一个学生家长缺席、1 名家长、2 名家长来参加家长会的概率分别为 0.1、0.8、0.1,且各学生参加会议的家长数相互独立.请利用中心极限定理估计以下概率:

(1) 参加会议的家长数 X 超过 2 033 的概率;

(2) 家长缺席家长会的学生数 Y 不多于 178 的概率,$\Phi(1.645)=0.95$.

解答 (1) 计算参加会议的家长数 X 超过 2 033 的概率.

① 确定与问题关联的随机变量,即将生活中的随机问题转化为数学问题.由于题目要求使用"中心极限定理",所以要找到相互独立随机变量的和函数或者"天然的和函数"二项分布随机变量.如何把随机变量 X 转化为和函数呢? 本题中,X 是参加会议的家长数,可以视为每个学生参加会议的家长数的和函数.

记第 i 个学生参加会议的家长数为 X_i,则 $X = \sum_{i=1}^{2\,000} X_i$.

② 为了使解答过程更加美观,通常先计算 X_i 的期望与方差,再一气呵成地使用中心极限定理.

由题意,X_i 的分布律为

X_i	0	1	2
$p_{i,k}$	0.1	0.8	0.1

易得 $E(X_i)=0\times0.1+1\times0.8+2\times0.1=1$;$E(X_i^2)=0^2\times0.1+1^2\times0.8+2^2\times0.1=1.2$,$D(X_i)=E(X_i^2)-E(X_i)^2=0.2$.

③ 由中心极限定理"和函数近似服从正态分布"确定了和函数 $\sum_{i=1}^{n} X_i$ 的分布类型,只需要再确定两个参数 μ 与 σ^2,它们分别是"和的期望"与"和的方差".

由独立同分布下的中心极限定理可知 $X \overset{\text{近似地}}{\sim} N(2\,000\times1,2\,000\times0.2)$,即

$$X \overset{\text{近似地}}{\sim} N(2\,000,400)$$

④ 在确定和函数 $\sum_{i=1}^{n} X_i$ 的分布类型和参数取值之后,按照"与正态分布随机变量相联系的事件概率"的解题思路,首先将正态分布随机变量标准化得 $\dfrac{X-E(X)}{\sqrt{D(X)}}=\dfrac{X-\mu}{\sigma}\sim N(0,1)$,然后用标准正态分布的分布函数 $\Phi(\cdot)$ 表示,并查表得到结论.

于是得

$$P\{X>2\,033\}=P\left\{\frac{X-2\,000}{\sqrt{400}}>\frac{2\,033-2\,000}{\sqrt{400}}\right\}=1-P\left\{\frac{X-2\,000}{20}\leqslant1.65\right\}$$
$$\approx1-\Phi(1.645)=0.05$$

可见,参加会议的家长数 X 超过 2 033 的概率为 0.05.

(2) 计算家长缺席家长会的学生数 Y 不多于 178 的概率.

说明:如何把随机变量 Y 转化为和函数或者二项分布随机变量呢? 由于二项分布随机变量 Y 是 n 重伯努利试验中事件 A 发生的总次数,因此,要找到二项分布,需要先找到伯努利试验,即每次随机试验仅有两种可能结果:事件发生,事件不发生.本题中,每个学生参加家长会家长数的三种情况可以合并为两种情况:家长缺席、家长不缺席.这就形成了伯努利试验.而随机变量 Y 为家长缺席家长会的学生数.可以视为对每个学生独立地做一次伯努利试验.从而,Y 服从二项分布.参数 n 为试验的重数,即学校的学生总数,$n=2\,000$;参数 p 为每次试验中事件发生的概率,即家长缺席的概率,$p=0.1$.

由题意,Y 为家长缺席家长会的学生数,则 $Y\sim B(2000,0.1)$.由棣莫弗-拉普拉斯中心

极限定理可知：$Y \overset{\text{近似地}}{\sim} N(2\,000 \times 0.1, 2\,000 \times 0.1 \times 0.9)$，即 $Y \overset{\text{近似地}}{\sim} N(200, 180)$.

于是得

$$P\{Y \leqslant 178\} = P\left\{\frac{Y-200}{\sqrt{180}} \leqslant \frac{178-200}{\sqrt{180}}\right\} = P\left\{\frac{Y-200}{13.42} \leqslant -1.64\right\}$$

$$\approx \Phi(-1.645) = 1 - \Phi(1.645) = 0.05$$

可见，家长缺席家长会的学生数不多于 178 的概率为 0.05.

典型题 5.9[2020，Ⅰ]

设 $X_1, X_2, \cdots, X_n$ 为来自总体 X 的简单随机样本，其中 $P\{X=0\} = P\{X=1\} = \dfrac{1}{2}$，$\Phi(x)$ 表示标准正态分布函数，则利用中心极限定理可得 $P\left\{\sum\limits_{i=1}^{100} X_i \leqslant 55\right\}$ 的近似值为 _____.

A. $1 - \Phi(1)$ B. $\Phi(1)$ C. $1 - \Phi(0.2)$ D. $\Phi(0.2)$

解答 由题意，$X \sim B\left(1, \dfrac{1}{2}\right)$. 故 $E(X) = \dfrac{1}{2}$，$D(X) = \dfrac{1}{4}$.

又由于 $X_1, X_2, \cdots, X_n$ 为来自总体 X 的简单随机样本（独立同分布），故

$$\begin{cases} E\left(\sum\limits_{i=1}^{100} X_i\right) = \sum\limits_{i=1}^{100} E(X_i) = 100 \times \dfrac{1}{2} = 50 \\ D\left(\sum\limits_{i=1}^{100} X_i\right) = \sum\limits_{i=1}^{100} D(X_i) = 100 \times \dfrac{1}{4} = 25 \end{cases}$$

再由中心极限定理可得 $\sum\limits_{i=1}^{100} X_i \overset{\text{近似地}}{\sim} N(50, 25)$.

因此，$P\left\{\sum\limits_{i=1}^{100} X_i \leqslant 55\right\} = P\left\{\dfrac{\sum\limits_{i=1}^{100} X_i - 50}{\sqrt{25}} \leqslant \dfrac{55-50}{\sqrt{25}}\right\} \approx \Phi\left(\dfrac{55-50}{\sqrt{25}}\right) = \Phi(1)$.

答案 B

5.4.5 公理、定理、定律[选学]

我们已经学习了概率的公理化定义、大数定律、中心极限定理. 那么，公理、定理、定律有什么区别呢？公理是不需证明的基本命题，是演绎其他命题的起点. 不同的公理（起点）甚至可以引导出不同的学术理论. 例如，由著名的"欧几里得第五公设"（平行公理）可以推出以下命题：过平面上直线外一点，有且只有一条直线与已知直线不相交. 俄国数学家罗巴切夫斯基（Nikolas Ivanovich Lobachevsky，1792—1856）把"平行公理"替换为：过平面上直线外一点，至少可以引出两条直线与已知直线不相交，得到了一个逻辑合理的新的几何体系——罗氏几何、双曲几何. 而德国数学家黎曼（Georg Friedrich Bernhard Riemann，1826—1866）把"平行公理"替换为：过平面上直线外一点，不能引出直线与已知直线不相交，得到了另一个逻辑合理的几何体系——黎曼几何、椭圆几何. 罗氏几何和黎曼几何都是非欧几何.

定理，通常指能用数学工具严格证明的结论. 而定律，通常是由实验、试验得出的结论.

每个定律背后都有一个或者几个著名的实验、试验. 例如, 大数定律讨论了频率的稳定性. 很多著名数学家通过抛硬币等随机试验研究过大数定律, 见表 1.3. 在瑞士数学家雅各布·伯努利(Jakob Bernoulli, 1654—1705)给出第一个严格的大数定律之前, 它一直以"经验"的形式存在. 所以, 我们习惯将它称为"定律". 当然, 现在数学家已经可以严格地表述和证明大数定律了, 所以在一些文献中, "大数定律"也被称为"大数定理".

5.5 计算随机变量的和函数 $\sum\limits_{i=1}^{n} X_i$ 的方法

和函数对应的"加法运算"是数学中最基本的运算之一. 本书已经在多种场景下研究了随机变量和函数的计算问题. 如第 3 章所述, 在试卷或者实际应用中, 我们通常只能看到"研究对象". 因此, 本节梳理及总结计算随机变量的和函数 $\sum\limits_{i=1}^{n} X_i$ 的常见解题思路.

5.5.1 当 n 足够大时

研究大量相互独立随机变量的和函数 $\sum\limits_{i=1}^{n} X_i$ 的极限, 常用大数定律和中心极限定理. 大数定律只关注随机变量均值的极限, 粗略地讲: 均值依概率收敛到期望. 中心极限定理则给出和函数的极限分布, 粗略地讲: 和函数近似服从正态分布.

5.5.2 当 n 不太大时

(1) 若 X_i 服从某些特殊分布, 直接使用性质得到结论. 常用的性质如下, 对这些性质都可以从分布的模型背景出发帮助理解和记忆, 详见第 3 章.

二项分布: $X_i \sim B(n_i, p)$, $1 \leqslant i \leqslant m$, 相互独立, 则 $\sum\limits_{i=1}^{m} X_i \sim B\left(\sum\limits_{i=1}^{m} n_i, p\right)$.

泊松分布: $X_i \sim P(\lambda_i)$, $1 \leqslant i \leqslant n$, 相互独立, 则 $\sum\limits_{i=1}^{n} X_i \sim P\left(\sum\limits_{i=1}^{n} \lambda_i\right)$.

几何分布: $X_i \sim Ge(p)$, $1 \leqslant i \leqslant r$, 相互独立, 则 $\sum\limits_{i=1}^{r} X_i \sim Nb(r, p)$, 负二项分布.

指数分布: $X_i \sim Exp(\lambda)$, $1 \leqslant i \leqslant \alpha$, 相互独立, 则 $\sum\limits_{i=1}^{\alpha} X_i \sim Ga(\alpha, \lambda)$, 伽马分布.

正态分布: $X_i \sim N(\mu_i, \sigma_i^2)$, $1 \leqslant i \leqslant n$, 相互独立, C_0 和 C_i 为常数, 则

$$C_0 + \sum_{i=1}^{n} C_i X_i \sim N\left(C_0 + \sum_{i=1}^{n} C_i \mu_i, \sum_{i=1}^{n} C_i^2 \sigma_i^2\right)$$

多维正态分布: $(X, Y) \sim N(\mu_1, \mu_2, \sigma_1^2, \sigma_2^2, \rho)$,

① 若常数 a, b 满足 $a^2 + b^2 \neq 0$, 则 $aX + bY$ 服从一维正态分布.

② 若常数 a, b, c, d 满足 $\begin{vmatrix} a & b \\ c & d \end{vmatrix} \neq 0$, 则 $(aX + bY, cX + dY)$ 服从二维正态分布.

说明: 若 $(X_1, X_2, \cdots, X_n)$ 服从 n 维正态分布, 且 $a_1, a_2, \cdots, a_n$ 不全为 0, 则 $\sum\limits_{i=1}^{n} a_i X_i$ 服从一维正态分布. 这个性质可以粗略地表述为"多维正态分布的任意线性组合仍然是正态分布", 此时不需要各分量 X_i 相互独立.

χ^2 分布：$X_i \sim \chi^2(n_i)$，$1 \leqslant i \leqslant m$，相互独立，则 $\sum\limits_{i=1}^{m} X_i \sim \chi^2\left(\sum\limits_{i=1}^{m} n_i\right)$.

（2）若 X_i 不服从上述特殊分布，通常使用分布函数法、变量变换法或者四则运算的公式计算和函数 $\sum\limits_{i=1}^{n} X_i$. 注意到，当 $\{X_i\}$ 相互独立时，不少同学喜欢套用卷积公式. 但在使用卷积公式时，存在不能正确给出积分限等问题，错误率很高. 因此本书推荐使用分布函数法，详见 4.3.3 节.

5.6 特征函数［选学］

设 $f(x)$ 是随机变量 X 的概率密度函数，则 $f(x)$ 的傅里叶（Fourier）变换为

$$\varphi(t) = \int_{-\infty}^{+\infty} e^{itx} f(x) dx$$

其中 $i = \sqrt{-1}$ 为虚数单位. 由数学期望的定义可知 $\varphi(t)$ 正好是期望 $E(e^{itX})$，这就是特征函数. 特征函数能把求独立随机变量和的分布的卷积运算（积分运算）转换成乘法运算，还能把求分布的各阶原点矩（积分运算）转换成微分运算，功能非常强大. 本节仅给出特征函数的部分性质，并用它们证明独立同分布下的中心极限定理.

5.6.1 特征函数的定义

设 X 为一个随机变量，称 $\varphi(t) = E(e^{itX})$（$-\infty < t < +\infty$）为 X 的特征函数. 特别地，

（1）当离散型随机变量 X 的分布律为 $p_k = P\{X = x_k\}$（$k = 1, 2, \cdots$）时，X 的特征函数为 $\varphi(t) = \sum\limits_{k \geqslant 1} e^{itx_k} p_k$，$-\infty < t < +\infty$.

（2）当连续型随机变量 X 的概率密度函数为 $f(x)$ 时，X 的特征函数为

$$\varphi(t) = \int_{-\infty}^{+\infty} e^{itx} f(x) dx, \quad -\infty < t < +\infty$$

5.6.2 特征函数的部分性质

（1）$\varphi(0) = 1$，$Y = aX + b \Rightarrow \varphi_Y(t) = e^{ibt} \varphi_X(at)$.

（2）若 X 与 Y 独立，则 $\varphi_{X+Y}(t) = \varphi_X(t) \varphi_Y(t)$. 即特征函数把求独立随机变量和的分布的卷积运算转换成乘法运算.

（3）若 $E(X^n)$ 存在，则 X 的特征函数 $\varphi(t)$ 可 n 次求导，且对 $1 \leqslant k \leqslant n$，有 $\varphi^{(k)}(0) = i^k E(X^k)$；特别地，$E(X) = \dfrac{\varphi'(0)}{i}$，$D(X) = -\varphi''(0) + (\varphi'(0))^2$. 即特征函数把求分布的各阶原点矩的运算转换成微分运算.

（4）分布函数序列 $\{F_n(x)\}$ 弱收敛于分布函数 $F(x)$ 的充要条件是 $\{F_n(x)\}$ 的特征函数序列 $\{\varphi_n(t)\}$ 收敛于 $F(x)$ 的特征函数 $\varphi(t)$.

说明：弱收敛的定义详见文献[11]. 粗略地讲，中心极限定理指出的"独立随机变量和 $Y_n = \sum\limits_{i=1}^{n} X_i$ 的分布函数会收敛于正态分布的分布函数"中的"收敛"就是"弱收敛".

5.6.3 常见分布的特征函数

运用特征函数的定义和前述性质,可以给出常见分布的特征函数,见表5.4.

表 5.4 常见分布的特征函数

分 布		分布律/概率密度	特 征 函 数
离散分布	单点分布	$P\{X=a\}=1$	e^{ita}
	两点分布 $B(1,p)$	$P\{X=k\}=p^k q^{1-k}, q=1-p, k=0,1, 0<p<1$	$pe^{it}+q$
	二项分布 $B(n,p)$	$P\{X=k\}=C_n^k p^k q^{n-k}, q=1-p, k=0,1,2,\cdots,n, n\geqslant1, 0<p<1$	$(pe^{it}+q)^n$
	泊松分布 $P(\lambda),\pi(\lambda)$	$P\{X=k\}=\dfrac{\lambda^k}{k!}e^{-\lambda}, k=0,1,2,\cdots,\lambda>0$	$e^{\lambda(e^{it}-1)}$
	几何分布 $Ge(p)$	$P\{X=k\}=pq^{k-1}, q=1-p, k=1,2,\cdots,0<p<1$	$\dfrac{pe^{it}}{1-qe^{it}}$
连续分布	均匀分布 $U(a,b)$	$f(x)=\begin{cases}\dfrac{1}{b-a}, & a<x<b \\ 0, & \text{其他}\end{cases}$	$\dfrac{e^{ibt}-e^{iat}}{it(b-a)}$
	指数分布 $Exp(\lambda)$	$f(x)=\begin{cases}\lambda e^{-\lambda x}, & x>0 \\ 0, & \text{其他}\end{cases}$	$\left(1-\dfrac{it}{\lambda}\right)^{-1}$
	正态分布 $N(\mu,\sigma^2)$	$f(x)=\dfrac{1}{\sqrt{2\pi}\sigma}e^{-\frac{(x-\mu)^2}{2\sigma^2}}, -\infty<x<+\infty,\sigma>0$	$\exp\left\{i\mu t-\dfrac{\sigma^2 t^2}{2}\right\}$

5.6.4 运用特征函数证明独立同分布下的中心极限定理

首先回顾独立同分布下的中心极限定理,即列维-林德伯格中心极限定理.

定理:设随机变量 $X_1,X_2,\cdots,X_n,\cdots$ 独立同分布,数学期望和方差均存在,$E(X_i)=\mu$,

$D(X_i)=\sigma^2>0, i=1,2,\cdots$. 若记 $Y_n^*=\dfrac{\sum\limits_{i=1}^{n}X_i-E(\sum\limits_{i=1}^{n}X_i)}{\sqrt{D(\sum\limits_{i=1}^{n}X_i)}}=\dfrac{\sum\limits_{i=1}^{n}X_i-n\mu}{\sigma\sqrt{n}}$ 为随机变量和

$\sum\limits_{i=1}^{n}X_i$ 的标准化变量,则对任意实数 y,有 $\lim\limits_{n\to\infty}P\{Y_n^*\leqslant y\}-\Phi(y)-\dfrac{1}{\sqrt{2\pi}}\displaystyle\int_{-\infty}^{y}e^{-\frac{t^2}{2}}\mathrm{d}t$.

证明:说明:中心极限定理研究独立随机变量的和函数 $\sum\limits_{i=1}^{n}X_i$. 如果使用卷积来研究会非常烦琐.特征函数把求独立随机变量和的分布的卷积运算转换成乘法运算,可以大幅简化证明过程.因此,选择研究工具:特征函数.进一步地,中心极限定理给出的是"分布函数的弱收敛性",要把它转化为新的证明目标:特征函数的收敛性.

由于标准正态分布的特征函数为 $e^{-\frac{t^2}{2}}$,因此证明目标等价于 $\lim\limits_{n\to\infty}\varphi_{Y_n^*}(t)=e^{-\frac{t^2}{2}}$.

说明：下面计算 $\varphi_{Y_n^*}(t)$. 由于 $Y_n^* = \dfrac{\sum\limits_{i=1}^{n} X_i - n\mu}{\sigma\sqrt{n}} = \sum\limits_{i=1}^{n} \dfrac{X_i - \mu}{\sigma\sqrt{n}}$ 是相互独立随机变量的

和函数，根据性质"若 X 与 Y 独立，则 $\varphi_{X+Y}(t) = \varphi_X(t)\varphi_Y(t)$"，需要先计算 $\dfrac{X_i - \mu}{\sigma\sqrt{n}}$ 的特征函

数. 根据性质 $Y = aX + b \Rightarrow \varphi_Y(t) = e^{ibt}\varphi_X(at)$ 可知，有两种计算方法：① 设 X_i 的特征函数为

$\varphi(t)$，则 $\dfrac{X_i - \mu}{\sigma\sqrt{n}} = \dfrac{X_i}{\sigma\sqrt{n}} - \dfrac{\mu}{\sigma\sqrt{n}}$ 的特征函数为 $e^{\frac{-it\mu}{\sigma\sqrt{n}}}\varphi\left(\dfrac{t}{\sigma\sqrt{n}}\right)$；② 设 $X_i - \mu$ 的特征函数为 $\varphi(t)$，

则 $\dfrac{X_i - \mu}{\sigma\sqrt{n}}$ 的特征函数为 $\varphi\left(\dfrac{t}{\sigma\sqrt{n}}\right)$. 第一种方法更容易想到，但第二种方法的结论形式更简

单，因此推荐使用第二种方法.

设 $X_i - \mu$ 的特征函数为 $\varphi(t)$，则 $\dfrac{X_i - \mu}{\sigma\sqrt{n}}$ 的特征函数为 $\varphi\left(\dfrac{t}{\sigma\sqrt{n}}\right)$. 故

$$Y_n^* = \frac{\sum\limits_{i=1}^{n} X_i - n\mu}{\sigma\sqrt{n}} = \sum_{i=1}^{n} \frac{X_i - \mu}{\sigma\sqrt{n}}$$

的特征函数为 $\varphi_{Y_n^*}(t) = \left[\varphi\left(\dfrac{t}{\sigma\sqrt{n}}\right)\right]^n$.

说明：证明目标进一步更新为 $\lim\limits_{n\to\infty}\varphi_{Y_n^*}(t) = \lim\limits_{n\to\infty}\left[\varphi\left(\dfrac{t}{\sigma\sqrt{n}}\right)\right]^n = e^{-\frac{t^2}{2}}$. 形式 $\lim\limits_{n\to\infty}(\cdots)^n = e^*$

促使我们想到使用第二个重要极限 $\lim\limits_{n\to\infty}\left(1 + \dfrac{1}{n}\right)^n = e$. 为此，需要将 $\varphi\left(\dfrac{t}{\sigma\sqrt{n}}\right)$ 改写为 $1 + x + o(x)$

的形式——想到使用泰勒展开式.

特征函数 $\varphi(t)$ 在 $t = 0$ 点的泰勒展开式为

$$\varphi(t) = \varphi(0) + \varphi'(0)t + \varphi''(0)\frac{t^2}{2} + o(t^2) \xlongequal{\text{等式 2}} 1 - \frac{1}{2}\sigma^2 t^2 + o(t^2)$$

其中，等式 2 用到了性质 $\varphi(0) = 1$. 此外，由于 $\varphi(t)$ 是 $Z_i = X_i - \mu$ 的特征函数，根据性质

$\varphi_z^{(k)}(0) = i^k E(Z^k)$，及 $E(Z_i) = E(X_i - \mu) = 0$，$D(Z_i) = D(X_i - \mu) = \sigma^2$，有 $\varphi'(0) = iE(Z_i) = 0$，

$\varphi''(0) = -E(Z_i^2) = -D(Z_i) - E(Z_i)^2 = -\sigma^2$，从而 $\varphi\left(\dfrac{t}{\sigma\sqrt{n}}\right) = 1 - \dfrac{t^2}{2n} + o\left(\dfrac{t^2}{n}\right)$. 由此可得

$$\lim_{n\to\infty}\varphi_{Y_n^*}(t) = \lim_{n\to\infty}\left[\varphi\left(\frac{t}{\sigma\sqrt{n}}\right)\right]^n = \lim_{n\to\infty}\left[1 - \frac{t^2}{2n} + o\left(\frac{t^2}{n}\right)\right]^n = e^{-\frac{t^2}{2}}$$

其中 $e^{-\frac{t^2}{2}}$ 为标准正态分布 $N(0,1)$ 的特征函数，命题得证.

习 题

习题 5.1[2022, I]　设随机变量 $X_1, X_2, \cdots, X_n$ 独立同分布，且 X_1 的 4 阶矩存在. 记 $\mu_k = E(X_1^k)$，

$k = 1, 2, 3, 4$，则由切比雪夫不等式，对任意 $\varepsilon > 0$，有 $P\left\{\left|\dfrac{1}{n}\sum\limits_{i=1}^{n} X_i^2 - \mu_2\right| \geqslant \varepsilon\right\} \leqslant \underline{\hspace{2cm}}$.

A. $\dfrac{\mu_4-\mu_2^2}{n\varepsilon^2}$ 　　 B. $\dfrac{\mu_4-\mu_2^2}{\sqrt{n}\,\varepsilon^2}$ 　　 C. $\dfrac{\mu_2-\mu_1^2}{n\varepsilon^2}$ 　　 D. $\dfrac{\mu_2-\mu_1^2}{\sqrt{n}\,\varepsilon^2}$

习题 5.2[2022,Ⅲ] 设随机变量序列 $X_1,X_2,\cdots,X_n,\cdots$ 独立同分布,且 X_1 的概率密度为

$$f(x)=\begin{cases}1-|x|,&|x|<1\\0,&\text{其他}\end{cases}$$

则当 $n\to\infty$ 时,$\dfrac{1}{n}\sum\limits_{i=1}^{n}X_i^2$ 依概率收敛于_____.

A. $\dfrac{1}{8}$ 　　 B. $\dfrac{1}{6}$ 　　 C. $\dfrac{1}{3}$ 　　 D. $\dfrac{1}{2}$

习题 5.3[2005,Ⅳ] 设随机变量 $X_1,X_2,\cdots,X_n,\cdots$ 相互独立同服从参数为 λ 的指数分布,则

_____. 其中 $\Phi(x)=\displaystyle\int_{-\infty}^{x}\dfrac{1}{\sqrt{2\pi}}\mathrm{e}^{-\frac{t^2}{2}}\mathrm{d}t$.

A. $\lim\limits_{n\to\infty}P\left\{\dfrac{\lambda\sum\limits_{i=1}^{n}X_i-n}{\sqrt{n}}\leqslant x\right\}=\Phi(x)$ 　　 B. $\lim\limits_{n\to\infty}P\left\{\dfrac{\sum\limits_{i=1}^{n}X_i-n}{\sqrt{n}\,\lambda}\leqslant x\right\}=\Phi(x)$

C. $\lim\limits_{n\to\infty}P\left\{\dfrac{\sum\limits_{i=1}^{n}X_i-\lambda}{\sqrt{n}\,\lambda}\leqslant x\right\}=\Phi(x)$ 　　 D. $\lim\limits_{n\to\infty}P\left\{\dfrac{\sum\limits_{i=1}^{n}X_i-\lambda}{n\lambda}\leqslant x\right\}=\Phi(x)$

习题 5.4[2001,Ⅲ&Ⅳ] 一生产线生产的产品成箱包装,每箱重量是随机的,假设每箱平均重 50kg,标准差为 5kg. 若用最大载重量为 5t 的汽车承运. 试利用中心极限定理说明每辆最多装多少箱,才能保证不超载的概率大于 0.977. $\Phi(2)=0.977$,其中 $\Phi(x)$ 是标准正态分布函数.

拓展阅读：极限理论发展简史

　　人们很早就意识到：大量重复随机试验的结果往往呈现一定的规律性. 偶然中孕育着必然. 然而,在数学上严格地刻画"带有随机性的极限问题"并不容易. 1713 年,瑞士数学家雅各布·伯努利(Jakob Bernoulli,1654—1705)在遗著《猜度术》中提出了一个极限定律,它被后人称为伯努利大数定律. 雅各布·伯努利的《猜度术》、棣莫弗的《机会的学说》、拉普拉斯的《概率的分析理论》是较早期概率史上三部里程碑性质的著作. 伯努利这个姓氏你一定不会陌生,科学豪门伯努利家族(图 5.9)在 17—18 世纪的三代人中涌现出八位数学家,其中,雅各布·伯努利、约翰·伯努利(Johann Bernoulli,1667—1748)、丹尼尔·伯努利(Daniel Bernoulli,1700—1782)三位更是世界顶级数学家. 感兴趣的同学可以通过网络进一步了解伯努利家族以及约翰·伯努利的两位学生——瑞士数学家欧拉(Leonhard Euler,1707—1783)、法国数学家洛必达(Marquis de l'Hôpital,1661—1704)等之间的"恩恩怨怨".

　　1733 年,法国数学家棣莫弗(Abraham De Moivre,1667—1754)提出了中心极限定理的第一个版本. 1812 年,法国数学家拉普拉斯(Pierre-Simon Laplace,1749—1827)扩展了棣莫弗的理论,形成棣莫弗-拉普拉斯中心极限定理. 1837 年,法国数学家泊松(Simeon-Denis Poisson,1781—1840)陈述了泊松大数定律.

　　19 世纪后期,极限理论的发展成为概率论研究的中心课题. 1845 年,俄罗斯数学家切比雪夫(Pafnuty Chebyshev,1821—1894)在其硕士论文中对伯努利大数定律作了精细的分析

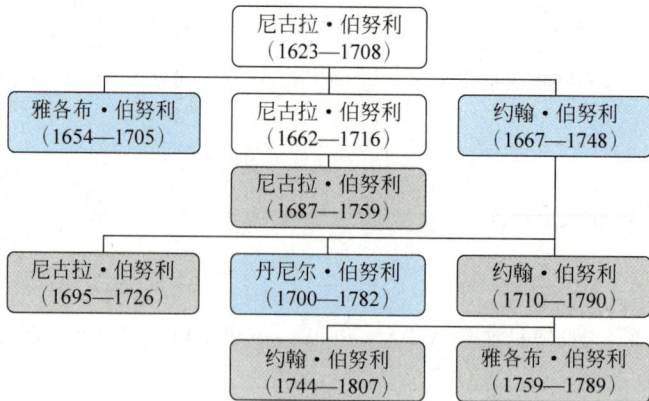

图 5.9　伯努利家族图示(17—18 世纪)

和严格的证明.1846 年,他又证明了泊松大数定律.1887 年,他开始对"随机变量和"收敛到正态分布的条件(中心极限定理)进行讨论.切比雪夫引出的一系列概念和研究题材被俄国以及后来苏联的数学家继承和发展.切比雪夫的学生马尔可夫(A. A. Markov,1856—1922)对"矩方法"作了补充,圆满地解决了"随机变量和"按正态收敛的条件问题.1901 年左右,切比雪夫的另一位学生李雅普诺夫(A. M. Lyapunov,1857—1918)发展了特征函数方法,引起中心极限定理研究方法的革命.1919—1925 年,法国数学家列维(Paul Pierre Lévy,1886—1971)系统地建立了特征函数理论.1922 年左右,芬兰数学家林德伯格(Jarl Waldemar Lindeberg,1876—1932)提出了中心极限定理成立的林德伯格条件.后来,近代极限理论的研究经过苏联数学家辛钦(A. Y. Khinchin,1894—1959)等的不懈努力臻于完善.

数理统计的概念及知识体系

6.1 数理统计的知识点重构

为了提高教学效率,本书将散见于经典教材不同章节的知识点进行系统化重构(图 6.1).在数理统计部分,主要表现为两个方面.①数理统计可分为统计推断和应用两部分,前者是本部分的教学重点.统计推断又分为参数估计(点估计、区间估计)和假设检验.经典教材常常分两章介绍这两部分知识.但事实上,区间估计和假设检验联系密切,对照学习可以事半功倍.因此本书第 8 章集中讲解这两部分知识.而在第 7 章讲解点估计.②经典教材常常在数理统计的第一部分集中介绍统计学三大抽样分布、常用统计量和正态总体的常见抽样分布.然而,点估计只用到常用统计量(样本均值、样本方差),而正态总体的常用抽样分布则是区间估计和假设检验的预备知识.因此"正态总体的常用抽样分布"将以"枢轴量的诞生"为名出现在第 8 章.

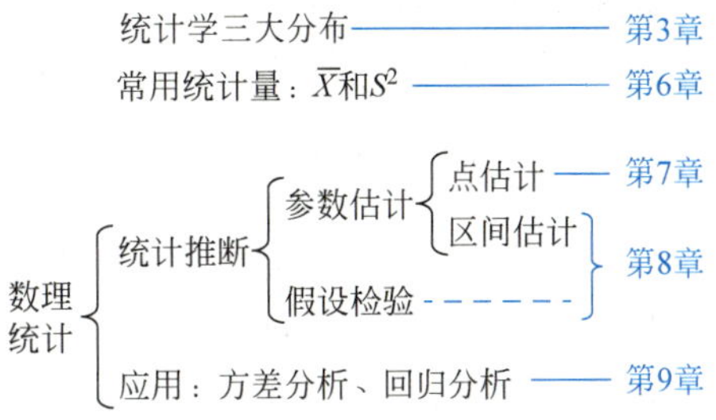

统计学三大分布 —— 第3章
常用统计量: $\overline{X}$ 和 S^2 —— 第6章

$$\text{数理统计} \begin{cases} \text{统计推断} \begin{cases} \text{参数估计} \begin{cases} \text{点估计} \text{ —— 第7章} \\ \text{区间估计} \end{cases} \\ \text{假设检验} \end{cases} \text{第8章} \\ \text{应用:方差分析、回归分析 —— 第9章} \end{cases}$$

图 6.1 数理统计知识点重构

6.2 数理统计的基本概念

我们在中学阶段已经学习过总体、个体、样本等概念.运用概率论的知识可以给出更加数学化的表述,这些表述有助于解决更加复杂的数理统计问题.表 6.1 给出了两者的区别.

表 6.1 数理统计基本概念在中学和大学表述中的区别

概　念	中学的表述	大学的表述
总体	所考察问题涉及的对象全体是总体	总体 X 是分布
个体	总体中每个对象都是个体	个体 X_i 是服从该分布的随机变量
样本 样本容量	抽取的部分对象组成总体的一个样本,一个样本中包含的个体数目是样本容量	所说的样本一般指简单随机样本,容量为 n 的样本 $X_1, X_2, \cdots, X_n$ 是 n 个独立同分布的随机变量

进一步地,样本值是数,是样本(n 维随机变量)在一次随机试验中的结果.统计学就是用样本值这些数去推断总体的分布.

统计量是样本的函数,不含任何未知参数,也是一个随机变量,通常用大写字母表示.它把样本中所含的(某方面)信息集中起来.可以不严谨地将统计量视为解决问题的"公式"或"方案".在实际操作时,通过一次随机试验找到 $X_1,X_2,\cdots,X_n$ 对应的一组实数 $x_1,x_2,\cdots,x_n$,再代入统计量这个"公式",得到统计量的观测值,它是一个实数,通常用小写字母表示.

图 6.1 直观地给出了典型题 6.1 题干中涉及的数理统计的基本概念.

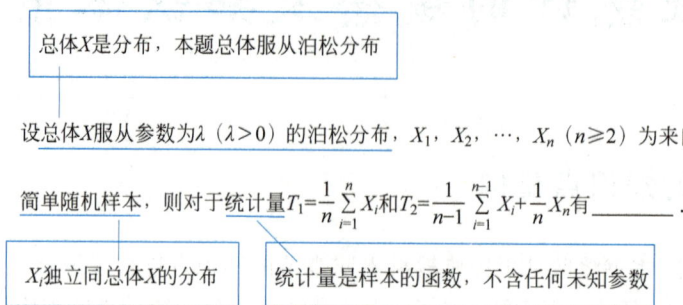

总体 X 是分布,本题总体服从泊松分布

设总体 X 服从参数为 λ $(\lambda>0)$ 的泊松分布,X_1,X_2,$\cdots$,X_n $(n\geqslant2)$ 为来自该总体的

简单随机样本,则对于统计量 $T_1=\frac{1}{n}\sum_{i=1}^{n}X_i$ 和 $T_2=\frac{1}{n-1}\sum_{i=1}^{n-1}X_i+\frac{1}{n}X_n$ 有 _____.

X_i 独立同总体 X 的分布 | 统计量是样本的函数,不含任何未知参数

图 6.2　数理统计的基本概念

典型题 6.1[2011,Ⅲ]

设总体 X 服从参数为 $\lambda(\lambda>0)$ 的泊松分布,$X_1,X_2,\cdots,X_n(n\geqslant2)$ 为来自该总体的简单随机样本,则对于统计量 $T_1=\dfrac{1}{n}\sum_{i=1}^{n}X_i$ 和 $T_2=\dfrac{1}{n-1}\sum_{i=1}^{n-1}X_i+\dfrac{1}{n}X_n$ 有 _____.

A. $E(T_1)>E(T_2),D(T_1)>D(T_2)$ 　　　B. $E(T_1)>E(T_2),D(T_1)<D(T_2)$

C. $E(T_1)<E(T_2),D(T_1)>D(T_2)$ 　　　D. $E(T_1)<E(T_2),D(T_1)<D(T_2)$

解答　说明:①$X_1,X_2,\cdots,X_n(n\geqslant2)$ 为来自该总体 X 的简单随机样本,可见 X_i 独立同总体 X 的分布;②总体 X 服从参数为 $\lambda(\lambda>0)$ 的泊松分布,可直接运用泊松分布数字特征的结论:$E(X)=\lambda,D(X)=\lambda$.

由题意知

$$E(T_1)\xlongequal{\text{和的期望等于期望的和}}\frac{1}{n}\sum_{i=1}^{n}E(X_i)\xlongequal{\text{泊松分布的期望}}\frac{1}{n}\sum_{i=1}^{n}\lambda=\lambda$$

$$E(T_2)=\frac{1}{n-1}\sum_{i=1}^{n-1}E(X_i)+\frac{1}{n}E(X_n)=\frac{1}{n-1}\sum_{i=1}^{n-1}\lambda+\frac{1}{n}\lambda=\frac{n+1}{n}\lambda$$

因此 $E(T_1)<E(T_2)$.

$$D(T_1)\xlongequal[\text{和的方差等于方差的和}]{\text{相互独立随机变量}}\frac{1}{n^2}\sum_{i=1}^{n}D(X_i)\xlongequal{\text{泊松分布的方差}}\frac{1}{n^2}\sum_{i=1}^{n}\lambda=\frac{\lambda}{n}$$

$$D(T_2)=\frac{1}{(n-1)^2}\sum_{i=1}^{n-1}D(X_i)+\frac{1}{n^2}D(X_n)=\frac{1}{(n-1)^2}\sum_{i=1}^{n-1}\lambda+\frac{1}{n^2}\lambda=\frac{\lambda}{n-1}+\frac{\lambda}{n^2}>\frac{\lambda}{n}$$

因此 $D(T_1)<D(T_2)$.

答案　D

6.3　常用统计量一：样本均值

下面的引例在第 4 章中用于引入经验分布函数；在这里用于引入两个常用统计量——样本均值和样本方差；在第 8 章中它还将用于展示点估计和区间估计的差别.

> **-引例 6.2-**　假设你参加了一次考试，在得知自己考了 82 分后，希望估计自己的成绩在班级中处于什么水平. 你会怎样做呢？

众所周知，向全班同学询问考试成绩"非常危险". 假设你问到了三位同学的成绩：63，95，76. 一种常见的思路是：通过三位同学的平均成绩 $\overline{X}=\dfrac{X_1+X_2+X_3}{3}$ 来判断全班同学的整体学习水平. 这个 $\overline{X}$ 是样本 X_1,X_2,X_3 的函数，不含任何未知参数，是一个统计量. 在实际操作时，你将三位同学的成绩"数据"代入统计量"公式"得 $\dfrac{63+95+76}{3}=78$，这就是统计量的观测值. 它小于你的得分. 因此，你估计自己的成绩在班级中处于中上水平.

上述"平均成绩"就是数理统计中两个常用统计量之一：样本均值. 样本均值定义为 $\overline{X}=\dfrac{X_1+X_2+\cdots+X_n}{n}=\dfrac{1}{n}\sum_{i=1}^{n}X_i$. 它把样本的平均取值信息提取出来了. 说明：为了与数理统计中的"样本均值"对照，我们也将概率论中的"数学期望"称为"总体期望". 由于概率论总是关注随机变量及其分布，而总体是分布，因此将概率论中的期望、方差、矩等概念改称为总体期望、总体方差、总体矩自然且合理. 而数理统计中与它们对应的概念是样本均值、样本方差、样本矩等，见表 2.13.

样本均值的一个重要性质是 $E(\overline{X})=E(X)$，称样本均值是总体期望的无偏估计. 说明：无偏性是估计量的评选标准之一. 若估计量 $\hat{\theta}$ 的期望 $E(\hat{\theta})$ 等于待估参数 θ 的真值，即 $E(\hat{\theta})=\theta$，则称 $\hat{\theta}$ 是 θ 的无偏估计，见 7.6 节. 样本均值 $\overline{X}$ 的无偏性为我们使用"部分同学的平均成绩"估计"全班同学的整体学习水平"提供了理论依据.

样本均值的另一个重要性质是 $D(\overline{X})=\dfrac{D(X)}{n}$. 可见，提高样本容量 n，有利于减少运用样本均值 $\overline{X}$ 估计总体期望 $E(X)$ 时的误差（波动性）. 在上述引例中，如果你又获得了两位同学的成绩，那么直观上认为：用五位同学的平均成绩 $\dfrac{X_1+X_2+\cdots+X_5}{5}$ 估计全班同学的整体学习水平，要比用三位同学的平均成绩 $\dfrac{X_1+X_2+X_3}{3}$ 更"有效". 事实上，有效性是估计量的第二个评选标准. 口诀：两个无偏估计量，方差越小越有效.

说明[选学]：在上述引例中，如果你已经算出前三位同学的平均成绩为 78 分，后两位同学的平均成绩为 83 分. 你可以采用公式 $\dfrac{78\times3+83\times2}{5}=80$ 计算五位同学的平均成绩. 这种"自然"的计算方法对应概率论中的重期望公式，见 4.9 节. 具体如下：

$$E(X)=E(X\mid 前三位同学)P\{前三位同学\}+E(X\mid 后两位同学)P\{后两位同学\}$$
$$=78\times\frac{3}{5}+83\times\frac{2}{5}=80$$

6.4　常用统计量二：样本方差

在概率论中,除了总体期望以外,还有一个非常重要的数字特征:总体方差. 它表示随机变量取值与其数学期望的偏离程度. 在数理统计中,同样需要一个描述偏离程度的统计量:样本方差 S^2.

样本方差的定义式和计算式为 $S^2 \xlongequal{\text{定义式}} \frac{1}{n-1}\sum_{i=1}^{n}(X_i-\overline{X})^2 \xlongequal{\text{计算式}} \frac{1}{n-1}\left(\sum_{i=1}^{n}X_i^2-n\overline{X}^2\right)$. 样本方差的重要性质为 $E(S^2)=D(X)$,称样本方差是总体方差的无偏估计,详见 6.5 节. 因此,如上定义的样本方差也称为无偏方差,它的正平方根 $S=\sqrt{S^2}$ 称为样本标准差. 有的教材将 $S_n^2=\frac{1}{n}\sum_{i=1}^{n}(X_i-\overline{X})^2$ 定义为样本方差,但它是有偏的. 因此,在实际中,S^2 比 S_n^2 更常用.

典型题 6.3[2009,Ⅲ]

设 $X_1,X_2,\cdots,X_m$ 为来自二项分布总体 $B(n,p)$ 的简单随机样本,$\overline{X}$ 和 S^2 分别为样本均值和样本方差,记统计量 $T=\overline{X}-S^2$,则 $E(T)=$ _____.

解答　由题意知
$$E(T)=E(\overline{X}-S^2)=E(\overline{X})-E(S^2)=E(X)-D(X)=np-np(1-p)=np^2$$

答案　np^2

说明:本题直接运用样本均值、样本方差、二项分布的数字特征等性质. 典型题 7.9[2009,Ⅰ]与其非常类似,但该题为数Ⅰ(指:研究生入学考试中的数学科目一)、涉及"无偏估计".

熟记样本方差的定义式和计算式对解题大有裨益. 如图 6.3 所示"不严谨"的数学推导,可以帮助我们根据"总体方差的定义式和计算式"写出"样本方差的定义式和计算式",避免死记硬背.

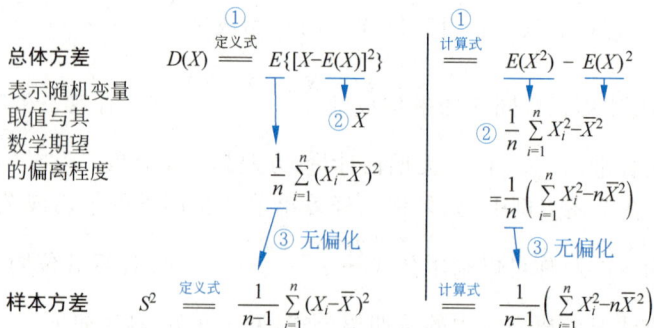

图 6.3　记一记:样本方差的定义式和计算式

图 6.3 中定义式和计算式的"推导"思路基本一致,分为三步.

(1) 写出总体方差的定义式和计算式.

(2) 将定义式和计算式中的数学期望 $E(X)$ 用样本均值 $\overline{X}$ 代替.进一步地,① 在"定义式"中,将随机变量函数 $g(X)=(X-\overline{X})^2$ 的数学期望 $E(g(X))$ 用样本均值 $\dfrac{1}{n}\sum\limits_{i=1}^{n}g(X_i)=\dfrac{1}{n}\sum\limits_{i=1}^{n}(X_i-\overline{X})^2$ 代替;② 在"计算式"中,将随机变量函数 $g(X)=X^2$ 的数学期望 $E(g(X))$ 用样本均值 $\dfrac{1}{n}\sum\limits_{i=1}^{n}g(X_i)=\dfrac{1}{n}\sum\limits_{i=1}^{n}X_i^2$ 代替.

(3) 无偏化:将系数 $\dfrac{1}{n}$ 改为 $\dfrac{1}{n-1}$,以保证 $E(S^2)=D(X)$,即样本方差是总体方差的无偏估计.有的教材将样本方差定义为 $S^2=\dfrac{1}{n}\sum\limits_{i=1}^{n}(X_i-\overline{X})^2$.但这样定义的样本方差不是总体方差的无偏估计,所以本书采用无偏的形式 $S^2=\dfrac{1}{n-1}\sum\limits_{i=1}^{n}(X_i-\overline{X})^2$.

典型题 6.4

设 $X_1,X_2,\cdots,X_n$ 为来自某总体的简单随机样本,$\overline{X}$ 和 S^2 分别为样本均值和样本方差.

(1) 试证明等式 $\sum\limits_{i=1}^{n}(X_i-\overline{X})^2=\sum\limits_{i=1}^{n}X_i^2-n\overline{X}^2$.

(2) 试证明样本方差 S^2 的定义式 $\dfrac{1}{n-1}\sum\limits_{i=1}^{n}(X_i-\overline{X})^2$ 和计算式 $\dfrac{1}{n-1}\left(\sum\limits_{i=1}^{n}X_i^2-n\overline{X}^2\right)$ 相等.

解答　由题意知

$$\sum_{i=1}^{n}(X_i-\overline{X})^2=\sum_{i=1}^{n}(X_i^2\boxed{-2X_i\overline{X}}+\overline{X}^2)=\sum_{i=1}^{n}X_i^2\boxed{-2\overline{X}\cdot\sum_{i=1}^{n}X_i}+n\overline{X}^2$$

$$=\sum_{i=1}^{n}X_i^2\boxed{-2n\cdot\overline{X}\cdot\frac{1}{n}\sum_{i=1}^{n}X_i}+n\overline{X}^2=\sum_{i=1}^{n}X_i^2\boxed{-2n\cdot\overline{X}\cdot\overline{X}}+n\overline{X}^2$$

$$=\sum_{i=1}^{n}X_i^2-n\overline{X}^2$$

因此,$\sum\limits_{i=1}^{n}(X_i-\overline{X})^2=\sum\limits_{i=1}^{n}X_i^2-n\overline{X}^2$.故样本方差 S^2 的定义式 $\dfrac{1}{n-1}\sum\limits_{i=1}^{n}(X_i-\overline{X})^2$ 和计算式 $\dfrac{1}{n-1}\left(\sum\limits_{i=1}^{n}X_i^2-n\overline{X}^2\right)$ 相等.

典型题 6.5[2015,Ⅲ]

设总体 $X\sim B(m,\theta)$,$X_1,X_2,\cdots,X_n$ 为来自该总体的简单随机样本,$\overline{X}$ 为样本均值,

则 $E\left(\sum_{i=1}^{n}(X_i-\overline{X})^2\right)=$ _____.

A. $(m-1)n\theta(1-\theta)$

B. $m(n-1)\theta(1-\theta)$

C. $(m-1)(n-1)\theta(1-\theta)$

D. $mn\theta(1-\theta)$

解答　根据样本方差的定义式 $S^2=\dfrac{1}{n-1}\sum_{i=1}^{n}(X_i-\overline{X})^2$,可知

$$E\left(\sum_{i=1}^{n}(X_i-\overline{X})^2\right)=(n-1)E(S^2)=(n-1)D(X)=(n-1)\cdot m\theta(1-\theta)$$

答案　B

典型题 6.6$[2004,Ⅲ]$

设总体 $X\sim N(\mu_1,\sigma^2)$,总体 $Y\sim N(\mu_2,\sigma^2)$,$X_1,X_2,\cdots,X_{n_1}$ 和 $Y_1,Y_2,\cdots,Y_{n_2}$ 分别是总体 X

和 Y 的简单随机样本,$\overline{X}=\dfrac{1}{n_1}\sum_{i=1}^{n_1}X_i,\overline{Y}=\dfrac{1}{n_2}\sum_{i=1}^{n_2}Y_i$. 则 $E\left[\dfrac{\sum\limits_{i=1}^{n_1}(X_i-\overline{X})^2+\sum\limits_{i=1}^{n_2}(Y_i-\overline{Y})^2}{n_1+n_2-2}\right]=$

_____.

解答　将 $X_1,X_2,\cdots,X_{n_1}$ 和 $Y_1,Y_2,\cdots,Y_{n_2}$ 的样本方差分别记为

$$S_1^2=\frac{1}{n_1-1}\sum_{i=1}^{n_1}(X_i-\overline{X})^2 \quad\text{和}\quad S_2^2=\frac{1}{n_2-1}\sum_{i=1}^{n_2}(Y_i-\overline{Y})^2$$

则有

$$E\left[\frac{\sum\limits_{i=1}^{n_1}(X_i-\overline{X})^2+\sum\limits_{i=1}^{n_2}(Y_i-\overline{Y})^2}{n_1+n_2-2}\right]=E\left[\frac{(n_1-1)S_1^2+(n_2-1)S_2^2}{n_1+n_2-2}\right]$$

$$=\frac{(n_1-1)E(S_1^2)+(n_2-1)E(S_2^2)}{n_1+n_2-2}$$

$$=\frac{(n_1-1)\sigma^2+(n_2-1)\sigma^2}{n_1+n_2-2}=\sigma^2$$

答案　σ^2

说明:8.2 节中讨论两个正态总体的枢轴量时指出:总体方差相等但未知的情况下,总

的样本方差为 $S_w^2=\dfrac{(n_1-1)S_1^2+(n_2-1)S_2^2}{n_1+n_2-2}=\dfrac{\sum\limits_{i=1}^{n_1}(X_i-\overline{X})^2+\sum\limits_{i=1}^{n_2}(Y_i-\overline{Y})^2}{n_1+n_2-2}$. 本题说

明:S_w^2 是总体方差的无偏估计,即 $E(S_w^2)=\sigma^2$.

　　性质:设 $X_1,X_2,\cdots,X_n$ 为来自正态分布总体 $N(\mu,\sigma^2)$ 的简单随机样本,则样本均值 $\overline{X}$ 与样本方差 S^2 相互独立.

　　说明$[$选学$]$:可以使用下面不太严谨的方法来帮助理解这个性质. 根据 7.2 节的矩估计结论,正态分布总体 $N(\mu,\sigma^2)$ 的参数 μ 和 σ^2 分别可以用样本均值 $\overline{X}$ 与样本方差 S^2 来估

计. 而这两个参数在取值时没有相互约束, 因此可以粗略地认为 $\overline{X}$ 与 S^2 也没有相互约束, 是相互独立的. 根据这样的思路可以看出, 并不是所有分布都具有这个良好的性质. 例如, 泊松分布总体 $P(\lambda)$ 的参数 λ 既可以用样本均值 $\overline{X}$ 也可以用样本方差 S^2 来估计. 显然, 不能认为 $\overline{X}$ 与 S^2 也相互独立.

6.5 小结

如前所述, 总体是分布. 因此, 我们可以粗略地认为概率论是研究"总体"的性质. 为了与样本均值 $\overline{X}$ 对比, 在数理统计部分, 我们通常把数学期望 $E(X)$ 称为总体期望.

总体的数字特征也称为总体矩, 样本的数字特征也称为样本矩. 除了样本均值(样本的一阶原点矩)和样本方差(样本的二阶中心矩)以外, 还可以定义其他样本矩见表 2.12, 但使用的机会比较少.

表 6.2 列出了常用统计量及重要性质.

表 6.2 常用统计量及重要性质

设 $X_1, X_2, \cdots, X_n$ 为来自某总体的简单随机样本		
样本均值	$\overline{X} = \dfrac{X_1 + X_2 + \cdots + X_n}{n} = \dfrac{1}{n}\sum_{i=1}^{n} X_i$	样本均值是总体期望的无偏估计
样本方差	$S^2 \overset{\text{定义式}}{=\!=\!=} \dfrac{1}{n-1}\sum_{i=1}^{n}(X_i - \overline{X})^2$ $\overset{\text{计算式}}{=\!=\!=} \dfrac{1}{n-1}\left(\sum_{i=1}^{n} X_i^2 - n\overline{X}^2\right)$	样本方差是总体方差的无偏估计
重要性质	$E(\overline{X}) = E(X), D(\overline{X}) = \dfrac{D(X)}{n}, E(S^2) = D(X)$	

典型题 6.7

设总体 X 的均值为 $E(X)$、方差为 $D(X)$. $X_1, X_2, \cdots, X_n$ 为来自总体 X 的一个简单随机样本, $\overline{X}$ 与 S^2 分别为样本均值与样本方差, 则有 $E(\overline{X}) = E(X), D(\overline{X}) = \dfrac{D(X)}{n}, E(S^2) = D(X)$.

解答 由题意, $E(\overline{X}) = E\left(\dfrac{1}{n}\sum_{i=1}^{n} X_i\right) = \dfrac{1}{n}\sum_{i=1}^{n} E(X_i) \overset{\text{同分布}}{=\!=\!=} \dfrac{1}{n}\sum_{i=1}^{n} E(X) = E(X).$ 且

$$D(\overline{X}) = D\left(\dfrac{1}{n}\sum_{i=1}^{n} X_i\right) \overset{\text{独立}}{=\!=\!=} \dfrac{1}{n^2}\sum_{i=1}^{n} D(X_i) \overset{\text{同分布}}{=\!=\!=} \dfrac{1}{n^2}\sum_{i=1}^{n} D(X) = \dfrac{D(X)}{n}.$$

进一步地,

$$E(S^2) = E\left(\dfrac{1}{n-1}\left(\sum_{i=1}^{n} X_i^2 - n\overline{X}^2\right)\right) = \dfrac{1}{n-1}\left[E\left(\sum_{i=1}^{n} X_i^2\right) - nE(\overline{X}^2)\right]$$

$$= \dfrac{1}{n-1}\left[\sum_{i=1}^{n} \boxed{E(X_i^2)} - n\,\boxed{E(\overline{X}^2)}\right]$$

$$= \frac{1}{n-1}\left[\sum_{i=1}^{n}\boxed{(D(X_i)+E(X_i)^2)}-n\boxed{(D(\overline{X})+E(\overline{X})^2)}\right]$$

$$= \frac{1}{n-1}\left[\sum_{i=1}^{n}\boxed{(D(X)+E(X)^2)}-n\boxed{\left(\frac{D(X)}{n}+E(X)^2\right)}\right]$$

$$= \frac{1}{n-1}[nD(X)+nE(X)^2-D(X)-nE(X)^2]=D(X)$$

即 $E(S^2)=D(X)$.

6.6　数据可视化：箱线图［选学］

我们在中学阶段已经学过使用柱形图、折线图、扇形图、茎叶图、直方图等方法将数据可视化. 本节介绍一种新的可视化方法：箱线图.

6.6.1　次序统计量

设 $x_1,x_2,\cdots,x_n$ 是取自总体 X 的样本，$x_{(i)}$ 称为该样本的第 i 个次序统计量，它的取值为样本观测值从小到大排列后得到的第 i 个观测值.$(x_{(1)},x_{(2)},\cdots,x_{(n)})$ 称为该样本的次序统计量.

6.6.2　样本分位数

样本 p 分位数 m_p 定义为

$$m_p=\begin{cases}x_{([np]+1)}, & np \text{ 不是整数}, \\ \frac{1}{2}(x_{(np)}+x_{(np+1)}), & np \text{ 是整数}.\end{cases}$$

可见，样本中有概率为 p 的数据小于 m_p，有概率为 $1-p$ 的数据大于 m_p. 注意，数理统计中的样本分位数 m_p 是下侧分位数，满足 $P\{x_i\leqslant m_p,i=1,2,\cdots,n\}=p,0<p<1$. 而第 3 章介绍的概率论中的分位数 x_α 是上侧分位数，满足 $P\{X>x_\alpha\}=\alpha,0<\alpha<1$. 当然概率论中也可以定义下侧分位数.例如，文献[7]采用的就是下侧分位数 x_p，即 $P\{X\leqslant x_p\}=p$，$0<p<1$.

6.6.3　五数概括

用以下五个样本分位数描述一批数据的轮廓，称为五数概括(图 6.4).

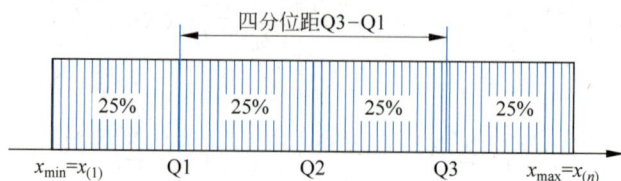

图 6.4　五数概括

（1）最小观测值：$x_{\min}=x_{(1)}$，也就是最小次序统计量.

（2）第一 4 分位数：Q1，又称较小四分位数，等于样本观测值从小到大排列后第 25% 的数.

（3）第二 4 分位数：Q2，又称中位数，等于样本观测值从小到大排列后第 50% 的数.

（4）第三 4 分位数：Q3，又称较大四分位数，等于样本观测值从小到大排列后第 75% 的数.

（5）最大观测值：$x_{\max}=x_{(n)}$，也就是最大次序统计量.

进一步地，定义四分位距（IQR）为 Q3－Q1.

6.6.4 箱线图

五数概括的图形表示称为箱线图，它由箱子和线段组成（图 6.5）. 箱子包含样本中 50% 的数据，两侧的水平线各包含样本中 25% 的数据.

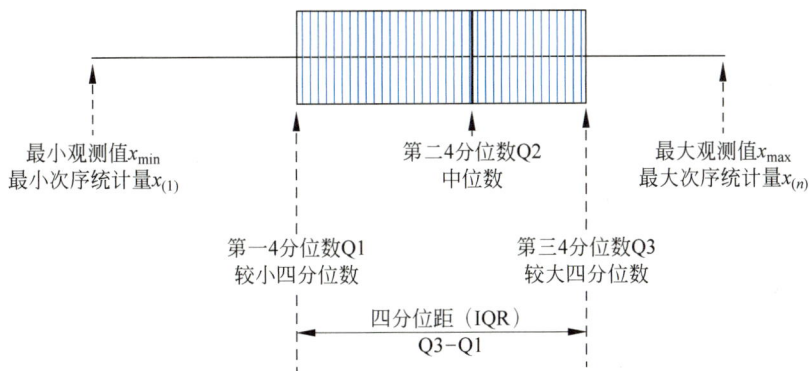

图 6.5 箱线图

6.6.5 包含异常值的箱线图

有的观测值明显偏离它所属样本的其余观测值，称为异常值. 如果不剔除异常值，绘制的箱线图可能不够美观. 例如，出现远小于其他观测值的异常值将使得 $x_{\min}$ 到 Q1 之间的"线"过长. 在实际应用中，不剔除异常值而直接进行数据分析将对结果带来不良影响. 例如，在 100 人的群体中，1 人收入 10 000 元，其余 99 人每人收入 1 元. 这个异常值"10 000 元"的加入，将使得平均收入 $\dfrac{10\,000\times1+1\times99}{100}$ 元＝100.99 元远多于绝大多数人的收入，不能很好地代表群体的真实收入水平.

绘制包含异常值的箱线图（图 6.6），还需要引入以下概念：

（1）下内限：Q1－1.5IQR，又称"下边缘".

（2）上内限：Q3＋1.5IQR，又称"上边缘".

（3）下外限：Q1－3IQR.

（4）上外限：Q3＋3IQR；

处于内限以外的样本观测值称为异常值，其中在内限与外限之间的异常值称为温和的异常值，在外限以外的异常值称为极端的异常值.

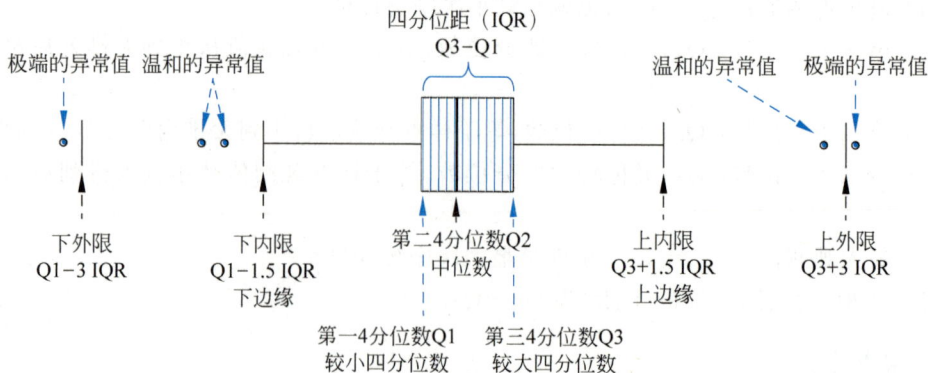

图 6.6　包含异常值的箱线图

习题

习题 6.1[2010，Ⅲ]　设 $X_1,X_2,\cdots,X_n$ 为总体 $N(\mu,\sigma^2)$ 的简单随机样本，统计量 $T=\dfrac{1}{n}\sum\limits_{i=1}^{n}X_i^2$，则 $E(T)=$ _____.

习题 6.2[2006，Ⅲ]　设总体 X 的概率密度为 $f(x)=\dfrac{1}{2}e^{-|x|}$，$-\infty<x<+\infty$. $X_1,X_2,\cdots,X_n$ 为总体 X 的简单随机样本，其样本方差为 S^2，则 $E(S^2)=$ _____.

习题 6.3[2001，Ⅰ]　设总体 X 服从正态分布 $N(\mu,\sigma^2)$，$\sigma>0$，从该总体中抽取简单随机样本 X_1，$X_2,\cdots,X_{2n}$，$n\geqslant2$，其样本均值为 $\overline{X}=\dfrac{1}{2n}\sum\limits_{i=1}^{2n}X_i$. 试求统计量 $Y=\sum\limits_{i=1}^{n}(X_i+X_{n+i}-2\overline{X})^2$ 的数学期望 $E(Y)$.

拓展阅读：数理统计发展简史

统计学（Statistics）由国家（Status）一词演化而来. 早期的大部分统计工作与国家有关，描述性统计占据主导地位. 例如，人口、钱粮等资料的记录. 20 世纪初，现代统计学在概率论的基础上发展起来. 统计学渗透到生活的方方面面，有很多研究成果. 为了避免在文中出现太多本书没有提到过的统计方法，给学习带来困扰，下文主要围绕四位统计学家的工作、按照时间顺序介绍.

1. 托马斯·贝叶斯

1763 年，英国神学家、数学家托马斯·贝叶斯（Thomas Bayes，1702—1761）在遗著《论机会学说问题的求解》中提出了逆概率的概念——贝叶斯公式，也称逆概率公式，可以视为最早的数学化的统计推断理论. 后来，一些统计学家将逆概率思想发展为一种系统的统计推断方法，称为贝叶斯方法，逐步形成统计学中的贝叶斯学派.

在过去的两个半世纪里，贝叶斯学派与频率学派相互竞争、共同进步. 尽管他们都使用概率（probability）一词，但对概率的解释不同. 粗略地讲：频率学派认为概率是某事件在大量重复试验中发生的频率(frequency)，是客观的. 本书涉及的点估计、置信区间、显著性检验(如 F 检验、t 检验)等都是频率学派的统计推断方法. 因为强调推断的客观性，这些方法通常只依赖于数据，不允许使用主观的先验知识. 贝叶斯学派则认为概率是人们对某事件发生的信念度(degree of belief)，是主观的. 因此对于只发生一次的事件也可以使用概率. 贝叶斯统计推断允许使用主观的先验知识. 先验概率被新增信息修正得到后验概率，这个修正过程可以不断循环.

2. 弗朗西斯·高尔顿

19 世纪 80 年代，英国生物学家、统计学家弗朗西斯·高尔顿(Francis Galton，1822—1911)为了研究父代与子代身高的关系，搜集了 1078 对父亲及其成年儿子的身高数据，分别记为 x 和 y. 他发现这些数据的散点图基本在一条直线附近，并求出了该直线的方程 $y=33.73+0.516x$(单位：in). 这表明：①父亲身高增加时，儿子身高也倾向于增加；②当父亲身高特别高或者特别矮时，儿子身高比父亲身高更接近平均身高，即有"回归"到平均数的趋势，高尔顿把这一现象叫作"向平均数方向的回归". 高尔顿在 1889 年出版的数理统计著作《自然的遗传》中系统地引入了回归分析方法，并给出回归直线和相关系数等重要概念. 高尔顿对人类遗传学的兴趣受到了他的表兄查尔斯·罗伯特·达尔文(Charles Robert Darwin，1809—1882)的影响. 高尔顿的学术研究兴趣广泛，除了统计学方面的工作，他还开创了优生学、指纹学等众多学科.

3. 卡尔·皮尔逊

英国数学家、生物统计学家卡尔·皮尔逊(Karl Pearson，1857—1936)被称为"统计学之父". 受老师弗朗西斯·高尔顿的影响，皮尔逊用数理统计的方法得出生物统计学和社会统计学的基本法则，进一步发展了回归分析和相关理论. 现代统计学认为：数据来自服从一定概率分布的总体，而统计学就是用数据去推断这个分布的未知方面. 这个观点强调了统计推断的重要性，使统计学不再是早期的描述性统计. 由于德国数学家高斯(Carolus Fridericus Gauss，1777—1855)等在测量误差方面的研究，正态分布受到了广泛重视. 19 世纪末，皮尔逊引进了一个以他的名字命名的分布族，包含正态分布及一些重要的非正态分布，扩大了研究视野. 1894 年，皮尔逊提出了参数估计的矩估计法，用来估计上述分布族中的参数. 1900 年，他又提出了检验拟合优度的 χ^2 统计量，这个结果是大样本统计的先驱性工作. 1908 年，皮尔逊的学生威廉·戈塞特(William Sealey Gosset，1867—1936)导出了 t 统计量的精确分布——t 分布，开创了小样本理论的先河. 由于戈塞特一直就职于吉尼斯啤酒厂，为了避免泄露商业机密，t 检验的相关工作是以"Student"的名义发表的，又称为 Student's t 检验.

4. 罗纳德·费希尔

作为一门独立学科，现代数理统计的奠基人是英国数学家、统计学家、生物学家罗纳德·费希尔(Ronald Aylmer Fisher，1890—1962). 费希尔系统地发展了正态总体下各种统计量的抽样分布理论，这标志着回归分析和多元分析等统计分支的建立. 1821 年，德国数学家高斯首次提出了最大似然估计法(极大似然估计法)，但这个方法通常被归功于罗纳德·费希尔. 1922 年，费希尔在论文《理论统计的数学基础》中再次提出了这个思想，并给出了一系列重要性质，建立了以最大似然估计为中心的点估计理论. 他在 1925 年出版的《研究工作者的统计方法》以及 1935 年出版的《实验设计》等著作中开创了实验设计领域,并发展了相应的数据分析方法——方差分析.

第 8 章将介绍"女士品茶"的故事.可见,在假设检验的发展中,费希尔也起到了开创性的作用.假设检验理论的系统化和深入研究则归功于乔治·内曼(Jerzy Neyman,1894—1981)和埃贡·皮尔逊(Egon Pearson,1895—1980,卡尔·皮尔逊之子).他们在 1928—1938 年间发表了一系列文章,建立了假设检验的严格数学理论——内曼-皮尔逊假设检验理论.1934—1937 年,内曼建立了置信区间的数学理论.感兴趣的同学可以通过网络进一步了解卡尔·皮尔逊、罗纳德·费希尔、乔治·内曼、埃贡·皮尔逊等人之间的"恩恩怨怨".

第7章

点 估 计

7.1 参数估计概述

第 3 章中提到,学习和应用概率论中的常见分布时要注意两个方面:分布类型和参数取值.在很多实际应用中,总体的分布类型已知,但参数取值未知.这就需要对总体的参数进行统计推断,包括参数估计和假设检验,前者又分为点估计和区间估计.特别地,区间估计和假设检验只适用于总体服从正态分布的情况,而点估计对于泊松分布、指数分布等许多其他分布也适用.

7.1.1 点估计和区间估计的区别

粗略地讲,点估计旨在用一个统计量 $\hat{\theta}$(称为"点")估计总体分布中的未知参数 θ.区间估计旨在用两个统计量 $\underline{\theta}$ 和 $\overline{\theta}$(组成"区间")估计总体分布中的未知参数 θ.这两种估计方法在自然语言中也有直观体现.8.2.1 节将给出进一步的讲解.

-引例 7.1- 我们如何用自然语言估计一个人的身高呢?有两种常用的表述方法.

方法一:他身高大约 175cm   ——用一个"点"来估计这个人的身高.

方法二:他身高大约在 172~178cm 之间

——用一个"区间"来估计这个人的身高.

7.1.2 矩估计法和最大似然估计法的区别

常见的点估计方法有矩估计法和最大似然估计法(又称极大似然估计法).它们分别对应概率论中的数字特征法和分布法,如表 7.1 所示.

表 7.1　常见的点估计方法与概率论的两类研究方法

数 理 统 计		概率论	优点	缺点
矩估计法	用样本矩来估计未知参数	数字特征法	简洁	不唯一
最大似然估计法	通过选择参数,使得现在发生的事发生的概率最大化	分布法	全面	较复杂

说明：表中的"不唯一"有两层含义.①对于概率论中的数字特征法,不同随机变量可能具有相同的数字特征,即数字特征相同的随机变量不唯一;②对于数理统计的矩估计法,可以选择不同的矩来估计同一个参数,即参数的矩估计不唯一.

> **-引例 7.2-**　盒子中有一定量的黑球和白球,有放回地抽取 10 次,抽中黑球 3 次、白球 7 次.试估计盒中黑球的比例.

　　思路 1：由于抽中黑球的比例为 0.3,因此估计盒中黑球的比例也为 0.3.这种思路就是矩估计法的思路.严格的数学表述为：假设盒子中黑球比例为 p（待估参数）, $X_1, X_2, \cdots,$ X_{10} 是来自总体 $X \sim B(1, p)$ 的简单随机样本.由 $E(X) = p$ 建立了数学期望和待估参数的联系.又有样本均值 $\overline{X}$ 是总体期望 $E(X)$ 的无偏估计,故可以用样本均值 $\overline{X}$ 估计待估参数 p,即 $\overline{X} \approx E(X) = p$.故参数 p 的矩估计量为 $\hat{p} = \overline{X}$（估计量是随机变量,用大写字母表示）.代入数据得参数 p 的矩估计值为 $\hat{p} = \dfrac{x_1 + x_2 + \cdots + x_{10}}{10} = 0.3$（估计值是实数,用小写字母或数字表示）.可见,矩估计法的关键是建立"两个联系"：待估参数与总体矩的联系,总体矩与样本矩的联系.

　　思路 2：假设盒子中黑球比例为 p（待估参数）,故抽取 10 次,抽中黑球的次数 $X \sim B(10, p)$.根据二项分布的分布律可知 $P\{X = 3\} = C_{10}^3 p^3 (1-p)^7$.当 $p = 0.1, 0.3, 0.4$ 时, $P\{X = 3\} = 0.0574, 0.2668, 0.215$.可见当 $p = 0.3$ 时,现在发生的事发生的概率最大化.因此估计盒中黑球的比例为 0.3.这种思路就是最大似然估计法的思路.可见,最大似然估计法的基本思想是：通过选择参数,使得现在发生的事发生的概率最大化.当然,我们不可能每次都遍历待估参数的所有可能取值.7.3 节将给出最大似然估计法的解题思路.粗略地讲,很多时候可以通过"求导"找到最大值点.

7.2　矩估计法的解题思路

　　为了与矩估计法中的"矩"字呼应,本部分将总体的数字特征称为总体矩,将样本的数字特征称为样本矩.矩估计法,顾名思义,就是用样本矩来估计总体的未知参数.而总体矩通常是未知参数的函数.矩估计法基于"统计学之父"卡尔·皮尔逊（Karl Pearson, 1857—1936）于 1894 年左右提出的替换原理：用样本矩替换总体矩,用样本矩的函数替换相应的总体矩的函数.矩估计法的理论依据是大数定律.

　　矩估计法的关键是建立"两个联系",它的解题思路如下（图 7.1）.

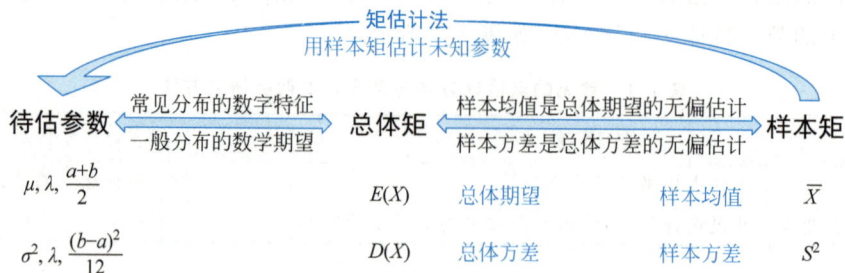

矩估计法 用样本矩估计未知参数			
待估参数	常见分布的数字特征 一般分布的数学期望	**总体矩**	样本均值是总体期望的无偏估计 样本方差是总体方差的无偏估计	**样本矩**
$\mu, \lambda, \dfrac{a+b}{2}$		$E(X)$　总体期望	样本均值　$\overline{X}$
$\sigma^2, \lambda, \dfrac{(b-a)^2}{12}$		$D(X)$　总体方差	样本方差　S^2

图 7.1　矩估计法的解题思路

(1) 建立待估参数与总体矩的联系.

若总体为常见分布,直接利用第 3 章中常见分布数字特征的结论,得到待估参数与总体矩的联系,详见表 7.2.典型题 7.5 和典型题 7.6 分别分析了 $X \sim P(\lambda)$ 和 $X \sim U(a,b)$,其他分布的分析方法类似.

表 7.2 待估参数与总体矩的联系

总体分布	待估参数	待估参数与总体矩的联系	总体矩与样本矩的联系	矩估计量	备注
$X \sim B(1,p)$	p	$E(X)=p$	$E(X) \approx \overline{X}$	$\hat{p}=\overline{X}$	
$X \sim B(n,p)$	p	$E(X)=np$	$E(X) \approx \overline{X}$	$\hat{p}=\dfrac{\overline{X}}{n}$	
$X \sim P(\lambda)$	λ	$E(X)=\lambda$	$E(X) \approx \overline{X}$	$\hat{\lambda}=\overline{X}$	总体期望(一阶原点矩) $E(X)$ 和总体方差(二阶中心矩) $D(X)$ 都与待估参数有关.可见,矩估计量不唯一.选择不同的矩,可以得到不同的矩估计量.实践中,通常选择低阶矩 $E(X)$ 建立联系
$X \sim Exp(\lambda)$	λ	$E(X)=\dfrac{1}{\lambda}$	$E(X) \approx \overline{X}$	$\hat{\lambda}=\dfrac{1}{\overline{X}}$	
$X \sim Exp(\theta)$	θ	$E(X)=\theta$	$E(X) \approx \overline{X}$	$\hat{\theta}=\overline{X}$	
$X \sim U(a,b)$	a,b	$\begin{cases}E(X)=\dfrac{a+b}{2}\\D(X)=\dfrac{(b-a)^2}{12}\end{cases}$	$\begin{cases}E(X) \approx \overline{X}\\D(X) \approx S^2\end{cases}$	$\begin{cases}\hat{a}=\overline{X}-\sqrt{3}S\\\hat{b}=\overline{X}+\sqrt{3}S\end{cases}$	由于参数 a,b 与总体矩不是一一对应的,需要联立总体期望 $E(X)$ 和总体方差 $D(X)$ 解方程组,才能得到待估参数与总体矩的联系
$X \sim N(\mu,\sigma^2)$	μ	$E(X)=\mu$	$E(X) \approx \overline{X}$	$\hat{\mu}=\overline{X}$	
$X \sim N(\mu,\sigma^2)$	σ^2	$D(X)=\sigma^2$	$D(X) \approx S^2$	$\hat{\sigma^2}=S^2$	

若总体为一般分布(非常见分布),通常利用数学期望的定义计算 $E(X)$,它通常是待估参数的函数.

(2) 建立总体矩与样本矩的联系.

若与待估参数联系的总体矩是总体期望 $E(X)$,则选择的样本矩是样本均值 $\overline{X}$.若与待估参数联系的总体矩是总体方差 $D(X)$,则选择的样本矩是样本方差 S^2.

(3) 得到待估参数与样本矩的关系式.

7.3 最大似然估计法的解题思路

最大似然估计法(maximum likelihood estimate,MLE)是英国统计学家罗纳德·费希尔(Ronald Aylmer Fisher,1890—1962)于 1912 年提出的.它的基本思想是:选择参数,使得现在发生的事发生的概率最大化.

> **-引例 7.3-**   一位狙击手和一位菜鸟玩家瞄准了同一个靶子.一声枪响,正中靶心!你觉得这一枪更有可能是谁射击的呢?如果你觉得这一枪来自狙击手,那么恭喜你掌握了最大似然估计法的本质!具体而言,通过选择参数(射击来自狙击手),使得现在发生的事(一枪正中靶心)发生的概率最大化.

解题思路:最大似然估计法的解题思路分为两步:给出似然函数;选择参数,使似然函数最大化.

(1)**给出似然函数 $L(\theta)$**——似然函数是现在发生的事发生的概率.

第①步:写出总体的概率函数 $f(x;\theta)$——分布律、概率密度.如果总体是常见分布,则可以根据第 3 章中常见分布的结论写出总体的概率函数.特别地,a.当总体是离散型分布时,总体的概率函数为总体分布的分布律;b.当总体是连续型分布时,总体的概率函数为总体分布的概率密度函数.如果总体是一般分布,题目中通常会给出总体概率函数,可以直接使用.

第②步:似然函数是总体概率函数的连乘形式 $L(\theta)=\prod_{k=1}^{n} f(x_k;\theta)$,表示现在发生的事发生的概率.这是因为样本观测值 $x_1,x_2,\cdots,x_n$ 独立同分布.根据独立性可知,n 个事件同时发生的概率等于各自发生的概率的乘积,即联合 ** = 边缘 ** × 边缘 **.根据同分布可知,每个事件发生的概率都可以用总体的概率函数 $f(x;\theta)$ 刻画.

说明:如果总体是**一般分布**,除了可以由题目中给出的总体概率函数连乘得到似然函数,也可以尝试根据实际意义直接写出似然函数,即现在发生的事发生的概率.

(2)**选择参数 θ,使似然函数最大化**,即 $\max L(\theta)$——选择参数,使得现在发生的事发生的概率最大化.

情况①:可以使用求导的方法得到 $L(\theta)$ 的最大值点.

若 $L(\theta)$ 有驻点,使用求导的方法求解.但如果直接对似然函数 $L(\theta)$ 求导,由于 $L(\theta)$ 是连乘形式,求导的结果会很复杂.一种很自然的处理方法是:通过取对数,将"连乘"转换为"求和",后者求导的结果相对简单.因此,若 $L(\theta)$ 有驻点,解题思路是:a.计算对数似然函数 $\ln L(\theta)=\sum_{k=1}^{n}\ln f(x_k;\theta)$;b.将对数似然函数求导,令导函数等于 0,即 $\dfrac{\mathrm{d}\ln L(\theta)}{\mathrm{d}\theta}=0$;c.解方程,得到的 θ 即参数 θ 的最大似然估计量 $\hat{\theta}$.

情况②:若 $L(\theta)$ 无驻点,不能使用求导的方法求解.此时,不必计算对数似然函数,而直接根据似然函数的单调性等解出参数 θ 的最大似然估计量,极值点通常位于样本值的边界点.

说明 1：当 $L(\theta)$ 有驻点时可以采用"取对数、将对数似然函数求导、令导函数等于 0、解方程"的思路解出参数 θ 的最大似然估计量.其数学理论源于：①可导函数 $f(\theta)$ 的极值点位于 $\dfrac{\mathrm{d}f(\theta)}{\mathrm{d}\theta}=0$ 处；②深入的研究可保证在我们遇到的大部分问题中，"$L(\theta)$ 的最大值点"与"$\ln L(\theta)$ 的驻点"一致.因此，在实际应用中，不需要验证"$\ln L(\theta)$ 的二阶导是否为负"等细节.

说明 2：均匀分布是常见分布中唯一一个似然函数"无驻点"的分布，根据似然函数的单调性得到最大似然估计量.它的矩估计也具有特殊性，需要解方程组，详见典型题 7.6.

最大似然估计的不变性：如果 $\hat{\theta}$ 是 θ 的最大似然估计量，则对于任意函数 $g(\theta)$（具有单值反函数），$g(\hat{\theta})$ 是 $g(\theta)$ 的最大似然估计量.

例如，典型题 7.6(3) 中，参数 b 的最大似然估计量为 $\hat{b}=\max\{X_1,X_2,\cdots,X_n\}$，则 $\beta=3b+2$ 的最大似然估计量为 $\hat{\beta}=3\hat{b}+2=3\max\{X_1,X_2,\cdots,X_n\}+2$.直观地讲，大家都把"帽子"带上就好啦！

典型题 7.4 [2021, Ⅲ]

设总体 X 的概率分布为 $P\{X=1\}=\dfrac{1-\theta}{2}$，$P\{X=2\}=P\{X=3\}=\dfrac{1+\theta}{4}$.利用来自总体 X 的样本值 1,3,2,2,1,3,1,2，可得 θ 的最大似然估计值为_____.

A. $\dfrac{1}{4}$ B. $\dfrac{3}{8}$ C. $\dfrac{1}{2}$ D. $\dfrac{5}{8}$

解答 (1) 给出似然函数.

① 写出总体的概率函数——分布律、概率密度.本题已经给出总体的分布律.

② 似然函数是总体概率函数的连乘形式，表示现在发生的事发生的概率.

似然函数为

$$L(\theta)=P\{X_1=1,X_2=3,X_3=2,X_4=2,X_5=1,X_6=3,X_7=1,X_8=2\}$$

$$\xlongequal{\text{独立}}P\{X=1\}^3\times P\{X=2\}^3\times P\{X=3\}^2=\left(\dfrac{1-\theta}{2}\right)^3\left(\dfrac{1+\theta}{4}\right)^3\left(\dfrac{1+\theta}{4}\right)^2$$

$$=\dfrac{1}{2^{13}}(1-\theta)^3(1+\theta)^5$$

(2) 选择参数使得似然函数最大化，即通过选择参数，使得现在发生的事发生的概率最大化.本题似然函数 $L(\theta)$ 有驻点，故可以根据取对数、将对数似然函数求导、令导函数等于 0、解方程的解题思路，得到参数 θ 的最大似然估计量.

取对数，得到对数似然函数 $\ln L(\theta)=-13\ln2+3\ln(1-\theta)+5\ln(1+\theta)$.

两边对 θ 求导并令其等于 0，得 $\dfrac{\mathrm{d}\ln L(\theta)}{\mathrm{d}\theta}=-\dfrac{3}{1-\theta}+\dfrac{5}{1+\theta}=0$，解得 $\theta=\dfrac{1}{4}$.

所以参数 θ 的最大似然估计值为 $\hat{\theta}=\dfrac{1}{4}$.

答案 A

7.4　点估计的典型题

典型题 7.5[泊松分布]

设 $X_1,X_2,\cdots,X_n$ 为来自泊松分布总体 $X\sim P(\lambda)$ 的简单随机样本,参数 λ 未知.样本均值和样本方差分别为 $\overline{X}$ 和 S^2.试求:

(1) 参数 λ 的矩估计量;

(2) 参数 λ 的最大似然估计量.

解答　(1) 矩估计

① 建立待估参数与总体矩的联系.泊松分布的总体期望 $E(X)=\lambda$ 和总体方差 $D(X)=\lambda$ 都与待估参数 λ 有关.实践中,通常选择低阶矩 $E(X)$ 建立联系.

泊松分布的总体期望为 $E(X)=\lambda$.

② 建立总体矩与样本矩的联系.由于与待估参数联系的总体矩是总体期望 $E(X)$,故选择的样本矩是样本均值 $\overline{X}$.

令 $E(X)\approx\overline{X}$.

③ 由此得到待估参数与样本矩的关系式.

可得 $\lambda\approx\overline{X}$.所以参数 λ 的矩估计量为 $\hat{\lambda}=\overline{X}$.

注意:根据两个联系得到的关系式"$\lambda\approx\overline{X}$"和结论"$\hat{\lambda}=\overline{X}$"有两点区别.根据两个联系得到 $\lambda\approx\overline{X}$,它是联立 $E(X)=\lambda$ 和 $E(X)\approx\overline{X}$ 得到的,不能随意修改.但根据题目要求,应该给出"矩估计量(通常用待估参数 λ '戴上帽子'$\hat{\lambda}$ 表示)等于……"的形式.进一步地,如果题目问的是"矩估计值",则应该写成"实数"形式,也就是"小写".即参数 λ 的矩估计值为 $\hat{\lambda}=\overline{x}=\dfrac{1}{n}\sum_{i=1}^{n}x_i$.

(2) 最大似然估计

① 给出似然函数.

a. 写出总体的概率函数——分布律、概率密度.本题的总体是常见的离散型分布,总体的概率函数是参数为 λ 的泊松分布的分布律.

总体的概率函数为 $f(x;\lambda)=P\{X=x\}=\dfrac{\lambda^x}{x!}\mathrm{e}^{-\lambda}$.

b. 似然函数是总体概率函数的连乘形式,表示现在发生的事发生的概率.

设 $x_1,x_2,\cdots,x_n$ 为样本观测值,故似然函数为 $L(\lambda)=\prod_{i=1}^{n}f(x_i;\lambda)=\prod_{i=1}^{n}\dfrac{\lambda^{x_i}}{x_i!}\mathrm{e}^{-\lambda}$.

② 选择参数使得似然函数最大化,即通过选择参数,使得现在发生的事发生的概率最大化.本题似然函数 $L(\lambda)$ 有驻点,故可以根据取对数、将对数似然函数求导、令导函数等于 0、解方程的解题思路,得到参数 λ 的最大似然估计量.

取对数,得到对数似然函数:

$$\ln L(\lambda)=\ln\prod_{i=1}^{n}\frac{\lambda^{x_i}}{x_i!}e^{-\lambda}=\sum_{i=1}^{n}(x_i\ln\lambda-\lambda-\ln x_i!)$$

$$=\sum_{i=1}^{n}x_i\cdot\ln\lambda-n\lambda-\sum_{i=1}^{n}\ln x_i!=n\bar{x}\cdot\ln\lambda-n\lambda-\sum_{i=1}^{n}\ln x_i!$$

两边对 λ 求导并令其等于 0，得

$$\frac{\mathrm{d}\ln L(\lambda)}{\mathrm{d}\lambda}=\frac{n\bar{x}}{\lambda}-n=0.$$

解得 $\lambda=\bar{x}$. 所以参数 λ 的最大似然估计量为 $\hat{\lambda}=\bar{X}$.

典型题 7.6[均匀分布]

设 $X_1,X_2,\cdots,X_n$ 为来自均匀分布总体 $X\sim U[a,b]$ 的简单随机样本，参数 a,b 均未知. 样本均值和样本方差分别为 $\bar{X}$ 和 S^2. 试求：

(1) 参数 a,b 的矩估计量；

(2) 参数 a,b 的最大似然估计量；

(3) $\beta=3b+2$ 的最大似然估计量；

(4) 当 $a=0$ 时，参数 b 的无偏最大似然估计量.

解答 **(1) 矩估计**

① 建立待估参数与总体矩的联系. 本题均匀分布 $U[a,b]$ 的参数 a,b 与总体矩不是一一对应的，可以通过解方程组得到参数 a,b 的矩估计.

均匀分布的总体期望和总体方差分别为 $E(X)=\frac{a+b}{2}$ 和 $D(X)=\frac{(b-a)^2}{12}$.

② 建立总体矩与样本矩的联系.

令 $E(X)\approx\bar{X}$ 和 $D(X)\approx S^2$.

③ 由此得到待估参数与样本矩的关系式.

故可以得到方程组 $\begin{cases}\frac{a+b}{2}\approx\bar{X}\\\frac{(b-a)^2}{12}\approx S^2\end{cases}$，解得 $\begin{cases}a\approx\bar{X}-\sqrt{3}S\\b\approx\bar{X}+\sqrt{3}S\end{cases}$.

所以，参数 a,b 的矩估计量分别为 $\hat{a}_1=\bar{X}-\sqrt{3}S$ 和 $\hat{b}_1=\bar{X}+\sqrt{3}S$.

(2) 最大似然估计

① 给出似然函数.

a. 写出总体的概率函数——分布律、概率密度.

总体的概率函数为 $f(x;a,b)=\frac{1}{b-a},a\leq x\leq b$.

b. 似然函数是总体概率函数的连乘形式，表示现在发生的事发生的概率.

设 $x_1,x_2,\cdots,x_n$ 为样本观测值，故似然函数为

$$L(a,b)=\begin{cases}\prod_{i=1}^{n}f(x_i;a,b)=\left(\frac{1}{b-a}\right)^n,&a\leq x_i\leq b,\quad i=1,2,\cdots,n\\0,&\text{其他}\end{cases}$$

② 选择参数使得似然函数最大化,即通过选择参数,使得现在发生的事发生的概率最大化.本题似然函数 $L(a,b)$ 无驻点,故不必计算对数似然函数,而直接根据似然函数的单调性等,解出参数 a,b 的最大似然估计量.

显然似然函数 $L(a,b)$ 无驻点,下面分析它的单调性(图 7.2).显然 $L(a,b)$ 关于 a 单调递增、关于 b 单调递减.因此,使 $L(a,b)$ 最大化的参数 a(参数 b)要尽可能大(尽可能小).

由于 $a \leqslant x_1, x_2, \cdots, x_n \leqslant b$,故 $a \leqslant \min\{x_1, x_2, \cdots, x_n\}, b \geqslant \max\{x_1, x_2, \cdots, x_n\}$.则参数 a,b 的最大似然估计量为

$$\hat{a}_2 = \min\{X_1, X_2, \cdots, X_n\}, \quad \hat{b}_2 = \max\{X_1, X_2, \cdots, X_n\}$$

说明:似然函数 $L(a,b) = \begin{cases} \left(\dfrac{1}{b-a}\right)^n, & a \leqslant x_i \leqslant b, i=1,2,\cdots,n \\ 0, & \text{其他} \end{cases}$ 是分段函数.它在边界

点处不可导,而极值点却恰恰在边界点取到(图 7.3).因此,无法通过"求导"的方法求解.

图 7.2 均匀分布总体似然函数的单调性

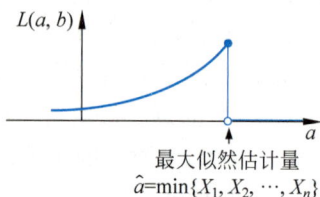

图 7.3 对于任意固定的 b,似然函数 $L(a,b)$ 随参数 a 变化示意图

(3) 最大似然估计的不变性

由最大似然估计的不变性,$\beta = 3b + 2$ 的最大似然估计量为

$$\hat{\beta} = 3\hat{b}_2 + 2 = 3\max\{X_1, X_2, \cdots, X_n\} + 2$$

(4) 当 $a=0$ 时,参数 b 的无偏最大似然估计量

说明:根据无偏估计的定义,要给出参数 b 的无偏最大似然估计量,只需要给出常数 α 使得 $E(\alpha\hat{b}_2) = E(\alpha\max\{X_1, X_2, \cdots, X_n\}) = b$.记 $M = \max\{X_1, X_2, \cdots, X_n\}$,关键是计算数学期望 $E(M)$.计算随机变量 M 的数学期望有三种方法.方法①:根据数学期望的定义计算.首先给出 M 的分布律或概率密度,再运用 $E(M) = \begin{cases} \sum\limits_{i \geqslant 1} x_i P\{M=x_i\}, & \text{离散} \\ \int_{-\infty}^{+\infty} x f_M(x)\mathrm{d}x, & \text{连续} \end{cases}$ 得到

$E(M)$.方法②:根据随机变量函数的数学期望的定义计算.如果 M 可以写成 $M=g(X)$ 或

$M = g(X,Y)$ 的形式,则可以运用公式 $E(M) = E(g(X)) = \begin{cases} \sum\limits_{i \geqslant 1} g(x_i)p_i, & \text{离散} \\ \int_{-\infty}^{+\infty} g(x)f(x)\mathrm{d}x, & \text{连续} \end{cases}$ 或

$E(M) = E(g(X,Y)) = \begin{cases} \sum\limits_{j \geqslant 1}\sum\limits_{i \geqslant 1} g(x_i, y_j)p_{ij}, & \text{离散} \\ \int_{-\infty}^{+\infty}\int_{-\infty}^{+\infty} g(x,y)f(x,y)\mathrm{d}x\,\mathrm{d}y, & \text{连续} \end{cases}$ 计算 $E(M)$.方法③:利用

数学期望的性质,如 $E(cX)=cE(X),E(X\pm Y)=E(X)\pm E(Y)$ 等计算 $E(M)$. 经比较,本题选择使用方法①来计算 $E(M)$. 又由于本题中的随机变量 M 是最大值函数,故可以使用分布函数法先计算 M 的分布函数 $F_M(x)$,再求导得到概率密度 $f_M(x)$.

① 运用分布函数法计算随机变量 $M=\max\{X_1,X_2,\cdots,X_n\}$ 的概率密度 $f_M(x)$.

当 $a=0\leqslant x<b$ 时,最大值函数 $M=\max\{X_1,X_2,\cdots,X_n\}$ 的分布函数为

$$F_M(x)\xxline{\text{定义}}P\{M\leqslant x\}\xxline{\text{代入}}P\{\max\{X_1,X_2,\cdots,X_n\}\leqslant x\}$$

$$\xxline[c]{\substack{\text{r.v.中最大的都不大于}x,\\ \text{意味着每个 r.v. 都不大于}z}}P\{X_1\leqslant x,X_2\leqslant x,\cdots,X_n\leqslant x\}$$

$$\xxline{\text{独立}}P\{X_1\leqslant x\}P\{X_2\leqslant x\}\cdots P\{X_n\leqslant x\}$$

$$\xxline{\text{定义、同分布}}F_X^n(x)=\left(\frac{x}{b}\right)^n$$

故

$$F_M(x)=\begin{cases}0, & x<0 \\ \left(\dfrac{x}{b}\right)^n, & 0\leqslant x<b \\ 1, & x\geqslant b\end{cases}$$

求导得最大值函数 $M=\max\{X_1,X_2,\cdots,X_n\}$ 的概率密度为 $f_M(x)=\begin{cases}\dfrac{n}{b}\left(\dfrac{x}{b}\right)^{n-1}, & 0\leqslant x\leqslant b \\ 0, & \text{其他}\end{cases}$.

② 根据数学期望的定义计算 $E(M)$.

随机变量 M 的数学期望为

$$E(M)=\int_{-\infty}^{+\infty}xf_M(x)\mathrm{d}x=\int_0^b x\,\frac{n}{b}\left(\frac{x}{b}\right)^{n-1}\mathrm{d}x=\frac{n}{b^n}\int_0^b x^n\mathrm{d}x=\frac{nb}{n+1}$$

③ 根据无偏估计的定义确定常数 α.

由于 $E(\hat{b}_2)=E(M)=\dfrac{nb}{n+1}$,故当 $\alpha=\dfrac{n+1}{n}$ 时,$E(\alpha\hat{b}_2)=b$.

可见,当 $a=0$ 时,参数 b 的无偏最大似然估计量为 $\hat{b}_3=\dfrac{n+1}{n}\max\{X_1,X_2,\cdots,X_n\}$.

典型题 7.7[正态分布]

设 $X_1,X_2,\cdots,X_n$ 为来自正态分布总体 $X\sim N(\mu,\sigma^2)$ 的简单随机样本,参数 μ,σ^2 均未知,且 $\sigma>0$. 样本均值和样本方差分别为 $\overline{X}$ 和 S^2. 试求:

(1) 参数 μ,σ^2 的矩估计量;

(2) 参数 μ,σ^2 的最大似然估计量;

(3) $\theta=P\{X>2\}$ 的最大似然估计值;

(4) 参数 σ^2 的无偏最大似然估计量.

解答 **(1) 矩估计**

说明:选择不同的矩,可能得到不同的矩估计量.例如:在求参数 σ^2 的矩估计量时,有两种常见方法.方法①:使用两个联系"参数 σ^2 $\xleftrightarrow{\text{待估参数与总体矩的联系}}$ 总体方差

$D(X)$ $\xrightarrow{\text{总体矩与样本矩的联系}}$ 样本方差 S^2"得到矩估计. 这种方法相对简单, 但实际上我们"偷偷"用了样本方差是总体方差的无偏估计, 即 $E(S^2)=D(X)$ 等性质. 所以, 在一些经典教材中, 采用了方法②: 使用两个联系"参数 σ^2 $\xrightarrow{\text{待估参数与总体矩的联系}}$ 总体的二阶原点矩 $E(X^2)$ $\xleftarrow{\text{总体矩与样本矩的联系}}$ 样本的二阶原点矩 $\frac{1}{n}\sum_{i=1}^{n}X_i^2$"得到矩估计, 再对该估计无偏化.

解法 1

① 建立待估参数与总体矩的联系.

正态分布的总体期望和总体方差分别为 $E(X)=\mu$ 和 $D(X)=\sigma^2$.

② 建立总体矩与样本矩的联系.

令 $E(X)\approx\overline{X}$ 和 $D(X)\approx S^2$.

③ 由此得到待估参数与样本矩的关系式.

可得 $\mu\approx\overline{X}$ 和 $\sigma^2\approx S^2$.

所以参数 μ 和 σ^2 的矩估计量分别为 $\hat{\mu}_1=\overline{X}$ 和 $\widehat{\sigma_1^2}=S^2=\frac{1}{n-1}\sum_{i=1}^{n}(X_i-\overline{X})^2$.

解法 2

① 建立待估参数与总体矩的联系.

正态分布的总体期望和总体二阶原点矩分别为 $E(X)=\mu$ 和 $E(X^2)=D(X)+E(X)^2=\sigma^2+\mu^2$.

② 建立总体矩与样本矩的联系.

令 $E(X)\approx\overline{X}$ 和 $E(X^2)\approx\frac{1}{n}\sum_{i=1}^{n}X_i^2$.

③ 由此得到待估参数与样本矩的关系式.

故可以得到方程组 $\begin{cases}\mu\approx\overline{X}\\\sigma^2+\mu^2\approx\frac{1}{n}\sum_{i=1}^{n}X_i^2\end{cases}$, 解得 $\begin{cases}\mu\approx\overline{X}\\\sigma^2\approx\frac{1}{n}\sum_{i=1}^{n}X_i^2-\overline{X}^2\xrightarrow{\text{等式1}}\frac{1}{n}\sum_{i=1}^{n}(X_i-\overline{X})^2\end{cases}$.

说明: 等式 1 用到了 $\sum_{i=1}^{n}(X_i-\overline{X})^2=\sum_{i=1}^{n}X_i^2-n\overline{X}^2$, 见典型题 6.4.

所以, 参数 μ 和 σ^2 的矩估计量分别为 $\hat{\mu}_2\approx\overline{X}$ 和 $\widehat{\sigma_2^2}=S_n^2=\frac{1}{n}\sum_{i=1}^{n}(X_i-\overline{X})^2$.

(2) 最大似然估计

① 给出似然函数.

a. 写出总体的概率函数——分布律、概率密度.

总体的概率函数为 $f(x;\mu,\sigma^2)=\frac{1}{\sqrt{2\pi}\sigma}\mathrm{e}^{-\frac{(x-\mu)^2}{2\sigma^2}}$, $-\infty<\mu<+\infty,\sigma>0$.

b. 似然函数是总体概率函数的连乘形式, 表示现在发生的事发生的概率.

设 $x_1,x_2,\cdots,x_n$ 为样本观测值, 则似然函数为

$$L(\mu,\sigma^2)=\prod_{i=1}^{n}f(x_i;\mu,\sigma^2)=\prod_{i=1}^{n}\frac{1}{\sqrt{2\pi}\sigma}\mathrm{e}^{-\frac{(x_i-\mu)^2}{2\sigma^2}}=(2\pi)^{-\frac{n}{2}}(\sigma^2)^{-\frac{n}{2}}\exp\left\{-\frac{1}{2\sigma^2}\sum_{i=1}^{n}(x_i-\mu)^2\right\}$$

② **选择参数使得似然函数最大化,即通过选择参数,使得现在发生的事发生的概率最大化.**

取对数,得到对数似然函数

$$\ln L(\mu,\sigma^2)=-\frac{n}{2}\ln(2\pi)-\frac{n}{2}\ln(\sigma^2)-\frac{1}{2\sigma^2}\sum_{i=1}^{n}(x_i-\mu)^2$$

两边分别对 μ,σ^2 求导并令其等于 0,得方程组

$$\begin{cases}\dfrac{\mathrm{d}\ln L(\mu,\sigma^2)}{\mathrm{d}\mu}=\dfrac{1}{\sigma^2}\left(\sum_{i=1}^{n}x_i-n\mu\right)=0\\[2mm]\dfrac{\mathrm{d}\ln L(\mu,\sigma^2)}{\mathrm{d}\sigma^2}=-\dfrac{n}{2\sigma^2}+\dfrac{1}{2(\sigma^2)^2}\sum_{i=1}^{n}(x_i-\mu)^2=0\end{cases}$$

解得$\begin{cases}\mu=\dfrac{1}{n}\sum_{i=1}^{n}x_i\\[2mm]\sigma^2=\dfrac{1}{n}\sum_{i=1}^{n}\left(x_i-\dfrac{1}{n}\sum_{i=1}^{n}x_i\right)^2\end{cases}$

所以,参数 μ 和 σ^2 的最大似然估计量为 $\hat{\mu}_3=\overline{X}$ 和 $\widehat{\sigma_3^2}=S_n^2=\dfrac{1}{n}\sum_{i=1}^{n}(X_i-\overline{X})^2$.

(3) 最大似然估计的不变性

由于函数 $g(\theta)=\sqrt{\theta}$ 具有单值反函数,故由最大似然估计的不变性可得,标准差 σ 的最大似然估计量为 $\hat{\sigma}=S_n=\sqrt{\dfrac{1}{n}\sum_{i=1}^{n}(X_i-\overline{X})^2}$. 又由总体分布 $X\sim N(\mu,\sigma^2)$,标准化得到

$$\frac{X-\mu}{\sigma}\sim N(0,1)$$

因此

$$\theta=P\{X>2\}=1-P\{X\leqslant 2\}=1-P\left\{\frac{X-\mu}{\sigma}\leqslant\frac{2-\mu}{\sigma}\right\}=1-\Phi\left(\frac{2-\mu}{\sigma}\right)$$

由于函数 $\theta=1-\Phi\left(\dfrac{2-\mu}{\sigma}\right)$ 具有单值反函数,故由最大似然估计的不变性,$\theta=1-\Phi\left(\dfrac{2-\mu}{\sigma}\right)$ 的最大似然估计量为 $\hat{\theta}=1-\Phi\left(\dfrac{2-\hat{\mu}}{\hat{\sigma}}\right)=1-\Phi\left(\dfrac{2-\overline{X}}{S_n}\right)$.

设 $x_1,x_2,\cdots,x_n$ 为样本观测值,则 $\theta=P\{X>2\}=1-\Phi\left(\dfrac{2-\mu}{\sigma}\right)$ 的最大似然估计值为 $\hat{\theta}=1-\Phi\left(\dfrac{2-\hat{\mu}}{\hat{\sigma}}\right)=1-\Phi\left(\dfrac{2-\overline{x}}{s_n}\right)$. 其中,$\overline{x}=\dfrac{1}{n}\sum_{i=1}^{n}x_i,s_n=\sqrt{\dfrac{1}{n}\sum_{i=1}^{n}(x_i-\overline{x})^2}$.

(4) 参数 σ^2 的无偏最大似然估计量

前面已经证明了参数 σ^2 的最大似然估计量为 $\widehat{\sigma_3^2}=S_n^2=\dfrac{1}{n}\sum_{i=1}^{n}(X_i-\overline{X})^2$. 要求参数 σ^2 的无偏最大似然估计量,关键是计算 $E(\widehat{\sigma_3^2})=E(S_n^2)$,并将其与参数 σ^2 比较.

$$E(S_n^2)=E\left(\frac{1}{n}\sum_{i=1}^{n}(X_i-\overline{X})^2\right)\xlongequal{\text{等式2}}\frac{1}{n}E\left(\sum_{i=1}^{n}X_i^2-n\overline{X}^2\right)=\frac{1}{n}\sum_{i=1}^{n}E(X_i^2)-\boxed{E(\overline{X}^2)}$$

$$=E(X^2)-\boxed{D(\overline{X})+E(\overline{X})^2}=D(X)+E(X)^2-\boxed{\frac{D(X)}{n}+E(X)^2}$$

$$= \frac{n-1}{n} D(X) = \frac{n-1}{n} \sigma^2$$

说明：等式 2 用到了 $\sum_{i=1}^{n}(X_i - \overline{X})^2 = \sum_{i=1}^{n} X_i^2 - n\overline{X}^2$，见典型题 6.4.

因此有

$$E\left(\frac{n}{n-1} S_n^2\right) = E\left(\frac{1}{n-1}\sum_{i=1}^{n}(X_i - \overline{X})^2\right) = E(S^2) = \sigma^2$$

所以，参数 σ^2 的无偏最大似然估计量为 $\widehat{\sigma_4^2} = S^2 = \dfrac{1}{n-1}\sum_{i=1}^{n}(X_i - \overline{X})^2$.

典型题 7.8 [2013，I]

设总体 X 的分布函数为

$$F(x;\theta) = \begin{cases} 1 - \mathrm{e}^{-\frac{x^2}{\theta}}, & x \geqslant 0 \\ 0, & x < 0 \end{cases}$$

其中 θ 是未知参数且大于零. $X_1, X_2, \cdots, X_n$ 为来自总体 X 的简单随机样本.

(1) 求 $E(X)$ 与 $E(X^2)$；

(2) 求 θ 的最大似然估计量 $\hat{\theta}$.

(3) 是否存在实数 a，使得对任何 $\varepsilon > 0$，都有 $\lim\limits_{n\to\infty} P\{|\hat{\theta}_n - a| \geqslant \varepsilon\} = 0$？

说明：本题是多个知识点（数字特征、最大似然估计、大数定律）的混合题，具有一定难度.

解答　(1) 说明：运用随机变量及其函数的数学期望的定义求 $E(X)$ 与 $E(X^2)$. 这里用伽马函数化简积分计算. 回顾伽马函数的两种常用形式：

$$\Gamma(x) \xlongequal{\text{模板1}} \int_0^{+\infty} t^{x-1}\mathrm{e}^{-t}\,\mathrm{d}t \xlongequal{\text{模板2}} 2\int_0^{+\infty} t^{2x-1}\mathrm{e}^{-t^2}\,\mathrm{d}t, \quad x > 0$$

递归公式为 $\Gamma(x+1) = x \cdot \Gamma(x), x > 0$，初始值：$\Gamma(1) = 1 \Rightarrow \Gamma(n) = (n-1)!$，$\Gamma\left(\dfrac{1}{2}\right) = \sqrt{\pi}$.

总体 X 的概率密度为

$$f(x;\theta) = F'(x;\theta) = \begin{cases} \dfrac{2x}{\theta}\mathrm{e}^{-\frac{x^2}{\theta}}, & x \geqslant 0 \\ 0, & x < 0 \end{cases}$$

因此，根据随机变量及其函数的数学期望的定义可知：

$$E(X) \xlongequal{\text{定义}} \int_{-\infty}^{+\infty} x f(x;\theta)\,\mathrm{d}x \xlongequal{\text{代入}} \int_0^{+\infty} x \cdot \frac{2x}{\theta}\mathrm{e}^{-\frac{x^2}{\theta}}\,\mathrm{d}x$$

$$\xlongequal[\text{向伽马函数模板靠拢}]{\text{换元 } y = \frac{x}{\sqrt{\theta}}} \sqrt{\theta} \cdot 2\int_0^{+\infty} y^2 \mathrm{e}^{-y^2}\,\mathrm{d}y \xlongequal{\text{伽马函数}} \sqrt{\theta} \cdot \Gamma\left(\frac{3}{2}\right)$$

$$\xlongequal{\text{递归公式}} \sqrt{\theta} \cdot \frac{1}{2}\Gamma\left(\frac{1}{2}\right) \xlongequal{\text{初始值}} \sqrt{\theta} \cdot \frac{1}{2}\sqrt{\pi} = \frac{\sqrt{\pi\theta}}{2}$$

$$E(X^2) \xlongequal{\text{定义}} \int_{-\infty}^{+\infty} x^2 f(x;\theta)\,\mathrm{d}x \xlongequal{\text{代入}} \int_0^{+\infty} x^2 \cdot \frac{2x}{\theta}\mathrm{e}^{-\frac{x^2}{\theta}}\,\mathrm{d}x$$

$$\xlongequal[\text{向伽马函数模板靠拢}]{\text{换元}\ y=\frac{x}{\sqrt{\theta}}} \theta \cdot 2\int_0^{+\infty} y^3 \mathrm{e}^{-y^3}\,\mathrm{d}y \xlongequal{\text{伽马函数}} \theta \cdot \Gamma(2) = \theta$$

(2) 说明：求 θ 的最大似然估计量 $\hat{\theta}$. 分两步：①给出似然函数；②选择参数使得似然函数最大化. 本题的似然函数 $L(\theta)$ 有驻点，故取对数、令对数似然函数等于 0、解出参数 θ 的最大似然估计量.

总体的概率函数为

$$f(x;\theta) = \begin{cases} \dfrac{2x}{\theta}\mathrm{e}^{-\frac{x^2}{\theta}}, & x \geqslant 0 \\ 0, & x < 0 \end{cases}$$

设 $x_1, x_2, \cdots, x_n$ 为样本观测值，则似然函数为

$$L(\theta) = \prod_{i=1}^n f(x_i;\theta) = \begin{cases} \displaystyle\prod_{i=1}^n \frac{2x_i}{\theta}\mathrm{e}^{-\frac{x_i^2}{\theta}} = \frac{2^n x_1 x_2 \cdots x_n}{\theta^n}\mathrm{e}^{-\frac{1}{\theta}\sum\limits_{i=1}^n x_i^2}, & x_1, x_2, \cdots, x_n \geqslant 0 \\ 0, & \text{其他} \end{cases}$$

当 $x_1, x_2, \cdots, x_n \geqslant 0$ 时，对数似然函数为 $\ln L(\theta) = n\ln 2 - n\ln\theta + \sum\limits_{i=1}^n \ln x_i - \dfrac{1}{\theta}\sum\limits_{i=1}^n x_i^2$.

对数似然函数两边对 θ 求导，得 $\dfrac{\mathrm{d}\ln L(\theta)}{\mathrm{d}\theta} = -\dfrac{n}{\theta} + \dfrac{1}{\theta^2}\sum\limits_{i=1}^n x_i^2$.

令 $\dfrac{\mathrm{d}\ln L(\theta)}{\mathrm{d}\theta} = 0$，解得 $\theta = \dfrac{1}{n}\sum\limits_{i=1}^n x_i^2$.

所以参数 θ 的最大似然估计量为 $\hat{\theta} = \dfrac{1}{n}\sum\limits_{i=1}^n X_i^2$.

(3) 说明：由题目 $\lim\limits_{n\to\infty} P\{|\hat{\theta}_n - a| \geqslant \varepsilon\} = 0$ 可知，本小题涉及知识点"依概率收敛". 在本课程中，主要有两个问题涉及"依概率收敛"：①"大数定律"，粗略地讲，均值依概率收敛到期望(辛钦大数定律)；②"估计量的评选标准"中的"一致性(相合性)"，指估计量依概率收敛到待估参数真值(见 7.6 节). 由此可以推测：本小题(很可能)旨在证明最大似然估计量 $\hat{\theta} = \dfrac{1}{n}\sum\limits_{i=1}^n X_i^2$ 是参数 θ 的相合估计量，而需要使用的研究工具就是"大数定律". 进一步地，$\hat{\theta} = \dfrac{1}{n}\sum\limits_{i=1}^n X_i^2$ 是 X_i^2 的均值，根据大数定律，它将依概率收敛到期望 $E(X^2)$. 而在第(1)小问中，我们已经证明了 $E(X^2) = \theta$. 由此，本小题得证. 上面是"分析过程"，下面给出"解答过程".

因为 $\{X_i^2\}_{i \geqslant 1}$ 是独立同分布随机变量序列，且 $E(X_i^2) = E(X^2) = \theta < +\infty$，由辛钦大数定律可知，当 $n \to +\infty$ 时，均值 $\hat{\theta} = \dfrac{1}{n}\sum\limits_{i=1}^n X_i^2$ 依概率收敛到期望 $E(X^2) = \theta$，所以存在实数 $a = \theta$，使得对任何 $\varepsilon > 0$，都有 $\lim\limits_{n\to\infty} P\{|\hat{\theta}_n - a| \geqslant \varepsilon\} = 0$.

说明：事实上，本小题正是用大数定律证明了 $\hat{\theta}$ 是 θ 的相合估计量.

7.5　常见分布的矩估计量和最大似然估计量

　　很多常见分布的矩估计量和最大似然估计量完全相同,或在无偏化后相同(表 7.3).那么,我们为什么还需要学习解法相对复杂的最大似然估计法呢? 有四个原因:①很多其他分布的矩估计量和最大似然估计量并不相同.②选择不同的矩,可能得到不同的矩估计量.矩估计法的结果不唯一,有一定的主观性.③矩估计法仅用到数字特征(总体矩和样本矩),分布信息被"浪费"了.④有些分布的数学期望不存在,无法使用矩估计法;而最大似然估计法则几乎总能行得通.因此,在实际应用中,通常默认使用最大似然估计法求解参数的点估计.并且,不再纠结对数似然函数方程 $\dfrac{\mathrm{dln}\,L(\theta)}{\mathrm{d}\theta}=0$ 的解析解,而是直接使用数值方法求解数值解.

表 7.3　常见分布的矩估计量和最大似然估计量

总 体 分 布	待估参数	矩 估 计 量	最大似然估计量	是 否 相 同
$X\sim B(1,p)$	p	$\hat{p}=\overline{X}$	$\hat{p}=\overline{X}$	相同
$X\sim B(n,p)$	p	$\hat{p}=\dfrac{\overline{X}}{n}$	$\hat{p}=\dfrac{\overline{X}}{n}$	相同
$X\sim P(\lambda)$	λ	$\hat{\lambda}=\overline{X}$	$\hat{\lambda}=\overline{X}$	相同
$X\sim Exp(\lambda)$	λ	$\hat{\lambda}=\dfrac{1}{\overline{X}}$	$\hat{\lambda}=\dfrac{1}{\overline{X}}$	相同
$X\sim Exp(\theta)$	θ	$\hat{\theta}=\overline{X}$	$\hat{\theta}=\overline{X}$	相同
$X\sim U[a,b]$	a,b	$\begin{cases}\hat{a}=\overline{X}-\sqrt{3}\,S\\\hat{b}=\overline{X}+\sqrt{3}\,S\end{cases}$	$\begin{cases}\hat{a}=\min\{X_1,X_2,\cdots,X_n\}\\\hat{b}=\max\{X_1,X_2,\cdots,X_n\}\end{cases}$	不同
$X\sim N(\mu,\sigma^2)$	μ	$\hat{\mu}=\overline{X}$	$\hat{\mu}=\overline{X}$	相同
$X\sim N(\mu,\sigma^2)$	σ^2	$\widehat{\sigma^2}=S^2=\dfrac{1}{n-1}\sum\limits_{i=1}^{n}(X_i-\overline{X})^2$	$\widehat{\sigma^2}=\dfrac{1}{n}\sum\limits_{i=1}^{n}(X_i-\overline{X})^2$	无偏化后相同

7.6　估计量的评选标准

　　如前所述,同一个参数的估计量不唯一.因此需要建立"评价体系"来确定哪个估计量更好.最常用的评选标准是"无偏性"和"有效性"(最小方差性),分别运用数字特征"期望"和"方差"(表 7.4)."无偏性"和"有效性"具有"闯关式"的递进关系.只有无偏估计量才有必要讨论有效性.

　　基于"依概率收敛"的"一致性"(相合性)标准用得相对较少.第 5 章给出了"依概率收敛"的定义为:$Y_n\xrightarrow{P}a$ 意味着对于任意正数 ε,有 $\lim\limits_{n\to\infty}P\{|Y_n-a|<\varepsilon\}=1$. 可见,"$\hat{\theta}$ 是 θ 的相合估计量 $\hat{\theta}\xrightarrow{P}\theta$"意味着:对于任意小正数 ε,随着 n 不断增大,估计量 $\hat{\theta}$ 落入区间 $(\theta\pm\varepsilon)$

内的概率趋近于 1. 例如, 典型题 7.8 第 (3) 小问相当于证明了 $\hat{\theta}$ 是 θ 的相合估计量.

表 7.4 估计量的评选标准

标　准	定　义	口　诀	工　具
无偏性	$E(\hat{\theta})$ 存在, $E(\hat{\theta})=\theta$	估计量的期望等于待估参数真值	期望
有效性	$E(\hat{\theta_1})=E(\hat{\theta_2})=\theta, D(\hat{\theta_1})\leqslant D(\hat{\theta_2})$	无偏估计量中方差越小越有效	方差
一致性	$\hat{\theta}\xrightarrow{P}\theta$	估计量依概率收敛到待估参数真值	大数定律

典型题 7.9 [2009, I]

设 $X_1, X_2, \cdots, X_m$ 为来自二项分布总体 $B(n,p)$ 的简单随机样本, $\overline{X}$ 和 S^2 分别为样本均值和样本方差, 若 $\overline{X}+kS^2$ 为 np^2 的无偏估计, 则 $k=$ _____.

A. $\dfrac{1}{2}$ 　　　　 B. 1 　　　　 C. 2 　　　　 D. -1

解答 由 $\overline{X}+kS^2$ 为 np^2 的无偏估计可知

$$E(\overline{X}+kS^2)=E(\overline{X})+kE(S^2)=E(X)+kD(X)=np+knp(1-p)=np^2\Rightarrow k=-1$$

答案 D

说明: 本题直接运用样本均值、样本方差、二项分布的数字特征等性质. 由于**数学 III** 没有"无偏估计"知识点, 所以常常用"数学期望"来代替, 如典型题 6.3 [2009, III].

典型题 7.10 [2023, I & III]

设 X_1, X_2 为来自总体 $N(\mu, \sigma^2)$ 的简单随机样本, 其中 $\sigma(\sigma>0)$ 是未知参数.

数学 I 的问法: 若 $\hat{\sigma}=a|X_1-X_2|$ 为 σ 的无偏估计, 则 $a=$ _____.

数学 III 的问法: 记 $\hat{\sigma}=a|X_1-X_2|$, 若 $E(\hat{\sigma})=\sigma$, 则 $a=$ _____.

A. $\dfrac{\sqrt{\pi}}{2}$ 　　　 B. $\dfrac{\sqrt{2\pi}}{2}$ 　　　 C. $\sqrt{\pi}$ 　　　 D. $\sqrt{2\pi}$

解答 **说明**: 由 $\hat{\sigma}=a|X_1-X_2|$ 为 σ 的无偏估计可知 $E(\hat{\sigma})=aE(|X_1-X_2|)=\sigma$. 可见本题的关键是计算 $E(|X_1-X_2|)$. 由于 X_1, X_2 为来自总体 $N(\mu, \sigma^2)$ 的简单随机样本, 故 X_1, X_2 都服从正态分布且相互独立. 因此它们的线性组合也服从正态分布. 进一步地, 根据伽马函数 $\Gamma(x)\xlongequal{\text{模板1}}\int_0^{+\infty}t^{x-1}e^{-t}dt\xlongequal{\text{模板2}}2\int_0^{+\infty}t^{2x-1}e^{-t^2}dt, x>0$ 计算积分得到 $E(|X_1-X_2|)$.

由题意, $X_i\sim N(\mu,\sigma^2), i=1,2$, 且相互独立, 故

$$X_1-X_2\sim N(0,2\sigma^2), \quad Y=\frac{X_1-X_2}{\sqrt{2}\sigma}\sim N(0,1)$$

则有 $E(\hat{\sigma})=E(a|X_1-X_2|)=E(\sqrt{2}a\sigma|Y|)=\sqrt{2}a\sigma E(|Y|)$.

关键是计算 $E(|Y|)$. 具体如下:

$$E(|Y|)=\int_{-\infty}^{+\infty}\frac{|y|}{\sqrt{2\pi}}e^{-\frac{y^2}{2}}dy=\sqrt{\frac{2}{\pi}}\int_0^{+\infty}ye^{-\frac{y^2}{2}}dy$$

$$\xlongequal{z=\frac{y}{\sqrt{2}}} \sqrt{\frac{2}{\pi}}\boxed{2\int_0^{+\infty} z^1 \mathrm{e}^{-z^2}\,\mathrm{d}z}$$

$$\xlongequal[2x-1=1\Rightarrow x=1]{\text{伽马函数}} \sqrt{\frac{2}{\pi}}\boxed{\Gamma(1)}=\sqrt{\frac{2}{\pi}}$$

由 $\hat{\sigma}$ 为 σ 的无偏估计可知 $E(\hat{\sigma})=\sqrt{2}a\sigma E(|Y|)=\sqrt{2}a\sigma\sqrt{\frac{2}{\pi}}=\frac{2}{\sqrt{\pi}}a\sigma=\sigma$,解得 $a=\frac{\sqrt{\pi}}{2}$.

答案   A

典型题 7.11

设 X_1,X_2,X_3,X_4 是来自均值为 λ 的泊松分布总体的样本,其中参数 $\lambda(\lambda>0)$ 未知. 设有估计量 $T_1=\frac{1}{6}(X_1+X_2)+\frac{1}{3}(X_3+X_4)$, $T_2=\frac{1}{5}(X_1+2X_2+3X_3+4X_4)$ 和 $T_3=\frac{1}{4}(X_1+X_2+X_3+X_4)$.

(1) 指出 T_1,T_2,T_3 中哪几个是参数 λ 的无偏估计量.

(2) 在上述 λ 的无偏估计中指出哪一个较为有效.

解答 (1) **无偏性**

均值为 λ 的泊松分布总体 X 满足 $X\sim P(\lambda)$,其数字特征为 $E(X)=\lambda$, $D(X)=\lambda$. 又由于 X_1,X_2,X_3,X_4 是来自总体 X 的样本,故 $E(X_i)=\lambda$, $D(X_i)=\lambda$, $i=1,2,3,4$. 所以

$$E(T_1)=\frac{1}{6}[E(X_1)+E(X_2)]+\frac{1}{3}[E(X_3)+E(X_4)]=\frac{1}{6}\times 2\lambda+\frac{1}{3}\times 2\lambda=\lambda$$

$$E(T_2)=\frac{1}{5}[E(X_1)+2E(X_2)+3E(X_3)+4E(X_4)]=\frac{1}{5}(\lambda+2\lambda+3\lambda+4\lambda)=2\lambda$$

$$E(T_3)=\frac{1}{4}[E(X_1)+E(X_2)+E(X_3)+E(X_4)]=\frac{1}{4}(\lambda+\lambda+\lambda+\lambda)=\lambda$$

因此,T_1 和 T_3 都是 λ 的无偏估计量,但 T_2 不是 λ 的无偏估计量.

(2) **有效性**

$$D(T_1)=\frac{1}{36}[D(X_1)+D(X_2)]+\frac{1}{9}[D(X_3)+D(X_4)]=\frac{1}{36}(\lambda+\lambda)+\frac{1}{9}(\lambda+\lambda)=\frac{5}{18}\lambda$$

$$D(T_3)=\frac{1}{16}[D(X_1)+D(X_2)+D(X_3)+D(X_4)]=\frac{1}{16}(\lambda+\lambda+\lambda+\lambda)=\frac{\lambda}{4}$$

由于 $D(T_3)<D(T_1)$,故统计量 T_3 比 T_1 更有效.

说明:本题中的统计量 T_3 就是样本均值 $\overline{X}$. 这里的样本均值 $\overline{X}$ 具有无偏性,并且比其他无偏估计量更有效. 样本均值 $\overline{X}$ 的"优越性"可见一斑. 这个题目也再次说明我们习惯使用样本均值 $\overline{X}=T_3=\frac{1}{4}(X_1+X_2+X_3+X_4)$ 来估计全班同学的平均成绩,而不是使用 $T_1=\frac{1}{6}(X_1+X_2)+\frac{1}{3}(X_3+X_4)$、$T_2=\frac{1}{5}(X_1+2X_2+3X_3+4X_4)$ 等其他估计量的原因.

典型题 7.12［**2021，Ⅰ & Ⅲ**］

设 $(X_1,Y_1),(X_2,Y_2),\cdots,(X_n,Y_n)$ 为来自总体 $N(\mu_1,\mu_2;\sigma_1^2,\sigma_2^2;\rho)$ 的简单随机样本. 令 $\theta=\mu_1-\mu_2$，$\overline{X}=\dfrac{1}{n}\sum\limits_{i=1}^{n}X_i$，$\overline{Y}=\dfrac{1}{n}\sum\limits_{i=1}^{n}Y_i$，$\hat{\theta}=\overline{X}-\overline{Y}$，则 _____.

A. $\hat{\theta}$ 是 θ 的无偏估计，$D(\hat{\theta})=\dfrac{\sigma_1^2+\sigma_2^2}{n}$

B. $\hat{\theta}$ 不是 θ 的无偏估计，$D(\hat{\theta})=\dfrac{\sigma_1^2+\sigma_2^2}{n}$

C. $\hat{\theta}$ 是 θ 的无偏估计，$D(\hat{\theta})=\dfrac{\sigma_1^2+\sigma_2^2-2\rho\sigma_1\sigma_2}{n}$

D. $\hat{\theta}$ 不是 θ 的无偏估计，$D(\hat{\theta})=\dfrac{\sigma_1^2+\sigma_2^2-2\rho\sigma_1\sigma_2}{n}$

说明：在**数学Ⅲ**的相应题目中，题干不变，选项中的"$\hat{\theta}$ 是 θ 的无偏估计"和"$\hat{\theta}$ 不是 θ 的无偏估计"分别替换为"$E(\hat{\theta})=\theta$"和"$E(\hat{\theta})\neq\theta$".

解答 (1) 说明：要判断 $\hat{\theta}$ 是不是 θ 的无偏估计，关键在于计算 $E(\hat{\theta})$.

由简单随机样本的概念可知 $(X_1,Y_1),(X_2,Y_2),\cdots,(X_n,Y_n)$ 相互独立，且均服从二维正态分布 $N(\mu_1,\mu_2;\sigma_1^2,\sigma_2^2;\rho)$，因此

$$E(\hat{\theta})=E(\overline{X}-\overline{Y})=E(\overline{X})-E(\overline{Y})=E(X)-E(Y)=\mu_1-\mu_2=\theta$$

故 $\hat{\theta}$ 是 θ 的无偏估计.

(2) 计算 $D(\hat{\theta})=D(\overline{X}-\overline{Y})$. 有三种常见的思路. 思路①：当随机变量 X 与 Y 相互独立时，有 $D(X\pm Y)=D(X)+D(Y)$. 但本题中 X 与 Y 的相关系数 ρ 不一定等于 0，可见 $\overline{X}$ 与 $\overline{Y}$ 不一定相互独立. 不能直接拆开为"方差的和". 思路②：$D(\overline{X}-\overline{Y})=D(\overline{X})+D(\overline{Y})-2\mathrm{Cov}(\overline{X},\overline{Y})$. 容易算得 $D(\overline{X})=\dfrac{D(X)}{n}$ 和 $D(\overline{Y})=\dfrac{D(Y)}{n}$，但 $\mathrm{Cov}(\overline{X},\overline{Y})$ 的计算比较困难. 因为题目中仅给出了"X 与 Y 的相关系数 ρ"，没有给出"$\overline{X}$ 与 $\overline{Y}$ 的相关系数". 思路③：充分挖掘题目中的"独立性". 虽然 X 与 Y 没有独立性，但由于 $(X_1,Y_1),(X_2,Y_2),\cdots,(X_n,Y_n)$ 是简单随机样本，故 X_i 与 X_j 独立、Y_i 与 Y_j 独立. 进而，它们的函数 X_i-Y_i 与 X_j-Y_j 独立. 下面采用这种思路解决问题.

由 $(X_1,Y_1),(X_2,Y_2),\cdots,(X_n,Y_n)$ 相互独立，知 $X_1-Y_1,X_2-Y_2,\cdots,X_n-Y_n$ 相互独立. 故 $D(\hat{\theta})=D(\overline{X}-\overline{Y})=D\left(\dfrac{1}{n}\sum\limits_{i=1}^{n}X_i-\dfrac{1}{n}\sum\limits_{i=1}^{n}Y_i\right)=\dfrac{1}{n^2}D\left(\sum\limits_{i=1}^{n}(X_i-Y_i)\right)=\dfrac{1}{n}D(X-Y)$.

又由于 $(X,Y)\sim N(\mu_1,\mu_2;\sigma_1^2,\sigma_2^2;\rho)$，故

$$D(X-Y)=D(X)+D(Y)-2\mathrm{Cov}(X,Y)$$
$$=D(X)+D(Y)-2\rho\sqrt{D(X)}\sqrt{D(Y)}=\sigma_1^2+\sigma_2^2-2\rho\sigma_1\sigma_2$$

因此 $D(\hat{\theta})=\dfrac{\sigma_1^2+\sigma_2^2-2\rho\sigma_1\sigma_2}{n}$.

答案 C

典型题 7.13

设 $\hat{\theta}$ 是参数 θ 的无偏估计,且有 $D(\hat{\theta})>0$,则 $\hat{\theta}^2$ 是否是参数 θ^2 的无偏估计? _____.

解答　说明:千万不要"凭直觉"猜答案,根据无偏估计的定义,可以很容易地得到正确结论.

由题意,$E(\hat{\theta})=\theta$. 又有 $D(\hat{\theta})>0$,故 $E(\hat{\theta}^2)=D(\hat{\theta})+E(\hat{\theta})^2=D(\hat{\theta})+\theta^2>\theta^2$.

根据无偏估计的定义可知,$\hat{\theta}^2$ 不是参数 θ^2 的无偏估计.

答案　不是

7.7　小题大做:串联并联电路

本节包含四个递进的典型题,它们是以下知识点的综合应用:

(1) 常见分布:指数分布.

(2) 两个随机变量的函数的分布:$\min(X,Y)$、$\max(X,Y)$、$X+Y$.

(3) 数字特征的计算.

(4) 估计量的评选标准.

(5) 学以致用:用数学工具解决具有应用背景的随机问题.

特别地,在后三道典型题中,要充分利用概率统计的性质化简计算.

典型题 7.14

设系统 L 由两个相互独立的子系统 L_1 和 L_2 连接而成,连接的方式分别为串联、并联、备用(当系统 L_1 损坏时,系统 L_2 开始工作),如图 7.4 所示.

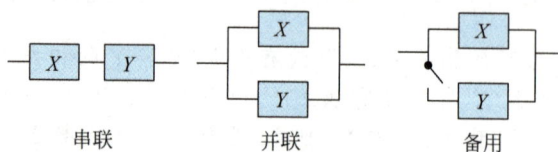

串联　　　　　并联　　　　　备用

图 7.4　三种常见的电路连接方式

设 L_1 和 L_2 的寿命分别为 X 和 Y,它们分别服从期望为 $\dfrac{1}{\alpha}$ 和 $\dfrac{1}{\beta}$ 的指数分布,其中 $\alpha>0,\beta>0$ 且 $\alpha\neq\beta$.试分别就以上三种连接方式写出寿命的概率密度.

分析:(1) 最值函数 $\max\{X,Y\}$ 和 $\min\{X,Y\}$ 的性质,详见 4.7.2 节.特别地,本题研究串联和并联系统寿命时,需要用到"分布函数法",详见 4.3.3 节.用分布函数法计算连续型随机变量的概率密度函数,分两步:①确定分布函数;②对分布函数求导得概率密度函数.

(2) 本题研究备用系统寿命也就是和函数 $X+Y$ 的概率密度函数时,可以使用"分布函数法"或"卷积公式法",这里使用后者.

解答 由指数分布的定义可知,随机变量 X 的概率密度和分布函数分别为

$$f_X(x) = \begin{cases} \alpha\mathrm{e}^{-\alpha x}, & x > 0 \\ 0, & \text{其他} \end{cases}, \quad F_X(x) = \begin{cases} 1-\mathrm{e}^{-\alpha x}, & x > 0 \\ 0, & \text{其他} \end{cases}$$

随机变量 Y 的概率密度和分布函数分别为

$$f_Y(y) = \begin{cases} \beta\mathrm{e}^{-\beta y}, & y > 0 \\ 0, & \text{其他} \end{cases}, \quad F_Y(y) = \begin{cases} 1-\mathrm{e}^{-\beta y}, & y > 0 \\ 0, & \text{其他} \end{cases}$$

（1）串联系统

此系统 L 的寿命为 $Z = \min\{X, Y\}$,于是分布函数为

$$F_{\min}(z) = 1 - [1 - F_X(z)] \cdot [1 - F_Y(z)] = \begin{cases} 1 - \mathrm{e}^{-(\alpha+\beta)z}, & z > 0 \\ 0, & \text{其他} \end{cases}$$

因此 $Z = \min\{X, Y\}$ 的概率密度函数为

$$f_{\min}(z) = F'_{\min}(z) = \begin{cases} (\alpha+\beta)\mathrm{e}^{-(\alpha+\beta)z}, & z > 0 \\ 0, & \text{其他} \end{cases}$$

注意到,$Z = \min\{X, Y\}$ 服从参数为 $\lambda = \alpha+\beta$ 的指数分布.

（2）并联系统

此系统 L 的寿命为 $Z = \max\{X, Y\}$,于是分布函数为

$$F_{\max}(z) = F_X(z)F_Y(z) = \begin{cases} (1 - \mathrm{e}^{-\alpha z})(1 - \mathrm{e}^{-\beta z}), & z > 0 \\ 0, & \text{其他} \end{cases}$$

因此 $Z = \max\{X, Y\}$ 的概率密度函数为

$$f_{\max}(z) = F'_{\max}(z) = \begin{cases} \alpha\mathrm{e}^{-\alpha z} + \beta\mathrm{e}^{-\beta z} - (\alpha+\beta)\mathrm{e}^{-(\alpha+\beta)z}, & z > 0 \\ 0, & \text{其他} \end{cases}$$

（3）备用系统

此系统 L 的寿命为 $Z = X+Y$. 由卷积公式,$f_Z(z) = \int_{-\infty}^{+\infty} f_X(x)f_Y(z-x)\mathrm{d}x$.

当 $z \leqslant 0$ 时,$f_Z(z) = 0$;

当 $z > 0$ 时,$f_Z(z) = \int_0^z \alpha\mathrm{e}^{-\alpha x} \cdot \beta\mathrm{e}^{-\beta(z-x)}\mathrm{d}x = \alpha\beta\mathrm{e}^{-\beta z}\int_0^z \mathrm{e}^{-(\alpha-\beta)x}\mathrm{d}x = \dfrac{\alpha\beta}{\beta-\alpha}(\mathrm{e}^{-\alpha z} - \mathrm{e}^{-\beta z})$.

因此 $Z = X+Y$ 的概率密度函数为

$$f_Z(z) = \begin{cases} \dfrac{\alpha\beta}{\beta-\alpha}(\mathrm{e}^{-\alpha z} - \mathrm{e}^{-\beta z}), & z > 0 \\ 0, & \text{其他} \end{cases}$$

说明：注意到,$\alpha \neq \beta$ 的条件仅在 $Z = X+Y$ 的时候是必要的. 因此,对于 $Z = \min\{X, Y\}$ 和 $Z = \max\{X, Y\}$,当 X 和 Y 独立同期望为 $\dfrac{1}{\lambda}$ 的指数分布时,可以得到更简洁的结论.

（1）当 $Z = \min\{X, Y\}$ 时,$f_{\min}(z) = \begin{cases} 2\lambda\mathrm{e}^{-2\lambda z}, & z > 0 \\ 0, & \text{其他} \end{cases}$,$E(Z) = \dfrac{1}{2\lambda}$.

(2) 当 $Z=\min\{X_1,X_2,\cdots,X_n\}$ 时，$f_{\min}(z)=\begin{cases}n\lambda\mathrm{e}^{-n\lambda z}, & z>0\\0, & \text{其他}\end{cases},E(Z)=\dfrac{1}{n\lambda}.$

记一记：n 个独立同参数为 λ 的指数分布的随机变量的最小值服从参数为 $n\lambda$ 的指数分布.

(3) 当 $Z=\max\{X,Y\}$ 时，$f_{\max}(z)=\begin{cases}2\lambda\mathrm{e}^{-\lambda z}(1-\mathrm{e}^{-\lambda z}), & z>0\\0, & \text{其他}\end{cases},E(Z)=\dfrac{3}{2\lambda}.$

说明：这个结论可以利用 $\max\{X,Y\}+\min\{X,Y\}=X+Y$ 快速得到.

典型题 7.15

设系统 L 由 n 个相互独立的子系统 $L_i(i=1,2,\cdots,n)$ 串联而成. 其中子系统 L_i 的寿命为 $X_i(i=1,2,\cdots,n)$，均服从参数为 $\lambda\left(\text{期望为}\dfrac{1}{\lambda}\right)$ 的指数分布，其中 $\lambda>0$. 求系统 L 的寿命 Z 的数学期望.

解答   寿命 $X_i(i=1,2,\cdots,n)$ 服从参数为 λ 的指数分布，则系统 L 的寿命 Z 服从参数为 $n\lambda$ 的指数分布.

由指数分布的数学期望可知 $E(Z)=\dfrac{1}{n\lambda}.$

口诀：串联使寿命缩短.

典型题 7.16

随机变量 $X\sim Exp(\lambda),Y\sim Exp(\lambda)$，且相互独立. 求 $M=\max\{X,Y\}$ 的概率密度和数学期望.

解答   记 $Z=\min\{X,Y\}$，则由指数分布随机变量最小值函数的性质知 $Z\sim Exp(2\lambda)$，

$f_{\min}(z)=\begin{cases}2\lambda\mathrm{e}^{-2\lambda z}, & z>0\\0, & \text{其他}\end{cases},E(Z)=\dfrac{1}{2\lambda}.$

由于 $\max\{X,Y\}+\min\{X,Y\}=X+Y$，故：

(1) 当 $z\leqslant0$ 时，$f_{\max}(z)=0$；

(2) 当 $z>0$ 时，

$f_{\max}(z)=f_X(z)+f_Y(z)-f_{\min}(z)=\lambda\mathrm{e}^{-\lambda z}+\lambda\mathrm{e}^{-\lambda z}-2\lambda\mathrm{e}^{-2\lambda z}=2\lambda\mathrm{e}^{-\lambda z}(1-\mathrm{e}^{-\lambda z})$

因此 $M=\max\{X,Y\}$ 的概率密度为

$$f_{\max}(z)=\begin{cases}2\lambda\mathrm{e}^{-\lambda z}(1-\mathrm{e}^{-\lambda z}), & z>0\\0, & \text{其他}\end{cases}$$

进一步地，有

$$E(\max\{X,Y\}+\min\{X,Y\})=E(X+Y)=E(X)+E(Y)$$

故 $E(M)=2E(X)-E(Z)=\dfrac{2}{\lambda}-\dfrac{1}{2\lambda}=\dfrac{3}{2\lambda}.$

说明：本题充分利用概率的性质（指数分布和最值函数）快速得到结果，也可以直接积分计算.

典型题 7.17

设总体 X 服从参数为 λ 的指数分布，其中 $\lambda > 0$ 未知. $X_1, X_2, \cdots, X_n$ 是取自总体 X 的一个样本. 试证明：

(1) 统计量 $\overline{X}$ 和 $nZ = n\min\{X_1, X_2, \cdots, X_n\}$ 都是 $\dfrac{1}{\lambda}$ 的无偏估计量.

(2) 当 $n > 1$ 时，$\overline{X}$ 比 $nZ = n\min\{X_1, X_2, \cdots, X_n\}$ 更有效.

解答 (1) 由于 $E(\overline{X}) = E(X) = \dfrac{1}{\lambda}$，故 $\overline{X}$ 是 $\dfrac{1}{\lambda}$ 的无偏估计量.

又由于 $\min\{X_1, X_2, \cdots, X_n\}$ 服从参数为 $n\lambda$ 的指数分布，期望为 $E(Z) = \dfrac{1}{n\lambda}$，故

$$E(nZ) = nE(\min\{X_1, X_2, \cdots, X_n\}) = \frac{1}{\lambda}$$

可见，$nZ = n\min\{X_1, X_2, \cdots, X_n\}$ 也是 $\dfrac{1}{\lambda}$ 的无偏估计量.

(2) 当 $n > 1$ 时，$D(\overline{X}) = \dfrac{D(X)}{n} = \dfrac{1}{n} \cdot \left(\dfrac{1}{\lambda}\right)^2 = \dfrac{1}{n\lambda^2}$.

另有，$D(nZ) = n^2 D(\min\{X_1, X_2, \cdots, X_n\}) = n^2 \cdot \left(\dfrac{1}{n\lambda}\right)^2 = \dfrac{1}{\lambda^2}$.

由于 $D(\overline{X}) < D(nZ)$，故 $\overline{X}$ 比 $nZ = n\min\{X_1, X_2, \cdots, X_n\}$ 更有效.

说明：本题再次展示了样本均值 $\overline{X}$ 的"优越性".

习题

习题 7.1[2006，Ⅰ & Ⅲ] 设总体 X 的概率密度为 $f(x;\theta) = \begin{cases} \theta, & 0 < x < 1 \\ 1-\theta, & 1 \leqslant x < 2 \\ 0, & 其他 \end{cases}$ 其中 θ 是未知参数，

$0 < \theta < 1$. $X_1, X_2, \cdots, X_n$ 为来自总体 X 的简单随机样本，记 N 为样本值 $x_1, x_2, \cdots, x_n$ 中小于 1 的个数. 求：

(1) 参数 θ 的矩估计；

(2) 参数 θ 的最大似然估计.

习题 7.2[2020，Ⅰ & Ⅲ] 设某种元件的使用寿命 T 的分布函数为 $F(t) = \begin{cases} 1 - \mathrm{e}^{-\left(\frac{t}{\theta}\right)^m}, & t \geqslant 0 \\ 0, & 其他 \end{cases}$. 其中

θ, m 为参数且大于零.

(1) 求概率 $P\{T > t\}$ 与 $P\{T > s+t \mid T > s\}$，其中 $s > 0, t > 0$.

（2）任取 n 个这种元件做寿命测试，测得它们的寿命分别为 $t_1,t_2,\cdots,t_n$. 若 m 已知，求 θ 的最大似然估计值 $\hat{\theta}$.

习题 7.3〔2019，Ⅰ & Ⅲ〕　设总体 X 的概率密度为 $f(x;\sigma^2)=\begin{cases}\dfrac{A}{\sigma}\mathrm{e}^{-\frac{(x-\mu)^2}{2\sigma^2}}, & x\geqslant\mu \\ 0, & x<\mu\end{cases}$，其中 μ 是已知参数，$\sigma>0$ 是未知参数，A 是常数. $X_1,X_2,\cdots,X_n$ 是来自总体 X 的简单随机样本.

（1）求 A；

（2）求 σ^2 的最大似然估计量.

习题 7.4〔2022，Ⅰ & Ⅲ〕　设 $X_1,X_2,\cdots,X_n$ 为来自均值为 θ 的指数分布总体的简单随机样本，Y_1，$Y_2,\cdots,Y_m$ 为来自均值为 2θ 的指数分布总体的简单随机样本，且两样本相互独立，其中 $\theta(\theta>0)$ 是未知参数. 利用样本 $X_1,X_2,\cdots,X_n,Y_1,Y_2,\cdots,Y_m$ 求 θ 的最大似然估计量 $\hat{\theta}$，并求 $D(\hat{\theta})$.

习题 7.5〔2016，Ⅰ & Ⅲ〕　设总体 X 的概率密度为 $f(x;\theta)=\begin{cases}\dfrac{3x^2}{\theta^3}, & 0<x<\theta \\ 0, & \text{其他}\end{cases}$，其中 $\theta\in(0,+\infty)$ 为未知参数，X_1,X_2,X_3 为来自总体 X 的简单随机样本，令 $T=\max\{X_1,X_2,X_3\}$.

（1）求 T 的概率密度.

（2）**数学Ⅰ的问法**：确定 a，使得 aT 为 θ 的无偏估计.

　　数学Ⅲ的问法：确定 a，使得 $E(aT)=\theta$.

拓展阅读：数理统计的应用——德国坦克问题

第二次世界大战期间，盟军想知道德军每月生产多少台某新型坦克. 有两种方式得到这个数据：情报搜集和统计推断."二战"结束后，盟军对照德军的坦克生产记录，发现统计推断的结论与事实更加符合（表 7.5）. 你想知道统计学家是怎么作出推断的吗？下面仅针对其中的数学问题给出分析. 在研究问题时，我们经常需要采用多种方法、相互佐证，以提高结论的准确率.

表 7.5　德国坦克问题的数据

时　间	统计推断	情报搜集	实际数量
1940 年 6 月	169	1 000	122
1941 年 6 月	244	1 550	271
1942 年 8 月	327	1 550	342

根据德国人严谨的天性，统计学家假设德军会按照生产顺序，将某月生产的 θ 台坦克依次编号为 $1,2,\cdots,\theta$. 盟军共缴获其中的 n 台，最大编号为 M. 下面采用三种思路给出参数 θ 的点估计. 思路 1：近似地认为，这 n 台坦克的编号相互独立且服从均匀分布 $U(0,\theta)$. 然后直接运用均匀分布的矩估计和最大似然估计的结论. 这种思路相当于认为缴获坦克是有放回的抽样. 这显然不符合实际情况. 思路 2：严格按照无放回抽样，给出参数 θ 的点估计. 思路 3：尝试还原"二战"期间统计学家的估计方法.

思路1：有放回抽样

假设德军某月生产坦克 θ 台，盟军共缴获其中的 n 台，这 n 台坦克的编号 $x_1,x_2,\cdots,x_n$ 是来自均匀总体 $U(0,\theta]$ 的简单随机样本。试给出参数 θ 的估计量。特别地，若盟军缴获了 5 台该月生产的坦克，编号分别为 $34,78,125,183,205$，试给出参数 θ 的估计值。

(1) 矩估计量

根据典型题 $7.6(1)$，均匀总体 $U(0,\theta]$ 的参数 θ 的矩估计量为 $\hat{\theta}=2\overline{X}$。代入数据得该月德军坦克制造总量 θ 的矩估计值为 $2\times\dfrac{34+78+125+183+205}{5}$ 台 $=250$ 台。

进一步地，$E(\hat{\theta})=\theta$。故 $\hat{\theta}=2\overline{X}$ 是参数 θ 的无偏估计。

然而，矩估计量 $\hat{\theta}=2\overline{X}$ 存在一个重大缺陷。如果将上述第四个编号由 183 改为 68，则制造总量的矩估计值为 204。它小于缴获坦克的最大编号 205，让人难以接受。

(2) 最大似然估计量

根据典型题 $7.6(2)$，均匀总体 $U(0,\theta]$ 的参数 θ 的最大似然估计量为 $\hat{\theta}=\max\{X_1,X_2,\cdots,X_n\}$。代入数据得参数 θ 的最大似然估计值为 $\hat{\theta}=\max\{34,78,125,183,205\}$ 台 $=205$ 台。

然而，最大似然估计量 $\hat{\theta}=\max\{X_1,X_2,\cdots,X_n\}$ 也存在一个缺陷：它不是参数 θ 的无偏估计。根据典型题 $7.6(4)$，参数 θ 的无偏最大似然估计量为 $\hat{\theta}_2=\dfrac{n+1}{n}\max\{X_1,X_2,\cdots,X_n\}$。代入数据得参数 θ 的无偏最大似然估计值为 $\hat{\theta}_2=\dfrac{5+1}{5}\max\{34,78,125,183,205\}$ 台 $=246$ 台。

思路2：无放回抽样[选学]

假设德军某月生产坦克 θ 台，盟军共缴获其中的 n 台，最大编号为 M。试给出参数 θ 的估计量。特别地，若盟军缴获了 5 台该月生产的坦克，编号分别为 $34,78,125,183,205$，试给出参数 θ 的无偏估计值。计算过程比较烦琐，下面逐步证明结论：参数 θ 的无偏估计量为 $\hat{\theta}_3=\dfrac{n+1}{n}M-1$。

第1步：运用古典概型计算 $P\{M=x\}$。

对于 $\forall x,n\leqslant x\leqslant\theta$ 有

$$P\{M=x\}\xlongequal{\text{等式1}}\frac{C_{x-1}^{n-1}}{C_{\theta}^{n}}=\frac{(x-1)!}{(n-1)!(x-n)!}\div\frac{\theta!}{n!(\theta-n)!}$$

$$=\frac{n(x-1)!}{(x-n)!}\cdot\frac{(\theta-n)!}{\theta!}$$

其中，等式 1 运用古典概型（古典型概率）计算 $P\{M=x\}$，即"最大编号 $M=x$ 的概率"。分母是总的样本点数，等于 C_{θ}^{n}：从 θ 台坦克中选出 n 台。分子是满足条件"$M=x$"的样本点数，等于 C_{x-1}^{n-1}：从前 $x-1$ 台坦克中选出 $n-1$ 台。

第 2 步：运用数学期望的定义计算 $E(M)$.

$$E(M) = \sum_{x=n}^{\theta} x \cdot P\{M = x\} = \sum_{x=n}^{\theta} x \cdot \frac{n(x-1)!}{(x-n)!} \cdot \frac{(\theta-n)!}{\theta!}$$

$$= \frac{n(\theta-n)!\,n!}{\theta!} \sum_{x=n}^{\theta} \frac{x!}{n!(x-n)!}$$

可见，关键是计算 $\displaystyle\sum_{x=n}^{\theta} \frac{x!}{n!(x-n)!} = \sum_{x=n}^{\theta} C_x^n$.

第 3 步：计算 $\displaystyle\sum_{x=n}^{\theta} C_x^n$.

根据

$$\sum_{x=n}^{\theta} C_x^n = C_n^n + \qquad C_{n+1}^n + \qquad C_{n+2}^n + \cdots + \qquad C_{\theta}^n$$

$$\|\qquad\qquad \|\qquad\qquad \|$$

$$C_n^n(\text{不取 } n+1) \qquad C_{n+1}^n \qquad\qquad C_{\theta-1}^n(\text{不取 } \theta) \Leftarrow \text{第 1 行}$$

$$+\qquad\qquad\quad + \qquad\qquad\qquad +$$

$$C_n^{n-1}(\text{取 } n+1) \qquad C_{n+1}^{n-1} \qquad\qquad C_{\theta-1}^{n-1}(\text{取 } \theta) \Leftarrow \text{第 2 行}$$

得到递推关系

$$\sum_{x=n}^{\theta} C_x^n = C_n^n + \sum_{x=n}^{\theta-1} C_x^n + \sum_{x=n}^{\theta-1} C_x^{n-1}$$

第 1 行求和   第 2 行求和

$$= C_n^n + \left(\sum_{x=n}^{\theta} C_x^n - C_{\theta}^n\right) + \left(\sum_{x=n-1}^{\theta} C_x^{n-1} - C_{\theta}^{n-1} - C_{n-1}^{n-1}\right)$$

故，$\displaystyle\sum_{x=n-1}^{\theta} C_x^{n-1} = C_{\theta}^n + C_{\theta}^{n-1} = C_{\theta+1}^n$. 这意味着 $\displaystyle\sum_{x=n}^{\theta} C_x^n = C_{\theta+1}^{n+1} = \frac{(\theta+1)!}{(n+1)!(\theta-n)!}$.

第 4 步：代入第 2 步的公式，得到 $E(M)$.

根据第 2 步和第 3 步得

$$E(M) = \frac{n(\theta-n)!\,n!}{\theta!} \sum_{x=n}^{\theta} C_x^n = \frac{n(\theta-n)!\,n!}{\theta!} \cdot \frac{(\theta+1)!}{(n+1)!(\theta-n)!} = \frac{n}{n+1}(\theta+1).$$

可见，参数 θ 的无偏估计量为 $\hat{\theta}_3 = \frac{n+1}{n} M - 1$.

第 5 步：估计值.

若盟军缴获了 5 台该月生产的坦克，编号分别为 $34, 78, 125, 183, 205$，则参数 θ 的无偏估计值为 $\hat{\theta}_3 = \frac{n+1}{n} \max\{X_1, X_2, \cdots, X_n\} - 1 = \left(\frac{5+1}{5} \max\{34, 78, 125, 183, 205\} - 1\right)$台 $=$ $(246-1)$台 $= 245$ 台.

思路 3："二战"期间统计学家的估计方法[选学]

据说"二战"期间的统计学家采用了一种非常巧妙的估计方法. 该方法的计算量不大，有些步骤稍显不够严谨，但结论却与前文的估计量 $\hat{\theta}_3 = \frac{n+1}{n} \max\{X_1, X_2, \cdots, X_n\} - 1$ 几乎一致.统计学家将被缴获的 n 台坦克的编号 $x_1,x_2,\cdots,x_n$ 看成在序列 $0,1,\cdots,\theta$ 中随机抽取，$x_1<x_2<\cdots<x_n=M$. 可以认为这些数"均匀"地分布在序列中，因此每两个数之间的平均距离为 $\dfrac{\theta}{n+1}$. 另一方面，不妨记 $x_0=0$，则 $x_1,x_2,\cdots,x_n$ 之间的平均距离可以表示为

$$\frac{1}{n}\sum_{i=1}^{n}(x_i-x_{i-1})=\frac{x_n}{n}=\frac{M}{n}.$$ 从而有 $\dfrac{\theta}{n+1}\approx\dfrac{M}{n}$，即 $\theta\approx\dfrac{n+1}{n}M$. 可见，参数 θ 的无偏估计量

为 $\hat{\theta}_4=\dfrac{n+1}{n}M=\dfrac{n+1}{n}\max\{X_1,X_2,\cdots,X_n\}$.

第 8 章

区间估计和假设检验

8.1　概述

本节通过四道相互关联的题目,展示区间估计(双侧置信区间、单侧置信限)和假设检验(双边检验、单边检验)的解题思路及相关技巧.其中,第(3)小问是 1998 年的考研真题,其他题目根据它改编,以便展示四类问题的区别与联系.

-引例 8.1-　设考生的某次考试成绩服从正态分布 $X \sim N(\mu, \sigma^2)$,从中任取 36 位考生的成绩.其平均成绩为 66.5 分,标准差为 15 分.试求:

　　(1) 平均成绩 μ 的置信度为 $1-\alpha=0.95$ 的双侧置信区间.　　——双侧置信区间

　　(2) 平均成绩 μ 的置信度为 $1-\alpha=0.95$ 的单侧置信下限.　　——单侧置信限

　　(3) 在 $\alpha=0.05$ 的显著性水平下,可否认为全体考生这次考试的平均成绩为 70 分?给出检验过程.　　——双边检验

　　(4) 在 $\alpha=0.05$ 的显著性水平下,可否认为全体考生这次考试的平均成绩显著低于 70 分?给出检验过程.　　——单边检验

　　说明:在题目解答过程中,可能需要用到以下 t 分布分位数:$t_{0.025}(35)=2.030\,1$,$t_{0.025}(36)=2.028\,1$,$t_{0.05}(35)=1.689\,6$,$t_{0.05}(36)=1.688\,3$.

8.1.1　使用枢轴量法进行区间估计的解题思路

表 8.1 左栏展示了某些习题集中关于置信区间问题的参考答案,仅包含两步:①写出置信区间公式;②代入数据.看起来非常简洁,却把最困难的问题"写出正确的置信区间公式"留给了学生.甚至告诉学生"你只需要记住公式就可以了".事实上,常用的区间估计和假设检验有近 40 种情况,直接记住这么多公式非常困难.如果你也有"记不住、记不牢"的困扰,本章的学习将为你提供帮助.表 8.1 右栏展示了本书推荐的解题思路.这些简单的推导思路在各种应用场景中基本一致,所以,学生只需掌握一种推导思路,就能够免于记忆近 40 个公式的痛苦,并能够更好地适应灵活创新、学以致用的命题趋势.

使用枢轴量法进行区间估计的解题思路分为三个步骤:

（1）根据应用场景选择枢轴量；

（2）由枢轴量推出置信区间公式；

（3）将数据代入公式,得到置信区间.

表 8.1 置信区间问题参考答案的两种写法

某些习题集的参考答案	本书的参考答案
-引例- 设考生的某次考试成绩服从正态分布 $X \sim N(\mu, \sigma^2)$,从中任取 36 位考生的成绩.其平均成绩为 66.5 分,标准差为 15 分.试求:平均成绩 μ 的置信度为 $1-\alpha=0.95$ 的置信区间.	
	解答:（1）根据应用场景选择枢轴量 枢轴量为 $\dfrac{\overline{X}-\mu}{S/\sqrt{n}} \sim t(n-1)$.
解答:σ^2 未知时,μ 的置信区间公式为 $\left(\overline{X}-\dfrac{S}{\sqrt{n}}t_{\alpha/2}(n-1), \overline{X}+\dfrac{S}{\sqrt{n}}t_{\alpha/2}(n-1)\right)$	（2）由枢轴量推出置信区间公式 $P\left\{-t_{\alpha/2}(n-1) < \dfrac{\overline{X}-\mu}{S/\sqrt{n}} < t_{\alpha/2}(n-1)\right\} = 1-\alpha$ $\overset{反解}{\Rightarrow} P\left\{\overline{X}-\dfrac{S}{\sqrt{n}}t_{\alpha/2}(n-1) < \mu < \overline{X}+\dfrac{S}{\sqrt{n}}t_{\alpha/2}(n-1)\right\} = 1-\alpha$ 故单个正态总体,σ^2 未知时,μ 的置信区间公式为 $\left(\overline{X}-\dfrac{S}{\sqrt{n}}t_{\alpha/2}(n-1), \overline{X}+\dfrac{S}{\sqrt{n}}t_{\alpha/2}(n-1)\right)$
又由于 $t_{\alpha/2}(n-1)=t_{0.025}(35)=2.0301$,故代入数据得:平均成绩 μ 的置信度为 $1-\alpha=0.95$ 的置信区间为 $(61.425, 71.575)$	（3）将数据代入公式,得到置信区间 又由于 $t_{\alpha/2}(n-1)=t_{0.025}(35)=2.0301$,故代入数据得:平均成绩 μ 的置信度为 $1-\alpha=0.95$ 的置信区间为 $(61.425, 71.575)$

8.1.2 区间估计和假设检验的核心公式

表 8.2 给出了区间估计和假设检验的核心公式.与本书中的其他众多表格一样,本表格也不推荐"死记硬背",而是希望大家在"理解原理"的基础上"尝试复现".你将发现,"理解加推导"的学习方法要比"死记硬背"高效得多.

表 8.2 区间估计和假设检验的核心公式

类别	待估参数（原假设 H_0）	其他参数	枢轴量(检验统计量)及其分布	置信区间	拒绝域
单个正态总体	μ（H_0:$\mu=\mu_0$）	σ^2 已知	$Z=\dfrac{\overline{X}-\mu}{\sigma/\sqrt{n}}$ （或 $\dfrac{\overline{X}-\mu_0}{\sigma/\sqrt{n}}$）$\sim N(0,1)$	$\left(\overline{X}\pm\dfrac{\sigma}{\sqrt{n}}z_{\alpha/2}\right)$	$\|Z\| \geqslant z_{\alpha/2}$
		σ^2 未知	$t=\dfrac{\overline{X}-\mu}{S/\sqrt{n}}$ （或 $\dfrac{\overline{X}-\mu_0}{S/\sqrt{n}}$）$\sim t(n-1)$	$\left(\overline{X}\pm\dfrac{S}{\sqrt{n}}t_{\alpha/2}(n-1)\right)$	$\|t\| \geqslant t_{\alpha/2}(n-1)$
	σ^2（H_0:$\sigma^2=\sigma_0^2$）	μ 未知	$\chi^2=\dfrac{(n-1)S^2}{\sigma^2}$ （或 $\dfrac{(n-1)S^2}{\sigma_0^2}$）$\sim \chi^2(n-1)$	$\left(\dfrac{(n-1)S^2}{\chi_{\alpha/2}^2(n-1)}, \dfrac{(n-1)S^2}{\chi_{1-\alpha/2}^2(n-1)}\right)$	$\chi^2 \geqslant \chi_{\alpha/2}^2(n-1)$ 或 $\chi^2 \leqslant \chi_{1-\alpha/2}^2(n-1)$
		μ 已知	不研究		

知识点微课程 8.1

知识点微课程 8.2

类别	待估参数（原假设 H_0）	其他参数	枢轴量（检验统计量）及其分布	置信区间	拒绝域
两个正态总体	$\mu_1-\mu_2$（H_0：$\mu_1-\mu_2=\delta$）	σ_1^2,σ_2^2 已知	$Z=\dfrac{(\bar{X}-\bar{Y})-(\mu_1-\mu_2)}{\sqrt{\dfrac{\sigma_1^2}{n_1}+\dfrac{\sigma_2^2}{n_2}}}$ $\left(\text{或}\dfrac{(\bar{X}-\bar{Y})-\delta}{\sqrt{\dfrac{\sigma_1^2}{n_1}+\dfrac{\sigma_2^2}{n_2}}}\right)\sim N(0,1)$	$\left((\bar{X}-\bar{Y})\pm z_{\alpha/2}\sqrt{\dfrac{\sigma_1^2}{n_1}+\dfrac{\sigma_2^2}{n_2}}\right)$	$\|Z\|\geqslant z_{\alpha/2}$
		$\sigma_1^2=\sigma_2^2=\sigma^2$ 未知	$t=\dfrac{(\bar{X}-\bar{Y})-(\mu_1-\mu_2)}{S_w\sqrt{\dfrac{1}{n_1}+\dfrac{1}{n_2}}}$ $\left(\text{或}\dfrac{(\bar{X}-\bar{Y})-\delta}{S_w\sqrt{\dfrac{1}{n_1}+\dfrac{1}{n_2}}}\right)\sim$ $t(n_1+n_2-2)$，其中 $S_w^2=\dfrac{(n_1-1)S_1^2+(n_2-1)S_2^2}{n_1+n_2-2}$，$S_w=\sqrt{S_w^2}$	$\left((\bar{X}-\bar{Y})\pm t_{\alpha/2}(n_1+n_2-2)\right.$ $\left.S_w\sqrt{\dfrac{1}{n_1}+\dfrac{1}{n_2}}\right)$	$\|t\|\geqslant t_{\alpha/2}(n_1+n_2-2)$
		$\sigma_1^2\neq\sigma_2^2$ 未知	不研究		
	σ_1^2/σ_2^2（H_0：$\sigma_1^2=\sigma_2^2$）	μ_1,μ_2 未知	$F=\dfrac{S_1^2/S_2^2}{\sigma_1^2/\sigma_2^2}\left(\text{或}\dfrac{S_1^2}{S_2^2}\right)\sim$ $F(n_1-1,n_2-1)$	$\left(\dfrac{S_1^2/S_2^2}{F_{\alpha/2}(n_1-1,n_2-1)},\right.$ $\left.\dfrac{S_1^2/S_2^2}{F_{1-\alpha/2}(n_1-1,n_2-1)}\right)$	$F\geqslant F_{\alpha/2}(n_1-1,n_2-1)$ 或 $F\leqslant F_{1-\alpha/2}(n_1-1,n_2-1)$
		μ_1,μ_2 已知	不研究		

　　表注：（1）区间估计和假设检验只适用于总体服从正态分布的情况. 根据涉及总体的个数，可以分为单个正态总体和两个正态总体.

　　（2）对于单个正态总体的区间估计问题. 由于单个正态总体 $N(\mu,\sigma^2)$ 包含 μ 和 σ^2 两个参数，因此可以分为"估计 μ"和"估计 σ^2"两种情况. 对于另一个参数，可以按照"是否已知"进一步分类研究. 对于两个正态总体的区间估计问题，通常需要研究两个正态总体 $N(\mu_1,\sigma_1^2)$ 和 $N(\mu_2,\sigma_2^2)$ 的差异. 因此可以分为"估计均值差 $\mu_1-\mu_2$"和"估计方差比 $\dfrac{\sigma_1^2}{\sigma_2^2}$"两种情况. 对于另一个参数，同样可以按照"是否已知"进一步分类研究. 这就是区间估计的六种常见"应用场景".

　　（3）区间估计的常用方法为"枢轴量法". 8.2.4 节通过不太严谨的简单推导给出六种常见"应用场景"的枢轴量及其分布，即表中第 4 列. 8.2.6 节由枢轴量推导六种应用场景下的双侧置信区间公式，即表中第 5 列. 采用类似的思路、经过简单的调整，可以得到六种应用场景下的单侧置信上限和单侧置信下限的 12 个公式，见 8.2.7 节.

（4）原假设 H_0 是假设检验中默认接受的假设.假设检验的常用方法为检验统计量法.只需将枢轴量简单变形,就能得到相同应用场景下的检验统计量,见 8.3.6 节和表中第 4 列.粗略地讲,①将原假设 H_0 中的等号信息代入枢轴量就得到相同应用场景下的检验统计量,分布不变,即表中第 4 列;②假设检验的接受域与置信区间基本相同,拒绝域是接受域的补集,即表中第 6 列.这就是六种应用场景下双边检验的拒绝域公式.采用类似的思路、经过简单的调整,可以得到六种应用场景下左边检验和右边检验的 12 个公式,见 8.3.7 节.进一步地,两个正态总体的假设检验又包含两个拓展问题:成对数据的假设检验和分两步假设检验,见 8.5 节.

8.1.3　本章的讲解思路

本章的讲解思路与大部分经典教材不同,见图 8.1,主要包含以下内容:

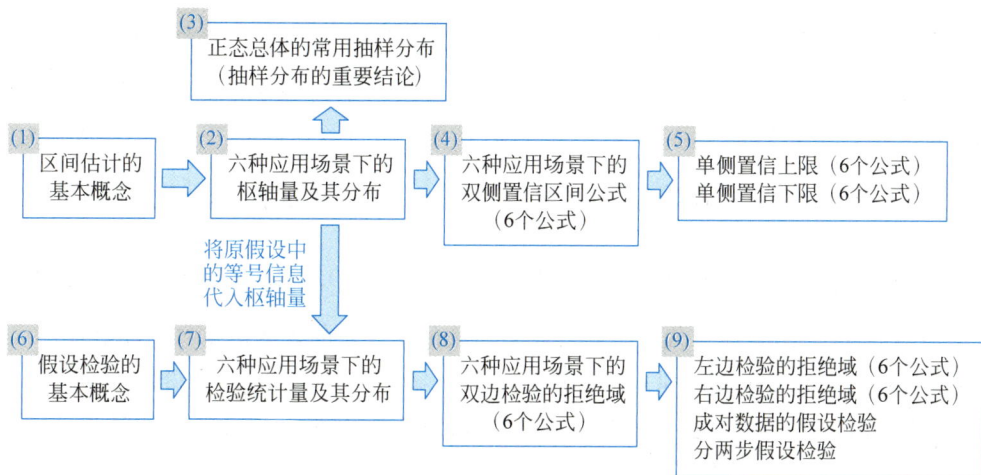

图 8.1　本章的讲解思路

图注:（1）区间估计的基本概念:置信区间、置信水平（置信度）等,见 8.2.2 节.

（2）置信区间的常用求解方法是"枢轴量法".8.2.4 节通过不太严谨的"推导"得到求解置信区间的重要工具——枢轴量,见表 8.1 第 4 列.

（3）六种应用场景下的枢轴量及其分布,在考研大纲中也称为"正态总体的常用抽样分布",本身就是重要的知识点和考点,见 8.2.5 节.

（4）由枢轴量推导六种应用场景下的双侧置信区间公式,见 8.2.6 节和表 8.1 第 5 列.

（5）由枢轴量推导六种应用场景下的单侧置信限公式,见 8.2.7 节.

（6）假设检验的基本概念:原假设 H_0 与备择假设 H_1、假设检验的两类错误等,见 8.3.1 节.

（7）将枢轴量简单变形得到假设检验的重要工具——检验统计量,见 8.3.6 节和表 8.1 第 4 列.粗略地讲,①将原假设 H_0 中的等号信息代入枢轴量就得到相同应用场景下的检验统计量,分布不变;②假设检验的接受域与置信区间基本相同,拒绝域是接受域的补集.

（8）由检验统计量推导六种应用场景下的拒绝域公式:双边与单边,见 8.3.7 节.

（9）拓展:成对数据的假设检验、分两步假设检验,见 8.5 节.

8.2　区间估计

参数估计包括点估计和区间估计,它们有什么区别呢? 粗略地讲,点估计旨在用一个统计量 $\hat{\theta}$(称为"点")估计总体分布中的未知参数 θ. 区间估计旨在用两个统计量 $\underline{\theta}$ 和 $\bar{\theta}$(组成"区间")估计总体分布中的未知参数 θ.

8.2.1　比较:点估计和区间估计

回顾第 4 章和第 6 章讲过的引例.

> **-引例 8.2-**　假设你参加了一次考试,在得知自己考了 82 分后,希望估计自己的成绩在班级中处于什么水平. 设本次考试成绩服从正态分布 $X \sim N(\mu, \sigma^2)$,你会怎样做呢?

思路 1:用一个统计量 $\hat{\mu}$ 估计参数 μ,这就是点估计. 通过第 7 章介绍的点估计方法可知估计量 $\hat{\mu} = \bar{X}$,它可以视为一个"公式". 例如,如果随机试验获得的三个同学的成绩为 63, 95,76,那么,参数 μ 的点估计值为 $\dfrac{63+95+76}{3} = 78$;如果随机试验获得的三个同学的成绩为 66,94,80,那么,参数 μ 的点估计值则为 $\dfrac{66+94+80}{3} = 80$. 可见,通过随机试验获得的样本观测值具有随机性,这使得代入公式 $\hat{\mu} = \bar{X}$ 得到的统计量的观测值也具有随机性.

思路 2:用两个统计量 $\underline{\mu}$ 和 $\bar{\mu}$ 组成置信区间 $(\underline{\mu}, \bar{\mu})$ 来估计参数 μ,使得每次随机试验得出的置信区间观测值 $(\underline{\mu}, \bar{\mu})$ 包含参数 μ 的真值的可能性不小于预先给定的概率 $1-\alpha$,即 $P\{\underline{\mu} < \mu < \bar{\mu}\} \geqslant 1-\alpha$,这就是区间估计. 与点估计类似,置信区间也可以视为一个"公式". 通过随机试验获得的样本观测值具有随机性,这使得代入公式 $(\underline{\mu}, \bar{\mu})$ 得到的置信区间的观测值也具有随机性. 例如,待估参数 μ 的置信区间为 $(\underline{\mu}, \bar{\mu}) = (\bar{X}-5, \bar{X}+5)$,真值为 $\mu_0 = 74$. 当随机试验得到样本均值 $\bar{X}$ 的观测值 $\bar{x} = 78$ 时,得到的置信区间 $(\bar{x}-5, \bar{x}+5) = (73, 83)$ 包含待估参数 μ 的真值 $\mu_0 = 74$;但当随机试验得到样本均值 $\bar{X}$ 的观测值 $\bar{x} = 80$ 时,得到的置信区间 $(\bar{x}-5, \bar{x}+5) = (75, 85)$ 不包含待估参数 μ 的真值.

进一步地,$P\{\underline{\mu} < \mu < \bar{\mu}\} \geqslant 1-\alpha$ 是什么意思呢? 若 $\alpha = 0.1$,则 1 000 组随机试验得到的 1 000 个置信区间观测值中,不包含未知参数 μ 真值的区间不超过 $1\,000\alpha = 100$ 个. 可见,相对点估计而言,区间估计的结论可以刻画估计值与参数真值的误差.

小结:相对区间估计而言,点估计的结论比较简单,但无法刻画每组观测值与参数 μ 的真值的误差有多大. 特别地,无法刻画估计的精度和可靠度(它们的概念详见 8.2.3 节).

8.2.2　概念:置信区间、置信下限、置信上限

(1) 设总体 X 的分布函数 $F(x; \theta)$ 含有一个未知参数 θ,$\theta \in \Theta$(Θ 是 θ 可能取值的范围),对于给定值 $\alpha\,(0 < \alpha < 1)$,若由来自 X 的样本 $X_1, X_2, \cdots, X_n$ 确定的两个统计量

$$\underline{\theta} = \underline{\theta}(X_1, X_2, \cdots, X_n) \quad \text{和} \quad \bar{\theta} = \bar{\theta}(X_1, X_2, \cdots, X_n), \quad \underline{\theta} < \bar{\theta}$$

对于任意 $\theta\in\Theta$ 满足 $P\{\underline{\theta}<\theta<\overline{\theta}\}\geqslant1-\alpha$,则称随机区间 $(\underline{\theta},\overline{\theta})$ 是 θ 的置信水平(置信度)为 $1-\alpha$ 的置信区间,$\underline{\theta}$ 和 $\overline{\theta}$ 分别称为置信水平为 $1-\alpha$ 的双侧置信区间的置信下限和置信上限.其中,置信水平 $1-\alpha$ 是大概率,通常取 $0.90,0.95,0.99$ 等.图 8.2 示出了置信区间的基本概念.

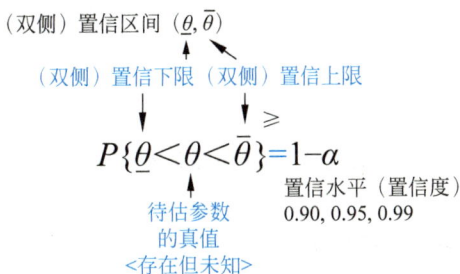

(双侧)置信区间 $(\underline{\theta},\overline{\theta})$

(双侧)置信下限 (双侧)置信上限

$$P\{\underline{\theta}<\theta<\overline{\theta}\}\overset{\geqslant}{=}1-\alpha$$

待估参数
的真值
<存在但未知>

置信水平(置信度)
0.90, 0.95, 0.99

图 8.2 置信区间的基本概念

(2)若由来自 X 的样本 $X_1,X_2,\cdots,X_n$ 确定的统计量 $\underline{\theta}=\underline{\theta}(X_1,X_2,\cdots,X_n)$ 对于任意 $\theta\in\Theta$ 满足 $P\{\theta>\underline{\theta}\}\geqslant1-\alpha$,则称随机区间 $(\underline{\theta},+\infty)$ 是 θ 的置信水平为 $1-\alpha$ 的单侧置信区间,$\underline{\theta}$ 称为 θ 的置信水平为 $1-\alpha$ 的单侧置信下限.

(3)若由来自 X 的样本 $X_1,X_2,\cdots,X_n$ 确定的统计量 $\overline{\theta}=\overline{\theta}(X_1,X_2,\cdots,X_n)$ 对于任意 $\theta\in\Theta$ 满足 $P\{\theta<\overline{\theta}\}\geqslant1-\alpha$,则称随机区间 $(-\infty,\overline{\theta})$ 是 θ 的置信水平为 $1-\alpha$ 的单侧置信区间,$\overline{\theta}$ 称为 θ 的置信水平为 $1-\alpha$ 的单侧置信上限.

8.2.3 精度和可靠度

如前所述,点估计无法反映可靠度(估计值落在真值附近的概率)和精度(估计值的误差范围)这两个问题,而区间估计可以反映,如图 8.3 所示.奈曼(Jerzy Neyman,1894—1981)原则指出:在区间估计时需要先保障给定的置信水平(置信度),再去寻找优良的精度.

置信水平(置信度)反映可靠度

$$P\{\underline{\theta}<\theta<\overline{\theta}\}=1-\alpha$$

置信区间的长度反映精度

图 8.3 精度和可靠度

8.2.4 枢轴量的诞生

区间估计的常用方法为"枢轴量法".本节通过不太严谨的简单推导给出六种常见"应用场景"的枢轴量及其分布.

1. 单个正态总体的三种枢轴量

我们可以通过不太严谨的推导,得到单个正态总体、三种应用场景下的枢轴量及其分布(图 8.4).

① 应用场景:σ^2 已知,估计 μ

首先,总体 X 服从正态分布,即 $X\sim N(\mu,\sigma^2)$.

然后,引入样本信息:样本均值. 由于样本均值 $\overline{X}=\dfrac{1}{n}\sum\limits_{i=1}^{n}X_i$ 是 n 个独立同分布随机变量的和函数(除以常数 n),且 $X_i\sim N(\mu,\sigma^2)$,故 $\overline{X}=\dfrac{1}{n}\sum\limits_{i=1}^{n}X_i$ 也服从正态分布. 这是分布类

知识点
微课程
8.3

$$X \sim N(\mu, \sigma^2)$$
$$\Rightarrow \overline{X} \sim N\left(\mu, \frac{\sigma^2}{n}\right)$$

① $\dfrac{\overline{X}-\mu}{\sigma/\sqrt{n}} \sim N(0,1)$ σ^2 已知，估计 μ

② $\dfrac{\overline{X}-\mu}{S/\sqrt{n}} \sim t(n-1)$ σ^2 未知，估计 μ

③ $\dfrac{(n-1)S^2}{\sigma^2} \sim \chi^2(n-1)$ 估计 σ^2

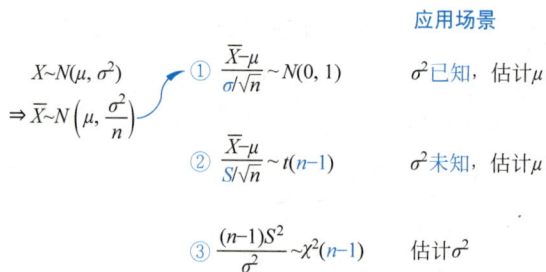

图 8.4 记一记：单个正态总体的三种枢轴量

型，再看参数取值. 第一个参数是期望 $E(\overline{X}) = E(X)$，第二个参数是方差 $D(\overline{X}) = \dfrac{D(X)}{n}$，即 $\overline{X} \sim N\left(\mu, \dfrac{\sigma^2}{n}\right)$.

最后，将服从一般正态分布的随机变量 $\overline{X}$ 标准化，得到服从标准正态分布的随机变量：$\dfrac{\overline{X}-\mu}{\sigma/\sqrt{n}} \sim N(0,1)$. 这个随机变量就是应用场景"$\sigma^2$ 已知，估计 μ"时的枢轴量. 这是因为当 σ^2 已知时，$\dfrac{\overline{X}-\mu}{\sigma/\sqrt{n}}$ 中仅包含唯一的未知参数 μ. 又由于 $\dfrac{\overline{X}-\mu}{\sigma/\sqrt{n}}$ 的分布已知，因此就可以像"解方程"一样"反解"出参数 μ 的置信区间. 我们将在下文展示这个"反解"的过程，即如何由"枢轴量的区间"推出"待估参数的置信区间".

② 应用场景：σ^2 未知，估计 μ

当 σ^2 未知时，随机变量 $\dfrac{\overline{X}-\mu}{\sigma/\sqrt{n}}$ 中包含两个未知参数. 用样本标准差 S 替换总体标准差 σ，得到随机变量 $\dfrac{\overline{X}-\mu}{S/\sqrt{n}}$，这就是应用场景"$\sigma^2$ 未知，估计 μ"时的枢轴量.

它服从什么分布呢？回顾第 3 章介绍的正态分布和统计学三大分布的典型模式：a. 正态分布：$\sum$ 一次项；b. χ^2 分布：$\sum$ 平方项；c. t 分布：$\dfrac{\text{一次项}}{\text{一次项}}$；d. F 分布：$\dfrac{\text{平方项}}{\text{平方项}}$. 粗略地讲，随机变量 $\dfrac{\overline{X}-\mu}{S/\sqrt{n}}$ 中，分子包含的随机变量 $\overline{X}$ 为标准正态分布的"一次项"；分母包含的随机变量 $S = \sqrt{S^2}$ 也是标准正态分布的"一次项". 因此，可以猜想 $\dfrac{\overline{X}-\mu}{S/\sqrt{n}}$ 服从 t 分布.

最后，六种枢轴量如果服从抽样分布，则自由度一定是 $n-1$.

由此得到应用场景"σ^2 未知，估计 μ"时的枢轴量 $\dfrac{\overline{X}-\mu}{S/\sqrt{n}} \sim t(n-1)$，严格证明详见典型题 8.3(2).

③ 应用场景：估计 σ^2

在前两种应用场景中，已经讨论了"σ^2 已知"和"σ^2 未知"条件下的枢轴量. 由于正态分布只有 μ 和 σ^2 两个参数，显然第三种应用场景应该是"估计 σ^2". 此时，不用区分 μ 是否已知. 事实上，由于实际应用中通常"方差比均值更稳定"，所以"估计 σ^2"时通常认为"μ 未知"，

或者说不使用 μ 的信息.

很自然的想法是：使用样本方差 $S^2 = \dfrac{1}{n-1}\sum_{i=1}^{n}(X_i-\overline{X})^2$ 来估计总体方差 σ^2. 注意到 $(n-1)S^2 = \sum_{i=1}^{n}(X_i-\overline{X})^2$ 是"$\sum$ 平方项"的形式，因此猜想应用场景"估计 σ^2"时的<u>枢轴量</u>为 $\dfrac{(n-1)S^2}{\sigma^2} \sim \chi^2(n-1)$. 这个结论的证明比较复杂，感兴趣的同学可以参见文献[2].

说明：前文所述"方差比均值更稳定"，可以通过一个不太恰当的比喻帮助记忆. 假如某位食堂厨师打菜"手抖"，要改变每份菜的方差并不容易，因为这是厨师自身的习惯；但要改变每份菜的均值，只需要换一个大小不同的勺子就可以啦！

2. 两个正态总体的三种枢轴量

我们可以通过不太严谨的推导，得到<u>两个正态总体</u>、三种应用场景下的枢轴量及其分布（图 8.5）.

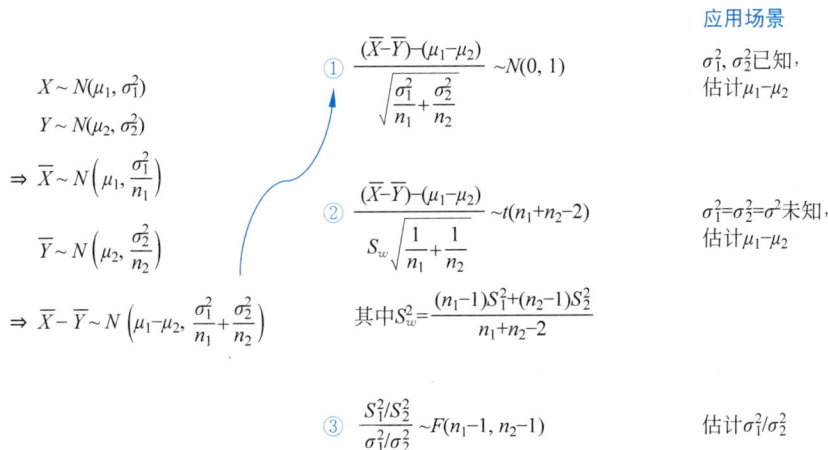

图 8.5　记一记：两个正态总体的三种枢轴量

① 应用场景：σ_1^2, σ_2^2 已知，估计 $\mu_1 - \mu_2$

首先，引入两个相互独立的正态总体 $X \sim N(\mu_1, \sigma_1^2)$ 和 $Y \sim N(\mu_2, \sigma_2^2)$，注意脚标的区别.

然后，引入样本均值 $\overline{X} = \dfrac{1}{n_1}\sum_{i=1}^{n_1}X_i \sim N\left(\mu_1, \dfrac{\sigma_1^2}{n_1}\right)$ 和 $\overline{Y} = \dfrac{1}{n_2}\sum_{j=1}^{n_2}Y_j \sim N\left(\mu_2, \dfrac{\sigma_2^2}{n_2}\right)$，$\overline{X}, \overline{Y}$ 服从正态分布且相互独立. 在常见考试和实际应用中，我们通常需要研究两个正态总体的均值差，因此引入 $\overline{X} - \overline{Y}$，它的期望正好是均值差 $\mu_1 - \mu_2$. 具体而言，$\overline{X} - \overline{Y} \sim N\left(\mu_1 - \mu_2, \dfrac{\sigma_1^2}{n_1} + \dfrac{\sigma_2^2}{n_2}\right)$.

最后，将服从一般正态分布的随机变量 $\overline{X} - \overline{Y}$ 标准化，得到服从标准正态分布的随机变量 $\dfrac{(\overline{X} - \overline{Y}) - (\mu_1 - \mu_2)}{\sqrt{\dfrac{\sigma_1^2}{n_1} + \dfrac{\sigma_2^2}{n_2}}} \sim N(0,1)$. 这个随机变量就是应用场景"$\sigma_1^2, \sigma_2^2$ 已知，估计 μ_1－

μ_2"时的<u>枢轴量</u>.

②应用场景：$\sigma_1^2 = \sigma_2^2 = \sigma^2$ 未知，估计 $\mu_1 - \mu_2$

当 σ_1^2, σ_2^2 未知时，我们只能分析一种特殊的情况：σ_1^2, σ_2^2 相等但未知，记为 $\sigma_1^2 = \sigma_2^2 = \sigma^2$.

此时，先将 $\dfrac{(\overline{X} - \overline{Y}) - (\mu_1 - \mu_2)}{\sqrt{\dfrac{\sigma_1^2}{n_1} + \dfrac{\sigma_2^2}{n_2}}}$ 中相等的 $\sigma_1^2 = \sigma_2^2 = \sigma^2$ 提出，得到 $\dfrac{(\overline{X} - \overline{Y}) - (\mu_1 - \mu_2)}{\sigma\sqrt{\dfrac{1}{n_1} + \dfrac{1}{n_2}}}$.

它包含两个未知参数 $\mu_1 - \mu_2$ 和 σ. 用总的样本标准差 $S_w = \sqrt{\dfrac{(n_1 - 1)S_1^2 + (n_2 - 1)S_2^2}{n_1 + n_2 - 2}}$ 替换

总体标准差 σ，得到随机变量 $\dfrac{(\overline{X} - \overline{Y}) - (\mu_1 - \mu_2)}{S_w\sqrt{\dfrac{1}{n_1} + \dfrac{1}{n_2}}}$，它就是应用场景"$\sigma_1^2 = \sigma_2^2 = \sigma^2$ 未知，估计

$\mu_1 - \mu_2$"时的<u>枢轴量</u>.

它服从什么分布呢？分子包含的随机变量 $\overline{X} - \overline{Y}$ 为标准正态分布的"一次项"，分母包含的随机变量 S_w 也是标准正态分布的"一次项"，因此，可以猜想 $\dfrac{(\overline{X} - \overline{Y}) - (\mu_1 - \mu_2)}{S_w\sqrt{\dfrac{1}{n_1} + \dfrac{1}{n_2}}}$ 服从

t 分布.

最后，如前所述，六种枢轴量如果服从抽样分布，则自由度一定是 $n-1$. 而这里有两个样本容量. 因此，自由度为 $(n_1 - 1) + (n_2 - 1) = n_1 + n_2 - 2$.

由此得到应用场景"$\sigma_1^2 = \sigma_2^2 = \sigma^2$ 未知，估计 $\mu_1 - \mu_2$"时的<u>枢轴量</u>

$$\frac{(\overline{X} - \overline{Y}) - (\mu_1 - \mu_2)}{S_w\sqrt{\dfrac{1}{n_1} + \dfrac{1}{n_2}}} \sim t(n_1 + n_2 - 2)$$

其中，$S_w^2 = \dfrac{(n_1 - 1)S_1^2 + (n_2 - 1)S_2^2}{n_1 + n_2 - 2}$，$S_w = \sqrt{S_w^2}$. 严格证明详见典型题 8.4(3). 其中，$S_w^2$ 的

表达式可以如下记忆：注意到<u>样本方差</u> $S_1^2 = \dfrac{\sum\limits_{i=1}^{n_1}(X_i - \overline{X})^2}{n_1 - 1}$ 和 $S_2^2 = \dfrac{\sum\limits_{i=1}^{n_2}(Y_i - \overline{Y})^2}{n_2 - 1}$ 都是"平

方和 ÷ 自由度"的形式；进一步地，

$$S_w^2 = \frac{(n_1 - 1)S_1^2 + (n_2 - 1)S_2^2}{n_1 + n_2 - 2} = \frac{\sum\limits_{i=1}^{n_1}(X_i - \overline{X})^2 + \sum\limits_{i=1}^{n_2}(Y_i - \overline{Y})^2}{n_1 + n_2 - 2}$$

也是"平方和 ÷ 自由度"的形式.

③应用场景：估计 σ_1^2/σ_2^2

在前两种应用场景中，已经讨论了"σ_1^2, σ_2^2 已知"和"$\sigma_1^2 = \sigma_2^2 = \sigma^2$ 未知"条件下的枢轴量. 由于正态分布只有 μ 和 σ^2 两个参数，显然第三种应用场景应该是"估计方差比 σ_1^2/σ_2^2". 由于通常"方差比均值更稳定"，所以"估计 σ_1^2/σ_2^2"时通常认为"$\mu_1 - \mu_2$ 未知"，或者说不使用 $\mu_1 - \mu_2$ 的信息.

很自然的想法是：使用样本的方差比 S_1^2/S_2^2 来估计总体的方差比 σ_1^2/σ_2^2. 注意到 S_1^2/S_2^2 是"$\dfrac{\text{平方项}}{\text{平方项}}$"的形式，因此猜想应用场景"估计 σ_1^2/σ_2^2"时的枢轴量为 $\dfrac{S_1^2/S_2^2}{\sigma_1^2/\sigma_2^2} \sim F(n_1-1,n_2-1)$，严格证明详见典型题 8.4(2).

3. 抽样分布重要结论的证明[选学]

六种应用场景下的"枢轴量及其分布"，也称"抽样分布的重要结论". 前文通过不太严谨的推导来帮助学生理解和记忆这些结论. 这里给出其中部分结论的严格证明.

典型题 8.3

设 $X_1,X_2,\cdots,X_n$ 是来自正态总体 $N(\mu,\sigma^2)$ 的简单随机样本，$\overline{X}$ 与 S^2 分别为样本均值与样本方差，则有 (1) $\dfrac{\overline{X}-\mu}{\sigma/\sqrt{n}} \sim N(0,1)$，(2) $\dfrac{\overline{X}-\mu}{S/\sqrt{n}} \sim t(n-1)$.

证明：(1) 由于 $X_1,X_2,\cdots,X_n$ 独立同正态分布 $N(\mu,\sigma^2)$，故样本均值 $\overline{X}=\dfrac{1}{n}\sum\limits_{i=1}^{n}X_i$ 也服从正态分布. 进一步地，$E(\overline{X})=E(X)=\mu$，$D(\overline{X})=\dfrac{D(X)}{n}=\dfrac{\sigma^2}{n}$. 故 $\overline{X} \sim N\left(\mu,\dfrac{\sigma^2}{n}\right)$. 将随机变量标准化，得到 $\dfrac{\overline{X}-\mu}{\sigma/\sqrt{n}} \sim N(0,1)$.

(2) 根据 $\dfrac{\overline{X}-\mu}{\sigma/\sqrt{n}} \sim N(0,1)$，$\dfrac{(n-1)S^2}{\sigma^2} \sim \chi^2(n-1)$，$\overline{X}$ 与 S^2 相互独立，以及 t 分布的定义可知

$$t = \frac{\dfrac{\overline{X}-\mu}{\sigma/\sqrt{n}}}{\sqrt{\dfrac{(n-1)S^2}{\sigma^2}/(n-1)}} = \frac{\overline{X}-\mu}{S/\sqrt{n}} \sim t(n-1)$$

命题得证.

典型题 8.4

设 $X_1,X_2,\cdots,X_{n_1}$ 与 $Y_1,Y_2,\cdots,Y_{n_2}$ 是来自正态总体 $N(\mu_1,\sigma_1^2)$ 与 $N(\mu_2,\sigma_2^2)$ 的简单随机样本，且这两个样本相互独立. 设 $\overline{X}=\dfrac{1}{n_1}\sum\limits_{i=1}^{n_1}X_i$ 与 $\overline{Y}=\dfrac{1}{n_2}\sum\limits_{i=1}^{n_2}Y_i$ 分别是这两个样本的样本均值，$S_1^2=\dfrac{1}{n_1-1}\sum\limits_{i=1}^{n_1}(X_i-\overline{X})^2$ 与 $S_2^2=\dfrac{1}{n_2-1}\sum\limits_{i=1}^{n_2}(Y_i-\overline{Y})^2$ 分别是这两个样本的样本方差. 则有：

(1) $\dfrac{(\overline{X}-\overline{Y})-(\mu_1-\mu_2)}{\sqrt{\dfrac{\sigma_1^2}{n_1}+\dfrac{\sigma_2^2}{n_2}}} \sim N(0,1)$；

(2) $\dfrac{S_1^2/S_2^2}{\sigma_1^2/\sigma_2^2}\sim F(n_1-1,n_2-1)$；

(3) 当 $\sigma_1^2=\sigma_2^2=\sigma^2$ 时，$\dfrac{(\overline{X}-\overline{Y})-(\mu_1-\mu_2)}{S_w\sqrt{\dfrac{1}{n_1}+\dfrac{1}{n_2}}}\sim t(n_1+n_2-2)$，其中 $S_w^2=\dfrac{(n_1-1)S_1^2+(n_2-1)S_2^2}{n_1+n_2-2}$，

$S_w=\sqrt{S_w^2}$.

证明：(1) 由于正态总体 $X\sim N(\mu_1,\sigma_1^2)$，$Y\sim N(\mu_2,\sigma_2^2)$，故 $\overline{X}\sim N\left(\mu_1,\dfrac{\sigma_1^2}{n_1}\right)$，

$\overline{Y}\sim N\left(\mu_2,\dfrac{\sigma_2^2}{n_2}\right)$.

由于两个样本相互独立，故统计量 $\overline{X}$ 与 $\overline{Y}$ 相互独立. 根据正态分布的性质得，

$$\overline{X}-\overline{Y}\sim N\left(\mu_1-\mu_2,\dfrac{\sigma_1^2}{n_1}+\dfrac{\sigma_2^2}{n_2}\right)$$

将随机变量标准化，得到

$$\dfrac{(\overline{X}-\overline{Y})-(\mu_1-\mu_2)}{\sqrt{\dfrac{\sigma_1^2}{n_1}+\dfrac{\sigma_2^2}{n_2}}}\sim N(0,1).$$

(2) 两个样本相互独立，故统计量 S_1^2 与 S_2^2 相互独立，且统计量 $\dfrac{(n_1-1)S_1^2}{\sigma_1^2}$ 与 $\dfrac{(n_2-1)S_2^2}{\sigma_2^2}$ 也相互独立. 根据 $\dfrac{(n_1-1)S_1^2}{\sigma_1^2}\sim\chi^2(n_1-1)$，$\dfrac{(n_2-1)S_2^2}{\sigma_2^2}\sim\chi^2(n_2-1)$，它们相互独立，以及 t 分布的定义可知

$$\dfrac{\dfrac{(n_1-1)S_1^2}{\sigma_1^2}/(n_1-1)}{\dfrac{(n_2-1)S_2^2}{\sigma_2^2}/(n_2-1)}=\dfrac{S_1^2/S_2^2}{\sigma_1^2/\sigma_2^2}\sim F(n_1-1,n_2-1)$$

(3) 当 $\sigma_1^2=\sigma_2^2=\sigma^2$ 时，$Z=\dfrac{(\overline{X}-\overline{Y})-(\mu_1-\mu_2)}{\sqrt{\dfrac{\sigma_1^2}{n_1}+\dfrac{\sigma_2^2}{n_2}}}=\dfrac{(\overline{X}-\overline{Y})-(\mu_1-\mu_2)}{\sigma\sqrt{\dfrac{1}{n_1}+\dfrac{1}{n_2}}}\sim N(0,1)$. 根据

χ^2 分布的性质得，$V=\dfrac{(n_1-1)S_1^2}{\sigma_1^2}+\dfrac{(n_2-1)S_2^2}{\sigma_2^2}=\dfrac{(n_1-1)S_1^2+(n_2-1)S_2^2}{\sigma^2}\sim\chi^2(n_1+n_2-2)$.

由于 $\overline{X}$，$\overline{Y}$，S_1^2，S_2^2 相互独立，故 Z 与 V 相互独立.

由 t 分布的定义可知

$$\dfrac{\dfrac{(\overline{X}-\overline{Y})-(\mu_1-\mu_2)}{\sigma\sqrt{\dfrac{1}{n_1}+\dfrac{1}{n_2}}}}{\sqrt{\left(\dfrac{(n_1-1)S_1^2+(n_2-1)S_2^2}{\sigma^2}\right)/(n_1+n_2-2)}}$$

$$= \frac{\dfrac{(\overline{X}-\overline{Y})-(\mu_1-\mu_2)}{\sqrt{\dfrac{1}{n_1}+\dfrac{1}{n_2}}}}{\sqrt{\dfrac{(n_1-1)S_1^2+(n_2-1)S_2^2}{n_1+n_2-2}}} \sim t(n_1+n_2-2)$$

$$\Rightarrow \frac{(\overline{X}-\overline{Y})-(\mu_1-\mu_2)}{S_w\sqrt{\dfrac{1}{n_1}+\dfrac{1}{n_2}}} \sim t(n_1+n_2-2)$$

命题得证.

8.2.5 正态总体的常用抽样分布

六种应用场景下的"枢轴量及其分布",也称"抽样分布的重要结论",或"正态总体的常用抽样分布",是重要的知识点.本部分给出的典型题对区间估计的学习影响不大,想要专注于区间估计学习的学生可以先跳过本部分的典型题.

在某些习题集中,本部分典型题的解法是"直接证明某选项是正确的",却没有解释"为什么证明它,而不是其他选项".事实上,这类题目包含两个难点(图 8.6):①快速确定解题目标;②证明目标.

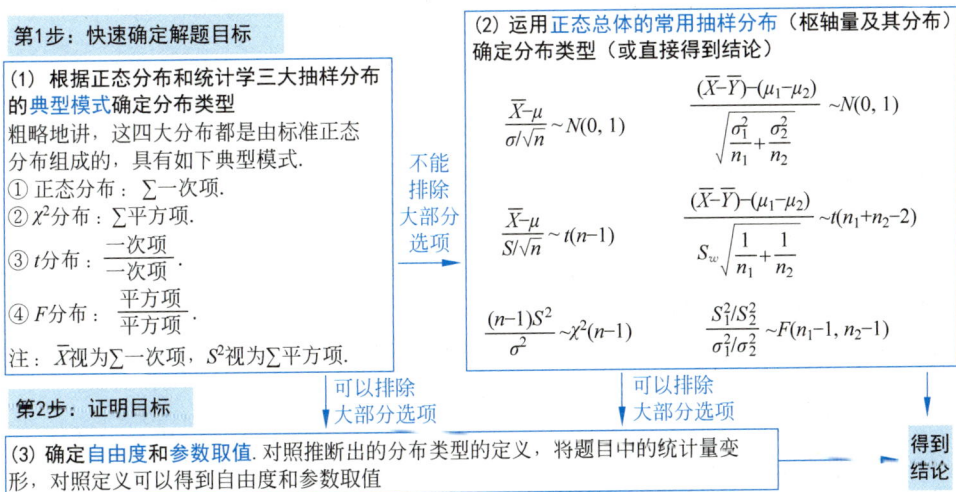

图 8.6 抽样分布典型题的解题思路

典型题 8.5 [2005,I]

设 $X_1, X_2, \cdots, X_n (n \geqslant 2)$ 为总体 $N(0,1)$ 的简单随机样本,$\overline{X}$ 与 S^2 分别为样本均值与样本方差,则_____.

A. $n\overline{X} \sim N(0,1)$ B. $nS^2 \sim \chi^2(n)$

C. $\dfrac{(n-1)\overline{X}}{S} \sim t(n-1)$ \qquad D. $\dfrac{(n-1)X_1^2}{\sum\limits_{i=2}^{n}X_i^2} \sim F(1,n-1)$

分析：本题根据正态分布和统计学三大抽样分布的典型模式无法快速锁定或者排除任何选项，需要采用更精确的判断方法：运用"六种应用场景下的枢轴量及其分布"解题.

根据正态总体的常用抽样分布（枢轴量及其分布）及 $\mu=0,\sigma^2=1$ 可知：

$$\frac{\overline{X}-\mu}{\sigma/\sqrt{n}} \sim N(0,1) \Rightarrow \sqrt{n}\,\overline{X} \sim N(0,1)$$

$$\frac{\overline{X}-\mu}{S/\sqrt{n}} \sim t(n-1) \Rightarrow \frac{\sqrt{n}\,\overline{X}}{S} \sim t(n-1)$$

$$\frac{(n-1)S^2}{\sigma^2} \sim \chi^2(n-1) \Rightarrow (n-1)S^2 \sim \chi^2(n-1)$$

对照可知，选项 A,C,B 很有可能是错误的.

因此，快速确定了解题目标：证明选项 D 是正确的.

解答 *说明*：根据前述分析，下面严格证明选项 D 是正确的. 即将统计量 $\dfrac{(n-1)X_1^2}{\sum\limits_{i=2}^{n}X_i^2}$ 强行变化成 F 分布的定义形式，即将"分子"和"分母"都写成"χ^2 分布随机变量÷自由度".

由于 $X_1,X_2,\cdots,X_n$ 独立同分布，故 $X_1^2 \sim \chi^2(1)$，$\sum\limits_{i=2}^{n}X_i^2 \sim \chi^2(n-1)$，且相互独立. 由此

$$\frac{X_1^2/1}{\sum\limits_{i=2}^{n}X_i^2\Big/(n-1)} = \frac{(n-1)X_1^2}{\sum\limits_{i=2}^{n}X_i^2} \sim F(1,n-1)$$

答案 D

典型题 8.6［2008，Ⅰ & Ⅲ］

设 $X_1,X_2,\cdots,X_n$ 是总体 $N(\mu,\sigma^2)$ 的简单随机样本，记

$$\overline{X}=\frac{1}{n}\sum_{i=1}^{n}X_i, \quad S^2=\frac{1}{n-1}\sum_{i=1}^{n}(X_i-\overline{X})^2, \quad T=\overline{X}^2-\frac{1}{n}S^2$$

(1) 证明 T 是 μ^2 的无偏估计量；

(2) 当 $\mu=0,\sigma=1$ 时，求 $D(T)$.

解答 *说明*：本题是多个知识点（无偏估计量、正态总体的常用抽样分布、样本均值与样本方差的性质）的混合题，具有一定难度. 求解过程中，务必充分运用概率统计的性质，尽量避免"硬算".

(1) 说明：要证明 T 是 μ^2 的无偏估计量，只需证明 $E(T)=\mu^2$.

$$E(T)=E\left(\overline{X}^2-\frac{1}{n}S^2\right)=E(\overline{X}^2)-\frac{1}{n}E(S^2)=D(\overline{X})+E(\overline{X})^2-\frac{1}{n}D(X)$$

$$=\frac{1}{n}D(X)+E(X)^2-\frac{1}{n}D(X)=\mu^2$$

故 T 是 μ^2 的无偏估计量.

(2) 由于 $\overline{X}$ 和 S^2 相互独立,故 $\overline{X}^2$ 和 S^2 相互独立,可得

$$D(T)=D\left(\overline{X}^2-\frac{1}{n}S^2\right)=D(\overline{X}^2)+\frac{1}{n^2}D(S^2)$$

说明：下面分别计算 $D(\overline{X}^2)$ 和 $D(S^2)$.对二者都没有已知结论可用,需要重新计算.①对于 $D(\overline{X}^2)$ 而言,注意到 $\overline{X}$ 服从正态分布,它的平方可以向卡方分布靠拢,这样就可以运用卡方分布方差的结论：$Y\sim\chi^2(n)\Rightarrow D(Y)=2n$.②对于 $D(S^2)$ 而言,注意到正态总体的常用抽样分布 $\frac{(n-1)S^2}{\sigma^2}\sim\chi(n-1)$,同样可以向卡方分布靠拢,并运用相应结论,避免"硬算".

① 由于 $\overline{X}\sim N\left(\mu,\frac{\sigma^2}{n}\right)$,故当 $\mu=0,\sigma=1$ 时,$\overline{X}\sim N\left(0,\frac{1}{n}\right)$.因此 $\sqrt{n}\overline{X}\sim N(0,1)$.故 $(\sqrt{n}\overline{X})^2=n\overline{X}^2\sim\chi^2(1)$.运用卡方分布方差的结论可知 $D(n\overline{X}^2)=2$,故 $D(\overline{X}^2)=\frac{2}{n^2}$.

② 由于 $\frac{(n-1)S^2}{\sigma^2}\sim\chi^2(n-1)$,故当 $\mu=0,\sigma=1$ 时,$(n-1)S^2\sim\chi^2(n-1)$.运用卡方分布方差的结论可知 $D((n-1)S^2)=2(n-1)$,故 $D(S^2)=\frac{2}{n-1}$.

利用 $D(\overline{X}^2)$ 和 $D(S^2)$ 的结论有,

$$D(T)=D\left(\overline{X}^2-\frac{1}{n}S^2\right)=D(\overline{X}^2)+\frac{1}{n^2}D(S^2)=\frac{2}{n^2}+\frac{2}{n^2(n-1)}=\frac{2}{n(n-1)}$$

说明：第(2)小问楷体对 $D(\overline{X}^2)$ 和 $D(S^2)$ 计算思路的探讨不需要写在答题纸上,它旨在帮助大家理清分析思路.事实上,如果直接给出解答过程,学生很可能不知道为什么要将 $\overline{X}^2$ 和 S^2 向卡方分布靠拢.在遇到类似问题时,仍然难以快速地找到解题思路.

8.2.6 从枢轴量到双侧置信区间

在实际应用中,通常使用"枢轴量法"确定置信区间.具体分为下面三个步骤,它也适用于单侧置信限的问题,详见 8.2.7 节.

1. 根据应用场景选择枢轴量

通过三个因素(几个正态总体、待估参数是什么、另一个参数是否已知)在六种应用场景中选择枢轴量,如图 8.7 所示.这些枢轴量可以用 8.2.4 节介绍的"枢轴量的诞生"的方法推导得到,见图 8.4 和图 8.5.

例如,"单个正态总体、在 σ^2 已知的条件下估计 μ 的应用场景下"的枢轴量为

$$\frac{\overline{X}-\mu}{\sigma/\sqrt{n}}\sim N(0,1)$$

2. 由枢轴量推出置信区间公式(重点)

1) 确定枢轴量的区间

要写出待估参数的置信区间公式,首先要确定枢轴量的区间.也就是找到点 a 和 b,使

$$\text{单个正态总体}\begin{cases}\text{估计}\mu\begin{cases}\sigma^2\text{已知} \text{-----} \dfrac{\overline{X}-\mu}{\sigma/\sqrt{n}}\sim N(0,1)\\[2ex]\sigma^2\text{未知} \text{-----} \dfrac{\overline{X}-\mu}{S/\sqrt{n}}\sim t(n-1)\end{cases}\\[4ex]\text{估计}\sigma^2 \text{---------} \dfrac{(n-1)S^2}{\sigma^2}\sim\chi^2(n-1)\end{cases}$$

$$\text{两个正态总体}\begin{cases}\text{估计}\mu_1-\mu_2\begin{cases}\sigma_1^2,\sigma_2^2\text{已知} \text{-----} \dfrac{(\overline{X}-\overline{Y})-(\mu_1-\mu_2)}{\sqrt{\dfrac{\sigma_1^2}{n_1}+\dfrac{\sigma_2^2}{n_2}}}\sim N(0,1)\\[4ex]\sigma_1^2=\sigma_2^2=\sigma^2\text{未知} \text{---} \dfrac{(\overline{X}-\overline{Y})-(\mu_1-\mu_2)}{S_w\sqrt{\dfrac{1}{n_1}+\dfrac{1}{n_2}}}\sim t(n_1+n_2-2)\\[2ex]\text{其中}S_w^2=\dfrac{(n_1-1)S_1^2+(n_2-1)S_2^2}{n_1+n_2-2}\end{cases}\\[4ex]\text{估计}\sigma_1^2/\sigma_2^2 \text{---------} \dfrac{S_1^2/S_2^2}{\sigma_1^2/\sigma_2^2}\sim F(n_1-1,n_2-1)\end{cases}$$

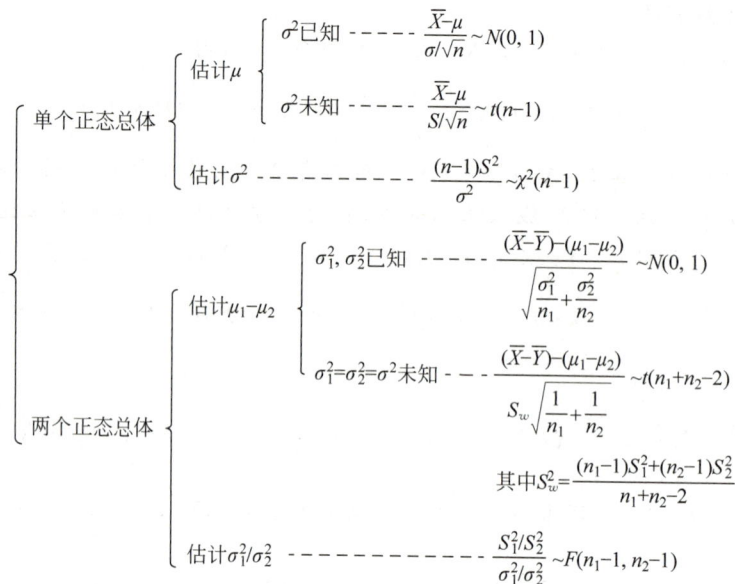

图 8.7　根据应用场景选择枢轴量(6 选 1)

得枢轴量取值落在 a 和 b 之间的概率不小于 $1-\alpha$. 即 $P\{a<$枢轴量$<b\}\geqslant 1-\alpha$. 显然, 满足条件的 a 和 b 有无穷多个. 置信水平 $1-\alpha$ 又称估计的"可靠度". 在实际应用中, 区间估计的目标是在保证可靠度的基础上, 尽量提高"精度", 即缩短置信区间的长度. 表现在两个方面：① 用 $P\{\cdot\}=1-\alpha$ 代替 $P\{\cdot\}\geqslant 1-\alpha$；② 将小概率区域平均分配到左右两侧, 即取

$$a=\text{上侧 } 1-\alpha/2 \text{ 分位数}, \quad b=\text{上侧 } \alpha/2 \text{ 分位数}$$

例如, 图 8.8 中区间 (a,b) 的长度小于区间 (a',b') 的长度.

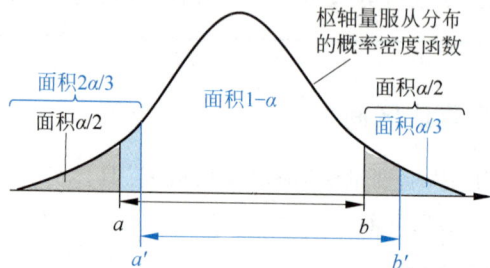

图 8.8　为什么通常将小概率区域平均分配到左右两侧

不用刻意区分开区间"$<$"和闭区间"$\leqslant$", 因为六种枢轴量服从的分布都是连续型分布, 单点概率为 0, 所以是否取等号没有区别.

因此, 枢轴量的区间(图 8.9)为

$$P\{\underline{\text{上侧 } 1-\alpha/2 \text{ 分位数}}<\text{枢轴量}<\underline{\text{上侧 } \alpha/2 \text{ 分位数}}\}=1-\alpha$$

上式中的"上侧 $\alpha/2$ 分位数"不需要作变化, 但"上侧 $1-\alpha/2$ 分位数"通常需要转化为"上侧 $\alpha/2$ 分位数"的函数的形式. 具体而言：

① 当枢轴量服从标准正态分布或者 t 分布时, 其概率密度是偶函数, 运用图像法容易证明：上侧 $1-\alpha/2$ 分位数 $=(-1)\times$上侧 $\alpha/2$ 分位数. 即

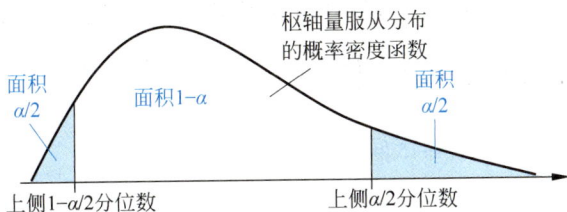

图 8.9　枢轴量的区间

$$Z_{1-\alpha/2} = -Z_{\alpha/2}, t_{1-\alpha/2}(n-1) = -t_{\alpha/2}(n-1), t_{1-\alpha/2}(n_1+n_2-2) = -t_{\alpha/2}(n_1+n_2-2)$$

② 当枢轴量服从 F 分布时,根据"三个翻转"可知: $F_{1-\alpha/2}(n_1-1,n_2-1) = \dfrac{1}{F_{\alpha/2}(n_2-1,n_1-1)}$.

③ 当枢轴量服从 χ^2 分布时,上侧 $1-\alpha/2$ 分位数形式不变.

进一步地,在经典教材和常见考试中,通常仅给出标准正态分布的分布函数表,而不给出 z 分位数表.涉及标准正态分布上侧分位数时,需要运用分布函数与上侧 α 分位数的关系 $F(x_\alpha) = P\{X \leqslant x_\alpha\} = 1 - P\{X > x_\alpha\} = 1 - \alpha$ 进行转化.特别地,$\Phi(z_\alpha) = 1-\alpha$.例如,取 $\alpha = 0.05$,如果需要计算 $z_\alpha = z_{0.05}$,则先通过反查标准正态分布函数表确定 x 使得 $\Phi(x) = 1-\alpha = 0.95$,得到 $x = 1.645$.由关系式 $\Phi(z_\alpha) = 1-\alpha$ 可知 $z_\alpha = z_{0.05} = x = 1.645$.

例如,"单个正态总体、在 σ^2 已知的条件下估计 μ 的应用场景下"枢轴量的区间为

$$P\left\{ \underbrace{-z_{\alpha/2}}_{\text{上侧 } 1-\alpha/2 \text{ 分位数}} < \underbrace{\frac{\overline{X} - \mu}{\sigma/\sqrt{n}}}_{\text{枢轴量}} < \underbrace{z_{\alpha/2}}_{\text{上侧 } \alpha/2 \text{ 分位数}} \right\} = 1-\alpha$$

2) 由枢轴量的区间反解出待估参数的置信区间公式

在六种应用场景的枢轴量中,待估参数都以"$-\mu$"或"$\dfrac{1}{\sigma^2}$"的形式存在,反解时一定会使不等号反向.因此在由"枢轴量的区间"反解出"参数的置信区间"时,可以直接交叉书写.

$$P\left\{ \underline{\text{上侧 } 1-\alpha/2 \text{ 分位数}} < \text{枢轴量} < \underline{\text{上侧 } \alpha/2 \text{ 分位数}} \right\} = 1-\alpha$$

$$\xrightarrow[\text{亮出枢轴量中的待估参数}]{\text{反解}} P\left\{ \underline{(\text{双侧}) \text{置信下限}} < \text{待估参数} < \underline{(\text{双侧}) \text{置信上限}} \right\} = 1-\alpha$$

例如,"单个正态总体、在 σ^2 已知的条件下估计 μ 的应用场景下"由枢轴量的区间反解出参数 μ 的置信区间公式为

$$P\left\{ \underbrace{\overline{X} - \frac{\sigma}{\sqrt{n}}z_{\alpha/2}}_{\text{置信下限}} < \underset{\text{待估参数}}{\mu} < \underbrace{\overline{X} + \frac{\sigma}{\sqrt{n}}z_{\alpha/2}}_{\text{置信上限}} \right\} = 1-\alpha$$

3) 给出结论

回顾引例 8.2,很多习题集中区间估计题目的参考答案就是从"写出置信区间公式"开始的.考试时,学生也可以在草稿纸上完成前述推导,并直接在答题纸上写出置信区间的公式.

例如,在"单个正态总体、σ^2 已知,估计 μ 的应用场景下"给出结论:σ^2 已知时,参数 μ 的置信水平为 $1-\alpha$ 的双侧置信区间为 $\left(\overline{X}-\dfrac{\sigma}{\sqrt{n}}z_{\alpha/2},\overline{X}+\dfrac{\sigma}{\sqrt{n}}z_{\alpha/2}\right)$.

3. 将数据代入公式,得到置信区间

详见后续典型题.

说明:六种应用场景的推导方法完全一样,请大家根据以上推导方法复现表 8.1 中的置信区间.

典型题
微课程
8.2

典型题 8.7[双侧置信区间]

设考生的某次考试成绩服从正态分布 $X\sim N(\mu,\sigma^2)$,从中任取 36 位考生的成绩.其平均成绩为 66.5 分,标准差为 15 分.

试求:平均成绩 μ 的置信度为 $1-\alpha=0.95$ 的双侧置信区间.其中,$t_{0.025}(35)=2.0301$.

说明:记忆力非常强的学生可以直接背诵出置信区间公式,再代入数据即可得到本题的答案.但本题仍通过简单的推导先得到置信区间公式,再代入数据.

解答 (1) 根据应用场景选择枢轴量.本题是在单个正态总体、总体方差 σ^2 未知的条件下,估计总体均值 μ.

枢轴量为 $\dfrac{\overline{X}-\mu}{S/\sqrt{n}}\sim t(n-1)$.

(2) 由枢轴量推出置信区间公式.

$$P\left\{-t_{\alpha/2}(n-1)<\frac{\overline{X}-\mu}{S/\sqrt{n}}<t_{\alpha/2}(n-1)\right\}=1-\alpha$$

$$\overset{\text{反解}}{\Rightarrow}P\left\{\overline{X}-\frac{S}{\sqrt{n}}t_{\alpha/2}(n-1)<\mu<\overline{X}+\frac{S}{\sqrt{n}}t_{\alpha/2}(n-1)\right\}=1-\alpha$$

故单个正态总体、σ^2 未知时,μ 的置信区间为 $\left(\overline{X}-\dfrac{S}{\sqrt{n}}t_{\alpha/2}(n-1),\overline{X}+\dfrac{S}{\sqrt{n}}t_{\alpha/2}(n-1)\right)$.

(3) 将数据代入公式,得到置信区间.

由于 $t_{\alpha/2}(n-1)=t_{0.025}(35)=2.0301$,故 μ 的置信区间为

$$\left(\overline{X}-\frac{S}{\sqrt{n}}t_{\alpha/2}(n-1),\overline{X}+\frac{S}{\sqrt{n}}t_{\alpha/2}(n-1)\right)$$

$$=\left(66.5-\frac{15}{\sqrt{36}}\times2.0301,66.5+\frac{15}{\sqrt{36}}\times2.0301\right)$$

$$=(66.5-5.075,66.5+5.075)=(61.425,71.575)$$

结论:平均成绩 μ 的置信度为 $1-\alpha=0.95$ 的置信区间为 $(61.425,71.575)$.

说明:为什么本题属于"总体方差 σ^2 未知"而非"总体方差 σ^2 已知"呢?这是一个非常重要的问题,关系到应该选择枢轴量 $\dfrac{\overline{X}-\mu}{S/\sqrt{n}}\sim t(n-1)$ 还是 $\dfrac{\overline{X}-\mu}{\sigma/\sqrt{n}}\sim N(0,1)$.注意到,本题中关于方差或者标准差的描述只有"标准差为 15 分".而它显然是"任取 36 位考生的成绩"之

后计算得到的,应该属于样本标准差.可见并没有给出总体方差或者标准差的信息.

常见的"总体方差 σ^2 已知"的表述方式有:

(1) 设考生的某次考试成绩服从正态分布 $X \sim N(\mu, 15^2)$,……

(2) 设考生的某次考试成绩服从正态分布 $X \sim N(\mu, \sigma^2)$,可以认为标准差为 15 分,……

8.2.7 从枢轴量到单侧置信限

知识点 微课程 8.6

从"枢轴量的区间"反解出"待估参数的单侧置信限"的步骤,与反解出双侧置信区间的步骤完全一致.本节仍以"单个正态总体,σ^2 已知,估计 μ 的单侧置信下限"的应用场景为例,主要展示双侧置信区间和单侧置信限求解过程中的主要区别和解题技巧.

1. 根据应用场景选择枢轴量 ——不变

应用场景:单个正态总体,在 σ^2 已知的条件下估计 μ.

枢轴量:$\dfrac{\overline{X} - \mu}{\sigma / \sqrt{n}} \sim N(0, 1)$.

2. 由枢轴量推出单侧置信限公式(重点)——关键

口诀:待估参数的置信下限要从枢轴量的上限入手(图 8.10),反之亦然.这是因为在六种应用场景的枢轴量中,待估参数都以 $-\mu$ 或 $\dfrac{1}{\sigma^2}$ 的形式存在,反解时一定会使不等号反向.

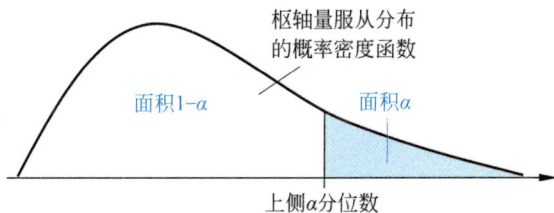

图中为枢轴量概率密度函数曲线,标注:枢轴量服从分布的概率密度函数,面积 $1-\alpha$,面积 α,上侧 α 分位数.

图 8.10 确定枢轴量的上限

因此,枢轴量的上限为 z_α,即

$$P\left\{ \underbrace{\frac{\overline{X} - \mu}{\sigma / \sqrt{n}}}_{\text{枢轴量}} < \underbrace{z_\alpha}_{\text{上侧 } \alpha \text{ 分位数}} \right\} = 1 - \alpha$$

再由枢轴量的上限反解出待估参数 μ 的单侧置信下限公式

$$P\left\{ \underbrace{\overline{X} - \frac{\sigma}{\sqrt{n}} z_\alpha}_{\text{置信下限}} < \underbrace{\mu}_{\text{待估参数}} \right\} = 1 - \alpha$$

最后给出结论:σ^2 已知时,参数 μ 的置信水平为 $1 - \alpha$ 的单侧置信下限为 $\underline{\mu} = \overline{X} - \dfrac{\sigma}{\sqrt{n}} z_\alpha$.

3. 将数据代入公式,得到单侧置信限 ——不变

说明:表 8.1 仅给出了双侧置信区间的公式,请大家根据上述思路推导出六种应用场景下的单侧置信上限和单侧置信下限.通过推导你将发现:"学会 1 个推导思路"可比"死记硬背 18 个公式"容易多啦!

典型题 8.8 [单侧置信限]

设考生的某次考试成绩服从正态分布 $X \sim N(\mu, \sigma^2)$,从中任取 36 位考生的成绩.其平均成绩为 66.5 分,标准差为 15 分.

试求:平均成绩 μ 的置信度为 $1 - \alpha = 0.95$ 的单侧置信下限.其中,$t_{0.05}(35) = 1.6896$.

解答 (1) 根据应用场景选择枢轴量.本题是在单个正态总体、总体方差 σ^2 未知的条件下,估计总体均值 μ.

枢轴量为 $\dfrac{\overline{X} - \mu}{S/\sqrt{n}} \sim t(n-1)$.

(2) 由枢轴量推出单侧置信限公式.对于单侧置信限,推出待估参数的置信下限要从枢轴量的上限入手,反之亦然.

由于

$$P\left\{\frac{\overline{X} - \mu}{S/\sqrt{n}} < t_\alpha(n-1)\right\} = 1 - \alpha \xrightarrow{\text{反解}} P\left\{\overline{X} - \frac{S}{\sqrt{n}}t_\alpha(n-1) < \mu\right\} = 1 - \alpha$$

故单个正态总体、σ^2 未知时,μ 的单侧置信下限为 $\underline{\mu} = \overline{X} - \dfrac{S}{\sqrt{n}}t_\alpha(n-1)$.

(3) 将数据代入公式,得到单侧置信限.

由于 $t_\alpha(n-1) = t_{0.05}(35) = 1.6896$,故 μ 的单侧置信下限为

$$\underline{\mu} = \overline{X} - \frac{S}{\sqrt{n}}t_\alpha(n-1) = 66.5 - \frac{15}{\sqrt{36}} \times 1.6896 = 66.5 - 4.224 = 62.276$$

结论:平均成绩 μ 的置信度为 $1 - \alpha = 0.95$ 的单侧置信下限为 62.276.

注意:典型题 8.7 中双侧置信区间 $(61.425, 71.575)$ 的置信下限和典型题 8.8 中单侧置信区间的置信下限 $\underline{\mu} = 62.276$ 并不相同.特别地,如果正态分布 $X \sim N(\mu, \sigma^2)$ 中参数 μ 的"真值"为 62 分,那么典型题 8.7 的置信区间包含 μ 的真值;而典型题 8.8 的置信区间 $(\underline{\mu}, +\infty) = (62.276, +\infty)$ 不包含 μ 的真值.

8.3 假设检验

在经典教材中,区间估计和假设检验通常放在不同章节介绍,但它们联系密切.所以本书将它们对照学习,可以达到事半功倍的效果.本节首先通过"女士品茶"的故事介绍假设检验的基本思想和重要概念.然后通过一个引理展示区间估计和假设检验的联系,并给出使用检验统计量法进行假设检验的解题思路.最后,逐一讲解每个步骤的细节,并给出典型题.

8.3.1 假设检验的基本思想和重要概念

> **-引例 8.9-** 一位女士坚持认为,将茶倒进牛奶里和将牛奶倒进茶里的味道是不同的.试验中一共准备了 10 杯奶茶,由她逐一品尝判断.如果该女士没有判断能力,仅靠碰运气,也可能答对不少次.但如果她具有判断能力,显然答对次数应该更多一些.

(1) 我们首先给出一个默认接受的假设(该女士没有判断能力,称为原假设;与之对立的假设称为备择假设),然后找到一个临界指标,作为判断依据.比如将"9 杯"定为临界指标,该女士判断正确数 $X \geqslant 9$ 时,认为她有判断能力.具体而言,如果把判断正确数 X 视为检验统计量,那么①它的拒绝域为 $\{9,10\}$,当 X 落入拒绝域中,即 $X \in \{9,10\}$ 时,拒绝原假设,接受备择假设,认为她有判断能力;②反之,它的接受域为 $\{0,1,\cdots,7,8\}$,当 X 落入接受域中时,接受原假设,认为她没有判断能力.

(2) 在原假设(该女士没有判断能力)成立的条件下,该女士能够判断正确的杯数 $X \sim B(10, 0.5)$,故判断正确数 $X \geqslant 9$ 的概率为

$$P\{X \geqslant 9\} = P\{X=9\} + P\{X=10\} = C_{10}^{9} \times 0.5^9 \times 0.5^1 + C_{10}^{10} \times 0.5^{10} \times 0.5^0$$

$$= \frac{C_{10}^{9} + C_{10}^{10}}{2^{10}} = \frac{46}{1\,024} = 0.044\,9$$

这个概率非常小.假设检验的基本思想是"实际推断原理":小概率事件在实际中不会发生.也就是说,如果在原假设成立的条件下,现在发生的事是小概率事件(比预先给定的概率值 $\alpha = 0.05$ 小,这个概率值称为显著性水平、检验水平),那么我们只能拒绝原假设.这个思路和反证法类似.

(3) 基于"实际推断原理"的假设检验有可能犯错吗? 注意到:即使该女士没有判断能力(原假设为真),判断正确数 $X \geqslant 9$(拒绝原假设)的概率也有 0.044 9.这种"弃真"的错误称为假设检验的"第一类错误",这是很严重的错误.我们通常限制犯第一类错误的概率不超过显著性水平 α.因此,我们学习的这种假设检验方法又称显著性检验.

说明:上述"女士品茶"的故事发生在 20 世纪 20 年代末的英国剑桥,通常被视为假设检验的诞生.故事中实验的设计者是罗纳德·费希尔.这个故事展示了假设检验的基本思想和重要概念,但在实际应用中,通常使用检验统计量法进行假设检验.

8.3.2 区间估计和假设检验的密切联系

图 8.11 展示了区间估计和假设检验的密切联系.粗略地讲,①区间估计的置信水平(置信度)为 $1-\alpha$,假设检验的显著性水平(检验水平)为 α,其中 α 是小概率,通常取 0.01,0.05,0.1 等.②将原假设 H_0 中等号的信息代入枢轴量(区间估计的解题工具),就能得到相同应用场景下的检验统计量(假设检验的解题工具),且分布不变.③区间估计中的置信区间几乎就是假设检验中的接受域.主要区别是:置信区间是待估参数的取值范围,接受域是检验统计量的取值范围.而拒绝域是接受域的补集.

说明:尽管我们可以根据区间估计和假设检验的关系达到"事半功倍"的学习效果,但在实际解题过程中,一定不要混用"枢轴量"和"检验统计量"、"置信区间"和"接受域"等概念.因为它们在严格的数学意义上是有区别的.

引例	设考生某次考试成绩服从正态分布 $X \sim N(\mu, \sigma^2)$，从中任取 36 位考生成绩. 其平均成绩为66.5分，标准差为15分.

区间估计[双侧置信区间]	假设检验[双边检验]
试求：平均成绩 μ 的置信度为 $1-\alpha=0.95$ 的双侧置信区间 ①	试求：在 $\alpha=0.05$ 的显著性水平下，可否认为全体考生这次考试的平均成绩为 70 分，给出检验过程
	解答：（1）根据题意，给出原假设 H_0 与备择假设 H_1 $$H_0: \mu=\mu_0=70; H_1: \mu \neq \mu_0$$
解答：（1）根据应用场景选择枢轴量 ②将原假设中等号信息代入"枢轴量"得到"检验统计量"，且分布不变 枢轴量为 $\dfrac{\overline{X}-\mu}{S/\sqrt{n}} \sim t(n-1)$	（2）根据应用场景选择检验统计量 检验统计量为 $t=\dfrac{\overline{X}-\mu_0}{S/\sqrt{n}} \sim t(n-1)$
（2）由枢轴量推出置信区间公式 $$P\left\{-t_{\alpha/2}(n-1) < \frac{\overline{X}-\mu}{S/\sqrt{n}} < t_{\alpha/2}(n-1)\right\}=1-\alpha ③$$ 反解 $\Rightarrow P\left\{\overline{X}-\dfrac{S}{\sqrt{n}}t_{\alpha/2}(n-1) < \mu < \overline{X}+\dfrac{S}{\sqrt{n}}t_{\alpha/2}(n-1)\right\}=1-\alpha$ 故单个正态总体、σ^2 未知时，μ 的置信区间公式为 $$\left(\overline{X}-\frac{S}{\sqrt{n}}t_{\alpha/2}(n-1),\ \overline{X}+\frac{S}{\sqrt{n}}t_{\alpha/2}(n-1)\right)$$	（3）根据检验统计量及其分布，给出拒绝域 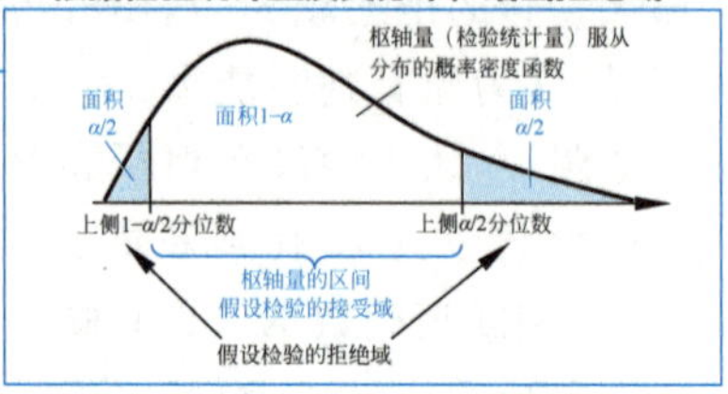 拒绝域为 $t<-t_{\alpha/2}(n-1)$ 或 $t>t_{\alpha/2}(n-1)$ 代入数据： $t<-t_{0.025}(35)=-2.030\ 1$ 或 $t>t_{0.025}(35)=2.030\ 1$
（3）将数据代入公式，得到置信区间 由于 $t_{\alpha/2}(n-1)=t_{0.025}(35)=2.030\ 1$，故 μ 的置信区间为 $$\left(66.5-\frac{15}{\sqrt{36}}\times2.030\ 1,\ 66.5+\frac{15}{\sqrt{36}}\times2.030\ 1\right)=(61.425,\ 71.575)$$ **结论：**平均成绩 μ 的置信度为 $1-\alpha=0.95$ 的置信区间为 $(61.425, 71.575)$	（4）将数据代入检验统计量，得到观测值 $$观测值为\ t=\frac{\overline{X}-\mu_0}{S/\sqrt{n}}=\frac{66.5-70}{15/\sqrt{36}}=-1.4$$ （5）判断观测值是否落入拒绝域，得到结论 **结论：**观测值没有落入拒绝域内，故接受 H_0. 即可以认为全体考生这次考试的平均成绩为70分.

图 8.11　区间估计和假设检验的密切联系

8.3.3　使用检验统计量法进行假设检验的解题思路

在实际应用中，通常使用检验统计量法进行假设检验. 具体分为五个步骤：

（1）根据题意，给出原假设 H_0 与备择假设 H_1.

原假设是默认成立的假设. 正确地给出原假设和备择假设，是假设检验的第一步.

（2）根据应用场景选择检验统计量.

根据区间估计和假设检验的关系，将枢轴量改造成检验统计量. 粗略地讲，将原假设 H_0 中等号的信息代入枢轴量，就能得到相同应用场景下的检验统计量，且分布不变.

（3）根据检验统计量及其分布，给出拒绝域.

拒绝域是面积为 α 的小概率区域. 与区间估计类似，这个小概率区域可以平均分在左右两侧，或者全部在某一侧，分别对应双边检验和单边检验.

① 双边检验的拒绝域平均分在左右两侧，每部分面积各为 $\alpha/2$. 因此，双边检验的拒绝域为"检验统计量<上侧 $1-\alpha/2$ 分位数"或"检验统计量>上侧 $\alpha/2$ 分位数".

② 单边检验中面积为 α 的拒绝域要么全部在左侧，要么全部在右侧. 小技巧："拒绝域中的不等号方向"与"备择假设中的不等号方向"相同.

（4）将数据代入检验统计量，得到观测值.

(5) 判断观测值是否落入拒绝域,得到结论.

若检验统计量的观测值落入拒绝域,则拒绝原假设 H_0,接受备择假设 H_1;否则,接受原假设 H_0.

8.3.4 原假设 H_0 与备择假设 H_1

原假设 H_0 是"默认接受"的假设,没有足够理由(小概率事件发生)不能拒绝;而备择假设 H_1 则只有"显著的好"时才能被接受.事实上,很多时候,现实发生的事件不是非黑即白的,它总会支持原假设.可见,原假设具有很大的优势.

一个不太恰当的比喻是我国古代皇位继承这件事:

(1) 东宫太子继承可视为原假设 H_0,他是默认的选项.东宫太子想要继承皇位只需不犯错、不被冤枉即可.这里"被冤枉"是指假设检验"犯第一类错误",也就是"弃真"的错误,即原假设是真的,但由于样本的随机性,小概率事件真的发生了(检验统计量的观测值落入拒绝域内).根据检验程序只能拒绝原假设.如前所述,这是很严重的错误,我们通常限制犯第一类错误的概率不超过 显著性水平 α.因此,我们学习的这种假设检验方法又称 显著性检验.

(2) 作为对立事件,其他皇子继承可视为备择假设 H_1.粗略地讲,其他皇子想要继承皇位必须"显著的好".

解题思路:确定原假设和备择假设的两种常用思路.

情况 1:需要检验的假设是待估参数"等于或不等于"某值,称为 双边假设检验.此时将"等号"放在原假设.即 $H_0:\theta=\theta_0$,$H_1:\theta\neq\theta_0$.

情况 2:需要检验的假设是待估参数"大于或小于"某值,称为 单边假设检验.此时通常将具有"显著地、新的"等 关键词 的假设放在备择假设.例如,可否认为新方法的效率 μ_2 显著高于旧方法?则有 $H_0:\mu_1\geqslant\mu_2$,$H_1:\mu_1<\mu_2$.根据习惯,"等号"始终放在原假设处.有些参考书也将这种情况记为 $H_0:\mu_1=\mu_2$,$H_1:\mu_1<\mu_2$,即将原假设 H_0 中的"$\geqslant$"改写为"$=$".但整个检验过程和结论均不变.注意:"可否认为"只是表述习惯,不是关键词哦!

典型题 8.10〔2018,Ⅰ〕

设总体 X 服从正态分布 $N(\mu,\sigma^2)$.$x_1,x_2,\cdots,x_n$ 是来自总体 X 的简单随机样本,据此样本检验假设 $H_0:\mu=\mu_0$,$H_1:\mu\neq\mu_0$,则 _____.

A. 如果在检验水平 $\alpha=0.05$ 下拒绝 H_0,那么在检验水平 $\alpha=0.01$ 下必拒绝 H_0

B. 如果在检验水平 $\alpha=0.05$ 下拒绝 H_0,那么在检验水平 $\alpha=0.01$ 下必接受 H_0

C. 如果在检验水平 $\alpha=0.05$ 下接受 H_0,那么在检验水平 $\alpha=0.01$ 下必拒绝 H_0

D. 如果在检验水平 $\alpha=0.05$ 下接受 H_0,那么在检验水平 $\alpha=0.01$ 下必接受 H_0

解答 因为显著性水平从 0.05 变成 0.01,故拒绝域变小,从而接受域变大.所以原来接受的,现在也接受;但原来拒绝的,现在可能拒绝也可能接受.图 8.12 展示了选项 A、B、C 反例的位置,以及选项 D 为什么是正确的.

答案 D

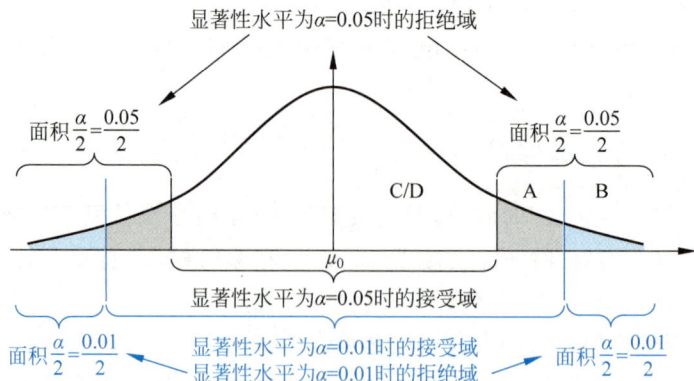

显著性水平为α=0.05时的拒绝域

面积 $\dfrac{\alpha}{2}=\dfrac{0.05}{2}$　　　　　　面积 $\dfrac{\alpha}{2}=\dfrac{0.05}{2}$

C/D　　A　B

μ_0

显著性水平为α=0.05时的接受域

面积 $\dfrac{\alpha}{2}=\dfrac{0.01}{2}$　显著性水平为α=0.01时的接受域　显著性水平为α=0.01时的拒绝域　面积 $\dfrac{\alpha}{2}=\dfrac{0.01}{2}$

图 8.12　四个选项的正误图示

假设检验的 p 值[选学]

在一个假设检验问题中,利用样本观测值能够作出拒绝原假设的最小显著性水平称为检验的 p 值. 容易看出:①如果 $p\leqslant\alpha$,则在显著性水平 α 下拒绝 H_0;②如果 $p>\alpha$,则在显著性水平 α 下接受 H_0. 很多统计软件会对假设检验问题给出 p 值.

8.3.5　假设检验的两类错误

假设检验的总体真实情况有两种(H_0 为真、H_0 为假),而由观测数据得出的结论也有两种(认为 H_0 为真、认为 H_0 为假). 可见,假设检验存在两类错误(表 8.3):"弃真"和"取伪". 特别地,在实际操作中,我们通常约定犯第一类错误的概率为显著性水平 α.

表 8.3　假设检验的两类错误

		总体情况	
		原假设 H_0 为真	原假设 H_0 为假
由观测数据得 出的结论	接受原假设 H_0	正确	犯第二类错误(取伪)
	拒绝原假设 H_0	犯第一类错误(弃真)	正确

典型题 8.11

设考生的某次考试成绩服从正态分布 $X\sim N(\mu,12^2)$,从中任取 36 位考生的成绩. 考虑假设检验问题 $H_0:\mu=70,H_1:\mu\neq70$. 记 $\overline{X}$ 为样本均值,按下列方式进行假设:当 $|\overline{X}-70|>4$ 时,拒绝原假设 H_0;当 $|\overline{X}-70|\leqslant4$ 时,接受原假设 H_0.

(1)求犯第一类错误的概率 α;

(2)若 $\mu=66$,求犯第二类错误的概率 β.

结论用标准正态分布的分布函数 $\Phi(x)$ 表示.

解答　(1)说明:本题已经给出了拒绝域 $\{|\overline{X}-70|>4\}$,不需要按照检验统计量法推出拒绝域,可以直接由两类错误的定义完成假设检验. 犯第一类错误的概率,即在原假设 H_0 为真的条件下,拒绝原假设的概率. 具体而言,指在 $\mu=70$ 的条件下,随机事件 $\{|\overline{X}-70|>4\}$

发生的概率.

由题意,总体方差为 $\sigma^2 = 12^2$,样本容量为 $n = 36$. 在原假设 H_0 为真的条件下,$\mu = 70$,从而 $\overline{X} \sim N\left(\mu, \dfrac{\sigma^2}{n}\right)$ 意味着 $\overline{X} \sim N(70, 2^2)$,即 $\dfrac{\overline{X} - 70}{2} \sim N(0,1)$. 因此,犯第一类错误的概率为

$$P\{|\overline{X} - 70| > 4 \,|\, H_0 \text{ 为真}\} = P\{\overline{X} - 70 > 4 \,|\, H_0 \text{ 为真}\} + P\{\overline{X} - 70 < -4 \,|\, H_0 \text{ 为真}\}$$

$$= P\left\{\dfrac{\overline{X} - 70}{2} > 2 \,\middle|\, \dfrac{\overline{X} - 70}{2} \sim N(0,1)\right\}$$

$$+ P\left\{\dfrac{\overline{X} - 70}{2} < -2 \,\middle|\, \dfrac{\overline{X} - 70}{2} \sim N(0,1)\right\}$$

$$= 1 - \Phi(2) + \Phi(-2) = 2 - 2\Phi(2)$$

故犯第一类错误的概率为 $\alpha = 2 - 2\Phi(2)$.

(2) 说明:当 $\mu = 66$ 时,犯第二类错误的概率,即此时接受原假设的概率. 具体而言,指在 $\mu = 66$ 的条件下,随机事件 $\{|\overline{X} - 70| \leqslant 4\}$ 发生的概率.

由题意,总体方差为 $\sigma^2 = 12^2$,样本容量为 $n = 36$,在 $\mu = 66$ 的条件下,$\overline{X} \sim N\left(\mu, \dfrac{\sigma^2}{n}\right)$ 意味着 $\overline{X} \sim N(66, 2^2)$,即 $\dfrac{\overline{X} - 66}{2} \sim N(0,1)$. 因此,犯第二类错误的概率为

$$P\{|\overline{X} - 70| \leqslant 4 \,|\, \mu = 66\} = P\{66 \leqslant \overline{X} \leqslant 74 \,|\, \mu = 66\}$$

$$= P\left\{\dfrac{66 - 66}{2} \leqslant \dfrac{\overline{X} - 66}{2} \leqslant \dfrac{74 - 66}{2} \,\middle|\, \dfrac{\overline{X} - 66}{2} \sim N(0,1)\right\}$$

$$= \Phi(4) - \Phi(0) = \Phi(4) - \dfrac{1}{2}$$

故 $\mu = 66$ 时,犯第二类错误的概率为 $\beta = \Phi(4) - \dfrac{1}{2}$.

8.3.6 从枢轴量到检验统计量

如前所述,将原假设 H_0 中等号的信息代入枢轴量,就能得到相同应用场景下的检验统计量,且分布不变. 表 8.4 给出了六种应用场景下的检验统计量,请大家尝试写出它们吧.

表 8.4 记一记:从枢轴量到检验统计量

		(1) σ^2 已知,估计 μ	(2) σ^2 未知,估计 μ	(3) 估计 σ^2
单个正态总体	枢轴量	$\dfrac{\overline{X} - \mu}{\sigma/\sqrt{n}} \sim N(0,1)$	$\dfrac{\overline{X} - \mu}{S/\sqrt{n}} \sim t(n-1)$	$\dfrac{(n-1)S^2}{\sigma^2} \sim \chi^2(n-1)$
	检验统计量	$H_0: \mu = \mu_0, H_1: \mu \neq \mu_0$ $\dfrac{\overline{X} - \mu_0}{\sigma/\sqrt{n}} \sim N(0,1)$	$H_0: \mu = \mu_0, H_1: \mu \neq \mu_0$ $\dfrac{\overline{X} - \mu_0}{S/\sqrt{n}} \sim t(n-1)$	$H_0: \sigma^2 = \sigma_0^2, H_1: \sigma^2 \neq \sigma_0^2$ $\dfrac{(n-1)S^2}{\sigma_0^2} \sim \chi^2(n-1)$

知识点微课程 8.7

续表

		(4) σ_1^2,σ_2^2 已知,估计 $\mu_1-\mu_2$ $$\frac{(\bar{X}-\bar{Y})-(\mu_1-\mu_2)}{\sqrt{\dfrac{\sigma_1^2}{n_1}+\dfrac{\sigma_2^2}{n_2}}}$$ $\sim N(0,1)$	(5) $\sigma_1^2=\sigma_2^2=\sigma^2$ 未知,估计 $\mu_1-\mu_2$ $$\frac{(\bar{X}-\bar{Y})-(\mu_1-\mu_2)}{S_w\sqrt{\dfrac{1}{n_1}+\dfrac{1}{n_2}}}$$ $\sim t(n_1+n_2-2)$ 其中 $S_w^2=\dfrac{(n_1-1)S_1^2+(n_2-1)S_2^2}{n_1+n_2-2}$	(6) 估计 σ_1^2/σ_2^2 $$\frac{S_1^2/S_2^2}{\sigma_1^2/\sigma_2^2}\sim F(n_1-1,n_2-1)$$
两个正态总体	检验统计量	$H_0:\mu_1-\mu_2=\delta$, $H_1:\mu_1-\mu_2\neq\delta$ $$\frac{(\bar{X}-\bar{Y})-\delta}{\sqrt{\dfrac{\sigma_1^2}{n_1}+\dfrac{\sigma_2^2}{n_2}}}\sim N(0,1)$$	$H_0:\mu_1-\mu_2=\delta,H_1:\mu_1-\mu_2\neq\delta$ $$\frac{(\bar{X}-\bar{Y})-\delta}{S_w\sqrt{\dfrac{1}{n_1}+\dfrac{1}{n_2}}}\sim t(n_1+n_2-2)$$ 其中 $S_w^2=\dfrac{(n_1-1)S_1^2+(n_2-1)S_2^2}{n_1+n_2-2}$	$H_0:\sigma_1^2=\sigma_2^2,H_1:\sigma_1^2\neq\sigma_2^2$ $\Rightarrow H_0:\sigma_1^2/\sigma_2^2=1,$ $\quad H_1:\sigma_1^2/\sigma_2^2\neq1$ $$\frac{S_1^2/S_2^2}{1}\sim F(n_1-1,n_2-1)$$ $\Rightarrow \dfrac{S_1^2}{S_2^2}\sim F(n_1-1,n_2-1)$

六种应用场景的推导方法完全一样,下面仅以"两个正态总体,估计方差比 σ_1^2/σ_2^2"的应用场景为例进行说明.

(1) 这种应用场景下的枢轴量为 $\dfrac{S_1^2/S_2^2}{\sigma_1^2/\sigma_2^2}\sim F(n_1-1,n_2-1)$.

(2) 原假设 H_0 有三种情况:①双边检验 $\sigma_1^2=\sigma_2^2$;②单边检验 $\sigma_1^2\geqslant\sigma_2^2$;③单边检验 $\sigma_1^2\leqslant\sigma_2^2$.原假设中等号的信息均为 $\sigma_1^2=\sigma_2^2$,等价于 $\sigma_1^2/\sigma_2^2=1$.

(3) 将原假设 H_0 中等号的信息 $\sigma_1^2/\sigma_2^2=1$ 代入枢轴量 $\dfrac{S_1^2/S_2^2}{\sigma_1^2/\sigma_2^2}\sim F(n_1-1,n_2-1)$,就能得到相同应用场景下的检验统计量 $\dfrac{S_1^2/S_2^2}{1}=\dfrac{S_1^2}{S_2^2}\sim F(n_1-1,n_2-1)$,且分布不变.

注意:上述内容是本书的心得总结.正式答题时不建议写在卷面上,但可以写在草稿纸上,以避免死记硬背.

说明:有的研究者会根据检验统计量的分布类型给检验方法命名.例如:把检验统计量服从正态分布的检验方法称为 u 检验或 Z 检验;把检验统计量服从 χ^2 分布、t 分布、F 分布的检验方法分别称为 χ^2 检验、t 检验、F 检验.

8.3.7 从检验统计量到拒绝域

知识点
微课程
8.8

我们可以根据检验统计量及其分布推出假设检验的拒绝域.六种应用场景的推导方法完全一样,下面仅以"单个正态总体,检验 σ^2"的应用场景为例进行说明.

此时的检验统计量为 $\chi^2=\dfrac{(n-1)S^2}{\sigma_0^2}\sim\chi^2(n-1)$.

1. 双边检验的拒绝域

拒绝域是面积为 α 的小概率区域.双边检验的拒绝域平均分在左右两侧,每部分面积各为 $\alpha/2$,如图 8.13 所示.因此,双边检验的拒绝域为"检验统计量$<$上侧 $1-\alpha/2$ 分位数"或"检验统计量$>$上侧 $\alpha/2$ 分位数".

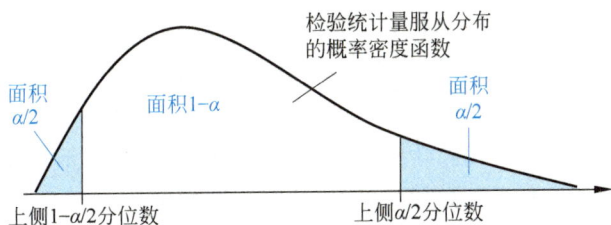

检验统计量服从分布的概率密度函数

面积 $\alpha/2$　　面积 $1-\alpha$　　面积 $\alpha/2$

上侧 $1-\alpha/2$ 分位数　　上侧 $\alpha/2$ 分位数

图 8.13　双边检验的拒绝域(对比图 8.9)

因此，$H_0:\sigma^2=\sigma_0^2$，$H_1:\sigma^2\neq\sigma_0^2$ 的拒绝域为 $\chi^2<\chi_{1-\alpha/2}^2(n-1)$ 或 $\chi^2>\chi_{\alpha/2}^2(n-1)$.

2. 单边检验的拒绝域

单边检验中面积为 α 的拒绝域要么全部在左侧，要么全部在右侧. 所以对应的临界值（接受域和拒绝域的边界值）不再是"上侧 $\alpha/2$ 分位数"的形式，而是"上侧 α 分位数"的形式.

单边检验的拒绝域有两种情况：

(1) 左边检验——面积为 α 的拒绝域全在左边：检验统计量 < 上侧 $1-\alpha$ 分位数.

(2) 右边检验——面积为 α 的拒绝域全在右边：检验统计量 > 上侧 α 分位数.

但实际应用中，不要特别纠结"左边检验"和"右边检验"的措辞，可以运用小技巧快速确定拒绝域："拒绝域中的不等号方向"与"备择假设中的不等号方向"相同. 我们可以这样记住这个口诀：如果检验统计量的观测值落入拒绝域中，则拒绝原假设，接受备择假设，可见，拒绝域与备择假设是"一致的". 因此，

(1) $H_0:\sigma^2\geqslant\sigma_0^2$，$H_1:\sigma^2<\sigma_0^2$ 的拒绝域为 $\chi^2<\chi_{1-\alpha}^2(n-1)$.

(2) $H_0:\sigma^2\leqslant\sigma_0^2$，$H_1:\sigma^2>\sigma_0^2$ 的拒绝域为 $\chi^2>\chi_{\alpha}^2(n-1)$.

图 8.14 展示了 $H_0:\sigma^2\leqslant\sigma_0^2$，$H_1:\sigma^2>\sigma_0^2$（右边检验、拒绝域在右边）的情况. 首先由备择假设的不等号方向 $H_1:\sigma^2>\sigma_0^2$，推出拒绝域的不等号方向 $\chi^2>$ 临界点（某上侧分位数），再由检验统计量的概率密度函数图得出临界点应该是"上侧 $1-\alpha$ 分位数"还是"上侧 α 分位数".

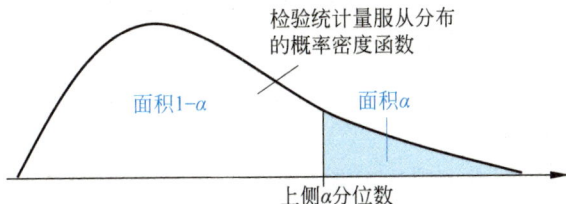

检验统计量服从分布的概率密度函数

面积 $1-\alpha$　　面积 α

上侧 α 分位数

图 8.14　单边检验的拒绝域(对比图 8.10)

8.3.8　典型题

下面回顾本章最开始给出的四道相互关联的题目，运用检验统计量法解决双边检验和单边检验的问题.

典型题 8.12［双边检验，1998，Ⅰ］

设考生的某次考试成绩服从正态分布 $X\sim N(\mu,\sigma^2)$，从中任取 36 位考生的成绩. 其平均成绩为 66.5 分，标准差为 15 分. 试求：在 $\alpha=0.05$ 的显著性水平下，可否认为全体考生

典型题
微课程
8.4

这次考试的平均成绩为 70 分,给出检验过程.其中,$t_{0.025}(35)=2.030\,1$.

解答　(1) 根据题意,给出原假设 H_0 与备择假设 H_1.

$H_0:\mu=\mu_0=70,H_1:\mu\neq\mu_0$.

(2) 根据应用场景选择检验统计量.为了后面表述方便,通常根据检验统计量的分布将它记为 z(正态分布)、t(t 分布)、χ^2(χ^2 分布)、F(F 分布)等.

检验统计量为 $t=\dfrac{\overline{X}-\mu_0}{S/\sqrt{n}}\sim t(n-1)$.

(3) 根据检验统计量及其分布,给出拒绝域.由于 t 分布的概率密度是偶函数,故

$$t_{1-\alpha/2}(n-1)=-t_{\alpha/2}(n-1)$$

有的教材将拒绝域写为 $|t|>t_{\alpha/2}(n-1)=t_{0.025}(35)=2.030\,1$.

拒绝域为 $t<-t_{\alpha/2}(n-1)$ 或 $t>t_{\alpha/2}(n-1)$.

代入数据得 $t<-t_{0.025}(35)=-2.030\,1$ 或 $t>t_{0.025}(35)=2.030\,1$.

(4) 将数据代入检验统计量,得到观测值.如果前面用绝对值 $|t|$ 的范围刻画拒绝域,则这里也要计算 $|t|$ 的观测值.

观测值为 $t=\dfrac{\overline{x}-\mu_0}{s/\sqrt{n}}=\dfrac{66.5-70}{15/\sqrt{36}}=-1.4$.

(5) 判断观测值是否落入拒绝域,得到结论.

结论:观测值没有落入拒绝域内,故接受 H_0.即可以认为全体考生这次考试的平均成绩为 70 分.

说明:结合本题假设检验的结论"可以认为"和典型题 8.7 中的双侧置信区间$(61.425,71.575)$可以发现,正好有 $\overline{x}=66.5\in(61.425,71.575)$.这再次展示了区间估计和假设检验的密切联系.但再次强调,在实际解题过程中,一定不要混用"枢轴量"和"检验统计量"、"置信区间"和"接受域"等概念.因为它们在严格的数学意义上是有区别的.比如,本题中尽量不要使用 $\overline{x}=66.5\in(61.425,71.575)$ 来说明"可以认为全体考生这次考试的平均成绩为 70 分".这样可能对考试得分产生不利影响.

典型题
微课程
8.5

典型题 8.13［单边检验］

设全体考生的某次考试成绩服从正态分布 $X\sim N(\mu,\sigma^2)$,从中任取 36 位考生的成绩.其平均成绩为 66.5 分,标准差为 15 分.试求:在 $\alpha=0.05$ 的显著性水平下,可否认为全体考生这次考试的平均成绩显著低于 70 分,给出检验过程.其中,$t_{0.05}(35)=1.689\,6$.

解答　(1) 根据题意,给出原假设 H_0 与备择假设 H_1.题目中有关键词"显著低于",故应该把"低于"放在需要显著好才能接受的备择假设处,即确定备择假设为 $H_1:\mu<\mu_0$.再由原假设与备择假设互补,且等号"="通常放在原假设,可知原假设为 $H_0:\mu\geqslant\mu_0$.

$H_0:\mu\geqslant\mu_0=70,H_1:\mu<\mu_0$.

(2) 根据应用场景选择检验统计量.

检验统计量为 $t=\dfrac{\overline{X}-\mu_0}{S/\sqrt{n}}\sim t(n-1)$.

(3) 根据检验统计量及其分布,给出拒绝域.可以运用小技巧快速确定拒绝域:"拒绝

域中的不等号方向"与"备择假设中的不等号方向"相同.

拒绝域为 $t < -t_a(n-1)$.

代入数据得 $t < -t_{0.05}(35) = -1.689\,6$.

（4）将数据代入检验统计量，得到观测值.

观测值为 $t = \dfrac{\bar{x} - \mu_0}{s/\sqrt{n}} = \dfrac{66.5 - 70}{15/\sqrt{36}} = -1.4.$

（5）判断观测值是否落入拒绝域，得到结论.

结论：观测值没有落入拒绝域内，故接受 H_0. 即不能认为全体考生这次考试的平均成绩显著低于 70 分.

8.4　小题大做：两个正态总体

本节通过四个相互关联的典型题介绍两个正态总体的区间估计和假设检验问题，它们与单个正态总体的解题思路完全一致. 所以本节不再展开讨论，而是直接给出解答，以便集中展示四个问题的区别与联系.

> -引例 8.14- 甲、乙两个班级采用了两种不同的教学方法. 一年后，两班学生参加统一考试，假设两班成绩分别服从正态分布 $N(\mu_x, \sigma^2)$ 和 $N(\mu_y, \sigma^2)$. 现每班各抽取 10 个同学的考试成绩，计算得到平均成绩分别为 $\bar{x} = 82$ 和 $\bar{y} = 83$；方差分别为 $s_x^2 = 2.4$ 和 $s_y^2 = 1.2$.
>
> （1）求成绩均值差 $\mu_x - \mu_y$ 的置信度为 $1 - \alpha = 0.90$ 的双侧置信区间.
>
> ——双侧置信区间
>
> （2）求成绩均值差 $\mu_x - \mu_y$ 的置信度为 $1 - \alpha = 0.90$ 的单侧置信下限.
>
> ——单侧置信限
>
> （3）在 $\alpha = 0.10$ 的显著性水平下，可否认为这两个班级考试的成绩存在显著差别？
>
> ——双边检验
>
> （4）在 $\alpha = 0.10$ 的显著性水平下，可否认为乙班同学的成绩显著高于甲班同学的成绩？
>
> ——单边检验
>
> 说明：在题目解答过程中，可能需要用到 t 分布分位数 $t_{0.05}(18) = 1.734\,1$ 和 $t_{0.10}(18) = 1.330\,4$.

典型题 8.15［双侧置信区间］

甲、乙两个班级采用了两种不同的教学方法. 一年后，两班学生参加统一考试，假设两班成绩分别服从正态分布 $N(\mu_x, \sigma^2)$ 和 $N(\mu_y, \sigma^2)$. 现每班各抽取 10 个同学的考试成绩，计算得到平均成绩分别为 $\bar{x} = 82$ 和 $\bar{y} = 83$；方差分别为 $s_x^2 = 2.4$ 和 $s_y^2 = 1.2$.

试求：成绩均值差 $\mu_x - \mu_y$ 的置信度为 $1 - \alpha = 0.90$ 的双侧置信区间. 其中，$t_{0.05}(18) = 1.734\,1$.

解答　（1）根据应用场景选择枢轴量. 本题是在两个正态总体、总体方差 $\sigma_x^2 = \sigma_y^2 = \sigma^2$ 相等但未知的条件下，估计总体均值差 $\mu_x - \mu_y$. 再次强调：六种应用场景下的枢轴量及其分布都可以快速推出，不要死记硬背！详见 8.2.4 节"枢轴量的诞生".

枢轴量为 $\dfrac{(\overline{X} - \overline{Y}) - (\mu_x - \mu_y)}{S_w \sqrt{\dfrac{1}{n_x} + \dfrac{1}{n_y}}} \sim t(n_x + n_y - 2)$，其中 $S_w^2 = \dfrac{(n_x - 1)S_x^2 + (n_y - 1)S_y^2}{n_x + n_y - 2}$.

（2）由枢轴量推出置信区间公式.

$$P\left\{ -t_{a/2}(n_x + n_y - 2) < \dfrac{(\overline{X} - \overline{Y}) - (\mu_x - \mu_y)}{S_w \sqrt{\dfrac{1}{n_x} + \dfrac{1}{n_y}}} < t_{a/2}(n_x + n_y - 2) \right\} = 1 - \alpha$$

$$\overset{\text{反解}}{\Longrightarrow} P\left\{ (\overline{X} - \overline{Y}) - S_w \sqrt{\dfrac{1}{n_x} + \dfrac{1}{n_y}}\, t_{a/2}(n_x + n_y - 2) < \mu_x - \mu_y \right.$$

$$\left. < (\overline{X} - \overline{Y}) + S_w \sqrt{\dfrac{1}{n_x} + \dfrac{1}{n_y}}\, t_{a/2}(n_x + n_y - 2) \right\} = 1 - \alpha$$

故两个正态总体、$\sigma_x^2 = \sigma_y^2 = \sigma^2$ 未知时，$\mu_x - \mu_y$ 的置信区间公式为

$$\left((\overline{X} - \overline{Y}) - S_w \sqrt{\dfrac{1}{n_x} + \dfrac{1}{n_y}}\, t_{a/2}(n_x + n_y - 2), (\overline{X} - \overline{Y}) + S_w \sqrt{\dfrac{1}{n_x} + \dfrac{1}{n_y}}\, t_{a/2}(n_x + n_y - 2) \right)$$

（3）将数据代入公式，得到置信区间.

由于 $n_x = n_y = 10$，$s_x^2 = 2.4$，$s_y^2 = 1.2$，故

$$s_w^2 = \dfrac{(n_x - 1)s_x^2 + (n_y - 1)s_y^2}{n_x + n_y - 2} = \dfrac{(10 - 1) \times 2.4 + (10 - 1) \times 1.2}{10 + 10 - 2} = \dfrac{9 \times 2.4 + 9 \times 1.2}{18} = 1.8$$

又有 $t_{a/2}(n_x + n_y - 2) = t_{0.05}(18) = 1.7341$，故

$$s_w \sqrt{\dfrac{1}{n_x} + \dfrac{1}{n_y}}\, t_{a/2}(n_x + n_y - 2) = \sqrt{1.8} \times \sqrt{\dfrac{1}{10} + \dfrac{1}{10}} \times 1.7341 = 0.6 \times 1.7341 = 1.0405$$

则此时 $\mu_x - \mu_y$ 的置信区间为

$$\left((\overline{x} - \overline{y}) - s_w \sqrt{\dfrac{1}{n_x} + \dfrac{1}{n_y}}\, t_{a/2}(n_x + n_y - 2), (\overline{x} - \overline{y}) + s_w \sqrt{\dfrac{1}{n_x} + \dfrac{1}{n_y}}\, t_{a/2}(n_x + n_y - 2) \right)$$

$$= ((82 - 83) - 1.0405, (82 - 83) + 1.0405) = (-2.0405, 0.0405)$$

结论：成绩均值差 $\mu_x - \mu_y$ 的置信度为 $1 - \alpha = 0.90$ 的置信区间为 $(-2.0405, 0.0405)$.

说明：在"将数据代入置信区间公式"的步骤中，可以先算出整体

$$s_w \sqrt{\dfrac{1}{n_x} + \dfrac{1}{n_y}}\, t_{a/2}(n_x + n_y - 2) = 1.0405$$

再用 $\overline{x} - \overline{y}$ 对它做加减，就可以避免这部分的重复计算.

典型题 8.16［单侧置信限］

甲、乙两个班级采用了两种不同的教学方法. 一年后，两班学生参加统一考试，假设两班成绩分别服从正态分布 $N(\mu_x, \sigma^2)$ 和 $N(\mu_y, \sigma^2)$. 现每班各抽取 10 个同学的考试成绩，计算得到平均成绩分别为 $\overline{x} = 82$ 和 $\overline{y} = 83$；方差分别为 $s_x^2 = 2.4$ 和 $s_y^2 = 1.2$.

试求：成绩均值差 $\mu_x - \mu_y$ 的置信度为 $1-\alpha=0.90$ 的单侧置信下限.其中,$t_{0.10}(18)=$ 1.330 4.

解答 (1) 根据应用场景,选择枢轴量.本题是在两个正态总体、总体方差 $\sigma_x^2=\sigma_y^2=\sigma^2$ 相等但未知的条件下,估计总体均值差 $\mu_x - \mu_y$.

枢轴量为 $\dfrac{(\overline{X}-\overline{Y})-(\mu_x-\mu_y)}{S_w\sqrt{\dfrac{1}{n_x}+\dfrac{1}{n_y}}} \sim t(n_x+n_y-2)$,其中 $S_w^2=\dfrac{(n_x-1)S_x^2+(n_y-1)S_y^2}{n_x+n_y-2}$.

(2) 由枢轴量推出置信区间公式.对于单侧置信限,推出参数的置信下限要从枢轴量的上限入手,反之亦然.

$$P\left\{\frac{(\overline{X}-\overline{Y})-(\mu_x-\mu_y)}{S_w\sqrt{\dfrac{1}{n_x}+\dfrac{1}{n_y}}} < t_\alpha(n_x+n_y-2)\right\}=1-\alpha$$

$$\overset{\text{反解}}{\Rightarrow} P\left\{(\overline{X}-\overline{Y})-S_w\sqrt{\frac{1}{n_x}+\frac{1}{n_y}}\,t_\alpha(n_x+n_y-2) < \mu_x-\mu_y\right\}=1-\alpha$$

故两个正态总体、$\sigma_x^2=\sigma_y^2=\sigma^2$ 未知时,$\mu_x-\mu_y$ 的单侧置信下限公式为

$$\underline{\mu_x-\mu_y}=(\overline{X}-\overline{Y})-S_w\sqrt{\frac{1}{n_x}+\frac{1}{n_y}}\,t_\alpha(n_x+n_y-2)$$

(3) 将数据代入公式,得到单侧置信限.

由于 $n_x=n_y=10$,$s_x^2=2.4$,$s_y^2=1.2$,故

$$s_w^2=\frac{(n_x-1)s_x^2+(n_y-1)s_y^2}{n_x+n_y-2}=\frac{(10-1)\times2.4+(10-1)\times1.2}{10+10-2}=\frac{9\times2.4+9\times1.2}{18}=1.8$$

又有 $t_\alpha(n_x+n_y-2)=t_{0.10}(18)=1.330\,4$,故

$$s_w\sqrt{\frac{1}{n_x}+\frac{1}{n_y}}\,t_\alpha(n_x+n_y-2)=\sqrt{1.8}\times\sqrt{\frac{1}{10}+\frac{1}{10}}\times1.330\,4=0.6\times1.330\,4=0.798\,2$$

则此时 $\mu_x-\mu_y$ 的单侧置信下限为

$$\underline{\mu_x-\mu_y}=(\overline{x}-\overline{y})-s_w\sqrt{\frac{1}{n_x}+\frac{1}{n_y}}\,t_\alpha(n_x+n_y-2)=(82-83)-0.798\,2=-1.798\,2$$

结论：成绩均值差 $\mu_x-\mu_y$ 的置信度为 $1-\alpha=0.90$ 的单侧置信下限为 $-1.798\,2$.

典型题 8.17［双边检验］

甲、乙两个班级采用了两种不同的教学方法.一年后,两班学生参加统一考试,假设两班成绩分别服从正态分布 $N(\mu_x,\sigma^2)$ 和 $N(\mu_y,\sigma^2)$.现每班各抽取 10 个同学的考试成绩,计算得到平均成绩分别为 $\overline{x}=82$ 和 $\overline{y}=83$；方差分别为 $s_x^2=2.4$ 和 $s_y^2=1.2$.

试问：在 $\alpha=0.10$ 的显著性水平下,可否认为这两个班级考试的成绩存在显著差别？其中,$t_{0.05}(18)=1.734\,1$.

解答 (1) 根据题意,给出原假设 H_0 与备择假设 H_1.本题要检验的两个假设是"是"和"否",将等号放在原假设.

$$H_0:\mu_x=\mu_y,\quad H_1:\mu_x\neq\mu_y.$$

典型题
微课程
8.8

（2）**根据应用场景选择检验统计量**. 本题是在两个正态总体、总体方差 $\sigma_x^2 = \sigma_y^2 = \sigma^2$ 相等但未知的条件下，检验均值是否相等，原假设等价于 $\mu_x - \mu_y = 0$. 这种应用场景下的枢轴量为 $\dfrac{(\bar{X} - \bar{Y}) - (\mu_x - \mu_y)}{S_w\sqrt{\dfrac{1}{n_x} + \dfrac{1}{n_y}}} \sim t(n_x + n_y - 2)$. 将原假设中的等号信息代入，就可以得到相同应用场景下的检验统计量，记为 t，分布不变.

检验统计量为 $t = \dfrac{\bar{X} - \bar{Y}}{S_w\sqrt{\dfrac{1}{n_x} + \dfrac{1}{n_y}}} \sim t(n_x + n_y - 2)$，其中 $S_w^2 = \dfrac{(n_x - 1)S_x^2 + (n_y - 1)S_y^2}{n_x + n_y - 2}$.

（3）**根据检验统计量及其分布，给出拒绝域**. 由于 t 分布的概率密度是偶函数，故

$$t_{1-\alpha/2}(n_x + n_y - 2) = -t_{\alpha/2}(n_x + n_y - 2)$$

拒绝域为 $t < -t_{\alpha/2}(n_x + n_y - 2)$ 或 $t > t_{\alpha/2}(n_x + n_y - 2)$.

代入数据得 $t < -t_{\alpha/2}(n_x + n_y - 2) = -t_{0.05}(18) = -1.7341$ 或 $t > t_{\alpha/2}(n_x + n_y - 2) = t_{0.05}(18) = 1.7341$.

（4）**将数据代入检验统计量，得到观测值**.

由于 $n_x = n_y = 10$, $s_x^2 = 2.4$, $s_y^2 = 1.2$，故

$$s_w^2 = \frac{(n_x - 1)s_x^2 + (n_y - 1)s_y^2}{n_x + n_y - 2} = \frac{(10-1)\times 2.4 + (10-1)\times 1.2}{10 + 10 - 2} = \frac{9\times 2.4 + 9\times 1.2}{18} = 1.8$$

则检验统计量的观测值为

$$t = \frac{\bar{x} - \bar{y}}{s_w\sqrt{\dfrac{1}{n_x} + \dfrac{1}{n_y}}} = \frac{82 - 83}{\sqrt{1.8\times\left(\dfrac{1}{10} + \dfrac{1}{10}\right)}} = -\frac{5}{3} = -1.667$$

（5）**判断观测值是否落入拒绝域，得到结论**.

结论：观测值没有落入拒绝域内，故接受 H_0. 即不能认为这两个班级考试的成绩存在显著差别.

说明：结论中的"不能认为这两个班级考试的成绩存在显著差别"有时也简写为"认为两个班级考试的成绩没有显著差别". 但从数学角度看，前者的表述方式更加严谨.

典型题 8.18［单边检验］

甲、乙两个班级采用了两种不同的教学方法. 一年后，两班学生参加统一考试，假设两班成绩分别服从正态分布 $N(\mu_x, \sigma^2)$ 和 $N(\mu_y, \sigma^2)$. 现每班各抽取 10 个同学的考试成绩，计算得到平均成绩分别为 $\bar{x} = 82$ 和 $\bar{y} = 83$；方差分别为 $s_x^2 = 2.4$ 和 $s_y^2 = 1.2$.

试问：在 $\alpha = 0.10$ 的显著性水平下，可否认为乙班同学的成绩显著高于甲班同学的成绩？其中，$t_{0.10}(18) = 1.3304$.

解答　（1）**根据题意，给出原假设 H_0 与备择假设 H_1**. 题目中有关键词"显著高于"，故应该把"高于"放在需要显著好才能接受的备择假设处，即确定备择假设为 $H_1: \mu_x < \mu_y$. 再由原假设与备择假设互补，且等号"＝"通常放在原假设，可知原假设为 $H_0: \mu_x \geq \mu_y$.

$H_0: \mu_x \geq \mu_y$, $H_1: \mu_x < \mu_y$.

(2) 根据应用场景选择检验统计量.

检验统计量为 $t = \dfrac{\overline{X} - \overline{Y}}{S_w \sqrt{\dfrac{1}{n_x} + \dfrac{1}{n_y}}} \sim t(n_x + n_y - 2)$，其中 $S_w^2 = \dfrac{(n_x - 1)S_x^2 + (n_y - 1)S_y^2}{n_x + n_y - 2}$.

(3) 根据检验统计量及其分布，给出拒绝域. 可以运用小技巧快速确定拒绝域："拒绝域中的不等号方向"与"备择假设中的不等号方向"相同.

拒绝域为 $t < -t_a(n_x + n_y - 2)$.

代入数据得 $t < -t_{0.10}(n_x + n_y - 2) = -t_{0.10}(18) = -1.330\,4$.

(4) 将数据代入检验统计量，得到观测值.

由于 $n_x = n_y = 10$，$s_x^2 = 2.4$，$s_y^2 = 1.2$，故

$$s_w^2 = \frac{(n_x - 1)s_x^2 + (n_y - 1)s_y^2}{n_x + n_y - 2} = \frac{(10 - 1) \times 2.4 + (10 - 1) \times 1.2}{10 + 10 - 2} = \frac{9 \times 2.4 + 9 \times 1.2}{18} = 1.8$$

则检验统计量的观测值为

$$t = \frac{\overline{x} - \overline{y}}{s_w \sqrt{\dfrac{1}{n_x} + \dfrac{1}{n_y}}} = \frac{82 - 83}{\sqrt{1.8 \times \left(\dfrac{1}{10} + \dfrac{1}{10}\right)}} = -\frac{5}{3} = -1.667.$$

(5) 判断观测值是否落入拒绝域，得到结论.

结论：观测值落入拒绝域内，故拒绝 H_0. 即可以认为乙班同学的成绩显著高于甲班同学的成绩.

说明：给出原假设 H_0 与备择假设 H_1 时，注意区分"显著差别"和"显著高于/低于".

对比本题单边检验的结论"可以认为乙班同学的成绩显著高于甲班同学的成绩"和典型题 8.17 中双边检验的结论"不能认为这两个班级考试的成绩存在显著差别"（图 8.15），二者看似存在矛盾，但都符合假设检验的流程.

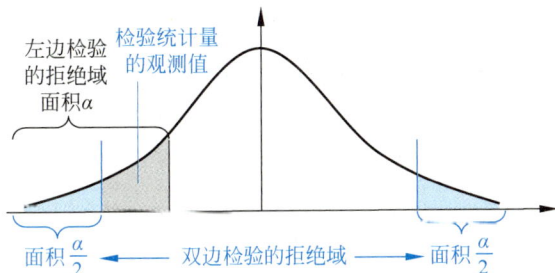

图 8.15 典型题 8.17 和 8.18 的结论对比

可见，在解题过程中，要严格遵循题目的要求，注意区分"显著差别"和"显著高于/低于"，否则可能得到错误的结论. 例如，如果题目中需要检验的是"是否具有显著差别"，原假设和备择假设就应该是 $H_0: \mu_x = \mu_y$，$H_1: \mu_x \neq \mu_y$. 而不能因为看到 $\overline{x} = 82 < \overline{y} = 83$，就想当然地认为 $\mu_x \neq \mu_y \Leftrightarrow \mu_x < \mu_y$，错误地把原假设和备择假设写成 $H_0: \mu_x \geqslant \mu_y$，$H_1: \mu_x < \mu_y$. 这种情况在单个正态总体假设检验中同样存在.

8.5　两个正态总体假设检验的拓展

8.4 节以"小题大做"的形式通过四个相互关联的典型题介绍了两个正态总体的区间估计和假设检验问题. 两个正态总体的假设检验又包含两个拓展问题：成对数据的假设检验和分两步假设检验. 其中，①成对数据的假设检验可以转化为单个正态总体的情况. ②要全面判断两个正态总体 $N(\mu_x, \sigma_x^2)$ 和 $N(\mu_y, \sigma_y^2)$ 有无显著差别，就需要分两步检验正态总体的两个参数. 具体而言，先检验方差的齐性，即 $\sigma_x^2 \overset{\text{是/否}}{=\!=\!=} \sigma_y^2$；如果接受 $\sigma_x^2 = \sigma_y^2$，则在两个正态总体、方差相等但未知的条件下，检验 $\mu_x \overset{\text{是/否}}{=\!=\!=} \mu_y$.

典型题微课程 8.10

典型题 8.19［成对数据的假设检验］

甲、乙两位高中同学一起参加了 9 门不同课程（语数外史地政物化生）的考试. 每门考试的满分都是 100 分，但考查知识点、题目难度等各不相同. 得到的 9 对考试成绩如表 8.5 所示.

表 8.5　甲、乙两位同学的考试成绩

第 k 门考试	1	2	3	4	5	6	7	8	9
甲同学成绩 x_k	92	93	80	97	78	94	90	88	96
乙同学成绩 y_k	82	84	92	79	96	83	78	75	85
$d_k = x_k - y_k$	10	9	−12	18	−18	11	12	13	11

根据表 8.5 中的数据计算得

$$\bar{x} = 89.78, \quad s_X = 6.72, \quad \bar{y} = 83.78, \quad s_Y = 6.67, \quad \bar{d} = 6, \quad s_D = 12.27$$

问：能否认为两位同学的成绩有显著差异（取 $\alpha = 0.01$）？其中，$t_{0.005}(8) = 3.3554$.

解答　设 $D_k = X_k - Y_k (k = 1, 2, \cdots, 9)$ 是来自正态总体 $N(\mu_D, \sigma_D^2)$ 的样本，μ_D 和 σ_D^2 均未知. 根据题意，需要检验的原假设和备择假设分别为

$$H_0: \mu_D = 0, \quad H_1: \mu_D \neq 0$$

检验统计量为

$$t = \frac{\bar{D}}{S_D / \sqrt{n}} \sim t(n-1)$$

拒绝域为

$$|t| \geqslant t_{\alpha/2}(n-1) = t_{0.005}(8) = 3.3554$$

将数据 $\bar{d} = 6$ 和 $s_D = 12.27$ 代入检验统计量，得到观测值为

$$t = \frac{6}{12.27 / \sqrt{9}} = 1.467$$

结论：观测值没有落入拒绝域内，故接受 H_0. 即不能认为两位同学的成绩有显著差异.

解题思路："成对数据"与"两个正态总体"的假设检验有什么区别？

(1) 在"成对数据"的情况中,甲同学的数学成绩不能和乙同学的语文成绩比较,因为数学和语文考试的得分情况显然是不同的.只能将两个同学的各科成绩成对地进行比较.这样就把两个正态总体"压缩"成了单个正态总体.由此,"两位同学的成绩是否有显著差异"等价于"这些成对数据的差值是否均值为 0",即检验 $H_0:\mu_D=0,H_1:\mu_D\neq 0$ 即可.

(2) 在"两个正态总体"的情况中,如甲、乙两位高中同学一起参加了 9 次数学的周考,并认为每次考试的考查知识点、题目难度等均相同,两位同学的学习成绩稳定.那么,甲同学第 1 周的数学成绩可以和乙同学第 3 周的数学成绩比较.可见,甲、乙两位同学的各 9 次成绩可以视为分别服从正态分布.再将这两个正态分布进行比较,检验 $H_0:\mu_x=\mu_y$,$H_1:\mu_x\neq\mu_y$ 即可.

典型题 8.20［分两步假设检验］

甲、乙两个班级采用了两种不同的教学方法.一年后,两班学生参加统一考试,假设两班成绩分别服从正态分布 $N(\mu_x,\sigma_x^2)$ 和 $N(\mu_y,\sigma_y^2)$.现每班各抽取 10 个同学的考试成绩,计算得到平均成绩分别为 $\bar{x}=82$ 和 $\bar{y}=83$;方差分别为 $s_x^2=2.4$ 和 $s_y^2=1.2$.

试在 $\alpha=0.10$ 的显著性水平下,检验这两个班级的考试成绩有无显著差别.

在解答过程中,可能需要用到上侧分位数:$F_{0.05}(9,9)=3.18,t_{0.05}(18)=1.734\,1$.

分析：本题要判断 $N(\mu_x,\sigma_x^2)$ 和 $N(\mu_y,\sigma_y^2)$ 有无显著差别,需先后对正态分布的两个参数进行检验.第 1 步：检验方差的齐性,即 $\sigma_x^2 \xrightarrow{\text{是/否}} \sigma_y^2$.如果拒绝 $\sigma_x^2=\sigma_y^2$,则两个班级的考试成绩有显著差别;如果接受 $\sigma_x^2=\sigma_y^2$,则进入第 2 步：在两个正态总体、方差相等但未知的条件下,检验均值是否相等.

解答　**第 1 步：检验方差的齐性.**

假设：$H_0:\sigma_x^2=\sigma_y^2,H_1:\sigma_x^2\neq\sigma_y^2$.

检验统计量为

$$F=\frac{S_x^2}{S_y^2}\sim F(n_x-1,n_y-1)$$

拒绝域为

$$F<F_{1-\alpha/2}(9,9)=\frac{1}{F_{\alpha/2}(9,9)}=0.31 \quad \text{或} \quad F>F_{\alpha/2}(9,9)=3.18$$

检验统计量的观测值为

$$F=\frac{s_x^2}{s_y^2}=\frac{2.4}{1.2}=2$$

结论：观测值没有落入拒绝域内,故接受 H_0.即可以认为两个班级考试成绩的方差具有齐性.

第 2 步：在两个正态总体、方差相等但未知的条件下,检验均值是否相等.

假设：$H_0:\mu_x=\mu_y,H_1:\mu_x\neq\mu_y$.

检验统计量为

典型题
微课程
8.11

$$t = \frac{\overline{X} - \overline{Y}}{S_w \sqrt{\frac{1}{n_x} + \frac{1}{n_y}}} \sim t(n_x + n_y - 2)$$

其中

$$S_w^2 = \frac{(n_x - 1)S_x^2 + (n_y - 1)S_y^2}{n_x + n_y - 2} = \frac{9 \times 2.4 + 9 \times 1.2}{18} = 1.8$$

拒绝域为

$$t < -t_{\alpha/2}(n_x + n_y - 2) = -t_{0.05}(18) = -1.734\,1$$
$$\text{或} \quad t > t_{\alpha/2}(n_x + n_y - 2) = t_{0.05}(18) = 1.734\,1$$

检验统计量的观测值为

$$t = \frac{\overline{x} - \overline{y}}{s_w \sqrt{\frac{1}{n_x} + \frac{1}{n_y}}} = \frac{82 - 83}{\sqrt{1.8 \times \left(\frac{1}{10} + \frac{1}{10}\right)}} = -\frac{5}{3} = -1.667$$

结论：观测值没有落入拒绝域内，故接受 H_0. 即不能认为这两个班级的考试成绩存在显著差别.

说明：（1）分两步检验与基本的两个正态总体的假设检验没有本质的差别. 只需要记住两步的顺序：先方差、再均值.

（2）本题还可以进一步提高难度. 例如，通过下述两个小问分别考查两个正态总体的双边和单边假设检验. ①试在 $\alpha = 0.10$ 的显著性水平下，检验假设：$H_0 : \sigma_x^2 = \sigma_y^2$，$H_1 : \sigma_x^2 \neq \sigma_y^2$；②在显著性水平 $\alpha = 0.05$ 下，可否认为乙班同学的成绩显著高于甲班同学的成绩？

习 题

习题 8.1［2018，Ⅲ］ 设 $X_1, X_2, \cdots, X_n \ (n \geqslant 2)$ 为来自总体 $N(\mu, \sigma^2) \ (\sigma > 0)$ 的简单随机样本，令 $\overline{X} = \frac{1}{n} \sum_{i=1}^{n} X_i$，$S = \sqrt{\frac{1}{n-1} \sum_{i=1}^{n} (X_i - \overline{X})^2}$，$S^* = \sqrt{\frac{1}{n} \sum_{i=1}^{n} (X_i - \overline{X})^2}$，则_____.

A. $\dfrac{\sqrt{n}(\overline{X} - \mu)}{S} \sim t(n)$

B. $\dfrac{\sqrt{n}(\overline{X} - \mu)}{S} \sim t(n-1)$

C. $\dfrac{\sqrt{n}(\overline{X} - \mu)}{S^*} \sim t(n)$

D. $\dfrac{\sqrt{n}(\overline{X} - \mu)}{S^*} \sim t(n-1)$

习题 8.2［2023，Ⅰ & Ⅲ］ 已知 $X_1, X_2, \cdots, X_n$ 为来自总体 $N(\mu_1, \sigma^2)$ 的简单随机样本，$Y_1, Y_2, \cdots, Y_m$ 为来自总体 $N(\mu_2, 2\sigma^2)$ 的简单随机样本，且两样本相互独立，记 $\overline{X} = \frac{1}{n} \sum_{i=1}^{n} X_i$，$\overline{Y} = \frac{1}{m} \sum_{i=1}^{m} Y_i$，$S_1^2 = \frac{1}{n-1} \sum_{i=1}^{n} (X_i - \overline{X})^2$，$S_2^2 = \frac{1}{m-1} \sum_{i=1}^{m} (Y_i - \overline{Y})^2$. 则_____.

A. $\dfrac{S_1^2}{S_2^2} \sim F(n, m)$

B. $\dfrac{S_1^2}{S_2^2} \sim F(n-1, m-1)$

C. $\dfrac{2S_1^2}{S_2^2} \sim F(n, m)$

D. $\dfrac{2S_1^2}{S_2^2} \sim F(n-1, m-1)$.

习题 8.3[2011，I]　设 $X_1, X_2, \cdots, X_n$ 为来自总体 $N(\mu_0, \sigma^2)$ 的简单随机样本，其中 μ_0 已知，$\sigma^2 > 0$ 未知. $\overline{X}$ 为样本均值，S^2 为样本方差.

(1) 求参数 σ^2 的最大似然估计 $\widehat{\sigma^2}$；

(2) 计算 $E(\widehat{\sigma^2})$ 和 $D(\widehat{\sigma^2})$.

习题 8.4[2016，I]　设 $x_1, x_2, \cdots, x_n$ 为来自总体 $N(\mu, \sigma^2)$ 的简单随机样本，样本均值 $\overline{x} = 9.5$，参数 μ 的置信度为 0.95 的双侧置信区间的置信上限为 10.8，则 μ 的置信度为 0.95 的双侧置信区间为 _____ .

习题 8.5[2021，I]　设 $X_1, X_2, \cdots, X_{16}$ 为来自总体 $N(\mu, 4)$ 的简单随机样本，考虑假设检验问题：$H_0: \mu \leqslant 10, H_1: \mu > 10$. $\Phi(x)$ 表示标准正态分布函数. 若该检验问题的拒绝域为 $W = \{\overline{X} > 11\}$，其中 $\overline{X} = \frac{1}{16} \sum_{i=1}^{16} X_i$，则 $\mu = 11.5$ 时，该检验犯第二类错误的概率为 _____ .

A. $1 - \Phi(0.5)$

B. $1 - \Phi(1)$

C. $1 - \Phi(1.5)$

D. $1 - \Phi(2)$

方差分析和回归分析

9.1 方差分析

典型题 8.17 研究了两个正态总体均值差的双边检验问题. 要检验两个正态总体均值间有无差异, 可以选择服从 t 分布的检验统计量, 称为 t 检验. 但对三个及三个以上正态总体均值间有无差异的问题, t 检验则不起作用. 费希尔等发现, 可以将数据的平方和进行分解、导出 F 分布来进行显著性检验. 这就是本节介绍的 方差分析 (analysis of variance, ANOVA). 当我们需要研究多个正态总体均值的比较问题时, 通常采用方差分析方法.

方差分析也是由英国统计学家罗纳德・费希尔创立的. 20 世纪 20 年代, 他在英国一个农业实验站工作, 需要进行许多田间试验. 为了分析试验结果, 他发明了方差分析法. 需要注意的是, 方差分析所针对的数据是经过一定设计的实验数据. 实验设计和方差分析是数理统计学的两个重要组成部分.

9.1.1 方差分析的解题思路

下面的引例将典型题 8.17 中两个班级平均成绩的比较问题修改为三个班级. 本书通过这个引例介绍方差分析的解题思路, 以及这个思路的理论基础, 特别是 "平方和分解" 的思想. 这个思想在回归分析的研究中也起到了重要作用.

-引例 9.1- 甲、乙、丙三个班级采用了三种不同的教学方法. 一年后, 三班学生参加统一考试, 假设三班成绩分别服从正态分布 $N(\mu_1, \sigma^2)$, $N(\mu_2, \sigma^2)$ 和 $N(\mu_3, \sigma^2)$. 现每班各抽取 5 个同学的考试成绩, 如表 9.1 所示.

表 9.1 考试成绩

甲班	68	70	80	77	75
乙班	89	85	87	86	93
丙班	90	96	91	99	94

本题需要比较三种教学方法对学生成绩的作用是否相同. 因此, 把教学方法称为 因子

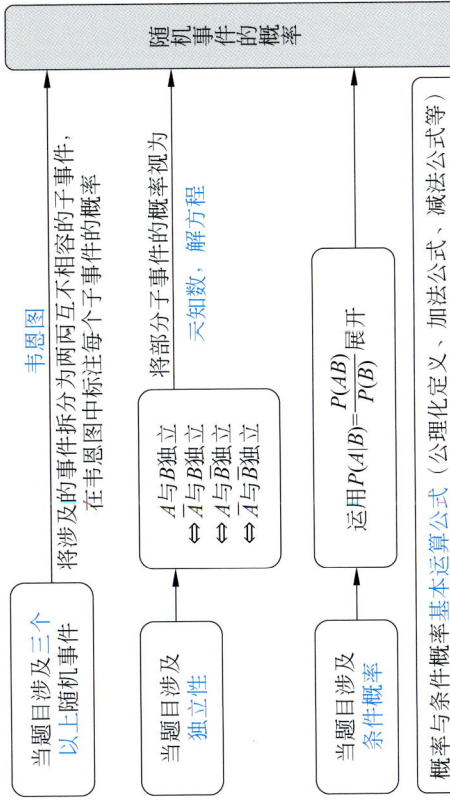

第 5 章　大数定律和中心极限定理

切比雪夫不等式：大偏差 $|X-E(X)|\ge \varepsilon$ 发生的概率在上界，即 $\forall \varepsilon>0,\ P\{|X-E(X)|\ge\varepsilon\}\le \dfrac{D(X)}{\varepsilon^2}$.

依概率收敛：随着 n 不断增大，大偏差发生的概率越来越小。$\lim\limits_{n\to\infty}P\{|Y_n-Y|\ge\varepsilon\}=0$，记为 $Y_n \xrightarrow{P} Y$.

大数定律：[口诀]均值依概率收敛于期望。辛钦大数定律。随机变量 $X_1,X_2,\dots,X_n,\dots$ 独立同分布，$E(X_i)=\mu$，$\forall\varepsilon>0$，有 $\lim\limits_{n\to\infty}P\left\{\left|\dfrac1n\sum\limits_{i=1}^n X_i-\mu\right|<\varepsilon\right\}=1$.

中心极限定理：[口诀]诸多独立无穷小的和近似服从正态分布。列：李雅普诺夫中心极限定理。随机变量 $X_1,X_2,\dots,X_n,\dots$ 独立，$E(X_i)=\mu_i$，$D(X_i)=\sigma_i^2>0$，均匀地，则 $\sum\limits_{i=1}^n X_i \overset{\text{近似}}{\sim} N\!\left(\sum\limits_{i=1}^n\mu_i,\ \sum\limits_{i=1}^n\sigma_i^2\right)$.

回归方程 $y=a+bx$，其中 $\hat b=\dfrac{S_{xy}}{S_{xx}}$，$\hat a=\bar y-\hat b\bar x$，$S_{xy}=\sum\limits_{i=1}^n(x_i-\bar x)^2=\sum\limits_{i=1}^n x_i^2-n\bar x^2$，$S_{xy}=\sum\limits_{i=1}^n(x_i-\bar x)(y_i-\bar y)=\sum\limits_{i=1}^n x_iy_i-n\bar x\bar y$.

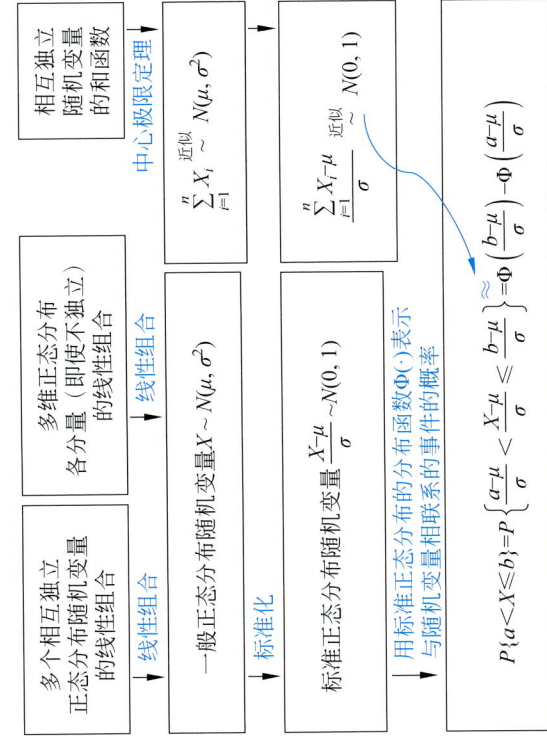

相关系数 $r=\dfrac{S_{xy}}{\sqrt{S_{xx}\,S_{yy}}}$

| 概率论 | $nD(X)$ | $nD(X)$ | S_{xx} | $nCov(X,Y)$ |
| 数理统计 | | | S_{xy} | S_{xy} |

$P\{a<X\le b\}=P\left\{\dfrac{a-\mu}{\sigma}<\dfrac{X-\mu}{\sigma}<\dfrac{b-\mu}{\sigma}\right\}\overset{\approx}{=}\Phi\!\left(\dfrac{b-\mu}{\sigma}\right)-\Phi\!\left(\dfrac{a-\mu}{\sigma}\right)$

$\dfrac{\sum_{i=1}^n X_i-n\mu}{\sigma}\ \overset{\text{近似}}{\sim}\ N(\mu,\sigma^2)$

$\dfrac{\sum_{i=1}^n X_i-\mu}{\sigma}\ \overset{\text{近似}}{\sim}\ N(0,1)$

第 6 章　常用统计量及其重要性质

样本均值	$\bar X$	定义式 $\bar X=\dfrac{X_1+X_2+\dots+X_n}{n}=\dfrac1n\sum\limits_{i=1}^n X_i$　样本均值是总体期望的无偏估计
样本方差	S^2	定义式 $S^2=\dfrac1{n-1}\sum\limits_{i=1}^n(X_i-\bar X)^2$　计算式 $\dfrac1{n-1}\left(\sum\limits_{i=1}^n X_i^2-n\bar X^2\right)$　样本方差是总体方差的无偏估计
重要性质		$E(\bar X)=E(X),\ D(\bar X)=\dfrac{D(X)}{n},\ E(S^2)=D(X)$

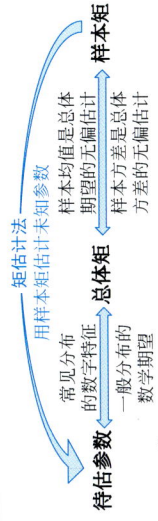

矩估计法：用样本矩估计未知参数
常见于特征数字的数字期望

	工具	期望	方差	
		样本期望 $\bar X$	样本方差 S^2	
	定义			大数定律
μ,λ	$E(X)$	总体期望值	总体方差	
$\sigma^2,\lambda,\dfrac{(b-a)^2}{12}$	$D(X)$	总体期望值	总体方差	

标准	定义
无偏性	$E(\hat\theta)$ 存在，$E(\hat\theta)=\theta$
有效性	$E(\hat\theta_1)=E(\hat\theta_2)=\theta,\ D(\hat\theta_1)\le D(\hat\theta_2)$
一致性	$\hat\theta \xrightarrow{P}\theta$

第 7 章　估计量的评选标准

基本思想：通过选择参数，使得现在发生的事件发生的概率最大化。

(1) 给出似然函数 $L(\theta)$。第 1 步：写出总体的概率函数 $f(x;\theta)$——分布律，概率密度。

第 2 步：设 $x_1,x_2,\dots,x_n$ 为样本观测值，似然函数 $L(\theta)=\prod\limits_{k=1}^n f(x_k;\theta)$，表示现在发生的事件发生的概率。

(2) 选择参数 θ，使似然函数最大化，即 $\max L(\theta)$.

情况 1：可以使用求导的方法求到 $\ln L(\theta)$ 的最大值点。① 计算对数似然函数 $\ln L(\theta)=\sum\limits_{k=1}^n\ln f(x_k;\theta)$.

② 将对数似然函数求导，令导函数等于 0，即 $\dfrac{\mathrm d\ln L(\theta)}{\mathrm d\theta}=0$；③ 解方程，得到最大似然估计量 $\hat\theta$.

情况 2：对 $L(\theta)$ 无驻点，根据似然函数的单调性等求解。例：均匀分布。

最大似然估计的不变性：若 $\hat\theta$ 是 θ 的最大似然估计量，则对任意函数 $g(\theta)$，有 $g(\hat\theta)$ 是 $g(\theta)$ 的最大似然估计量。

矩估计法的解题思路 [图7.1]

最大似然估计法的解题思路 [第7.3节等]

第 8 章　假设检验的两类错误

(1) 第一类错误[弃真]：原假设为真，拒绝原假设，接受原假设。
(2) 第二类错误[取伪]：原假设为假，原假设设为根，接受原假设。

其中，由第一类错误反解出估计参数的置信区间公式，参数的置信下限即反解从根轴量的上限入手，反之亦然。

(1) 根据题意应用场景景选择枢轴量。
(2) 由枢轴量推出参数的置信区间/单侧置信区间。
① 确定枢轴量的区间。
② 由枢轴量的区间反解出待估参数的置信区间。
(3) 将数据代入公式，得到置信区间。

(1) 根据题意，给出原假设 H_0 与备择假设 H_1。
(2) 根据应用场景要选择检验统计量，将原假设中等号的信息代入枢轴量，就能得到相同应场景下的检验统计量，且分布不变。
(3) 由单尾检验或双尾检验，给出拒绝域。对于单侧的检验，"拒绝域中的不等号方向"与"备择假设中的不等号方向"相同。
(4) 将数据代入检验统计量，得到观测值。
(5) 判断观测值是否落入拒绝域，得到结论。

使用"枢轴量法"进行区间估计：双侧置信区间[典型例题8.7节]

参数假设检验统计量法进行假设检验：双边检验[典型例题8.12]

假设检验 / 置信区间表

类别	待估参数（原假设 H_0）	其他参数	枢轴量（检验统计量）及其分布	置信区间	拒绝域
单个正态总体	μ $(H_0:\mu=\mu_0)$	σ^2 已知	$Z=\dfrac{\bar X-\mu}{\sigma/\sqrt n}$（或 $\dfrac{\bar X-\mu_0}{\sigma/\sqrt n}$）$\sim N(0,1)$	$\left(\bar X\pm\dfrac{\sigma}{\sqrt n}z_{\alpha/2}\right)$	$|Z|\ge z_{\alpha/2}$
		σ^2 未知	$t=\dfrac{\bar X-\mu}{S/\sqrt n}$（或 $\dfrac{\bar X-\mu_0}{S/\sqrt n}$）$\sim t(n-1)$	$\left(\bar X\pm\dfrac{S}{\sqrt n}t_{\alpha/2}(n-1)\right)$	$|t|\ge t_{\alpha/2}(n-1)$
	σ^2 $(H_0:\sigma^2=\sigma_0^2)$	μ 未知	$\chi^2=\dfrac{(n-1)S^2}{\sigma^2}$（或 $\dfrac{(n-1)S^2}{\sigma_0^2}$）$\sim\chi^2(n-1)$	$\left(\dfrac{(n-1)S^2}{\chi^2_{\alpha/2}(n-1)},\ \dfrac{(n-1)S^2}{\chi^2_{1-\alpha/2}(n-1)}\right)$	$\chi^2\ge\chi^2_{\alpha/2}(n-1)$ 或 $\chi^2\le\chi^2_{1-\alpha/2}(n-1)$
		μ 已知	不研究		
两个正态总体	$\mu_1-\mu_2$ $(H_0:\mu_1-\mu_2=\delta)$	σ_1^2,σ_2^2 已知	$Z=\dfrac{(\bar X-\bar Y)-(\mu_1-\mu_2)}{\sqrt{\sigma_1^2/n_1+\sigma_2^2/n_2}}$（或 $\dfrac{(\bar X-\bar Y)-\delta}{\sqrt{\sigma_1^2/n_1+\sigma_2^2/n_2}}$）$\sim N(0,1)$	$\left((\bar X-\bar Y)\pm z_{\alpha/2}\sqrt{\dfrac{\sigma_1^2}{n_1}+\dfrac{\sigma_2^2}{n_2}}\right)$	$|Z|\ge z_{\alpha/2}$
		$\sigma_1^2=\sigma_2^2=\sigma^2$ 未知	$t=\dfrac{(\bar X-\bar Y)-(\mu_1-\mu_2)}{S_w\sqrt{1/n_1+1/n_2}}$（或 $\dfrac{(\bar X-\bar Y)-\delta}{S_w\sqrt{1/n_1+1/n_2}}$）$\sim t(n_1+n_2-2)$，其中 $S_w^2=\dfrac{(n_1-1)S_1^2+(n_2-1)S_2^2}{n_1+n_2-2}$，$S_w=\sqrt{S_w^2}$	$\left((\bar X-\bar Y)\pm t_{\alpha/2}(n_1+n_2-2)S_w\sqrt{\dfrac1{n_1}+\dfrac1{n_2}}\right)$	$|t|\ge t_{\alpha/2}(n_1+n_2-2)$
		$\sigma_1^2\ne\sigma_2^2,\ \mu_1,\mu_2$ 未知	不研究		
	σ_1^2/σ_2^2 $(H_0:\sigma_1^2=\sigma_2^2)$	μ_1,μ_2 未知	$F=\dfrac{S_1^2/S_2^2}{\ }$（或 $\dfrac{S_1^2}{S_2^2}$）$\sim F(n_1-1,n_2-1)$	$\left(\dfrac{S_1^2/S_2^2}{F_{\alpha/2}(n_1-1,n_2-1)},\ \dfrac{S_1^2/S_2^2}{F_{1-\alpha/2}(n_1-1,n_2-1)}\right)$	$F\ge F_{\alpha/2}(n_1-1,n_2-1)$ 或 $F\le F_{1-\alpha/2}(n_1-1,n_2-1)$
	σ_1^2/σ_2^2	μ_1,μ_2 已知	不研究		

区间估计和假设检验的核心公式[表8.2]

核心公式与数理导引[表8.2]

以上核心公式还可以变换出：单侧置信上限、单侧置信下限、单边检验的拒绝域、左边检验的拒绝域、成对数据的假设检验等内容，详见教材第8章。

本公式卡配合教材使用：黄煜可编著，概率论与数理统计[M]. 清华大学出版社，2025.

随机变量及其函数的分布和数字特征

数字特征 →

数字特征的定义

数学期望：$E(X) \overset{\text{离散}}{=} \sum_{i \geq 1} x_i p_i \overset{\text{连续}}{=} \int_{-\infty}^{+\infty} x f(x) \mathrm{d}x$

方　差：$D(X) \overset{\text{定义式}}{=} E\{[X - E(X)]^2\} \overset{\text{计算式}}{=} E(X^2) - E(X)^2$

协方差：$\mathrm{Cov}(X, Y) \overset{\text{定义式}}{=} E\{[X - E(X)][Y - E(Y)]\} \overset{\text{计算式}}{=} E(XY) - E(X)E(Y)$

相关系数：当 $D(X)D(Y) \neq 0$ 时，$\rho_{XY} = \dfrac{\mathrm{Cov}(X, Y)}{\sqrt{D(X)}\sqrt{D(Y)}}$；否则，$\rho_{XY} = 0$

分布 ↓

函数的数学期望

$E(X) \overset{\text{离散}}{=} \sum_{i \geq 1} x_i p_i \overset{\text{连续}}{=} \int_{-\infty}^{+\infty} x f(x) \mathrm{d}x$

$E(g(X)) \overset{\text{离散}}{=} \sum_{i \geq 1} g(x_i) p_i \overset{\text{连续}}{=} \int_{-\infty}^{+\infty} g(x) f(x) \mathrm{d}x$

$E(g(X, Y)) \overset{\text{离散}}{=} \sum_{j \geq 1} \sum_{i \geq 1} g(x_i, y_j) p_{ij}$
$\overset{\text{连续}}{=} \int_{-\infty}^{+\infty} \int_{-\infty}^{+\infty} g(x, y) f(x, y) \mathrm{d}x \mathrm{d}y$

数字特征的性质

① 常数 c 的数字特征：$E(c) = c$，$D(c) = 0$，$|\rho_{XY}| \leqslant 1$ 等.
② 随机变量常数 a 倍的数字特征：$E(aX) = aE(X)$ 等.
③ 加法运算：$E(X \pm Y) = E(X) \pm E(Y)$，
$D(X \pm Y) = D(X) + D(Y) \pm 2\mathrm{Cov}(X, Y)$，
当 X 和 Y 不相关时 $D(X \pm Y) = D(X) + D(Y)$，
$\mathrm{Cov}(X_1 + X_2, Y) = \mathrm{Cov}(X_1, Y) + \mathrm{Cov}(X_2, Y)$ 等.
④ 乘法运算：当 X 和 Y 不相关时 $E(XY) = E(X)E(Y)$ 等.

按函数类型分类

1. 四则运算

和 $Z = X + Y$：$f_{X+Y}(z) = \int_{-\infty}^{+\infty} f(x, z - x) \mathrm{d}x$

积 $Z = XY$：$f_{XY}(z) = \int_{-\infty}^{+\infty} \dfrac{1}{|x|} f\left(x, \dfrac{z}{x}\right) \mathrm{d}x$

商 $Z = Y/X$：$f_{Y/X}(z) = \int_{-\infty}^{+\infty} |x| f(x, xz) \mathrm{d}x$

当 X 和 Y 独立时，$f(x, y) = f_X(x) f_Y(y)$

2. 最值函数

(1) 最大值函数 $M = \max(X, Y)$ 的分布函数

$F_M(z) \overset{\text{定义}}{=} P\{M \leqslant z\} \overset{\text{关键}}{=} P\{X \leqslant z, Y \leqslant z\}$
$\overset{\text{独立}}{=} P\{X \leqslant z\} P\{Y \leqslant z\} \overset{\text{定义}}{=} F_X(z) F_Y(z)$

当 $X_1, X_2, \cdots, X_n$ 独立同分布时，$F_M(z) = F_X^n(z)$.

(2) 最小值函数 $N = \min(X, Y)$ 的分布函数

$F_N(z) \overset{\text{定义}}{=} P\{N \leqslant z\} \overset{\text{对立}}{=} 1 - P\{N > z\}$
$\overset{\text{关键}}{=} 1 - P\{X > z, Y > z\} \overset{\text{独立}}{=} 1 - P\{X > z\} P\{Y > z\}$
$\overset{\text{定义}}{=} 1 - [1 - F_X(z)] \cdot [1 - F_Y(z)]$

当 $X_1, X_2, \cdots, X_n$ 独立同分布时，$1 - F_N(z) = [1 - F_X(z)]^n$.

1. 伽马函数

关键：$\Gamma(x) \overset{\text{模板1}}{=} \int_0^{+\infty} t^{x-1} \mathrm{e}^{-t} \mathrm{d}t \overset{\text{模板2}}{=} 2 \int_0^{+\infty} t^{2x-1} \mathrm{e}^{-t^2} \mathrm{d}t$，$x > 0$

递归公式：$\Gamma(x+1) = x \cdot \Gamma(x)$，$x > 0$

初始值：$\Gamma(1) = 1 \Rightarrow \Gamma(n) = (n-1)!$，$\Gamma\left(\dfrac{1}{2}\right) = \sqrt{\pi}$

2. 极坐标

关键：$\iint_D f(x, y) \mathrm{d}x \mathrm{d}y = \iint_{D'} f(r\cos\theta, r\sin\theta) \cdot r \mathrm{d}r \mathrm{d}\theta$

随机变量及其函数的分布和数字特征[图4.9等]　随机变量及其函数的分布和数字特征(典型题版)

按随机变量类型分类：一维随机变量及其函数

■ 一维随机变量分布法的研究工具

分布函数：$F(x) = P\{X \leqslant x\}$，$-\infty < x < +\infty$

分布律：$P\{X = x_i\} = p_i$，$i = 1, 2, \cdots$

概率密度：非负可积 $f(x)$ 满足 $F(x) = \int_{-\infty}^{x} f(t) \mathrm{d}t$

■ 一维随机变量及其函数分类讨论

1. 随机变量 X 离散型、函数 $Y = g(X)$ 离散型

① 写出随机变量 X 的分布律；
② 将 X 的所有可能取值 x_i 改写为 $g(x_i)$；
③ 若存在 $x_i \neq x_j$ 使 $g(x_i) = g(x_j)$，合并概率.

2. 随机变量 X 连续型、函数 $Y = g(X)$ 离散型

关键：$P\{Y = y_i\} = P\{a < X \leqslant b\} = \int_a^b f_X(x) \mathrm{d}x$

3. 随机变量 X 连续型、函数 $Y = g(X)$ 连续型

(1) 分布函数法[推荐]

① 先建立分布函数 $F_Y(y)$ 和 $F_X(x)$ 的关系；

关键：$F_Y(y) \overset{\text{定义}}{=} P\{Y \leqslant y\} \overset{\text{代入}}{=} P\{g(X) \leqslant y\}$
$\overset{\text{反解}}{=} P\{X \leqslant h(y)\} \overset{\text{定义}}{=} F_X(h(y))$

② 再求导得概率密度 $f_Y(y)$ 和 $f_X(x)$ 关系.

(2) 变量变换法

关键：$f_Y(y) = \begin{cases} f_X(h(y)) \left| h'(y) \right|, & \alpha < y < \beta \\ 0, & \text{其他} \end{cases}$

按随机变量类型分类：多维随机变量及其函数

■ 多维随机变量分布法的研究工具

一维 \ 多维	分布函数	分布律	概率密度
联合**	联合分布函数	联合分布律	联合概率密度
边缘**	边缘分布函数	边缘分布律	边缘概率密度
条件**	条件分布函数	条件分布律	条件概率密度

条件** = 联合** / 边缘**

① 遍历：分布函数、分布律、概率密度
② 分布律、概率密度
③ 独立性：联合** = 边缘** × 边缘**

■ 多维随机变量及其函数命题思路

(1) 考查分布法. 联合分布律、边缘分布函数、条件概率密度等；
与随机变量 (X, Y) 相联系的事件的概率 $P\{(X, Y) \in G\} = \iint_G f(x, y) \mathrm{d}x \mathrm{d}y$.

(2) 考查数字特征法. 期望、方差、协方差、相关系数、函数的期望等，常考 ρ_{XY}.
且有 $\mathrm{Cov}(X, Y) = 0 \Leftrightarrow \rho_{XY} = 0 \Leftrightarrow X$ 和 Y 不相关.

(3) 考查独立性. 常考：

① (X, Y) 离散，找 (x_i, y_j) 使 $P\{X = x_i, Y = y_j\} \neq P\{X = x_i\} P\{Y = y_j\}$，则 X 和 Y 不独立.

② 一般情况，找 (x, y) 使 $P\{X \leqslant x, Y \leqslant y\} \neq P\{X \leqslant x\} P\{Y \leqslant y\}$，
　即 $F(x, y) \neq F_X(x) F_Y(y)$，则 X 与 Y 不独立.

③ 特别地，当 $(X, Y) \sim N(\mu_1, \mu_2; \sigma_1^2, \sigma_2^2; \rho)$ 时，$\mathrm{Cov}(X, Y) = 0 \Leftrightarrow \rho = 0 \Leftrightarrow X$ 与 Y 独立.

■ 多维随机变量及其函数分类讨论

1. X 离散、Y 离散：
先写出 X 和 Y 的联合分布律(二维数表)；再计算行和(列和)得到边缘分布律；
最后研究条件分布律、数字特征和独立性等.

2. X 连续、Y 离散：
将离散型随机变量的几种取值作为全概率公式中的划分，进行分情况讨论.

3. X 连续、Y 连续：
① 特殊情况：二维均匀分布(面积法)和二维正态分布(概率性质、伽马函数、极坐标).
② 简单情况：通常运用各种工具的定义、关系、微积分方法计算即可.
③ 复杂情况：分布函数法(可能难用)、变量变换法(单分支、增补变量法、多分支，选学).

关键：函数 $\begin{cases} u = u(x, y) \\ v = v(x, y) \end{cases}$，反函数 $\begin{cases} x = x(u, v) \\ y = y(u, v) \end{cases}$，雅可比行列式 $J = \dfrac{\partial(x, y)}{\partial(u, v)} = \begin{vmatrix} \dfrac{\partial x}{\partial u} & \dfrac{\partial x}{\partial v} \\ \dfrac{\partial y}{\partial u} & \dfrac{\partial y}{\partial v} \end{vmatrix} \neq 0$.

则 (U, V) 的联合概率密度函数为 $h(u, v) = f(x(u,v), y(u,v)) |J|$.

前言　概率论与数据统计的区别与联系

总体 →(结论一定正确) 样本
(分布) —概率论→ (数据)
　　　←数理统计—
(结论可能出错)

第2章 独立与不相关的逻辑关系

独立 ⇒ 不相关
(没有任何关系) (没有线性关系)
分布法　　　数字特征法

概率论和数理统计中常见分布之间的联系[图3.1]　概率论中的常见分布及其数字特征[表3.2]

负二项分布 帕斯卡分布 — 特例/推广 → 几何分布　超几何分布
几何分布：无记忆性　超几何分布：无放回抽样

伯努利分布 0-1分布 两点分布 — 特例 $n=1$ → 二项分布 — 有放回抽样/和函数(独立) ／ 泊松定理 $n \to \infty$ → 泊松分布

离散分布／连续分布

均匀分布 — 二维均匀分布
无记忆性　指数分布　泊松过程／中心极限定理　正态分布
伽马分布 — 特例 → 指数分布

正态分布 — 线性组合(独立)／升维／降维：边缘／线性组合(不..)

标准正态分布 — 特例标准化／推广：线性组合(独立)

χ^2分布　t分布　F分布
平方
统计学三大抽样分布

数理统计常见分布

	分布	分布律／概率密度	E
离散分布	两点分布 $B(1, p)$	$P\{X = k\} = p^k (1-p)^{1-k}$，$k = 0, 1$，$0 < p < 1$	p
	二项分布 $B(n, p)$	$P\{X = k\} = C_n^k p^k (1-p)^{n-k}$，$k = 0, 1, \cdots, n$，$0 < p < 1$	np
	泊松分布 $P(\lambda), \pi(\lambda)$	$P\{X = k\} = \dfrac{\lambda^k}{k!} \mathrm{e}^{-\lambda}$，$k = 0, 1, 2, \cdots$，$\lambda > 0$	
	几何分布 $Ge(p)$	$P\{X = k\} = (1-p)^{k-1} p$，$k = 1, 2, \cdots$，$0 < p < 1$	$\dfrac{1}{p}$
	负二项分布 $Nb(r, p)$	$P\{X = k\} = C_{k-1}^{r-1}(1-p)^{k-r} p^r$，$k = r, r+1, \cdots$，$0 < p < 1$	$\dfrac{r}{p}$
	超几何分布 $H(N, n, M)$	$P\{X = k\} = \dfrac{C_M^k C_{N-M}^{n-k}}{C_N^n}$，$k = l, l+1, \cdots, \min(n, M)$，$l = \max\{0, n - (N-M)\}$	$\dfrac{nM}{N}$
连续分布	均匀分布 $U(a, b)$	$f(x) = \dfrac{1}{b-a}$，$a < x < b$	$\dfrac{a+b}{2}$
	指数分布 $E(\lambda), Exp(\theta)$	$f(x) = \lambda \mathrm{e}^{-\lambda x}$，$x \geqslant 0, \lambda > 0$　或　$f(x) = \dfrac{1}{\theta} \mathrm{e}^{-\frac{x}{\theta}}$，$x \geqslant 0, \theta > 0$	$\dfrac{1}{\lambda}$
	伽马分布 $Ga(\alpha, \lambda)$	$f(x) = \dfrac{\lambda^\alpha}{\Gamma(\alpha)} x^{\alpha-1} \mathrm{e}^{-\lambda x}$，$x \geqslant 0, \alpha > 0, \lambda > 0$	
	正态分布 $N(\mu, \sigma^2)$	$f(x) = \dfrac{1}{\sqrt{2\pi}\sigma} \mathrm{e}^{-\frac{(x-\mu)^2}{2\sigma^2}}$，$-\infty < x < +\infty$，$\sigma > 0$	μ

A,三种不同的教学方法称为因子 A 的三个水平,记为 $A_i,i=1,2,3$.由于本题只考察了一个因子,也称单因子方差分析(one-way ANOVA).本书主要介绍单因子方差分析.对多因子方差分析等内容感兴趣的同学可以参阅文献[1].

在单因子方差分析的统计模型中,我们需要假定:

(1) 每个总体均为正态总体,记为 $N(\mu_i,\sigma_i^2),i=1,2,\cdots,r$.

(2) 每个总体的方差相同,即具有方差齐性,记为 $\sigma_1^2=\sigma_2^2=\cdots=\sigma_r^2=\sigma^2$.

(3) 从每个总体中抽取的样本是相互独立的,即所有的试验结果 y_{ij} 都相互独立, $i=1,2,\cdots,r,j=1,2,\cdots,m$.

方差分析研究多个正态总体均值是否全部相等.因此,

原假设:$H_0:\mu_1=\mu_2=\cdots=\mu_r$.

备择假设:$H_1:\mu_1,\mu_2,\cdots,\mu_r$ 不全相等.

1. 平方和分解

回顾引例 9.1.从抽取到的这 15 个同学的成绩来看,甲班同学的成绩低于乙班同学,乙班同学的成绩低于丙班同学.但这能否说明 μ_1,μ_2,μ_3 不全相等呢? 由于抽样具有随机性,有可能这些分数上的差距仅是由于抽样的随机性造成的.比如,恰恰抽中了甲班成绩不太理想的 5 个同学.显然,要完成假设检验 $H_0:\mu_1=\mu_2=\cdots=\mu_r$,需要知道数据间的差异主要来源于因子 A 不同水平的影响还是抽样的随机性.

定义记号:(1) 总试验次数 $n=r\times m$;

(2) 因子水平 A_i 下的 m 个试验数据的和 $T_i=\sum_{j=1}^m y_{ij}$,与均值 $\bar{y}_{i.}=\dfrac{T_i}{m},i=1,2,\cdots,r$;

(3) 总试验数据的和 $T=\sum_{i=1}^r T_i$,与均值 $\bar{y}=\dfrac{T}{n}$.

因此,数据 y_{ij} 之间总的差异大小可以用总偏差平方和 S_T 表示:

$$S_T \xrightarrow{\text{定义式}} \sum_{i=1}^r\sum_{j=1}^m(y_{ij}-\bar{y})^2 \xrightarrow{\text{计算式}} \sum_{i=1}^r\sum_{j=1}^m y_{ij}^2-\frac{T^2}{n}$$

它可以分解为两个部分:组间偏差平方和与组内偏差平方和.

① 由不同因子水平 A_i 引起的数据差异可以用组间偏差平方和 S_A 表示,也称因子 A 的偏差平方和.

$$S_A \xrightarrow{\text{定义式}} m\sum_{i=1}^r(\bar{y}_{i.}-\bar{y})^2 \xrightarrow{\text{计算式}} \frac{1}{m}\sum_{i=1}^r T_i^2 \quad \frac{T^2}{n}$$

② 由随机误差引起的数据差异可以用组内偏差平方和 S_e 表示,也称误差偏差平方和.

$$S_e \xrightarrow{\text{定义式}} \sum_{i=1}^r\sum_{j=1}^m(y_{ij}-\bar{y}_{i.})^2 \xrightarrow{\text{计算式}} S_T-S_A$$

2. 检验方法:F 检验

直观地讲,如果数据之间的差异主要源于由不同因子水平 A_i 引起的组间的偏差,而非由随机误差引起的组内偏差,则我们认为因子 A 显著,即有理由拒绝原假设 $H_0:\mu_1=\mu_2=\cdots=\mu_r$,接受备择假设 $H_1:\mu_1,\mu_2,\cdots,\mu_r$ 不全相等.但偏差平方和 Q 受数据个数(或自由度 f_Q)影响.一般来说,数据越多,偏差平方和越大.为了便于比较各个偏差平方和,需要在统计上引入"均方"的概念,定义为 $MS=\dfrac{Q}{f_Q}$,即平均每个自由度上有多少平方和.

那么,总偏差平方和 S_T、组间偏差平方和 S_A 与组内偏差平方和 S_e 的自由度分别是多少呢?

(1) 总偏差平方和的自由度为总试验次数 n 减 1,即 $f_T=n-1$;

(2) 组间偏差平方和的自由度为因子 A 的不同水平数 r 减 1,即 $f_A=r-1$;

(3) 组内偏差平方和的自由度为因子 A 的不同水平数 r 乘以每个水平的试验次数 m 减 1,即 $f_e=r(m-1)=n-r$.

显然,三者满足 $f_T=f_A+f_e$.

运用"均方"的思想,得到 $MS_A=\dfrac{S_A}{f_A}$ 和 $MS_e=\dfrac{S_e}{f_e}$,由此排除了自由度不同产生的干扰.

由此,构造检验 H_0 的检验统计量 $F=\dfrac{MS_A}{MS_e}=\dfrac{S_A/f_A}{S_e/f_e}$.根据定理 9.1,$F\sim F(f_A,f_e)$.该定理的证明从略,感兴趣的同学可以参阅文献[7].

定理 9.1[选学]　①$S_e/\sigma^2\sim\chi^2(n-r)$;②若 H_0 成立,则 $S_A/\sigma^2\sim\chi^2(r-1)$;③$S_A$ 与 S_e 相互独立.

3. 运用方差分析表进行单因素方差分析

根据前面的分析,我们可以运用方差分析表进行单因素方差分析.

(1) 根据题意,给出原假设 H_0 与备择假设 H_1.

本题需要在显著性水平 α 下检验假设 $H_0:\mu_1=\mu_2=\cdots=\mu_r$,$H_1:\mu_1,\mu_2,\cdots,\mu_r$ 不全相等.

(2) 计算 T_i 和 T.

因子水平 A_i 下的 m 个试验数据的和 $T_i=\sum\limits_{j=1}^{m}y_{ij}$,总试验数据的和 $T=\sum\limits_{i=1}^{r}T_i$.

(3) 填写单因子方差分析表(表 9.2).

表 9.2　单因子方差分析表

方差来源	平方和	自由度	均方	F 比
因子	$S_A=\dfrac{1}{m}\sum\limits_{i=1}^{r}T_i^2-\dfrac{T^2}{n}$	$f_A=r-1$	$MS_A=\dfrac{S_A}{f_A}$	$F=\dfrac{MS_A}{MS_e}$
误差	$S_e=S_T-S_A$	$f_e=n-r$	$MS_e=\dfrac{S_e}{f_e}$	
总和	$S_T=\sum\limits_{i=1}^{r}\sum\limits_{j=1}^{m}y_{ij}^2-\dfrac{T^2}{n}$	$f_T=n-1$		

(4) 将"F 比"与 $F_\alpha(f_A,f_e)$ 进行比较,得出结论.

在显著性水平(检验水平)α 下,检验的拒绝域为 $F\geqslant F_\alpha(f_A,f_e)$.具体而言:①若计算得到的"$F$ 比"满足 $F\geqslant F_\alpha(f_A,f_e)$,则拒绝原假设 H_0,接受备择假设 H_1,认为因子 A 显著;②若 $F<F_\alpha(f_A,f_e)$,则说明因子 A 不显著.

说明[选学]:有的统计软件可以直接给出该检验的 p 值.具体而言,若以 Y 表示服从

$F(f_A,f_e)$分布的随机变量,则$p=P\{Y\geqslant F\}$.因此,当统计软件给出的p值小于显著性水平α时,拒绝原假设H_0.

9.1.2 典型题

下面运用方差分析表进行单因素方差分析,完成前面的引例.

典型题 9.2

甲、乙、丙三个班级采用了三种不同的教学方法.一年后,三班学生参加统一考试,假设三班成绩分别服从正态分布$N(\mu_1,\sigma^2)$,$N(\mu_2,\sigma^2)$和$N(\mu_3,\sigma^2)$,参数均未知.现每班各抽取5个同学的考试成绩,见表9.1.设各样本相互独立.试取显著性水平$\alpha=0.05$检验三个班级考试的成绩是否存在显著差别.

解答 (1) 根据题意,给出原假设H_0与备择假设H_1.

本题需要在显著性水平$\alpha=0.05$下检验假设$H_0:\mu_1=\mu_2=\mu_3$,$H_1:\mu_1,\mu_2,\mu_3$不全相等.

(2) 计算T_i和T.

在原数据表格中计算因子水平A_i下的m个试验数据的和$T_i=\sum\limits_{j=1}^{m}y_{ij}$,总试验数据的和$T=\sum\limits_{i=1}^{r}T_i$(表9.3).

表 9.3 在原数据表格中计算T_i和T

						$T_i=\sum\limits_{j=1}^{m}y_{ij}$(行和)
甲班	68	70	80	77	75	370
乙班	89	85	87	86	93	440
丙班	90	96	91	99	94	470
					$T-\sum\limits_{i=1}^{r}T_i$	1 280

(3) 填写单因子方差分析表(表9.4).

表 9.4 单因子方差分析表

方差来源	平方和	自由度	均方	F比
因子	$S_A=\dfrac{1}{m}\sum\limits_{i=1}^{r}T_i^2-\dfrac{T^2}{n}=1\,053.333$	$f_A=r-1=2$	$MS_A=\dfrac{S_A}{f_A}=526.666\,5$	$F=\dfrac{MS_A}{MS_e}=32.916\,7$
误差	$S_e=S_T-S_A=192$	$f_e=n-r=12$	$MS_e=\dfrac{S_e}{f_e}=16$	
总和	$S_T=\sum\limits_{i=1}^{r}\sum\limits_{j=1}^{m}y_{ij}^2-\dfrac{T^2}{n}=1\,245.333$	$f_T=n-1=14$		

总和:总偏差平方和$S_T=\sum\limits_{i=1}^{r}\sum\limits_{j=1}^{m}y_{ij}^2-\dfrac{T^2}{n}=110\,472-\dfrac{1\,638\,400}{15}=1\,245.333$,

自由度$f_T=n-1=14$.

因子：组间偏差平方和 $S_A = \frac{1}{m} \sum_{i=1}^{r} T_i^2 - \frac{T^2}{n} = \frac{551\,400}{5} - \frac{1\,638\,400}{15} = 1\,053.333$，

自由度 $f_A = r - 1 = 2$.

误差：组内偏差平方和 $S_e = S_T - S_A = 1\,245.333 - 1\,053.333 = 192$，自由度 $f_e = n - r = 12$.

均方：$MS_A = \frac{S_A}{f_A} = \frac{1\,053.333}{2} = 526.666\,5$，$MS_e = \frac{S_e}{f_e} = \frac{192}{12} = 16$.

F 比：$F = \frac{MS_A}{MS_e} = \frac{526.666\,5}{16} = 32.916\,7$.

(4) 将"F 比"与 $F_\alpha(f_A, f_E)$ 进行比较，得出结论.

在显著性水平 $\alpha = 0.05$ 下，检验的拒绝域为 $F \geqslant F_\alpha(f_A, f_e) = F_{0.05}(2, 12) = 3.89$.

由于"F 比"满足 $F \geqslant F_\alpha(f_A, f_e)$，落入拒绝域中，故在显著性水平 $\alpha = 0.05$ 下拒绝原假设 H_0，认为三个班级考试的成绩存在显著差别.

9.1.3　每个水平下重复试验次数不全相等

一个很自然的拓展问题是：如果三个班级抽取的同学成绩数量不同，应该如何检验三个班级考试的成绩是否存在显著差别. 这就是每个水平 A_i 下重复试验次数 m_i 不全相等情况下的方差分析问题. 这种情况下的解题思路与前文基本一致，这里仅列出解题思路，并强调其中的差异.

(1) 根据题意，给出原假设 H_0 与备择假设 H_1——不变.

(2) 计算 T_i 和 T.

因子水平 A_i 下的 m_i 个试验数据的和 $T_i = \sum_{j=1}^{m_i} y_{ij}$，总试验数据的和 $T = \sum_{i=1}^{r} T_i$.

(3) 填写单因子方差分析表（表 9.5）. 其中，$n = \sum_{i=1}^{r} m_i$.

表 9.5　单因子方差分析表

方差来源	平方和	自由度	均方	F 比
因子	$S_A = \sum_{i=1}^{r} \frac{T_i^2}{m_i} - \frac{T^2}{n}$	$f_A = r - 1$	$MS_A = \frac{S_A}{f_A}$	$F = \frac{MS_A}{MS_e}$
误差	$S_e = S_T - S_A$	$f_e = n - r$	$MS_e = \frac{S_e}{f_e}$	
总和	$S_T = \sum_{i=1}^{r} \sum_{j=1}^{m_i} y_{ij}^2 - \frac{T^2}{n}$	$f_T = n - 1$		

(4) 将"F 比"与 $F_\alpha(f_A, f_e)$ 进行比较，得出结论——不变.

典型题 9.3

甲、乙、丙三个班级采用了三种不同的教学方法. 一年后，三班学生参加统一考试，假设三班成绩分别服从正态分布 $N(\mu_1, \sigma^2)$，$N(\mu_2, \sigma^2)$ 和 $N(\mu_3, \sigma^2)$，参数均未知. 现每班各抽

取 5,6,4 个同学的考试成绩,如表 9.6 所示.

表 9.6 考试成绩

甲班	68	70	80	77	75	
乙班	89	85	87	86	93	94
丙班	90	96	91	99		

设各样本相互独立.试取显著性水平 $\alpha = 0.05$ 检验三个班级考试的成绩是否存在显著差别.

解答 (1) 根据题意,给出原假设 H_0 与备择假设 H_1.

本题需要在显著性水平 $\alpha = 0.05$ 下检验假设 $H_0: \mu_1 = \mu_2 = \mu_3$, $H_1: \mu_1, \mu_2, \mu_3$ 不全相等.

(2) 计算 T_i 和 T.

在原数据表格中计算因子水平 A_i 下的 m_i 个试验数据的和 $T_i = \sum\limits_{j=1}^{m_i} y_{ij}$,总试验数据的和 $T = \sum\limits_{i=1}^{r} T_i$,见表 9.7.

表 9.7 在原数据表格中计算 T_i 和 T

							$T_i = \sum\limits_{j=1}^{m_i} y_{ij}$(行和)
甲班	68	70	80	77	75		370
乙班	89	85	87	86	93	94	534
丙班	90	96	91	99			376
					$T = \sum\limits_{i=1}^{r} T_i$		1 280

(3) 填写单因子方差分析表(表 9.8).

总和:总偏差平方和 $S_T = \sum\limits_{i=1}^{r} \sum\limits_{j=1}^{m_i} y_{ij}^2 - \dfrac{T^2}{n} = 110\,472 - \dfrac{1\,638\,400}{15} = 1\,245.333$,

自由度 $f_T = n - 1 = 14$.

因子:组间偏差平方和 $S_A = \sum\limits_{i=1}^{r} \dfrac{T_i^2}{m_i} - \dfrac{T^2}{n} = \left(\dfrac{136\,900}{5} + \dfrac{285\,156}{6} + \dfrac{141\,376}{4}\right) - \dfrac{1\,638\,400}{15}$

$= 1\,023.333$,自由度 $f_A = r - 1 = 2$.

误差:组内偏差平方和 $S_e = S_T - S_A = 1\,245.333 - 1\,023.333 = 222$,自由度 $f_e = n - r = 12$.

均方:$\mathrm{MS}_A = \dfrac{S_A}{f_A} = \dfrac{1\,023.333}{2} = 511.666\,5$,$\mathrm{MS}_e = \dfrac{S_e}{f_e} = \dfrac{222}{12} = 18.5$.

F 比:$F = \dfrac{\mathrm{MS}_A}{\mathrm{MS}_e} = \dfrac{511.666\,5}{18.5} = 27.657\,6$.

表 9.8　单因子方差分析表

方差来源	平方和	自由度	均方	F 比
因子	$S_A = \sum_{i=1}^{r} \dfrac{T_i^2}{m_i} - \dfrac{T^2}{n} = 1\,023.333$	$f_A = r-1 = 2$	$\text{MS}_A = \dfrac{S_A}{f_A} = 511.666\,5$	$F = \dfrac{\text{MS}_A}{\text{MS}_e} = 27.657\,6$
误差	$S_e = S_T - S_A = 222$	$f_e = n-r = 12$	$\text{MS}_e = \dfrac{S_e}{f_e} = 18.5$	
总和	$S_T = \sum_{i=1}^{r} \sum_{j=1}^{m_i} y_{ij}^2 - \dfrac{T^2}{n} = 1\,245.333$	$f_T = n-1 = 14$		

(4) 将"F 比"与 $F_\alpha(f_A, f_E)$ 进行比较,得出结论.

在显著性水平 $\alpha = 0.05$ 下,检验的拒绝域为 $F \geqslant F_\alpha(f_A, f_e) = F_{0.05}(2, 12) = 3.89$.

由于"F 比"满足 $F \geqslant F_\alpha(f_A, f_e)$,落入拒绝域中,故在显著性水平 $\alpha = 0.05$ 下拒绝原假设 H_0,认为三个班级考试的成绩存在显著差别.

9.1.4　参数估计

在检验结果为显著(拒绝原假设)时,我们还可以进一步求出试验误差方差 σ^2、总均值 μ、不同因子水平 A_i 下的均值 μ_i 的估计.

1. 点估计

根据定理 9.1,无论原假设 H_0 是否为真,都有 $S_e/\sigma^2 \sim \chi^2(n-r)$,其中,$n = \sum_{i=1}^{r} m_i$. 又根据 χ^2 分布随机变量数学期望的结论(数学期望等于自由度),知 $E(S_e/\sigma^2) = n-r = f_e$. 根据矩估计的解题思路,$\sigma^2$ 的矩估计为 $\widehat{\sigma^2} = \text{MS}_e = \dfrac{S_e}{n-r} = \dfrac{S_e}{f_e}$. 无论原假设 H_0 是否为真,它都是 σ^2 的无偏估计.

进一步地,总均值 μ 的点估计为 $\hat{\mu} = \bar{y} = \dfrac{T}{n} = \dfrac{1}{n} \sum_{i=1}^{r} \sum_{j=1}^{m_i} y_{ij}$.

不同因子水平 A_i 下的均值 μ_i 的点估计为 $\hat{\mu}_i = \overline{y_i.} = \dfrac{T_i}{m_i} = \dfrac{1}{m_i} \sum_{j=1}^{m_i} y_{ij}$, $i = 1, 2, \cdots, r$.

2. 均值 μ_i 的区间估计

首先讨论不同因子水平 A_i 下的均值 μ_i 的置信区间. 关键是构造枢轴量.

在因子水平 A_i 下的 m_i 个试验数据是来自正态总体 $N(\mu_i, \sigma^2)$ 的简单随机样本,故样本均值 $\overline{y_i.} = \dfrac{1}{m_i} \sum_{j=1}^{m_i} y_{ij} \sim N\left(\mu_i, \dfrac{\sigma^2}{m_i}\right)$,即 $\dfrac{\overline{y_i.} - \mu_i}{\sigma/\sqrt{m_i}} \sim N(0, 1)$. 又根据定理 9.1,无论原假设 H_0 是否为真,都有 $S_e/\sigma^2 \sim \chi^2(f_e)$. 故可以构造服从 t 分布的枢轴量 $\dfrac{\dfrac{\overline{y_i.} - \mu_i}{\sigma/\sqrt{m_i}}}{\sqrt{\dfrac{S_e}{\sigma^2}/f_e}} = \dfrac{\sqrt{m_i}\,(\overline{y_i.} - \mu_i)}{\sqrt{S_e/f_e}} \sim t(f_e)$.

根据区间估计的解题思路,得到因子水平 A_i 下均值 μ_i 的置信区间

$$\left[\overline{y_{i\cdot}}-\sqrt{\frac{S_e}{m_i\cdot f_e}}t_{\alpha/2}(f_e),\overline{y_{i\cdot}}+\sqrt{\frac{S_e}{m_i\cdot f_e}}t_{\alpha/2}(f_e)\right],\quad i=1,2,\cdots,r$$

注意到 σ 的点估计为 $\hat{\sigma}=\sqrt{\dfrac{S_e}{f_e}}$,故上述置信区间可以改写为

$$\left[\overline{y_{i\cdot}}-\frac{\hat{\sigma}\cdot t_{\alpha/2}(f_e)}{\sqrt{m_i}},\overline{y_{i\cdot}}+\frac{\hat{\sigma}\cdot t_{\alpha/2}(f_e)}{\sqrt{m_i}}\right]$$

3. 均值差 $\mu_i-\mu_k$ 的区间估计

当拒绝原假设时,我们通常还需要研究任意两个正态总体 $N(\mu_i,\sigma^2)$ 和 $N(\mu_k,\sigma^2)$ 的均值差 $\mu_i-\mu_k$ 的区间估计,$i\neq k$. 样本均值

$$\overline{y_{i\cdot}}=\frac{1}{m_i}\sum_{j=1}^{m_i}y_{ij}\sim N\left(\mu_i,\frac{\sigma^2}{m_i}\right),\quad \overline{y_{k\cdot}}=\frac{1}{m_k}\sum_{j=1}^{m_k}y_{kj}\sim N\left(\mu_k,\frac{\sigma^2}{m_k}\right)$$

故 $\overline{y_{i\cdot}}-\overline{y_{k\cdot}}\sim N\left(\mu_i-\mu_k,\frac{\sigma^2}{m_i}+\frac{\sigma^2}{m_k}\right)$,即 $\dfrac{(\overline{y_{i\cdot}}-\overline{y_{k\cdot}})-(\mu_i-\mu_k)}{\sqrt{\frac{\sigma^2}{m_i}+\frac{\sigma^2}{m_k}}}\sim N(0,1)$.

又根据定理 9.1,无论原假设 H_0 是否为真,都有 $S_e/\sigma^2\sim\chi^2(f_e)$.故可以构造服从 t 分布的枢轴量

$$\frac{\dfrac{(\overline{y_{i\cdot}}-\overline{y_{k\cdot}})-(\mu_i-\mu_k)}{\sqrt{\frac{\sigma^2}{m_i}+\frac{\sigma^2}{m_k}}}}{\sqrt{\frac{S_e/\sigma^2}{f_e}}}=\frac{(\overline{y_{i\cdot}}-\overline{y_{k\cdot}})-(\mu_i-\mu_k)}{\sqrt{\left(\frac{1}{m_i}+\frac{1}{m_k}\right)\frac{S_e}{f_e}}}\sim t(f_e)$$

根据区间估计的解题思路,得到均值差 $\mu_i-\mu_k$ 的置信区间

$$\left[(\overline{y_{i\cdot}}-\overline{y_{k\cdot}})-\sqrt{\left(\frac{1}{m_i}+\frac{1}{m_k}\right)\frac{S_e}{f_e}}\cdot t_{\alpha/2}(f_e),(\overline{y_{i\cdot}}-\overline{y_{k\cdot}})+\sqrt{\left(\frac{1}{m_i}+\frac{1}{m_k}\right)\frac{S_e}{f_e}}\cdot t_{\alpha/2}(f_e)\right],$$

$i,k=1,2,\cdots,r$

注意到 σ 的点估计为 $\hat{\sigma}=\sqrt{\dfrac{S_e}{f_e}}$,故上述置信区间可以改写为

$$\left[(\overline{y_{i\cdot}}-\overline{y_{k\cdot}})-\sqrt{\frac{1}{m_i}+\frac{1}{m_k}}\cdot\hat{\sigma}\cdot t_{\alpha/2}(f_e),(\overline{y_{i\cdot}}-\overline{y_{k\cdot}})+\sqrt{\frac{1}{m_i}+\frac{1}{m_k}}\cdot\hat{\sigma}\cdot t_{\alpha/2}(f_e)\right]$$

说明:为了不再引入更多的记号,推导置信区间时沿用了小写的 y_{ij} 等记号.使得推导出的枢轴量和置信区间都是小写的形式.我们可以将它们看成代入数据后的观测值.

典型题 9.4

求典型题 9.3 中的未知参数 σ^2,μ 和 μ_i 的点估计,以及均值差 $\mu_i-\mu_k$ 的置信水平为 $1-\alpha=0.95$ 的置信区间,$i,k=1,2,3,i\neq k$.

解答 参数 σ^2 的点估计为 $\widehat{\sigma^2}=\dfrac{S_e}{f_e}=\dfrac{222}{12}=18.5$.

总均值 μ 的点估计为 $\hat{\mu}=\bar{y}=\dfrac{T}{n}=\dfrac{1\,280}{15}=85.333\,3.$

不同因子水平 A_i 下的均值 μ_i 的点估计为 $\widehat{\mu_i}=\overline{y_{i.}}=\dfrac{T_i}{m_i}=\dfrac{1}{m_i}\sum_{j=1}^{m_i}y_{ij},i=1,2,3.$

即 $\widehat{\mu_1}=\dfrac{370}{5}=74,\widehat{\mu_2}=\dfrac{534}{6}=89,\widehat{\mu_3}=\dfrac{376}{4}=94.$

均值差 $\mu_i-\mu_k$ 的置信区间为

$$\left[(\overline{y_{i.}}-\overline{y_{k.}})-\sqrt{\frac{1}{m_i}+\frac{1}{m_k}}\cdot\hat{\sigma}\cdot t_{\alpha/2}(f_e),(\overline{y_{i.}}-\overline{y_{k.}})+\sqrt{\frac{1}{m_i}+\frac{1}{m_k}}\cdot\hat{\sigma}\cdot t_{\alpha/2}(f_e)\right]$$

其中 $\hat{\sigma}=\sqrt{18.5}=4.301\,2,t_{\alpha/2}(f_e)=t_{0.025}(12)=2.178\,8.$ 故：

均值差 $\mu_1-\mu_2$ 的置信水平为 0.95 的置信区间为 $[-20.674\,6,-9.325\,4]$；

均值差 $\mu_1-\mu_3$ 的置信水平为 0.95 的置信区间为 $[-26.286\,5,-13.713\,5]$；

均值差 $\mu_2-\mu_3$ 的置信水平为 0.95 的置信区间为 $[-11.049\,2,1.049\,2]$.

9.2　回归分析

变量间常见的关系有两种：

（1）**确定性关系**：这些变量间的关系是完全确定的，可以用函数 $y=f(x)$ 来表示，x 给定后，y 的值就唯一确定了.

（2）**相关关系**：变量间有关系，但是不能用函数来表示.但在平均意义下有一定的定量关系表达式.寻找这种"定量关系表达式"就是回归分析（regression analysis）的主要任务.具体而言，设 y 与 x 间有相关关系，称 x 为自变量（预报变量）、y 为因变量（响应变量）.

我们在中学阶段已经接触过一元线性回归模型.本节仅介绍一元线性回归中最基本的内容，包括一元线性回归方程的直观解释、参数估计、线性假设的显著性检验.特别地，通过对比概率论中的相关概念，帮助大家记住众多复杂的公式.

9.2.1　一元线性回归的直观解释

设 Y 关于 x 的回归函数为 $\mu(x)=a+bx$，表示一条直线（图 9.1）.那么，这 n 个样本点 $(x_1,y_1),(x_2,y_2),\cdots,(x_n,y_n)$ 应该在直线 $\mu(x)=a+bx$ 附近散布着，系数 a,b 虽然在理论上是确定的，但是等于多少我们并不知道.现在要根据这 n 个样本点来估计 a,b.

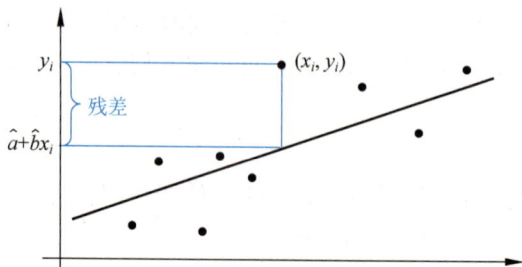

图 9.1　一元线性回归的直观解释

设想 a(截距)和 b(斜率)都在变动,从而直线 $\mu(x)=a+bx$ 的位置也在变动.我们需要确定一条直线 L,使它与所有样本点总的来说最为接近.我们把这条直线的 a,b 值作为系数 a,b 的估计值.

1. 回归方程

记参数 a,b 的最大似然估计为 $\hat{a},\hat{b}$,从而得到 $\mu(x)=a+bx$ 的最大似然估计为

$$\hat{\mu}(x)=\hat{a}+\hat{b}x$$

记 $y=\hat{a}+\hat{b}x$,称为回归方程,其图形称为回归直线.

2. 最小二乘法

怎么衡量直线 $\mu(x)=a+bx$ 和所有样本点的接近程度呢?一种很常用的方法是最小二乘法.直观地讲,就是使下面的函数最小化:

$$S_e=\sum_{i=1}^{n}(y_i-\hat{y}_i)^2=\sum_{i=1}^{n}(y_i-\hat{a}-\hat{b}x_i)^2$$

其中 S_e 刻画每组样本中 y 的估计值 $\hat{y}_i=\hat{a}+\hat{b}x_i$ 与真值 y_i 的误差,称为残差平方和.最小二乘法的思想是"残差平方和最小化".

典型题 9.5［2011,天津文、理科高考］

某产品的广告费用 x 与销售额 y 的统计数据如表 9.9 所示.

表 9.9 统计数据

广告费用 x/万元	2	3	4	5
销售额 y/万元	26	39	49	54

根据上表可得回归方程 $y=\hat{a}+\hat{b}x$ 中的 $\hat{b}$ 为 9.4,据此模型预报广告费用为 6 万元时销售额为_____.

A. 63.6 万元　　　B. 65.5 万元　　　C. 67.7 万元　　　D. 72.0 万元

解答　说明:本题用到回归方程的重要性质——回归方程一定经过点 $(\bar{x},\bar{y})$,即 $\bar{y}=\hat{a}+\hat{b}\bar{x}$,其中 $\bar{x}$ 和 $\bar{y}$ 分别是 x 和 y 的样本均值.

由表中数据计算得

$$\begin{cases} \bar{x}=\dfrac{4+2+3+5}{4}=\dfrac{7}{2} \\ \bar{y}=\dfrac{49+26+39+54}{4}=42 \end{cases}$$

因为点 $\left(\dfrac{7}{2},42\right)$ 在回归直线 $y=\hat{a}+\hat{b}x$ 上,且 $\hat{b}$ 为 9.4,所以 $42=\hat{a}+9.4\times\dfrac{7}{2}$,解得 $\hat{a}=9.1$.故回归方程为 $\hat{y}=9.1+9.4x$.令 $x=6$,解得 $\hat{y}=65.5$.选项 B 正确.

答案　B

9.2.2 参数 a,b 的估计

取 x 的 n 个不全相同的值 $x_1, x_2, \cdots, x_n$ 做独立试验,得到样本值 $(x_1, y_1), (x_2, y_2), \cdots, (x_n, y_n)$,从而可求得 a, b 的 最大似然估计值. 引入记号:

$$
\begin{cases}
S_{xx} \xlongequal{\text{定义式}} \sum_{i=1}^{n}(x_i - \bar{x})^2 = \sum_{i=1}^{n} x_i^2 - \frac{1}{n}\left(\sum_{i=1}^{n} x_i\right)^2 \xlongequal{\text{计算式}} \sum_{i=1}^{n} x_i^2 - n\bar{x}^2 \\[2mm]
S_{yy} \xlongequal{\text{定义式}} \sum_{i=1}^{n}(y_i - \bar{y})^2 = \sum_{i=1}^{n} y_i^2 - \frac{1}{n}\left(\sum_{i=1}^{n} y_i\right)^2 \xlongequal{\text{计算式}} \sum_{i=1}^{n} y_i^2 - n\bar{y}^2 \\[2mm]
S_{xy} \xlongequal{\text{定义式}} \sum_{i=1}^{n}(x_i - \bar{x})(y_i - \bar{y}) = \sum_{i=1}^{n} x_i y_i - \frac{1}{n}\left(\sum_{i=1}^{n} x_i\right)\left(\sum_{i=1}^{n} y_i\right) \xlongequal{\text{计算式}} \sum_{i=1}^{n} x_i y_i - n\bar{x} \cdot \bar{y}
\end{cases}
$$

则 a, b 的最大似然估计值可写成

$$
\hat{b} = \frac{S_{xy}}{S_{xx}}, \quad \hat{a} = \frac{1}{n}\sum_{i=1}^{n} y_i - \left(\frac{1}{n}\sum_{i=1}^{n} x_i\right)\hat{b} = \bar{y} - \hat{b}\bar{x}
$$

从而得到 $\mu(x) = a + bx$ 的最大似然估计为 $\hat{\mu}(x) = \hat{a} + \hat{b}x$. 记 $y = \hat{a} + \hat{b}x$,称为 回归方程,其图形称为 回归直线. 与方差分析类似,回归分析同样采用了"平方和分解"的研究思想.

记一记:S_{xx}, S_{yy} 和 S_{xy}

前述公式中的 S_{xx}, S_{yy} 和 S_{xy} 的含义如下:

$$
\begin{cases}
S_{xx} = \sum_{i=1}^{n}(x_i - \bar{x})^2 : \text{自变量 } X \text{ 的 } n \text{ 个取值的组内误差平方和} \\[2mm]
S_{yy} = \sum_{i=1}^{n}(y_i - \bar{y})^2 : \text{因变量 } Y \text{ 的 } n \text{ 个取值的组内误差平方和} \\[2mm]
S_{xy} = \sum_{i=1}^{n}(x_i - \bar{x})(y_i - \bar{y}) : \text{自变量 } X \text{ 和因变量 } Y \text{ 的 } n \text{ 个取值的组间误差平方和}
\end{cases}
$$

可以运用概率论中方差的计算式和协方差的计算式帮助我们记忆 S_{xx}, S_{yy} 和 S_{xy} 的计算式,如图 9.2 所示.

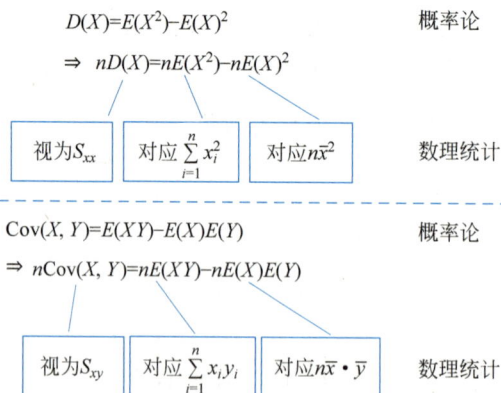

$D(X) = E(X^2) - E(X)^2$ 概率论

$\Rightarrow nD(X) = nE(X^2) - nE(X)^2$

| 视为 S_{xx} | 对应 $\sum_{i=1}^{n} x_i^2$ | 对应 $n\bar{x}^2$ | 数理统计 |

$\mathrm{Cov}(X, Y) = E(XY) - E(X)E(Y)$ 概率论

$\Rightarrow n\mathrm{Cov}(X, Y) = nE(XY) - nE(X)E(Y)$

| 视为 S_{xy} | 对应 $\sum_{i=1}^{n} x_i y_i$ | 对应 $n\bar{x} \cdot \bar{y}$ | 数理统计 |

图 9.2 记一记:S_{xx}, S_{yy} 和 S_{xy}

图注:(1) 根据 $D(X) \xlongequal{\text{定义式}} E\{[X - E(X)]^2\} \xleftarrow{\text{统计量}} \frac{1}{n}\sum_{i=1}^{n}(X_i - \bar{X})^2 \xleftarrow{\text{观测值}}$

$\dfrac{1}{n}\sum\limits_{i=1}^{n}(x_i-\overline{x})^2$ 可知, $D(X)\xleftrightarrow{\text{视为}}\dfrac{1}{n}S_{xx}$, 即 $nD(X)\xleftrightarrow{\text{视为}}S_{xx}$.

(2) 根据 $\text{Cov}(X,Y)\xleftrightarrow{\text{定义式}}E\{[X-E(X)][Y-E(Y)]\}\xleftrightarrow{\text{统计量}}\dfrac{1}{n}\sum\limits_{i=1}^{n}(X_i-\overline{X})(Y_i-\overline{Y})$

$\xleftrightarrow{\text{观测值}}\dfrac{1}{n}\sum\limits_{i=1}^{n}(x_i-\overline{x})(y_i-\overline{y})$ 可知, $\text{Cov}(X,Y)\xleftrightarrow{\text{视为}}\dfrac{1}{n}S_{xy}$, 即 $n\text{Cov}(X,Y)\xleftrightarrow{\text{视为}}S_{xy}$.

说明: 粗略地讲, 概率论与数理统计中的三对概念有如表 9.10 所示的对应关系.

表 9.10 概率论与数理统计中三对概念的对应关系

概率论	$nD(X)$	$nD(Y)$	$n\text{Cov}(X,Y)$
数理统计	S_{xx}	S_{yy}	S_{xy}

上述对应关系还可以帮助我们记忆相关系数 r 的计算式, 见 9.2.4 节.

记一记: $\hat{b}$

参数 b 是回归方程的斜率, 粗略地讲, 应该是 "$y\div x$" 的形式. 即 $y=a+bx\Rightarrow b=\dfrac{y-a}{x}$.

由此可以帮助我们记住: $\hat{b}=\dfrac{S_{xy}}{S_{xx}}$. 当然, 也可以用表 9.10 中的对应关系帮助记忆. 即

$\hat{b}=\dfrac{S_{xy}}{S_{xx}}$ 对应 $\dfrac{\text{Cov}(X,Y)}{D(X)}$.

记一记: $\hat{a}$

如前所述, 回归方程一定经过点 $(\overline{x},\overline{y})$, 即 $\overline{y}=\hat{a}+\hat{b}\overline{x}$, 其中 $\overline{x}$ 和 $\overline{y}$ 分别是 x 和 y 的样本均值. 由回归方程 $\overline{y}=\hat{a}+\hat{b}\overline{x}$ 反解得 $\hat{a}=\overline{y}-\hat{b}\overline{x}$, 再代入公式 $\overline{y}=\dfrac{1}{n}\sum\limits_{i=1}^{n}y_i$, $\overline{x}=\dfrac{1}{n}\sum\limits_{i=1}^{n}x_i$,

$\hat{b}=\dfrac{S_{xy}}{S_{xx}}$, 可得 $\hat{a}=\overline{y}-\hat{b}\overline{x}=\dfrac{1}{n}\sum\limits_{i=1}^{n}y_i-\left(\dfrac{1}{n}\sum\limits_{i=1}^{n}x_i\right)\hat{b}$.

典型题 9.6

某产品的广告费用 x 与销售额 y 的统计数据见表 9.9, 经计算得到表 9.11.

表 9.11 数据

$\sum\limits_{i=1}^{4}x_i=14$	$\sum\limits_{i=1}^{4}x_i^2=54$	
$\sum\limits_{i=1}^{4}y_i=168$	$\sum\limits_{i=1}^{4}y_i^2=7514$	$\sum\limits_{i=1}^{4}x_iy_i=635$

求 y 关于 x 的线性回归方程 $\hat{y}=\hat{a}+\hat{b}x$.

解答 由题意, 自变量 X 的 n 个取值的组内误差平方和

$$S_{xx}=\sum_{i=1}^{n}x_i^2-n\overline{x}^2=54-4\times\left(\dfrac{14}{4}\right)^2=5$$

因变量 Y 的 n 个取值的组内误差平方和

$$S_{yy} = \sum_{i=1}^{n} y_i^2 - n\bar{y}^2 = 7\ 514 - 4 \times \left(\frac{168}{4}\right)^2 = 458$$

自变量 X 和因变量 Y 的 n 个取值的组间误差平方和

$$S_{xy} = \sum_{i=1}^{n} x_i y_i - n\bar{x} \cdot \bar{y} = 635 - 4 \times \frac{14}{4} \times \frac{168}{4} = 47$$

则 a, b 的最大似然估计值为

$$\hat{b} = \frac{S_{xy}}{S_{xx}} = \frac{47}{5} = 9.4$$

$$\hat{a} = \bar{y} - \hat{b}\bar{x} = \frac{168}{4} - 9.4 \times \frac{14}{4} = 9.1$$

所以 y 关于 x 的线性回归方程为 $\hat{y} = \hat{a} + \hat{b}x = 9.1 + 9.4x$.

9.2.3   线性假设的显著性检验

从用最小二乘法求回归直线的过程可以看出,即使 Y 的期望 $\mu(x)$ 不是 x 的线性函数,甚至两个变量 Y 和 x 没有相关关系,散点图杂乱无章,也可以利用最小二乘法求出一条回归直线 $\hat{y} = \hat{a} + \hat{b}x$,然而这条回归直线没有任何用处.

实际上,只有两个变量的线性关系较为明显,样本点大致成一条直线分布时,所得回归直线才有实用价值.这固然可以从散点图上观察判断,但这只是一个直观的、初步的判断.

线性假设的显著性检验有三种常用检验方法:①相关系数检验;②F 检验;③t 检验.三个检验在考察一元线性回归时是等价的;但在多元线性回归场合,经推广的 F 检验仍可用,另两个检验就无法使用了.下面的三个小节分别介绍这三种方法.

判断回归方程 $\hat{y} = \hat{a} + \hat{b}x$ 是否有意义,就是对如下的检验问题作出判断:

原假设:$H_0: b = 0$;

备择假设:$H_1: b \neq 0$.

拒绝原假设 H_0 表示回归方程是显著的,具有实用价值.

9.2.4   线性假设的显著性检验一:相关系数检验

数量指标"相关系数"可以用来描述两个变量线性关系的明显程度.本部分介绍我们在中学阶段已经接触过的相关系数检验,特别是帮助大家记忆相关系数的计算公式.在概率论中也有一个相关系数 ρ,与数理统计中的相关系数 r 非常接近.相关系数 r 满足 $-1 \leqslant r \leqslant 1$(与概率论中的相关系数 ρ 类似). r^2 越大,相当于 $|r|$ 越大,说明两个变量的线性关系越明显.通常当 r 的绝对值大于 0.75 时,认为两个变量具有很强的线性相关性.

记一记:根据表 9.10,可以由相关系数 ρ 的定义式记忆 r 的计算式:

$$\rho_{XY} = \frac{\mathrm{Cov}(X, Y)}{\sqrt{D(X)}\ \sqrt{D(Y)}} \Rightarrow r = \frac{S_{xy}}{\sqrt{S_{xx}}\ \sqrt{S_{yy}}}$$

具体为

$$r = \frac{S_{xy}}{\sqrt{S_{xx}S_{yy}}} = \frac{\displaystyle\sum_{i=1}^{n}(x_i - \overline{x})(y_i - \overline{y})}{\sqrt{\displaystyle\sum_{i=1}^{n}(x_i - \overline{x})^2 \sum_{i=1}^{n}(y_i - \overline{y})^2}} = \frac{\displaystyle\sum_{i=1}^{n}x_i y_i - n\overline{x}\cdot\overline{y}}{\sqrt{\left(\displaystyle\sum_{i=1}^{n}x_i^2 - n\overline{x}^2\right)\left(\displaystyle\sum_{i=1}^{n}y_i^2 - n\overline{y}^2\right)}}$$

9.2.5 线性假设的显著性检验二：F 检验

线性假设显著性检验的 F 检验采用方差分析的思想. 定义 $\hat{y}_i = \hat{a} + \hat{b}x_i$ 为 x_i 处的回归值. 因此, 数据 y_i 之间总的差异大小可以用总偏差平方和 $S_T = \sum_{i=1}^{n}(y_i - \overline{y})^2 = S_{yy}$ 表示, 也就是因变量 Y 的 n 个取值的组内误差平方和. 引起各 y_i 不同的原因可以分为两类.

(1) 原假设 H_0 可能不真, 即 $b \neq 0$. 从而 $E(y)$ 随着 x 的变化而变化, 即在每个 x 的观测值 x_i 处的回归值 $\hat{y}_i$ 不同, 这个差异用回归平方和 S_R 表示, $S_R = \sum_{i=1}^{n}(\hat{y}_i - \overline{y})^2$.

(2) 由随机误差、x 对 $E(y)$ 的非线性影响等其他因素引起的数据差异, 也就是观测值 y_i 与回归值 $\hat{y}_i$ 之间的差异. 称 $y_i - \hat{y}_i$ 为 x_i 处的残差. 因此这部分差异可以用残差平方和 $S_e = \sum_{i=1}^{n}(y_i - \hat{y}_i)^2$ 表示. 注意, 这里残差平方和的定义与前文讨论最小二乘法思想时给出的定义完全一致.

要根据单因子方差分析表得到线性假设显著性检验的 F 检验表, 还需以类似定理 9.1 的结论作为理论基础, 详见下面几个定理, 证明从略.

定理 9.2[选学]　设 $y_i = a + bx_i + \varepsilon_i, i = 1, 2, \cdots, n$, 其中 $\varepsilon_1, \varepsilon_2, \cdots, \varepsilon_n$ 相互独立, 且 $E(\varepsilon_i) = 0, D(\varepsilon_i) = \sigma^2, i = 1, 2, \cdots, n$. 则有 $E(S_R) = \sigma^2 + b^2 S_{xx}, E(S_e) = (n-2)\sigma^2$, 且 $\hat{\sigma}^2 = \dfrac{S_e}{n-2}$ 是 σ^2 的无偏估计.

定理 9.3[选学]　设 $y_1, y_2, \cdots, y_n$ 相互独立, 且 $y_i \sim N(a + bx_i, \sigma^2), i = 1, 2, \cdots, n$. 则有
(1) $S_e / \sigma^2 \sim \chi^2(n-2)$;
(2) 若 H_0 成立, 则 $S_R / \sigma^2 \sim \chi^2(1)$;
(3) S_R 与 $S_e, \overline{y}$ 相互独立.

说明: 对比定理 9.3 和定理 9.1, "组间偏差平方和 S_A" 被替换为 "回归平方和 S_R". 无论从原理还是算法角度, 它们都处于越大越应该拒绝原假设的地位. 与之对应的, 将 "因子 A 的不同水平数 r" 替换为 "2".

定理 9.4[选学]　$S_R = \sum_{i=1}^{n}(\hat{y}_i - \overline{y})^2 = \hat{b}^2 S_{xx}$.

根据定理 9.3 及方差分析的思路, 若 H_0 成立, 即 $b = 0$ 时, $S_e / \sigma^2 \sim \chi^2(n-2), S_R / \sigma^2 \sim \chi^2(1)$, 相互独立. 根据 F 分布的定义知 $\dfrac{S_R / 1}{S_e / (n-2)} \sim F(f_R, f_e)$, 其中 $f_R = 1, f_e = n-2$.

将 $F = \dfrac{S_R}{S_e / (n-2)}$ 作为检验问题的检验统计量. 在显著性水平 α 下, 检验的拒绝域为 $F \geqslant F_\alpha(f_R, f_e) = F_\alpha(1, n-2)$. 由此, 得到线性假设显著性检验的 F 检验的解题思路.

解题思路：线性假设显著性检验的 F 检验

根据前面的分析，我们可以运用方差分析表进行线性假设显著性检验的 F 检验.

（1）根据题意，给出原假设 H_0 与备择假设 H_1.

此处需要在显著性水平 α 下检验假设 $H_0: b=0$，$H_1: b \neq 0$. 拒绝原假设 H_0 表示回归方程是显著的，具有实用价值.

（2）计算 S_{xx}，S_{yy} 和 $\hat{b}$.

这些数据通常在给出回归方程时已经计算得到.

（3）填写单因子方差分析表，见表 9.12.

表 9.12　单因子方差分析表

方差来源	平方和	自由度	均方	F 比
回归	$S_R = \sum\limits_{i=1}^{n} (\hat{y}_i - \overline{y})^2 = \hat{b}^2 S_{xx}$	$f_R = 1$	$\mathrm{MS}_R = \dfrac{S_R}{f_R}$	$F = \dfrac{\mathrm{MS}_R}{\mathrm{MS}_e}$
残差	$S_e = \sum\limits_{i=1}^{n} (y_i - \hat{y}_i)^2 = S_T - S_R$	$f_e = n-2$	$\mathrm{MS}_e = \dfrac{S_e}{f_e}$	
总和	$S_T = \sum\limits_{i=1}^{n} (y_i - \overline{y})^2 = S_{yy}$	$f_T = n-1$		

（4）将"F 比"与 $F_\alpha(f_R, f_e) = F_\alpha(1, n-2)$ 进行比较，得出结论.

在显著性水平（检验水平）α 下，检验的拒绝域为 $F \geqslant F_\alpha(f_R, f_e) = F_\alpha(1, n-2)$. 具体而言：①若计算得到的"F 比"满足 $F \geqslant F_\alpha(1, n-2)$，则拒绝原假设 H_0，接受备择假设 H_1，认为回归方程是显著的；②若 $F < F_\alpha(1, n-2)$，则说明回归方程不显著.

说明[选学]：与方差分析类似，有的统计软件可以直接给出该检验的 p 值. 具体而言，若以 Y 表示服从 $F_\alpha(f_R, f_e) = F_\alpha(1, n-2)$ 分布的随机变量，则 $p = P\{Y \geqslant F\}$. 因此，当统计软件给出的 p 值小于显著性水平 α 时，拒绝原假设 H_0.

9.2.6　线性假设的显著性检验三：t 检验

对原假设 $H_0: b=0$ 的检验也可以基于 t 分布进行. 同样需要先构造出服从 t 分布的检验统计量. 定理 9.5 和定理 9.3 是 t 检验的理论基础，证明从略.

定理 9.5[选学]　$\hat{b} \sim N\left(b, \dfrac{\sigma^2}{S_{xx}}\right)$.

由定理 9.3 和 9.5 可知，若 H_0 成立，即 $b=0$ 时，$\hat{b} \sim N\left(0, \dfrac{\sigma^2}{S_{xx}}\right)$，$S_e/\sigma^2 \sim \chi^2(n-2)$，相

互独立. 根据 t 分布的定义知 $t = \dfrac{\dfrac{\hat{b}}{\sqrt{\sigma^2/S_{xx}}}}{\sqrt{\dfrac{S_e}{\sigma^2(n-2)}}} = \dfrac{\hat{b}\sqrt{S_{xx}}}{\sqrt{\dfrac{S_e}{n-2}}} \sim t(n-2)$. 由定理 9.2 可知，

$\hat{\sigma}^2 = \dfrac{S_e}{n-2}$，故 $t = \dfrac{\hat{b}}{\hat{\sigma}/\sqrt{S_{xx}}} \sim t(n-2)$. 将 $t = \dfrac{\hat{b}}{\hat{\sigma}/\sqrt{S_{xx}}}$ 作为检验问题的 检验统计量. 在显著性水平 α 下，检验的拒绝域为 $|t| \geqslant t_\alpha(n-2)$. 由此，得到线性假设显著性检验的 t 检验的解题

思路.

说明：由定理 9.4，$S_R = \hat{b}^2 S_{xx}$，有 $t^2 = \left(\dfrac{\hat{b}\sqrt{S_{xx}}}{\sqrt{S_e/(n-2)}} \right)^2 = \dfrac{S_R}{S_e/(n-2)} = F$. 可见 t 检验与 F 检验是等价的.

解题思路：线性假设显著性检验的 t 检验

根据前面的分析，我们可以运用方差分析表进行线性假设显著性检验的 t 检验.

（1）根据题意，给出原假设 H_0 与备择假设 H_1.

本题需要在显著性水平 α 下检验假设 $H_0 : b = 0$，$H_1 : b \neq 0$. 拒绝原假设 H_0 表示回归方程是显著的，具有实用价值.

（2）计算 S_{xx}，$\hat{b}$ 和 $\hat{\sigma}$.

其中，S_{xx} 和 $\hat{b}$ 通常在给出回归方程时已经计算得到.

再由 $S_T = S_{yy}$ 和 $S_R = \hat{b}^2 S_{xx}$，可得 $S_e = S_T - S_R$. 进而 $\hat{\sigma} = \sqrt{\dfrac{S_e}{n-2}}$.

（3）计算检验统计量的观测值 $t = \dfrac{\hat{b}}{\hat{\sigma}/\sqrt{S_{xx}}}$.

（4）将"观测值 t"与 $t_\alpha(n-2)$ 比较，得出结论.

在显著性水平（检验水平）α 下，检验的拒绝域为 $|t| \geqslant t_{\alpha/2}(n-2)$. 具体而言：①若计算得到的"观测值 t"满足 $|t| \geqslant t_{\alpha/2}(n-2)$，则拒绝原假设 H_0，接受备择假设 H_1，认为回归方程是显著的；②若 $|t| < t_{\alpha/2}(n-2)$，则说明回归方程不显著.

9.2.7　线性假设的显著性检验的典型题

如前所述，我们在中学阶段已经接触过相关系数检验. 但在大学阶段，我们通常使用 F 检验、t 检验完成线性假设的显著性检验.

典型题 9.7

在显著性水平 $\alpha = 0.05$ 下对典型题 9.6 中的回归方程 $\hat{y} = \hat{a} + \hat{b}x$ 作显著性检验.

解答　本题需要在显著性水平 $\alpha = 0.05$ 下检验假设 $H_0 : b = 0$，$H_1 : b \neq 0$. 拒绝原假设 H_0 表示回归方程是显著的，具有实用价值.

解法 1　F 检验

根据典型题 9.6 的计算结果可知：

总偏差平方和 $S_T = \sum\limits_{i=1}^{n}(y_i - \bar{y})^2 = S_{yy} = 458$，自由度 $f_T = n-1 = 3$；

回归平方和 $S_R = \sum\limits_{i=1}^{n}(\hat{y}_i - \bar{y})^2 = \hat{b}^2 S_{xx} = 9.4^2 \times 5 = 441.8$，自由度 $f_R = 1$；

残差平方和 $S_e = \sum\limits_{i=1}^{n}(y_i - \hat{y}_i)^2 = S_T - S_R = 458 - 441.8 = 16.2$，自由度 $f_e = n-2 = 2$.

填写方差分析表，见表 9.13.

表 9.13　单因子方差分析表

方差来源	平方和	自由度	均方	F 比
回归	$S_R = \hat{b}^2 S_{xx} = 441.8$	$f_R = 1$	$MS_R = \dfrac{S_R}{f_R} = 441.8$	$F = \dfrac{MS_R}{MS_e} = 54.54$
残差	$S_e = S_T - S_R = 16.2$	$f_e = 2$	$MS_e = \dfrac{S_e}{f_e} = 8.1$	
总计	$S_T = S_{yy} = 458$	$f_T = 3$		

由于 $F > F_a(1, n-2) = F_{0.05}(1,2) = 18.5$，因此在显著性水平 $\alpha = 0.05$ 下认为回归方程是显著的.

解法 2　t 检验

根据典型题 9.6 的计算结果可知

$$S_{xx} = \sum_{i=1}^{n} x_i^2 - n\bar{x}^2 = 5, \quad \hat{b} = \frac{S_{xy}}{S_{xx}} = 9.4$$

进一步地，有

$$S_T = S_{yy} = \sum_{i=1}^{n} y_i^2 - n\bar{y}^2 = 458, \quad S_R = \hat{b}^2 S_{xx} = 9.4 \times 9.4 \times 5 = 441.8$$

可得 $S_e = S_T - S_R = 458 - 441.8 = 16.2$，进而 $\hat{\sigma} = \sqrt{\dfrac{S_e}{n-2}} = \sqrt{\dfrac{16.2}{2}} = 2.8461$. 故检验统计量的观测值

$$t = \frac{\hat{b}}{\hat{\sigma}/\sqrt{S_{xx}}} = \frac{9.4}{2.8461/\sqrt{5}} = 7.3853$$

由于 $t > t_{a/2}(n-2) = t_{0.025}(2) = 4.3027$，因此在显著性水平 $\alpha = 0.05$ 下认为回归方程是显著的.

习题

习题 9.1　某地区计划种植水稻，但没有相关经验，不知道种哪种水稻在本地区可以获得最高的产量，甚至不知道不同水稻品种在本地区的产量是否有差别. 为此进行一个田间试验. 取一大块地，将其分成形状大小都相同的 n 小块，将其中的 m_i 小块种植品种 i，$i = 1, 2, 3$. 假设三个品种的水稻亩产量分别服从正态分布 $N(\mu_1, \sigma^2)$，$N(\mu_2, \sigma^2)$ 和 $N(\mu_3, \sigma^2)$，参数均未知. 设各样本相互独立. 试验数据见表 9.14.

表 9.14　试验数据　　　　　　　　　　　单位：kg/亩

						$T_i = \sum\limits_{j=1}^{m_i} y_{ij}$
品种 1	490	510	472	485		1 957
品种 2	475	448	454	464	462	2 303
品种 3	513	483	508			1 504
				$T = \sum\limits_{i=1}^{r} T_i$		5 764

此外，$\sum\limits_{i=1}^{r}\sum\limits_{j=1}^{m_i} y_{ij}^2 = 2\,773\,916$. 已知 $F_{0.01}(2,9)=8.02, t_{0.025}(12)=2.178\,8, t_{0.025}(9)=2.262\,2$.

(1) 试取显著性水平 $\alpha=0.01$ 检验三个品种的水稻亩产量是否存在显著差别.

(2) 求未知参数 σ^2, μ 和 μ_i 的点估计，以及均值差 $\mu_i - \mu_k$ 的置信水平为 $1-\alpha=0.95$ 的置信区间，$i, k=1, 2, 3, i \neq k$.

习题 9.2 [2016，新课标全国三，高考] 表 9.15 给出我国 2008 年至 2014 年全国生活垃圾无害化处理量.

表 9.15 全国生活垃圾无害化处理量

年　　份	2008	2009	2010	2011	2012	2013	2014
年份代码 x	1	2	3	4	5	6	7
全国生活垃圾无害化处理量 y/亿吨	1.03	1.12	1.23	1.31	1.45	1.54	1.64

(1) 根据数据表，可用线性回归模型拟合 y 与 x 的关系，请用相关系数加以说明.

(2) 建立 y 关于 x 的回归方程(系数精确到 0.01)，预测 2016 年全国生活垃圾无害化处理量.

(3) 使用 F 检验和 t 检验在显著性水平 $\alpha=0.01$ 下对回归方程 $\hat{y} = \hat{a} + \hat{b}x$ 进行显著性检验. 其中，$F_{0.01}(1,6)=13.7, t_{0.005}(5)=4.032\,2$.

说明：本题第(1)，(2)小问为高考题，第(3)小问补充了显著性检验. 题目将高考真题中的折线图修改为数据表(数据来源于国家统计局)、调整记号，并省略了参考公式. 解题时希望大家能够通过理解原理写出公式，而不仅仅停留在背公式、套公式的高中水平.

习题详解

第1章

习题 1.1[2019, Ⅰ & Ⅲ]　设 A,B 为随机事件,则 $P(A)=P(B)$ 的充分必要条件是_____.

A. $P(A \cup B)=P(A)+P(B)$

B. $P(AB)=P(A)P(B)$

C. $P(A\overline{B})=P(B\overline{A})$

D. $P(AB)=P(\overline{A}\,\overline{B})$

解答　说明:首先运用反例快速确定解题目标,再证明目标.概率论中常见的反例有 $A=\varnothing,A=\Omega,A=B,B=\overline{A}$,等等.本题取 $A=B$ 且 $0<P(A)<\dfrac{1}{2}$,则选项 A、B、D 均不正确.下面证明选项 C 正确.

由随机事件概率的运算及基本性质可知
$$P(A\overline{B})=P(B\overline{A}) \Leftrightarrow P(A)-P(AB)=P(B)-P(AB) \Leftrightarrow P(A)=P(B)$$
故选项 C 正确.

答案　C

习题 1.2[2003, Ⅳ]　对于任意两事件 A 与 B,_____.

A. 若 $AB \neq \varnothing$,则 A,B 一定独立

B. 若 $AB \neq \varnothing$,则 A,B 有可能独立

C. 若 $AB = \varnothing$,则 A,B 一定独立

D. 若 $AB = \varnothing$,则 A,B 一定不独立

解答　抛掷一枚质地均匀的硬币两次,记事件 $A=\{$第一次抛掷时硬币正面向上$\}$,事件 $B=\{$第二次抛掷时硬币正面向上$\}$.显然 $AB \neq \varnothing$,且 A 与 B 相互独立.故选项 B 正确.

答案　B

习题 1.3[2017, Ⅲ]　设 A,B,C 为三个随机事件,且 A 与 C 相互独立,B 与 C 相互独立,则 $A \cup B$ 与 C 相互独立的充分必要条件是_____.

A. A 与 B 相互独立

B. A 与 B 互不相容

C. AB 与 C 相互独立

D. AB 与 C 互不相容

解答　由题意，A 与 C 相互独立，故 $P(AC)=P(A)P(C)$. 同理，B 与 C 相互独立，故 $P(BC)=P(B)P(C)$. 则有

$$
\begin{cases}
P((A\cup B)\cap C)=P(AC\cup BC)=P(AC)+P(BC)-P(ABC)\\
\qquad\qquad\qquad =P(A)P(C)+P(B)P(C)-P(ABC)\\
P(A\cup B)P(C)=[P(A)+P(B)-P(AB)]P(C)\\
\qquad\qquad\qquad =P(A)P(C)+P(B)P(C)-P(AB)P(C)
\end{cases}
$$

因此，$A\cup B$ 与 C 相互独立意味着 $P((A\cup B)\cap C)=P(A\cup B)P(C)$，即 $P(ABC)=P(AB)P(C)$. 其充要条件为 AB 与 C 相互独立.

答案　C

习题 1.4［2014，Ⅰ＆Ⅲ］　设随机事件 A 与 B 相互独立，且 $P(B)=0.5$，$P(A-B)=0.3$，则 $P(B-A)=$ _____.

A. 0.1　　　　　B. 0.2　　　　　C. 0.3　　　　　D. 0.4

解答　说明：题目涉及独立性，将部分子事件的概率视为未知数，解方程.

不妨记 $P(AB)=x$，绘制韦恩图如下：

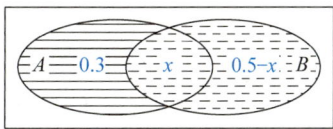

习题 1.4 解图　韦恩图及标注的事件概率

由 A 与 B 相互独立可知 $P(AB)=P(A)P(B)\Rightarrow x=(0.3+x)\times0.5\Rightarrow x=0.3$. 故 $P(B-A)=0.5-x=0.2$.

答案　B

习题 1.5［2022，Ⅰ＆Ⅲ］　设 A,B,C 为随机事件，且 A 与 B 互不相容，A 与 C 互不相容，B 与 C 相互独立，$P(A)=P(B)=P(C)=\dfrac{1}{3}$，则 $P(B\cup C|A\cup B\cup C)=$ _____.

解答　说明：根据条件概率的定义知

$$
P(B\cup C|A\cup B\cup C)=\frac{P((B\cup C)\cap(A\cup B\cup C))}{P(A\cup B\cup C)}=\frac{P(B\cup C)}{P(A\cup B\cup C)}
$$

需要计算 $P(B\cup C)$ 和 $P(A\cup B\cup C)$. 题目中涉及三个以上随机事件，将涉及的事件拆分为两两互不相容的子事件，利用韦恩图辅助计算. 由于 $A\cap B=\varnothing$ 且 $A\cap C=\varnothing$，因此韦恩图可以简化.

由 B 与 C 相互独立可知，$P(BC)=P(B)P(C)=\dfrac{1}{9}$. 又由于 $A\cap B=\varnothing$ 且 $A\cap C=\varnothing$，绘制韦恩图如下：

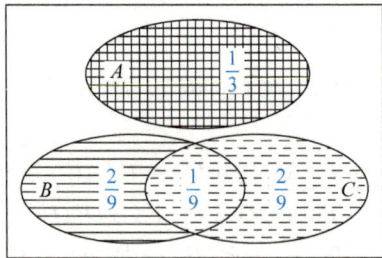

因此，$P(B \cup C) = \dfrac{5}{9}$ 且 $P(A \cup B \cup C) = \dfrac{8}{9}$. 故

$$P(B \cup C \mid A \cup B \cup C) = \frac{P(B \cup C)}{P(A \cup B \cup C)} = \frac{5/9}{8/9} = \frac{5}{8}$$

答案 $\dfrac{5}{8}$

习题 1.6[1998,Ⅲ,选做]   设有来自三个地区的各 10 名、15 名和 25 名考生的报名表，其中女生的报名表分别为 3 份、7 份和 5 份. 随机地取一个地区的报名表，从中先后任意抽出两份.

(1) 求先抽到的一份是女生表的概率 p；

(2) 已知后抽到的一份是男生表，求先抽到的一份是女生表的概率 q.

解答 说明：首先通过定义随机事件，将生活中的随机问题转化为数学问题.

记随机事件

$$\begin{cases} A_i = \{\text{报名表来自第 } i \text{ 个地区}\}, & i = 1,2,3 \\ B_j = \{\text{第 } j \text{ 次抽到女生表}\}, & j = 1,2 \end{cases}$$

则本题要求的是 $p = P(B_1)$ 和 $q = P(B_1 \mid \overline{B_2})$.

(1) 说明：本题要计算"先抽到的一份是女生表的概率"，需要根据报名表来自的地区分情况讨论，应使用全概率公式.

由题意，$P(A_i) = \dfrac{1}{3}, i = 1,2,3$. 运用全概率公式分情况讨论得

$$p = P(B_1) = P(A_1)P(B_1 \mid A_1) + P(A_2)P(B_1 \mid A_2) + P(A_3)P(B_1 \mid A_3)$$

$$= \frac{1}{3} \times \frac{3}{10} + \frac{1}{3} \times \frac{7}{15} + \frac{1}{3} \times \frac{5}{25} = \frac{29}{90}$$

因此，先抽到的一份是女生表的概率为 $\dfrac{29}{90}$.

(2) 说明：本题是"已知结果反推原因"，应使用贝叶斯公式. 如前所述，使用贝叶斯公式时不要拘泥于公式的形式，可以根据实际情况用条件概率的定义、乘法公式和全概率公式完成部分计算. 此外，在计算 $P(B_2)$ 时，直接运用概率性质"抽签的公平性"简化计算，即 $P(B_2) = P(B_1)$.

由条件概率的定义可知, $q = P(B_1 \mid \overline{B_2}) = \dfrac{P(B_1\overline{B_2})}{P(\overline{B_2})}$. 运用全概率公式分情况讨论得

$$P(B_1\overline{B_2}) = P(A_1)P(B_1\overline{B_2}\mid A_1) + P(A_2)P(B_1\overline{B_2}\mid A_2) + P(A_3)P(B_1\overline{B_2}\mid A_3)$$

$$= \frac{1}{3}\times\frac{3}{10}\times\frac{7}{9} + \frac{1}{3}\times\frac{7}{15}\times\frac{8}{14} + \frac{1}{3}\times\frac{5}{25}\times\frac{20}{24} = \frac{2}{9}$$

又因为 $P(B_2) = P(B_1) = \dfrac{29}{90}$, 故 $P(\overline{B_2}) = 1 - P(B_2) = 1 - \dfrac{29}{90} = \dfrac{61}{90}$.

因此, 已知后抽到的一份是男生表的条件下, 先抽到的一份是女生表的概率为

$$q = P(B_1\mid\overline{B_2}) = \frac{P(B_1\overline{B_2})}{P(\overline{B_2})} = \frac{2}{9}\div\frac{61}{90} = \frac{20}{61}$$

本题第(2)问的经典错误解答:

说明: 针对同一个问题, 不同学生的解题思路存在差别, 这是非常正常的现象. 有没有学生采用下面的解法呢? 你能看出这种方法错在哪里吗?

由于随机取到任意一个地区的概率为 $\dfrac{1}{3}$, 因此可以根据报名表来自的地区运用全概率公式分情况讨论. 若随机地取到了第一个地区的报名表, 则在这种情况下运用贝叶斯公式, "后抽到的一份是男生表的条件下, 先抽到的一份是女生表"的概率为

$$\frac{先女后男}{后男(=先女后男+先男后男)} = \frac{\frac{3}{10}\times\frac{7}{9}}{\frac{3}{10}\times\frac{7}{9}+\frac{7}{10}\times\frac{6}{9}} = \frac{1}{3}$$

说明: 为了表达简洁, 上式用"先女后男"等文字表示"先抽到的一份是女生表、后抽到的一份是男生表的概率"等含义. 这里作者故意没有使用数学记号, 而是采用了不少学生喜欢使用的"语言描述". 事实上, 当我们写出严格的数学记号后, 就容易发现问题所在!

类似地, 若随机地取到了第二个地区的报名表, 则相应概率为 $\dfrac{\frac{7}{15}\times\frac{8}{14}}{\frac{7}{15}\times\frac{8}{14}+\frac{8}{15}\times\frac{7}{14}} = \dfrac{1}{2}$.

若随机地取到了第三个地区的报名表, 则相应概率为 $\dfrac{\frac{5}{25}\times\frac{20}{24}}{\frac{5}{25}\times\frac{20}{24}+\frac{20}{25}\times\frac{19}{24}} = \dfrac{5}{24}$.

综上, 已知后抽到的一份是男生表的条件下, 先抽到的一份是女生表的概率为

$$q = P(B_1\mid\overline{B_2}) = \frac{1}{3}\times\frac{1}{3} + \frac{1}{3}\times\frac{1}{2} + \frac{1}{3}\times\frac{5}{24} = \frac{25}{72}$$

分析: 经对比发现两种解答方法的结果不同, 后者错在哪里呢?

事实上, 当我们用严格的数学记号写出前述分情况讨论的过程后, 就会发现, 上述解答大概使用了等式 $q = P(B_1\mid\overline{B_2}) = P(A_1)P(B_1\mid\overline{B_2}A_1) + P(A_2)P(B_1\mid\overline{B_2}A_2) + P(A_3)P(B_1\mid\overline{B_2}A_3)$, 或者进一步将 $P(B_1\mid\overline{B_2}A_1)$ 看成"多重嵌套的条件概率 $P((B_1\mid\overline{B_2})\mid A_1)$". 但这个等式通常不成立, 且 $P((B_1\mid\overline{B_2})\mid A_1)$ 并不是本课程的严谨记号. 大家从下面的"极端"例子中容易

发现上式是错误的.

例：设有来自两个地区的各 2 名考生的报名表,其中女生的报名表分别为 2 份和 1 份.随机地取一个地区的报名表,从中先后任意抽出两份.已知后抽到的一份是男生表,求先抽到的一份是女生表的概率 q. 如果运用上述错误的分情况讨论方法,则有:

$$q = P(\text{取第一个地区}) \times P\left(\frac{\text{先女后男}}{\text{后男}} \,\middle|\, \text{取第一个地区}\right)$$

$$+ P(\text{取第二个地区}) \times P\left(\frac{\text{先女后男}}{\text{后男}} \,\middle|\, \text{取第二个地区}\right)$$

$$= \frac{1}{2} \times 0 + \frac{1}{2} \times \frac{\frac{1}{2} \times \frac{1}{1}}{\frac{1}{2} \times \frac{1}{1} + 0} = \frac{1}{2}$$

显然上式有两个问题：①由于本例过分"极端",使得在取到第一个地区的报名表的情况下,由于该地区只有 2 份女生表、没有男生表,所以条件概率的分母"$P(\text{后男}) = 0$". ②这个极端的例子充分地暴露了分情况讨论时认为"取到第二个地区的报名表的概率等于 $\frac{1}{2}$"并不正确. 事实上,已知后抽到的一份是男生表时,就可以肯定取到的是第二个地区的报名表(因为第一个地区没有男生表),即取到第二个地区的报名表的概率变成了 1.

修正：正确的公式是 $P(B_1 \mid \overline{B_2}) = P(A_1 \mid \overline{B_2})P(B_1 \mid \overline{B_2}A_1) + P(A_2 \mid \overline{B_2})P(B_1 \mid \overline{B_2}A_2) + P(A_3 \mid \overline{B_2})P(B_1 \mid \overline{B_2}A_3)$. 推导如下：

$$P(A_1 \mid \overline{B_2})P(B_1 \mid \overline{B_2}A_1) + P(A_2 \mid \overline{B_2})P(B_1 \mid \overline{B_2}A_2) + P(A_3 \mid \overline{B_2})P(B_1 \mid \overline{B_2}A_3)$$

$$= \frac{P(A_1\overline{B_2})}{P(\overline{B_2})} \cdot \frac{P(B_1\overline{B_2}A_1)}{P(\overline{B_2}A_1)} + \frac{P(A_2\overline{B_2})}{P(\overline{B_2})} \cdot \frac{P(B_1\overline{B_2}A_2)}{P(\overline{B_2}A_2)} + \frac{P(A_3\overline{B_2})}{P(\overline{B_2})} \cdot \frac{P(B_1\overline{B_2}A_3)}{P(\overline{B_2}A_3)}$$

$$= \frac{1}{P(\overline{B_2})} \cdot [P(B_1\overline{B_2}A_1) + P(B_1\overline{B_2}A_2) + P(B_1\overline{B_2}A_3)] \xlongequal{\text{等式3}} \frac{P(B_1\overline{B_2})}{P(\overline{B_2})} = P(B_1 \mid \overline{B_2})$$

其中,等式 3 成立是因为 $\Omega = A_1 \cup A_2 \cup A_3$.

对比可知,本题可以根据"报名表来自的地区"进行分情况讨论. 但分情况讨论时,不应该根据等可能准则(Laplace 准则)认为"取到第 i 个地区的报名表的概率"均为先验概率 $P(A_i) = \frac{1}{3}$. 而应该根据"后抽到的一份是男生表"的已知条件对前述概率进行修正,得到后验概率 $P(A_i \mid \overline{B_2})$.

说明：如果你依然觉得这个问题很烧脑、难以直观理解,千万不要焦虑. 这恰恰展示了"知识的力量". 学习数学知识,可以帮助我们更好地认识世界和作出决策. 典型题 4.11 进一步讨论了这个问题.

第 2 章

习题 2.1[一维离散型随机变量]　设随机变量 X 的分布函数为 $F(x) = \begin{cases} 0, & x < -1 \\ 0.4, & -1 \leqslant x < 1 \\ 0.8, & 1 \leqslant x < 3 \\ 1, & x \geqslant 3 \end{cases}$.

（1）求随机变量 X 的分布律（概率分布）.

（2）求与随机变量 X 相联系的事件的概率 $P\{X<1.5\}$.

（3）求随机变量 X 的数学期望 $E(X)$ 和方差 $D(X)$.

（4）定义随机变量 X 的函数 $Y=2X^2+1$，求 Y 的分布律和分布函数.

（5）求随机变量 Y 的数学期望 $E(Y)$.

解答　（1）由于 X 的分布函数为右连续阶梯函数，故 X 为离散型随机变量，且 X 的可能取值为 $-1,1,3$. 有

$$P\{X=-1\}=P\{X\leqslant -1\}-P\{X<-1\}=F(-1)-F(-1^-)=0.4-0=0.4$$

$$P\{X=1\}=P\{X\leqslant 1\}-P\{X<1\}=F(1)-F(1^-)=0.8-0.4=0.4$$

$$P\{X=3\}=P\{X\leqslant 3\}-P\{X<3\}=F(3)-F(3^-)=1-0.8=0.2$$

其中 $F(x^-)$ 表示 $F(x)$ 在 x 处的左极限. 故随机变量 X 的分布律为

X	-1	1	3
P	0.4	0.4	0.2

说明：随机变量 X 的分布律也可以运用如下分布函数的图像（右连续阶梯函数）帮助理解.

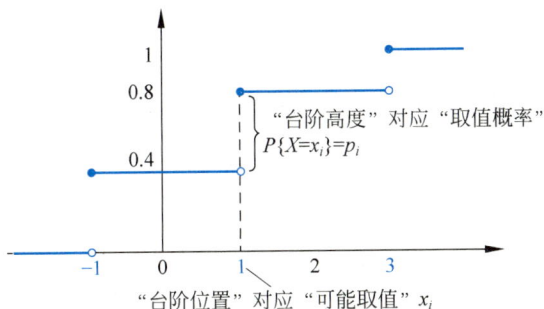

习题 2.1 解图　由分布函数求离散型随机变量的分布律

（2）与随机变量 X 相联系的事件的概率

$$P\{X<1.5\}=P\{X=-1\}+P\{X=1\}=0.4+0.4=0.8$$

（3）随机变量 X 的数学期望 $E(X)=(-1)\times 0.4+1\times 0.4+3\times 0.2=0.6$.

又有 $E(X^2)=(-1)^2\times 0.4+1^2\times 0.4+3^2\times 0.2=2.6$.

故随机变量 X 的方差 $D(X)=E(X^2)-E(X)^2=2.6-0.6^2=2.24$.

（4）注意到随机事件 $\{Y=3\}$ 发生当且仅当和事件 $\{X=-1\}\bigcup\{X=1\}$ 发生. 因此，由概率的有限可加性得 $P\{Y=3\}=P\{X=-1\}+P\{X=1\}=0.8$. 以此类推，得到 Y 的分布律为

Y	3	19
P	0.8	0.2

根据分布函数与分布律的关系可得：

① 当 $y<3$ 时，$F_Y(y)=P\{Y\leqslant y\}=0$；

② 当 $3\leqslant y<19$ 时，$F_Y(y)=P\{Y\leqslant y\}=P\{Y=3\}=0.8$；

③ 当 $y\geqslant 19$ 时，$F_Y(y)=P\{Y\leqslant y\}=P\{Y=3\}+P\{Y=19\}=1$.

因此,随机变量 Y 的分布函数为 $F_Y(y) = \begin{cases} 0, & y < 3 \\ 0.8, & 3 \leqslant y < 19 \\ 1, & y \geqslant 19 \end{cases}$.

(5) 说明:有三种方法计算 $E(Y) = E(2X^2 + 1)$。①将 Y 视为一个随机变量,直接运用数学期望的定义式 $E(X) = \sum_{i \geqslant 1} x_i p_i$ 求解;② 根据一维随机变量函数的数学期望公式 $E(g(X)) = \sum_{i \geqslant 1} g(x_i) p_i$ 求解;③根据数学期望的性质 $E(aX + b) = aE(X) + b$ 求解.

解法 1　根据一维随机变量的数学期望的定义式得
$$E(Y) = 3 \times 0.8 + 19 \times 0.2 = 6.2$$

解法 2　根据一维随机变量函数的数学期望公式得
$$E(Y) = E(2X^2 + 1) = \sum_{i \geqslant 1} (2x_i^2 + 1) p_i$$
$$= [2 \times (-1)^2 + 1] \times 0.4 + [2 \times 1^2 + 1] \times 0.4 + [2 \times 3^2 + 1] \times 0.2$$
$$= 3 \times 0.4 + 3 \times 0.4 + 19 \times 0.2 = 6.2$$

解法 3　根据数学期望的性质得
$$E(Y) = E(2X^2 + 1) = 2E(X^2) + 1 = 2 \times 2.6 + 1 = 6.2$$

习题 2.2[一维连续型随机变量]　设随机变量 X 的概率密度为 $f(x) = \begin{cases} cx, & 0 < x < 2 \\ 0, & 其他 \end{cases}$.

(1) 确定未知常数 c.

(2) 求随机变量 X 的分布函数 $F(x)$.

(3) 求与随机变量 X 相联系的事件的概率 $P\{X < 1\}$.

(4) 求随机变量 X 的数学期望 $E(X)$ 和方差 $D(X)$.

(5) 求随机变量 $Y = 2X^2 + 1$ 的数学期望 $E(Y)$.

(6) 求概率 $P\{F(X) > E(X) - 1\}$.

解答　(1) 说明:若分布律(或概率密度)中包含未知常数,则通常用正则性 $\sum_{i \geqslant 1} p_i = 1$ $\left(或 \int_{-\infty}^{+\infty} f(x) \mathrm{d}x = 1\right)$ 求解.

由概率密度的正则性 $\int_{-\infty}^{+\infty} f(x) \mathrm{d}x = \int_0^2 cx \, \mathrm{d}x = 1$, 得 $c = \dfrac{1}{2}$.

(2) 根据分布函数 $F(x)$ 与概率密度 $f(x)$ 的关系可得:

① 当 $x < 0$ 时, $F(x) = P\{X \leqslant x\} = 0$;

② 当 $0 \leqslant x < 2$ 时, $F(x) = P\{X \leqslant x\} = \int_{-\infty}^x f(t) \mathrm{d}t = \int_0^x \dfrac{t}{2} \mathrm{d}t = \dfrac{x^2}{4}$;

③ 当 $x \geqslant 2$ 时, $F(x) = P\{X \leqslant x\} = 1$.

因此,随机变量 X 的分布函数为 $F(x) = \begin{cases} 0, & x < 0 \\ \dfrac{x^2}{4}, & 0 \leqslant x < 2 \\ 1, & x \geqslant 2 \end{cases}$.

（3）与随机变量 X 相联系的事件的概率 $P\{X<1\}=F(1^-)=\dfrac{1}{4}$，其中 $F(x^-)$ 表示 $F(x)$ 在 x 处的左极限．

（4）随机变量 X 的数学期望 $E(X)=\displaystyle\int_{-\infty}^{+\infty}xf(x)\mathrm{d}x=\int_0^2\dfrac{x^2}{2}\mathrm{d}x=\dfrac{4}{3}$．

又有 $E(X^2)=\displaystyle\int_{-\infty}^{+\infty}x^2f(x)\mathrm{d}x=\int_0^2\dfrac{x^3}{2}\mathrm{d}x=2$．

故随机变量 X 的方差 $D(X)=E(X^2)-E(X)^2=2-\left(\dfrac{4}{3}\right)^2=\dfrac{2}{9}$．

（5）说明：有三种方法计算 $E(Y)=E(2X^2+1)$．①将 Y 视为一个随机变量，直接运用数学期望的定义式 $E(Y)=\displaystyle\int_{-\infty}^{+\infty}yf_Y(y)\mathrm{d}y$ 求解，这需要先求出随机变量 $Y=2X^2+1$ 的概率密度；②根据一维随机变量函数的数学期望公式 $E(g(X))=\displaystyle\int_{-\infty}^{+\infty}g(x)f(x)\mathrm{d}x$ 求解，见下面"解法1"；③根据数学期望的性质 $E(aX+b)=aE(X)+b$ 求解，见下面"解法2"．

解法 1   根据一维随机变量函数的数学期望公式得

$$E(Y)=E(2X^2+1)=\int_{-\infty}^{+\infty}(2x^2+1)f(x)\mathrm{d}x=\int_0^2(2x^2+1)\dfrac{x}{2}\mathrm{d}x=5$$

解法 2   根据数学期望的性质得

$$E(Y)=E(2X^2+1)=2E(X^2)+1=2\times2+1=5$$

（6）根据 $E(X)$ 的结论 $E(X)=\dfrac{4}{3}$，得概率

$$P\{F(X)>E(X)-1\}=P\left\{F(X)>\dfrac{1}{3}\right\}\stackrel{\text{等式}2}{=\!=\!=\!=}P\left\{X>\dfrac{2}{\sqrt{3}}\right\}$$

$$=1-F\left(\dfrac{2}{\sqrt{3}}\right)=1-\dfrac{\left(\dfrac{2}{\sqrt{3}}\right)^2}{4}=\dfrac{2}{3}$$

其中等式 2 成立是因为：注意到 $P\{0<X<2\}=1$，而当 $0<x<2$ 时，根据 $F(X)$ 的表达式 $F(x)=\dfrac{x^2}{4}>\dfrac{1}{3}\Rightarrow x>\dfrac{2}{\sqrt{3}}$，故 $P\left\{F(X)>\dfrac{1}{3}\right\}=P\left\{X>\dfrac{2}{\sqrt{3}}\right\}$．

说明：本小题根据 [2019，Ⅰ & Ⅲ] 改编，典型题 3.22 介绍了本题的另一种解法．

习题 2.3 [二维离散型随机变量]   袋中有 1 个红球、2 个黑球与 3 个白球．现有放回地从袋中取两次，每次取一个球．用 X,Y 分别表示两次取球所取得的红球与黑球的个数．

（1）求二维随机变量 (X,Y) 的（联合）分布律（概率分布）．

（2）求二维随机变量 (X,Y) 的关于 X 与 Y 的边缘分布律．

（3）求 X 关于 $\{Y=1\}$ 的条件分布律．

（4）求随机变量 X 的数学期望 $E(X)$ 和方差 $D(X)$．

（5）求二维随机变量 (X,Y) 的协方差 $\mathrm{Cov}(X,Y)$ 和相关系数 ρ_{XY}．

（6）问随机变量 X 与 Y 是否独立？为什么？

解答 (1),(2) 由题意,二维离散型随机变量(X,Y)的所有可能取值对及其对应概率为

$$P\{X=0,Y=0\}=P\{两次都取到白球\}=\frac{3}{6}\times\frac{3}{6}=\frac{1}{4}$$

$$P\{X=0,Y=1\}=P\{取到黑球、白球各一次\}=C_2^1\times\frac{2}{6}\times\frac{3}{6}=\frac{1}{3}$$

$$P\{X=0,Y=2\}=P\{两次都取到黑球\}=\frac{2}{6}\times\frac{2}{6}=\frac{1}{9}$$

$$P\{X=1,Y=0\}=P\{取到红球、白球各一次\}=C_2^1\times\frac{1}{6}\times\frac{3}{6}=\frac{1}{6}$$

$$P\{X=1,Y=1\}=P\{取到红球、黑球各一次\}=C_2^1\times\frac{1}{6}\times\frac{2}{6}=\frac{1}{9}$$

$$P\{X=1,Y=2\}=P\{不可能事件\}=0$$

$$P\{X=2,Y=0\}=P\{两次都取到红球\}=\frac{1}{6}\times\frac{1}{6}=\frac{1}{36}$$

$$P\{X=2,Y=1\}=P\{不可能事件\}=0$$

$$P\{X=2,Y=2\}=P\{不可能事件\}=0$$

说明:上面已经给出了(X,Y)的所有可能取值对及其对应概率.但在考试中,建议写成如下表格形式.这种写法有三个优点:①使得结论更加清晰,以免阅卷老师漏看你的正确答案.②有助于通过验证正则性$\sum\limits_{i\geqslant1}\sum\limits_{j\geqslant1}p_{ij}=1$,减少计算错误率.③考试中通常在考查联合分布律后,还会进一步考查边缘分布律、条件分布律等.写成表格形式,有助于通过求行和、列和得到随机变量(X,Y)关于X,Y的边缘分布律.此外,在书写时,可以将分母取为若干概率值的分母的最小公倍数,不必每个分数都约分成最简形式.

因此,二维离散型随机变量(X,Y)的联合分布律和关于X与Y的边缘分布律为

X＼Y	0	1	2	$p_{i\cdot}$
0	$\frac{1}{4}$	$\frac{1}{3}$	$\frac{1}{9}$	$\frac{25}{36}$
1	$\frac{1}{6}$	$\frac{1}{9}$	0	$\frac{10}{36}$
2	$\frac{1}{36}$	0	0	$\frac{1}{36}$
$p_{\cdot j}$	$\frac{4}{9}$	$\frac{4}{9}$	$\frac{1}{9}$	

(3) 当$Y=1$时,随机变量X的所有可能取值及其对应的条件概率为

$$P\{X=0\mid Y=1\}=\frac{P\{X=0,Y=1\}}{P\{Y=1\}}=\frac{\dfrac{1}{3}}{\dfrac{4}{9}}=\frac{3}{4}$$

$$P\{X=1 \mid Y=1\}=\frac{P\{X=1,Y=1\}}{P\{Y=1\}}=\frac{\dfrac{1}{9}}{\dfrac{4}{9}}=\frac{1}{4}$$

说明：后者也可以用对立事件的条件概率公式 $P(\overline{A}\mid B)=1-P(A\mid B)$ 计算.

因此，随机变量 X 关于$\{Y=1\}$的条件分布律为

$X\mid Y=1$	0	1
P	$\dfrac{3}{4}$	$\dfrac{1}{4}$

（4）一维随机变量 X 的分布律就是二维随机变量(X,Y)关于 X 的边缘分布律.即

X	0	1	2
P	$\dfrac{25}{36}$	$\dfrac{10}{36}$	$\dfrac{1}{36}$

由此，随机变量 X 的数学期望 $E(X)=0\times\dfrac{25}{36}+1\times\dfrac{10}{36}+2\times\dfrac{1}{36}=\dfrac{1}{3}$.

又有 $E(X^2)=0^2\times\dfrac{25}{36}+1^2\times\dfrac{10}{36}+2^2\times\dfrac{1}{36}=\dfrac{7}{18}$.

故随机变量 X 的方差 $D(X)=E(X^2)-E(X)^2=\dfrac{7}{18}-\left(\dfrac{1}{3}\right)^2=\dfrac{5}{18}$.

（5）说明：运用相关系数的定义 $\rho_{XY}=\dfrac{\mathrm{Cov}(X,Y)}{\sqrt{D(X)}\sqrt{D(Y)}}$、方差的计算式 $D(X)=E(X^2)-$
$E(X)^2$ 和协方差的计算式 $\mathrm{Cov}(X,Y)=E(XY)-E(X)E(Y)$ 计算 X 与 Y 的协方差和相关系数.为了保证卷面的美观和流畅，通常先将各种细节计算清楚，再全部代入相关系数的定义式，"一气呵成"地给出结论.

类似地，随机变量 Y 的数学期望 $E(Y)=0\times\dfrac{4}{9}+1\times\dfrac{4}{9}+2\times\dfrac{1}{9}=\dfrac{2}{3}$.

又有 $E(Y^2)=0^2\times\dfrac{4}{9}+1^2\times\dfrac{4}{9}+2^2\times\dfrac{1}{9}=\dfrac{8}{9}$.

故随机变量 Y 的方差 $D(Y)=E(Y^2)-E(Y)^2=\dfrac{8}{9}-\left(\dfrac{2}{3}\right)^2=\dfrac{4}{9}$.

进一步地，$E(XY)\underset{\text{计算方法见后面的说明}}{=\!=\!=\!=\!=\!=}\dfrac{1}{9}$.

故二维随机变量(X,Y)的协方差

$$\mathrm{Cov}(X,Y)=E(XY)-E(X)E(Y)=\dfrac{1}{9}-\dfrac{1}{3}\times\dfrac{2}{3}=-\dfrac{1}{9}$$

二维随机变量(X,Y)的相关系数 $\rho_{XY}=\dfrac{\mathrm{Cov}(X,Y)}{\sqrt{D(X)}\sqrt{D(Y)}}=\dfrac{-\dfrac{1}{9}}{\sqrt{\dfrac{5}{18}}\sqrt{\dfrac{4}{9}}}=-\dfrac{\sqrt{10}}{10}$.

说明：有两种方法计算二维离散型随机变量(X,Y)的函数 $Z=g(X,Y)$ 的数学期望.

方法 1 运用下面的表格辅助计算 $E(XY)$. 此时,不需要先计算 $Z=g(X,Y)=XY$ 的分布律.

(X,Y)	$(0,0)$	$(0,1)$	$(0,2)$	$(1,0)$	$(1,1)$	$(1,2)$	$(2,0)$	$(2,1)$	$(2,2)$
P	$\frac{1}{4}$	$\frac{1}{3}$	$\frac{1}{9}$	$\frac{1}{6}$	$\frac{1}{9}$	0	$\frac{1}{36}$	0	0
XY	0	0	0	0	1	2	0	2	4

可得

$$E(XY) = 0 \times \frac{1}{4} + 0 \times \frac{1}{3} + 0 \times \frac{1}{9} + 0 \times \frac{1}{6} + 1 \times \frac{1}{9} + 2 \times 0 + 0 \times \frac{1}{36} + 2 \times 0 + 4 \times 0 = \frac{1}{9}$$

方法 2 运用表 2.3 中的公式直接计算,同样不需要先计算 $Z=g(X,Y)=XY$ 的分布律.

运用公式 $E(g(X,Y)) = \sum_{j \geqslant 1} \sum_{i \geqslant 1} g(x_i, y_j) p_{ij}$ 和 (X,Y) 的联合分布律

$$P\{X=x_i, Y=y_j\} = p_{ij}$$

得

$$E(XY) = 0 \times 0 \times \frac{1}{4} + 0 \times 1 \times \frac{1}{3} + 0 \times 2 \times \frac{1}{9} + 1 \times 0 \times \frac{1}{6} + 1 \times 1 \times \frac{1}{9}$$

$$+ 1 \times 2 \times 0 + 2 \times 0 \times \frac{1}{36} + 2 \times 1 \times 0 + 2 \times 2 \times 0 = \frac{1}{9}$$

(6) 说明:有两种方法得到"随机变量 X 与 Y 不独立".①计算相关系数

$$\rho_{XY} = \frac{\text{Cov}(X,Y)}{\sqrt{D(X)} \sqrt{D(Y)}}$$

如果 $\rho_{XY} \neq 0$,则 X 与 Y 相关. 根据独立与不相关的逻辑关系,X 与 Y 不独立. 在实际操作中,只需要计算协方差 $\text{Cov}(X,Y) = E(XY) - E(X)E(Y)$,不需要计算 $D(X)$ 和 $D(Y)$. 进一步地,如果 $E(X)$ 和 $E(Y)$ 之一等于 0,可以不算另一个. 因为 $\text{Cov}(X,Y) = 0 \Leftrightarrow \rho_{XY} = 0$. ②若找到一对 (x_i, y_j) 使得 $P\{X=x_i, Y=y_j\} \neq P\{X=x_i\} P\{Y=y_j\}$,即 $p_{ij} \neq p_i. \, p._j$,则 X 与 Y 不独立. 详见 4.5 节.

解法 1 由于 (X,Y) 的相关系数 $\rho_{XY} = -\frac{\sqrt{10}}{10} \neq 0$,故 X 与 Y 相关. 根据独立与不相关的逻辑关系可知,X 与 Y 不独立.

解法 2 由于 $P\{X=1, Y=2\} = 0 \neq P\{X=1\} P\{Y=2\} = \frac{10}{36} \times \frac{1}{9}$,故 X 与 Y 不独立.

习题 2.4[二维连续型随机变量] 设二维随机变量 (X,Y) 的概率密度为

$$f(x,y) = \begin{cases} 1, & (x,y) \in G \\ 0, & \text{其他} \end{cases}$$

其中 G 是由 $x-y=0, x+y=2$ 与 $y=0$ 围成的区域.

(1) 求二维随机变量 (X,Y) 的关于 X 的边缘概率密度 $f_X(x)$.

(2) 求给定 $Y=y$ 的条件下,随机变量 X 的条件概率密度 $f_{X|Y}(x|y)$.

(3) 求随机变量 X 的数学期望 $E(X)$ 和方差 $D(X)$.

（4）求二维随机变量(X,Y)的协方差$\mathrm{Cov}(X,Y)$和相关系数ρ_{XY}.

（5）问随机变量X与Y是否独立？为什么？

解答 （1）说明：计算时建议绘制区域G的图，以便确认积分限.

由题意，区域G如下图所示.

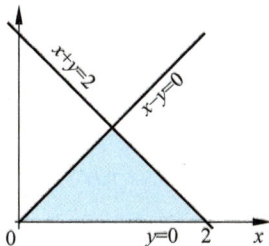

习题2.4解图（一）　积分区域G

根据联合概率密度$f(x,y)$与边缘概率密度$f_X(x)$的关系得

$$f_X(x)=\int_{-\infty}^{+\infty}f(x,y)\mathrm{d}y=\begin{cases}x, & 0\leqslant x<1 \\ 2-x, & 1\leqslant x<2 \\ 0, & 其他\end{cases}$$

（2）说明：给定$Y=y$的条件下，随机变量X的条件概率密度定义为$f_{X|Y}(x\,|\,y)=\dfrac{f(x,y)}{f_Y(y)}$. 可见，首先需要计算$f_Y(y)=\int_{-\infty}^{+\infty}f(x,y)\mathrm{d}x$.

根据联合概率密度$f(x,y)$与边缘概率密度$f_Y(y)$的关系得

$$f_Y(y)=\int_{-\infty}^{+\infty}f(x,y)\mathrm{d}x=\begin{cases}2(1-y), & 0\leqslant y\leqslant 1 \\ 0, & 其他\end{cases}$$

当$0\leqslant y\leqslant 1$时，随机变量X的条件概率密度为

$$f_{X|Y}(x\mid y)=\frac{f(x,y)}{f_Y(y)}=\begin{cases}\dfrac{1}{2(1-y)}, & y<x<2-y \\ 0, & 其他\end{cases}$$

（3）随机变量X的数学期望$E(X)=\int_{-\infty}^{+\infty}xf_X(x)\mathrm{d}x=\int_0^1 x^2\mathrm{d}x+\int_1^2(2-x)x\mathrm{d}x=1$.

又有$E(X^2)=\int_{-\infty}^{+\infty}x^2f_X(x)\mathrm{d}x=\int_0^1 x^3\mathrm{d}x+\int_1^2(2-x)x^2\mathrm{d}x=\dfrac{7}{6}$. 故随机变量$X$的方差

$D(X)=E(X^2)-E(X)^2=\dfrac{7}{6}-1^2=\dfrac{1}{6}$.

（4）说明：运用相关系数的定义$\rho_{XY}=\dfrac{\mathrm{Cov}(X,Y)}{\sqrt{D(X)}\sqrt{D(Y)}}$、方差的计算式$D(X)=E(X^2)-E(X)^2$和协方差的计算式$\mathrm{Cov}(X,Y)=E(XY)-E(X)E(Y)$计算$X$与$Y$的协方差和相关系数. 为了保证卷面的美观和流畅，通常先将各种细节计算清楚，再全部代入相关系数的定义式，"一气呵成"地给出结论. 我们怎么知道需要先算哪些"细节"呢？推荐先在草稿纸上理清思路. 本题中，先写出计算目标"相关系数"，再写出分子和分母的计算方法，就很容易发现需要先计算的量了，见下图.

$$\text{Cov}(X,Y)=E(XY)-E(X)E(Y)$$

$$\rho_{XY}=\frac{\text{Cov}(X,Y)}{\sqrt{D(X)}\,\sqrt{D(Y)}}$$

$$D(Y)=E(Y^2)-E(Y)^2$$

$$D(X)=E(X^2)-E(X)^2$$

习题 2.4 解图(二)　计算相关系数

随机变量 Y 的数学期望 $E(Y)=\displaystyle\int_{-\infty}^{+\infty}yf_Y(y)\mathrm{d}y=\int_0^1 2(1-y)y\mathrm{d}y=\dfrac{1}{3}$.

又有 $E(Y^2)=\displaystyle\int_{-\infty}^{+\infty}y^2 f_Y(y)\mathrm{d}y=\int_0^1 2(1-y)y^2\mathrm{d}y=\dfrac{1}{6}$.

故随机变量 Y 的方差 $D(Y)=E(Y^2)-E(Y)^2=\dfrac{1}{6}-\left(\dfrac{1}{3}\right)^2=\dfrac{1}{18}$.

进一步地, $E(XY)=\displaystyle\int_{-\infty}^{+\infty}\int_{-\infty}^{+\infty}xyf(x,y)\mathrm{d}x\mathrm{d}y=\int_{y=0}^1\int_{x=y}^{2-y}xy\mathrm{d}x\mathrm{d}y=2\int_{y=0}^1 y(1-y)\mathrm{d}y=\dfrac{1}{3}$.

说明：二维连续型随机变量 (X,Y) 的函数 $Z=g(X,Y)$ 的数学期望通常运用表 2.3 中的公式 $E(g(X,Y))=\displaystyle\int_{-\infty}^{+\infty}\int_{-\infty}^{+\infty}g(x,y)f(x,y)\mathrm{d}x\mathrm{d}y$ 直接计算,不需要先计算 $Z=g(X,Y)$ 的分布律.

故二维随机变量 (X,Y) 的协方差 $\text{Cov}(X,Y)=E(XY)-E(X)E(Y)=\dfrac{1}{3}-1\times\dfrac{1}{3}=0$.

二维随机变量 (X,Y) 的相关系数 $\rho_{XY}=\dfrac{\text{Cov}(X,Y)}{\sqrt{D(X)}\,\sqrt{D(Y)}}=0$.

(4)的简化解法

说明：本题中 ρ_{XY} 的分子 $\text{Cov}(X,Y)=0$,因此不需要计算 ρ_{XY} 分母部分的 $D(X)$ 和 $D(Y)$.在解题或实际应用时,如何充分利用这些特殊情况化简计算呢?仍推荐先在草稿纸上试算.由此,得到本小问的简化解法.

类似地,得到随机变量 Y 的数学期望

$$E(Y)=\int_{-\infty}^{+\infty}yf_Y(y)\mathrm{d}y=\int_0^1 2(1-y)y\mathrm{d}y=\frac{1}{3}$$

进一步地,有

$$E(XY)=\int_{-\infty}^{+\infty}\int_{-\infty}^{+\infty}xyf(x,y)\mathrm{d}x\mathrm{d}y=\int_{y=0}^1\int_{x=y}^{2-y}xy\mathrm{d}x\mathrm{d}y=2\int_{y=0}^1 y(1-y)\mathrm{d}y=\frac{1}{3}$$

故二维随机变量 (X,Y) 的协方差

$$\text{Cov}(X,Y)=E(XY)-E(X)E(Y)=\frac{1}{3}-1\times\frac{1}{3}=0$$

二维随机变量 (X,Y) 的相关系数

$$\rho_{XY}=\frac{\text{Cov}(X,Y)}{\sqrt{D(X)}\,\sqrt{D(Y)}}=0$$

(5) 说明：本题 $\rho_{XY}=0$,不能直接得到 X 与 Y 的独立性结论.这类问题优先考虑"证明 X 与 Y 不独立".一种常用的方法是：找到一对 x 和 y,使得

$$P\{X \leqslant x, Y \leqslant y\} \neq P\{X \leqslant x\}P\{Y \leqslant y\}$$

选择 x 和 y 时尽量避开取值区间的端点和对称轴. 其他方法详见第 4 章.

取 $x = y = \dfrac{1}{2}$.

说明：事实上，随机变量 (X,Y) 在 G 上服从二维均匀分布. 通常使用面积法代替微积分化简计算，如下图所示.

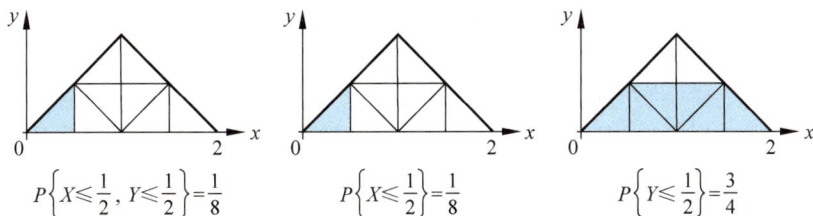

习题 2.4 解图(三) 使用"面积法"计算概率

可得

$$P\left\{X \leqslant \frac{1}{2}, Y \leqslant \frac{1}{2}\right\} = \frac{1}{8}, \quad P\left\{X \leqslant \frac{1}{2}\right\} = \frac{1}{8}, \quad P\left\{Y \leqslant \frac{1}{2}\right\} = \frac{3}{4}$$

因此，存在 $x = y = \dfrac{1}{2}$ 使得 $P\{X \leqslant x, Y \leqslant y\} \neq P\{X \leqslant x\}P\{Y \leqslant y\}$. 可见，随机变量 X 与 Y 不独立.

第 3 章

习题 3.1 设随机变量 X 与 Y 相互独立，且 $X \sim B(2,p), Y \sim B(3,p)$. 若

$$P\{X + Y = 2\} = \frac{80}{243}$$

则 $P\{Y \geqslant 1\} = $ _____.

解答 说明：本题根据 [1997, Ⅳ] 改编. 具体而言，将原题的条件 $P\{X \geqslant 1\} = \dfrac{5}{9}$ 改为 $P\{X + Y = 2\} = \dfrac{80}{243}$. 显然，根据 $P\{X \geqslant 1\} = \dfrac{5}{9}$ 即 $P\{X = 0\} = C_2^0 p^0 (1-p)^2 = \dfrac{4}{9}$ 推出参数 $p = \dfrac{1}{3}$ 相对容易. 本题要计算 $P\{Y \geqslant 1\}$，首先需要由 $P\{X + Y = 2\} = \dfrac{80}{243}$ 确定参数 p 的取值，有两种方法：①分情况讨论，由

$$P\{X + Y = 2\} = P\{X = 0, Y = 2\} + P\{X = 1, Y = 1\} + P\{X = 2, Y = 0\}$$

$$\xlongequal{\text{独立}} P\{X = 0\}P\{Y = 2\} + P\{X = 1\}P\{Y = 1\} + P\{X = 2\}P\{Y = 0\}$$

$$\xlongequal{\text{分布律}} C_2^0 p^0 (1-p)^2 \times C_3^2 p^2 (1-p)^1$$
$$+ C_2^1 p^1 (1-p)^1 \times C_3^1 p^1 (1-p)^2$$
$$+ C_2^2 p^2 (1-p)^0 \times C_3^0 p^0 (1-p)^3$$

$$= \frac{80}{243}$$

解出 p 的取值.这种方法非常烦琐. ②运用二项分布的参数可加性:$X_i \sim B(n_i, p)$, $1 \leqslant i \leqslant m$,相互独立,则 $\sum_{i=1}^{m} X_i \sim B\left(\sum_{i=1}^{m} n_i, p\right)$. 由题意,$X+Y \sim B(5, p)$. 故 $P\{X+Y=2\}=\mathrm{C}_5^2 p^2 (1-p)^3$.

运用二项分布的参数可加性,$X+Y \sim B(5, p)$. 故

$$P\{X+Y=2\}=\mathrm{C}_5^2 p^2 (1-p)^3=\frac{80}{243}$$

化简得 $p^2(1-p)^3=\frac{2^3}{3^5}$,解得 $p=\frac{1}{3}$. 因此

$$P\{Y \geqslant 1\}=1-P\{Y=0\}=1-\mathrm{C}_3^0 p^0 (1-p)^3=1-1 \times 1 \times \left(\frac{2}{3}\right)^3=\frac{19}{27}$$

答案 $\dfrac{19}{27}$

习题 3.2[2023,Ⅲ] 设随机变量 X 与 Y 相互独立,且 $X \sim B(1, p)$,$Y \sim B(2, p)$,$0 < p < 1$,则 $X+Y$ 与 $X-Y$ 的相关系数为_____.

说明:相关系数的定义式为 $\rho_{X+Y, X-Y}=\dfrac{\mathrm{Cov}(X+Y, X-Y)}{\sqrt{D(X+Y)}\sqrt{D(X-Y)}}$. 其中,协方差 $\mathrm{Cov}(X+Y, X-Y)$ 有两种计算方法.方法①:将 $U=X+Y$ 和 $V=X-Y$ 视为两个随机变量,根据 $\mathrm{Cov}(U,V)=E(UV)-E(U)E(V)$ 计算.方法②:运用协方差的性质 $\mathrm{Cov}(X+Y, X-Y)=\mathrm{Cov}(X,X)-\mathrm{Cov}(X,Y)+\mathrm{Cov}(Y,X)-\mathrm{Cov}(Y,Y)$ 计算.相应地,方差 $D(X+Y)$ 也有两种计算方法.方法①:将 $U=X+Y$ 视为一个随机变量,根据 $D(U)=E(U^2)-E(U)^2$ 计算.方法②:运用 X 与 Y 不相关时方差的性质 $D(X+Y)=D(X)+D(Y)$ 计算.

解法 1 由题意知

$E(X+Y)=E(X)+E(Y)=1 \times p+2 \times p=3p$

$D(X+Y)=D(X)+D(Y)=p(1-p)+2p(1-p)=3p(1-p)$

$E(X-Y)=E(X)-E(Y)=1 \times p-2 \times p=-p$

$D(X-Y)=D(X)+D(Y)=p(1-p)+2p(1-p)=3p(1-p)$

$E[(X+Y)(X-Y)]=E(X^2-Y^2)=E(X^2)-E(Y^2)$

$\qquad\qquad =[D(X)+E(X)^2]-[D(Y)+E(Y)^2]$

$\qquad\qquad =[p(1-p)+p^2]-[2p(1-p)+4p^2]=-p-2p^2$

$\mathrm{Cov}(X+Y, X-Y)=E[(X+Y)(X-Y)]-E(X+Y)E(X-Y)$

$\qquad\qquad =(-p-2p^2)-(3p) \times (-p)=-p+p^2=-p(1-p)$

故

$$\rho_{X+Y, X-Y}=\frac{\mathrm{Cov}(X+Y, X-Y)}{\sqrt{D(X+Y)}\sqrt{D(X-Y)}}=\frac{-p(1-p)}{\sqrt{3p(1-p)}\sqrt{3p(1-p)}}=-\frac{1}{3}$$

解法 2 由题意知

$\mathrm{Cov}(X+Y, X-Y)=\mathrm{Cov}(X,X)-\mathrm{Cov}(X,Y)+\mathrm{Cov}(Y,X)-\mathrm{Cov}(Y,Y)$

$\qquad\qquad =D(X)-D(Y)=p(1-p)-2p(1-p)=-p(1-p)$

$D(X \pm Y) \xlongequal{独立} D(X)+D(Y)=p(1-p)+2p(1-p)=3p(1-p)$

故

$$\rho_{X+Y,X-Y} = \frac{\mathrm{Cov}(X+Y,X-Y)}{\sqrt{D(X+Y)}\sqrt{D(X-Y)}} = \frac{-p(1-p)}{\sqrt{3p(1-p)}\sqrt{3p(1-p)}} = -\frac{1}{3}.$$

答案　$-\dfrac{1}{3}$

说明：根据二项分布的参数可加性，$X+Y \sim B(3,p)$. 但对于 $X-Y$ 或 $Y-X$ 并没有类似的结论，不能想当然地使用.

习题 3.3[2010,Ⅰ]　设随机变量 X 的概率分布为 $P\{X=k\} = \dfrac{C}{k!}$，$k=0,1,2,\cdots$，则 $E(X^2) = $ _____.

解答　说明：若分布律（或概率密度）中包含未知常数，则通常用正则性 $\sum\limits_{i\geqslant 1} p_i = 1 \Big($ 或 $\displaystyle\int_{-\infty}^{+\infty} f(x)\mathrm{d}x = 1 \Big)$ 求解.

因为 $\sum\limits_{k=0}^{\infty} \dfrac{\lambda^k}{k!} = \mathrm{e}^\lambda$ 且 $\sum\limits_{k=0}^{\infty} p_k = 1$，故 $\sum\limits_{k=0}^{\infty} p_k = \sum\limits_{k=0}^{\infty} \dfrac{C}{k!} = C\mathrm{e} = 1$. 可得 $C = \mathrm{e}^{-1}$.

说明：有两种方法计算 $E(X^2)$. ①根据一维随机变量函数的数学期望公式 $E(g(X)) = \sum\limits_{i\geqslant 1} g(x_i)p_i$ 求解. ②使用"套用模板、充分运用概率性质"的解题思路. 首先识别出 $X \sim P(1)$，再运用泊松分布的数字特征，直接得出结论.

解法 1　根据一维随机变量函数的数学期望公式 $E(X^2) = \sum\limits_{k=0}^{\infty} k^2 p_k = \sum\limits_{k=0}^{\infty} \dfrac{k^2}{k!}\mathrm{e}^{-1}$ 求解.

说明：关键是计算 $\sum\limits_{k=0}^{\infty} \dfrac{k^2}{k!}$，用到了拆分系数的技巧 $k = (k-1)+1$. 这样拆分系数，可以使 $k-1$ 与分母的 $(k-1)!$ 约分，进一步化简. 此外，第一个等式用到了 $k=0$ 时，$\dfrac{k^2}{k!} = 0$，故可以将求和的起点从 $k=0$ 调整为 $k=1$，避免出现"负数的阶乘"等问题，也便于换元. 后面多次用到这个技巧.

$$\sum_{k=0}^{\infty} \frac{k^2}{k!} = \sum_{k=1}^{\infty} \frac{k^2}{k!} = \sum_{k=1}^{\infty} \frac{k}{(k-1)!} = \sum_{k=1}^{\infty} \frac{(k-1)+1}{(k-1)!} = \sum_{k=2}^{\infty} \frac{1}{(k-2)!} + \sum_{k=1}^{\infty} \frac{1}{(k-1)!}$$

$$= \sum_{i=0}^{\infty} \frac{1}{i!} + \sum_{i=0}^{\infty} \frac{1}{i!} = 2\sum_{i=0}^{\infty} \frac{1}{i!} = 2\mathrm{e}$$

说明：最后的等式用到了泰勒展开式 $\mathrm{e}^\lambda = 1 + \lambda + \dfrac{\lambda^2}{2!} + \dfrac{\lambda^3}{3!} + \cdots + \dfrac{\lambda^k}{k!} + \cdots = \sum\limits_{k=0}^{+\infty} \dfrac{\lambda^k}{k!}$.

因此，$E(X^2) = \sum\limits_{k=0}^{\infty} \dfrac{k^2}{k!}\mathrm{e}^{-1} = 2$.

解法 2　对比泊松分布的概率分布 $P\{X=k\} = \dfrac{\lambda^k \mathrm{e}^{-\lambda}}{k!}$，$k=0,1,2,\cdots$，可知 $\lambda=1$，即 $X \sim P(1)$. 所以，$E(X^2) = D(X) + E(X)^2 = 2$.

答案　2

习题 3.4[2022，Ⅰ]　设随机变量 $X \sim U(0,3)$，随机变量 Y 服从参数为 2 的泊松分布，且 X 与 Y 的协方差为 -1，则 $D(2X-Y+1)=$ _____．

A. 1　　　　　　　B. 5　　　　　　　C. 9　　　　　　　D. 12

解答　说明：由 $D(aX+bY+c)=a^2D(X)+b^2D(Y)+2ab\mathrm{Cov}(X,Y)$ 可知，需要先根据常见分布的数字特征结论 $X \sim U(a,b) \Rightarrow D(X)=\dfrac{(b-a)^2}{12}$ 和 $Y \sim P(\lambda) \Rightarrow D(Y)=\lambda$ 得到 $D(X)$ 和 $D(Y)$．

由题意，$D(X)=\dfrac{3}{4}$，$D(Y)=2$，$\mathrm{Cov}(X,Y)=-1$．故

$$D(2X-Y+1)=4 \times \frac{3}{4}+2+2 \times 2 \times (-1) \times (-1)=9$$

答案　C

习题 3.5[2022，Ⅲ]　设随机变量 $X \sim N(0,4)$，随机变量 $Y \sim B\left(3,\dfrac{1}{3}\right)$，且 X 与 Y 不相关，则 $D(X-3Y+1)=$ _____．

A. 2　　　　　　　B. 4　　　　　　　C. 6　　　　　　　D. 10

解答　说明：由于 X 与 Y 不相关，故 $D(aX+bY+c)=a^2D(X)+b^2D(Y)$．需要先根据常见分布的数字特征结论 $X \sim N(\mu,\sigma^2) \Rightarrow D(X)=\sigma^2$ 和 $Y \sim B(n,p) \Rightarrow D(Y)=np(1-p)$ 得到 $D(X)$ 和 $D(Y)$．

由题意，$D(X)=4$，$D(Y)=\dfrac{2}{3}$．故

$$D(X-3Y+1)=4+(-3)^2 \times \frac{2}{3}=10$$

答案　D

习题 3.6[2009，Ⅰ]　设随机变量 X 的分布函数 $F(x)=0.3\Phi(x)+0.7\Phi\left(\dfrac{x-1}{2}\right)$，其中 $\Phi(x)$ 为标准正态分布函数，则 $E(X)=$ _____．

A. 0　　　　　　　B. 0.3　　　　　　　C. 0.7　　　　　　　D. 1

解法 1　由 $F(x)=0.3\Phi(x)+0.7\Phi\left(\dfrac{x-1}{2}\right)$，得 X 的概率密度

$$f(x)=F'(x)=0.3\varphi(x)+0.35\varphi\left(\frac{x-1}{2}\right)$$

其中 $\varphi(x)$ 为标准正态分布的概率密度．从而

$$E(X)=\int_{-\infty}^{+\infty}xf(x)\mathrm{d}x=0.3\int_{-\infty}^{+\infty}x\varphi(x)\mathrm{d}x+0.35\int_{-\infty}^{+\infty}x\varphi\left(\frac{x-1}{2}\right)\mathrm{d}x$$

其中，$x\varphi(x)$ 是奇函数，故 $\displaystyle\int_{-\infty}^{+\infty}x\varphi(x)\mathrm{d}x=0$．

又有 $\int_{-\infty}^{+\infty} x\varphi\left(\dfrac{x-1}{2}\right)\mathrm{d}x = 2\int_{-\infty}^{+\infty} x\dfrac{1}{\sqrt{2\pi}\times 2}\mathrm{e}^{-\frac{(x-1)^2}{2\times 2^2}}\mathrm{d}x = 2E(Y)=2$，其中 $Y\sim N(1,2^2)$.

说明：这里计算 $\int_{-\infty}^{+\infty} x\varphi\left(\dfrac{x-1}{2}\right)\mathrm{d}x = 2$ 运用了概率论的性质. 对比正态分布 $N(\mu,\sigma^2)$

的概率密度表达式 $f(x)=\dfrac{1}{\sqrt{2\pi}\sigma}\mathrm{e}^{-\frac{(x-\mu)^2}{2\sigma^2}}$，可知 $\dfrac{1}{\sqrt{2\pi}\times 2}\mathrm{e}^{-\frac{(x-1)^2}{2\times 2^2}}$ 是 $Y\sim N(1,2^2)$ 的概率密度.

当然，此结果也可以直接积分得到.

可见，$E(X)=0.7$.

解法 2　**说明**：这是一道选择题（只看答案），也可以直接运用典型题 3.28[2017，Ⅰ]后面的

结论："若 $F(x)=C_1\Phi\left(\dfrac{x-\mu_1}{\sigma_1}\right)+C_2\Phi\left(\dfrac{x-\mu_2}{\sigma_2}\right),C_1+C_2=1$，则必有 $E(X)=C_1\mu_1+C_2\mu_2$"

快速求解.

由题意，$E(X)=0.3\times 0+0.7\times 1=0.7$.

答案　C

习题 3.7[2002，Ⅰ]　设随机变量 $X\sim N(\mu,\sigma^2),\sigma>0$，且二次方程 $y^2+4y+X=0$ 无

实根的概率为 0.5，则 $\mu=$ _____．

解答　**说明**：二次方程 $ax^2+bx+c=0$ 无实根等价于判别式 $\Delta=b^2-4ac<0$.

由题意，二次方程 $y^2+4y+X=0$ 无实根等价于判别式 $\Delta=4^2-4X<0$. 故

$$P\{4^2-4X<0\}=P\{X>4\}=P\left\{\dfrac{X-\mu}{\sigma^2}>\dfrac{4-\mu}{\sigma^2}\right\}=1-\Phi\left(\dfrac{4-\mu}{\sigma^2}\right)=0.5$$

因此 $\dfrac{4-\mu}{\sigma^2}=0$. 解得 $\mu=4$.

答案　4

习题 3.8[2022，Ⅰ，选做]　设随机变量 $X\sim N(0,1)$，在 $X=x$ 条件下随机变量 $Y\sim N(x,1)$，则 X 与 Y 的相关系数为_____．

A. $\dfrac{1}{4}$　　　　　　B. $\dfrac{1}{2}$　　　　　　C. $\dfrac{\sqrt{3}}{3}$　　　　　　D. $\dfrac{\sqrt{2}}{2}$

说明：本题给出三种解题方法，学生可以根据自身学习情况选择. 其中前两者是基本解题思路，分别对应"基于微积分的方法"和"基于概率论的方法".

解法 1　基于微积分的方法.

说明：随机变量 X 与 Y 的相关系数为 $\rho_{XY}=\dfrac{\mathrm{Cov}(X,Y)}{\sqrt{D(X)D(Y)}}$，且 $\mathrm{Cov}(X,Y)=E(XY)-$

$E(X)E(Y)$. 可见，关键是计算 $E(X),D(X),E(Y),D(Y),E(XY)$. 根据数学期望和方差的定义式，我们需要首先计算 X,Y,XY 的概率密度. 随机变量 X 的分布已知，概率密度已知，如何计算随机变量 Y 的概率密度呢？题目中有关键词"条件"，考虑使用二维随机变量的分布法解题. 注意到："一维随机变量 Y 的概率密度"就是"二维随机变量 (X,Y) 关于 Y 的边缘概率密度". 按下图构建解题思路.

已知	一维随机变量X的概率密度 二维随机变量(X,Y)关于X的边缘概率密度	给定$X=x$的条件下, 随机变量Y的条件概率密度

二维随机变量(X,Y)的联合概率密度

条件** $=\dfrac{联合**}{边缘**}$ ⟹ 联合** = 边缘** × 条件**

联合**遍历得到边缘**

目标	一维随机变量Y的概率密度 二维随机变量(X,Y)关于Y的边缘概率密度

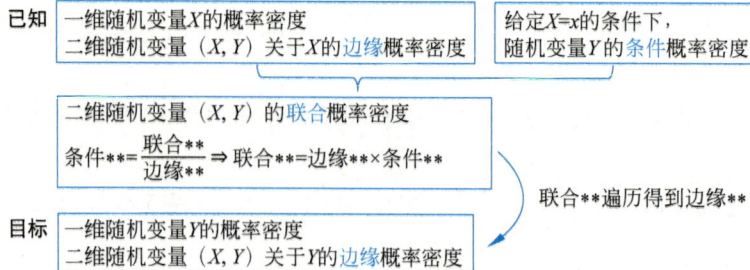

习题 3.8 解图　解题思路

(1) 由题意,随机变量 X 的概率密度为 $f_X(x)=\dfrac{1}{\sqrt{2\pi}}\mathrm{e}^{-\frac{x^2}{2}}$,在 $X=x$ 条件下 Y 的条件概率密度为 $f_{Y|X}(y|x)=\dfrac{1}{\sqrt{2\pi}}\mathrm{e}^{-\frac{(y-x)^2}{2}}$. 因此,二维随机变量$(X,Y)$的联合概率密度为

$$f(x,y)=f_X(x)f_{Y|X}(y\mid x)=\frac{1}{\sqrt{2\pi}}\mathrm{e}^{-\frac{x^2}{2}}\cdot\frac{1}{\sqrt{2\pi}}\mathrm{e}^{-\frac{(y-x)^2}{2}}=\frac{1}{2\pi}\mathrm{e}^{-x^2+xy-\frac{y^2}{2}}$$

故二维随机变量(X,Y)关于 Y 的边缘概率密度为

$$f_Y(y)=\int_{-\infty}^{+\infty}f(x,y)\mathrm{d}x=\frac{1}{2\pi}\mathrm{e}^{-\frac{y^2}{4}}\int_{-\infty}^{+\infty}\mathrm{e}^{-(x-\frac{y}{2})^2}\mathrm{d}x=\frac{1}{2\sqrt{\pi}}\mathrm{e}^{-\frac{y^2}{4}}$$

说明:上面的式子用到了泊松积分 $\int_{-\infty}^{+\infty}\mathrm{e}^{-x^2}\mathrm{d}x=\sqrt{\pi}$.

(2) 由于 $X\sim N(0,1)$,故 $E(X)=0,D(X)=1$.

根据数学期望和方差的定义式得

$$E(Y)=\int_{-\infty}^{+\infty}y\cdot f_Y(y)\mathrm{d}y=\frac{1}{2\sqrt{\pi}}\int_{-\infty}^{+\infty}y\mathrm{e}^{-\frac{y^2}{4}}\mathrm{d}y=0$$

$$E(Y^2)=\int_{-\infty}^{+\infty}y^2\cdot f_Y(y)\mathrm{d}y=\frac{1}{2\sqrt{\pi}}\int_{-\infty}^{+\infty}y^2\mathrm{e}^{-\frac{y^2}{4}}\mathrm{d}y=2$$

$$D(Y)=E(Y^2)-E(Y)^2=2$$

说明:①上面计算 $E(Y)$ 时,用到了 $f_Y(y)$ 为偶函数;②计算 $E(Y^2)$ 时,用到了伽马函数,具体为 $\int_{-\infty}^{+\infty}y^2\mathrm{e}^{-\frac{y^2}{4}}\mathrm{d}y=16\int_0^{+\infty}z^2\mathrm{e}^{-z^2}\mathrm{d}z=8\Gamma\left(\frac{3}{2}\right)=8\times\frac{1}{2}\times\sqrt{\pi}=4\sqrt{\pi}$;③如果我们注意到 $f_Y(y)=\dfrac{1}{2\sqrt{\pi}}\mathrm{e}^{-\frac{y^2}{4}}$ 意味着 $Y\sim N(0,2)$,就可以直接得到 $E(Y)=0,D(Y)=2$. 可见,充分运用概率性质,可以避免复杂的积分运算.

进一步地,有

$$E(XY)=\int_{-\infty}^{+\infty}\int_{-\infty}^{+\infty}xy\cdot\frac{1}{2\pi}\mathrm{e}^{-x^2+xy-\frac{y^2}{2}}\mathrm{d}x\mathrm{d}y=\int_{-\infty}^{+\infty}x^2\cdot\frac{1}{\sqrt{2\pi}}\mathrm{e}^{-\frac{x^2}{2}}\mathrm{d}x=1$$

因此,$\mathrm{Cov}(X,Y)=E(XY)-E(X)E(Y)=1-0\times0=1$.

说明:根据 $\mathrm{Cov}(X,Y)$ 的计算式,已知 $E(X)=0$ 时,可以不再计算 $E(Y)$.

所以 X 与 Y 的相关系数为 $\rho_{XY}=\dfrac{\mathrm{Cov}(X,Y)}{\sqrt{D(X)D(Y)}}=\dfrac{1}{\sqrt{1\times2}}=\dfrac{\sqrt{2}}{2}$.

解法 2　基于概率论的方法.

由题意,随机变量 X 的概率密度为 $f_X(x)=\dfrac{1}{\sqrt{2\pi}}e^{-\frac{x^2}{2}}$,在 $X=x$ 条件下 Y 的条件概率

密度为 $f_{Y|X}(y|x)=\dfrac{1}{\sqrt{2\pi}}e^{-\frac{(y-x)^2}{2}}$.因此,二维随机变量$(X,Y)$的联合概率密度为

$$f(x,y)=f_X(x)f_{Y|X}(y\mid x)=\frac{1}{\sqrt{2\pi}}e^{-\frac{x^2}{2}}\cdot\frac{1}{\sqrt{2\pi}}e^{-\frac{(y-x)^2}{2}}$$

$$=\frac{1}{2\pi}e^{-x^2+xy-\frac{y^2}{2}}=\frac{1}{2\pi\sqrt{2}\sqrt{1-\frac{1}{2}}}\exp\left\{-\frac{1}{2\left(1-\frac{1}{2}\right)}\left(x^2-\frac{2\times\frac{\sqrt{2}}{2}}{\sqrt{2}}xy+\frac{y^2}{2}\right)\right\}$$

说明:上面使用了"套用模板、充分运用概率性质"的解题思路.分为三个步骤:①注意到上述 $f(x,y)$ 与二维正态分布的概率密度形式

$$f(x,y)=\frac{1}{2\pi\sigma_1\sigma_2\sqrt{1-\rho^2}}\exp\left\{-\frac{1}{2(1-\rho^2)}\left[\frac{(x-\mu_1)^2}{\sigma_1^2}-2\rho\frac{(x-\mu_1)(y-\mu_2)}{\sigma_1\sigma_2}+\frac{(y-\mu_2)^2}{\sigma_2^2}\right]\right\}$$

非常接近;②尝试将 $f(x,y)$ 变形,得到二维随机变量(X,Y)的分布类型及参数 $\mu_1=0$, $\mu_2=0,\sigma_1^2=1,\sigma_2^2=2,\rho=\dfrac{\sqrt{2}}{2}$;③利用二维正态分布的性质得到结论.

可见(X,Y)服从二维正态分布 $N\left(0,0;1,2;\dfrac{\sqrt{2}}{2}\right)$,故 X 与 Y 的相关系数为 $\dfrac{\sqrt{2}}{2}$.

解法 3　直接运用二维正态分布条件分布的性质[选学].

说明:本题也可以直接运用典型题 3.36 给出的性质得到结论.当然,这不是基本解题思路,不用过分关注.

设随机变量 $X\sim N(\mu,\sigma_1^2)$,在给定 $X=x$ 的条件下,Y 的条件分布为正态分布 $N(x,\sigma_2^2)$,则$(X,Y)\sim N\left(\mu,\mu;\sigma_1^2,\sigma_1^2+\sigma_2^2;\sqrt{\dfrac{\sigma_1^2}{\sigma_1^2+\sigma_2^2}}\right)$.

由题意,$\mu=0,\sigma_1^2=1,\sigma_2^2=1$.故 X 与 Y 的相关系数为 $\rho=\sqrt{\dfrac{\sigma_1^2}{\sigma_1^2+\sigma_2^2}}=\sqrt{\dfrac{1}{2}}=\dfrac{\sqrt{2}}{2}$.

答案　D

习题 3.9[2013,Ⅰ]　设随机变量 $X\sim t(n),Y\sim F(1,n)$,给定 $\alpha(0<\alpha<0.5)$,常数 c 满足 $P\{X>c\}=\alpha$,则 $P\{Y>c^2\}=$ _____.

A. α　　　　　B. $1-\alpha$　　　　　C. 2α　　　　　D. $1-2\alpha$

解答　由于 $Y\sim F(1,n)$,故存在相互独立随机变量 $Z\sim N(0,1)$ 和 $V\sim\chi^2(n)$,使得 $Y=\dfrac{Z^2}{\dfrac{V}{n}}$.进一步地,有 $\sqrt{Y}=\dfrac{Z}{\sqrt{\dfrac{V}{n}}}\sim t(n)$.

由题意,常数 c 满足 $P\{\sqrt{Y}>c\}=\alpha$.又由于 t 分布的概率密度函数是偶函数,故

$$P\{\sqrt{Y}<-c\}=\alpha$$

则 $P\{Y>c^2\}=P\{\sqrt{Y}>c\}+P\{\sqrt{Y}<-c\}=2\alpha.$

答案 C

说明：本题同样建议学生先在草稿纸上给出分析过程：为了计算

$$P\{Y>c^2\}=P\{\sqrt{Y}>c\}+P\{\sqrt{Y}<-c\}$$

首先判断 $\sqrt{Y}$ 的分布，再分别计算 $P\{\sqrt{Y}>c\}$ 和 $P\{\sqrt{Y}<-c\}$.

习题 3.10[2012，Ⅲ] 　设 X_1,X_2,X_3,X_4 为来自总体 $X\sim N(1,\sigma^2)$ 的简单随机样本，则统计量 $\dfrac{X_1-X_2}{|X_3+X_4-2|}$ 的分布为 _____.

A. $N(0,1)$　　　　B. $t(1)$　　　　C. $\chi^2(1)$　　　　D. $F(1,1)$

解答 说明：根据 3.3.5 节研究统计量及其分布的解题思路. ①本题首先判断出 $\dfrac{X_1-X_2}{|X_3+X_4-2|}$ 的分子和分母都是"标准正态分布的一次项形式"，很可能服从 t 分布，即确定分布类型. 这是一道选择题（只看答案），可以直接得出选项 B 正确. ②为了进一步确定 t 分布的自由度，将 $\dfrac{X_1-X_2}{|X_3+X_4-2|}$ 变化成 t 分布的定义形式. 具体而言：首先将 $\dfrac{X_1-X_2}{|X_3+X_4-2|}$ 的分子变换为"标准正态"的形式；再将 $\dfrac{X_1-X_2}{|X_3+X_4-2|}$ 的分母变换为"卡方除以自由度开根号"的形式；最后根据 t 分布的定义确定自由度.

将统计量 $\dfrac{X_1-X_2}{|X_3+X_4-2|}$ 的分子部分变形得

$$X_1-X_2\sim N(0,2\sigma^2)\Rightarrow U=\frac{X_1-X_2}{\sqrt{2}\,\sigma}\sim N(0,1)$$

将统计量 $\dfrac{X_1-X_2}{|X_3+X_4-2|}$ 的分母部分变形得

$$X_3+X_4-2\sim N(0,2\sigma^2)\Rightarrow\frac{X_3+X_4-2}{\sigma\sqrt{2}}\sim N(0,1)\Rightarrow V=\frac{(X_3+X_4-2)^2}{2\sigma^2}\sim\chi^2(1)$$

故根据 t 分布的定义可知

$$\frac{U}{\sqrt{\dfrac{V}{1}}}=\frac{\dfrac{X_1-X_2}{\sqrt{2}\,\sigma}}{\sqrt{\dfrac{(X_3+X_4-2)^2}{2\sigma^2}}}=\frac{X_1-X_2}{|X_3+X_4-2|}\sim t(1)$$

答案 B

习题 3.11[选做] 　下面的结论展示了常见离散分布之间基于条件分布的有趣联系，有一定难度.

（1）若 $X \sim Ge(p)$，$Y \sim Ge(p)$，相互独立，则

$$P\{X=k \mid X+Y=m\} = \frac{1}{m-1}, \quad 1 \leqslant k \leqslant m-1$$

这意味着，在 $X+Y=m$ 的条件下，X 的条件分布为离散均匀分布.

（2）若 $X \sim P(\lambda_1)$，$Y \sim P(\lambda_2)$，相互独立，则

$$P\{X=k \mid X+Y=m\} = C_m^k \left(\frac{\lambda_1}{\lambda_1 + \lambda_2}\right)^k \left(\frac{\lambda_2}{\lambda_1 + \lambda_2}\right)^{m-k}, \quad 0 \leqslant k \leqslant m$$

这意味着，在 $X+Y=m$ 的条件下，X 的条件分布为二项分布 $B\left(m, \dfrac{\lambda_1}{\lambda_1 + \lambda_2}\right)$.

（3）若 $X \sim B(n_1, p)$，$Y \sim B(n_2, p)$，相互独立，则 $P\{X=k \mid X+Y=m\} = \dfrac{C_{n_1}^k C_{n_2}^{m-k}}{C_{n_1+n_2}^m}$，

$\max\{0, m-n_2\} \leqslant k \leqslant \min(m, n_1)$. 这意味着，在 $X+Y=m$ 的条件下，X 的条件分布为超几何分布 $H(n_1+n_2, m, n_1)$.

解答　（1）由题意，$P\{X=k\} = P\{Y=k\} = p(1-p)^{k-1}$. 再由几何分布与负二项分布的联系可知 $X+Y \sim Nb(2, p)$，故对于任意 $m \geqslant 2$ 有

$$P\{X+Y=m\} = C_{m-1}^{2-1} p^2 (1-p)^{m-2} = (m-1) p^2 (1-p)^{m-2}$$

由条件分布律的定义可知

$$P\{X=k \mid X+Y=m\} = \frac{P\{X=k\} \cdot P\{Y=m-k\}}{P\{X+Y=m\}}$$

$$= \frac{p(1-p)^{k-1} \cdot p(1-p)^{m-k-1}}{(m-1) p^2 (1-p)^{m-2}} = \frac{1}{m-1}$$

其中 $1 \leqslant k \leqslant m-1$.

（2）由题意，$P\{X=k\} = \dfrac{\lambda_1^k}{k!} e^{-\lambda_1}$，$P\{Y=k\} = \dfrac{\lambda_2^k}{k!} e^{-\lambda_2}$. 再由泊松分布的参数可加性可知 $X+Y \sim P(\lambda_1 + \lambda_2)$，故

$$P\{X=k \mid X+Y=m\} = \frac{P\{X=k\} \cdot P\{Y=m-k\}}{P\{X+Y=m\}} = \frac{\dfrac{\lambda_1^k}{k!} e^{-\lambda_1} \cdot \dfrac{\lambda_2^{m-k}}{(m-k)!} e^{-\lambda_2}}{\dfrac{(\lambda_1+\lambda_2)^m}{m!} e^{-(\lambda_1+\lambda_2)}}$$

$$= \frac{m!}{k!(m-k)!} \cdot \frac{\lambda_1^k \cdot \lambda_2^{m-k}}{(\lambda_1+\lambda_2)^m} = C_m^k \left(\frac{\lambda_1}{\lambda_1+\lambda_2}\right)^k \left(\frac{\lambda_2}{\lambda_1+\lambda_2}\right)^{m-k}$$

其中 $0 \leqslant k \leqslant m$.

（3）由题意，$P\{X=k\} = C_{n_1}^k p^k (1-p)^{n_1-k}$，$P\{Y=k\} = C_{n_2}^k p^k (1-p)^{n_2-k}$. 再由二项分布的参数可加性可知 $X+Y \sim B(n_1+n_2, p)$，故

$$P\{X=k \mid X+Y=m\} = \frac{P\{X=k\} \cdot P\{Y=m-k\}}{P\{X+Y=m\}}$$

$$= \frac{C_{n_1}^k p^k (1-p)^{n_1-k} \cdot C_{n_2}^{m-k} p^{m-k} (1-p)^{n_2-m+k}}{C_{n_1+n_2}^m p^m (1-p)^{n_1+n_2-m}} = \frac{C_{n_1}^k C_{n_2}^{m-k}}{C_{n_1+n_2}^m}$$

其中 $\max\{0,m-n_2\}\leqslant k\leqslant\min(m,n_1)$.

记一记：上面的性质都可以基于分布的模型背景粗略地给出<u>直观解释</u>，以便记忆.

（1）每次试验的成功率为 p，若已知第 2 次成功时的试验次数为 $X+Y=m$，则第 1 次成功可以在第 1 至 $m-1$ 次试验中的任何一次发生，且发生概率相等.

（2）两个服务台单位时间平均到达人数分别为 λ_1 和 λ_2，若已知单位时间内到达这两个服务台的总人数为 $X+Y=m$，则可以粗略地认为这 m 个人陆续到达这两个服务台，再分别以 $\dfrac{\lambda_1}{\lambda_1+\lambda_2}$ 和 $\dfrac{\lambda_2}{\lambda_1+\lambda_2}$ 的概率选择两个服务台之一. 那么，选择第一个服务台的人数 X 服从二项分布.

（3）从一批次品中抽取 n_1 次，每次以概率 p 抽中 1 件、以概率 $1-p$ 抽中 0 件，抽中次品数记为 X. 从一批正品中抽取 n_2 次，每次以概率 p 抽中 1 件、以概率 $1-p$ 抽中 0 件，抽中正品数记为 Y. 则可以粗略地认为从 n_1+n_2 件产品中抽出 $X+Y=m$ 件产品，其中的次品件数 X 服从超几何分布.

第 4 章

习题 4.1[2004，I & III & IV] 设随机变量 X 服从正态分布 $N(0,1)$，对给定的 $\alpha(0<\alpha<1)$，数 u_α 满足 $P\{X>u_\alpha\}=\alpha$. 若 $P\{|X|<x\}=\alpha$，则 x 等于 _____.

A. $u_{\frac{\alpha}{2}}$ B. $u_{1-\frac{\alpha}{2}}$ C. $u_{\frac{1-\alpha}{2}}$ D. $u_{1-\alpha}$

解答 由于数 u_α 满足 $P\{X>u_\alpha\}=\alpha$，可见 u_α 是正态分布 $N(0,1)$ 的上侧 α 分位数. 正态分布 $N(0,1)$ 的概率密度函数是偶函数，如下图所示：

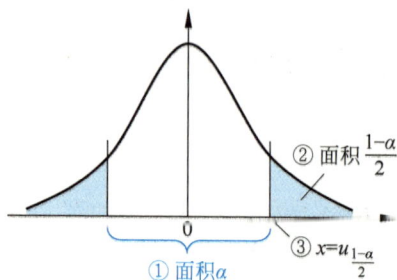

习题 4.1 解图 运用图像法解题

其中：① 由 $P\{|X|<x\}=\alpha$ 可知，上图中概率密度函数曲线下白色区域面积为 α，$0<\alpha<1$.

② 由对称性可知，左右两侧蓝色阴影部分面积为 $\dfrac{1-\alpha}{2}$.

③ 根据分位数的定义可知，x 是上侧 $\dfrac{1-\alpha}{2}$ 分位数. 再根据本题的记号可知，$x=u_{\frac{1-\alpha}{2}}$.

答案 C

习题 4.2[1995，IV] 设随机变量 X 服从参数为 2 的指数分布，证明 $Y=1-\mathrm{e}^{-2X}$ 在区间 $(0,1)$ 上服从均匀分布.

说明：这是典型题 3.21[均匀分布与其他分布的联系]的特例.但本题是一道证明题,不能直接运用结论.若对"均匀分布与其他分布的联系"熟悉则有助于快速理清证明思路.

解法1　分布函数法

由题意,X 的分布函数为 $F_X(x)=\begin{cases}1-\mathrm{e}^{-2x}, & x>0 \\ 0, & x\leqslant 0\end{cases}$.

（1）给出 $Y=g(X)$ 的取值范围.

由 $P\{X\geqslant 0\}=1$ 可知

$$P\{X\geqslant 0\}=P\{-2X\leqslant 0\}=P\{0<\mathrm{e}^{-2X}\leqslant 1\}$$
$$=P\{0\leqslant 1-\mathrm{e}^{-2X}<1\}=P\{0\leqslant Y<1\}=1$$

（2）在 $-\infty<y<+\infty$ 范围内分情况讨论：①当 $y\leqslant\min g(X)$ 时,$F_Y(y)=0$,即 $f_Y(y)=0$.②当 $y\geqslant\max g(X)$ 时,$F_Y(y)=1$,即 $f_Y(y)=0$.③当 $\min g(X)<y<\max g(X)$ 时,可以分三步得到 $f_Y(y)$：确定分布函数的关系；求导得概率密度的关系；将 $f_X(x)$ 代入.另一种思路是：由 $f_X(x)$ 得到 $F_X(x)$；由 $F_Y(y)$ 和 $F_X(x)$ 的关系得到 $F_Y(y)$；求导得 $f_Y(y)$.

故：① 当 $y<0$ 时,$F_Y(y)=P\{Y\leqslant y\}=0$；

② 当 $0\leqslant y<1$ 时,

$$F_Y(y)\overset{\text{定义}}{=\!=\!=}P\{Y\leqslant y\}\overset{\text{代入}}{=\!=\!=}P\{1-\mathrm{e}^{-2X}\leqslant y\}\overset{\text{反解}}{=\!=\!=}P\left\{X\leqslant-\frac{\ln(1-y)}{2}\right\}$$
$$\overset{\text{定义}}{=\!=\!=}F_X\left(-\frac{\ln(1-y)}{2}\right)$$

此时 $-\dfrac{\ln(1-y)}{2}>0$，故

$$F_Y(y)=F_X\left(-\frac{\ln(1-y)}{2}\right)=1-\exp\left\{-2\times\left(-\frac{\ln(1-y)}{2}\right)\right\}$$
$$=1-\exp\{\ln(1-y)\}=1-(1-y)=y$$

③ 当 $y\geqslant 1$ 时,$F_Y(y)=P\{Y\leqslant y\}=1$.

（3）在 $-\infty<y<+\infty$ 范围内给出 $F_Y(y)$ 的结论,再求导得到 $f_Y(y)$.

因此可得 $F_Y(y)=\begin{cases}0, & y<0 \\ y, & 0\leqslant y<1 \\ 1, & y\geqslant 1\end{cases}$. 故 $F_Y(y)=\begin{cases}1, & 0<y<1 \\ 0, & \text{其他}\end{cases}$.

由此证得随机变量 Y 在区间 $(0,1)$ 上服从均匀分布.

说明：最后 $f_Y(y)=1$ 的取值范围不用纠结是 $0<y<1$ 还是 $0\leqslant y<1$,等等.但因为题目要求证明的是"Y 在区间 $(0,1)$ 上服从均匀分布",故将取值范围选定为"$0<y<1$".

解法2　变量变换法

（1）验证函数 $Y=g(X)$ 是否满足公式条件.

由题意,X 为连续型随机变量,概率密度为 $f_X(x)=\begin{cases}2\mathrm{e}^{-2x}, & x>0 \\ 0, & x\leqslant 0\end{cases}$.

函数 $y=g(x)=1-\mathrm{e}^{-2x}$ 严格单调,其反函数 $x=h(y)=-\dfrac{\ln(1-y)}{2}$ 有一阶连续导数.

（2）代入公式 $f_Y(y)=\begin{cases}f_X(h(y))|h'(y)|, & \alpha<y<\beta \\ 0, & \text{其他}\end{cases}$.

因此 $Y=g(X)$ 也是连续型随机变量，$\alpha=\min g(X)=0$，$\beta=\max g(X)=1$. 故：

① 当 $y<0$ 时，其概率密度为 $f_Y(y)=0$；

② 当 $0\leqslant y<1$ 时

$$f_X(h(y))\mid h'(y)\mid=f_X\left(-\frac{\ln(1-y)}{2}\right)\cdot\frac{1}{2(1-y)}=2\mathrm{e}^{-2\times\left(-\frac{\ln(1-y)}{2}\right)}\cdot\frac{1}{2(1-y)}=1$$

③ 当 $y\geqslant1$ 时，其概率密度为 $f_Y(y)=0$.

（3）在 $-\infty<y<+\infty$ 范围内给出 $f_Y(y)$ 的结论.

故 Y 的概率密度为 $f_Y(y)=\begin{cases}1,&0<y<1\\0,&\text{其他}\end{cases}$.

由此证得随机变量 Y 在区间 $(0,1)$ 上服从均匀分布.

解法 3　说明：本题也是典型题 3.21［均匀分布与其他分布的联系］的特例.可以仿照典型题 3.21 的证明方法，不考虑 $F(x)$ 的具体表达式.当然，由于本题是一道大题，因此不建议直接运用 $Y=F(X)\sim U(0,1)$ 的结论.

由题意，X 的分布函数为 $F_X(x)=\begin{cases}1-\mathrm{e}^{-2x},&x>0\\0,&x\leqslant0\end{cases}$.

由分布函数的有界性可知，$Y=1-\mathrm{e}^{-2X}=F_X(X)$ 是在区间 $(0,1)$ 上取值的随机变量.所以：

① 当 $y\leqslant0$ 时，$F_Y(y)=0$；

② 当 $0<y<1$ 时，

$$F_Y(y)\xlongequal{\text{定义}}P(Y\leqslant y)\xlongequal{\text{代入}}P\{F(X)\leqslant y\}$$
$$\xlongequal{\text{反解}}P\{X\leqslant F^{-1}(y)\}\xlongequal{\text{定义}}F(F^{-1}(y))=y$$

③ 当 $y\geqslant1$ 时，$F_Y(y)=1$.

因此，随机变量 $Y=1-\mathrm{e}^{-2X}=F_X(X)$ 的分布函数为 $F_Y(y)=\begin{cases}0,&y<0\\y,&0\leqslant y<1\\1,&y\geqslant1\end{cases}$.

习题 4.3［2003，Ⅲ & Ⅳ］　设随机变量 X 的概率密度为 $f(x)=\begin{cases}\dfrac{1}{3\sqrt[3]{x^2}},&x\in[1,8]\\0,&\text{其他}\end{cases}$，

$F(x)$ 是 X 的分布函数.试求随机变量 $Y=F(X)$ 的分布函数.

解答　说明：本题同样可以采用分布函数法、变量变换法或均匀分布的结论.但由于题目要求的是"随机变量 $Y=F(X)$ 的分布函数"，因此使用分布函数法更加直接、简洁，见解法 1.

解法 1　分布函数法

首先求解 X 的分布函数 $F(x)$.

① 当 $x<1$ 时，$F(x)=P\{X\leqslant x\}=0$.

② 当 $1\leqslant x<8$ 时，$F(x)=P\{X\leqslant x\}=\int_1^x f(t)\mathrm{d}t=\int_1^x\frac{1}{3\sqrt[3]{t^2}}\mathrm{d}t=\sqrt[3]{x}-1$.

③ 当 $x\geqslant8$ 时，$F(x)=P\{X\leqslant x\}=1$.

故随机变量 X 的分布函数为 $F(x)=\begin{cases}0, & x<1 \\ \sqrt[3]{x}-1, & 1\leqslant x<8 \\ 1, & x\geqslant 8\end{cases}$.

（1）给出 $Y=g(X)$ 取值范围.

由 $P\{1\leqslant X<8\}=1$ 可知

$$P\{1\leqslant X<8\}=P\{1\leqslant\sqrt[3]{X}<2\}=P\{0\leqslant\sqrt[3]{X}-1<1\}$$
$$=P\{0\leqslant F(X)<1\}=1$$

（2）在 $-\infty<y<+\infty$ 范围内分情况讨论：① 当 $y\leqslant\min g(X)$ 时，$F_Y(y)=0$. ② 当 $y\geqslant\max g(X)$ 时，$F_Y(y)=1$. ③ 当 $\min g(X)<y<\max g(X)$ 时，可以分两步得到 $f_Y(y)$：由 $f_X(x)$ 得到 $F_X(x)$；由 $F_Y(y)$ 和 $F_X(x)$ 的关系得到 $F_Y(y)$.

故：① 当 $y<0$ 时，$F_Y(y)=P\{Y\leqslant y\}=0$.

② 当 $0\leqslant y<1$ 时，

$$F_Y(y)\xlongequal{\text{定义}}P\{Y\leqslant y\}\xlongequal{\text{代入}}P\{\sqrt[3]{X}-1\leqslant y\}$$
$$\xlongequal{\text{反解}}P\{X\leqslant(y+1)^3\}\xlongequal{\text{定义}}F((y+1)^3)$$

此时 $1\leqslant(y+1)^3<8$，故 $F_Y(y)=F((y+1)^3)=\sqrt[3]{(y+1)^3}-1=y$.

③ 当 $y\geqslant 1$ 时，$F_Y(y)=P\{Y\leqslant y\}=1$.

（3）在 $-\infty<y<+\infty$ 范围内给出 $F_Y(y)$ 的结论.

因此，随机变量 $Y=F(X)$ 的分布函数为 $F_Y(y)=\begin{cases}0, & y<0 \\ y, & 0\leqslant y<1 \\ 1, & y\geqslant 1\end{cases}$.

解法2　变量变换法

（1）验证函数 $Y=g(X)$ 是否满足公式条件.

由题意，X 为连续型随机变量，概率密度为 $f(x)=\begin{cases}\dfrac{1}{3\sqrt[3]{x^2}}, & x\in[1,8] \\ 0, & \text{其他}\end{cases}$.

随机变量 X 的分布函数为

$$F(x)=\begin{cases}0, & x<1 \\ \sqrt[3]{x}-1, & 1\leqslant x<8 \\ 1, & x\geqslant 8\end{cases}$$

故当 $1\leqslant x<8$ 时，函数 $y=g(x)=\sqrt[3]{x}-1$ 严格单调，其反函数 $x=h(y)=(y+1)^3$ 有一阶连续导数.

（2）代入公式 $f_Y(y)=\begin{cases}f_X(h(y))|h'(y)|, & \alpha<y<\beta \\ 0, & \text{其他}\end{cases}$

因此 $Y=g(X)$ 也是连续型随机变量，$\alpha=\min g(X)=0$，$\beta=\max g(X)=1$. 故：

① 当 $y<0$ 时，其概率密度为 $f_Y(y)=0$；

② 当 $0\leqslant y<1$ 时，

$$f_Y(y) = f_X(h(y)) \mid h'(y) \mid = f_X((y+1)^3) \cdot 3(y+1)^2$$

$$= \frac{1}{3\sqrt[3]{(y+1)^{3\times2}}} \cdot 3(y+1)^2 = 1$$

③ 当 $y \geq 1$ 时,其概率密度为 $f_Y(y) = 0$.

(3) 在 $-\infty < y < +\infty$ 范围内给出 $f_Y(y)$ 的结论.

故 Y 的概率密度为 $f_Y(y) = \begin{cases} 1, & 0 < y < 1 \\ 0, & 其他 \end{cases}$.

因此,随机变量 $Y = F(X)$ 的分布函数为 $F_Y(y) = \begin{cases} 0, & y < 0 \\ y, & 0 \leq y < 1 \\ 1, & y \geq 1 \end{cases}$.

解法 3 说明:本题也是典型题 3.21[均匀分布与其他分布的联系]的特例.可以仿照典型题 3.21 的证明方法,不考虑 $F(x)$ 的具体表达式.当然,由于本题是一道大题,因此不建议直接运用 $Y = F(X) \sim U(0,1)$ 的结论.

由分布函数的有界性可知,$Y = F(X)$ 是在区间 $(0,1)$ 上取值的随机变量.所以:

① 当 $y \leq 0$ 时,$F_Y(y) = 0$;

② 当 $0 < y < 1$ 时,

$$F_Y(y) \xlongequal{定义} p\{Y \leq y\} \xlongequal{代入} P\{F(X) \leq y\}$$
$$\xlongequal{反解} P\{X \leq F^{-1}(y)\} \xlongequal{定义} F(F^{-1}(y)) = y$$

③ 当 $y \geq 1$ 时,$F_Y(y) = 1$.

因此,随机变量 $Y = F(X)$ 的分布函数为 $F_Y(y) = \begin{cases} 0, & y < 0 \\ y, & 0 \leq y < 1 \\ 1, & y \geq 1 \end{cases}$.

习题 4.4[2023,Ⅲ] 设随机变量 X 的概率密度为 $f(x) = \dfrac{e^x}{(1+e^x)^2}, -\infty < x < +\infty$. 令 $Y = e^X$.

(1) 求 X 的分布函数;

(2) 求 Y 的概率密度;

(3) 问 Y 的期望是否存在?

解答 (1) 随机变量 X 的分布函数为

$$F_X(x) = \int_{-\infty}^{x} f(t)dt = \int_{-\infty}^{x} \frac{e^t}{(1+e^t)^2}dt$$

$$= \int_{-\infty}^{x} (1+e^t)^{-2}d(1+e^t) = -(1+e^t)^{-1}\Big|_{-\infty}^{x} = 1 - \frac{1}{1+e^x} = \frac{e^x}{1+e^x}$$

(2) **解法 1 分布函数法**

由于 $Y = e^X$,故 $P\{Y \geq 0\} = P\{e^X \geq 0\} = 1$.因此:

① 当 $y < 0$ 时,$F_Y(y) = P\{Y \leq y\} = P\{e^X \leq y\} = 0$;

② 当 $y \geqslant 0$ 时，

$$F_Y(y) \xlongequal{\text{定义}} P\{Y \leqslant y\} \xlongequal{\text{代入}} P\{e^X \leqslant y\} \xlongequal{\text{反解}} P\{X \leqslant \ln Y\}$$

$$\xlongequal{\text{定义}} F_X(\ln y) \xlongequal{\text{第(1)问结论}} \frac{e^{\ln y}}{1 + e^{\ln y}} = \frac{y}{1+y}.$$

综上，随机变量 Y 的分布函数为 $F_Y(y) = \begin{cases} \dfrac{y}{1+y}, & y \geqslant 0 \\ 0, & \text{其他} \end{cases}$.

因此，随机变量 Y 的概率密度为 $f_Y(y) = F_Y'(y) = \begin{cases} \dfrac{1}{(1+y)^2}, & y \geqslant 0 \\ 0, & \text{其他} \end{cases}$.

解法 2　变量变换法

① 验证函数 $Y = g(X)$ 是否满足公式条件.

函数 $y = e^x$ 严格单调，其反函数 $x = h(y) = \ln y \ (y > 0)$ 有一阶连续导数.

② 代入公式 $f_Y(y) = \begin{cases} f_X(h(y))|h'(y)|, & \alpha < y < \beta \\ 0, & \text{其他} \end{cases}$

因此 $Y = g(X)$ 也是连续型随机变量，$\alpha = \min g(X) = 0$，$\beta = \max g(X) = +\infty$. 故：

a. 当 $y < 0$ 时，其概率密度为 $f_Y(y) = 0$；

b. 当 $y \geqslant 0$ 时，$f_Y(y) = f_X(h(y))|h'(y)| = f_X(\ln y) \cdot \dfrac{1}{y} = \dfrac{e^{\ln y}}{(1 + e^{\ln y})^2} \cdot \dfrac{1}{y} = \dfrac{1}{(1+y)^2}$.

③ 在 $-\infty < y < +\infty$ 范围内给出 $f_Y(y)$ 的结论.

故 Y 的概率密度为 $f_Y(y) = \begin{cases} \dfrac{1}{(1+y)^2}, & y \geqslant 0 \\ 0, & \text{其他} \end{cases}$.

(3) 根据随机变量数学期望存在性的定义可知，"Y 的数学期望存在"等价于"$E(|Y|) < +\infty$".

由于

$$E(|Y|) = \int_{-\infty}^{+\infty} |y| f_Y(y) \mathrm{d}y = \int_0^{+\infty} \frac{y}{(1+y)^2} \mathrm{d}y$$

$$= \int_0^{+\infty} \left(\frac{1}{1+y} - \frac{1}{(1+y)^2} \right) \mathrm{d}y = \left(\ln(1+y) + \frac{1}{1+y} \right) \Big|_0^{+\infty} = +\infty.$$

故随机变量 Y 的数学期望 $E(Y)$ 不存在.

习题 4.5［2008，Ⅰ & Ⅲ & Ⅳ］　设随机变量 X, Y 独立同分布且 X 分布函数为 $F(x)$，则 $Z = \max\{X, Y\}$ 的分布函数为 _____.

A. $F^2(x)$　　　　　　　　　　　　　B. $F(x)F(y)$

C. $1 - [1 - F(x)]^2$　　　　　　　　D. $[1 - F(x)][1 - F(y)]$

解答　由题意，$Z = \max\{X, Y\}$ 的分布函数为

$$F_Z(z) = P\{\max\{X, Y\} \leqslant z\} = P\{X \leqslant z\} P\{Y \leqslant z\} = F(z)F(z) = F^2(z)$$

答案　A

习题 4.6[2022,Ⅲ] 设二维随机变量 (X,Y) 的概率分布为

X \ Y	0	1	2
-1	0.1	0.1	b
1	a	0.1	0.1

若事件 $\{\max\{X,Y\}=2\}$ 与事件 $\{\min\{X,Y\}=1\}$ 相互独立,则 $\mathrm{Cov}(X,Y)=$ _____.

A. -0.6 B. -0.36 C. 0 D. 0.48

解答   说明:首先分析已知条件"事件 $\{\max\{X,Y\}=2\}$ 与事件 $\{\min\{X,Y\}=1\}$ 相互独立".结合分布律的正则性 $\left(\sum\limits_{i\geqslant1}\sum\limits_{j\geqslant1}p_{ij}=1\right)$ 确定分布律中的未知常数.

由题意知

$$\begin{cases} P\{\max\{X,Y\}=2\}=P\{Y=2\}=b+0.1 \\ P\{\min\{X,Y\}=1\}=P\{X=1,Y=1\}+P\{X=1,Y=2\}=0.2 \\ P\{\{\max\{X,Y\}=2\}\cap\{\min\{X,Y\}=1\}\}=P\{X=1,Y=2\}=0.1 \end{cases}$$

由事件 $\{\max\{X,Y\}=2\}$ 与事件 $\{\min\{X,Y\}=1\}$ 相互独立可知

$$P\{\{\max\{X,Y\}=2\}\cap\{\min\{X,Y\}=1\}\}=P\{\max\{X,Y\}=2\}P\{\min\{X,Y\}=1\}$$

$$\Rightarrow 0.1=(b+0.1)\times0.2\Rightarrow b=0.4$$

再由分布律的正则性可知

$$\begin{cases} a+b+0.4=1 \\ b=0.4 \end{cases}\Rightarrow a=0.2$$

说明:由于 $\mathrm{Cov}(X,Y)=E(XY)-E(X)E(Y)$,故需要先计算 $E(X),E(Y),E(XY)$.其中,可以通过列出下面表格计算 $E(XY)$:

(X,Y)	$(-1,0)$	$(-1,1)$	$(-1,2)$	$(1,0)$	$(1,1)$	$(1,2)$
P	0.1	0.1	0.4	0.2	0.1	0.1
XY	0	-1	-2	0	1	2

因此有

$$E(X)=(-1)\times(0.1+0.1+0.4)+1\times(0.2+0.1+0.1)=-0.2$$

$$E(Y)=0\times(0.1+0.2)+1\times(0.1+0.1)+2\times(0.4+0.1)=1.2$$

$$E(XY)=0\times0.1+(-1)\times0.1+(-2)\times0.4+0\times0.2+1\times0.1+2\times0.1=-0.6$$

故

$$\mathrm{Cov}(X,Y)=E(XY)-E(X)E(Y)=-0.6-(-0.2)\times1.2=-0.36$$

答案 B

习题 4.7[2020,Ⅲ] 设二维随机变量 (X,Y) 在区域 $D=\{(x,y)\,|\,0<y<\sqrt{1-x^2}\}$ 上服从均匀分布,令

$$Z_1 = \begin{cases} 1, & X - Y > 0 \\ 0, & X - Y \leqslant 0 \end{cases} \quad 和 \quad Z_2 = \begin{cases} 1, & X + Y > 0 \\ 0, & X + Y \leqslant 0 \end{cases}$$

（1）求二维随机变量(Z_1, Z_2)的概率分布.

（2）求Z_1与Z_2的相关系数.

解答　（1）由题意，二维离散型随机变量(Z_1, Z_2)的所有可能取值对及其对应概率为

$$P\{Z_1 = 0, Z_2 = 0\} = P\{X - Y \leqslant 0, X + Y \leqslant 0\} = \frac{1}{4}$$

$$P\{Z_1 = 0, Z_2 = 1\} = P\{X - Y \leqslant 0, X + Y > 0\} = \frac{1}{2}$$

$$P\{Z_1 = 1, Z_2 = 0\} = P\{X - Y > 0, X + Y \leqslant 0\} = 0$$

$$P\{Z_1 = 1, Z_2 = 1\} = P\{X - Y > 0, X + Y > 0\} = \frac{1}{4}$$

说明：二维随机变量(X, Y)服从均匀分布. 与(X, Y)相联系的事件的概率通常可用图示法（利用面积计算）快速求解，如下图所示.

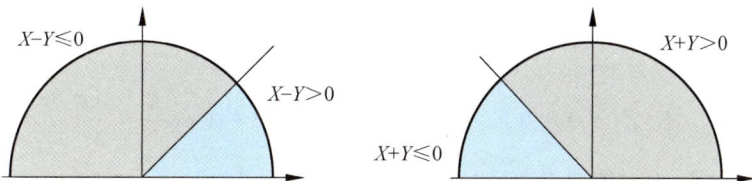

习题 4.7 解图　利用面积计算概率

因此，二维离散型随机变量(Z_1, Z_2)的联合分布律和关于Z_1与Z_2的边缘分布律为

Z_1 ＼ Z_2	0	1	$p_{i\cdot}$
0	$\dfrac{1}{4}$	$\dfrac{1}{2}$	$\dfrac{3}{4}$
1	0	$\dfrac{1}{4}$	$\dfrac{1}{4}$
$p_{\cdot j}$	$\dfrac{1}{4}$	$\dfrac{3}{4}$	

（2）说明：运用相关系数的定义$\rho_{XY} = \dfrac{\text{Cov}(X, Y)}{\sqrt{D(X)}\sqrt{D(Y)}}$，方差的计算式$D(X) = E(X^2) - E(X)^2$和协方差的计算式$\text{Cov}(X, Y) = E(XY) - E(X)E(Y)$计算$X$与$Y$的协方差和相关系数. 为了保证卷面的美观和流畅，通常先将各种细节计算清楚，再全部代入相关系数的定义式，"一气呵成"地给出结论.

随机变量Z_1的数学期望$E(Z_1) = 0 \times \dfrac{3}{4} + 1 \times \dfrac{1}{4} = \dfrac{1}{4}$.

又有$E(Z_1^2) = 0^2 \times \dfrac{3}{4} + 1^2 \times \dfrac{1}{4} = \dfrac{1}{4}$.

故随机变量Z_1的方差$D(Z_1) = E(Z_1^2) - E(Z_1)^2 = \dfrac{1}{4} - \left(\dfrac{1}{4}\right)^2 = \dfrac{3}{16}$.

说明：如果我们注意到 $Z_1 \sim B\left(1, \dfrac{1}{4}\right)$，也可以直接运用两点分布的数字特征结论

$$E(Z_1) = \frac{1}{4} \text{ 和 } D(Z_1) = \frac{1}{4} \times \left(1 - \frac{1}{4}\right) = \frac{3}{16}.$$

类似地，随机变量 Z_2 的数学期望 $E(Z_2) = 0 \times \dfrac{1}{4} + 1 \times \dfrac{3}{4} = \dfrac{3}{4}$.

又有 $E(Z_2^2) = 0^2 \times \dfrac{1}{4} + 1^2 \times \dfrac{3}{4} = \dfrac{3}{4}$.

故随机变量 Z_2 的方差 $D(Z_2) = E(Z_2^2) - E(Z_2)^2 = \dfrac{3}{4} - \left(\dfrac{3}{4}\right)^2 = \dfrac{3}{16}$.

说明：可以用下面的表格辅助计算 $E(Z_1 Z_2)$，此时不需要整理出 $Z_1 Z_2$ 的分布律.

(Z_1, Z_2)	$(0,0)$	$(0,1)$	$(1,0)$	$(1,1)$
P	$\dfrac{1}{4}$	$\dfrac{1}{2}$	0	$\dfrac{1}{4}$
$Z_1 Z_2$	0	0	0	1

进一步地，有

$$E(Z_1 Z_2) = 0 \times \frac{1}{4} + 0 \times \frac{1}{2} + 0 \times 0 + 1 \times \frac{1}{4} = \frac{1}{4}$$

故二维随机变量 (Z_1, Z_2) 的协方差

$$\mathrm{Cov}(Z_1, Z_2) = E(Z_1 Z_2) - E(Z_1)E(Z_2) = \frac{1}{4} - \frac{1}{4} \times \frac{3}{4} = \frac{1}{16}$$

二维随机变量 (Z_1, Z_2) 的相关系数

$$\rho_{Z_1 Z_2} = \frac{\mathrm{Cov}(Z_1, Z_2)}{\sqrt{D(Z_1)}\,\sqrt{D(Z_2)}} = \frac{\dfrac{1}{16}}{\sqrt{\dfrac{3}{16}}\,\sqrt{\dfrac{3}{16}}} = \frac{1}{3}$$

习题 4.8［2020，Ⅰ］　设随机变量 X_1, X_2, X_3 相互独立，其中 X_1 与 X_2 均服从标准正态分布，X_3 的概率分布为 $P\{X_3 = 0\} = P\{X_3 = 1\} = \dfrac{1}{2}$，$Y = X_3 X_1 + (1 - X_3)X_2$.

(1) 求二维随机变量 (X_1, Y) 的分布函数，结果用标准正态分布函数 $\Phi(x)$ 表示；

(2) 证明随机变量 Y 服从标准正态分布.

解答　(1) 求二维随机变量 (X_1, Y) 的分布函数.

说明：本题中 X_3 是离散型随机变量，因此可以将 X_3 的两种取值作为全概率公式中的划分，进行分情况讨论.

因为 $\{X_3 = 0\} \bigcup \{X_3 = 1\} = \Omega$，故

$$\{X_1 \leqslant x, Y \leqslant y\} = \{X_1 \leqslant x, Y \leqslant y, X_3 = 0\} \bigcup \{X_1 \leqslant x, Y \leqslant y, X_3 = 1\}$$

于是，二维随机变量 (X_1, Y) 的分布函数为

$$F(x,y) = P\{X_1 \leqslant x, Y \leqslant y\}$$

$$\xlongequal{\text{等式2}} P\{X_1 \leqslant x, X_3 X_1 + (1-X_3)X_2 \leqslant y, X_3 = 0\}$$
$$+ P\{X_1 \leqslant x, X_3 X_1 + (1-X_3)X_2 \leqslant y, X_3 = 1\}$$

$$\xlongequal{\text{等式3}} P\{X_1 \leqslant x, X_2 \leqslant y, X_3 = 0\} + P\{X_1 \leqslant x, X_1 \leqslant y, X_3 = 1\}$$

$$\xlongequal{\text{等式4}} P(X_1 \leqslant x)P\{X_2 \leqslant y\}P\{X_3 = 0\} + P\{X_1 \leqslant x, X_1 \leqslant y\}P\{X_3 = 1\}$$

$$\xlongequal{\text{等式5}} \frac{1}{2}\Phi(x)\Phi(y) + \frac{1}{2}\Phi(\min\{x,y\})$$

说明：在对 $F(x,y)$ 的计算中，① 等式 2 将 $Y = X_3 X_1 + (1-X_3)X_2$ 代入，并且针对 $X_3 = 0$ 与 $X_3 = 1$ 分情况讨论. 注意：在实际应用中，全概率公式有两种常用形式：

$$P(A) = P(AB) + P(A\bar{B}) \quad \text{和} \quad P(A) = P(B)P(A\mid B) + P(\bar{B})P(A\mid \bar{B})$$

可以根据需求灵活使用. 本题使用第一种形式.

② 等式 3 中的两项，分别将 $X_3 = 0$ 与 $X_3 = 1$ 代入 $X_3 X_1 + (1-X_3)X_2$ 中. 具体而言，当 $X_3 = 0$ 时，$X_3 X_1 + (1-X_3)X_2 = X_2$，故

$$\{X_3 X_1 + (1-X_3)X_2 \leqslant y, X_3 = 0\} = \{X_2 \leqslant y, X_3 = 0\}$$

同理，当 $X_3 = 1$ 时，$X_3 X_1 + (1-X_3)X_2 = X_1$，故

$$\{X_3 X_1 + (1-X_3)X_2 \leqslant y, X_3 = 1\} = \{X_1 \leqslant y, X_3 = 1\}$$

③ 等式 5 的关键在于处理积事件的概率 $P\{X_1 \leqslant x, X_1 \leqslant y\}$，需要对 $x \leqslant y$ 和 $x > y$ 分情况讨论. 当 $x \leqslant y$ 时，$\{X_1 \leqslant x\} \subset \{X_1 \leqslant y\}$，因此 $P\{X_1 \leqslant x, X_1 \leqslant y\} = P\{X_1 \leqslant x\} = \Phi(x)$. 同理，当 $x > y$ 时，$\{X_1 \leqslant x\} \supset \{X_1 \leqslant y\}$，因此 $P\{X_1 \leqslant x, X_1 \leqslant y\} = P\{X_1 \leqslant y\} = \Phi(y)$. 可见，$P\{X_1 \leqslant x, X_1 \leqslant y\} = \Phi(\min\{x,y\})$.

④ 最后，如果学生不习惯使用"$\Phi(\min\{x,y\})$"这样的记号，也可以将 $F(x,y)$ 写成分段函数的形式

$$F(x,y) = \begin{cases} \dfrac{1}{2}\Phi(x)\Phi(y) + \dfrac{1}{2}\Phi(x), & x \leqslant y \\[2mm] \dfrac{1}{2}\Phi(x)\Phi(y) + \dfrac{1}{2}\Phi(y), & x > y \end{cases}$$

（2）证明随机变量 Y 服从标准正态分布.

说明：与第（1）小问相同，本小问将 X_3 的两种取值 $\{X_3 = 0\} \bigcup \{X_3 = 1\}$ 作为全概率公式中的划分，进行分情况讨论，并完成后续化简.

随机变量 Y 的分布函数为

$$F_Y(y) = P\{Y \leqslant y\} \xlongequal{\text{代入}} P\{X_3 X_1 + (1-X_3)X_2 \leqslant y\}$$

$$\xlongequal{\text{分情况}} P\{X_3 X_1 + (1-X_3)X_2 \leqslant y, X_3 = 0\} + P\{X_3 X_1 + (1-X_3)X_2 \leqslant y, X_3 = 1\}$$

$$\xlongequal{\text{代入}} P\{X_2 \leqslant y, X_3 = 0\} + P\{X_1 \leqslant y, X_3 = 1\}$$

$$\xlongequal{\text{独立性}} P\{X_2 \leqslant y\}P\{X_3 = 0\} + P\{X_1 \leqslant y\}P\{X_3 = 1\} = \frac{1}{2}\Phi(y) + \frac{1}{2}\Phi(y) = \Phi(y)$$

即随机变量 Y 服从标准正态分布.

习题 4.9[2021，Ⅰ & Ⅲ]　在区间$(0,2)$上随机取一点，将该区间分成两段，较短一段的长度记为 X，较长一段的长度记为 Y．令 $Z=\dfrac{Y}{X}$．

(1) 求 X 的概率密度；

(2) 求 Z 的概率密度；

(3) 求 $E\left(\dfrac{X}{Y}\right)$．

解答　**（1）求 X 的概率密度——运用分布函数法．**

记随机取的点的坐标为 V，则 $V\sim U(0,2)$，$X=\begin{cases}V,&0<V<1\\2-V,&1\leqslant V<2\end{cases}$

由于 X 是较短一段的长度，故 $P\{0\leqslant X\leqslant1\}=1$．因此，$X$ 的分布函数 $F_X(x)$ 如下：

① 当 $x<0$ 时，$F_X(x)=0$；

② 当 $x\geqslant1$ 时，$F_X(x)=1$；

③ 当 $0\leqslant x<1$ 时，

$$F_X(x)=P\{X\leqslant x\}\xrightarrow[\text{分情况讨论}]{\text{全概率公式}}P\{0<V<1\}P\{X\leqslant x\mid0<V<1\}$$
$$+P\{1\leqslant V<2\}P\{X\leqslant x\mid1\leqslant V<2\}$$
$$=\frac{x}{2}+\frac{2-(2-x)}{2}=x$$

故 X 的分布函数为 $F_X(x)=\begin{cases}0,&x<0\\x,&0\leqslant x<1\\1,&x\geqslant1\end{cases}$．$X$ 的概率密度函数为 $f_X(x)=\begin{cases}1,&0<x<1\\0,&\text{其他}\end{cases}$．

（2）求 Z 的概率密度

解法 1　运用分布函数法．

由于 $X\leqslant Y$，且 $Z=\dfrac{Y}{X}$，故 $P\{Z\geqslant1\}=1$．因此，Z 的分布函数 $F_Z(z)$ 如下：

① 当 $z<1$ 时，$F_Z(z)=0$；

② 当 $z\geqslant1$ 时，$F_Z(z)=P\{Z\leqslant z\}=P\left\{\dfrac{Y}{X}\leqslant z\right\}=P\left\{\dfrac{2-X}{X}\leqslant z\right\}=P\left\{X\geqslant\dfrac{2}{1+z}\right\}=1-\dfrac{2}{1+z}$．

故 Z 的分布函数为 $F_Z(z)=\begin{cases}0,&z<1\\1-\dfrac{2}{1+z},&z\geqslant1\end{cases}$．

Z 的概率密度函数为 $f_Z(z)=\begin{cases}\dfrac{2}{(1+z)^2},&z\geqslant1\\0,&\text{其他}\end{cases}$．

解法 2　运用变量变换法．

由题意，$Z=\dfrac{Y}{X}=\dfrac{2-X}{X}$．由于函数 $z=\dfrac{2-x}{x}$ 在 $(0,1)$ 内严格单调且可导，反函数为 $x=\dfrac{2}{1+z}$，$\dfrac{\mathrm{d}x}{\mathrm{d}z}=-\dfrac{2}{(1+z)^2}$，故 Z 的概率密度为

$$f_Z(z) = \begin{cases} f_X\left(\dfrac{2}{1+z}\right)\left|-\dfrac{2}{(1+z)^2}\right|, & z \geqslant 1 \\ 0, & \text{其他} \end{cases} = \begin{cases} \dfrac{2}{(1+z)^2}, & z \geqslant 1 \\ 0, & \text{其他} \end{cases}$$

（3）求数学期望 $E\left(\dfrac{X}{Y}\right)$.

说明：随机变量函数 $Y = g(X)$ 的数学期望为 $E(Y) = E(g(X)) = \displaystyle\int_{-\infty}^{+\infty} g(x) f(x) \mathrm{d}x$.

$$E\left(\dfrac{X}{Y}\right) = E\left(\dfrac{1}{Z}\right) = \int_1^{+\infty} \dfrac{1}{z} \cdot \dfrac{2}{(1+z)^2} \mathrm{d}z = 2\ln 2 - 1$$

第 5 章

习题 5.1〔2022，Ⅰ〕 设随机变量 $X_1, X_2, \cdots, X_n$ 独立同分布，且 X_1 的 4 阶矩存在．记 $\mu_k = E(X_1^k), k = 1, 2, 3, 4$，则由切比雪夫不等式，对任意 $\varepsilon > 0$，有

$$P\left\{\left|\dfrac{1}{n}\sum_{i=1}^n X_i^2 - \mu_2\right| \geqslant \varepsilon\right\} \leqslant \underline{\hspace{2cm}}.$$

A. $\dfrac{\mu_4 - \mu_2^2}{n\varepsilon^2}$ B. $\dfrac{\mu_4 - \mu_2^2}{\sqrt{n}\,\varepsilon^2}$ C. $\dfrac{\mu_2 - \mu_1^2}{n\varepsilon^2}$ D. $\dfrac{\mu_2 - \mu_1^2}{\sqrt{n}\,\varepsilon^2}$

解答 说明：记 $Y = \dfrac{1}{n}\sum_{i=1}^n X_i^2$．要运用切比雪夫不等式 $P\{|Y - E(Y)| \geqslant \varepsilon\} \leqslant \dfrac{D(Y)}{\varepsilon^2}$，首先需要验证 Y 的期望 $E(Y) = \mu_2$，再计算方差 $D(Y)$．

记 $Y = \dfrac{1}{n}\sum_{i=1}^n X_i^2$．由 $X_1, X_2, \cdots, X_n$ 独立同分布，可得

$$E(Y) = E\left(\dfrac{1}{n}\sum_{i=1}^n X_i^2\right) = E(X_1^2) = \mu_2$$

且

$$D(Y) = D\left(\dfrac{1}{n}\sum_{i=1}^n X_i^2\right) = \dfrac{D(X_1^2)}{n} = \dfrac{E(X_1^4) - E(X_1^2)^2}{n} = \dfrac{\mu_4 - \mu_2^2}{n}.$$

故由切比雪夫不等式 $P\{|Y - E(Y)| \geqslant \varepsilon\} \leqslant \dfrac{D(Y)}{\varepsilon^2}$，对任意 $\varepsilon > 0$，有

$$P\left\{\left|\dfrac{1}{n}\sum_{i=1}^n X_i^2 - \mu_2\right| \geqslant \varepsilon\right\} \leqslant \dfrac{\mu_4 - \mu_2^2}{n\varepsilon^2}$$

答案 A

习题 5.2〔2022，Ⅲ〕 设随机变量序列 $X_1, X_2, \cdots, X_n, \cdots$ 独立同分布，且 X_1 的概率密度为

$$f(x) = \begin{cases} 1 - |x|, & |x| < 1 \\ 0, & \text{其他} \end{cases}$$

则当 $n \to \infty$ 时，$\dfrac{1}{n}\sum_{i=1}^n X_i^2$ 依概率收敛于 \underline{\hspace{2cm}}.

A. $\dfrac{1}{8}$　　　　　　B. $\dfrac{1}{6}$　　　　　　C. $\dfrac{1}{3}$　　　　　　D. $\dfrac{1}{2}$

解答　说明：当我们看到关键词"依概率收敛"或者记号 $\lim\limits_{n\to\infty}P\{|Y_n-a|<\varepsilon\}$ 时，优先想到"大数定律"：均值依概率收敛于期望．题目中 $\dfrac{1}{n}\sum\limits_{i=1}^{n}X_i^2$ 是 X_i^2 的均值，由大数定律，它应该依概率收敛于 X_i^2 的期望：$E(X_i^2)=E(X_1^2)$．后者根据随机变量函数的数学期望公式 $E(g(X))=\displaystyle\int_{-\infty}^{+\infty}g(x)f(x)\mathrm{d}x$ 计算．

由于 X_1 的概率密度 $f(x)$ 为偶函数，故

$$E(X_1^2)=\int_{-1}^{1}x^2\cdot(1-|x|)\mathrm{d}x=2\int_{0}^{1}x^2\cdot(1-x)\mathrm{d}x=2\times\left(\frac{x^3}{3}-\frac{x^4}{4}\right)\Bigg|_{0}^{1}=\frac{1}{6}$$

由大数定律可知，$\dfrac{1}{n}\sum\limits_{i=1}^{n}X_i^2$ 依概率收敛于 $E(X_1^2)=\dfrac{1}{6}$.

答案　B

习题 5.3［2005，Ⅳ］　设随机变量 $X_1,X_2,\cdots,X_n,\cdots$ 相互独立同服从参数为 λ 的指数分布，则_____．其中 $\Phi(x)=\displaystyle\int_{-\infty}^{x}\dfrac{1}{\sqrt{2\pi}}\mathrm{e}^{-\frac{t^2}{2}}\mathrm{d}t$.

A. $\lim\limits_{n\to\infty}P\left\{\dfrac{\lambda\sum\limits_{i=1}^{n}X_i-n}{\sqrt{n}}\leqslant x\right\}=\Phi(x)$　　　B. $\lim\limits_{n\to\infty}P\left\{\dfrac{\sum\limits_{i=1}^{n}X_i-n}{\sqrt{n}\lambda}\leqslant x\right\}=\Phi(x)$

C. $\lim\limits_{n\to\infty}P\left\{\dfrac{\sum\limits_{i=1}^{n}X_i-\lambda}{\sqrt{n}\lambda}\leqslant x\right\}=\Phi(x)$　　　D. $\lim\limits_{n\to\infty}P\left\{\dfrac{\sum\limits_{i=1}^{n}X_i-\lambda}{n\lambda}\leqslant x\right\}=\Phi(x)$

解答　说明：中心极限定理讨论在什么条件下，独立随机变量和 $\sum\limits_{i=1}^{n}X_i$ 的分布函数会收敛于正态分布（和函数近似服从正态分布），即 $\sum\limits_{i=1}^{n}X_i\stackrel{\cdot}{\sim}N\left(\sum\limits_{i=1}^{n}\mu_i,\sum\limits_{i=1}^{n}\sigma_i^2\right)$．在独立同分布条件下，$\sum\limits_{i=1}^{n}\mu_i=n\mu=nE(X)$，$\sum\limits_{i=1}^{n}\sigma_i^2=n\sigma^2=nD(X)$．其中 $E(X)$ 和 $D(X)$ 可以由指数分布的数字特征结论直接得到．

因为随机变量 $X_1,X_2,\cdots,X_n,\cdots$ 相互独立同服从参数为 λ 的指数分布，所以 $E(X)=\dfrac{1}{\lambda}$，$D(X)=\dfrac{1}{\lambda^2}$.

由独立同分布下的中心极限定理可知 $\sum\limits_{i=1}^{n}X_i\stackrel{\cdot}{\sim}N(nE(X),nD(X))$，即 $\sum\limits_{i=1}^{n}X_i\stackrel{\cdot}{\sim}N\left(\dfrac{n}{\lambda},\dfrac{n}{\lambda^2}\right)$.

故

$$\lim_{n\to\infty}P\left\{\frac{\sum\limits_{i=1}^{n}X_i-\dfrac{n}{\lambda}}{\sqrt{\dfrac{n}{\lambda^2}}}\leqslant x\right\}=\lim_{n\to\infty}P\left\{\frac{\lambda\sum\limits_{i=1}^{n}X_i-n}{\sqrt{n}}\leqslant x\right\}=\Phi(x)$$

答案　A

习题 5.4[2001，Ⅲ & Ⅳ]　一生产线生产的产品成箱包装，每箱重量是随机的，假设每箱平均重 50kg，标准差 5kg. 若用最大载重量为 5t 的汽车承运. 试利用中心极限定理说明每辆最多装多少箱，才能保证不超载的概率大于 0.977. $\Phi(2)=0.977$，其中 $\Phi(x)$ 是标准正态分布函数.

解答　(1) 确定与问题关联的随机变量，即将生活中的随机问题转化为数学问题. 由于题目要求使用"中心极限定理"，所以要找到相互独立随机变量的和函数，或者"天然的和函数"二项分布随机变量.

设 X_i 表示"装运的第 i 箱的重量"(单位：kg)，n 为所求箱数. 则 $X_1,X_2,\cdots,X_n$ 独立同分布，n 箱的总重量为 $X_1+X_2+\cdots+X_n=\sum\limits_{i=1}^{n}X_i$.

说明：这里有一个常见错误，就是认为 n 箱的总重量为 nX. 这样定义随机变量，相当于认为 n 箱的重量是随机但完全相等的. 显然与实际不符.

(2) 为了使解答过程更加美观，通常先计算 X_i 的期望与方差，再一气呵成地使用中心极限定理.

由题意，$E(X_i)=50$，$D(X_i)=5^2$，$i=1,2,\cdots,n$.

(3) 由中心极限定理"和函数近似服从正态分布"确定了和函数 $\sum\limits_{i=1}^{n}X_i$ 的分布类型，只需要再确定两个参数：$\sum\limits_{i=1}^{n}\mu_i=n\mu=nE(X)$，$\sum\limits_{i=1}^{n}\sigma_i^2=n\sigma^2=nD(X)$.

由独立同分布下的中心极限定理可知 $\sum\limits_{i=1}^{n}X_i\overset{\sim}{\cdot}N(nE(X),nD(X))$，即 $\sum\limits_{i=1}^{n}X_i\overset{\sim}{\cdot}N(50n,25n)$

(4) 在确定和函数 $\sum\limits_{i=1}^{n}X_i$ 的分布类型和参数取值之后，按照"与正态分布随机变量相联系的事件概率"的解题思路，首先将正态分布随机变量标准化得 $\dfrac{Y-E(Y)}{\sqrt{D(Y)}}\sim N(0,1)$，然后用标准正态分布的分布函数 $\Phi(\cdot)$ 表示，并查表得到结论.

于是有

$$P\left\{\sum_{i=1}^{n}X_i\leqslant 5\,000\right\}=P\left\{\frac{\sum\limits_{i=1}^{n}X_i-50n}{5\sqrt{n}}\leqslant\frac{5\,000-50n}{5\sqrt{n}}\right\}\approx\Phi\left(\frac{1\,000-10n}{\sqrt{n}}\right)$$

因此，要保证不超载的概率大于 0.977，即 $P\left\{\sum\limits_{i=1}^{n}X_i\leqslant 5\,000\right\}\geqslant 0.977$，只需要

$$\Phi\left(\frac{1\,000-10n}{\sqrt{n}}\right)\geqslant\Phi(2)$$

由标准正态分布分布函数的单调性得 $\dfrac{1\,000-10n}{\sqrt{n}}\geqslant 2$.

说明：当 $a\neq 0$ 且判别式 $\Delta=b^2-4ac>0$ 时，一元二次方程 $ax^2+bx+c=0$ 的解为 $x=\dfrac{-b\pm\sqrt{b^2-4ac}}{2a}$. 不等式 $ax^2+bx+c\leqslant 0$ 的解为 $\dfrac{-b-\sqrt{b^2-4ac}}{2a}\leqslant x\leqslant\dfrac{-b+\sqrt{b^2-4ac}}{2a}$.

解得 $n<9.900^2=98.01$，且 n 为满足不等式的最大整数，则 $n=98$. 故每辆最多装 98 箱.

第 6 章

习题 6.1〔**2010，Ⅲ**〕 设 $X_1,X_2,\cdots,X_n$ 为总体 $N(\mu,\sigma^2)$ 的简单随机样本，统计量 $T=\dfrac{1}{n}\sum\limits_{i=1}^{n}X_i^2$，则 $E(T)=$ _____.

解答 **说明**：由于 $X_1,X_2,\cdots,X_n$ 为总体 $N(\mu,\sigma^2)$ 的简单随机样本，故 $X_1,X_2,\cdots,X_n$ 独立同总体 $N(\mu,\sigma^2)$ 的分布. 又由于 $E(T)=E\left(\dfrac{1}{n}\sum\limits_{i=1}^{n}X_i^2\right)=\dfrac{1}{n}E\left(\sum\limits_{i=1}^{n}X_i^2\right)\xlongequal{\text{同分布}}E(X_i^2)$，可见需要先计算 $E(X_i^2)$. 由于 $X_i\sim N(\mu,\sigma^2)$，且正态分布是常见分布，所以 $E(X_i^2)$ 可以用方差的计算式 $D(X_i)=E(X_i^2)-E(X_i)^2$ 得到. 为了使解答过程更加美观，通常先运用正态分布的数字特征结论得到 $E(X_i)$ 和 $D(X_i)$，再一气呵成地得出结论.

由于 $X_1,X_2,\cdots,X_n$ 为总体 $N(\mu,\sigma^2)$ 的简单随机样本，故 $E(X_i)=\mu,D(X_i)=\sigma^2$，$i=1,2,\cdots,n$. 因此，有

$$E(T)=E\left(\dfrac{1}{n}\sum_{i=1}^{n}X_i^2\right)=\dfrac{1}{n}E\left(\sum_{i=1}^{n}X_i^2\right)=E(X_i^2)=D(X_i)+E(X_i)^2=\sigma^2+\mu^2$$

答案 $\sigma^2+\mu^2$

习题 6.2〔**2006，Ⅲ**〕 设总体 X 的概率密度为 $f(x)=\dfrac{1}{2}\mathrm{e}^{-|x|}$，$-\infty<x<+\infty$. X_1，$X_2,\cdots,X_n$ 为总体 X 的简单随机样本，其样本方差为 S^2，则 $E(S^2)=$ _____.

解答 由题意，$E(S^2)=D(X)=E(X^2)-E(X)^2$. 其中

$$E(X)=\int_{-\infty}^{+\infty}xf(x)\,\mathrm{d}x=\int_{-\infty}^{+\infty}x\cdot\dfrac{1}{2}\mathrm{e}^{-|x|}\,\mathrm{d}x\xlongequal{\text{奇函数}}0$$

且

$$E(X^2)=\int_{-\infty}^{+\infty}x^2f(x)\,\mathrm{d}x=\int_{-\infty}^{+\infty}x^2\cdot\dfrac{1}{2}\mathrm{e}^{-|x|}\,\mathrm{d}x=\int_{0}^{+\infty}x^2\cdot\mathrm{e}^{-x}\,\mathrm{d}x=\Gamma(3)=2$$

故

$$D(X)=E(X^2)-E(X)^2=2$$

说明：计算 $E(X^2)=\int_{0}^{+\infty}x^2\cdot\mathrm{e}^{-x}\,\mathrm{d}x$ 时用到了伽马函数. 具体而言，对照 $\Gamma(x)\xlongequal{\text{模板1}}\int_{0}^{+\infty}t^{x-1}\mathrm{e}^{-t}\,\mathrm{d}t,x>0$，可知参数 $x-1=2\Rightarrow x=3$，这里要小心区分目标与模板中的记号. 故 $\int_{0}^{+\infty}x^2\cdot\mathrm{e}^{-x}\,\mathrm{d}x=\Gamma(3)$. 又由 $\Gamma(n)=(n-1)!$ 得出结论.

因此, $E(S^2)=2$.

答案　2

习题 6.3[2001,Ⅰ]　设总体 X 服从正态分布 $N(\mu,\sigma^2)$, $\sigma>0$, 从该总体中抽取简单随机样本 $X_1,X_2,\cdots,X_{2n}$, $n\geq2$, 其样本均值为 $\overline{X}=\dfrac{1}{2n}\sum\limits_{i=1}^{2n}X_i$. 试求统计量 $Y=\sum\limits_{i=1}^{n}(X_i+X_{n+i}-2\overline{X})^2$ 的数学期望 $E(Y)$.

解答　**解法 1**　运用样本均值的性质计算

说明：首先理清解题思路. 由

$$E(Y)=E\Big(\sum_{i=1}^{n}(X_i+X_{n+i}-2\overline{X})^2\Big)=nE((X_i+X_{n+i}-2\overline{X})^2)$$

可见关键是求 $E((X_i+X_{n+i}-2\overline{X})^2)$. 有两种方法计算 $E(X^2)$：①如果 X 服从常见分布, 它的期望和方差已知, 推荐使用方差的计算式 $D(X)=E(X^2)-E(X)^2$ 计算；②如果 X 服从其他分布, 根据随机变量函数的数字特征公式 $E(g(X))=\displaystyle\int_{-\infty}^{+\infty}g(x)f(x)\mathrm{d}x$ 计算. 本题中的 $X_i+X_{n+i}-2\overline{X}$ 虽然不能直接看出是否服从某个常见分布, 但因为涉及正态分布, 积分比较烦琐, 因此尽量尝试运用概率性质解题. 即

$$E((X_i+X_{n+i}-2\overline{X})^2)=D(X_i+X_{n+i}-2\overline{X})+E(X_i+X_{n+i}-2\overline{X})^2$$

可见, 需要先计算 $E(X_i+X_{n+i}-2\overline{X})$ 和 $D(X_i+X_{n+i}-2\overline{X})$.

(1) $E(X_i+X_{n+i}-2\overline{X})=E(X_i)+E(X_{n+i})-2E(\overline{X})$, 其中 $E(X_i)=E(X_{n+i})=E(X)=\mu$ 且 $E(\overline{X})=E(X)=\mu$. 故 $E(X_i+X_{n+i}-2\overline{X})=0$.

(2) $D(X_i+X_{n+i}-2\overline{X})$ 不能直接展开为 $D(X_i)+D(X_{n+i})-2D(\overline{X})$, 因为 $\overline{X}$ 与 X_i 不独立, 而"和的方差等于方差的和"需要有独立性. 故

$$D(X_i+X_{n+i}-2\overline{X})=D(X_i+X_{n+i})+D(2\overline{X})-2\mathrm{Cov}(X_i+X_{n+i},2\overline{X})$$

① $D(X_i+X_{n+i})=D(X_i)+D(X_{n+i})=2D(X)=2\sigma^2$；

② $D(2\overline{X})=4D(\overline{X})=4\,\dfrac{D(X)}{2n}=\dfrac{2\sigma^2}{n}$；

③ $2\mathrm{Cov}(X_i+X_{n+i},2\overline{X})=4\mathrm{Cov}(X_i,\overline{X})+4\mathrm{Cov}(X_{n+i},\overline{X})$.

进一步地, 有

$$\mathrm{Cov}(X_i,\overline{X})=\mathrm{Cov}\Big(X_i,\frac{1}{2n}\sum_{j=1}^{2n}X_j\Big)$$

$$=\frac{1}{2n}\mathrm{Cov}\Big(X_i,X_i+\sum_{\substack{j=1\\j\neq i}}^{2n}X_j\Big)\xrightarrow[X_i\text{ 与 }X_j\text{ 独立}]{\text{当 }i\neq j\text{ 时}}\frac{1}{2n}\mathrm{Cov}(X_i,X_i)$$

$$=\frac{1}{2n}D(X_i)=\frac{D(X)}{2n}=\frac{\sigma^2}{2n}$$

同理, $\mathrm{Cov}(X_{n+i},\overline{X})=\dfrac{\sigma^2}{2n}$.

如上完成了所有细节的证明. 为了让解题过程简洁美观, 在正式答题时需要先写这些细

节,再一气呵成地完成 $E(Y)$ 的计算.

由题意,$X_1, X_2, \cdots, X_{2n} (n \geq 2)$ 是来自正态分布 $N(\mu, \sigma^2)$ 总体的简单随机样本.因此,有

$$E(X_i) = E(X_{n+i}) = E(X) = \mu, \quad i = 1, 2, \cdots, n$$

且 $E(\overline{X}) = E(X) = \mu$. 故

$$E(X_i + X_{n+i} - 2\overline{X}) = E(X_i) + E(X_{n+i}) - 2E(\overline{X}) = 0$$

进一步地,有

$$D(X_i + X_{n+i}) = D(X_i) + D(X_{n+i}) = 2D(X) = 2\sigma^2, \quad i = 1, 2, \cdots, n$$

且

$$D(2\overline{X}) = 4D(\overline{X}) = 4\frac{D(X)}{2n} = \frac{2\sigma^2}{n}$$

对于 $i = 1, 2, \cdots, n$,又有

$$\mathrm{Cov}(X_i, \overline{X}) = \mathrm{Cov}\left(X_i, \frac{1}{2n}\sum_{j=1}^{2n} X_j\right) = \frac{1}{2n}\mathrm{Cov}\left(X_i, X_i + \sum_{\substack{j=1 \\ j \neq i}}^{2n} X_j\right)$$

$$\xlongequal[X_i \text{ 与 } X_j \text{ 独立}]{\text{当 } i \neq j \text{ 时}} \frac{1}{2n}\mathrm{Cov}(X_i, X_i) = \frac{1}{2n}D(X_i) = \frac{D(X)}{2n} = \frac{\sigma^2}{2n}$$

同理 $\mathrm{Cov}(X_{n+i}, \overline{X}) = \frac{\sigma^2}{2n}$. 因此

$$2\mathrm{Cov}(X_i + X_{n+i}, 2\overline{X}) = 4\mathrm{Cov}(X_i, \overline{X}) + 4\mathrm{Cov}(X_{n+i}, \overline{X}) = \frac{4\sigma^2}{n}$$

综上可得

$$D(X_i + X_{n+i} - 2\overline{X}) = D(X_i + X_{n+i}) + D(2\overline{X}) - 2\mathrm{Cov}(X_i + X_{n+i}, 2\overline{X})$$

$$= 2\sigma^2 + \frac{2\sigma^2}{n} - \frac{4\sigma^2}{n} = \frac{2(n-1)\sigma^2}{n}$$

故统计量 $Y = \sum_{i=1}^{n}(X_i + X_{n+i} - 2\overline{X})^2$ 的数学期望为

$$E(Y) = E\left(\sum_{i=1}^{n}(X_i + X_{n+i} - 2\overline{X})^2\right) = nE((X_i + X_{n+i} - 2\overline{X})^2)$$

$$= n \times [D(X_i + X_{n+i} - 2\overline{X}) + E(X_i + X_{n+i} - 2\overline{X})^2]$$

$$= n \times \left[\frac{2(n-1)\sigma^2}{n} + 0^2\right] = 2(n-1)\sigma^2$$

解法 2　运用样本方差的性质计算

说明:本题要计算 $E(Y) = E\left(\sum_{i=1}^{n}(X_i + X_{n+i} - 2\overline{X})^2\right)$,其中 $X_i + X_{n+i} - 2\overline{X}$ 具有"$\sum$ 一

次项"的典型模式,可以向"正态分布"或者"样本均值"靠拢;由此,$\sum_{i=1}^{n}(X_i + X_{n+i} - 2\overline{X})^2$ 具

有"$\sum$ 平方项"的典型模式,可以向"卡方分布"或者"样本方差"靠拢.注意到,X_i 与 X_{n+i}

相互独立,但与 $\overline{X}$ 不独立,所以不能直接得到 $X_i + X_{n+i} - 2\overline{X}$ 服从正态分布的结论,需要将

$X_i + X_{n+i}$ 与 $2\overline{X}$ 分别处理.

记 $Z_i = X_i + X_{n+i}, i = 1, 2, \cdots, n$. 由于 $X_1, X_2, \cdots, X_{2n} (n \geq 2)$ 是来自正态分布 $N(\mu, \sigma^2)$

总体的简单随机样本,故 $Z_i = X_i + X_{n+i} \sim N(2\mu, 2\sigma^2)$,且 $Z_1, Z_2, \cdots, Z_n$ 相互独立.

进一步地,数学期望

$$\bar{Z} = \frac{1}{n}\sum_{i=1}^{n}Z_i = \frac{1}{n}\sum_{i=1}^{n}(X_i + X_{n+i}) = \frac{1}{n}\sum_{i=1}^{n}X_i + \frac{1}{n}\sum_{i=1}^{n}X_{n+i} = \frac{1}{n}\sum_{i=1}^{2n}X_i = 2\bar{X}$$

故

$$Y = \sum_{i=1}^{n}(X_i + X_{n+i} - 2\bar{X})^2 = \sum_{i=1}^{n}(Z_i - \bar{Z})^2$$

说明:如前分析,要将 $\sum_{i=1}^{n}(Z_i - \bar{Z})^2$ 向"卡方分布"或者"样本方差"靠拢.注意到,样本

方差的定义式 $S^2 = \frac{1}{n-1}\sum_{i=1}^{n}(X_i - \bar{X})^2$,故

$$E(Y) = E\left(\sum_{i=1}^{n}(Z_i - \bar{Z})^2\right) = (n-1)E(S^2) = (n-1)D(Z)$$

其中,$Z_i \sim N(2\mu, 2\sigma^2)$,故 $D(Z) = 2\sigma^2$.

因此有

$$E(Y) = E\left(\sum_{i=1}^{n}(X_i + X_{n+i} - 2\bar{X})^2\right) = E\left(\sum_{i=1}^{n}(Z_i - \bar{Z})^2\right)$$

$$= (n-1)E\left(\frac{1}{n-1}\sum_{i=1}^{n}(Z_i - \bar{Z})^2\right) = (n-1)E(S^2)$$

$$= (n-1)D(Z) = 2(n-1)\sigma^2$$

故,$E(Y) = 2(n-1)\sigma^2$.

第 7 章

习题 7.1[2006,Ⅰ&Ⅲ]　设总体 X 的概率密度为 $f(x;\theta) = \begin{cases} \theta, & 0 < x < 1 \\ 1-\theta, & 1 \leqslant x < 2. \\ 0, & \text{其他} \end{cases}$ 其中 θ

是未知参数,$0 < \theta < 1$.$X_1, X_2, \cdots, X_n$ 为来自总体 X 的简单随机样本,记 N 为样本值 x_1,
$x_2, \cdots, x_n$ 中小于 1 的个数.求

(1) 参数 θ 的矩估计;

(2) 参数 θ 的最大似然估计.

解答　**(1)** 求矩估计.

① **建立待估参数与总体矩的联系**.本题中的总体为一般分布,通常利用定义计算 $E(X)$
即可,它通常是待估参数的函数.

总体期望为

$$E(X) = \int_{-\infty}^{+\infty}xf(x;\theta)\mathrm{d}x = \int_{0}^{1}\theta x\,\mathrm{d}x + \int_{1}^{2}(1-\theta)x\,\mathrm{d}x = \frac{1}{2}\theta + \frac{3}{2}(1-\theta) = \frac{3}{2} - \theta$$

② **建立总体矩与样本矩的联系**.

令 $E(X) \approx \bar{X}$.

典型题
微课程
7.3

③ 由此得到待估参数与样本矩的关系式.

可得 $\dfrac{3}{2}-\theta\approx\overline{X}$. 解得 $\theta\approx\dfrac{3}{2}-\overline{X}$,所以参数 θ 的矩估计量为 $\hat{\theta}=\dfrac{3}{2}-\overline{X}$.

（2）求最大似然估计.

① 给出似然函数.

a. 写出总体的概率函数——分布律、概率密度.

b. 似然函数是总体概率函数的连乘形式,表示现在发生的事发生的概率.本题中的总体不是常见分布,也可以根据实际意义写出似然函数.

似然函数为 $L(\theta)=\displaystyle\prod_{i=1}^{n}f(x_i;\theta)=\theta^N(1-\theta)^{n-N}$.

② 选择参数使得似然函数最大化,即通过选择参数,使得现在发生的事发生的概率最大化.本题似然函数 $L(\theta)$ 有驻点,故取对数、令对数似然函数等于 0、解出参数 θ 的最大似然估计量.

取对数,得到对数似然函数

$$\ln L(\theta)=N\ln\theta+(n-N)\ln(1-\theta)$$

两边对 θ 求导,得

$$\frac{\mathrm{d}\ln L(\theta)}{\mathrm{d}\theta}=\frac{N}{\theta}-\frac{n-N}{1-\theta}$$

令 $\dfrac{\mathrm{d}\ln L(\theta)}{\mathrm{d}\theta}=0$,解得 $\theta=\dfrac{N}{n}$. 所以参数 θ 的最大似然估计为 $\hat{\theta}=\dfrac{N}{n}$.

习题 7.2［2020，Ⅰ&Ⅲ］　设某种元件的使用寿命 T 的分布函数为 $F(t)=\begin{cases}1-\mathrm{e}^{-\left(\frac{t}{\theta}\right)^{m}}, & t\geqslant 0\\ 0, & \text{其他}\end{cases}$

其中 θ,m 为参数且大于零.

（1）求概率 $P\{T>t\}$ 与 $P\{T>s+t\,|\,T>s\}$,其中 $s>0,t>0$.

（2）任取 n 个这种元件做寿命测试,测得它们的寿命分别为 $t_1,t_2,\cdots,t_n$. 若 m 已知,求 θ 的最大似然估计值 $\hat{\theta}$.

解答　（1）由分布函数的定义得

$$P\{T>t\}=1-P\{T\leqslant t\}=1-F(t)=\mathrm{e}^{-\left(\frac{t}{\theta}\right)^{m}}$$

$$P\{T>s+t\,|\,T>s\}=\frac{P\{T>s+t,T>s\}}{P\{T>s\}}=\frac{P\{T>s+t\}}{P\{T>s\}}=\frac{\mathrm{e}^{-\left(\frac{s+t}{\theta}\right)^{m}}}{\mathrm{e}^{-\left(\frac{s}{\theta}\right)^{m}}}=\mathrm{e}^{-\frac{(s+t)^{m}-s^{m}}{\theta^{m}}}$$

说明：本题中的总体分布是韦布尔分布.只有当 $m=1$ 时,该分布才是指数分布,才具有"无记忆性"：$P\{T>s+t\,|\,T>s\}=P\{T>t\}$.

（2）求最大似然估计.

① 给出似然函数.

a. 写出总体的概率函数——分布律、概率密度.本题总体 T 是连续型分布,总体的概率函数是它的概率密度.首先根据分布函数与概率密度的关系给出概率密度 $f(t;\theta)$.

总体 T 的概率函数为

$$f(t;\theta)=F'(t;\theta)=\begin{cases}\dfrac{mt^{m-1}}{\theta^m}e^{-\frac{t^m}{\theta^m}}, & t>0\\[2mm]0, & \text{其他}\end{cases}$$

b. 似然函数是总体概率函数的连乘形式,表示现在发生的事发生的概率.

设 $t_1,t_2,\cdots,t_n$ 为样本观测值,则似然函数为

$$L(\theta)=\prod_{i=1}^{n}f(t_i;\theta)=\prod_{i=1}^{n}\dfrac{mt_i^{m-1}}{\theta^m}e^{-\frac{t_i^m}{\theta^m}}=m^n\cdot\theta^{-nm}\cdot\prod_{i=1}^{n}t_i^{m-1}\cdot e^{-\frac{1}{\theta^m}\sum\limits_{i=1}^{n}t_i^m}$$

② 选择参数使得似然函数最大化,即通过选择参数,使得现在发生的事发生的概率最大化.本题似然函数 $L(\theta)$ 有驻点,故可以利用取对数、将对数似然函数求导、令导函数等于 0,解方程的解题思路,得到参数 θ 的最大似然估计量.

取对数,得到对数似然函数

$$\ln L(\theta)=n\ln m-nm\ln\theta+\sum_{i=1}^{n}\ln t_i^{m-1}-\dfrac{1}{\theta^m}\sum_{i=1}^{n}t_i^m$$

两边对 θ 求导并令其等于 0,得

$$\dfrac{d\ln L(\theta)}{d\theta}=-\dfrac{nm}{\theta}-\dfrac{m}{\theta^{m+1}}\sum_{i=1}^{n}t_i^m=0$$

解得 $\theta=\left(\dfrac{1}{n}\sum\limits_{i=1}^{n}t_i^m\right)^{\frac{1}{m}}$,所以参数 θ 的最大似然估计值为 $\hat{\theta}=\left(\dfrac{1}{n}\sum\limits_{i=1}^{n}t_i^m\right)^{\frac{1}{m}}$.

说明:题目问的是"最大似然估计值",应该写成"实数"形式,也就是"小写".

习题 7.3 [2019,Ⅰ & Ⅲ]　设总体 X 的概率密度为 $f(x;\sigma^2)=\begin{cases}\dfrac{A}{\sigma}e^{-\frac{(x-\mu)^2}{2\sigma^2}}, & x\geqslant\mu\\[2mm]0, & x<\mu\end{cases}$,其中 μ 是已知参数,$\sigma>0$ 是未知参数,A 是常数.$X_1,X_2,\cdots,X_n$ 是来自总体 X 的简单随机样本.

(1) 求 A;

(2) 求 σ^2 的最大似然估计量.

解答　(1) 说明:若分布律(或概率密度)中包含未知常数,则通常用正则性 $\sum\limits_{i\geqslant1}p_i=1\left(\text{或}\int_{-\infty}^{+\infty}f(x)dx=1\right)$ 求解.计算中用到了伽马函数及常用结论 $\int_{0}^{+\infty}e^{-\frac{x^2}{2}}dx=\dfrac{\sqrt{2\pi}}{2}$,详见 4.4 节.

由概率密度的正则性有

$$\int_{-\infty}^{+\infty}f(x;\sigma^2)dx=\int_{\mu}^{+\infty}\dfrac{A}{\sigma}e^{-\frac{(x-\mu)^2}{2\sigma^2}}dx=A\int_{0}^{+\infty}e^{-\frac{t^2}{2}}dx=A\sqrt{\dfrac{\pi}{2}}=1$$

解得 $A=\sqrt{\dfrac{2}{\pi}}$.

(2) 求最大似然估计.

① 给出似然函数.

a. 写出总体的概率函数——分布律、概率密度. 本题总体 X 是连续型分布,总体的概率函数是它的概率密度,已经在题目中给出.

总体 X 的概率函数为

$$f(x;\sigma^2)=\begin{cases}\sqrt{\dfrac{2}{\pi}}\cdot\dfrac{1}{\sigma}\mathrm{e}^{-\frac{(x-\mu)^2}{2\sigma^2}}, & x\geqslant\mu\\[2mm]0, & x<\mu\end{cases}$$

b. 似然函数是总体概率函数的连乘形式,表示现在发生的事发生的概率.

设 $x_1,x_2,\cdots,x_n$ 为样本 $X_1,X_2,\cdots,X_n$ 的观测值,则似然函数为

$$L(\sigma^2)=\prod_{i=1}^{n}f(x_i;\sigma^2)=\begin{cases}\left(\dfrac{2}{\pi}\right)^{\frac{n}{2}}\sigma^{-n}\mathrm{e}^{-\sum\limits_{i=1}^{n}\frac{(x_i-\mu)^2}{2\sigma^2}}, & x_1,x_2,\cdots,x_n\geqslant\mu\\[2mm]0, & 其他\end{cases}$$

② 选择参数使得似然函数最大化,即通过选择参数,使得现在发生的事发生的概率最大化. 本题似然函数 $L(\sigma^2)$ 有驻点,故可以利用取对数、将对数似然函数求导、令导函数等于 0、解方程的解题思路,得到参数 σ^2 的最大似然估计量.

取对数,得到对数似然函数

$$\ln L(\sigma^2)=\frac{n}{2}\ln\frac{2}{\pi}-\frac{n}{2}\ln\sigma^2-\frac{1}{2\sigma^2}\sum_{i=1}^{n}(x_i-\mu)^2$$

两边对 σ^2 求导并令其等于 0,得

$$\frac{\mathrm{d}\ln L(\sigma^2)}{\mathrm{d}\sigma^2}=-\frac{n}{2\sigma^2}+\frac{1}{2\sigma^4}\sum_{i=1}^{n}(x_i-\mu)^2=0$$

解得 $\sigma^2=\dfrac{1}{n}\sum\limits_{i=1}^{n}(x_i-\mu)^2$,所以参数 σ^2 的最大似然估计量为 $\widehat{\sigma^2}=\dfrac{1}{n}\sum\limits_{i=1}^{n}(X_i-\mu)^2$.

习题 7.4[2022,Ⅰ & Ⅲ]   设 $X_1,X_2,\cdots,X_n$ 为来自均值为 θ 的指数分布总体的简单随机样本,$Y_1,Y_2,\cdots,Y_m$ 为来自均值为 2θ 的指数分布总体的简单随机样本,且两样本相互独立,其中 $\theta(\theta>0)$ 是未知参数. 利用样本 $X_1,X_2,\cdots,X_n,Y_1,Y_2,\cdots,Y_m$,求 θ 的最大似然估计量 $\hat{\theta}$,并求 $D(\hat{\theta})$.

解答   (1) 求 θ 的最大似然估计量 $\hat{\theta}$.

① 给出似然函数.

a. 写出总体的概率函数——分布律、概率密度. 本题的两个总体都是常见的连续型分布,总体的概率函数分别是均值为 θ 和 2θ 的指数分布的概率密度函数.

由题意,$X_1,X_2,\cdots,X_n$ 来自总体 X,它的概率函数为

$$f_X(x;\theta)=\begin{cases}\dfrac{1}{\theta}\mathrm{e}^{-\frac{x}{\theta}}, & x>0\\[2mm]0, & 其他\end{cases}$$

同理,$Y_1,Y_2,\cdots,Y_m$ 来自总体 Y,它的概率函数为

$$f_Y(y;\theta) = \begin{cases} \dfrac{1}{2\theta}\mathrm{e}^{-\frac{y}{2\theta}}, & y>0 \\ 0, & \text{其他} \end{cases}$$

b. 似然函数是总体概率函数的连乘形式,表示现在发生的事发生的概率.

设 $x_1,x_2,\cdots,x_n,y_1,y_2,\cdots,y_m$ 为样本观测值,$x_1>0,x_2>0,\cdots,x_n>0,y_1>0,y_2>0,\cdots,$ $y_m>0$,故似然函数为

$$L(\theta) = \prod_{i=1}^{n}f_X(x_i;\theta)\prod_{j=1}^{m}f_Y(y_j;\theta) = \prod_{i=1}^{n}\frac{1}{\theta}\mathrm{e}^{-\frac{x_i}{\theta}}\prod_{j=1}^{m}\frac{1}{2\theta}\mathrm{e}^{-\frac{y_j}{2\theta}} = \frac{1}{2^m\theta^{n+m}}\mathrm{e}^{-\frac{1}{\theta}\sum\limits_{i=1}^{n}x_i-\frac{1}{2\theta}\sum\limits_{j=1}^{m}y_j}$$

② 选择参数使得似然函数最大化,即通过选择参数,使得现在发生的事发生的概率最大化. 本题似然函数 $L(\theta)$ 有驻点,故可以利用取对数、将对数似然函数求导、令导函数等于 0、解方程的解题思路,得到参数 θ 的最大似然估计量.

取对数,得到对数似然函数

$$\ln L(\theta) = -m\ln 2 - (n+m)\ln\theta - \frac{1}{\theta}\sum_{i=1}^{n}x_i - \frac{1}{2\theta}\sum_{j=1}^{m}y_j$$

两边对 θ 求导并令其等于 0,得

$$\frac{\mathrm{d}\ln L(\theta)}{\mathrm{d}\theta} = -\frac{n+m}{\theta} + \frac{1}{\theta^2}\sum_{i=1}^{n}x_i + \frac{1}{2\theta^2}\sum_{j=1}^{m}y_j = 0$$

解得 $\theta = \dfrac{1}{n+m}\left(\sum\limits_{i=1}^{n}x_i + \dfrac{1}{2}\sum\limits_{j=1}^{m}y_j\right)$. 所以参数 θ 的最大似然估计量为 $\hat{\theta} = \dfrac{2n\overline{X}+m\overline{Y}}{2(n+m)}$,其中 $\overline{X} = \dfrac{1}{n}\sum\limits_{i=1}^{n}X_i,\overline{Y} = \dfrac{1}{m}\sum\limits_{j=1}^{m}Y_j$.

(2) 求 $D(\hat{\theta})$.

说明:由于 $\hat{\theta} = \dfrac{2n\overline{X}+m\overline{Y}}{2(n+m)}$,因此关键在于计算 $D(\overline{X})$ 和 $D(\overline{Y})$. 可以直接运用样本均值的数字特征性质 $D(\overline{X}) = \dfrac{D(X)}{n}$ 和指数分布的数字特征结论 $D(X) = \theta^2$.

由指数分布的数字特征性质得 $D(X) = \theta^2$,$D(Y) = 4\theta^2$. 再由样本均值的数字特征性质得

$$D(\overline{X}) = \frac{D(X)}{n} = \frac{\theta^2}{n}, \quad D(\overline{Y}) = \frac{D(Y)}{m} = \frac{4\theta^2}{m}$$

故

$$D(\hat{\theta}) = D\left(\frac{2n\overline{X}+m\overline{Y}}{2(n+m)}\right) = \frac{4n^2D(\overline{X})+m^2D(\overline{Y})}{4(n+m)^2} = \frac{4n^2\cdot\dfrac{\theta^2}{n}+m^2\cdot\dfrac{4\theta^2}{m}}{4(n+m)^2}$$

$$= \frac{4n\theta^2+4m\theta^2}{4(n+m)^2} = \frac{\theta^2}{n+m}$$

习题 7.5 [2016,Ⅰ & Ⅲ]   设总体 X 的概率密度为 $f(x;\theta) = \begin{cases} \dfrac{3x^2}{\theta^3}, & 0<x<\theta, \\ 0, & \text{其他}. \end{cases}$ 其中

$\theta \in (0, +\infty)$ 为未知参数，X_1, X_2, X_3 为来自总体 X 的简单随机样本，令 $T = \max\{X_1, X_2, X_3\}$.

(1) 求 T 的概率密度；

(2) **数学 I** 的问法：确定 a，使得 aT 为 θ 的无偏估计；

    数学 III 的问法：确定 a，使得 $E(aT) = \theta$.

解答 (1) 说明：要求最值函数 $T = \max\{X_1, X_2, X_3\}$ 的概率密度，需要用到分布函数法，详见 4.7.2 节. 特别地，$F_{\max\{X_1, X_2, \cdots, X_n\}}(x) = \prod_{i=1}^{n} F_{X_i}(x)$. 在正式答题时，可以直接使用这个公式，但本题仍给出简单的推导.

① 总体 X 的分布函数 $F(x) = \int_{-\infty}^{x} f(t) \mathrm{d}t$，$x \in \mathbb{R}$

当 $x < 0$ 时，$F(x) = 0$；

当 $x \geqslant \theta$ 时，$F(x) = 1$；

当 $0 \leqslant x < \theta$ 时，$F(x) = \int_{-\infty}^{x} \dfrac{3x^2}{\theta^3} \mathrm{d}t = \dfrac{x^3}{\theta^3}$.

所以，总体 X 的分布函数为

$$F(x) = \begin{cases} 0, & x < 0 \\ \dfrac{x^3}{\theta^3}, & 0 \leqslant x < \theta \\ 1, & x \geqslant \theta \end{cases}$$

② 最值函数 $T = \max\{X_1, X_2, X_3\}$ 的分布函数为

$$\begin{aligned} F_T(x) &= P\{T \leqslant x\} = P\{\max\{X_1, X_2, X_3\} \leqslant x\} \\ &= P\{X_1 \leqslant x, X_2 \leqslant x, X_3 \leqslant x\} = P\{X_1 \leqslant x\} P\{X_2 \leqslant x\} P\{X_3 \leqslant x\} \\ &= F_{X_1}(x) F_{X_2}(x) F_{X_3}(x) \end{aligned}$$

因此，最值函数 T 的分布函数为

$$F_T(x) = F^3(x) = \begin{cases} 0, & x < 0 \\ \dfrac{x^9}{\theta^9}, & 0 \leqslant x < \theta \\ 1, & x \geqslant \theta \end{cases}$$

最值函数 T 的概率密度为

$$f_T(x) = F'_T(x) = \begin{cases} \dfrac{9x^8}{\theta^9}, & 0 < x < \theta \\ 0, & \text{其他} \end{cases}$$

(2) 要确定 a 使得 aT 为 θ 的无偏估计，即要确定 a 使得 $E(aT) = \theta$.

因为 $E(T) = \int_{-\infty}^{+\infty} x f_T(x) \mathrm{d}x = \int_0^{\theta} x \dfrac{9x^8}{\theta^9} \mathrm{d}x = \dfrac{9}{10}\theta$，所以 $E(aT) = aE(T) = \dfrac{9}{10}a\theta = \theta$. 解得 $a = \dfrac{10}{9}$.

结论(**数学 I**)：当 $a = \dfrac{10}{9}$ 时，aT 为 θ 的无偏估计.

结论(**数学 III**)：当 $a = \dfrac{10}{9}$ 时，$E(aT) = \theta$.

第 8 章

习题 8.1[2018，Ⅲ] 设 $X_1, X_2, \cdots, X_n (n \geqslant 2)$ 为来自总体 $N(\mu, \sigma^2)$ $(\sigma > 0)$ 的简单随机样本，令 $\overline{X} = \dfrac{1}{n} \sum\limits_{i=1}^{n} X_i, S = \sqrt{\dfrac{1}{n-1} \sum\limits_{i=1}^{n} (X_i - \overline{X})^2}, S^* = \sqrt{\dfrac{1}{n} \sum\limits_{i=1}^{n} (X_i - \overline{X})^2}$，则

A. $\dfrac{\sqrt{n}(\overline{X} - \mu)}{S} \sim t(n)$ 　　　　　　　B. $\dfrac{\sqrt{n}(\overline{X} - \mu)}{S} \sim t(n-1)$

C. $\dfrac{\sqrt{n}(\overline{X} - \mu)}{S^*} \sim t(n)$ 　　　　　　　D. $\dfrac{\sqrt{n}(\overline{X} - \mu)}{S^*} \sim t(n-1)$

解答 说明：本题根据正态分布和统计学三大抽样分布的典型模式无法快速锁定或者排除任何选项，需要采用更精确的判断方法：运用"六种应用场景下的枢轴量及其分布"即"正态总体的常用抽样分布"解题．

由正态总体的常用抽样分布 $\dfrac{\overline{X} - \mu}{S/\sqrt{n}} \sim t(n-1)$ 可知选项 B 正确．

答案 B

习题 8.2[2023，Ⅰ & Ⅲ] 已知 $X_1, X_2, \cdots, X_n$ 为来自总体 $N(\mu_1, \sigma^2)$ 的简单随机样本，$Y_1, Y_2, \cdots, Y_m$ 为来自总体 $N(\mu_2, 2\sigma^2)$ 的简单随机样本，且两样本相互独立，记 $\overline{X} = \dfrac{1}{n} \sum\limits_{i=1}^{n} X_i, \overline{Y} = \dfrac{1}{m} \sum\limits_{i=1}^{m} Y_i, S_1^2 = \dfrac{1}{n-1} \sum\limits_{i=1}^{n} (X_i - \overline{X})^2, S_2^2 = \dfrac{1}{m-1} \sum\limits_{i=1}^{m} (Y_i - \overline{Y})^2$．则_____．

A. $\dfrac{S_1^2}{S_2^2} \sim F(n, m)$ 　　　　　　　B. $\dfrac{S_1^2}{S_2^2} \sim F(n-1, m-1)$

C. $\dfrac{2S_1^2}{S_2^2} \sim F(n, m)$ 　　　　　　　D. $\dfrac{2S_1^2}{S_2^2} \sim F(n-1, m-1)$

解答 说明：由于所有选项的分布类型都是 F 分布，因此直接将 $\dfrac{S_1^2}{S_2^2}$ 向 F 分布的定义形式靠拢即可．根据 F 分布的定义，需要将分子 S_1^2 和分母 S_2^2 都变成 "χ^2 分布÷自由度"的形式．将样本方差 S_1^2 和 χ^2 分布建立联系的性质是 $\dfrac{(n-1)S^2}{\sigma^2} \sim \chi^2(n-1)$，具体为 $\dfrac{(\text{样本容量}-1) \times \text{样本方差}}{\text{总体方差}} \sim \chi^2(\text{样本容量}-1)$，自由度＝样本容量－1．

由于正态总体的常用抽样分布 $\dfrac{(n-1)S_1^2}{\sigma^2} \sim \chi^2(n-1)$ 且 $\dfrac{(m-1)S_2^2}{2\sigma^2} \sim \chi^2(m-1)$，又由于两样本相互独立，故统计量 $\dfrac{(n-1)S_1^2}{\sigma^2}$ 与 $\dfrac{(m-1)S_2^2}{2\sigma^2}$ 也相互独立．再根据 F 分布的定义得

$$\dfrac{\dfrac{(n-1)S_1^2}{\sigma^2}/(n-1)}{\dfrac{(m-1)S_2^2}{2\sigma^2}/(m-1)} = \dfrac{S_1^2/\sigma^2}{S_2^2/2\sigma^2} = \dfrac{2S_1^2}{S_2^2} \sim F(n-1, m-1)$$

答案 D

习题 8.3[2011，I] 设 $X_1, X_2, \cdots, X_n$ 为来自总体 $N(\mu_0, \sigma^2)$ 的简单随机样本，其中 μ_0 已知，$\sigma^2 > 0$ 未知．$\overline{X}$ 为样本均值，S^2 为样本方差．

(1) 求参数 σ^2 的最大似然估计 $\widehat{\sigma^2}$；

(2) 计算 $E(\widehat{\sigma^2})$ 和 $D(\widehat{\sigma^2})$．

解答 **(1) 求最大似然估计．**

① 给出似然函数．

a. 写出总体的概率函数——分布律、概率密度．本题总体 X 是连续型分布，总体的概率函数是它的概率密度，已经在题目中给出．

总体 X 的概率函数为 $f(x; \sigma^2) = \dfrac{1}{\sqrt{2\pi}\sigma} e^{-\frac{(x-\mu_0)^2}{2\sigma^2}}$．

b. 似然函数是总体概率函数的连乘形式，表示现在发生的事发生的概率．

设 $x_1, x_2, \cdots, x_n$ 为样本 $X_1, X_2, \cdots, X_n$ 的观测值，则似然函数为

$$L(\sigma^2) = \prod_{i=1}^{n} f(x_i; \sigma^2) = (2\pi)^{-\frac{n}{2}} \sigma^{-n} e^{-\sum_{i=1}^{n} \frac{(x_i-\mu_0)^2}{2\sigma^2}}$$

② 选择参数使得似然函数最大化，即通过选择参数，使得现在发生的事发生的概率最大化．本题似然函数 $L(\sigma^2)$ 有驻点，故可以利用取对数、将对数似然函数求导、令导函数等于 0、解方程的解题思路，得到参数 σ^2 的最大似然估计量．

取对数，得到对数似然函数

$$\ln L(\sigma^2) = -\frac{n}{2}\ln 2\pi - \frac{n}{2}\ln\sigma^2 - \frac{1}{2\sigma^2}\sum_{i=1}^{n}(x_i - \mu_0)^2$$

两边对 σ^2 求导并令其等于 0，得

$$\frac{\mathrm{d}\ln L(\sigma^2)}{\mathrm{d}\sigma^2} = -\frac{n}{2\sigma^2} + \frac{1}{2\sigma^4}\sum_{i=1}^{n}(x_i - \mu_0)^2 = 0$$

解得 $\sigma^2 = \dfrac{1}{n}\sum_{i=1}^{n}(x_i - \mu_0)^2$．所以参数 σ^2 的最大似然估计量为 $\widehat{\sigma^2} = \dfrac{1}{n}\sum_{i=1}^{n}(X_i - \mu_0)^2$．

(2) 计算 $E(\widehat{\sigma^2})$ 和 $D(\widehat{\sigma^2})$．

说明：下面分别计算 $E(\widehat{\sigma^2}) = E\left(\dfrac{1}{n}\sum_{i=1}^{n}(X_i - \mu_0)^2\right)$ 和 $D(\widehat{\sigma^2}) = D\left(\dfrac{1}{n}\sum_{i=1}^{n}(X_i - \mu_0)^2\right)$．

对二者都没有已知结论可用，需要重新计算．由于 $X_i \sim N(\mu_0, \sigma^2)$，故 $\dfrac{X_i - \mu_0}{\sigma} \sim N(0,1)$．

可见，$\sum_{i=1}^{n}(X_i - \mu_0)^2$ 具有"$\sum$ 平方项"的典型模式，可以向 χ^2 分布靠拢．这样就可以运用 χ^2 分布方差的结论：$Y \sim \chi^2(n) \Rightarrow E(Y) = n, D(Y) = 2n$，避免"硬算"．

由于 $X_i \sim N(\mu_0, \sigma^2)$，故 $\dfrac{X_i - \mu_0}{\sigma} \sim N(0,1)$．因此 $\sum_{i=1}^{n}\left(\dfrac{X_i - \mu_0}{\sigma}\right)^2 \sim \chi^2(n)$．由 χ^2 分布的性质可知

$$E\left(\sum_{i=1}^{n}\left(\frac{X_i - \mu_0}{\sigma}\right)^2\right) = n, \quad D\left(\sum_{i=1}^{n}\left(\frac{X_i - \mu_0}{\sigma}\right)^2\right) = 2n$$

因此

$$E(\widehat{\sigma^2}) = E\left(\frac{1}{n}\sum_{i=1}^{n}(X_i - \mu_0)^2\right) = \frac{\sigma^2}{n}E\left(\sum_{i=1}^{n}\left(\frac{X_i - \mu_0}{\sigma}\right)^2\right) = \sigma^2$$

且

$$D(\widehat{\sigma^2}) = D\left(\frac{1}{n}\sum_{i=1}^{n}(X_i - \mu_0)^2\right) = \frac{\sigma^4}{n^2}D\left(\sum_{i=1}^{n}\left(\frac{X_i - \mu_0}{\sigma}\right)^2\right) = \frac{2\sigma^4}{n}$$

说明：本题运用第 3 章介绍的 χ^2 分布的数字特征和第 7 章介绍的最大似然估计即可求解. 但由于本题与典型题 8.6 的题型和解题思路非常接近,故作为本章的习题.

习题 8.4[2016,I] 设 $x_1, x_2, \cdots, x_n$ 为来自总体 $N(\mu, \sigma^2)$ 的简单随机样本,样本均值 $\bar{x} = 9.5$,参数 μ 的置信度为 0.95 的双侧置信区间的置信上限为 10.8,则 μ 的置信度为 0.95 的双侧置信区间为_____.

解答 **解法 1** (1) 根据应用场景选择枢轴量. 本题是在单个正态总体、总体方差 σ^2 未知的条件下,估计总体均值 μ.

枢轴量为 $\dfrac{\overline{X} - \mu}{S/\sqrt{n}} \sim t(n-1)$.

(2) 由枢轴量推出置信区间公式.

$$P\left\{-t_{\alpha/2}(n-1) < \frac{\overline{X} - \mu}{S/\sqrt{n}} < t_{\alpha/2}(n-1)\right\} = 1 - \alpha$$

$$\overset{\text{反解}}{\Rightarrow} P\left\{\overline{X} - \frac{S}{\sqrt{n}}t_{\alpha/2}(n-1) < \mu < \overline{X} + \frac{S}{\sqrt{n}}t_{\alpha/2}(n-1)\right\} = 1 - \alpha$$

故单个正态总体、σ^2 未知时,μ 的置信区间公式为 $\left(\overline{X} - \dfrac{S}{\sqrt{n}}t_{\alpha/2}(n-1), \overline{X} + \dfrac{S}{\sqrt{n}}t_{\alpha/2}(n-1)\right)$.

(3) 将数据代入公式,得到置信区间.

代入数据得

$$\bar{x} + \frac{S}{\sqrt{n}}t_{\alpha/2}(n-1) = 10.8 \Rightarrow \frac{S}{\sqrt{n}}t_{\alpha/2}(n-1) = 10.8 - \bar{x} = 1.3$$

因此,置信下限为 $\bar{x} - \dfrac{S}{\sqrt{n}}t_{\alpha/2}(n-1) = 9.5 - 1.3 = 8.2$,双侧置信区间为 $(8.2, 10.8)$.

解法 2 **说明**：细心的同学可能已经注意到 $\dfrac{8.2 + 10.8}{2} = 9.5 = \bar{x}$,从而可以快速解题. 这是因为 $t_{1-\alpha/2}(n-1) = -t_{\alpha/2}(n-1)$. 事实上,当枢轴量服从正态分布或 t 分布时,概率密度是偶函数,具有"对称性"：置信上限和置信下限基于参数 μ 的点估计 $\overline{X}$ 对称.

由于本题的枢轴量为 $\dfrac{\overline{X} - \mu}{S/\sqrt{n}} \sim t(n-1)$,且 t 分布的概率密度函数为偶函数,故置信上限和置信下限基于参数 μ 的点估计值 $\bar{x}$ 对称.

记置信下限为 $\underline{\mu}$,则 $\underline{\mu}+\bar{\mu}=2\bar{x}$.因此,$\underline{\mu}=2\bar{x}-\bar{\mu}=2\times9.5-10.8=8.2$.故双侧置信区间为(8.2,10.8).

答案 (8.2,10.8)

说明:本题的解法 1 更具有普适性,而解法 2 则更加简洁,学生很容易选择后者.但是,学习知识一定要首先熟练掌握具有普适性的解题思路,不要花太多心思去研究琐碎的小技巧,本末倒置.事实上,如果本题改为"估计 σ^2 的置信区间",那么解法 2 就失效了,因为 χ^2 分布的概率密度不是偶函数.而增加少量信息,解法 1 依然有效.

习题 8.5[2021,Ⅰ] 设 $X_1,X_2,\cdots,X_{16}$ 是来自总体 $N(\mu,4)$ 的简单随机样本,考虑假设检验问题:$H_0:\mu\leqslant10,H_1:\mu>10$.$\Phi(x)$ 表示标准正态分布函数.若该检验问题的拒绝域为 $W=\{\bar{X}>11\}$,其中 $\bar{X}=\dfrac{1}{16}\sum\limits_{i=1}^{16}X_i$,则 $\mu=11.5$ 时,该检验犯第二类错误的概率为 _____.

A. $1-\Phi(0.5)$ 　　　　　　　　　　B. $1-\Phi(1)$

C. $1-\Phi(1.5)$ 　　　　　　　　　　D. $1-\Phi(2)$

说明:一个检验(一个给定的拒绝域)犯第二类错误(取伪的错误)的概率是指原假设为假,却错误地接受原假设的概率.①原假设为假,即 $H_1:\mu>10$ 为真,并没有给出 μ 的准确值.因此题干后续进一步给出了可供代入的准确值"$\mu=11.5$ 时";②接受原假设,即检验统计量的观测值不落入拒绝域,即 $\{\bar{X}\leqslant11\}$.所以,当 $\mu=11.5$ 时,该检验犯第二类错误的概率为 $P\{\bar{X}\leqslant11|\mu=11.5\}$.为了进一步计算这个概率,需要将 $\bar{X}$ 变形为已知分布的统计量,从而由分布函数表示概率.

解答 当 $\mu=11.5$ 时,$E(\bar{X})=E(X)=11.5$,$D(\bar{X})=\dfrac{D(X)}{16}=\dfrac{1}{4}$.故

$$\bar{X}=\frac{1}{16}\sum_{i=1}^{16}X_i\sim N\left(11.5,\frac{1}{4}\right),\quad \frac{\bar{X}-11.5}{0.5}\sim N(0,1)$$

因此,该检验犯第二类错误的概率为

$$P\{\bar{X}\leqslant11\mid\mu=11.5\}=P\left\{\frac{\bar{X}-11.5}{0.5}\leqslant\frac{11-11.5}{0.5}\Big|\frac{\bar{X}-11.5}{0.5}\sim N(0.1)\right\}$$
$$=\Phi(-1)=1-\Phi(1)$$

答案 B

第 9 章

习题 9.1 某地区计划种植水稻,但没有相关经验,不知道种哪种水稻在本地区可以获得最高的产量,甚至不知道不同水稻品种在本地区的产量是否有差别.为此进行一个田间试验.取一大块地,将其分成形状大小都相同的 n 小块.将其中的 m_i 小块种植品种 $i,i=1,2,3$.假设三个品种的水稻亩产量分别服从正态分布 $N(\mu_1,\sigma^2)$,$N(\mu_2,\sigma^2)$ 和 $N(\mu_3,\sigma^2)$,参数均未知.设各样本相互独立.

习题 9.1 表（一）　试验数据　　　　　　　　单位：千克/亩

					$T_i = \sum\limits_{j=1}^{m_i} y_{ij}$
品种 1	490	510	472	485		1 957
品种 2	475	448	454	464	462	2 303
品种 3	513	483	508			1 504
					$T = \sum\limits_{i=1}^{r} T_i$	5 764

此外，$\sum\limits_{i=1}^{r}\sum\limits_{j=1}^{m_i} y_{ij}^2 = 2\ 773\ 916$．另有，$F_{0.01}(2,9)=8.02, t_{0.025}(12)=2.178\ 8, t_{0.025}(9)=2.262\ 2$．

（1）试取显著性水平 $\alpha=0.01$ 检验三个品种的水稻亩产量是否存在显著差别．

（2）求未知参数 σ^2, μ 和 μ_i 的点估计，以及均值差 $\mu_i - \mu_k$ 的置信水平为 $1-\alpha=0.95$ 的置信区间，$i, k=1,2,3, i \neq k$．

解答　（1）方差分析．

① 根据题意，给出原假设 H_0 与备择假设 H_1．

本题需要在显著性水平 $\alpha=0.05$ 下检验假设 $H_0: \mu_1=\mu_2=\mu_3, H_1: \mu_1, \mu_2, \mu_3$ 不全相等．

② 计算 T_i 和 T．

题目中已经给出了因子水平 A_i 下的 m_i 个试验数据的和 $T_1 = \sum\limits_{j=1}^{m_1} y_{1j} = 1\ 957$，

$T_2 = \sum\limits_{j=1}^{m_2} y_{2j} = 2\ 303, T_3 = \sum\limits_{j=1}^{m_3} y_{3j} = 1\ 504$，以及总试验数据的和 $T = \sum\limits_{i=1}^{3} T_i = 5\ 764$．

③ 填写单因子方差分析表．

总和：总偏差平方和 $S_T = \sum\limits_{i=1}^{r}\sum\limits_{j=1}^{m_i} y_{ij}^2 - \dfrac{T^2}{n} = 2\ 773\ 916 - \dfrac{33\ 223\ 696}{12} = 5\ 274.67$，自由度 $f_T = n-1 = 11$．

因子：组间偏差平方和 $S_A = \sum\limits_{i=1}^{r} \dfrac{T_i^2}{m_i} - \dfrac{T^2}{n} = \left(\dfrac{3\ 829\ 849}{4} + \dfrac{5\ 303\ 809}{5} + \dfrac{2\ 262\ 016}{3}\right) - \dfrac{33\ 223\ 696}{12}$

$= 3\ 588.05$，自由度 $f_A = r-1 = 2$．

误差：组内偏差平方和 $S_e = S_T - S_A = 5\ 274.67 - 3\ 588.05 = 1\ 686.62$，自由度 $f_e = n-r = 9$．

均方：$\mathrm{MS}_A = \dfrac{S_A}{f_A} = \dfrac{3\ 588.05}{2} = 1\ 794.03, \mathrm{MS}_e = \dfrac{S_e}{f_e} = \dfrac{1\ 686.62}{9} = 187.40$．

F 比：$F = \dfrac{\mathrm{MS}_A}{\mathrm{MS}_e} = \dfrac{1\ 794.03}{187.40} = 9.57$．

将以上数据填入下表．

习题 9.1 表(二)　单因子方差分析表

方差来源	平方和	自由度	均方	F 比
因子	$S_A = \sum\limits_{i=1}^{r} \dfrac{T_i^2}{m_i} - \dfrac{T^2}{n} = 3\,588.05$	$f_A = r-1 = 2$	$\mathrm{MS}_A = \dfrac{S_A}{f_A} = 1\,794.03$	$F = \dfrac{\mathrm{MS}_A}{\mathrm{MS}_e} = 9.57$
误差	$S_e = S_T - S_A = 1\,686.62$	$f_e = n-r = 9$	$\mathrm{MS}_e = \dfrac{S_e}{f_e} = 187.40$	
总和	$S_T = \sum\limits_{i=1}^{r} \sum\limits_{j=1}^{m_i} y_{ij}^2 - \dfrac{T^2}{n} = 5\,274.67$	$f_T = n-1 = 11$		

④ 将"F 比"与 $F_\alpha(f_A, f_E)$ 进行比较,得出结论.

在显著性水平 $\alpha = 0.01$ 下,检验的拒绝域为 $F \geqslant F_\alpha(f_A, f_e) = F_{0.01}(2,9) = 8.02$.

由于"F 比"满足 $F \geqslant F_\alpha(f_A, f_e)$,落入拒绝域中,故在显著性水平 $\alpha = 0.01$ 下拒绝原假设 H_0,认为三个品种的水稻亩产量存在显著差别.

(2) 求参数的点估计和置信区间

参数 σ^2 的点估计为 $\hat{\sigma}^2 = \dfrac{S_e}{f_e} = \dfrac{1\,686.62}{9} = 187.40$.

总均值 μ 的点估计为 $\hat{\mu} = \bar{y} = \dfrac{T}{n} = \dfrac{5\,764}{12} = 480.33$.

不同因子水平 A_i 下的均值 μ_i 的点估计为 $\hat{\mu}_i = \overline{y_{i \cdot}} = \dfrac{T_i}{m_i} = \dfrac{1}{m_i} \sum\limits_{j=1}^{m_i} y_{ij}$,$i = 1, 2, 3$. 即

$$\hat{\mu}_1 = \dfrac{1\,957}{4} = 489.25, \quad \hat{\mu}_2 = \dfrac{2\,303}{5} = 460.6, \quad \hat{\mu}_3 = \dfrac{1\,504}{3} = 501.33$$

均值差 $\mu_i - \mu_k$ 的置信区间为

$$\left[(\overline{y_{i \cdot}} - \overline{y_{k \cdot}}) - \sqrt{\dfrac{1}{m_i} + \dfrac{1}{m_k}} \cdot \hat{\sigma} \cdot t_{\alpha/2}(f_e),\ (\overline{y_{i \cdot}} - \overline{y_{k \cdot}}) + \sqrt{\dfrac{1}{m_i} + \dfrac{1}{m_k}} \cdot \hat{\sigma} \cdot t_{\alpha/2}(f_e) \right]$$

其中 $\hat{\sigma} = \sqrt{187.40} = 13.69$,$t_{\alpha/2}(f_e) = t_{0.025}(9) = 2.262\,2$. 故:

均值差 $\mu_1 - \mu_2$ 的置信水平为 0.95 的置信区间为 $[7.88, 49.42]$;

均值差 $\mu_1 - \mu_3$ 的置信水平为 0.95 的置信区间为 $[-35.74, 11.57]$;

均值差 $\mu_2 - \mu_3$ 的置信水平为 0.95 的置信区间为 $[-63.35, -18.12]$.

习题 9.2［2016,新课标全国三,高考］　下表给出我国 2008 年至 2014 年全国生活垃圾无害化处理量.

习题 9.2 表(一)　全国生活垃圾无害化处理量

年份	2008	2009	2010	2011	2012	2013	2014
年份代码(x)	1	2	3	4	5	6	7
全国生活垃圾无害化处理量(y,单位:亿吨)	1.03	1.12	1.23	1.31	1.45	1.54	1.64

(1) 根据数据表,可用线性回归模型拟合 y 与 x 的关系,请用相关系数加以说明.

(2) 建立 y 关于 x 的回归方程(系数精确到 0.01),预测 2016 年全国生活垃圾无害化处理量.

（3）使用 F 检验和 t 检验在显著性水平 $\alpha=0.01$ 下对回归方程 $\hat{y}=\hat{a}+\hat{b}x$ 进行显著性检验. 其中，$F_{0.01}(1,6)=13.7$、$t_{0.005}(5)=4.032\,2$.

解答　说明：无论是计算相关系数还是建立回归方程，都需要先计算 $S_{xx}=\sum\limits_{i=1}^{n}x_i^2-n\bar{x}^2$，$S_{yy}=\sum\limits_{i=1}^{n}y_i^2-n\bar{y}^2$，$S_{xy}=\sum\limits_{i=1}^{n}x_iy_i-n\bar{x}\cdot\bar{y}$. 可以根据如下表格逐步计算. 由于最终的系数要求精确到 0.01，因此计算时需保留小数点后 3 位.

由题目中的数据表，得到如下数据：

习题 9.2 表（二）　计算 S_{xx}、S_{yy} 和 S_{xy}

x_i	1	2	3	4	5	6	7	$\bar{x}=4$
y_i	1.03	1.12	1.23	1.31	1.45	1.54	1.64	$\bar{y}=1.331$
x_i^2	1	4	9	16	25	36	49	$\sum\limits_{i=1}^{n}x_i^2=140$
y_i^2	1.061	1.254	1.513	1.716	2.103	2.372	2.690	$\sum\limits_{i=1}^{n}y_i^2=12.708$
x_iy_i	1.03	2.24	3.69	5.24	7.25	9.24	11.48	$\sum\limits_{i=1}^{n}x_iy_i=40.17$

此外，$n=7$. 故

$$\begin{cases} S_{xx}=\sum\limits_{i=1}^{n}x_i^2-n\bar{x}^2=140-7\times4^2=28 \\[2mm] S_{yy}=\sum\limits_{i=1}^{n}y_i^2-n\bar{y}^2=12.708-7\times1.331\,4^2=0.299 \\[2mm] S_{xy}=\sum\limits_{i=1}^{n}x_iy_i-n\bar{x}\cdot\bar{y}=40.17-7\times4\times1.331=2.890 \end{cases}$$

说明：原题给出的参考数据 $\sqrt{\sum\limits_{i=1}^{n}(y_i-\bar{y})^2}=0.55$ 与上面的计算结果 $\sqrt{S_{yy}}=\sqrt{0.299}=0.547$ 精度不同，这使得本书后续计算与原题参考答案有细微差别，但精确到 0.01 后结论一致.

（1）**求相关系数.**

利用线性回归模型拟合 y 与 x 的关系，得相关系数为 $r=\dfrac{S_{xy}}{\sqrt{S_{xx}S_{yy}}}=\dfrac{2.890}{\sqrt{28\times0.299}}=0.999$.

可见，全国生活垃圾无害化处理量 y 与年份代码 x 具有很强的线性相关性.

（2）**建立回归方程及预测.**

建立 y 关于 x 的回归方程 $y=\hat{a}+\hat{b}x$，其中

$$\begin{cases} \hat{b}=\dfrac{S_{xy}}{S_{xx}}=\dfrac{2.890}{28}=0.103\approx0.10 \\[2mm] \hat{a}=\bar{y}-\hat{b}\bar{x}=1.331-0.103\times4=0.919\approx0.92 \end{cases}$$

所以 y 关于 x 的回归方程为 $y=\hat{a}+\hat{b}x=0.92+0.10x$.

将 2016 年对应的年份代码 $x=9$ 代入回归方程得 $y=(0.92+0.10\times9)$ 亿吨 $=1.82$ 亿吨.所以预测 2016 年全国生活垃圾无害化处理量为 1.82 亿吨.

说明：将 2015 年对应的年份代码 $x=8$ 代入回归方程得 $y=(0.92+0.10\times8)$ 亿吨 $=$ 1.72 亿吨.根据国家统计局的数据,2015 年和 2016 年全国生活垃圾无害化处理量真实数据分别为 1.8 亿吨和 1.97 亿吨.可见,随着预测年份远离样本年份,预测的误差增大.

（3）**进行显著性检验.**

本题需要在显著性水平 $\alpha=0.01$ 下检验假设 $H_0:b=0,H_1:b\neq0$. 拒绝原假设 H_0 表示回归方程是显著的,具有实用价值.

解法 1　F 检验

总偏差平方和 $S_T=\sum\limits_{i=1}^{n}(y_i-\bar{y})^2=S_{yy}=0.299$,自由度 $f_T=n-1=6$；

回归平方和 $S_R=\sum\limits_{i=1}^{n}(\hat{y}_i-\bar{y})^2=\hat{b}^2 S_{xx}=0.103^2\times28=0.297$,自由度 $f_R=1$；

残差平方和 $S_e=\sum\limits_{i=1}^{n}(y_i-\hat{y}_i)^2=S_T-S_R=0.299-0.297=0.002$,自由度 $f_e=n-2=5$.

填写方差分析表,如下：

习题 9.2 表（三）　单因子方差分析表

方差来源	平方和	自由度	均方	F 比
回归	$S_R=\hat{b}^2 S_{xx}=0.297$	$f_R=1$	$\mathrm{MS}_R=\dfrac{S_R}{f_R}=0.297$	$F=\dfrac{\mathrm{MS}_R}{\mathrm{MS}_e}=742.5$
残差	$S_e=S_T-S_R=0.002$	$f_e=5$	$\mathrm{MS}_e=\dfrac{S_e}{f_e}=0.000\,4$	
总计	$S_T=S_{yy}=0.299$	$f_T=6$		

由于 $F>F_\alpha(1,n-2)=F_{0.01}(1,5)=16.3$,因此在显著性水平 $\alpha=0.01$ 下认为回归方程是显著的.

解法 2　t 检验

前面已经计算得到 $S_{xx}=28,\hat{b}=0.103,S_e=0.002$. 故 $\hat{\sigma}=\sqrt{\dfrac{S_e}{n-2}}=\sqrt{\dfrac{0.002}{5}}=0.02$. 检验统计量的观测值

$$t=\frac{\hat{b}}{\dfrac{\hat{\sigma}}{\sqrt{S_{xx}}}}=\frac{0.103}{\dfrac{0.02}{\sqrt{28}}}=27.251$$

由于 $t>t_{\alpha/2}(n-2)=t_{0.005}(5)=4.032\,2$,因此在显著性水平 $\alpha=0.01$ 下认为回归方程是显著的.

附录 A　考研大纲对照表[2024 版]

　　全国硕士研究生招生考试中的数学Ⅰ和数学Ⅲ包含概率论与数理统计的内容,本部分给出考研大纲与本书知识点的对照,以便考生查找与检索.对于数学Ⅰ和数学Ⅲ的考试大纲需说明两点:①如果某个知识点仅包含于数学Ⅰ或数学Ⅲ的大纲中,本章会明确标注;②如果两者的区别仅是语言表述或内容编排方面,本章会综合两者的表述,以便更全面地展示大纲的本意.

一、随机事件和概率

考试内容:

　　随机事件与样本空间(1.1节),事件的关系与运算(1.1节),完备事件组(1.4节),概率的概念(1.2节),概率的基本性质(1.3节),古典型概率(1.2节),几何型概率(1.2节),条件概率(1.4节),概率的基本公式(1.4节),事件的独立性(1.5节),独立重复试验(3.1.1节)

考试要求:

　　1. 了解样本空间(基本事件空间)的概念,理解随机事件的概念,掌握事件的关系与运算.

　　2. 理解概率、条件概率的概念,掌握概率的基本性质,会计算古典型概率和几何型概率,掌握概率的加法公式、减法公式、乘法公式、全概率公式以及贝叶斯(Bayes)公式.

　　3. 理解事件独立性的概念,掌握用事件独立性进行概率计算的方法;理解独立重复试验的概念,掌握计算有关事件概率的方法.

二、随机变量及其分布

考试内容:

　　随机变量(2.1节),随机变量分布函数的概念及其性质(2.2节),离散型随机变量的概率分布(2.2节),连续型随机变量的概率密度(2.2节),常见随机变量的分布(第3章),随机变量函数的分布(4.3节)

考试要求:

　　1. 理解随机变量的概念,理解分布函数 $F(x)=P\{X\leqslant x\}(-\infty<x<+\infty)$ 的概念及性质,会计算与随机变量相联系的事件的概率.

2．理解离散型随机变量及其概率分布的概念，掌握 0-1 分布、二项分布 $B(n,p)$、几何分布、超几何分布、泊松(Poisson)分布 $P(\lambda)$ 及其应用．

3．了解泊松定理的结论和应用条件，会用泊松分布近似表示二项分布．

4．理解连续型随机变量及其概率密度的概念，掌握均匀分布 $U(a,b)$、正态分布 $N(\mu,\sigma^2)$、指数分布及其应用，其中参数为 $\lambda\ (\lambda>0)$ 的指数分布 $E(\lambda)$ 的概率密度为 $f(x)=\begin{cases}\lambda e^{-\lambda x}, & x>0 \\ 0, & x\leqslant 0\end{cases}$．

5．会求随机变量函数的分布．

三、多维随机变量及其分布

考试内容：

多维随机变量及其分布(2.5 节和 2.6 节)，二维离散型随机变量的概率分布、边缘分布和条件分布(2.6 节)，二维连续型随机变量的概率密度、边缘概率密度和条件密度(2.6 节)，随机变量的独立性和不相关性(2.6 节和 2.8 节)，常用二维随机变量的分布(3.2.2 节和 3.2.8 节)，两个及两个以上随机变量简单函数的分布(4.5 节和 4.7 节)

考试要求：

1．理解多维随机变量的概念，理解多维随机变量的分布的概念和性质，理解二维离散型随机变量的概率分布、边缘分布和条件分布，理解二维连续型随机变量的概率密度、边缘密度和条件密度，会求与二维随机变量相关事件的概率．

2．理解随机变量的独立性及不相关性的概念，掌握随机变量相互独立的条件，理解随机变量的不相关性与独立性的关系．

3．掌握二维均匀分布，了解二维正态分布 $N(\mu_1,\mu_2;\sigma_1^2,\sigma_2^2;\rho)$ 的概率密度，理解其中参数的概率意义．

4．会根据两个随机变量的联合分布求其函数的分布，会根据多个相互独立随机变量的联合分布求其简单函数的分布．

四、随机变量的数字特征

考试内容：

随机变量的数学期望(均值)、方差、标准差及其性质(2.4 节和 2.8 节)，随机变量函数的数学期望(2.4 节)，矩、协方差、相关系数及其性质(2.8 节)

考试要求：

1．理解随机变量数字特征(数学期望、方差、标准差、矩、协方差、相关系数)的概念，会运用数字特征的基本性质，并掌握常用分布的数字特征．

2．会求随机变量函数的数学期望．

五、大数定律和中心极限定理

考试内容：

切比雪夫(Chebyshev)不等式(5.2 节)，切比雪夫大数定律(5.3 节)，伯努利(Bernoulli)大数定律(5.3 节)，辛钦(Khinchin)大数定律(5.3 节)，棣莫弗-拉普拉斯(De Moivre-

Laplace)定理(5.4 节),列维-林德伯格(Levy-Lindberg)定理(5.4 节)

考试要求:

1. 了解切比雪夫不等式.

2. 了解切比雪夫大数定律、伯努利大数定律和辛钦大数定律(独立同分布随机变量序列的大数定律).

3. 了解棣莫弗-拉普拉斯定理(二项分布以正态分布为极限分布)和列维-林德伯格定理(独立同分布随机变量序列的中心极限定理),并会用相关定理近似计算有关随机事件的概率.

六、数理统计的基本概念

考试内容:

总体(6.2 节),个体(6.2 节),简单随机样本(6.2 节),统计量(6.2 节),样本均值(6.3 节),样本方差(6.4 节)和样本矩(2.8.3 节),χ^2 分布(3.3.1 节),t 分布(3.3.2 节),F 分布(3.3.3 节),分位数(3.2.7 节),正态总体的常用抽样分布(8.2.5 节)

数学Ⅲ独有内容:经验分布函数(4.1 节)

考试要求:

1. 理解总体、简单随机样本、统计量、样本均值、样本方差及样本矩的概念,其中样本方差定义为 $S^2 = \dfrac{1}{n-1}\sum_{i=1}^{n}(X_i - \overline{X})^2$.

2. 了解 χ^2 分布、t 分布和 F 分布的典型模式、概念及性质,了解上侧 α 分位数的概念并会查表计算.

3. 了解正态总体的常用抽样分布.

4. 了解经验分布函数的概念和性质(数学Ⅲ).

七、参数估计

考试内容:

点估计的概念(7.1 节),估计量与估计值(7.1 节),矩估计法(7.2 节),最大似然估计法(7.3 节)

数学Ⅰ独有内容:估计量的评选标准(7.6 节),区间估计的概念(8.2 节),单个正态总体的均值和方差的区间估计(8.2 节),两个正态总体的均值差和方差比的区间估计(8.4 节)

考试要求:

1. 理解参数的点估计、估计量与估计值的概念.

2. 掌握矩估计法(一阶矩、二阶矩)和最大似然估计法.

3. 了解估计量的无偏性、有效性(最小方差性)和一致性(相合性)的概念,并会验证估计量的无偏性(数学Ⅰ).

4. 理解区间估计的概念,会求单个正态总体的均值和方差的置信区间,会求两个正态总体的均值差和方差比的置信区间(数学Ⅰ).

八、假设检验[数学Ⅰ独有内容]

考试内容:

显著性检验(8.3.1 节),假设检验的两类错误(8.3.5 节),单个及两个正态总体的均值

和方差的假设检验(8.3 节~8.5 节)

考试要求：

1. 理解显著性检验的基本思想,掌握假设检验的基本步骤,了解假设检验可能产生的两类错误.

2. 掌握单个及两个正态总体的均值和方差的假设检验.

附录 B　微课程二维码索引

本书包括以下四类微课程：①章节微课程：逐章讲解重点知识,零基础友好.②知识点微课程：集中讲解相关概念和性质,理清知识点之间的逻辑关系,帮助学生形成知识体系.③典型题微课程：不仅告诉学生某一道题目怎么解答,而且通过典型题的讲解,以点带面,帮助学生掌握类似题型具有普适意义的解题思路.④公式卡微课程：将公式卡中涉及的本课程重点知识集中起来,帮助学生高效复习.其中,章节微课程的二维码在每章开头,公式卡微课程的二维码在公式卡相应位置,容易查找.本部分给出知识点微课程和典型题微课程目录,蓝色标注的图表、典型题、章节等对应二维码位置,以便学生有针对性地查找学习.

参 考 文 献

[1] 陈家鼎,孙山泽,李东风,刘力平.数理统计学讲义[M].3 版.北京:高等教育出版社,2015.
[2] 陈希孺.概率论与数理统计[M].北京:中国科学技术大学出版社,2009.
[3] [美]钟开莱.初等概率论[M].4 版.影印版.北京:世界图书出版社,2020.
[4] 何书元.随机过程[M].北京:北京大学出版社,2008.
[5] 教育部教育考试院.2024 年全国硕士研究生招生考试数学考试大纲[M].北京:高等教育出版社,2023.
[6] 教育部教育考试院.全国硕士研究生招生考试数学考试分析(2024 年版)[M].北京:高等教育出版社,2023.
[7] 茆诗松,程依明,濮晓龙.概率论与数理统计教程[M].北京:高等教育出版社,2019.
[8] 人教版高中数学(B 版)必修第二册[M].北京:人民教育出版社,2019.
[9] 人教版高中数学(B 版)选择性必修第二册[M].北京:人民教育出版社,2019.
[10] 盛骤,谢式千,潘承毅.概率论与数理统计[M].北京:高等教育出版社,2019.
[11] 严加安.测度论讲义[M].3 版.北京:科学出版社,2021.